Druck
der Spamerschen
Buchdruckerei in Leipzig

Das
Kostenfestsetzungsver

und die

Deutsche Gebührenordnung für Rech

nebst den landesgesetzlichen Vorschrift
in
Preußen, Bayern, Sachsen, Württember

erläutert von

Willenbücher
weiland Geh. Justizrat, Oberlandesgerichtsrat a.

Achte, neu bearbeitete Auflage

von

Dr. P. Siméon und W. F
Rechtsanwalt am Reichsgericht Landrichter

Berlin 1914
Verlag von H. W. Müll
W 35, Potsdamerstraße 121 k.

Vorwort zur 8. Auflage.

Nachdem wiederholt unveränderte Abzüge der 7. Auflage veranstaltet worden waren, um der andauernden Nachfrage zu genügen, ließ sich jetzt eine neue Bearbeitung nicht länger hinausschieben. Die Rechtsprechung und die Fachliteratur haben neuen Stoff in Fülle zutage geschafft, der eingeordnet werden mußte, und auch sonst erheischten manche bisher weniger beachtete Fragen eingehendere Erörterung. Das Buch ist daher an vielen Stellen ergänzt, erweitert, auch bei der Lösung von Streitfragen verändert. Jedoch sind die von Willenbücher geschaffenen und bewährten Grundlagen auch diesmal unberührt geblieben.

Siméon geht Ende dieses Monats als Reichsgerichtsanwalt nach Leipzig. Die beiden Herausgeber werden daher bei den künftigen Bearbeitungen in der Eigenschaft als Richter und Anwalt zusammenwirken und noch mehr als bisher bemüht sein, den Anschauungen und Erfahrungen dieser beiden großen, gleich zu wertenden Berufe im Dienste der Rechtspflege Rechnung zu tragen.

Berlin-Dahlem und Stettin, im Februar 1914.
Leipzig

Die Herausgeber.

Aus dem Vorwort zur 7. Auflage.

Willenbüchers Kostenfestsetzungsverfahren ist jedem Richter und Anwalt bekannt und als Werkzeug seiner täglichen Arbeit vertraut. Nach dem Tode des verdienten Verfassers hat die Verlagshandlung uns die Aufgabe gestellt, das beliebte Buch der inzwischen geänderten Gesetzgebung anzupassen, es nicht nur für seine bisherigen Benutzer, den Richter und Anwalt, brauchbar zu erhalten, sondern es gleichzeitig auch zu einem brauchbaren Hilfsmittel für den Gerichtsschreiber zu gestalten, dem seit dem 1. April 1910 die erste Entscheidung über den Festsetzungsantrag obliegt.

Die Gesetzgebung hat so tief in den Stoff der bisherigen Vorschriften eingegriffen, daß eine weitgehende Umarbeitung nicht zu vermeiden war. Dennoch waren wir bemüht, nicht nur die eigenartige Anordnung des Buches, der es seinen großen Erfolg verdankt, sondern auch Willenbüchers Ansichten in streitigen Fragen, soweit als möglich, aufrecht zu erhalten.

Am Anfange haben wir den Text der Gebührenordnung ohne Anmerkungen neu eingefügt. Zum schnellen Zurechtfinden ist ein Überblick des Textes notwendig. Wer stets zunächst das Gesetz selbst liest und dann erst den Kommentar, entgeht der oft drohenden Gefahr, über den Einzelheiten den Zusammenhang der Vorschriften zu übersehen.

Der Gebührentarif für Prozeßagenten im Kammergerichtsbezirke beruht auf einer amtlichen Mitteilung. Der Herr Kammergerichtspräsident hat den Abdruck dieses Tarifs in dem Buche besonders gestattet ...

Berlin und Oppeln, im September 1910.

Die Herausgeber.

Inhaltsübersicht.

I. Gesetzestext ohne Anmerkungen.

II. Das Kostenfestsetzungsverfahren.

A. In bürgerlichen Rechtsstreitigkeiten.

B. Das Kostenfestsetzungsverfahren in Strafsachen.

III. Gebührenordnung für Rechtsanwälte.

IV. Preußische Gebührenordnung.

V. Anhang zur Preußischen Gebührenordnung.

VI. Bayern.

VII. Königreich Sachsen.

VIII. Württemberg.

IX. Baden.

X. Übersicht

XI. Tabellen zur Berechnung der Rechtsanwaltsgebühren nebst Pauschsätzen

Abkürzungen

(vgl. die Vorschläge des D. Juristentages, 2. Ausgabe 1910).

Die bekannten Kommentare sind nach den Namen ihrer Verfasser zitiert. Die Zitate beziehen sich durchweg auf die neuesten Auflagen.

A = Anmerkung.
AG = Amtsgericht; Ausführungsgesetz.
AGZ = Deutsche Allgemeine Gerichtsbeamten-Zeitung.
AH = Preuß. Abgeordnetenhaus.
AKZ(AK) = Zeitschr. d. Anwaltskammer im Oberlandesgerichtsbez. (Breslau usw.).
AVf = Allgemeine Verfügung des Preußischen Justizministers.
BadRPrax = Badische Rechtspraxis. Annalen der Großh. Badischen Gerichte.
BadZt = Zeitschrift der Badischen Anwaltskammer.
BayObLG = Oberstes Landesgericht in Bayern. (Sammlung von Entscheidungen.)
BBl = Bureau-Blatt für gerichtliche Beamte. Verlag von A. Nauck u. Co., Berlin.
Begr = Begründung.
BlumsAnn = Annalen des Reichsgerichts. Herausgeg. von Blum. (Erscheinen nicht mehr.)
Bolze = Bolze, Die Praxis des Reichsger. in Zivils. (Geschlossen mit Bd. 25.)
BraunschwZ = Zeitschrift für Rechtspflege im Herzogtum Braunschweig.
DJZ = Die vormalige Deutsche Juristen-Zeitung. Organ f. Gesetzgebung, Recht und Wissenschaft. Herausgeg. von Fr. Wallmann. — Die jetzige Deutsche Juristen-Zeitung, seit 1896. Begründet von Laband, Stenglein u. Staub.
EG = Einführungsgesetz.
EGH = Ehrengerichtshof. Entscheidungen d. E. f. Deutsche Rechtsanwälte. Herausgegeben vom Schriftführeramte d. Deutschen Anwaltvereins.
ElsLothZ = Jur. Zeitschrift f. d. Reichsland Elsaß-Lothringen.
Fenner-Mecke = Archiv f. zivilrechtl. Entsch. des Reichsger. Von Fenner u. Mecke.
FGG = Reichsges. üb. d. Angelegenh. der freiw. Gerichtsbarkeit v. 17. Mai 1898.
GBO = Grundbuchordnung v. 24. März 1897. (F. v. 20. Mai 1898.)
GKG = Dtsch. Gerichtskostengesetz v. 18. Juli 1878. (F. v. 20. Mai 1898.)
Goltd = Archiv für Strafrecht und Strafprozeß. Begründet durch Goltdammer.
Gruch = Beiträge zur Erläuterung des Deutschen Rechts. Begr. von Gruchot. Herausgegeben von Küntzel und Eccius.
GS = Preußische Gesetzsammlung.
GVG = Gerichtsverfassungsgesetz.
HansGZ = Hanseatische Gerichts-Zeitung.
Heinz = Arch. f. prakt. Rechtswissensch. v. Heinzerling. Darmstadt. (Geschl. 1896.)
HGB = Handelsgesetzbuch.
HH = Preuß. Herrenhaus.
Jahrb = Jahrbuch der neuesten Rechtsprechung zur ZPO und zum GVG. Herausgegeben von Freudenthal. (Erscheint nicht mehr.)
JMBl = Justizministerialblatt f. Preußen.
JMVf = Verfügung des Preuß. Justizministers.
JW = Juristische Wochenschrift. Organ des deutsch. Anwaltvereins. Herausgegeben von Dr. Hugo Neumann.
KG = Kammergericht.
KGBl = Blätter f. Rechtspflege im Bezirk des Kammergerichts. Org. f. d. Veröffentlichungen der Anwaltsk. zu Berlin. Herausg. v. Perl u. L. Wreschner.
KGJ = Jahrbuch f. Entscheidungen des Kammergerichts in Sachen der freiwilligen Gerichtsbarkeit. Herausgegeben von Johow und Ring.
KO = Konkursordnung.
KommBer = Kommissionsbericht.

MecklZ = Mecklenburgische Zeitschrift f. Rechtspflege u. Rechtswissenschaft.
Mot = Motive.
ObLG = Oberstes Landesgericht.
OldZ = Zeitschrift für Verwaltung und Rechtspfl. im Großherzogtum Oldenburg.
OLG = Oberlandesgericht.
OTr = Vormaliges Preuß. Obertribunal.
OVG = Preuß. Oberverwaltungsgericht.
PrGebO = Preuß. Gesetz, enth. die landesges. Vorschr. über die Gebühren der RA und der Gerichtsvollzieher. Vom 21. März/6. Sept. 1910.
Pl = Plenarentscheidung.
PosMschr = Juristische Monatsschrift f. Posen, West- u. Ostpreußen u. Pommern.
Prot = Protokolle.
PrStStG = Preußisches Stempelsteuergesetz.
RA = Rechtsanwalt.
RAGebO = Gebührenordn. f. Rechtsanw. v. 7. Juli 1879. (Fass. v. 20. Mai 1898 mit den Änderungen der Novellen vom 1. Juni 1909 und 22. Mai 1910.)
RAnz = Reichsanzeiger.
RAO = Rechtsanwaltsordnung v. 1. Juli 1878.
Recht = Das Recht. Rundschau für den deutschen Juristenstand. Herausgeg. von Soergel.
RG = Reichsgericht. Entscheidungen des RG in Zivilsachen. Herausgegeben von den Mitgliedern des Gerichtshofes.
RGBl = Reichsgesetzblatt.
RGR = Rechtsprechung des Reichsgerichts in Strafsachen. Herausgegeben von den Mitgliedern der Reichsanwaltschaft. (Erscheint nicht mehr.)
RGSt = Entscheidungen des Reichsgerichts in Strafsachen. Herausgegeben von den Mitgliedern des Gerichtshofes und der Reichsanwaltschaft.
RheinArch = Archiv für das Zivil- und Kriminalrecht. Köln.
ROHG = Entscheidungen des Reichsoberhandelsgerichts.
Rsp = Die Rechtssprechung der Oberlandesgerichte. Herausgegeben von Mugdan und Falkmann.
RTK = Reichstagskommission.
Rundschau = Rundschau, Sammlung von Entscheidungen a. d. Bez. des OLG Frankfurt a. M.
Sächs. Ann. = Annalen des OLG Dresden.
SächsA = Sächs. Archiv f. dtschs. bürg. Recht. (Leipzig.)
SchlHolstAnz = Schleswig-Holsteinische Anzeigen.
SeuffA = Seufferts Archiv für die Entscheidungen der obersten Gerichtshöfe in den deutschen Staaten.
SeuffBl = Seufferts Blätter f. Rechtsanwendung.
StPO = Strafprozeßordnung für das Deutsche Reich.
ThürBl = Blätter für Rechtspflege in Thüringen und Anhalt.
VZS = Vereinigte Zivilsenate.
Warn = Die Rechtsprechung des Reichsgerichts auf dem Gebiete des Zivilrechts. Von Warneyer.
Wengler = Archiv für zivilrechtliche Entscheidungen der sächsischen Justizbehörden. Herausgegeben von Wengler. (Erscheint nicht mehr.)
WO = Wechselordnung (Fass. vom 3. Juni 1908.)
WürttJ = Jahrbücher der württembergischen Rechtspflege.
ZDJ = Zeitschrift für deutsche Justizsekretäre. Organ des Bundes deutscher Justizsekretäre.
ZPO = Deutsche Zivilprozeßordnung.
ZVG = Reichsgesetz über die Zwangsversteigerung und die Zwangsverwaltung. Vom 24. März 1897. (Fass. v. 20. Mai 1898.)
ZZP = Zeitschrift für deutschen Zivilprozeß usw. Begründet von Busch. Herausgegeben von Schultzenstein und Vierhaus.

I.

Gesetzestext

ohne Anmerkungen.

A. Gebührenordnung für Rechtsanwälte

vom 7. Juli 1879 (RGBl 176), in der Fassung der Bekanntmachung vom 20. Mai 1898 (RGBl 692), mit den Änderungen der Gesetze vom 1. Juni 1909 (RGBl 475) und vom 22. Mai 1910 (RGBl 767).

Erster Abschnitt. Allgemeine Bestimmungen.

§ 1. Die Vergütung für die Berufstätigkeit des Rechtsanwalts in einem Verfahren vor den ordentlichen Gerichten, auf welches die ZPO, die StPO oder die KO Anwendung findet, sowie für die beratende Berufstätigkeit des Rechtsanwalts, welche den Beginn oder die Fortsetzung eines solchen Verfahrens betrifft, bestimmt sich nach den Vorschriften dieses Gesetzes.

§ 2. Für die Ausführung eines Auftrags, dessen gemeinschaftliche Erledigung mehreren Rechtsanwälten übertragen ist, steht jedem derselben die volle Vergütung zu.

§ 3. Bei Ausführung von Aufträgen mehrerer Auftraggeber durch dieselbe Tätigkeit haftet jeder Auftraggeber dem Rechtsanwalte für denjenigen Betrag an Gebühren und Auslagen, welcher bei abgesonderter Ausführung seines Auftrags erwachsen sein würde. Die Mitverhaftung der anderen Auftraggeber kann dem Rechtsanwalte gegenüber nicht geltend gemacht werden.

§ 4. Für die Tätigkeit als Beistand stehen dem Rechtsanwalte die gleichen Gebühren zu wie für die Vertretung.

§ 5. Für die Unterzeichnung eines Schriftsatzes erhält der Rechtsanwalt die gleichen Gebühren wie für Anfertigung desselben.

§ 6. Für Anfertigung und Übersendung von Rechnungen über Gebühren und Auslagen und für Zahlungsaufforderungen wegen derselben kann der Rechtsanwalt eine Gebühr nicht beanspruchen.

§ 7. Bei dem Betrieb eigener Angelegenheiten kann der Rechtsanwalt von dem zur Erstattung der Kosten des Verfahrens verpflichteten Gegner Gebühren und Auslagen bis zu dem Betrage fordern, in welchem er Gebühren und Auslagen eines bevollmächtigten Rechtsanwalts erstattet verlangen könnte.

§ 8. Der niedrigste Betrag einer jeden nach den Vorschriften der Abschnitte zwei bis vier zu berechnenden Gebühr wird auf 1 Mark bestimmt.

Zweiter Abschnitt. Gebühren in bürgerlichen Rechtsstreitigkeiten.

§ 9. In bürgerlichen Rechtsstreitigkeiten werden die Gebühren nach dem Werte des Streitgegenstandes erhoben.

Der Gebührensatz beträgt bei Gegenständen im Werte:

1. bis 20 Mark einschließlich . . . . 2 Mark,
2. von mehr als 20 bis 60 Mark einschließlich 3 „
3. „ „ „ 60 „ 120 „ „ 4 „

4.	von	mehr	als	120	bis	200	Mark	einschließlich	7	Mark,
5.	„	„	„	200	„	300	„	„	10	„
6.	„	„	„	300	„	450	„	„	14	„
7.	„	„	„	450	„	650	„	„	19	„
8.	„	„	„	650	„	900	„	„	24	„
9.	„	„	„	900	„	1200	„	„	28	„
10.	„	„	„	1200	„	1600	„	„	32	„
11.	„	„	„	1600	„	2100	„	„	36	„
12.	„	„	„	2100	„	2700	„	„	40	„
13.	„	„	„	2700	„	3400	„	„	44	„
14.	„	„	„	3400	„	4300	„	„	48	„
15.	„	„	„	4300	„	5400	„	„	52	„
16.	„	„	„	5400	„	6700	„	„	56	„
17.	„	„	„	6700	„	8200	„	„	60	„
18.	„	„	„	8200	„	10000	„	„	64	„

Die ferneren Wertsklassen steigen um je 2000 Mark und die Gebührensätze in den Klassen bis 50000 Mark einschließlich um je 4 Mark, bis 100000 Mark einschließlich um je 3 Mark und darüber hinaus um je 2 Mark.

§ 10. Auf die Wertsberechnung finden die Vorschriften der §§ 9 bis 13 des GKG Anwendung.

§ 11. Die für die Berechnung der Gerichtsgebühren maßgebende Festsetzung des Wertes ist für die Berechnung der Gebühren der Rechtsanwälte maßgebend.

§ 12. Gegen den im § 16 des GKG bezeichneten Beschluß steht dem Rechtsanwalte die Beschwerde nach Maßgabe des § 567 Abs. 2 und der §§ 568 bis 575 der ZPO zu.

§ 13. Die Sätze des § 9 stehen dem als Prozeßbevollmächtigten bestellten Rechtsanwalte zu:

1. für den Geschäftsbetrieb, einschließlich der Information (Prozeßgebühr);
2. für die mündliche Verhandlung (Verhandlungsgebühr);
3. für die Mitwirkung bei einem zur Beilegung des Rechtsstreits abgeschlossenen Vergleiche (Vergleichsgebühr).

Die Sätze des § 9 stehen demselben zu $^5/_{10}$ zu:

4. für die Vertretung in dem Termine zur Leistung des durch ein Urteil auferlegten Eides sowie in einem Beweisaufnahmeverfahren, wenn die Beweisaufnahme nicht bloß in Vorlegung der in den Händen des Beweisführers oder des Gegners befindlichen Urkunden besteht (Beweisgebühr).

§ 14. Soweit der Auftrag vor der mündlichen Verhandlung erledigt ist, ohne daß der Rechtsanwalt die Klage eingereicht hat oder einen Schriftsatz hat zustellen lassen, steht ihm die Prozeßgebühr nur zu $^5/_{10}$ zu.

In einem Verfahren, für welches eine mündliche Verhandlung durch das Gesetz nicht vorgeschrieben ist, findet die gleiche Ermäßigung statt, soweit der Auftrag erledigt ist, bevor der Antrag an das Gericht eingereicht, der mündliche Antrag gestellt oder der Auftrag an den Gerichtsvollzieher oder den diesen Auftrag vermittelnden Gerichtsschreiber erteilt ist.

§ 15. Die Verhandlungsgebühr steht dem Rechtsanwalte nicht zu, welcher zur mündlichen Verhandlung geladen hat, ohne daß dieselbe durch das Gesetz vorgeschrieben oder durch das Gericht oder den Vorsitzenden angeordnet war.

§ 16. Für eine nicht kontradiktorische Verhandlung (GKG § 19) steht dem Rechtsanwalte die Verhandlungsgebühr nur zu $^5/_{10}$ zu. Diese Minderung tritt in den im § 20 Nr. 1 des GKG bezeichneten Rechtsstreitigkeiten nicht ein, sofern der Kläger verhandelt.

Die Verhandlung im vorbereitenden Verfahren (ZPO §§ 348 bis 351) gilt als kontradiktorische mündliche Verhandlung.

§ 17. Insoweit sich in den Fällen des § 13 Nr. 4 die Vertretung auf die weitere mündliche Verhandlung erstreckt, erhöht sich die dem Rechtsanwalte zustehende Verhandlungsgebühr um $^5/_{10}$ und, wenn die weitere mündliche Verhandlung eine nicht kontradiktorische ist, um die Hälfte dieses Betrags.

§ 18. (Durch die Novelle von 1909 aufgehoben.)

§ 19. (Fassung von 1909.) Für die Vertretung im Urkunden- oder Wechselprozesse (ZPO §§ 592 bis 605) erhält der zum Prozeßbevollmächtigten bestellte Rechtsanwalt nur $^6/_{10}$ der Prozeßgebühr, wenn eine kontradiktorische Verhandlung nicht stattfindet. Auch steht ihm die im § 16 Abs. 1 Satz 1 bestimmte Gebühr nur zu $^6/_{10}$ zu.

§ 20. (Fassung von 1909.) $^5/_{10}$ der in den §§ 13 bis 17 bestimmten Gebühren erhält der Rechtsanwalt, soweit die durch die Gebühr zu vergütende Tätigkeit ausschließlich die im GKG § 26 Nr. 1 bis 8, 10 bezeichneten Gegenstände betrifft.

§ 21. Der Rechtsanwalt erhält neben den ihm sonst zustehenden Gebühren die Prozeßgebühr nur zu $^5/_{10}$, wenn seine Tätigkeit ausschließlich die Erledigung eines bedingten Urteils betrifft.

§ 22. Der Rechtsanwalt erhält die Prozeßgebühr und die Verhandlungsgebühr nur zu $^5/_{10}$, wenn seine Tätigkeit Anträge auf Sicherung des Beweises (ZPO §§ 485 bis 494) oder eine gerichtliche Entscheidung über die Ernennung oder Ablehnung eines Schiedsrichters, das Erlöschen eines Schiedsvertrags oder die Anordnung der von Schiedsrichtern für erforderlich erachteten richterlichen Handlungen (ZPO § 1045) betrifft. Für die Vertretung bei der Beweisaufnahme erhält der Rechtsanwalt die Beweisgebühr (§ 13 Nr. 4).

§ 23. (Fassung von 1909.) $^3/_{10}$ der in den §§ 13 bis 17 bestimmten Gebühren erhält der Rechtsanwalt, wenn seine Tätigkeit betrifft:

1. die im GKG § 27 Nr. 1, § 35 Nr. 1, § 38 Nr. 1, 2, § 47 Nr. 1 bis 12 bezeichneten Angelegenheiten;
2. die Zwangsvollstreckung.

§ 24. (Fassung von 1909.) $^2/_{10}$ der in den §§ 13 bis 17 bestimmten Gebühren erhält der Rechtsanwalt, wenn seine Tätigkeit die im GKG § 38 Nr. 3, § 47 Nr. 15, 16 bezeichneten Anträge oder Gesuche betrifft.

§ 25. Jede der im § 13 benannten Gebühren kann der Rechtsanwalt in jeder Instanz rücksichtlich eines jeden Teils des Streitgegenstandes nur einmal beanspruchen.

§ 26. (Fassung von 1909.) Für die Bestimmung des Umfanges einer Instanz im Sinne des § 25 finden die Vorschriften des § 30 des GKG entsprechende Anwendung.

§ 27. (Fassung von 1909.) Im Falle der Zurückverweisung einer Sache an das Gericht unterer Instanz (ZPO §§ 538, 539, 565) gilt das weitere Verfahren vor diesem Gerichte für die Gebühren der Rechtsanwälte, mit Ausnahme der Prozeßgebühr, als neue Instanz. Das gleiche gilt im Falle der Zurücknahme oder Verwerfung des gegen ein Versäumnisurteil eingelegten Einspruchs für das Verfahren über den Einspruch.

Im Falle der Zulassung des Einspruchs steht dem Rechtsanwalte des Gegners der den Einspruch einlegenden Partei die Gebühr für die mündliche Verhandlung, auf welche das Versäumnisurteil erlassen ist, besonders zu.

§ 28. (Fassung von 1909.) Das Verfahren über einen Antrag auf Anordnung, Abänderung oder Aufhebung eines Arrestes oder einer einstweiligen Verfügung gilt, auch wenn es mit dem Verfahren über die Hauptsache verbunden ist, für die Berechnung der Gebühren des Rechtsanwalts als besonderer Rechtsstreit. Das gleiche gilt für das ordentliche Verfahren, welches nach der Abstandnahme vom Urkunden- oder Wechselprozesse sowie nach dem mit Vorbehalt in demselben erlassenen Urteil anhängig bleibt (ZPO §§ 596, 600). Der Rechtsanwalt muß sich jedoch die in dem Verfahren über einen Arrest oder eine einstweilige Verfügung erwachsenen Gebühren in Höhe von $^5/_{10}$ auf die ihm in dem Verfahren über die Hauptsache zustehenden entsprechenden Gebühren und die Prozeßgebühr des Urkunden- oder Wechselprozesses auf die gleiche Gebühr des ordentlichen Verfahrens anrechnen.

Das Verfahren über einen Antrag auf Abänderung oder Aufhebung eines Arrestes oder einer einstweiligen Verfügung bildet mit dem Verfahren über den Antrag auf Anordnung des Arrestes oder der einstweiligen Verfügung Eine Instanz.

§ 29. (Fassung von 1909.) Die im § 13 benannten Gebühren umfassen die gesamte Tätigkeit des Rechtsanwalts von dem Auftrage bis zur Beendigung der Instanz.

Zu der Instanz gehören insbesondere:

1. das Verfahren behufs Festsetzung des Wertes des Streitgegenstandes;
2. Zwischenstreite mit Nebenintervenienten sowie mit Zeugen oder Sachverständigen;
3. das Verfahren zur Sicherung des Beweises (ZPO §§ 485 bis 494), wenn die Hauptsache anhängig ist;
4. das Verfahren über einen Antrag auf vorläufige Einstellung, Beschränkung oder Aufhebung einer Zwangsvollstreckung (ZPO §§ 707, 719, 769, 771 Abs. 3, §§ 785, 786, 805 Abs. 4, § 810 Abs. 2), soweit das Verfahren mit dem Verfahren über die Hauptsache verbunden ist;
5. das Verfahren über einen Antrag auf Änderung einer Entscheidung des beauftragten oder ersuchten Richters oder des Gerichtsschreibers (ZPO § 576);
6. das Verfahren über die im GKG § 47 Nr. 1 bis 12 bezeichneten Streitpunkte und Anträge;
7. die Zustellung und Empfangnahme der Entscheidungen und die Mitteilung derselben an den Auftraggeber;
8. die Übersendung der Handakten an den Bevollmächtigten einer anderen Instanz.

§ 30. (Fassung von 1909.) Die Gebühren werden besonders erhoben für die Tätigkeit bei Streitigkeiten und Anträgen, welche betreffen:

1. die Sicherung des Beweises (ZPO §§ 485 bis 494), wenn die Hauptsache noch nicht anhängig ist;
2. das Verfahren über einen Antrag auf vorläufige Einstellung, Beschränkung oder Aufhebung einer Zwangsvollstreckung (ZPO §§ 769, 771 Abs. 3, §§ 785, 786, 805 Abs. 4, § 810 Abs. 2), sofern das Verfahren von dem Verfahren über die Hauptsache getrennt ist;
3. die im GKG § 38 Nr. 1, 2 bezeichneten Angelegenheiten.

Wird die vorläufige Einstellung, Beschränkung oder Aufhebung der Zwangsvollstreckung bei dem Vollstreckungsgericht und bei dem Prozeßgericht beantragt, so wird die Prozeßgebühr nur einmal erhoben.

Die Festsetzung der Kosten und die Abänderung der Kostenfestsetzung (GKG § 38 Nr. 1) bilden Eine Instanz. Das gleiche gilt von dem Verfahren über die im GKG § 38 Nr. 2 bezeichneten Anträge.

§ 31. In der Zwangsvollstreckung bildet eine jede Vollstreckungsmaßregel zusammen mit den durch dieselbe vorbereiteten weiteren Vollstreckungshandlungen bis zu der durch die Maßregel zu erlangenden Befriedigung des Gläubigers Eine Instanz.

Die landesgesetzlichen Bestimmungen in betreff der Gebühren für eine den Vorschriften der ZPO nicht unterliegende Zwangsvollstreckung bleiben unberührt.

§ 32. Das Verfahren über einen Antrag auf Erteilung einer weiteren vollstreckbaren Ausfertigung (ZPO § 733), das Verfahren zur Abnahme des Offenbarungseides (ZPO §§ 900, 901) und die Ausführung der Zwangsvollstreckung in ein gepfändetes Vermögensrecht durch Verwaltung (ZPO § 857 Abs. 4) bilden besondere Instanzen der Zwangsvollstreckung.

§ 33. Die Vollstreckung der Entscheidung, durch welche der Schuldner nach Maßgabe des § 887 Abs. 2 ZPO zur Vorauszahlung der Kosten verurteilt wird, scheidet aus der Zwangsvollstreckung zur Erwirkung der Handlung als besonderes Verfahren aus.

Soll die Zwangsvollstreckung auf Unterlassung oder Duldung einer Handlung durch Strafen ausgeführt werden (ZPO § 890 Abs. 1), so bildet eine jede Verurteilung zu einer Strafe nach Maßgabe der Vorschriften des § 29 den Schluß der Instanz.

Die Erwirkung der einer Verurteilung vorausgehenden Strafandrohung (ZPO

§ 890 Abs. 2) gehört zur Instanz der Hauptsache; dem Rechtsanwalte, welcher diese Instanz nicht geführt hat, steht die im § 23 bestimmte Gebühr zu.

§ 34. Bei Ausführung der Zwangsvollstreckung auf Vornahme einer Handlung durch Geldstrafen oder Haft (ZPO § 888) bildet das gesamte Verfahren Eine Instanz.

§ 35. Für die einmalige Erwirkung des Zeugnisses der Rechtskraft (ZPO § 706) oder der Vollstreckungsklausel (ZPO §§ 724 bis 730, 738, 742, 744, 745 Abs. 2, §§ 749, 795, 796 Abs. 1, § 797 Abs. 1, 2, § 929) steht weder dem Rechtsanwalte der Instanz, in welcher dieselben zu erteilen, noch dem Rechtsanwalte, welcher mit dem Betriebe der Zwangsvollstreckung beauftragt ist, und für die Aufhebung einer Vollstreckungsmaßregel weder dem Rechtsanwalte, welcher deren Vornahme veranlaßt hat, noch dem Rechtsanwalte, welcher mit dem Betriebe der weiteren Zwangsvollstreckung beauftragt ist, eine Gebühr zu.

§ 36. Die Vorschriften der §§ 31 bis 35 finden bei Vollziehung eines Arrestbefehls oder einer einstweiligen Verfügung (ZPO §§ 928 bis 934, 936) entsprechende Anwendung.

Die Instanz dauert bis zur Aufhebung des Arrestes oder der einstweiligen Verfügung oder bis zum Anfange der Zwangsvollstreckung aus dem in der Hauptsache erlassenen Urteile.

§ 37. (Fassung von 1909.) Für die Mitwirkung bei einem der Klage vorausgehenden Sühneverfahren (ZPO §§ 510c, 609, 610) erhält der Rechtsanwalt $^3/_{10}$ der Sätze des § 9.

Diese Gebühr wird im Falle der Verhandlung des Rechtsstreits vor dem Amtsgericht auf die Prozeßgebühr angerechnet.

Ist in dem Falle des § 510c ZPO unter der Mitwirkung des Rechtsanwalts ein Vergleich geschlossen, so erhält er die vollen Sätze des § 9.

§ 38. (Fassung von 1909.) Im Mahnverfahren erhält der Rechtsanwalt:

1. die Sätze des § 9 für die Vertretung des Gläubigers,
2. $^3/_{10}$ der Sätze des § 9 für die Erhebung des Widerspruchs.

Auf die in dem nachfolgenden Rechtsstreite zustehende Prozeßgebühr wird die Gebühr in Nr. 1 zu $^7/_{10}$, die Gebühr in Nr. 2 voll angerechnet.

§ 39. Für die Vertretung im Verteilungsverfahren (ZPO § 858 Abs. 6, §§ 872 bis 877, 882) stehen dem Rechtsanwalte $^5/_{10}$ und, falls der Auftrag vor dem Termine zur Ausführung der Verteilung erledigt wird, $^3/_{10}$ der Sätze des § 9 zu.

Der Wert des Streitgegenstandes wird durch den Betrag der Forderung und, wenn der zu verteilende Geldbetrag geringer ist, durch diesen Betrag bestimmt.

§ 40. Im Aufgebotsverfahren (ZPO §§ 946 bis 956, 959 bis 972, 977 bis 1024) stehen dem Rechtsanwalt, als Vertreter des Antragstellers (ZPO § 947), $^3/_{10}$ der Sätze des § 9 zu:

1. für den Betrieb des Verfahrens, einschließlich der Information;
2. für den Antrag auf Erlaß des Aufgebots;
3. für den Antrag auf Anordnung der Zahlungssperre, sofern derselbe vor dem Antrag auf Erlaß des Aufgebots gestellt wird;
4. für die Wahrnehmung des Aufgebotstermins.

Als Vertreter einer anderen Person erhält der Rechtsanwalt diese Gebühr nur einmal.

§ 41. (Fassung von 1909.) $^3/_{10}$ der in §§ 13 bis 17 bestimmten Gebühren erhält der Rechtsanwalt:

1. in der Beschwerdeinstanz;
2. wenn seine Tätigkeit sich auf ein Verfahren beschränkt, welches die Änderung einer Entscheidung des beauftragten oder ersuchten Richters oder des Gerichtsschreibers (ZPO § 576) betrifft.

In der Instanz der an eine Notfrist nicht gebundenen Beschwerde steht dem Rechtsanwalte die Prozeßgebühr nicht zu, wenn ihm dieselbe oder eine der in den §§ 37 bis 40 bezeichneten Gebühren in der Instanz zustand, in welcher die angefochtene Entscheidung ergangen ist.

§ 42. Der zum Prozeßbevollmächtigten bestellte Rechtsanwalt, welcher auf

Verlangen der Partei die Vertretung in der mündlichen Verhandlung einem anderen Rechtsanwalt übertragen hat, erhält neben den ihm zustehenden Gebühren $^5/_{10}$ der Verhandlungsgebühr. Diese Gebühr wird auf eine ihm zustehende Verhandlungsgebühr angerechnet.

§ 43. Dem Rechtsanwalte, welchem von der Partei oder auf deren Verlangen von dem Prozeßbevollmächtigten nur die Vertretung in der mündlichen Verhandlung oder die Ausführung der Parteirechte in derselben übertragen ist, steht neben der Verhandlungsgebühr die Prozeßgebühr zu $^5/_{10}$ zu. Letztere Gebühr steht ihm auch dann zu, wenn der Auftrag vor der mündlichen Verhandlung erledigt wird. Erstreckt sich die Vertretung auf eine mit der mündlichen Verhandlung verbundene Beweisaufnahme (§ 13 Nr. 4), so erhält der Rechtsanwalt außerdem die Beweisgebühr.

§ 44. Dem Rechtsanwalte, welcher lediglich den Verkehr der Partei mit dem Prozeßbevollmächtigten führt, steht eine Gebühr in Höhe der Prozeßgebühr zu. Er erhält nur $^5/_{10}$, wenn ihm in unterer Instanz die vorbezeichnete Gebühr oder die Prozeßgebühr zustand.

Die mit der Übersendung der Akten an den Rechtsanwalt der höheren Instanz verbundenen gutachtlichen Äußerungen dienen nicht zur Begründung dieser Gebühr, wenn nicht zu denselben Auftrag erteilt war.

§ 45. Der Rechtsanwalt, dessen Tätigkeit sich auf die Vertretung in einem nur zur Leistung des durch ein Urteil auferlegten Eides oder nur zur Beweisaufnahme bestimmten Termine beschränkt, erhält neben der dem Prozeßbevollmächtigten im gleichen Falle zustehenden Beweisgebühr eine Gebühr in Höhe von $^5/_{10}$ der Prozeßgebühr. Letztere Gebühr steht ihm auch dann zu, wenn der Auftrag vor dem Termin erledigt wird.

Die Wahrnehmung eines weiteren Termins zur Fortsetzung der Verhandlung begründet nicht eine Erhöhung der Gebühr.

§ 46. Beschränkt sich die Tätigkeit des Rechtsanwalts auf die Anfertigung eines Schriftsatzes, so erhält er eine Gebühr in Höhe von $^5/_{10}$ der Prozeßgebühr.

§ 47. Für einen erteilten Rat erhält der nicht zum Prozeßbevollmächtigten bestellte Rechtsanwalt eine Gebühr in Höhe von $^3/_{10}$ der Prozeßgebühr.

Eine Gebühr in Höhe von $^5/_{10}$ der Prozeßgebühr steht dem mit Einlegung der Berufung oder der Revision beauftragten Rechtsanwalte zu, wenn derselbe von der Einlegung abrät und der Auftraggeber seinen Auftrag zurücknimmt.

§ 48. Der nicht zum Prozeßbevollmächtigten bestellte Rechtsanwalt erhält höchstens die für den Prozeßbevollmächtigten bestimmte Gebühr, falls die ihm aufgetragenen Handlungen in den Kreis derjenigen Tätigkeit fallen, für welche die dem Prozeßbevollmächtigten zustehende Gebühr bestimmt ist.

§ 49. Wird ein Rechtsanwalt, nachdem er in einer Rechtssache tätig gewesen, zum Prozeßbevollmächtigten bestellt, so erhält er für die ihm vorher aufgetragenen Handlungen, soweit für dieselben die dem Prozeßbevollmächtigten zustehende Gebühr bestimmt ist, und als Prozeßbevollmächtigter zusammen nicht mehr an Gebühren, als ihm zustehen würde, wenn er vorher zum Prozeßbevollmächtigten bestellt worden wäre.

§ 50. Wird der einem Rechtsanwalt erteilte Auftrag vor Beendigung der Instanz aufgehoben, so stehen dem Rechtsanwalte die Gebühren in gleicher Weise zu, als wenn die Instanz zur Zeit der Aufhebung des Auftrags durch Zurücknahme der gestellten Anträge erledigt wäre, unbeschadet der aus einem Verschulden sich ergebenden zivilrechtlichen Folgen.

§ 51. Bei Vertretung mehrerer Streitgenossen, einschließlich der Nebenintervenienten, stehen dem Rechtsanwalte die Gebühren nur einmal zu. Bei nachträglichem Beitritte von Streitgenossen erhöht sich durch jeden Beitritt die Prozeßgebühr um $^2/_{10}$. Die Erhöhung wird nach dem Betrage berechnet, bei welchem die Vollmachtgeber gemeinschaftlich beteiligt sind, mehrere Erhöhungen dürfen den einfachen Betrag der Prozeßgebühr nicht übersteigen.

§ 52. (Fassung von 1910.) Die Gebührensätze erhöhen sich in der Berufungsinstanz um $^3/_{10}$ und in der Revisionsinstanz um $^5/_{10}$.

Dritter Abschnitt. Gebühren im Konkursverfahren.

§ 53. Auf die Gebühren im Konkursverfahren finden die Vorschriften der §§ 9, 11, 12 entsprechende Anwendung.

§ 54. Im Verfahren über einen Antrag auf Eröffnung des Konkursverfahrens (KO §§ 104 bis 106) erhält der Rechtsanwalt $^3/_{10}$, oder, wenn er einen Gläubiger vertritt, $^5/_{10}$ der Sätze des § 9.

§ 55. Für die Vertretung im Konkursverfahren erhält der Rechtsanwalt $^6/_{10}$, wenn jedoch die Vertretung vor dem allgemeinen Prüfungstermine (KO § 138) sich erledigt oder erst nach demselben beginnt, $^4/_{10}$ der Sätze des § 9.

§ 56. Der Rechtsanwalt erhält die Sätze des § 9 besonders:
1. für die Tätigkeit bei Prüfung der Forderungen;
2. für die Tätigkeit in dem Zwangsvergleichsverfahren;
3. für die Tätigkeit in dem Verteilungsverfahren.

§ 57. Beschränkt sich die Tätigkeit des Rechtsanwalts auf die Anmeldung einer Konkursforderung, so erhält derselbe $^2/_{10}$ der Sätze des § 9.

§ 58. Für die Vertretung:
1. in der Beschwerdeinstanz,
2. in dem Verfahren über Anträge auf Anordnung von Sicherheitsmaßregeln im Falle des § 197 Absatz 2 der KO

erhält der Rechtsanwalt besonders die im zweiten Abschnitte (§§ 23, 41) bestimmten Gebühren.

§ 59. Die Gebühren der §§ 54 bis 56 sowie des § 58 im Falle der Beschwerde gegen den Beschluß über Eröffnung des Konkursverfahrens (KO § 109) oder den Beschluß über Bestätigung eines Zwangsvergleichs (KO §§ 189, 230 Abs. 2, § 236) werden, wenn der Auftrag von dem Gemeinschuldner erteilt ist, nach dem Betrage der Aktivmasse (GKG § 52) berechnet.

Ist der Auftrag von einem Konkursgläubiger erteilt, so werden die Gebühren der §§ 54, 55, 57 und die Gebühr im Falle der Beschwerde gegen den Beschluß über Eröffnung des Konkursverfahrens nach dem Nennwerte der Forderung, die Gebühren des § 56 und die Gebühr im Falle der Beschwerde gegen den Beschluß über die Bestätigung eines Zwangsvergleichs nach dem Werte der Forderung des Gläubigers unter entsprechender Anwendung des § 148 KO berechnet.

§ 60. In einem wieder aufgenommenen Konkursverfahren erhält der Rechtsanwalt die Gebühren nach den Bestimmungen der §§ 55 bis 59 besonders.

§ 61. Insoweit dem Rechtsanwalte Gebühren für die Vornahme einzelner Handlungen im Konkursverfahren zustehen, darf der Gesamtbetrag derselben die im § 55 bestimmte Gebühr nicht übersteigen.

Wird der Rechtsanwalt, nachdem er einzelne Handlungen im Konkursverfahren vorgenommen hat, mit der Vertretung im Konkursverfahren beauftragt, so erhält er zusammen nicht mehr an Gebühren, als ihm zustehen würde, wenn er vorher mit der Vertretung im Konkursverfahren beauftragt worden wäre.

§ 62. Die Gebühren werden für jeden Auftrag gesondert, ohne Rücksicht auf andere Aufträge, berechnet.

Vierter Abschnitt. Gebühren in Strafsachen.

§ 63. In Strafsachen erhält der Rechtsanwalt als Verteidiger in der Hauptverhandlung erster Instanz:
1. vor dem Schöffengerichte 12 Mark;
2. vor der Strafkammer 20 Mark;
3. vor dem Schwurgericht oder dem Reichsgerichte 40 Mark.

§ 64. Erstreckt sich die Verhandlung auf mehrere Tage, so erhöhen sich die im § 63 bestimmten Gebühren für jeden weiteren Tag der Verteidigung um $^5/_{10}$.

Im Verfahren auf erhobene Privatklage findet diese Bestimmung nicht Anwendung.

§ 65. Findet in den auf Privatklage verhandelten Sachen eine Beweisaufnahme statt, so erhöht sich die im § 63 bestimmte Gebühr um 6 Mark.

§ 66. In der Berufungsinstanz sowie in der Revisionsinstanz stehen dem Rechtsanwalte die in den §§ 63 bis 65 bestimmten Sätze zu. Die Stufe bestimmt sich nach der Ordnung des Gerichts, welches in erster Instanz erkannt hat.

§ 67. Für die Verteidigung im Vorverfahren erhält der Rechtsanwalt:
1. in den zur Zuständigkeit der Schöffengerichte gehörigen Sachen 6 Mark;
2. in den zur Zuständigkeit der Strafkammer gehörigen Sachen 10 Mark;
3. in den zur Zuständigkeit der Schwurgerichte oder des Reichsgerichts gehörigen Sachen 20 Mark.

§ 68. $^5/_{10}$ der im § 63 bestimmten Sätze stehen dem Rechtsanwalte zu für Anfertigung:
1. einer Schrift zur Rechtfertigung einer Berufung;
2. einer Schrift zur Begründung einer Revision;
3. eines Antrags auf Wiederaufnahme des Verfahrens;
4. eines Gnadengesuchs.

Die Stufe bestimmt sich nach der Ordnung des Gerichts, welches in erster Instanz erkannt hat.

§ 69. Für Einlegung eines Rechtsmittels sowie für Anfertigung anderer, als der im § 68 bezeichneten Anträge, Gesuche und Erklärungen erhält der Rechtsanwalt je 2 Mark.

§ 70. Die in den §§ 63 bis 66 sowie die im § 67 bestimmten Gebühren umfassen die Anfertigung der zu derselben Instanz oder zu dem Vorverfahren gehörigen Anträge, Gesuche und Erklärungen, sowie die Einlegung von Rechtsmitteln gegen Entscheidungen oder Verfügungen derselben Instanz oder des Vorverfahrens.

§ 71. Auf die Gebühr für Rechtfertigung der Berufung (§ 68 Nr. 1) und auf die Gebühr für Begründung der Revision (§ 68 Nr. 2) wird die Gebühr für Einlegung des Rechtsmittels (§ 69) angerechnet.

§ 72. Im Falle der Verteidigung mehrerer Beschuldigter durch einen gemeinschaftlichen Verteidiger erhöhen sich die Gebühren um $^5/_{10}$.

§ 73. In Ansehung der Gebühren für Vertretung eines Privatklägers, eines Nebenklägers oder einer Verwaltungsbehörde (StPO § 464) kommen die Bestimmungen über die Gebühren für die Verteidigung zur entsprechenden Anwendung.

Die Anfertigung einer Privatklage begründet für den Rechtsanwalt die im § 67 Nr. 1 bestimmte Gebühr.

§ 74. Für Anfertigung eines Antrags auf gerichtliche Entscheidung im Falle des § 170 StPO erhält der Rechtsanwalt die im § 67 bestimmten Sätze.

§ 75. Nach Maßgabe der Vorschriften des zweiten Abschnitts (§ 23) stehen dem Rechtsanwalte Gebühren besonders zu für die Vertretung:
1. in dem Verfahren behufs Festsetzung der zu erstattenden Kosten (StPO § 496 Absatz 2);
2. in der Zwangsvollstreckung aus Entscheidungen, welche über eine Buße oder über Erstattung von Kosten ergangen sind (StPO §§ 495, 496).

Fünfter Abschnitt. Auslagen.

§ 76. (Fassung von 1909.) Für die Herstellung des Schreibwerkes sowie zum Ersatze der Postgebühren seiner Sendungen erhält der Rechtsanwalt Pauschsätze, soweit Schreibwerk und Postsendung innerhalb des Rahmens einer gebührenpflichtigen Tätigkeit vorkommen.

Der einzelne Pauschsatz beträgt zwanzig vom Hundert der zum Ansatze gelangenden Gebühr, jedoch höchstens dreißig Mark und mindestens fünfzig Pfennig, in der Zwangsvollstreckungsinstanz mindestens zwei Mark. Die Vorschrift des § 7 Abs. 2 GKG findet Anwendung.

Steht dem als Prozeßbevollmächtigten bestellten Rechtsanwalte nach § 13 Nr. 1, §§ 19, 52 die Prozeßgebühr zu, so beträgt die Summe der in einer Instanz anzusetzenden Pauschsätze mindestens vier Mark und höchstens fünfzig Mark und, wenn dem Rechtsanwalt auch nach § 13 Nr. 4, §§ 19, 52 die Beweisgebühr oder nach § 13 Nr. 3, §§ 19, 52 die Vergleichsgebühr zusteht, mindestens sechs Mark und höchstens sechzig Mark; die Vorschriften des § 27 Abs. 1, des § 28 und des § 30 Abs. 1 Nr. 3 finden keine Anwendung.

In den Fällen der §§ 43 und 45 der Gebührenordnung für Rechtsanwälte werden die dem Prozeßbevollmächtigten und dem anderen Rechtsanwalte zustehenden Pauschsätze nach der Summe der beiden Anwälten zustehenden Gebühren berechnet. Von dem Betrage dieser Pauschsätze erhält der Prozeßbevollmächtigte $^2/_3$, der andere Rechtsanwalt $^1/_3$.

Steht dem als Verteidiger oder als Vertreter eines Privatklägers, eines Nebenklägers oder einer Verwaltungsbehörde bestellten Rechtsanwalte die im § 63 bestimmte Gebühr zu, so beträgt der Pauschsatz mindestens vier Mark.

Neben den Pauschsätzen stehen dem Rechtsanwalte Schreibgebühren zu:

1. für die auf besonderes Verlangen gefertigten Abschriften;
2. für eine von ihm gefertigte beglaubigte Abschrift der Klageschrift, falls diese zur Herstellung einer Ausfertigung des Urteils (§ 317 Abs. 3 ZPO) benutzt wird;
3. für ein Schreibwerk, soweit es außerhalb des Rahmens einer gebührenpflichtigen Tätigkeit entsteht.

Für die Höhe der im Abs. 5 erwähnten Schreibgebühren sind die Vorschriften des § 80 GKG maßgebend.

Der Ansatz der im § 79 Nr. 2 GKG bezeichneten Gebühren wird durch den Pauschsatz nicht ausgeschlossen.

§ 77. Für Verpackung von Briefen und Akten dürfen Auslagen nicht berechnet werden.

§ 78. Bei Geschäftsreisen erhält der Rechtsanwalt, vorbehaltlich der Bestimmungen in den §§ 18, 37, 39 Absatz 2 der Rechtsanwaltsordnung:

I.	an Tagegeldern	12 M. — Pf.;
II.	für ein Nachtquartier	5 M. — Pf.;
III.	an Fuhrkosten einschließlich der Kosten der Gepäckbeförderung:	
	1. wenn die Reise auf Eisenbahnen oder Dampfschiffen gemacht werden kann, für das Kilometer	— M. 13 Pf.
	und für jeden Zu- und Abgang	3 M. — Pf.;
	2. anderenfalls	— M. 60 Pf.
	für das Kilometer der nächsten fahrbaren Straßenverbindung.	

Haben höhere Fuhrkosten aufgewendet werden müssen, so werden diese erstattet.

§ 79. Die Fuhrkosten werden für die Hin- und Rückreise besonders berechnet. Hat ein Rechtsanwalt Geschäfte an verschiedenen Orten unmittelbar nacheinander ausgerichtet, so ist der von Ort zu Ort zurückgelegte Weg ungeteilt der Berechnung der Fuhrkosten zugrunde zu legen.

Bei einer Reise zur Ausführung der Aufträge mehrerer Auftraggeber findet die Vorschrift des § 3 entsprechende Anwendung.

§ 80. Für Geschäfte am Wohnorte stehen dem Rechtsanwalte weder Tagegelder noch Fuhrkosten zu; dasselbe gilt von Geschäften außerhalb des Wohnortes in geringerer Entfernung als zwei Kilometer von demselben.

War der Rechtsanwalt durch außergewöhnliche Umstände genötigt, sich eines Fuhrwerks zu bedienen, oder waren sonstige notwendige Unkosten, wie Brückenoder Fährgeld, aufzuwenden, so sind die Auslagen zu erstatten.

Für einzelne Ortschaften kann durch die Landesjustizverwaltung bestimmt werden, daß den Rechtsanwälten bei den nicht an der Gerichtsstelle vorzunehmenden Geschäften die verauslagten Fuhrkosten zu erstatten sind.

§ 81. Bei Berechnung der Entfernungen wird jedes angefangene Kilometer für ein volles Kilometer gerechnet.

§ 82. Der Rechtsanwalt, welcher seinen Wohnsitz verlegt, kann bei Fortführung eines ihm vorher erteilten Auftrags Tagegelder und Reisekosten nur insoweit verlangen, als sie ihm auch bei Beibehaltung seines Wohnsitzes zugestanden haben würden.

§ 83. Hat ein Rechtsanwalt seinen Wohnsitz an einem Orte, an welchem sich kein Gericht befindet, so kann die Landesjustizverwaltung bestimmen, daß ihm Tagegelder und Reisekosten nur insoweit zustehen, als er solche auch verlangen könnte, wenn er seinen Wohnsitz an dem Orte des Amtsgerichts, in dessen Bezirk er wohnt, genommen hätte.

Sechster Abschnitt. Einforderung von Gebühren und Auslagen.

§ 84. Der Rechtsanwalt kann von seinem Auftraggeber angemessenen Vorschuß fordern.

§ 85. Dem Auftraggeber gegenüber werden die Gebühren des Rechtsanwalts fällig, sobald über die Verpflichtung, dieselben zu tragen, eine Entscheidung ergangen ist, sowie bei Beendigung der Instanz oder bei Erledigung des Auftrags.

§ 86. Die Einforderung der Gebühren und Auslagen ist nur zulässig, wenn vorher oder gleichzeitig eine von dem Rechtsanwalt unterschriebene Berechnung derselben mit Angabe des Wertes des Streitgegenstandes, sofern der Wert maßgebend, und unter Bezeichnung der zur Anwendung kommenden Bestimmungen dieses Gesetzes mitgeteilt wird.

Die Mitteilung dieser Berechnung kann auch nach erfolgter Zahlung verlangt werden, solange nicht die Handakten zurückgenommen sind oder die Verpflichtung des Rechtsanwalts zur Aufbewahrung derselben erloschen ist (Rechtsanwaltsordnung § 32).

Siebenter Abschnitt. Schlußbestimmungen.

§ 87. Für Erhebung und Ablieferung von Geldern erhält der Rechtsanwalt eine Gebühr:

von 1 Mark für jedes angefangene Hundert des Betrags bis 1000 Mark;
von 50 Pfennig für jedes angefangene Hundert des weiteren Betrags bis 10000 Mark;
von 25 Pfennig für jedes angefangene Hundert des Mehrbetrags.

Für Erhebung und Ablieferung von Wertpapieren erhält der Rechtsanwalt nach Maßgabe des Wertes die Hälfte der vorstehenden Gebühren.

Die Gebühr für Erhebung und Ablieferung von Geldern kann von diesen bei der Ablieferung entnommen werden.

§ 88. Für die Ausarbeitung eines Gutachtens mit juristischer Begründung hat der Rechtsanwalt angemessene Vergütung zu beanspruchen. Über die Höhe der Vergütung wird im Prozeßwege, nach eingeholtem Gutachten des Vorstandes der Anwaltskammer, entschieden.

§ 89. Ist für das dem Rechtsanwalt übertragene Geschäft der Betrag der Gebühr in diesem Gesetze nicht bestimmt, so erhält er eine unter entsprechender Anwendung der Bestimmungen dieses Gesetzes zu bemessende Gebühr.

§ 90. Insofern in diesem Gesetze für die begonnene oder vorbereitete Ausführung eines vor der vollständigen Ausführung erledigten Auftrags eine Gebühr nicht vorgesehen ist, erhält der Rechtsanwalt eine nach Maßgabe des § 89 zu bemessende Gebühr.

§ 91. Die Vorschriften dieses Gesetzes finden entsprechende Anwendung:

1. im schiedsrichterlichen Verfahren;
2. im Verfahren wegen Nichtigkeitserklärung oder Zurücknahme eines Patents;
3. im Disziplinarverfahren nach Maßgabe des Gesetzes, betreffend die Rechtsverhältnisse der Reichs-Beamten, vom 31. März 1873 (RGBl 61);
4. im ehrengerichtlichen Verfahren gegen Rechtsanwälte;
5. bei der Untersuchung von Seeunfällen.

Für die Berechnung der Gebühren des im schiedsrichterlichen Verfahren als Prozeßbevollmächtigten bestellten Rechtsanwalts gilt das gerichtliche Verfahren im Falle des § 1036 ZPO als zum schiedsrichterlichen Verfahren gehörig.

Das Verfahren vor der Disziplinarkammer, vor dem Ehrengericht und vor dem Seeamte steht im Sinne des § 63 dem Verfahren vor der Strafkammer gleich.

§ 92. Fällt eine dem Rechtsanwalt aufgetragene Tätigkeit, für welche ihm nach Vorschrift dieses Gesetzes eine Vergütung zusteht, zugleich in den Kreis derjenigen Angelegenheiten, in welchen die den Rechtsanwälten zustehende Vergütung durch landesgesetzliche Vorschrift geregelt ist, so kommt, soweit die Anwendung beider Vorschriften zu einer zweifachen Vergütung derselben Tätigkeit führen würde, nur eine derselben und zwar die dem Rechtsanwalte günstigere zur Anwendung.

§ 93. Sofern der Rechtsanwalt nicht einer Partei zur Wahrnehmung ihrer Rechte beigeordnet oder als Verteidiger bestellt ist, kann der Betrag der Vergütung durch Vertrag abweichend von den Vorschriften dieses Gesetzes festgesetzt werden. Die Festsetzung durch Bezugnahme auf das Ermessen eines Dritten ist ausgeschlossen.

Der Auftraggeber ist an den Vertrag nur gebunden, soweit er denselben schriftlich abgeschlossen hat.

Der Auftraggeber kann eine Berechnung der gesetzlichen Vergütung nach Maßgabe des § 86 verlangen.

Hat der Rechtsanwalt durch den Vertragsschluß die Grenze der Mäßigung überschritten, so kann die durch Vertrag festgesetzte Vergütung im Prozeßwege, nach eingeholtem Gutachten des Vorstandes der Anwaltskammer, bis auf den in diesem Gesetze bestimmten Betrag herabgesetzt werden.

§ 94. Für das Verhältnis des Auftraggebers oder des Rechtsanwalts zu dem Erstattungspflichtigen kommt die vertragsmäßige Festsetzung der Vergütung (§ 93) nicht in Betracht.

§ 95. Dieses Gesetz tritt im ganzen Umfange des Reichs gleichzeitig mit dem Gerichtsverfassungsgesetz in Kraft.

B. Gesetz, betr. Änderungen des Gerichtsverfassungsgesetzes, der Zivilprozeßordnung, des Gerichtskostengesetzes und der Gebührenordnung für Rechtsanwälte

vom 1. Juni 1909 (RGBl 475).

Art. I [enthält Änderungen des GVG].

Art. II [enthält Änderungen der ZPO].

Art. III [enthält Änderungen des GKG].

Art. IV [enthält die im Vorstehenden bereits berücksichtigten Änderungen der RAGebO, s. §§ 18—20, 23, 24, 26—30, 37, 38, 41, 52, 76].

Art. V. Der Bundesrat kann bestimmen, daß benachbarte Orte im Sinne der §§ 499, 604 ZPO als Ein Ort anzusehen sind; die Bestimmung ist im RGBl bekannt zu machen.

Art. VI. Soweit in Reichsgesetzen oder in Landesgesetzen auf Vorschriften der in den Artikeln I—IV bezeichneten Gesetze verwiesen ist, welche durch dieses Gesetz geändert werden, treten die entsprechenden Vorschriften dieses Gesetzes an ihre Stelle.

Art. VII. Dieses Gesetz tritt am 1. April 1910 in Kraft.

Art. VIII [läßt Einziehungen von Richterstellen und Versetzungen zu].

Art. IX [regelt den Fristenlauf z. Z. des Inkrafttretens dieses Gesetzes].

Art. X. Die Schreib- und Postgebühren sind in den vor dem Inkrafttreten dieses Gesetzes anhängig gewordenen Rechtssachen bis zur Beendigung der Instanz nach den bisherigen Vorschriften des GKG und der RAGebO in Ansatz zu bringen.

C. Gesetz, betr. die Zuständigkeit des Reichsgerichts

vom 22. Mai 1910 (RGBl 767).

Art. IX. Der § 52 der RAGebO erhält folgende Fassung: [siehe im Text vorn].

Art. XI. Dieses Gesetz tritt am 1. Juni 1910 in Kraft.

II.

Das Kostenfestsetzungsverfahren.

A. In bürgerlichen Rechtsstreitigkeiten.

I. Begriff und Gebiet des Kostenfestsetzungsverfahrens.

Das Kostenfestsetzungsverfahren in bürgerlichen Rechtsstreitigkeiten ist ein Verfahren, durch das die von der einen Partei der anderen Partei zu erstattenden Kosten ihrem Betrage nach festgesetzt werden. Dagegen wird im Kostenfestsetzungsverfahren nicht darüber entschieden, welche Kosten eine Partei an die Staatskasse oder an den Gerichtsvollzieher zu entrichten hat, und auch nicht darüber, was eine Partei ihrem eigenen Anwalt an Gebühren und Auslagen verschuldet. Die (von Levin DJZ 11 713, Nissen Gruch. 52 836 gestellte) Frage nach der rechtlichen Natur des Kostenanspruchs beantwortet sich dahin: Der Anspruch des Anwalts gegen seine Auftraggeber ist ein Dienstlohnanspruch aus dem (durch die RAO u. RAGebO) besonders geregelten Geschäftsbesorgungsverhältnisse (BGB § 675); mangels abweichender Sondervorschriften gelten die allgemeinen Regeln des BGB. Der Erstattungsanspruch des Prozeßgegners ist zunächst ein Anhängsel seines Hauptanspruchs, der — ähnlich wie der Zinsanspruch im Verzugsfalle — als Erweiterung des Hauptanspruchs kraft Gesetzes diesem hinzutritt. Hiernach entbehrt zwar der Kostenanspruch der obsiegenden Partei im Verhältnisse zum Streitgegenstande jeder Selbständigkeit. Er darf nur in dem Hauptprozeß und nur nach den Prozeßvorschriften über die Kostenpunktentscheidung (ZPO §§ 91ff, 321) geltend gemacht werden. Jedoch bezieht sich das nicht auf den endgültig zugesprochenen und durch vollstreckbare Entscheidung festgesetzten Kostenanspruch. Dieser hat sich vom Hauptanspruche losgelöst, ist selbständig geworden und folgt seinem eigenen Schicksal. Auch Verzugszinsen von den festgesetzten Kosten zu fordern, muß der Gläubiger berechtigt sein, falls der Schuldner die rechtskräftig festgesetzte Kostenschuld trotz Mahnung nicht erfüllt (BGB § 288). Der Satz, daß Verzugszinsen von Zinsen nicht zu entrichten sind (BGB § 288), läßt sich nicht auf alle Nebenforderungen schlechthin ausdehnen. Er steht einer Verzinsung des Kostenerstattungsanspruchs nicht entgegen.

I. Der Anwalt kann den Anspruch auf Gebühren und Auslagen gegen seinen Auftraggeber nur im gewöhnlichen Rechtsweg, also durch Klage oder Mahnverfahren, geltend machen, RG, JW 96 146.

1. „Für Klagen der Prozeßbevollmächtigten, der Beistände, der Zustellungsbevollmächtigten und der Gerichtsvollzieher wegen Gebühren und Auslagen ist das Gericht des Hauptprozesses zuständig," ZPO § 34. Der neben dem allgemeinen Gerichtsstande des § 13 ZPO wahlfrei gegebene Gerichtsstand des § 34 ZPO ist sowohl für Klagen als auch für Zahlungsbefehle (§ 689 Abs. 2 ZPO) gegeben; er gilt aber nur für die im § 34 ZPO bezeichneten Personen oder ihre Rechtsnachfolger. Prozeßbevollmächtigte im Sinne des § 34 ZPO sind alle die Personen, die auf Grund einer ihnen erteilten Vollmacht für die Partei und in deren Namen die mit der Prozeßführung verbundene Geschäftsbesorgung übernehmen, insbesondere auch der für einzelne Prozeßhandlungen (z. B. Wahrnehmung von Beweisterminen) vom Prozeßbevollmächtigten bestellte Unterbevollmächtigte und der Zwischenanwalt (Korrespondenzmandatar), RG 58 109. Die Vorschrift findet nur Anwendung auf Klagen der bezeichneten Personen gegen ihre Auftraggeber, die im Hauptprozesse Partei oder Nebenpartei waren, nicht auf Klagen gegen Dritte (Rsp 5 88; aM Rsp 7 273, 27 71, Gaupp-Stein § 34 A II, Struckmann-Koch § 34 A 2, wonach der Gerichtsstand des § 34 ZPO gegen den Bürgen der Prozeßpartei und andere Auftraggeber begründet sein soll), auch nicht auf Klagen der Parteien gegen ihre Prozeßbevollmächtigten, z. B. wegen zuviel gezahlter Gebühren oder wegen Schadenersatzes (Regreßprozesse), auch nicht auf Klagen gegen den in die Kosten des Rechtsstreits verurteilten Gegner der Partei.

2. Unter dem zuständigen Gerichte des Hauptprozesses ist stets dasjenige Gericht erster Instanz zu verstehen, bei dem der Hauptprozeß anhängig war, in welchem die Gebühren und Auslagen entstanden. In welcher Instanz sie entstanden, macht keinen Unterschied. Ebensowenig kommt es darauf an, ob der Prozeß bei Erhebung der Gebührenklage noch in der höheren Instanz anhängig oder bereits erledigt ist. Auch der Betrag der Kosten ist ohne Einfluß auf die sachliche Zuständigkeit. Dies gilt ebenso für die im Wiederaufnahmeverfahren entstandenen Kosten, selbst wenn gemäß § 584 ZPO die Wiederaufnahmeklage bei der höheren Instanz angestellt wurde, RG 29 414; JW 92 298. Die Zuständigkeit bezieht sich aber nur auf das erstinstanzliche Gericht als solches, und nicht auf diejenige Abteilung (Kammer, Senat) des Gerichts, vor der der Hauptprozeß verhandelt worden ist, RG 45 345, Reincke-Wien-

stein § 34, Gaupp-Stein § 34, III, Struckmann-Koch § 34 A 3; aM Walter-Joachim § 1 A 26. Die Kammern für Handelssachen sind zwar nicht grundsätzlich ausgeschlossen (Struckmann-Koch § 34 A 4), können aber mit Rücksicht auf den Gegenstand des Klageanspruchs nicht mit dem Gebührenprozeß befaßt werden; der Rechtsstreit wäre also auf Antrag des Beklagten an die Zivilkammer zu verweisen, § 103 GVG, Skonietzki-Gelpcke § 34 A 3.

3. Unter „Hauptprozeß" kann nach der Sprache der Reichsjustizgesetze nur ein Zivilprozeß (einschließlich des Zwangsvollstreckungsverfahrens, des Mahnverfahrens, Aufgebotsverfahrens usw., Gaupp-Stein § 34, IV, Skonietzki-Gelpcke § 34 A 4) verstanden werden. Die Liegenschaftsvollstreckung ist nur ein Unterfall der prozessualen Zwangsvollstreckung. Aber auch der Konkurs ist als eine Abart des Prozesses aufzufassen. Es besteht kein Anlaß, den Gerichtsstand des Zusammenhanges nicht auch auf den Konkurs auszudehnen. Nicht anzuwenden ist dagegen § 34 ZPO auf Gebühren und Auslagen in Strafsachen (insbesondere auch bei Privatklagen und Nebenklagen), OLG Hamburg Rsp 23 85.

II. Um dem Gegner gegenüber eine Festsetzung der der obsiegenden Partei zu erstattenden Prozeßkosten herbeizuführen, dient das Kostenfestsetzungsverfahren. Dieses bildet den einzigen Weg, um die Festsetzung jener Kosten zu erlangen. Eine Klage gegen die unterlegene Partei auf Erstattung von Prozeßkosten ist unstatthaft, RG 22 423; 66 199. Mit Prozeßkosten kann, sofern sie nicht anerkannt werden, nur nach deren gerichtlicher Festsetzung aufgerechnet werden, Skonietzki-Gelpcke § 103 A 3, Struckmann-Koch § 103, 1, aM Gaupp-Stein, Vorb. § 91, II.

Besonderheiten gelten für die Kosten des Mahnverfahrens und der Zwangsvollstreckung (s. unten Abschnitt XIIa).

Im übrigen ist das Kostenfestsetzungsverfahren in den §§ 103 bis 107 ZPO geregelt. Durch das „Gesetz vom 1. Juni 1909, betreffend Änderungen des Gerichtsverfassungsgesetzes, der Zivilprozeßordnung, des Gerichtskostengesetzes und der Gebührenordnung für Rechtsanwälte" haben sie die folgende Fassung erhalten:

§ 103. Der Anspruch auf Erstattung der Prozeßkosten kann nur auf Grund eines zur Zwangsvollstreckung geeigneten Titels geltend gemacht werden.

Das Gesuch um Festsetzung des zu erstattenden Betrags ist bei dem Gerichtsschreiber des Gerichts erster Instanz anzubringen. Die Kostenberechnung, die zur Mitteilung an den Gegner bestimmte Abschrift derselben und die zur Rechtfertigung der einzelnen Ansätze dienenden Belege sind beizufügen.

§ 104. Die Entscheidung über das Festsetzungsgesuch erfolgt durch den Gerichtsschreiber. Sie ist den Parteien von Amts wegen zuzustellen, dem Gegner des Antragstellers unter Beifügung der Abschrift der Kostenberechnung.

Zur Berücksichtigung eines Ansatzes genügt, daß dieser glaubhaft gemacht ist.

Über Erinnerungen gegen den Festsetzungsbeschluß entscheidet das Gericht, dessen Gerichtsschreiber den Beschluß erlassen hat. Die Erinnerungen sind binnen einer Notfrist von zwei Wochen, welche mit der Zustellung des Beschlusses beginnt, zu erheben. Die Entscheidung kann ohne vorgängige mündliche Verhandlung erfolgen. Das Gericht kann vor der Entscheidung anordnen, daß die Vollstreckung des Festsetzungsbeschlusses auszusetzen sei. Gegen die Entscheidung des Gerichts findet sofortige Beschwerde statt.

§ 105. Der Festsetzungsbeschluß kann auf das Urteil und die Ausfertigungen gesetzt werden, sofern bei der Anbringung des Gesuchs eine Ausfertigung des Urteils noch nicht erteilt ist und eine Verzögerung der Ausfertigung nicht eintritt. Eine besondere Ausfertigung und Zustellung des Festsetzungsbeschlusses findet in diesem Falle nicht statt. Den Parteien ist der festgesetzte Betrag mitzuteilen, dem Gegner des Antragstellers unter Beifügung der Abschrift der Kostenberechnung. Die Verbindung des Festsetzungsbeschlusses mit dem Urteile soll unterbleiben, sofern dem Festsetzungsgesuch auch nur teilweise nicht entsprochen wird.

Der Anbringung eines Festsetzungsgesuchs bedarf es nicht, wenn die Partei vor der Verkündung des Urteils die Berechnung ihrer Kosten eingereicht hat; in diesem Falle ist die dem Gegner mitzuteilende Abschrift der Kostenberechnung von Amts wegen anzufertigen.

§ 106. Sind die Prozeßkosten ganz oder teilweise nach Quoten verteilt, so hat in den in erster Instanz vor einem Landgerichte verhandelten Sachen die Partei den Gegner vor Anbringung des Festsetzungsgesuchs aufzufordern, die Berechnung seiner Kosten binnen einer einwöchigen Frist bei dem Gerichtsschreiber einzureichen. In den in erster Instanz vor einem Amtsgerichte verhandelten Sachen ist die Aufforderung nach Anbringung eines Festsetzungsgesuchs von dem Gerichtsschreiber zu erlassen. Die Vorschriften des § 105 finden keine Anwendung.

Nach fruchtlosem Ablaufe der einwöchigen Frist erfolgt die Entscheidung ohne Rücksicht auf die Kosten des Gegners, unbeschadet des Rechtes des letzteren, den Anspruch auf Erstattung nachträglich geltend zu machen. Der Gegner haftet für die Mehrkosten, welche durch das nachträgliche Verfahren entstehen.

§ 107. Ergeht nach der Kostenfestsetzung eine Entscheidung, durch welche der Wert des Streitgegenstandes festgesetzt wird, so ist, falls diese Entscheidung von der Wertsberechnung abweicht, welche der Kostenfestsetzung zugrunde liegt, auf Antrag die Kostenfestsetzung entsprechend abzuändern. Über den Antrag entscheidet der Gerichtsschreiber des Gerichts erster Instanz.

Der Antrag ist binnen der Frist von einem Monate bei dem Gerichtsschreiber anzubringen. Die Frist beginnt mit der Zustellung und, wenn es einer solchen nicht bedarf, mit der Verkündung des den Wert des Streitgegenstandes festsetzenden Beschlusses.

Die Vorschriften des § 104 Abs. 3 finden Anwendung.

II. Das Kostenfestsetzungsgesuch.

1. Seine Voraussetzungen.

ZPO § 103 Abs. 1. „Der Anspruch auf Erstattung der Prozeßkosten kann nur auf Grund eines zur Zwangsvollstreckung geeigneten Titels geltend gemacht werden.“ Die bloße Erklärung einer Partei in der mündlichen Verhandlung, daß sie die Kosten übernehme, genügt nicht, RG 20 414. Ebensowenig die Anerkennung eines Anspruchs oder die Zurücknahme einer Klage oder eines Rechtsmittels ohne richterliche Entscheidung. Der Schuldtitel ist für das Kostenfestsetzungsverfahren bindend. Sind z. B. dem Beklagten alle Kosten des Rechtsstreits auferlegt, so darf im Festsetzungsverfahren dem

Kläger der Anspruch auf Erstattung der Beweisgebühr nicht deshalb versagt werden, weil die Beweisaufnahme durch Fahrlässigkeit des Klägers verschuldet sei, RG, JW 95 263.

Schuldtitel sind:

I. Rechtskräftige oder vorläufig vollstreckbare Urteile (ZPO § 704). Dadurch, daß die Urteile ihrem Inhalte nach in der Hauptsache überhaupt nicht (abweisende oder Feststellungsurteile) oder erst in Zukunft vollstreckt werden können (nach §§ 257—259 ZPO), wird die Festsetzung der Kosten nicht ausgeschlossen. Unerheblich ist, ob es sich um Vollurteile oder Teilurteile handelt. Auch Vorbehaltsurteile (§§ 302, 529, 540, 599 ZPO) und Zwischenurteile im Verhältnisse der Parteien zueinander (§§ 275, 303 ZPO) oder gegenüber Dritten (s. unten 5, g) bilden, wenn in ihnen eine Kostenentscheidung getroffen ist, einen geeigneten Titel. Dasselbe gilt vom Arrestbefehl und der einstweiligen Verfügung.

Vollstreckungsurteile aus ZPO § 1042 lassen, soweit sie die im Schiedsspruch enthaltene Kostenentscheidung betreffen, die Festsetzung zu (RG 19 406; JW 94 543). Zu einer solchen gerichtlichen Festsetzung der Höhe der Kosten kommt es aber nur, wenn ein Vorgehen des Schiedsgerichts nicht mehr zu erlangen ist, weil es z. B. seine Tätigkeit verweigert oder weil ein Mitglied gestorben ist. Andernfalls hat das Schiedsgericht auch die Kosten festzusetzen, RG 59 150, OLG Hamburg, Kiel, Rsp 15, 95, 21 121, Petersen-Anger § 104 N. 7, s. auch Cohn bei Gruch 40 584; aM Delius, Gruch 39 831. Über das Verfahren hierbei, OLG Braunschweig, Rsp 25 242. Das OLG Hamburg will dies aber nur hinsichtlich der Parteikosten, nicht auch der dem Schiedsgerichte geschuldeten Kosten zulassen, Rsp 19 171. Über den Anspruch des Sachverständigen auf Zahlung seiner Vergütung, der sich gegen die Parteien richtet, entscheidet das Gericht, OLG Braunschweig, Rsp 21 122.

1. Rechtskräftige Urteile.

a) Von den kontradiktorischen Urteilen sind mit der Verkündung rechtskräftig: die Urteile des Reichsgerichts, des Bayerischen Obersten Landesgerichts und die in der Berufungsinstanz ergangenen Urteile der Landgerichte (RG, JW 94 142); nicht dagegen die Urteile der Oberlandesgerichte (§ 708 Nr. 7 ZPO).

b) Alle übrigen Urteile dieser Art werden erst mit dem Ablaufe der Rechtsmittelfrist rechtskräftig, ZPO § 705. Dem Ablaufe der Frist steht der nach Verkündung des Urteils ausgesprochene Verzicht auf das Rechtsmittel gleich; doch muß der Verzicht, wenn nicht vollständig nach dem Antrage der einen Partei erkannt war, von beiden Parteien ausgesprochen werden. Die Zurücknahme eines Rechtsmittels bewirkt die Rechtskraft nur dann, wenn zu dieser Zeit die Rechtsmittelfrist bereits abgelaufen war. Geht die Rechtskraft aus den Akten hervor, z. B. durch den Vermerk, daß ein Rechtskraftzeugnis erteilt sei, so genügt dies. Ist die Rechtskraft nicht aktenkundig, so hat sie der Antragsteller zu beweisen und zu diesem Zwecke die Ausfertigung des Urteils mit der Zustellungsurkunde und die Bescheinigung des Gerichtsschreibers des für das Rechtsmittel zuständigen Gerichts, daß innerhalb der Notfrist eine Rechtsmittelschrift nicht eingereicht sei, vorzulegen, ZPO § 706 Abs. 2. Auf Grund eines noch nicht rechtskräftigen Urteils kann die Festsetzung nicht mit der Begründung beantragt werden, daß die Gegenpartei durch schlüssige Handlungen auf das Rechtsmittel verzichtet habe, OLG Stuttgart WürttJ 15 349. Zulässig ist aber die Festsetzung der Kosten aus einem Urteil über den Kostenpunkt nach § 99 Abs. 3 ZPO, da dieses nach § 794 Nr. 3 einen vollstreckbaren Titel bildet, KG, KGBl 06 87; OLG Posen, Rsp 17 125. Dasselbe hat für eine Entscheidung aus §§ 89, 102 ZPO zu gelten, KG, Rsp 13 92.

c) Die Rechtskraft der Versäumnisurteile wird gehemmt durch den Einspruch oder, sofern dieser nicht zulässig ist (ZPO §§ 345, 238 Abs. 2), durch Berufung und Revision, soweit sie statthaft sind, ZPO §§ 513, 566. Ist der Einspruch gegen ein Versäumnisurteil zulässig, so tritt die Rechtskraft mit dem Ablaufe der Einspruchsfrist ein, ZPO § 705. Für den Verzicht und die Zurücknahme des Einspruchs gilt das über die Rechtsmittel Gesagte.

2. Vorläufig vollstreckbare Urteile. Ob sie von Amts wegen oder auf Antrag für vorläufig vollstreckbar erklärt worden sind, macht keinen Unterschied, ZPO §§ 708ff. Ist die vorläufige Vollstreckbarkeit ohne Einschränkung angeordnet, so bezieht sie sich auf den vollen Inhalt des Urteils, also auch auf die Kostenentscheidung. Gerade für diese erlangt sie Bedeutung, wenn das Urteil in der Hauptsache einen zur Zwangsvollstreckung nicht geeigneten Inhalt hat, da auf Grund dieses Titels sofort die Kostenfestsetzung nachgesucht werden darf. Zulässig wird die Kostenfestsetzung nämlich bei vorläufig vollstreckbaren Urteilen — auch Versäumnisurteilen — mit der Verkündung. Auch nach Einlegung eines Rechtsmittels oder des Einspruchs bleibt die Kostenfestsetzung zulässig, solange das Urteil wegen der Kosten einen zur Zwangsvollstreckung geeigneten Titel bildet. Das Urteil hört auf, ein solcher zu sein, sobald ein Urteil verkündet ist, das die Kostenentscheidung oder ihre vorläufige Vollstreckbarkeit aufhebt (§§ 717, 718 ZPO). Dagegen hindert eine Einstellung der Zwangsvollstreckung aus §§ 707, 719 ZPO die Festsetzung nicht, da die Festsetzung keine Vollstreckungsmaßregel bildet. Wegen der Vollstreckung aus einem unter diesen Umständen bereits ergangenen Festsetzungsbeschluß s. S. 87f. Die Einstellung der Zwangsvollstreckung aus §§ 767, 769 ZPO betrifft nur den Hauptanspruch, nicht die Kostenentscheidung, so daß eine solche Einstellung die Festsetzung nicht hindert, RG 75 200. Dasselbe gilt für die Einstellung aus §§ 771, 769 ZPO, weil diese sich nur auf die einzelne Vollstreckungsmaßregel bezieht, und für den Ablauf der im § 929 ZPO bestimmten Frist und die Aufhebung

des vollzogenen Arrestes nach § 934 ZPO, weil der Arrest als solcher fortbesteht, Gaupp-Stein § 103, II, 1, OLG München, Rsp 27 188. Hat aus dem wirkungslos gewordenen Festsetzungsbeschlusse die Zwangsvollstr. bereits stattgefunden, so ist unter entsprechender Anwendung des § 788 Abs. 2 ZPO (RG, JW 89 236) in dem neuen Urteile die Partei, welche die Kosten infolge des Beschlusses gezahlt erhalten hat, auf Antrag zu deren Erstattung zu verurteilen, ZPO § 717. Im Kostenfestſ.Beschlusse selbst kann aber die Rückerstattung der auf Grund eines für vorläufig vollstreckbar erklärten Urteils gezahlten Kostenbeträge (ZPO § 717 Abs. 2) nicht aufgegeben werden, RG, JW 92 93 (s. auch unten S. 109 bei Abänderung des Festsetzungsbeschlusses).

Ist das Urteil nur gegen Sicherheitsleistung vorläufig vollstreckbar (ZPO §§ 710, 713), so kann die Kostenfestsetzung stattfinden, bevor die Sicherheit geleistet ist. In dem Festsetzungsbeschluß ist aber dessen Vollstreckbarkeit ebenfalls von der im Urteil angeordneten Sicherheitsleistung abhängig zu machen, RG, JW 82 131, SeuffA 47 232; BayObLG, SeuffA 52 456; KG, KGBl 90 64; OLG Karlsruhe, NaumbAK 96 109.

Ist das Urteil in der Hauptsache gegen Hinterlegung in Höhe der beizutreibenden Summe für vorläufig vollstreckbar erklärt, so ist die Vollstreckbarkeit des Kostenfestſ.Beschlusses auch nur von einer Sicherheitsleistung in Höhe des festgesetzten demnächst beizutreibenden Kostenbetrags abhängig zu machen und dies in dem Beschlusse zum Ausdrucke zu bringen, RG, JW 91 310. Dasselbe muß aber auch gelten, wenn das Urteil nur gegen Hinterlegung einer festbestimmten Summe für vorläufig vollstreckbar erklärt ist. Es besteht kein Anlaß, die bloße Beitreibung der Kosten von der Hinterlegung der ganzen, nach der Hauptleistung bezifferten Sicherheitssumme abhängen zu lassen. Die Rechte des Schuldners sind ausreichend gewahrt, wenn die Kosteneinziehung von vorgängiger Hinterlegung des beizutreibenden Betrags abhängig gemacht wird, OLG Naumburg, ZZP 15 401; ebenso Gaupp-Stein § 103, II, Skonietzki-Gelpcke § 103 A 3b; aM ZDJ 13 129, OLG Köln, ZDJ 13 135.

Durch Sicherheitsleistung des Schuldners wird die Festsetzung nicht ausgeschlossen, BayObLG Samml. 1 349. Ist aber dem Schuldner gestattet, durch Sicherheitsleistung oder Hinterlegung die Vollstreckung abzuwenden (ZPO § 713 Abs. 2), so gilt dies auch für die Vollstreckung aus dem Festsetzungsbeschluß, in den ebenfalls der Vorbehalt aufzunehmen ist, RG, JW 90 41. Ein auf Grund des § 10 AnfG in der Fassung v. 20. Mai 1898 erlassenes bedingt vollstreckbares Urteil darf zwar vor Eintritt der Bedingung auch wegen der Kosten nicht vollstreckt werden; festgesetzt werden aber können die Kosten schon vor Eintritt der Bedingung. In diesem Falle ist im Festsetzungsbeschlusse zu bemerken, daß die Vollstreckung des Urteils und deshalb auch die Vollstreckung des Beschlusses von dem Eintritte der im § 10 bezeichneten Bedingung abhängt, RG, Freudenthals Jahrb. 2 37.

3. Auf grund von Urteilen, die weder rechtskräftig noch für vorläufig vollstreckbar erklärt sind, kann ein Kostenfestf.Beschluß nicht erlassen werden, selbst wenn versehentlich eine vollstreckbare Ausfertigung des Urteils vom Gerichtsschreiber erteilt sein sollte, denn diese Ausfertigung bildet keinen selbständigen, zur Zwangsvollstr. geeigneten Titel, OLG Naumburg, ZZP 15 516; aM Gaupp-Stein § 103 A III, 3.

4. In den beiden Fällen (zu 1 und 2) bedarf es, wie sich schon aus § 105 ZPO ergibt, zur Erlassung des Kostenfestf.Beschlusses weder der Vollstreckungsklausel noch der Zustellung des Urteils, da diese Erfordernisse nur für die Zwangsvollstr. vorgeschrieben sind, ZPO §§ 724, 750, 312 Abs. 2; RG, Warn **12** Nr. 188. Ausnahme s. S. 25.

5. Das Urteil stellt nur dann einen für die Kostenerstattung geeigneten Titel dar, wenn in ihm über den Kostenpunkt entschieden ist.

a) Ist zuwider § 308 Abs. 2 ZPO in dem Urteil über den Kostenpunkt nicht erkannt, so kann dieser Mangel nicht im Kostenfestf.Verfahren geheilt werden. Es muß vielmehr zunächst die Ergänzung des Urteils herbeigeführt werden, ZPO § 321. Die Prozeßkosten dürfen nicht durch besonderen Nachtragsprozeß gegen den Gegner geltend gemacht werden, da der Kostenerstattungsanspruch nach §§ 91, 308 ZPO im untrennbaren Zusammenhange mit der Hauptsache steht, RG **10** 310, **22** 423.

b) Ist die Hauptsache vor Einreichung der Klage erledigt, z. B. durch Befriedigung des Gläubigers, so kann der Anspruch auf Erstattung der aufgewendeten Kosten nur durch eine besondere, aus dem Verzug oder als Schadenersatzforderung zu begründende Klage geltend gemacht werden. Streitig ist, wie der Gläubiger Ersatz seiner Kosten erlangen kann, wenn der Schuldner nach Einreichung der Klage bei Gericht, aber vor deren Zustellung, dem Klageanspruche Genüge leistet. Es wird teils eine neue Klage auf Erstattung der Kosten als erforderlich behauptet: OLG Hamburg, ZZP **30** 131, Karlsruhe, BadRPrax **03** 67, Naumburg, SeuffA **46** Nr. 55, LG I Berlin, KGBl **92** 45, LG Halle, NaumbAK **99** 54, die Aufsätze in Gruch **35** 616 (Waldstein), **36** 241 (Landsberg), JW **84** 190 (ungenannt), 245 (Wassermann), Gaupp-Stein, Petersen, Förster I, Struckmann-Koch, Wilmowski-Levy, Skonietzki-Gelpcke, teils wird die Fortsetzung des Verfahrens wegen des Kostenpunkts für zulässig erachtet: OLG Hamburg, SeuffA **44** 91, Kolmar, ZfElsL **20** 414, Jena, ThüringerBl **45** 267, LG I Berlin, KGBl **92** 25, **95** 18, **04** 101, LG Halle, NaumbAK **94** 16, die Aufsätze in JW **84** 264 (Linckelmann), **86** 211, **89** 359 (Staub), ferner Walter in den früheren Auflagen.

Mit RG 47 404, 54 37, JW 03 237 ist davon auszugehen, daß, wer in der Hauptsache unterliegt, die Rechtsfolge zu tragen hat, daß ihn die Kosten des Rechtsstreits treffen. Die Hauptsache muß aber stets rechtshängig geworden sein. Fehlt es daran, so kann der Kläger die Erstattung der ihm erwachsenen Kosten nur aus dem Gesichtspunkte des Schadenersatzes wegen Verschuldens mit einer selbständigen Klage begehren. Gleichwohl wird für zulässig erachtet, daß, wenn der Gläubiger vor Klagezustellung nur teilweise befriedigt wird, die Prozeßgebühr von der ganzen Summe auf Grund des wegen des Restes ergangenen Urteils als zu den Kosten des Rechtsstreits gehörig erstattet verlangt wird, OLG Stuttgart, Rsp 11 169, Naumburg, Recht 11 Nr. 790; aM Gaupp-Stein § 91, II.

c) Die Kosten des Rechtsstreits, soweit sie die zurückgenommene Klage betreffen, fallen dem Kläger zur Last, selbst wenn die Klage mit Zustimmung des Beklagten zurückgenommen worden ist, sofern nicht darüber rechtskräftig erkannt oder von den Parteien etwas anderes vereinbart ist, RG 6 366. Ein Schuldtitel wird aber durch die bloße Zurücknahme der Klage ebensowenig ersetzt, als durch das außergerichtliche Anerkenntnis des Klageanspruchs, RG 20 417. Der Beklagte kann verlangen, daß die Kostenpflicht des Klägers durch Urteil festgestellt werde, weil er erst dadurch einen vollstreckbaren und zur Festsetzung der Kosten geeigneten Schuldtitel erlangt, ZPO § 271 Abs. 3. Der Antrag kann in dem anstehenden Verhandlungstermine gestellt werden oder in einem späteren Termine, zu dem der Kläger geladen werden muß (ZPO § 214); auch das Versäumnisverfahren ist hier zulässig, RG 6 367, 24 433, 31 404. Ebenso liegt die Sache, wenn ein Rechtsmittel oder der Einspruch zurückgenommen worden ist, ZPO §§ 515 Abs. 3, 566, 346.

d) Ist ein Nebenintervenient am Rechtsstreite beteiligt, so sind die Prozeßkosten von den durch die Nebenintervention verursachten Kosten zu unterscheiden. Zu den letzten Kosten gehören nicht die Kosten eines Zwischenstreits des Intervenienten mit einer oder beiden Parteien (aM Gaupp-Stein § 101, I), über die im Zwischenurteil besonders zu entscheiden ist, sondern nur die Kosten der zugelassenen Nebenintervention in dem Hauptstreit (Skonietzki-Gelpcke § 101 A 1, OLG Hamburg, Rsp 23 124). Für diese bleibt das Rechtsverhältnis zwischen der unterstützten Partei und dem Intervenienten in dem Prozeß außer Betracht. Als Beteiligte bei diesen Kosten sind nur der Intervenient und der Gegner der unterstützten Partei anzusehen. Nach § 101 ZPO sind die durch die Nebenintervention verursachten Kosten dem Gegner der Hauptpartei aufzuerlegen, wenn und insoweit er die Kosten überhaupt zu tragen hat, anderenfalls dem Nebenintervenienten; sie können aber niemals die Hauptpartei treffen, RG, JW 04 492, 05 50. Andrerseits hat der unterliegende Nebenintervenient nie die Kosten der Hauptsache zu tragen, RG, Recht 05 254, BayObLG 4 49; aM OLG Königsberg, Rsp 3 129. Die Kosten eines von dem Intervenienten eingelegten und als unbegründet zurückgewiesenen Rechtsmittels sind ihm nur dann aufzuerlegen, wenn das erfolglose Rechtsmittel nur von ihm, ohne Zutun und Teilnahme der Partei, eingelegt und durchgeführt wird, RG, Gruch **50** 122, JW **00** 438, **11** 100; Warn **10** Nr. 404 unter Aufgabe der JW **04** 287 vertretenen Ansicht, daß die Kosten eines vom Nebenintervenienten eingelegten Rechtsmittel stets die Hauptpartei treffen, auch wenn sie in der Rechtsmittelinstanz untätig geblieben sei; OLG Dresden, Rsp 17 313; aM Gaupp-Stein § 101, I. Hat die vom Nebenintervenienten unterstützte Prozeßpartei am Rechtsmittelverfahren teilgenommen, so fallen ihr die Kosten zur Last und der Nebenintervenient hat nur die durch die Nebenintervention verursachten Kosten zu tragen, RG **59** 173, **69** 292, Warn **11** Nr. 88. Entsprechend treffen den Nebenintervenienten die Kosten eines von ihm ohne Mitwirkung der Hauptpartei geltend gemachten und erfolglos gebliebenen Angriffs- oder Verteidigungsmittels. Nur durch die Entscheidung im Urteil erlangen die Beteiligten einen Titel zur Kostenerstattung, so daß die Kosten der Nebenintervention, wenn das Urteil nur von den Kosten des Rechtsstreits spricht, hieraus nicht festgesetzt werden können; es sei denn, daß die Gründe erkennen lassen, daß auch über die Kosten der Nebenintervention durch die Urteilsformel entschieden werden sollte, RG, JW **01** 573, RG **10** 339, **13** 433, **15** 418, **22** 421; JW **86** 191, **90** 375, **96** 333; SeuffA **54** 94. Für das Kostenfestf.Verfahren ist das ergangene Urteil selbst dann maßgebend, wenn es materiell unrichtig sein sollte, RG, JW **05** 149.

Ist der Rechtsstreit durch Vergleich der Hauptparteien erledigt, so kann dennoch nachträglich eine Entscheidung über die Kosten der Nebenintervention ergehen. Der Nebenintervenient ist befugt, diese Entscheidung herbeizuführen. Für die Entscheidung ist lediglich der Inhalt des zwischen den Hauptparteien abgeschlossenen Vergleichs, nicht die materielle Sachlage des Rechtsstreits oder das bürgerliche Recht maßgebend, RG **56** 113. Für einen Nebenintervenienten, der nach § 69 ZPO als Streitgenosse gilt, sind die Vorschriften des § 100 ZPO maßgebend, § 101 Abs. 2 ZPO, s. unten S. 67.

e) Wird auf die Anfechtungsklage des Entmündigten der Entmündigungsbeschluß aufgehoben und der beklagte Antragsteller in die „Kosten des Rechtsstreits" verurteilt, so muß die Kostenentscheidung des landgerichtlichen Urteils auch auf die Kosten des amtsgerichtlichen Verfahrens bezogen werden. Denn das amtsgerichtliche Entmündigungsverfahren und der landgerichtliche Anfechtungsprozeß sind ein untrennbares Ganzes, OLG Kassel, ZZP **15** 419. Dagegen besteht im amtsgerichtlichen Entmündigungsverfahren kein der gerichtlichen Festsetzung zugänglicher Erstattungsanspruch, dessen Höhe festzusetzen wäre, da kein eigentlicher Rechtsstreit mit einer unterliegenden Partei vorliegt, KG, Rsp **15** 76, KGBl **07** 57, 118, Friedländer ArchzivPr **86** 471, **89** 199; aM OLG Jena, ZDJ **11** 149, Dresden, Rsp **25** 141; LG I Berlin, KGBl **06** 18; Gaupp-Stein § 658, I.

f) Entscheidungen aus § 102 ZPO. Gerichtsschreiber, gesetzliche Vertreter, Rechtsanwälte und andere Bevollmächtigte sowie Gerichtsvollzieher können in diejenigen gerichtlichen und außergerichtlichen Kosten verurteilt werden, die sie durch grobes Verschulden veranlaßt haben. Zuständig ist das Prozeßgericht derjenigen Instanz, in welcher der Prozeß schwebt, und im Vollstreckungsverfahren das Vollstreckungsgericht. Dagegen kann eine solche Entscheidung nicht im Kostenfestsetzungsverfahren getroffen werden (s. unten S. 89). Das Gericht handelt von Amts wegen. Etwaige Parteianträge gelten nur als Anregung für diese Amtstätigkeit. Der Schuldige muß vor der Entscheidung schriftlich oder mündlich gehört werden, RG, JW 93 94. Die Entscheidung ergeht durch Beschluß, der dem Verurteilten von Amts wegen zuzustellen ist und gegen den ihm die sofortige Beschwerde zusteht. Wird die Verurteilung abgelehnt, so steht der Partei, die sie etwa beantragt hat, ein Rechtsmittel nicht zu, da sie ein Recht auf die Verurteilung nicht hat. Die verurteilende Entscheidung enthält einen vollstreckbaren Titel, der einen Kostenerstattungsantrag zuläßt. ZPO § 794 Nr. 3. Ebenso kann die Festsetzung auf Grund einer Entscheidung aus § 89 ZPO erfolgen.

g) Zwischenurteile, mögen sie zwischen den Parteien oder gegenüber Dritten ergangen sein, lassen die Kostenfestsetzung zu, wenn sie eine Kostenentscheidung enthalten. Eine solche soll allerdings im ersten Falle (Zwischenstreit unter den Parteien selbst) nicht getroffen werden, RG **13** 390, 413, **40** 371, JW **02** 182, Gruch 28 1131, 29 1065. Wird die Nebenintervention zurückgewiesen (§ 71 ZPO), so sind die hierbei entstandenen Kosten dem Intervenienten aufzuerlegen. Bei deren Festsetzung sind §§ 23 Ziff. 1, 29 Ziff. 2 RAGebO, §§ 27 Ziff. 1, 39 GKG zu beachten. Wird die Entscheidung erst im Endurteile getroffen, so findet die Festsetzung aus diesem statt. Bei Zulassung der Intervention greift § 101 ZPO Platz, s. oben d. Ähnlich verhält es sich bei den Urteilen aus §§ 135, 387, 402 ZPO, bei denen eine Entscheidung über die Kosten nicht fehlen soll, KG, KGBl **09** 5, OLG Hamburg, Rsp **19** 112, **25** 109. Die Kosten eines Zwischenstreits (§ 387 ZPO), über die keine besondere Entscheidung ergangen ist, hat die unterliegende Partei des Hauptprozesses als Kosten des Rechtsstreits zu tragen, OLG Kiel, Rsp **17** 106, Meyer ZZP **17** 462; ebenso die Kosten einer Beschwerde, über deren Kosten nicht selbständig entschieden war, OLG Hamburg, Rsp **17** 126; Gaupp-Stein § 575, II.

II. Schuldtitel aus § 794 Nr. 1—3 ZPO, nämlich:

1. Prozeßvergleiche; dies sind Vergleiche, die nach Zustellung einer Klage oder eines Zahlungsbefehls zwischen den Parteien oder zwischen einer Partei und einem Dritten (z. B. einem Bürgen) zur Beilegung des Rechtsstreits seinem ganzen Umfange nach oder in betreff eines Teiles des Streitgegenstandes vor einem deutschen Gericht abgeschlossen werden. Auch die Kosten, welche nach einem Prozeßvergleiche von einem Streitgenossen dem anderen zu ersetzen sind, können festgesetzt werden, OLG Jena, ZZP 28 317. „Deutsches Gericht“ im Sinne des § 794 Nr. 1 ist nicht nur das Prozeßgericht oder der beauftragte oder ersuchte Richter, sondern jedes deutsche Gericht (RG 21 348f.), einschließlich der deutschen Konsuln und Konsulargerichte sowie der richterlichen Beamten der Schutzgebiete, RGes v. 7. April 1900 § 46; RGes v. 10. Sept. 1900 § 2.

Zur Abschließung vor Gericht gehört, daß der Vergleich zu gerichtlichem Protokoll erklärt oder inhaltlich anerkannt ist, ZPO §§ 160 Nr. 1, 415.

So lange der Vergleich bedingt oder befristet ist, z. B. noch von der Genehmigung eines Dritten oder vom Nachweis einer Vollmacht abhängt, übt er noch keine Wirkung aus und bildet daher auch keinen Titel für die Festsetzung.

2. Vergleiche, die in Sühnesachen (§ 510c ZPO) vor dem Amtsgericht abgeschlossen sind.

Außergerichtliche Vergleiche, wenn sie nicht unter die Vorschrift des § 794 ZPO fallen, sind keine zur Kostenfestsetzung geeigneten Titel.

Auch die gerichtlichen Vergleiche lassen keine Kostenfestsetzung zu, wenn sie keine Bestimmung über die Kosten enthalten. Diese gelten dann als gegeneinander aufgehoben, ZPO § 98.

3. Entscheidungen, gegen die das Rechtsmittel der Beschwerde stattfindet, sofern sie einen Beteiligten in Kosten verurteilen. Hierher gehören insbesondere die Entscheidungen aus ZPO §§ 89, 99 Abs. 3, 102, 135 Abs. 2, 380, 390, 409, 619 Abs. 3, 888, 889 (RG 1 233, 25 387). Eine Festsetzung in dem Verfahren nach § 4 GKG (Erinnerung und Beschwerde gegen den Gerichtskostenansatz) erscheint unzulässig, KG, Rsp 21 126.

Wegen der Kostenfestsetzungsbeschlüsse und Vollstreckungsbefehle s. XI und XII a, A. Urkunden aus § 794 Nr. 5 ZPO geben keinen Anlaß zur Kostenfestsetzung, da sie schon an sich auf einen bestimmten Betrag lauten müssen, OLG München, Rsp 15 9 N. 1.

III. Alle Titel, aus denen nach Reichs- oder Landesrecht die Zwangsvollstreckung nach den Regeln der ZPO stattfindet. Der Vorbehalt des § 801 ZPO bezieht sich auf bestehende wie auf künftige Landesgesetze (Mot. 421) und läßt für die Vollstreckung aus solchen Titeln selbst abweichende landesgesetzliche Vorschriften zu, gleichviel, ob es sich um die Vorbereitung oder um die Durchführung der Vollstreckung handelt, RG, JW 86 272. Rechtswirksamkeit haben derartige Landesgesetze nur in dem betreffenden Bundesstaate selbst, abgesehen von der den Bundesstaaten nach GVG §§ 157ff. untereinander obliegenden Rechtshilfe, RG 6 232. In dem Verfahren wegen **Nichtigkeitserklärung** oder **Zurücknahme eines Patentes** ist der Schuldtitel die ergangene Entscheidung. §§ 31, 33 des Patentges. v. 7. April 1891. Die Kostenfestsetzung erfolgt nach den Vorschriften der ZPO. Auf Antrag des Gläubigers hat das Patentamt das für den Schuldner zuständige Amtsgericht zu ersuchen, den Kostenfestf.Beschluß des Patentamts mit der Vollstreckungsklausel zu versehen. Das Amtsgericht muß diesem Ersuchen entsprechen. RG 33 423; Patentbl 1 15; JW 94 509, 02 (Beil.) 447 Nr. 16; RG 64 179. Vgl. unten Anm. zu § 91 RAGebO. In ähnlicher Weise hat das Amtsgericht die Kostenentscheidungen und Kostenfestsetzungen ausländischer Gerichte durch Beschluß für vollstreckbar zu erklären, Art. 18, 19 des **Haager Abkommens über den Zivilprozeß** v. 17. Juli 1905; § 5 des dazu erlassenen AusfGes v. 5. April 1909; vgl. Stein § 723; KG, Rsp 20 97, OLG Kolmar, Recht 12 Nr. 2326.

2. Die Parteien.

1. Auf die Prozeßparteien ist die Kostenfestsetzung nicht beschränkt. Wie in Zwischenstreiten mit dritten Personen (s. S. 22) Kostenentscheidungen ergehen, die einen zur Festsetzung geeigneten Titel bilden, und nach §§ 89, 102 ZPO Dritte zur Kostenerstattung verpflichtet sein können, so findet auch die Festsetzung diesen Dritten gegenüber statt. Sie ist auch sonst gegenüber dritten Personen zulässig, z. B. wenn ein Vergleich mehrere Prozesse erledigt, OLG München, Rsp 23 128, oder gegenüber einem Zeugen, der an dem Prozeßvergleiche der Hauptparteien teilgenommen und dabei die Kosten des Rechtsstreits übernommen hat, LG Plauen, ZZP 24 258; OLG Jena, ZZP 26 533; Schultzenstein, ZZP 24 481; aM OLG Hamburg, SeuffA 54 642.

2. Berechtigt zu dem Gesuch um Kostenfestsetzung ist nach § 103 ZPO lediglich die **obsiegende** Partei. Dem Kostenschuldner steht ein Antragsrecht nicht zu, obschon auch er an der Kostenfestsetzung wesentlich interessiert sein kann, z. B. wenn die Erben der in die Prozeßkosten verurteilten Partei zum Zwecke der Nachlaßteilung den Betrag der Kostenschuld ihres Erblassers wissen wollen. Ein Hindernis, den Kostenschuldner zu dem Gesuche zu verstatten, bestände im Falle des § 103 ZPO ebensowenig, wie im Falle der Kostenteilung nach Quoten (§ 106 ZPO), wo ausdrücklich jeder Partei, auch dem Kostenschuldner, das Antragsrecht beigelegt ist. Dennoch muß (mit Schultzenstein, ZZP 24 473) das Antragsrecht des Kostenschuldners verneint werden, weil für ihn keine Möglichkeit besteht, die obsiegende Partei zu veranlassen, ihren Kostenanspruch zu verfolgen. Dies gilt auch dann, wenn der Kostenschuldner behauptet, dem obsiegenden Teile zuviel gezahlt zu haben, OLG München, Rsp 20 310.

3. Das Antragsrecht steht dem in dem Titel genannten Gläu-

biger zu. Dritte, die zur Vollstreckung aus dem Titel befugt sind, z. B. Rechtsnachfolger, können die Festsetzung erst betreiben, nachdem ihnen die Vollstreckungsklausel erteilt ist, da hier die Vollstreckungsklausel den Titel für sie überhaupt erst vollstreckbar macht, §§ 727ff. ZPO. Dagegen kann derjenige, der sich den Kostenerstattungsanspruch aus dem Urteile hat pfänden und überweisen lassen, mit Rücksicht auf § 265 ZPO die Festsetzung nicht für sich begehren, KG, Rsp 13 113; der Pfändung und Überweisung der Rechte aus dem Festsetzungsbeschlusse steht indessen nichts im Wege. Drittschuldner ist die Partei oder der Dritte, denen in dem Titel die Kosten auferlegt sind, oder derjenige, gegen den der Titel gemäß der Vollstreckungsklausel vollstreckbar ist.

Ist eine Partei vor Stellung des Kostenfestsetzungsantrags, aber nach Rechtskraft des Urteils oder bei einem vorläufig vollstreckbaren Urteile nach dessen Verkündung gestorben, so bedarf es zur Kostenfestsetzung nicht der Aufnahme des Verfahrens, vielmehr ist das Festsetzungsgesuch unter Nachweis der Rechtsnachfolge von den Erben oder gegen die Erben einzureichen. Eine Vollstreckungsklausel für oder gegen die Erben ist in diesem Falle zur Kostenfestsetzung nicht erforderlich, Struckmann-Koch vor § 239, 3; Petersen-Anger § 104, 1; s. unten S. 76. Denn zur Festsetzung der Kosten bedarf es zwar der Vollstreckbarkeit, aber keiner Vollstreckungsklausel.

4. Der Ehemann, der in dem Rechtsstreit als Beistand der Ehefrau neben ihr auftritt oder als Beistand geladen wurde, kann unter Umständen als Partei angesehen werden (RG, Gruch 39 1112 und 1120) und darf dann die Kostenfestsetzung beantragen, OLG Breslau, BreslAK 95 50. In der Regel aber bedeutet der Zusatz „im Beistande des Ehemanns" nicht, daß er Partei sein soll, sondern nur, daß der Prozeß mit seiner Zustimmung geführt wird, RG 60 85ff; JW 03 (Beil.) 147; Gruch 50 1090ff. Das Recht des Ehemanns, die ihm in Prozessen gegen die Ehefrau erwachsenen Kosten ihr gegenüber festsetzen zu lassen, wird durch die Vorschriften des bürgerlichen Rechtes, nach denen gewisse der Ehefrau erwachsene Kosten von ihm zu tragen sind (BGB § 1387), nicht ausgeschlossen, RG, JW 97 207; PrJMBl 97 93; KG, Rsp 20 309; aM RG, JW 96 634; PrJMBl 96 320; OLG Braunschweig, SeuffA 54 93. Der Konkursverwalter darf die vom Gegner zu erstattenden Kosten auch nach der Beendigung des Konkursverfahrens festsetzen lassen, OLG Köln, RheinArch 94 I 174. Die im Urteil ausgesprochene Beschränkung der Haftung der Erben braucht in den Kostenfestsetzungsbeschluß nicht aufgenommen zu werden, wenn sämtliche Kosten in der Person der Erben entstanden sind, OLG Jena, ZDJ 11 209, da für die Prozeßkosten die Erben dann unbeschränkt haften, RG, ZDJ 12 34, RG, Recht 11 Nr. 3923, KG, Rsp 20 301, OLG Braunschweig, ZDJ 10 189; Gaupp-Stein Vorb. II, 2 vor § 91, § 780 II.

5. Die Bewilligung des Armenrechts hat auf die Verpflichtung zur Erstattung der dem Gegner erwachsenen Kosten keinen Einfluß, ZPO § 117. Der Gegner ist also nicht gehindert, gegen die arme Partei die Kostenfestsetzung nachzusuchen, ohne daß er etwa einen Gerichtskostenvorschuß zu zahlen hat, OLG Darmstadt, Rsp 22 274; aM OLG Hamburg, Rsp 17 130. Andererseits kann auch die arme Partei von dem unterlegenen Gegner Erstattung der Kosten verlangen, ohne daß sie die Zahlung von Kosten, insbesondere von Anwaltsgebühren, nachzuweisen braucht, RG, Gruch 45 652; aM KG, KGBl 06 87, 08 104; OLG Celle, Rsp 15 260.

6. Eine Ausnahme von der Regel, wonach der Prozeßbevollmächtigte nur namens der von ihm vertretenen Partei den Kostenfestsetzungsantrag stellen darf, besteht für den gemäß ZPO § 115 der armen Partei beigeordneten RA. Dieser ist nach ZPO § 124 berechtigt, seine ihm zustehende Gebühren- und Auslagenforderung von dem in die Prozeßkosten verurteilten, also der armen Partei erstattungspflichtigen Gegner als eigenen Anspruch beizutreiben. Darüber, ob § 124 ZPO eine gesetzliche Zession des Kostenerstattungsanspruchs der armen Partei an ihren RA begründet oder dem RA ein selbständiges Recht auf Kostenerstattung neben dem Rechte der Partei selbst verleiht oder ihm ein pfandähnliches Recht gewährt, besteht Streit; vgl. über die Streitfrage Gruch 39 289; OLG Braunschweig Rsp 23 134, Jena ZZP 31 334. Das RG vertritt die zweite Meinung, Gruch 45 652. Auszugehen ist davon: Erstattungsberechtigt ist nach dem Titel die Partei; der RA steht wegen seiner Gebühren und Auslagen nur mit der armen Partei in Rechtsbeziehungen, der er aber seine Dienste unentgeltlich zu leisten hat. Damit er nun beim Obsiegen der armen Partei doch die Möglichkeit hat, die Vergütung zu erhalten, die ihm von einem Auftraggeber zustehen würde, ist die Vorschrift des § 124 ZPO aufgenommen. Danach hat er das Recht, gegen den Gegner selbständig seine Gebührenforderung beizutreiben. Dieses Recht hat jedoch seinen Ursprung in dem Erstattungsanspruch der armen Partei. Die Folge davon ist, daß sein Recht nicht weiter geht als das der armen Partei und in seinem Bestande abhängig ist von dem Bestehen des Erstattungsanspruchs der armen Partei.

Es kann also die arme Partei die Kostenfestsetzung betreiben oder der RA kann dies in ihrem Namen tun, ohne daß der Nachweis von Zahlungen der armen Partei erforderlich ist (s. oben Nr. 5); oder der RA kann die Kostenfestsetzung im eigenen Namen betreiben, wobei er dann allerdings den erforderlichen Vorschuß an die Gerichtskasse zu zahlen hat, den er aber von dem Gegner wieder einziehen kann, LG I Berlin, KGBl 09 110. (Nach OLG Celle, Rsp 15 260 ruht das Festsetzungsrecht der armen Partei, solange der RA nicht befriedigt ist oder sonst sein Beitreibungsrecht nicht aufgegeben hat, Skonietzki-Gelpcke § 124 A 1.) Werden die Kosten für die arme Partei festgesetzt, ist der RA befugt, das Verfahren für sich aufzunehmen; er darf im eigenen Namen Rechtsmittel einlegen, RG 9 389, den Beschluß oder die Vollstreckungsklausel auf seinen Namen umschreiben oder sie sofort für sich erteilen lassen, RG, JW 96 146, 04 145; OLG Posen, Braunschweig, Kiel, Rsp 1 381, 13 121, 17 315, 23 134. — OLG Kolmar, ZZP 42 375 will anscheinend nur die Umschreibung des Beschlusses zulassen und versagt die Umschreibung der Klausel. Diese Umschreibung versagen ferner OLG Dresden, Rostock, Rsp 6 130, 16 297. —

Ob die Festsetzung aus einem vorläufig vollstreckbaren oder aus einem rechtskräftigen Titel stattfindet, ist unerheblich.

Daß das Festsetzungsverfahren rechtskräftig abgeschlossen ist, hindert das Eintreten des RA nicht, OLG Braunschweig, Kiel, Rsp 13 120, 17 315, 23 134; aM OLG Kolmar Rsp 11 68.

Dadurch, daß der RA für die Partei die Festsetzung betrieben hat, verliert er nicht seine Rechte aus § 124 ZPO, da er hierdurch auf sie nicht verzichtet hat, OLG Kiel, Braunschweig, Kolmar, Dresden Rsp 1 381, 11 68, 13 121, 17 315, 19 87, 23 134, 27 57; auch RG, JW 04 145; aM OLG Dresden, Rsp 7 287.

Er kann aber nicht neben der Partei und diese nicht neben ihm die Festsetzung betreiben; denn § 124 ZPO schafft nicht einen neuen Erstattungsanspruch, der den Gegner einer doppelten Festsetzung derselben Beträge aussetzen würde. Denkbar wäre nur, daß die Partei, da § 124 ZPO auf die Gebühren und Auslagen des RA beschränkt ist, noch andre Kosten aufgewendet hätte, deren Festsetzung zu begehren ihr nicht genommen ist.

Da das Recht des RA aus § 124 ZPO seine Quelle in dem Schuldtitel der Partei hat, hört es auf, wenn der Titel wegfällt (s. oben S. 17). Auf Grund eines vorläufig vollstreckbaren Urteils bereits gezahlte Kosten sind nach § 717 Abs. 2 ZPO zu erstatten. Die Befugnis des RA aus § 124 ZPO hindert die Partei nicht, über ihren Erstattungsanspruch zu verfügen. Sie kann sich, mag das Urteil vorläufig vollstreckbar oder rechtskräftig sein, mit dem Gegner vergleichen, Zahlung annehmen und nach der Festsetzung aufrechnen, wie der Gegner gegen ihre Forderung aufrechnen kann. Das Verfügungsrecht der Partei wird auch nicht dadurch beseitigt, daß der RA die Festsetzung im eigenen Namen betreibt. Es erlischt erst, wenn der RA durch eine Verfügung von seiner Seite, z. B. durch Empfang der Gebühren vom Gegner, den Erstattungsanspruch zum Erlöschen gebracht hat. Durch die Verfügungen der Partei wird andrerseits das Recht des RA, die Festsetzung zu verlangen, nicht beseitigt; denn der Titel bleibt ja bestehen. In dem Festsetzungsverfahren kann der Gegner ihm aus diesen Verfügungen keine Einreden entgegensetzen, sondern ist auf den Weg des § 767 ZPO angewiesen. Auf diese Weise kann sogar eine für den RA schon bewirkte Festsetzung ihre Wirksamkeit einbüßen. — OLG Frankfurt, Rsp 17 131 läßt eine Verfügung der Partei mit Wirkung gegen den RA nur vor der rechtskräftigen

Entscheidung zu; OLG Celle, Rsp 15 260 versagt der Zahlung der Kosten an die arme Partei jede Wirkung; nach RG, JW 96 146, 04 145 wird durch die Aufrechnung gegen die für die arme Partei festgesetzten Kosten der Erstattungsanspruch des RA nicht vernichtet. Gaupp-Stein § 124 A III hält Verfügungen der Partei nach Umstellung des Titels für unwirksam; ebenso OLG Kiel, Rsp 17 315. KG, Rsp 27 56 verneint jedes Verfügungsrecht der Partei.

Einreden aus der Person der armen Partei sind dem Gegner, wie schon angedeutet, versagt. Ob hierunter sowohl die Einreden des Gegners gegen die arme Partei als auch die Einreden der armen Partei gegen den RA zu verstehen sind, ist streitig; doch wird man mit der herrschenden Meinung die letztgenannten Einreden zulassen müssen, Gaupp-Stein § 124, II; Struckmann-Koch § 124, 2; Petersen-Anger § 124, 4; aM Reincke-Wienstein § 124, II. Der § 124 Abs. 2 ZPO bedeutet, daß dem RA, wenn nach der Kostenentscheidung des Titels die arme Partei dem Gegner Kosten zu erstatten hat, dies seinem Festsetzungsantrag entgegengehalten werden darf. Schon hieraus folgt, daß bei einer Festsetzung aus § 124 ZPO das Verfahren des § 106 ZPO nicht auszuschließen ist, OLG Celle Rsp 13 114, KG, Recht 12 Nr. 2560; aM OLG Stuttgart, Rsp 15 97. Da das Recht des zugeordneten RA nicht weiter geht, als ein Kostenanspruch der armen Partei besteht, kann der RA nur die Festsetzung der nach § 91 ZPO erstattungsfähigen Kosten verlangen, RG 15 395. Auch bei einem Vergleich ist § 124 ZPO anwendbar, OLG Zweibrücken, Recht 06 1142.

Dieselben Grundsätze gelten nach § 124 ZPO für den Gerichtsvollzieher, an dessen Stelle, soweit die Gebühren in die Staatskasse fließen, diese tritt.

3. Form und Inhalt des Gesuchs.

Das Kostenfestsetzungsverfahren kann auf zwei verschiedenen Wegen in Gang gesetzt werden.

1. Die obsiegende Partei reicht ein Gesuch an den Gerichtsschreiber des Prozeßgerichts erster Instanz ein, in dem sie die „Festsetzung der Kosten" beantragt, § 103 ZPO. Eine besondere Form für das Gesuch ist nicht vorgeschrieben. Daher kann es, ebenso wie jedes andere an den Gerichtsschreiber zu richtende Gesuch, nicht nur schriftlich angebracht, sondern auch vor dem Gerichtsschreiber zu Protokoll erklärt werden, Begr. 26. Es ist niemals, auch nicht im Anwaltsprozesse, dem Anwaltszwang unterworfen, ZPO § 78 Abs. 2. Dasselbe gilt für die Erklärungen der Parteien, mögen sie schriftlich oder in der etwa angeordneten mündlichen Verhandlung vor dem Gerichtsschreiber erfolgen. Dies ergibt sich ohne weiteres aus § 78 Abs. 2 ZPO, da diese Prozeßhandlungen vor dem Gerichtsschreiber vorgenommen werden. Wenn nun zwar nach § 88 Abs. 2 ZPO der Mangel der Vollmacht in den Fällen des § 78 Abs. 2

ZPO von Amts wegen zu berücksichtigen ist, so braucht doch nicht stets eine schriftliche Vollmacht verlangt zu werden, da in der Regel sich die Bevollmächtigung aus dem vorangegangenen Verfahren ergibt. RG, JW 84 296. Diese Ansicht stützt sich auf die Erwägung, daß das Festsetzungsverfahren eine Fortsetzung des eigentlichen Prozesses ist, für die, von ausdrücklichen Ausnahmen abgesehen, dieselben Regeln gelten, die den Prozeß beherrschen, KG, ZZP 11 106; KGBl 02 81; RG, Bolze 1 350; OLG Kiel, Rsp 2 209, Naumburg, ZDJ 13 137.

Dem Gesuche sind beizufügen:

a) der Schuldtitel, falls er nicht in den Prozeßakten enthalten ist; vorgängige Zustellung des Titels gemäß §§ 724, 750 ist nicht erforderlich;

b) die Kostenberechnung; sie muß die einzelnen Ansätze erkennen lassen. Der Antrag, die ausweislich der Gerichtsakten berechneten Gerichtskosten festzusetzen, kann als Beibringung einer Kostenberechnung nicht genügen, OLG Rostock, Recht 07 895;

c) die zur Rechtfertigung der einzelnen Ansätze dienenden Belege; die gelegentlich vertretene Ansicht, daß durch Einführung der Pauschsätze die Einreichung der Handakten überflüssig geworden sei, JW 11 418, ist nicht haltbar;

d) je eine Abschrift der Kostenberechnung für jeden Gegner. Fehlende Abschriften werden vom Gerichtsschreiber hergestellt, dafür sind die Schreibgebühren nach § 79 Ziff. 1 GKG zu entrichten. Die Kostenberechnung und ihre Abschriften brauchen weder unterzeichnet noch mit einem Datum versehen zu werden, KG, Rsp 15 95; KGBl 04 72, 08 5; OLG Oldenburg, Recht 07 770. Abschriften des Gesuchs und der Belege sind entbehrlich.

2. Nach dem neuen § 105 Abs. 2 ZPO bedarf es der Anbringung eines ausdrücklichen Festsetzungsgesuchs nicht, wenn die Partei vor der Verkündung des Urteils die Berechnung ihrer Kosten eingereicht hat. Die Berechnung kann im Termin oder außerhalb des Termins, also noch während der Beratung oder bis zur Verkündung des Urteils in einem Verkündungstermine beim Gerichtsschreiber eingereicht werden. Dies ist in amts- und in landgerichtlichen Rechtsstreiten zulässig, aber nur im Verfahren erster Instanz möglich, weil nur der Gerichtsschreiber erster Instanz zur Kostenfestsetzung zuständig ist. Eine Abschrift der Kostenberechnung braucht nicht beigefügt zu werden; sie ist von Amts wegen, und zwar nach §§ 79, 80b GKG gebührenfrei anzufertigen (Begr. 56). Die Belege müssen auch in diesem Falle beigefügt werden.

Das mit der Einreichung der Kostenberechnung stillschweigend gestellte Gesuch wird also angebracht, bevor noch die Entscheidung ergangen ist, die die Kostenerstattungspflicht ausspricht. Dieses vorgreifende Gesuch, das natürlich auch ausdrücklich gestellt werden kann, ist erforderlich, um einen Beschluß in der Form des § 105 Abs. 1 ZPO herbeizuführen. Fehlen die Voraussetzungen zur Erlassung eines solchen Beschlusses, so ergeht ein besonderer Kostenfestsetzungsbeschluß, gleichviel in welcher der beiden Arten das Gesuch gestellt ist. War die Kostenberechnung vor der Erlassung des Urteils eingereicht und fällt darauf die Kostenentscheidung zu ungunsten des Einreichenden aus, so wird das Gesuch damit gegenstandslos. Dasselbe gilt, wenn die Kosten in dem ergehenden Urteile nach Quoten verteilt werden, da alsdann der § 105 ZPO nach § 106 Abs. 1 Satz 3 ZPO keine Anwendung findet. Es muß also in diesem Falle, selbst in amtsgerichtlichen Sachen, noch ein besonderes Gesuch ausdrücklich gestellt werden, Gaupp-Stein § 105, V.

Einer Anwendung des § 105 Abs. 2 ZPO auf andere Schuldtitel als Urteile, z. B. Vergleiche, steht nichts im Wege, Gaupp-Stein § 105, I.

3. Zur Berücksichtigung eines Ansatzes genügt, daß er glaubhaft gemacht ist, ZPO § 104 Abs. 2. Die Glaubhaftmachung kann erfolgen durch alle Beweismittel außer der Eideszuschiebung, aber nur soweit die Beweisaufnahme sofort stattfinden kann; Versicherung an Eidesstatt ist zulässig, ZPO § 294.

Die falsche Bezeichnung eines an sich mit Recht geforderten Gebührenbetrags ist unschädlich, LG I Berlin, KGBl 91 94.

Da im Kostenfestsetzungsverfahren der Regel nach die Entscheidung ohne mündliche Verhandlung erfolgt, wird sich die Sache praktisch dahin gestalten, daß als Mittel der Glaubhaftmachung Urkunden beigebracht werden, z. B. die Handakten, Gerichtskostenrechnungen, Gebührenrechnungen der Vertreter. Auch die Bezugnahme auf Auskunft der am Orte befindlichen Gerichtskasse muß als genügende Glaubhaftmachung angesehen werden, und es ist Sache des Gerichtsschreibers, diese Auskunft einzuholen. Bezieht sich der die Festsetzung beantragende Rechtsanwalt auf die von ihm überreichten Handakten, so ist es seine Sache, die Handakten dem Gericht mit Blattzahlen versehen einzureichen und diejenigen Blätter zu bezeichnen, die als Belege für die einzelnen Ansätze dienen sollen. Denn nicht die Handakten in ihrer Gesamtheit, sondern die Blätter aus ihnen, die sich als Belege für die Auslagen darstellen, sind für die Kostenfestsetzung von Bedeutung, LG II Berlin, KGBl **94** 34. Beim Zeugen- und Sachverständigenbeweis ist die beurkundete Aussage der Auskunftspersonen, soweit sie sich im Wege der Sicherung des Beweises (ZPO § 485) oder zum Protokoll eines Gerichtsschreibers oder Notars beschaffen läßt, beizubringen. Es kann aber auch die schriftliche Versicherung der Auskunftspersonen für ausreichend erachtet werden, RGSt (Pl.) **19** 414.

Findet mündliche Verhandlung statt, so müssen in dieser die Urkunden vorgelegt und die Auskunftspersonen zur Stelle gebracht werden, Mot 214; RG **10** 322, **14** 438. Die Eideszuschiebung ist auch hier ausgeschlossen. Es kann aber der anwesende Beweisführer ebenso wie der Gegner zur Versicherung an Eidesstatt zugelassen werden, ZPO § 294; RG 30 414.

Auf jeden in getrennten Prozessen ergangenen Kostenfestsetzungsantrag muß auch ein besonderer Kostenfestsetzungsbeschluß erlassen werden. Eine Verbindung von mehreren Prozessen im Sinne des § 147 ZPO ist im Kostenfestsetzungsverfahren, also nachdem die Urteile bereits erlassen worden sind, nicht mehr zulässig, LG I Berlin, KGBl 91 53.

4. Zeitpunkt der Einreichung.

Eine bestimmte Frist für die Einreichung des Gesuchs um Kostenfestsetzung ist, abgesehen von den Bestimmungen des § 105 Abs. 2 ZPO für das stillschweigende Gesuch, nicht vorgeschrieben. Sie kann beantragt werden, sobald ihre materielle Voraussetzung, ein vollstreckbarer Schuldtitel, vorhanden, und bleibt zulässig, solange dieser Titel nicht aufgehoben ist. Der Ablauf der zweijährigen Verjährung (§ 196 Nr. 15 BGB) steht der Kostenfestsetzung nicht entgegen, weil die Verjährung nicht von Amts wegen zu berücksichtigen ist (BGB § 222 Abs. 1) und die Einrede der Verjährung von der Partei nicht im Kostenfests.Verfahren, sondern erst in der Zwangsvollstr.Instanz geltend gemacht werden kann, ZPO § 767.

Es sollen alle aus demselben Schuldtitel hervorgehenden Kosten gleichzeitig und auf einmal zur Erstattung berechnet werden, soweit dies möglich ist (Mot 119). Die Kosten einer hiernach unnötigen neuen Festsetzung fallen dem Antragsteller insoweit zur Last, als sie die Kosten der einmaligen Festsetzung übersteigen, OLG Naumburg, NaumbAK 87 24, 95 12; KG, KGBl 90 49; LG I Berlin, KGBl 91 51, 00 76.

Aus diesem Grunde erscheint es geboten, den Antrag auf Festsetzung nicht eher zu stellen, als bis die Partei von sämtlichen Kosten Kenntnis erhalten und die Belege darüber im Besitze hat. Sie hat mindestens mit dem Festsetzungsantrage so lange zu warten, bis nach ordnungsmäßigem Geschäftsgange die gerichtliche Kostennote eingehen konnte, weil die Partei auch als obsiegender Teil zur Zahlung von Kosten herangezogen werden kann; aM Fuchs und Metzges, Recht 06 551 und 738. Als angemessene Frist wird in Versäumnissachen die Zeit von zwei Wochen angesehen, LG Potsdam, KGBl 05 111; bei Wechselsachen genügt auch eine kürzere Frist, KG, KGBl 07 45. Die Befolgung vorstehender Grundsätze würde jedoch bei dem neuen Verfahren des § 105 ZPO dazu führen, daß die Partei stets mit den Kosten der nachträglichen Festsetzung belastet würde, wenn man nicht die Festsetzung der von ihr noch zu erfordernden Gerichtskosten zulassen würde. (S. darüber unten S. 35).

Daß in jeder Sache nur eine einmalige Kostenfestsetzung statthaft sein solle, ist nicht vorgeschrieben. Nach anfänglichem Schwanken (RG 25 408) sind jetzt in der Praxis folgende Grundsätze anerkannt: Ein wiederholtes Festsetzungsverfahren ist nicht ausgeschlossen, sei es, daß in der Kostenrechnung einzelne Posten übergangen, sei es, daß neue Kosten nachträglich entstanden sind, RG 27 402. Im ersten Falle treffen die Kosten des neuen Verfahrens den Antragsteller insoweit, als sie und die Kosten des früheren Verfahrens zusammengerechnet die bei gleichzeitiger Festsetzung entstehenden Kosten übersteigen, JW 96 654; OLG Königsberg, PosMschr. 02 133. Gegenstand der Festsetzung sind die einzelnen Gebühren; daher können nachträglich die vorher nicht erhobenen Forderungen geltend gemacht werden. Als solche sind nicht nur die überhaupt nicht in das Gesuch aufgenommenen Gebühren, sondern auch die vorher nicht geforderten Mehrbeträge anzusehen, KG, Rsp 3 127, Gaupp-Stein § 103, II, 4. Schließt man die letztgenannten Nachforderungen aus (OLG Naumburg ZZP 24 260, OLG Hamburg, KG, Rsp 5 469), so können sie, da sie durch Rechtsmittel mangels Beschwernis nicht geltend gemacht werden können (RG 35 428), gar nicht erstattet verlangt werden. Vgl. S. 74 und 108.

Bei Patentstreitigkeiten ist die wiederholte Festsetzung ausgeschlossen, RG, JW 95 6.

III. Zuständigkeit.

1. Zuständig für die Festsetzung der Kosten aller Instanzen ist der Gerichtsschreiber des Gerichts erster Instanz, ZPO § 103 Abs. 2. Wenn dieses ein Landgericht ist, setzt sie der Gerichtsschreiber derjenigen Kammer fest, die über den Rechtsstreit entschieden hat. Hat die Kammer für Handelssachen entschieden, so ist deren Gerichtsschreiber auch für die Festsetzung der Kosten zuständig. Die Festsetzung durch den Gerichtsschreiber einer anderen Kammer ist aber nicht Entscheidung durch eine unzuständige Gerichtsstelle, da die Vorschriften über die Zuständigkeit sich lediglich auf die Gerichte selbst, nicht auf deren Abteilungen beziehen. Deshalb darf der Kostenfestf.Beschluß nicht schon deshalb aufgehoben werden, weil er von dem Gerichtsschreiber einer unzuständigen Kammer des an sich zuständigen Gerichts oder einer nach der Geschäftsverteilung nicht zuständigen Abteilung des an sich zuständigen Amtsgerichts erlassen ist, RG 1 233, 45 345, 47 380; SeuffA 44 343. Im Falle der §§ 505, 506, 697, 700 ZPO hat der Gerichtsschreiber des Gerichts, an das der Rechtsstreit verwiesen ist, auch die vorher entstandenen Kosten festzusetzen. Dagegen ist im Falle einer Verweisung nach § 276 ZPO für die Festsetzung der bisher entstandenen Kosten der Gerichtsschreiber des Landgerichts zuständig, RG 35 384; JW 93 349, 98 10. Eine Vereinbarung, daß ein anderes Gericht die Kosten festsetzen solle, ist unwirksam.

2. Der Gerichtsschreiber des Gerichts erster Instanz ist auch zuständig für die Festsetzung der Kosten eines Arrestes oder einer einstweiligen Verfügung, die das Berufungsgericht erlassen hat (RG,

JW 98 160, 99 533, Gruch 43 1247; KG, Rsp 17 124), sowie bei den Kosten einer Wiederaufnahmeklage, die vor dem Berufungsgericht erhoben wurde, BayObLG, SeuffA 54 230; OLG Breslau, Recht 04 169, 07 515; OLG Hamburg, Rsp 17 125; aM Petersen § 104, 5. Im Falle des § 942 ZPO gilt als Gericht 1. Instanz dasjenige, das über die Rechtmäßigkeit der einstweiligen Verfügung entscheidet, RG, JW 91 68. Wird in einem gerichtlichen Vergleiche der vor einem anderen Gerichte schwebende Rechtsstreit miterledigt, so sind die Kosten doch durch den Gerichtsschreiber des Gerichts festzusetzen, vor dem der miterledigte Rechtsstreit anhängig war, OLG München, Rsp 17 124. Bei einer Vollstreckung aus der Konkurstabelle hat der Gerichtsschreiber des Gerichts die Kosten festzusetzen, das als Prozeßgericht erster Instanz nach §§ 164 Abs. 3, 146 Abs. 2 KO zu entscheiden hätte, OLG Celle, Rsp 17 200; aM Gaupp-Stein § 103 III; KG, Rsp 13 193. Über die Vollstreckungskosten s. unten S. 117.

3. Die RAGebühren für die Vertretung im schiedsrichterlichen Verfahren sind nach denselben Grundsätzen erstattungsfähig, wie die Gebühren für die Vertretung in bürgerl. Rechtsstreitigkeiten, LG I Berlin, KGBl 95 86. Über den Betrag der Kosten des schiedsrichterlichen Verfahrens hat, wenn es nicht schon im Schiedsspruche geschehen ist, das Schiedsgericht zu entscheiden; das ordentliche Gericht kann nur dann angerufen werden, wenn ein Vorgehen des Schiedsgerichts nicht mehr zu erlangen ist, weil es z. B. seine Tätigkeit verweigert oder beim Tode eines der Schiedsrichter nicht mehr tätig werden kann, RG 59 149 und oben S. 16. Der Spruch des Schiedsgerichts stellt sich dann als vollstreckbar dar, wenn die Zulässigkeit der Vollstreckung im Wege des § 1042 ZPO ausgesprochen worden ist. Wird das Vollstreckungsurteil abgelehnt, siegt also der Vollstreckungsbeklagte, gegen den der Schiedsspruch gerichtet ist, so kann er den Erstattungsanspruch nur durch besondere Klage geltend machen, LG I Berlin, KGBl 96 33; vgl. Delius in Gruch 39 831; Cohn in Gruch 40 584.

4. In dem Verfahren vor den Gewerbegerichten ist der Betrag der Kosten, soweit er sich sofort ermitteln läßt, im Urteile festzusetzen, das Gesuch um Festsetzung der Kosten zweiter Instanz bei dem Gerichtsschreiber des Landgerichts anzubringen, § 49⁴ und § 60 des Gewerbegerichtsgesetzes in der Fass. der Bkm. v. 29. Sept. 1901 (RGBl 353). Beide Vorschriften finden auch Anwendung auf das Verfahren vor den Kaufmannsgerichten, § 16 Ges. betr. Kaufmannsgerichte v. 6. Juli 1904 (RGBl 266), Art. VI Ges. v. 1. Juni 1909.

IV. Gegenstand des Kostenerstattungsverfahrens.

1. Allgemeine Grundsätze der Erstattungspflicht.

ZPO § 91. Die unterliegende Partei hat die Kosten des Rechtsstreits zu tragen, insbesondere die dem Gegner erwachsenen Kosten zu erstatten, soweit dieselben zur zweckentsprechenden Rechtsverfolgung oder Rechtsverteidigung notwendig waren. Die Kostenerstattung umfaßt auch die Entschädigung des Gegners für die durch notwendige Reisen oder durch die notwendige Wahrnehmung von Terminen entstandene Zeitversäumnis; die für die Entschädigung von Zeugen geltenden Vorschriften finden entsprechende Anwendung.

Die Gebühren und Auslagen des Rechtsanwalts der obsiegenden Partei sind in allen Prozessen zu erstatten, Reisekosten eines auswärtigen Rechtsanwalts jedoch nur insoweit, als die Zuziehung zur zweckentsprechenden Rechtsverfolgung oder Rechtsverteidigung notwendig war. Die Kosten mehrerer Rechtsanwälte sind nur insoweit zu erstatten, als sie die Kosten eines Rechtsanwalts nicht übersteigen, oder als in der Person des Rechtsanwalts ein Wechsel eintreten mußte.

1. Dadurch, daß die Novelle vom 1. Juni 1909 die Worte „nach freiem Ermessen des Gerichts" in Abs. 1 und 2 gestrichen hat, ist keine sachliche Änderung in den Grundsätzen des § 91 ZPO herbeigeführt worden, sondern es hat lediglich außer Zweifel gestellt werden sollen, daß nicht mehr das Ermessen des Gerichts, sondern das des Gerichtsschreibers, der die Kosten festsetzt, maßgebend sein soll, Begr. 25.

2. In dem Kostenfestsetzungsverfahren nach §§ 103ff. ZPO kann also auf Grund des § 91 ZPO nur die Erstattung von Kosten des Rechtsstreits verlangt werden, und zwar können dies sowohl gerichtliche Kosten als auch außergerichtliche Kosten sein. Es hat daher der Gerichtsschreiber in jedem Falle zunächst zu prüfen, ob die entstandenen Kosten die Eigenschaft von Kosten des Rechtsstreits haben oder nicht. Was man im einzelnen darunter zu zählen hat, ist vielfach streitig (s. unten II, A und B). Durch Satz 2 § 91 ZPO ist aber gesetzlich festgelegt, daß die Zeitversäumnis einer Partei, die durch notwendige Reisen und durch die notwendige Wahrnehmung von Terminen entstanden ist, zu den Kosten des Rechtsstreits zu zählen ist; gleichzeitig hat das Gesetz einen Maßstab für die Entschädigung hierfür aufgestellt, indem es auf die für die Entschädigung der Zeugen geltenden Vorschriften verweist. Alle diese Kosten sind jedoch nur dann vom unterlegenen Gegner zu erstatten, wenn ihre Aufwendung zur zweckentsprechenden Rechtsverfolgung oder Rechtsverteidigung notwendig war. Dieses Erfordernis gilt auch für die Prozeßhandlungen, die ein Rechtsanwalt für die Partei vorgenommen hat. Nur bestimmt § 91 Abs. 2 ZPO, daß die Gebühren und Auslagen, die durch die Zuziehung eines Rechtsanwalts entstanden sind, in allen Prozessen zu erstatten sind, mag seine Zuziehung vom Gesetze vorgeschrieben sein oder nicht. Die Reisekosten eines auswärtigen Anwalts sind jedoch nur unter der Beschränkung erstattungsfähig, daß seine Zuziehung zur zweckentsprechenden Rechtsverfolgung oder Rechtsverteidigung notwendig war, und die Kosten mehrerer Anwälte sind nur in dem Umfange und unter der Voraussetzung des Satz 2 Abs. 2 § 91 ZPO zu erstatten.

I. Kosten des Rechtsstreits.

A. Die Gerichtskosten bestehen in Gebühren und Auslagen, §§ 1ff., 79ff. GKG. Für beide werden gemäß §§ 81, 84, 85 GKG Vorschüsse erfordert; dies gilt auch für die Auslagen, für die nach § 80b GKG Pauschsätze erhoben werden. Die Schreibgebühren werden sofort nach Anfertigung der Schriftstücke fällig, und deren Anfertigung kann sogar von vorgängiger Zahlung abhängig gemacht werden, §§ 86, 97 GKG. Durch § 97a GKG sind Kostenmarken eingeführt, deren Verwendung jetzt die Kostenmarkenordnung vom 14. Okt. 1913 (JMBl 13 385) regelt. Der Kostenschuldner kann die Marken in näher bestimmter Weise zur Erfüllung seiner Kostenschuld vor oder nach deren Entstehung verwenden, indem er z. B. gleich den Antrag auf Erlaß eines Zahlungsbefehls mit den erforderlichen Marken beklebt. Im vollen Gegensatz zur Stempelsteuer und zum Postgeld ist es aber in das freie Belieben der Beteiligten gestellt, ob sie Marken verwenden oder den alten Weg der Barzahlung und Einziehung benutzen wollen.

Die Vorschußpflicht bleibt bestehen, wenn auch die Kosten des Verfahrens dem Gegner der vorschußpflichtigen Partei auferlegt oder von diesem übernommen werden, § 90 GKG. Es können also auch nach der Erlassung des Urteils und nach dem Abschluß eines Vergleichs die Gerichtskosten von der vorschußpflichtigen Partei erfordert werden, obwohl nach dem Urteil und nach dem Vergleiche nicht sie, sondern der Gegner die Kosten zu tragen hat.

Der Glaubhaftmachung, daß die Gerichtskosten, deren Ersatz verlangt wird, bereits gezahlt seien, bedarf es der Regel nach nicht, RG, Gruch 45 653. Dagegen kann die Erstattung derjenigen Gerichtskosten, für die der Gegner selbst haftbar ist, von ihm nur verlangt werden, wenn deren Zahlung nachgewiesen wird. Denn der Gegner müßte doppelt zahlen, wenn der obsiegende Teil diese Kosten nicht bezahlt, aber sie gleichwohl von ihm beitreibt, RG, JW 92 309; SeuffA 47 457. Nach diesen Grundsätzen würde das erleichterte Verfahren des § 105 ZPO, mit Rücksicht auf die neuen Kosten einer nachträglichen Festsetzung, geradezu vereitelt, wenn man nicht die Möglichkeit zuläßt, auch schon die Gerichtskosten in die Berechnung der zu erstattenden Kosten des Gläubigers mit aufzunehmen (oben S. 31). Das Verfahren, von dem Nachweise der Zahlung abzusehen und die Kosten zur Leistung Zug um Zug gegen Aushändigung der Quittung der Gerichtskasse oder unter der Bedingung festzusetzen, daß die Zahlung dem Gerichtsvollzieher noch nachgewiesen wird, vermeidet eine doppelte Festsetzung und ist vielfach üblich, obwohl es im Hinblick auf §§ 726 Abs. 1 und 2, 730, 756 ZPO nicht unbedenklich erscheint, vergl. LG I und III Berlin, KGBl 00 25 und 10 86, 11 33, OLG München, Rsp 23 120; Pfennig, DJZ 05 1001; Jacoby, KGBl 06 15; Keetmann, BBl 10 66; Glaser, JW 10 463; ZDJ 13 38, 90, 128. Nicht ohne Bedenken ist aber auch der andere Ausweg, daß das Gericht die noch nicht gezahlten Gerichtskosten mit der Maßgabe festsetzt, daß sie der Schuldner unmittelbar an die Gerichtskasse zu zahlen hat. Der Gerichtsvollzieher hätte alsdann die mit der übrigen Summe beigetriebenen unbezahlten Gerichtskosten nicht an den Gläubiger, sondern sogleich an die Gerichtskasse abzuführen (s. jedoch ZPO § 887, RG 18 435). Es handelt sich hierbei nicht um eine Beitreibung der Gerichtskosten vom Kostenschuldner, sondern um die Verpflichtung des Schuldners, den Gläubiger durch Befriedigung eines Dritten, nämlich der Gerichtskasse, zu befreien. Festgesetzt werden also hierbei nicht bereits aufgewendete und zu erstattende Kosten, vielmehr würde durch die Festsetzung die Verpflichtung des Schuldners zu einer Handlung, Befreiung des Gläubigers von einer Verbindlichkeit gegenüber der Gerichtskasse, begründet. Dies ist immerhin ein Bedenken; bei der praktischen Wichtigkeit des so gefundenen Auswegs braucht es aber nicht gerade entscheidend ins Gewicht zu fallen; aM die Entscheidungen unten zu B, 2.

Eine Partei, der das Armenrecht bewilligt ist, kann nicht Ersatz von Gerichtsgebühren verlangen, von deren Berichtigung sie nach § 115 ZPO befreit ist, BayObLG 13 583.

Sind die Gerichtskosten verteilt, so kann jede Partei die Erstattung der von ihr verauslagten Vorschüsse nur soweit verlangen, als sie nicht auf den ihr zur Last fallenden Kostenanteil verrechnet sind, was durch Einsicht der gerichtlichen Kostenrechnung festzustellen ist. Diese ergibt auch, ob die Kostenvorschüsse verwendet oder ganz oder teilweise zurückgezahlt sind. Die zurückgezahlten Beträge müssen von den Kostenvorschüssen abgesetzt werden. Zu den in einem Vergleich übernommenen Gerichtskosten gehören die für Ausfertigungen und Abschriften, insbesondere auch des Vergleichs, OLG Hamburg (2. Senat) Rsp 23 114, da sich die Parteien über alle Kosten verglichen, gleichviel wer der Staatskasse dafür haftet; aM (5. Senat) ebenda, (6. Senat) Rsp 25 76.

Der in die Prozeßkosten verurteilte Fiskus braucht dem Gegner den von diesem gezahlten Gebührenvorschuß nicht zu erstatten, sonst würde dem Fiskus die ihm nach § 98 GKG zustehende Gebührenfreiheit verkümmert, RG, JW 93 309, 94 122; SeuffA 49 Nr. 47. Die Erstattung solcher Gebührenvorschüsse kann der obsiegende Gegner nur von der Gerichtskasse verlangen, OLG Kolmar, Rsp 13 113. Dagegen hat der Fiskus diejenigen vom Gegner gezahlten Gerichtskosten, die von der Gerichtskasse zur Deckung der baren Auslagen verwendet sind, und die Pauschsätze zu erstatten; denn die Gebührenfreiheit bezieht sich nicht auf Auslagen und die Pauschsätze, die als Auslagen anzusehen sind, RG 75 311, 78 126 (streitig, aM. die preuß. Verwaltungspraxis, s. KGJ 42 332). Diese Grundsätze finden allgemein dann Anwendung, wenn einer

Partei, die gesetzlich auf Gebührenfreiheit Anspruch hat, die Kosten des Rechtsstreits auferlegt sind.

B. Außergerichtliche Kosten. Hierher gehören insbesondere die Zustellungskosten, die Auslagen für den Vollmachtsstempel, die Reise- und Aufwandskosten für Wahrnehmung gerichtlicher Termine und hauptsächlich die Gebühren und Pauschsätze sowie die nicht pauschalierten Auslagen des Rechtsanwalts der obsiegenden Partei.

Die Zahlung dieser Kosten ist nicht Voraussetzung des Erstattungsanspruchs. Dies ist die herrschende Ansicht, RG, Gruch 45 652. Dagegen Bischofswerder, JW 03 370.

1. Nur die wirklichen Kosten, d. h. Aufwendungen aus dem Vermögen der Partei zum Zwecke der Prozeßführung sind erstattungsfähig. Schadenersatzansprüche, die über die zur Prozeßführung gemachten Aufwendungen hinausgehen, z. B. Lagergeld und Futterkosten (OLG Bamberg, KG, Rsp 5 167, 9 119), sind von der Erstattung ausgeschlossen (Mot z. ZPO 112), können vielmehr nur durch besondere Klage verfolgt werden und unterliegen den allgemeinen Grundsätzen über Schadenersatz, erfordern also stets den Nachweis eines Verschuldens des unterliegenden Teiles. Die früher streitige Frage, ob die unterliegende Partei dem Gegner auch die Entschädigung für Zeitversäumnis zu gewähren hat, ist durch das Gesetz (ZPO § 91 Abs. 1 Satz 2) bejahend entschieden, jedoch mit der Einschränkung, daß nur die Zeitversäumnis für notwendige Reisen und für die notwendige Wahrnehmung von Terminen vergütet wird und die für die Entschädigung von Zeugen geltenden Vorschriften der GebO für Zeugen und Sachverständige v. 20. Mai 1898 (§§ 2, 5) Anwendung finden. Einen höheren Betrag darf die Partei nicht beanspruchen. Innerhalb dieser Grenze steht der Partei der Anspruch auf Entschädigung nur insoweit zu, als durch die Zeitversäumnis ein Schaden überhaupt entstanden ist. Dies wäre zu verneinen, wenn die Partei dieselbe notwendige Reise zu derselben Zeit auch aus außerhalb des Rechtsstreits liegenden Gründen gemacht hätte. Es darf aber ohne besonderen Nachweis davon ausgegangen werden, daß der Schaden den Betrag der Zeugengebühr erreicht, Schultzenstein, ZZP 28 373; OLG Stuttgart, WürttJ 15 165. Daher wäre es Sache des Gegners, glaubhaft zu machen, daß der Gläubiger die Reise ohnehin unternommen hätte. Hat die Partei sich in ihrem Erwerbsgeschäfte vertreten lassen, um einen Termin wahrzunehmen, so sind die dem Vertreter gezahlten Gebühren Auslagen und unterliegen der Erstattungspflicht. Voraussetzung dieser Entschädigung ist, daß die Reise oder die Wahrnehmung des Termins notwendig war. Diese Notwendigkeit ist in jedem Falle zu prüfen. Die Ausschlußfrist des § 16 der GebO f. Z. u. S. gilt nicht für die Versäumniskosten der Partei, OLG Dresden, Rsp 23 285.

2. Nur tatsächlich entstandene Kosten sind zu erstatten. Dagegen gibt es keinen Anspruch auf Befreiung von den aus An-

laß des Prozesses eingegangenen Verbindlichkeiten, OLG Celle, Rsp 11 63, 13 95. Im Festsetzungsverfahren ist nicht von fingierten, sondern von wirklichen Hergängen auszugehen. Kosten, die nur hätten entstehen können, eignen sich zur Erstattung überhaupt nicht, RG in AGZ 83 98; JW 94 9, 99 771. Unrichtig OLG Dresden, Rsp 25 66, weil die dort festgesetzten Kosten dem obsiegenden Teile gar nicht entstanden sind. Kosten, die nur in der Zahlung von einer an die andere Station des Fiskus bestehen, sind nicht zu erstatten, OLG Kolmar, Rsp 15 75.

Zinsen von gerichtlichen oder außergerichtlichen Kosten für die Zeit vor der Festsetzung können nicht berechnet werden, OLG Dresden, Rsp 23 163. Über die nach der Festsetzung laufenden Zinsen s. oben S. 12 f.

II. Die Kosten müssen durch den Rechtsstreit entstanden, also **wirkliche Prozeßkosten** sein.

A. Zu den Prozeßkosten gehören (vgl. Meyer, ZZP 7 285 ff):

1. die Kosten der Informationserteilung, RG, JW 90 110, 91 4. (Vgl. S. 52 zu 8);

2. die Kosten für die Bestimmung des zuständigen Gerichts, ZPO §§ 36, 37;

3. die Kosten des Beweissicherungsverfahrens, denn dieses Verfahren ist eine vorausgenommene Beweisaufnahme, ZPO §§ 485 ff. Sie können auf Grund der Kostenentscheidung des Hauptprozesses festgesetzt werden, RG, Gruch 32 1168; SeuffA 47 230; OLG Karlsruhe, BadRPrax 04 97, 246; RG 13 325, 66 198; OLG Posen, KG, Rsp 6 384, 15 146; Meyer, Recht 07 111, Laubhardt, ZZP 43 46. Nach OLG Dresden, Rsp 9 57 gilt dies sogar, wenn das Beweisergebnis in dem Prozesse nicht benutzt ist. Kommt es nicht zur Entscheidung im Hauptprozesse, so kann die Erstattung der Beweissicherungskosten nur im Klagewege erwirkt werden, RG 66 198; OLG Kolmar, ZZP 43 128; OLG Karlsruhe, Rsp 15 79;

4. die Kosten eines dem Prozesse voraufgehenden Mahnverfahrens, in dem rechtzeitig Widerspruch erhoben war, auch wenn das Mahnverfahren in dem Prozeßverfahren nicht erwähnt ist (ZPO § 698), sofern nicht etwa das Mahnverfahren unzulässig oder das Gericht unzuständig und deshalb der Widerspruch begründet war. Skedl, Mahnverfahren S. 166. Ist nur wegen eines Teiles des im Zahlungsbefehl enthaltenen Betrags Widerspruch erhoben und ein Urteil ergangen, so gehören auch nur die auf diesen Teilbetrag entfallenden Kosten des Mahnverfahrens zu den Kosten des Rechtsstreits, KG, ZZP 15 519;

5. a) in Prozessen über Klagen nach §§ 767, 771 ZPO die Kosten für einstweilige Anordnungen (§§ 769, 771 Abs. 3 ZPO); dies gilt auch für Anordnungen des Vollstreckungsgerichts zum mindesten dann, wenn das Prozeßgericht bei der Entscheidung über die Kosten von dem Einstellungsverfahren Kenntnis hatte, RG 50 356;

KG, KGBl 09 15. OLG Dresden, Rsp 9 58 hält sogar die Kenntnis für unnötig.

b) die Kosten einer Einstellung nach §§ 707, 719 ZPO; dadurch daß diese Kosten nach § 717 Abs. 2 ZPO erstattet verlangt werden können, wird nicht unzulässig, ihre Festsetzung zu begehren. Die Gründe des RG für die Kosten zu a (RG 50 358), daß die Anordnung und der Prozeß in nahen Beziehungen zueinander stehen und die Einstellung zur zweckentsprechenden Rechtsverfolgung notwendig zu erachten ist, treffen auch hier zu; aM Gaupp-Stein § 91 N. 56; LG Dresden, ZDJ 11 185;

c) die Kosten für das Verfahren aus § 109 ZPO zu den Kosten des Rechtsstreits zu rechnen, mag erheblichen Bedenken unterliegen, entspricht aber einem Bedürfnisse der Praxis;

6. die dem Streitverkünder erwachsenen Kosten einer rechtlich gebotenen Streitverkündung, RG, JW 85 332, OLG Königsberg, Rsp 17 105, und der dadurch veranlaßten Nebenintervention, RG, JW 86 191. Dagegen ist der Dritte, dem der Streit verkündet wurde, nicht befugt, eine Festsetzung der ihm dadurch entstandenen Kosten zu beantragen, da über diese im Urteile nicht zu entscheiden ist, RG, Gruch 43 212; SeuffA 54 94;

7. der verwendete Vollmachtsstempel ist vom unterliegenden Gegner nur insoweit zu erstatten, als der Stempelbetrag die Prozeßvollmacht als solche, also als eine auf den Inhalt der §§ 81, 82, 83 Abs. 2 ZPO beschränkte Urkunde trifft. Die Ermächtigung zur Abgabe und Entgegennahme von Aufrechnungserklärungen fällt in den Rahmen der Prozeßvollmacht, RG 50 426. Enthält die Vollmacht noch weitergehende Befugnisse, ermächtigt sie z. B. zur Empfangnahme des Streitgegenstandes, so kann die Erstattung der dadurch veranlaßten höheren Stempelkosten ohne weiteres nicht verlangt werden. Eine Prozeßvollmacht bei einem Werte des Gegenstandes von mehr als 15000 M. unterliegt nach Tarifstelle 73 Abs. 4 des PrStGes v. 30. Juni 1909 einem Stempel von 5 M. Wird in derselben Urkunde der Prozeßbevollmächtigte zur Empfangnahme des Streitgegenstandes ermächtigt, so ist die Vollmacht wie eine gewöhnliche Vollmacht nach Tarifstelle 73 Abs. 1 mit 10 M. zu verstempeln. Die Erstattungspflicht des unterliegenden Gegners ist aber beschränkt auf den Betrag von 5 M., KG, PrJMBl 98 250; wegen der Kosten der Vollmachtsbeglaubigung s. unten S. 56. Der Vollmachtsstempel wird zwar zu den Gerichtskosten eingezogen, gehört aber zu den außergerichtlichen Kosten, OLG Breslau, ZDJ 12 135;

8. die Kosten der Armenrechtsbewilligung. Das Armenrechtsgesuch gehört zwar nicht zu dem Prozeßverfahren, weil es dieses erst vorbereitet RG, SeuffA 45 Nr. 130, JW 96 410; OLG Celle, Rsp 19 257, 23 103, München SeuffBl 78 141; aM OLG Jena, Recht 03 212. Dennoch sollen die Kosten des Armenrechtsgesuchs unter die Kostenentscheidung des Urteils fallen und im Festsetzungs-

verfahren geltend gemacht werden dürfen; RG, JW 86 145, 93 58 (s. S. 43);

9. die Kosten eines Sühneversuchs (ZPO §§ 510c, 608ff.). RG 45 367, JW 00 13. Im § 510c Abs. 3 ist es jetzt besonders bestimmt;

10. die Kosten des Verfahrens vor dem Gerichtshofe zur Entscheidung von Kompetenzkonflikten, OLG Braunschweig, Rostock, Recht 04 169, Rsp 6 385;

11. die Kosten der Berufung, die zulässigerweise statt eines Verfahrens zur Berichtigung des Urteils eingelegt wurde, OLG Kolmar, DJZ 04 46;

12. die Kosten der Urteilszustellung und der Erwirkung des Rechtskraftzeugnisses, auch wenn schon vorher Hauptsumme, Zinsen und Kosten bezahlt sind, ohne daß der Schuldner auf die Einlegung des Rechtsmittels verzichtete, KG, KGBl 99 55. Dadurch, daß nach § 788 ZPO die Kosten der Ausfertigung und der Zustellung des Urteils als Kosten der Zwangsvollstreckung gelten sollen, hören sie nicht auf, Kosten des Rechtsstreits zu sein, da diese Bestimmung nur mit Rücksicht auf das Verfahren nach § 105 ZPO getroffen ist, Begr. 46;

13. die Kosten eines außergerichtlichen Vergleichs, KG. KGBl 06 48;

14. die Kosten eines Zwischenstreits oder einer während des Rechtsstreits anhängigen Beschwerde, über die keine besondere Entscheidung ergangen ist, OLG Kiel, Hamburg, Rsp 17 106, 126; Gaupp-Stein § 91, VI, 1 (s. oben S. 22).

15. die durch Ausführung einer Beweisaufnahme entstehenden Unkosten, OLG Hamburg, Rsp 20 310.

B. Als Prozeßkosten sind nicht anzusehen, also von der Erstattungspflicht ausgeschlossen:

1. Alle Kosten, die — abgesehen von der Informationserteilung (S. 52 Nr. 8) — außerhalb des Rechtsstreits liegende Handlungen betreffen.

2. Der auf Grund des bürgerlichen Rechtes von dem Ehemanne der Ehefrau zu gewährende Kostenvorschuß. RG, JW 95 163, 97 207 und für das BGB: OLG Rostock, Hamburg, Posen, Breslau, Rsp 17 126ff.

3. Die Kosten einer schriftlich angekündigten, aber in der mündlichen Verhandlung nicht erhobenen Widerklage, wenn das Urteil über diese Kosten nichts bestimmt, RG (Pl.) 51 5; JW 99 339; KG, ZZP 30 519; früher aM RG 34 426; JW 87 42. Dasselbe gilt für die Kosten einer nur angekündigten Anschlußberufung, OLG Naumburg, Rsp 27 102.

4. Die Kosten für Arreste und einstweilige Verfügungen. Das Verfahren, das einen Arrest oder eine einstweilige Verfügung betrifft, bleibt neben dem Hauptprozeß ein selbständiger Rechtsstreit,

RG, JW 00 13. Ergeht darin eine Entscheidung durch Urteil, so hat sich dieses auch über die Kosten auszusprechen, und auf Grund dieses Urteils kann der obsiegende Teil einen Festsetzungsbeschluß erwirken. Wird dem Antrage durch Beschluß stattgegeben, so hat der Gläubiger die Kosten vorzuschießen und kann die Erstattung von dem Gegner nur dadurch ermöglichen, daß er eine Entscheidung über die Kosten herbeiführt, sei es bei der Verhandlung über einen Widerspruch, sei es durch Klage oder Klageerweiterung im Hauptprozesse, sei es durch eine besondere Klage. Auf Grund der im Hauptprozeß ergangenen Kostenentscheidung dürfen diese Kosten nur dann festgesetzt werden, wenn darin die Kosten des Arrestes oder der einstweiligen Verfügung ausdrücklich mit berücksichtigt sind. Mindestens muß aus den Umständen erhellen, daß der Richter in der Hauptsache über jene Kosten mit hat erkennen wollen, obgleich er dies nicht besonders zum Ausdrucke gebracht hat. Anderenfalls bildet das Urteil keinen vollstreckbaren Titel für Erstattung dieser Kosten, RG, JW 99 695; SeuffA 53 234; OLG Dresden, Hamburg, SächsA 1 616; ZZP 6 535, Rsp 9 57. Diese Ansicht ist in der Praxis vorherrschend, aber nicht unbestritten: nach KG, KGBl 91 91, sind die Kosten des Arrestverfahrens und der einstweiligen Verfügung, sofern sie nicht gemäß § 788 ZPO beigetrieben werden konnten, auf Grund der in der Hauptsache ergangenen Kostenentscheidung ohne weiteres festzusetzen.

Eine vermittelnde Stellung nimmt das OLG Hamburg (SeuffA 53 94) ein: Die Verurteilung in die Prozeßkosten umfaßt stillschweigend auch die Kosten eines in der Sache erwirkten Arrestes oder einer einstweiligen Verfügung dann, wenn der ordentliche Prozeß sich unmittelbar an das Arrestverfahren anschließt oder dieses Verfahren als Inzidentverfahren in dem Prozesse vorgekommen und in beiden Verfahren von denselben Richtern entschieden ist. Nicht aber dann, wenn beide Verfahren vor verschiedenen Gerichtsabteilungen stattgefunden haben und kein Anhalt dafür vorliegt, daß der in der Hauptsache erkennenden Gerichtsabteilung eine Kunde von dem vorausgegangenen Arrestverfahren beigewohnt, so daß auch nicht angenommen werden kann, es habe das über die Prozeßkosten erkennende Gericht bei der Verurteilung des Beklagten in die Kosten des vor ihm verhandelten Rechtsstreits beabsichtigt, auch über die Kosten des vor ihm nicht verhandelten Arrestverfahrens zu entscheiden.

5. Die Kosten für ein vorangegangenes schiedsrichterliches Verfahren auch in den Fällen, in denen vor Gericht über die Zulässigkeit der Zwangsvollstreckung aus einem Schiedsspruche gestritten wird, RG, JW 94 543. Vgl. S. 33 Nr. 3.

6. Die Kosten für ein Verfahren, das dem Verfahren vor dem ordentlichen Richter voraufzugehen hat, das aber nicht einen Teil des gerichtlichen Verfahrens selbst bildet, sondern nur eine außergerichtliche Vorinstanz darstellt, ROHG 9 309, 21 19; z. B. die

Kosten eines Verfahrens vor dem Strandamt über den Anspruch auf Berge- oder Hilfslohn, wenn gegen den Bescheid der Rechtsweg beschritten ist (§ 39 StrandOrd), OLG Hamburg, Rsp 15 80; oder die Kosten der Verklarung (HGB § 522), OLG Hamburg, Rsp 7 281.

7. Über die Gelderhebungsgebühr des § 87 GebO s. S. 56.

8. Die Kosten der Zwangsvollstreckung, über die § 788 ZPO besondere Bestimmung trifft, können nur im weiteren Sinne als Kosten des Rechtsstreits gelten. Über ihre Festsetzung s. unten S. 114 ff.

III. Die Kosten müssen **zur zweckentsprechenden Rechtsverfolgung** (für den Kläger) oder **Rechtsverteidigung** (für den Beklagten) notwendig gewesen sein.

1. Der Begriff „zweckentsprechend" ist rein sachlich, vom Standpunkte des richtig erkannten geltenden Rechtes aus aufzufassen. Deshalb kann in der Zweifelhaftigkeit einer Rechtsfrage kein Grund gefunden werden, die Aufwendung doppelter Kosten als zur zweckentsprechenden Rechtsverfolgung oder Rechtsverteidigung notwendig gelten zu lassen. (RG 32 387; der dort entschiedene besondere Fall, doppelte Zustellung der Rechtsmittelschrift, ist inzwischen durch die Gesetzesänderung gegenstandslos geworden.)

Kosten, die durch ungeeignete Prozeßführung veranlaßt worden, sind nicht zu erstatten, RG, JW 89 305. So z. B. die Mehrkosten, die durch Gestellung eines Zeugen behufs Glaubhaftmachung statt durch Beibringung einer eidesstattlichen Versicherung dieses Zeugen verursacht sind, RG, Recht 05 253 (bedenklich!). Daraus, daß eine Partei auf die Durchführung eines Beweisverfahrens nachträglich verzichtet hat, folgt noch nicht, daß das Verfahren nicht zweckentsprechend war, RG, JW 98 659.

2. Darüber, ob der Fall der Notwendigkeit vorliegt, hat der Gerichtsschreiber bei der Kostenfestsetzung (§§ 103, 104 ZPO) nach freiem Ermessen zu befinden. Zu beurteilen ist die Notwendigkeit einer Handlung nach der Zeit ihrer Vornahme. War sie durch den Beweisbeschluß angeordnet, so sind die durch dessen Ausführung entstandenen Auslagen zu erstatten, OLG Hamburg, Rsp 20 310. Die Zulässigkeit der Verwendung von Kostenmarken zwingt nicht zu ihrer Verwendung, LG I Berlin, KGBl 11 49. Die Kostenmarke unterscheidet sich gerade dadurch von der Postmarke, der Stempelmarke und der Beitragsmarke der Invalidenversicherung, daß es den Parteien freisteht, eine Kostenschuld durch Marken zu entrichten, statt die Einforderung durch Kostenrechnung oder Postnachnahme im gewöhnlichen Verfahren abzuwarten (oben S. 35).

3. Beschränkt ist das Ermessen nach § 91 Abs. 2 ZPO wegen der Gebühren und Auslagen des RA der obsiegenden Partei. Die durch die Zuziehung eines Anwalts entstandenen Kosten gelten von Rechts wegen als zur zweckentsprechenden Rechtsverfolgung oder Rechtsverteidigung notwendig, und zwar nicht nur im Anwalts-

sondern auch im Parteiprozeß. Sie sind immer zu erstatten, gleichviel ob der Anwalt als Bevollmächtigter oder Beistand auftritt, und ohne Rücksicht darauf, ob die Handlung auch von der Partei selbst hätte vorgenommen werden können. Für Vertreter des RA gilt die Vorschrift nur, wenn der Vertreter ein anderer Anwalt oder ein nach § 25 der RAO von der Landesjustizverwaltung bestellter Vertreter ist. Dagegen findet die Vorschrift keine Anwendung auf andere vom RA für einzelne Prozeßhandlungen bestellte Vertreter, auch wenn es Referendare sind, die bereits zwei Jahre im Vorbereitungsdienste stehen. Für die Erstattung der durch eine derartige Vertretung entstandenen Kosten bleibt es bei der Regel des § 91 Abs. 1 ZPO; RG (Pl.) **21** 355, **26** 416; JW **88** 331; ZZP **17** 473. Vgl. Anm. 2, b zu § 1 GebO. Die Notwendigkeit der vom Anwalte vorgenommenen Prozeßhandlungen und der dafür in Ansatz gebrachten Kosten und Auslagen ist im Kostenfestf.Verfahren trotz § 91 Abs. 2 ZPO immer zu prüfen, denn der RA darf seinem Auftraggeber nur notwendige Kosten und Auslagen berechnen. Es dürfen also auch nur Kosten und Auslagen dieser Art zur Erstattung festgesetzt werden, da die kostenpflichtige Partei nur solche Kosten und Auslagen zu erstatten hat, welche die obsiegende Partei zu tragen verpflichtet ist, RG (Pl.) **51** 13. Bei dem Gesuch um Bewilligung des Armenrechts ist auch zu prüfen, ob die Zuziehung eines Anwalts notwendig ist, da es nicht zum Prozeßverfahren i. e. S. gehört; s. die Entsch. oben S. 39 Nr. 8 und OLG Kiel, KG, Kolmar, München, Rsp **4** 273, **5** 471, **15** 256, **27** 42; aM Gaupp-Stein § 91, IX, 1.

4. Reisekosten eines auswärtigen Anwalts sind nur insoweit zu erstatten, als seine Zuziehung zur zweckentsprechenden Rechtsverfolgung oder Rechtsverteidigung notwendig war. „Auswärtiger RA“ ist nur derjenige, der nicht am Sitze des Prozeßgerichts wohnt und zur Vertretung der Partei Reisen nach dem Gerichtssitz unternimmt, RG **13** 313, **14** 378; JW **86** 443, **94** 9; Gruch **40** 661. Nicht also der Prozeßbevollmächtigte oder ein anderer RA, der Reisen zu auswärtigen Beweisterminen ausführt (s. hierüber unten zu 5, a). Dem Ermessen ist aber durch §§ 18 Abs. 5, 37 RAO im Anwaltsprozeß und bei der Bestellung eines Armenanwalts eine Schranke gezogen.

a) Wenn nämlich im Anwaltsprozeß eine Partei einen nicht am Orte des Prozeßgerichts wohnhaften RA zum Prozeßbevollmächtigten bestellt oder wenn ein solcher RA (im Anwalts- oder im Parteiprozeß) einer armen Partei beigeordnet wird, so sind die Mehrkosten des bestellten oder beigeordneten RA, die dadurch entstehen, daß er nicht am Orte des Prozeßgerichts seinen Wohnsitz hat, niemals zu erstatten, § 18 Abs. 5, § 37 RAO. Beispiele: RG **14** 377; JW **94** 63; OLG Karlsruhe, BadZt **95** 16, **96** 55; OLG Karlsruhe, Dresden, Rsp **19** 251. Es ist vielmehr nur der Betrag zuzubilligen, den die unterlegene Partei zu erstatten haben würde, wenn für die siegreiche Partei ein am Sitze des Gerichts wohnhafter RA bestellt und von diesem ein am Wohnsitze des Anwalts der siegreichen Partei wohnhafter RA zur Wahrnehmung von Beweisterminen beauftragt worden wäre, RG **14** 377.

b) Im Parteiprozeß und im Privatklageverfahren (soweit es sich nicht um die Reisekosten des Armenanwalts handelt) ist nach der herrschenden Ansicht zu prüfen, nicht nur, ob die Zuziehung gerade des auswärtigen Anwalts, sondern auch, ob die Zuziehung eines Anwalts überhaupt notwendig war, und nur wenn beide Fragen bejaht werden, können Reisekosten zugebilligt werden, OLG Hamburg, SeuffA **52** 350; OLG Jena, ThürBl **39** 39, 326, **40** 241, **45** 30; OLG Kolmar, Recht **07** 63; Gaupp-Stein § 91, IX, 2; Petersen-Anger § 91 A. 17; Struckmann-Koch § 91 A. 4. Dagegen wollen die Prüfung der Frage, ob die Zuziehung eines RA überhaupt geboten war, mit Recht ausschließen: OLG Dresden, SächsAnn **10** 162, **19** 187, OLG Kolmar, Rsp 25 69; Haehn, DJZ 03 447; Roedenbeck, ZZP 9 232; Meyer-Irmler § 78 A. 5bb, Skonietzki-Gelpcke § 91 A. 14b. Liegt die Notwendigkeit einer Vertretung der Partei überhaupt vor, so muß auch die Bevollmächtigung eines RA als notwendig angenommen werden, ohne daß der Partei zugemutet werden darf, sich eines nicht rechtsgelehrten billigeren Vertreters zu bedienen, OLG Jena, SeuffA **49** Nr. 123; LG Kassel, JW **03** 96; aM DJZ **03** 146. Nur sofern ersichtlich ist, daß die Prozeßführung durch einen am Gerichtssitze wohnenden, der Partei zur Verfügung stehenden Rechtsanwalt deren Interesse widersprochen haben würde, sind die durch Bevollmächtigung des auswärtigen Anwalts entstandenen Mehrkosten erstattungsfähig (Beispiele: ZDJ 10 30). So auch Hesse JW 13 823 (aM Barthelmes JW 12 824).

5. Die Kosten mehrerer RA sind nach § 91 Abs. 2 ZPO nur insoweit zu erstatten, als sie die Kosten eines RA nicht übersteigen oder als in der Person des RA ein Wechsel eintreten mußte.

a) Hat die obsiegende Partei mehrere RA nebeneinander zu Vertretern bestellt (ZPO § 84, RAO § 27), so kann sie doch nur die Kosten eines Anwalts erstattet verlangen, RG, JW 88 66, 97 3. Dies trifft auch zu, wenn zwei Beklagte zwei Anwälte gemeinschaftlich bevollmächtigen, OLG Hamburg, Rsp 15 84 (hier hatte nicht etwa jeder Streitgenosse für sich einen Anwalt bestellt, sondern beide zusammen zuerst den Anwalt A. und später noch auf dessen Wunsch auch den Anwalt B.). Die Gebühren des zweiten RA, dem der Prozeßbevollmächtigte gemäß § 27 RAO die Vertretung oder die Ausführung der Parteirechte in der mündlichen Verhandlung übertragen hat (RAGebO § 43), sind demnach regelmäßig nicht zu erstatten. Eine Ausnahme gilt, wenn der Anwalt zeitweilig rechtlich verhindert war, z. B. als Zeuge vernommen wurde, RG, JW 99 815; OLG Darmstadt, Rsp 1 333; OLG

München, Rsp 17 312. Erkrankung oder Überlastung des einen RA rechtfertigt die Zuziehung eines zweiten RA nicht, OLG Naumburg, Braunschweig, Rsp 17 110, 25 69. Dagegen sind die Kosten eines zweiten RA, der neben dem ersten zugezogen ist, insoweit erstattungsfähig, als durch diese Zuziehung höhere oder gleich hohe Kosten des ersten Anwalts oder der Partei erspart werden, JW 13 230.

„Die Gebühren und Auslagen eines für Vertretung einer Partei in einem auswärtigen Beweisaufnahmetermine substituierten RA sind insoweit, als sie die Reisekosten und Tagegelder des Prozeßbevollmächtigten nicht übersteigen, in jedem Falle — gleichviel ob die Beweisaufnahme einfach oder schwierig ist — von dem in die Prozeßkosten verurteilten Gegner zu erstatten," RG (Pl.) 51 11. Durch diese Entscheidung, die auf der Annahme beruht, daß die Wahrnehmung eines Beweisaufnahmetermins unter allen Umständen zur zweckentsprechenden Prozeßführung gehört, ist die frühere Praxis, welche den bezeichneten Kosten in einfachen und unbedeutenden Sachen die Erstattungsfähigkeit versagte (RG, JW 89 40), aufgegeben. Der Prozeßbevollmächtigte ist aber nicht verpflichtet, zur Ersparung von Kosten unter allen Umständen einen Anwalt zur Wahrnehmung auswärtiger Termine zu substituieren. Denn er ist in erster Linie zur Vertretung der Partei berufen, und es müssen besondere Gründe vorliegen, welche ausnahmsweise die Zuziehung eines anderen Anwalts erfordern, bei dessen Auswahl auf die Entstehung möglichst geringer Kosten zu sehen ist. „Solche Gründe werden in der Regel in der Kostspieligkeit der Wahrnehmung auswärtiger Termine durch den Prozeßbevollmächtigten zu finden sein, sind aber nicht überall schon dann anzunehmen, wenn die Substituierung eines anderen Anwalts geringere Kosten verursacht hätte. Es kommt vielmehr darauf an, ob die durch Wahrnehmung des Termins durch den Prozeßbevollmächtigten selbst erwachsenden Mehrkosten in einem Mißverhältnisse stehen zu dem Gegenstande des Streites und dem an sich berechtigten Interesse der Partei, sich durch ihre Prozeßbevollmächtigten selbst — auch in auswärtigen Terminen — vertreten zu lassen." RG, JW 86 443, 05 50; Recht 05 46; OLG Celle, München, Braunschweig, Rsp 17 109, 19 68, 20 302. Die Einschränkung des OLG Naumburg, Rsp 23 106 bei Terminen zur Beeidigung eines Sachverständigen ist unbegründet.

Auch die durch die Entsendung des Bureauvorstehers entstandenen Kosten sind zu erstatten, soweit die Aufwendungen für die Reise nachgewiesen sind, OLG Breslau, Naumburg, Rsp 15 82f., 17 108. Nachzuweisen sind auch die Kosten eines ausländischen Anwalts bei einer Beweisaufnahme im Auslande, OLG Hamburg, Rsp 23 105.

Der Grundsatz, daß die Ersatzpflicht nur die Kosten eines Anwalts umfaßt, der am Sitze des Prozeßgerichts wohnt, gilt auch dann, wenn die Partei einen dort wohnhaften und außerdem einen anderwärts wohnhaften, aber auch am Prozeßgerichte zugelassenen Anwalt bevollmächtigt hat, OLG Jena, SeuffA 65 38.

Die Mitwirkung eines RA im Sühnetermin in Ehesachen erscheint nicht notwendig, OLG Kolmar, ZDJ 11 37.

Die Kosten eines Zwischenanwalts (Korrespondenzmandatars) sind neben den vollen Gebühren des Prozeßbevollmächtigten zu erstatten, wenn die Partei in Berücksichtigung ihrer Persönlichkeit und der Natur des Rechtsstreits nicht imstande ist, dem Anwalte die zur richtigen Einleitung und Durchführung des Rechtsstreits erforderliche Information brieflich zu erteilen. Wären aber durch Reisen der Partei zum Prozeßbevollmächtigten zum Zwecke mündlicher Information geringere Kosten entstanden, so ist die Korrespondenzgebühr nur in Höhe dieses Betrags erstattungsfähig, RG 9 356, 15 403; JW 87 351, 88 393, 91 466, 94 94, 138, 95 263, 357, 384, 96 249, 250, 97 106, 303, 548, 98 68, 01 123; BayObLG 16 167. Es muß also derjenige, der die Gebühren eines Korrespondenzmandatars erstattet verlangt, die besonderen Verhältnisse darlegen, welche die unmittelbare Information des Prozeßbevollmächtigten hinderten. Daß es der Partei nur bequemer oder zweckmäßiger erschien, sich der Vermittlung eines Anwalts zu bedienen, rechtfertigt eine Erstattungspflicht des Gegners nicht, RG, JW 89 84; KG, KGBl 08 56 und 73.

Ist die Zuziehung eines Zwischenanwalts überhaupt gerechtfertigt, so darf die Erstattung der Gebühr nicht deshalb versagt werden, weil die Partei einen anderen, nicht am Sitze des Prozeßgerichts wohnender RA hätte bevollmächtigen sollen, RG, JW 94 113.

Ist ein RA Partei, kann er für seinen Briefwechsel mit seinem Prozeßbevollmächtigten nicht die Gebühr des § 44 RAGebO erstattet verlangen, da er keines Vermittlers bedurft hätte, RG, JW 93 498; Gruch 34 1188, 38 1167; SeuffA 49 458; OLG Posen, PosMschr 03 28.

Der Umstand allein, daß bei einem Rechtsstreite nicht das Recht des Prozeßgerichts sondern das eines anderen Bundesstaats in Betracht kommt, begründet nicht die Erstattungsfähigkeit der Korrespondenzgebühr eines von der Partei zugezogenen, in jenem anderen Bundesstaat ansässigen Anwalts, KG, KGBl 01 111.

Die Gebühren eines ausländischen Anwalts sind zu erstatten, wenn seine Zuziehung zur zweckentsprechenden Rechtsverfolgung oder Verteidigung, z. B. zur Ermittelung des in Betracht kommenden ausländischen Rechtes (KG, KGBl 02 8) notwendig war, RG, JW 99 45. Übersteigen die für den ausländischen Korrespondenzanwalt berechneten Gebühren die Sätze der RAGebO, so bedarf es des Nachweises, daß ihm diese Gebühren wirklich zustehen, RG, BadRPrax 03 230; sie sind aber, soweit seine Tätigkeit notwendig war, zu erstatten, OLG München, SeuffBl 76 674.

Die Gebühr des § 44 Abs. 2 RAGebO für gutachtliche Äußerungen des RA erster Instanz bei Übersendung der Akten an den RA zweiter Instanz ist regelmäßig nicht zu erstatten, da die gutachtlichen Äußerungen meist nicht notwendig sind, RG, BlumsAnn 7 293; ElsLothZ 17 390.

In der Revisionsinstanz ist eine Information über Tatsachen regelmäßig ausgeschlossen. Der RA beim Revisionsgericht ist schon auf Grund des Urteils und der Prozeßakten in der Lage, sachgemäße Anträge zu stellen und zu begründen. Findet es eine Partei für angemessen, den RA beim Revisionsgerichte durch eine Information rechtlichen Inhalts zu unterstützen, so muß sie dies auf ihre eigenen Kosten tun, RG, JW 88 66, 92 219, 95 357, 03 237; aM Drucker § 45 A. 3. Nur ausnahmsweise kann eine Information über Tatsachen erforderlich sein, soweit nämlich das Revisionsgericht neue Tatsachen zu berücksichtigen hat (ZPO § 554 Nr. 2 b, c), z. B. wenn es sich um die Revisionssumme oder um die ordnungsmäßige Zustellung des Vorderurteils oder der Revisionsschrift handelt (Meyer-Irmler § 44 A 5e), RG, JW 96 321.

Ein eigenes Beschwerderecht gegen den die Gebühr absetzenden Kostenfestſ.Beschluß steht dem Korrespondenzmandatar nicht zu, RG, RheinArchiv 79 2 Abt. 83.

b) Werden mehrere RA nacheinander bestellt, so sind die Kosten der mehreren Anwälte insoweit erstattungsfähig, als sie die Kosten eines Anwalts nicht übersteigen; darüber hinaus nur insoweit, als der Wechsel notwendig war, ZPO § 91 Abs. 2. Hierüber entscheidet der Gerichtsschreiber nach freiem Ermessen, RG 15 394; JW 88 305. Beispiele sind: der Tod des Prozeßbevollmächtigten, sein Ausscheiden aus der Rechtsanwaltschaft oder Aufgabe der Zulassung bei dem Prozeßgerichte (RG, JW 94 278), Kündigung des Mandats durch den RA, sofern in diesem Falle dem RA überhaupt ein Gebührenanspruch zusteht (vgl. RAGebO § 50) und die Kündigung nicht von der Partei verschuldet war, RG, JW 98 161, 278; KG, KGBl 03 17; OLG Hamburg, Rsp 17 109; OLG Breslau, BreslauAKZ 09 66. Kündigte die Partei, so wird in der Regel der Wechsel nicht als notwendig zu erachten sein. Hatte der RA das Mandat gekündigt, so kann die erstattungsberechtigte Partei nur gegen Abtretung ihres etwaigen Rückerstattungsanspruchs gegen den Anwalt (BGB §§ 675, 671 Abs. 2) Festsetzung verlangen, RG, JW 98 390, 99 30; Gruch 40 659; OLG Dresden, Köln, Rsp 2 295, 25 71; SächsAnn 22 368, 24 180; OLG Hamburg, DJZ 04 656; SeuffA 55 Nr. 42. Dieser Grundsatz gilt auch dann, wenn ein Wechsel in den Armenanwälten erfolgt (RG 15 393) oder der gewählte Anwalt durch einen Armenanwalt ersetzt wird, OLG Marienwerder, PosMschr 2 31.

Wird der Wechsel des RA durch Verweisung des Rechtsstreits an ein anderes Gericht notwendig, so ist dies für das Kostenfestsetzungsverfahren im Falle des § 276 ZPO ohne Bedeutung; denn die Verfahren vor den verschiedenen Gerichten bilden je einen besonderen Rechtsstreit, von denen jeder eine gesonderte Kostenentscheidung enthält. Bei einer Verweisung nach § 505 ZPO auf Antrag des Klägers hat dieser stets die entstandenen Mehrkosten zu tragen, also auch dem unterlegenen Beklagten die Kosten eines zweiten RA zu erstatten; denn der Beklagte braucht nicht damit zu rechnen, daß der Kläger den Verweisungsantrag stellen wird, und es kann die Zuständigkeit mehrerer Gerichte begründet sein. Im Falle des § 506 ZPO kann jede Partei die Verweisung beantragen; es braucht aber keine Partei damit zu rechnen, daß der Gegner diesen Antrag stellen oder daß durch das Verhalten des Gegners ein Anlaß zur Stellung des Antrags gegeben wird. Nur wenn dieselbe Partei die Verweisung veranlaßt und beantragt und erst hierzu einen Anwalt bestellt, muß sie zur Vermeidung von Mehrkosten den bei dem Landgericht zugelassenen RA bevollmächtigen. Sonst ist also jede Partei in der Auswahl ihres RA unbeschränkt. Es hat also z. B. der unterlegene Kläger dem Beklagten die Kosten des Amtsgerichtsanwalts selbst dann zu erstatten, wenn der Beklagte durch den RA zunächst Klageabweisung beantragt hat und erst im Laufe des Rechtsstreits die Widerklage erhoben ist. Nur in Ausnahmefällen wird sich die nachträgliche Erhebung der Widerklage als Mißbrauch bezeichnen lassen; RG **22** 432, **26** 416, **44** 427, JW 87 416, 89 171; OLG Posen, KG, Rsp **15** 85, **19** 71. Wegen Teilklagen s. auch S. 56.

Beim Mahnverfahren kann ebenfalls jede Partei die Verweisung beantragen (§§ 697, 700 ZPO), und zwar kann über den nach § 697 Abs. 2 ZPO gestellten Antrag ohne mündliche Verhandlung entschieden werden. Auch hier braucht der Kläger nicht mit einem Widerspruch des Beklagten und keine Partei mit dem möglichen Verweisungsantrag des Gegners zu rechnen, OLG Jena, JW 13 614, OLG Naumburg, Hamburg, Celle, Hamm, KG, Rsp **27** 122 ff., KGBl 13 118. Der Kläger kann also, selbst wenn er in dem Gesuch den Verweisungsantrag stellt, einen Amtsgerichtsanwalt bevollmächtigen. Nur wenn der Beklagte mit dem Widerspruch die Verweisung beantragt oder einer Partei ein schon gestellter Verweisungsantrag des Gegners bekannt war, muß ein beim Landgericht zugelassener RA bevollmächtigt werden (s. aber OLG Kolmar, Rsp **27** 125). Dies trifft auch dann zu, wenn eine Partei erst den RA bevollmächtigt, um den Verweisungsantrag zu stellen (OLG Kolmar, Rsp **25** 70). Im Ergebnis ebenso: OLG München, Düsseldorf, Dresden, Augsburg, Kolmar, Karlsruhe, Rsp **25** 300, **27** 233, JW **11** 1018, **13** 230, 451, SeuffBl **76** 714, ZDJ 12 222; aM KG, OLG Naumburg, Rostock, Rsp **23** 105, 275, **25** 300. Hiernach sind dem Kläger die $^{10}/_{10}$ des § 38 Ziff 1 RAGebO zu erstatten, zu denen nichts hinzutritt, wenn er mit dem Gesuch den Verweisungsantrag verbunden hatte, weil die mit dem Widerspruch entstehende Prozeßgebühr nur $^5/_{10}$ (§ 20) beträgt und in der Mahngebühr aufgeht. Ist über die Verweisung verhandelt, so tritt $^5/_{10}$ oder bei in der Regel nicht streitiger Verhandlung $^5/_{20}$ Verhandlungsgebühr hinzu (§ 20), die stets zu erstatten ist, weil keine Partei von vornherein die Verweisung zu beantragen braucht. Dem Beklagten sind außer der Widerspruchsgebühr von $^2/_{10}$ (§ 38 Ziff 2) noch $^5/_{10}$ Prozeßgebühr, auf die die $^2/_{10}$ anzurechnen sind, und entweder keine oder $^5/_{20}$ oder $^5/_{10}$ Verhandlungsgebühr zu erstatten, je nachdem nicht, nicht streitig oder streitig über die Verweisung verhandelt ist. Die entstandene Verhandlungsgebühr ist aber stets zu erstatten, sofern nicht der erwähnte Fall vorliegt, daß dem Beklagten die Kosten des Amtsgerichtsanwalts überhaupt zu versagen sind. Ebensowenig wie der Kläger im voraus wissen kann, ob der Beklagte Widerspruch erhebt, ebensowenig kann er vorausahnen, daß der Beklagte Versäumnisurteil ergehen läßt. Aus ähnlichen Gründen sind die Kosten zweier RA zu erstatten, wenn gegen einen Arrestbefehl, den ein beim Prozeßgerichte nicht zugelassener RA erwirkt hatte, Widerspruch erhoben und dadurch ein Wechsel des RA erforderlich wird, oder wenn ein beim Landgericht nicht zugelassener RA den Arrest beantragt und das Gericht mündliche Verhandlung anordnet, OLG Rostock, Rsp 21 71.

2. Einzelfälle der Erstattungspflicht.

1. Die Kosten einer Partei für Wahrnehmung von Terminen, die im Amtsgerichtsprozeß **nicht durch einen Anwalt vertreten** ist, sind ihr zu erstatten, selbst wenn die Annahme eines RA billiger gewesen wäre; denn es ist keine Partei verpflichtet, sich in diesem Falle durch einen RA vertreten zu lassen. Wenn eine **Partei**, die durch einen Rechtsanwalt **vertreten** wird, **persönlich Termine wahrnimmt**, so hat sie einen unbedingten Anspruch auf Ersatz ihrer Reise- und Aufenthaltskosten dann, wenn ihr Erscheinen gesetzlich geboten war — wie bei Eidesleistungen —, oder vom Gericht angeordnet ist, z. B. zur Aufklärung des Sachverhältnisses oder zum Zwecke des Sühneversuchs, ZPO §§ 296, 141. Die Partei ist auch berechtigt, einem Beweistermine beizuwohnen, falls sie sich durch ihren Anwalt nicht vertreten läßt. Sie kann die Erstattung der dadurch entstandenen Auslagen vom Gegner fordern, ohne Rücksicht darauf, ob das Beweisverfahren ein einfaches oder ein verwickeltes Sachverhältnis betraf, ZPO § 357; RG, JW 96 231, 97 207; aber nur insoweit, als sie nicht die Kosten einer Vertretung übersteigen, RG, JW 97 458; OLG Hamburg, Rsp 13 100 (aM LG Danzig, PosMschr 4 33), und unter Umständen sogar darüber hinaus, RG, Rsp 17 108.

In allen übrigen Fällen wird, wenn die Partei durch einen Anwalt vertreten ist, die Notwendigkeit ihres persönlichen Erscheinens neben dem Anwalte besonderer Rechtfertigung bedürfen, RG,

JW 95 381, 97 145, 99 89, 05 208; Recht 05 253. Nicht erstattungsfähig sind die Reisekosten der Partei zu einem Termine, der vertagt ist und auf dessen Vertagung die Partei rechnen mußte, RG, JW 05 178; SeuffA 49 Nr. 276.

Reisen des Schwurpflichtigen zum Schwurtermine können dann als unnötig erachtet werden, wenn rechtzeitige Anzeige der Abwesenheit vom Gerichtsort oder eines Wohnungswechsels die Anordnung der Eidesleistung vor einem ersuchten Richter (ZPO § 479) zur Folge gehabt haben würde, RG, JW 82 157; Gruch 36 1220; zuweitgehend OLG Rostock, Rsp 21 70.

2. Ob § 91 Abs. 1 Satz 2 ZPO über seinen Wortlaut hinaus auf andere Zeitversäumnisse der Partei und auf andere Personen Anwendung findet, hängt von den Umständen des Falles ab. So können Informationsreisen der Partei zum Prozeßbevollmächtigten erster oder zweiter Instanz gerechtfertigt sein, RG, JW 98 278. Reisekosten der Partei sind als erstattungsfähig angesehen, wenn die Reise zur Ermittelung von Zeugen notwendig war, RG, SeuffA 49 460. Dasselbe gilt von den Kosten einer Reise, die der Anwalt vor Einleitung des Prozesses zur Besichtigung der Örtlichkeit unternahm, BayObLG 16 500.

Auch die Reisen eines sachverständigen Beraters und die eines Beamten zur sachgemäßen Information des Anwalts sind, wenn sie notwendig waren, zu erstatten, RG, JW 96 373, 99 72.

Dagegen ist eine Versäumnisentschädigung der Partei für mündliche oder schriftliche Information des Anwalts oder eines Sachverständigen versagt worden von den OLG Karlsruhe, Hamburg, Rsp 13 99, 17 104, 23 102, und nur mit Einschränkungen zugebilligt vom OLG Braunschweig, Recht 04 254, Rsp 13 98; OLG Karlsruhe, Recht 06 805. Für das persönlich hergestellte Schreibwerk der Partei ist ihr nichts zu erstatten, selbst wenn sie es durch Hilfskräfte fertigen läßt, so ein ungedruckter Beschl. des OLG Stettin, 5 W 33/12.

3. Für die Erstattung von Fuhrkosten bei Benutzung des eigenen Fuhrwerkes sind zu berücksichtigen die für die Fahrt wirklich erwachsenen Kosten (Fütterungskosten für die Pferde usw.), LG Kassel, ZZP 15 398. Daneben kann der Erwerbsverlust in Betracht kommen, der der Partei dadurch erwachsen ist, daß sie das Fuhrwerk nicht im Geschäft oder Berufe verwenden konnte.

4. Sind in demselben Termine mehrere Sachen einer Partei verhandelt, so kann die Partei die Unkosten für Wahrnehmung des Termins nur einmal erstattet verlangen. Die Gegner in den verschiedenen Sachen können dieselben oder verschiedene Personen sein. Sie haften der obsiegenden Partei ein jeder auf das Ganze soweit, als in der einen Sache dieselben Kosten entstanden sind als in der anderen Sache. Denn die Kostenentscheidung erklärt jeden der Gegner oder den Gegner in jeder einzelnen Sache als erstattungs-

pflichtig für den ganzen Betrag dieser gemeinschaftlichen Kosten, und die obsiegende Partei kann diese Kosten nur einmal im ganzen erstattet verlangen. Die Verpflichtungen de. mehreren Schuldner oder des Schuldners aus mehreren Prozessen sind selbständige Schuldenpflichten, deren Gegenstände nur zufällig sich decken. Sie bilden ein sog. unechtes Gesamtschuldverhältnis (vgl. über diesen Begriff RG 67 130, 79 290). Daraus folgt, daß der Gläubiger den ganzen Betrag in jedem Rechtsstreite zur Festsetzung einstellen darf und sein Anspruch erst durch Tilgung in dem einen oder dem anderen Rechtsstreite für alle erlischt. Die Partei kann also, wenn sie nur in einem der mehreren Prozesse obgesiegt hat, die ganzen gemeinschaftlichen Kosten von dem Gegner dieses Prozesses erstattet verlangen; denn es sind ja Kosten, die auch für diese Sache allein entstanden wären; aM die früh. Aufl. und Schultzenstein, ZZP 36 320ff.

5. Ersatzansprüche, die einem Streitgenossen gegenüber dem anderen zustehen, können nicht den Gegenstand der Kostenfestsetzung bilden, da sie von der Entscheidung im Urteil ausgeschlossen sind, RG, JW 95 383; s. S. 68.

6. Die Gerichtssprache in den vor deutschen Gerichten verhandelten Rechtsstreiten ist die deutsche. Daher kann eine des Deutschen nicht kundige Partei die Kosten für Übersetzung der Entscheidungen in die ihr geläufige Sprache nicht erstattet verlangen, OLG Hamburg, Jahrb 1 28, aM Rsp 25 67. Auch dann sind Übersetzungskosten nicht zu erstatten, wenn der im Auslande des Rechtsschutzes Bedürftige, um sich mit seinem Sachwalter zu verständigen, seine in heimischer Sprache abgefaßten Schriften in die dem Sachwalter geläufige übersetzen läßt oder wenn für den Sachwalter selbst die Briefe seines Auftraggebers übersetzt worden sind. Dagegen sind die Übersetzungskosten erstattungsfähig, wenn fremdsprachliche Urkunden zur Verwertung im Prozesse mit der Übersetzung eines verpflichteten Dolmetschers versehen werden müssen, OLG Dresden, SeuffA 25 435; s. auch OLG Hamburg, Rsp 11 51f. Gleiches gilt für Übertragung stenographischer Schriftstücke, OLG Kolmar, Rsp 23 103. Der Anwalt darf für den Schriftwechsel in einer fremden Sprache eine besondere Gebühr nicht beanspruchen, RG, JW 99 771.

7. Die Kosten einer Zustellung durch den Gerichtsvollzieher sind auch dann erstattungsfähig, wenn sie von Anwalt zu Anwalt erfolgen konnte, RG 40 410. Diese Art der Zustellung hängt nicht nur von dem Willen des Zustellenden, sondern auch von dem des empfangenden Anwalts ab, da dieser die Empfangsbescheinigung verweigern kann. Die Partei braucht sich der Möglichkeit solcher Weigerung nicht auszusetzen, RG 8 332; JW 96 151, 98 115; KG, ZZP 14 328; OLG Cassel, Recht 06 691; aM KG, ZZP 14 257. Die Kosten doppelter Zustellung, z. B. an den Beklagten selbst und daneben nochmals an ihn als Vertreter eines Mitbeklagten oder

an den RA und an die von ihm vertretene Partei, sind nicht zu ersetzen, da die zweite Zustellung zur zweckentsprechenden Rechtsverfolgung nicht notwendig ist, RG 32 387, OLG Celle, Rſp 13 97, KG, KGBl 06 44; aM ebenda 15. Die Kosten der Zustellung von Anwalt zu Anwalt werden durch den Pauschsatz des § 76 abgegolten. Sie können auch nicht mit der Erwägung besonders in Ansatz gebracht werden, daß die Zustellung durch einen Gerichtsvollzieher höhere Kosten veranlaßt hätte, OLG Hamburg, Rſp 23 277. Fügt der zustellende RA eine frei gemachte Zustellungskarte für den Gegner bei, ist ihm das Postgeld für diese nicht zu erstatten, KG, Rſp 25 302; dagegen Haack, JW 12 824.

8. Informationskosten. Die Ansicht, daß Auslagen, die einer Partei zur Vorbereitung des Rechtsstreits erwachsen sind, schon deshalb nicht erstattungsfähig seien, weil sie nicht im Laufe des Rechtsstreits erwachsen sind, kann nicht als richtig anerkannt werden (siehe Nr. 9). Auch hier kommt es immer darauf an, ob die Akte, für welche die Kosten verwendet sind, zur zweckentsprechenden Rechtsverfolgung gedient haben. Die Praxis hat, abgesehen von den unter 2 genannten Reisekosten, als erstattungsfähig erklärt: Die Kosten eines Sachverständigen, der die zur Begründung des Anspruchs erforderliche Grundlage beschaffen sollte, RG, SeuffA 47 155, Jahrb. 1 28; insbesondere die Kosten eines vor Anstellung der Klage zu dem angegebenen Zweck eingeholten ärztlichen Attestes, LG I Berlin, KGBl 93 112; die Kosten für Handzeichnungen, Pläne, Karten, wenn sie die Örtlichkeit veranschaulichen oder geeignet sind, die richterliche Prüfung zu erleichtern und die Verhandlung zu vereinfachen, RG, JW 91 351; OLG Hamburg, DJZ 03 36; die Kosten eines Handelsregisterauszugs, eines Gutachtens auch dann, wenn die Partei selbst sachverständig ist, da die sachverständige Partei nicht Gutachter in eigener Sache sein kann, RG, JW 05 372; OLG Kolmar, Rſp 13 95; OLG Hamburg, DJZ 08 371; die Kosten eines im Laufe des Prozesses eingegangenen Gutachtens zur Aufklärung des Sachverhalts oder zur Widerlegung eines Gegengutachtens, RG, JW 83 155, 97 303, 98 45, 114, 02 529, 04 342; BayObLG 15 290; Auslagen für eine notwendige Ortsbesichtigung durch den Anwalt vor der Klageerhebung, RG, JW 86 13, 14; die Kosten für Einsicht des Grundbuchs, OLG Hamburg, Rſp 15 256; die Kosten eines sachverständigen Beraters zur Instruktion des RA, z. B. in Patentsachen, RG, JW 96 373, 99 72. Die Erstattungsfähigkeit der Kosten eines Patentanwalts ist vom OLG Hamburg in einem Falle bejaht, in einem anderen verneint, Rſp 21 70. Die Erstattung von Kosten, die durch Einholung von Rechtsgutachten der obsiegenden Partei erwachsen sind, ist nicht grundsätzlich ausgeschlossen, es ist jedoch die Notwendigkeit solcher Gutachten zu prüfen, RG 13 314; SeuffA 41 Nr. 224; sie kann nur in der Regel nicht vorausgesetzt werden, ZZP 7 285; BayObLG, SeuffA 50 218. Die Kosten

englischer Affidavits sind als erstattungsfähig anzusehen, OLG Hamburg, Rsp 9 58.

Dagegen werden nicht als Kosten des Rechtsstreits angesehen und sind daher nicht zu erstatten: die Kosten für Vergleichsverhandlungen zur Vermeidung des Prozesses (OLG Rostock, MecklZ 14 294; OLG Braunschweig, Recht 04 21; aM OLG Karlsruhe, BadZ 4 50; Petersen § 91 A. 5), die Kosten für Gutachten, die den Entschluß zur Prozeßführung vorbereiten sollten, RG, JW 91 4, OLG Hamburg, Rsp 25 67. Die Anschaffung wissenschaftlicher Bücher durch den Anwalt verursacht keine notwendigen Kosten, OLG Kolmar, Recht 06 57, Rsp 21 70.

9. Mahnbriefe, Kündigungen und Aufforderungsschreiben, die von der Partei selbst oder von ihrem Anwalt ausgehen können, sollen oft nicht schon den Rechtsstreit einleiten, sondern erst die Grundlage für ein gerichtliches Verfahren schaffen und nebenbei den Zweck verfolgen, ein förmliches Prozeßverfahren überhaupt zu erübrigen; sie liegen dann außerhalb des Rechtsstreits. Ihre Anfertigung gehört in dem Falle weder zum Prozeßbetriebe noch zur beratenden Beruftstätigkeit des RA. Dasselbe gilt für die Freigabeaufforderung, die einer Widerspruchsklage aus § 771 ZPO vorausgeht (aM bis zur 6. Auflage), OLG Kolmar, Jahrb. 1 28. Hierfür spricht, daß z. B. auch in den §§ 1118, 1210 BGB die Kosten der Kündigung zu den Kosten der Rechtsverfolgung in Gegensatz gebracht sind; Walter 3. Aufl. 213ff.; Walter-Joachim 50, 177; BadRPrax 01 77, 271, 314, 342, 02 107. Erläßt aber der RA die Schreiben im Hinblick auf den anzustrengenden Prozeß, so fällt seine Tätigkeit unter § 1 RAGebO. Die etwa entstehenden Kosten werden jedoch dadurch nicht Kosten des Rechtsstreits. Sie müßten daher in beiden Fällen von der Berücksichtigung im Festsetzungsverfahren ausgeschlossen sein, LG Berlin I, KGBl 00 40. Gleichwohl wird ihre Festsetzung in der Prax's zugelassen, „weil die ZPO im § 91 das Festsetzungsverfahren nicht auf die eigentlichen Prozeßkosten strikte einengt und praktische Erwägungen gebieten, die Parteien nicht auf ein neues Streitverfahren zu verweisen", BadRPrax 01 18. Vgl. RG v. 10. Juni 1891 (Beil. z. Reichsanz. S. 377): „Es kann nicht als richtig anerkannt werden, daß Auslagen, welche einer Partei zur Vorbereitung des Rechtsstreits erwachsen sind, nicht um deswillen erstattungsfähig seien, weil sie nicht im Laufe des Rechtsstreites erwachsen sind." Vgl. auch von Aken, JW. 01 118.

Als Unkosten, die unter Anwendung dieser Grundsätze zu erstatten wären, kommen in Betracht die eigenen Auslagen der Partei und die Gebühr nebst Pauschsatz für den Anwalt. Da die Schreiben nicht zum Prozeßbetriebe gehören, wird ihre Anfertigung auch nicht durch die Prozeßgebühr abgegolten, KG, Rsp 17 223.

In Preußen kann indessen nach Art. 9 der PrRAGebO für

die der Einleitung eines Prozesses vorausgehenden Mahnungen, Kündigungen oder Schreiben ähnlicher Art eine Gebühr nicht gefordert werden, wenn dem RA die Prozeßgebühr zusteht. Freilich fallen die Schreiben nicht unter den Pauschsatz; das Schreibwerk ist daher nach § 76 Abs. 6 Nr. 3 zu vergüten. Erledigt sich aber die Sache nach den bezeichneten Schreiben, ohne daß ein gerichtliches Verfahren nachfolgt, so ist der RA nach Art. 9 PrRAGebO für den Entwurf der Schreiben zu entschädigen. In dem Falle daß seine Tätigkeit unter § 1 RAGebO fällt, ist der RA, wenn man ihn nicht schon als Prozeßbevollmächtigten anzusehen hat, durch dessen Prozeßgebühr auch die Mahnschreiben abgegolten würden (OLG Braunschweig, Rsp 20 240), nach § 89 entsprechend dem § 14 zu entschädigen.

Die Notwendigkeit, einen RA zuzuziehen, ist für die besonders entstandenen Kosten, da § 91 ZPO hier nicht gilt, frei zu prüfen.

Die Erstattungsfähigkeit für Mahnschreiben der entstandenen Anwaltskosten wird bejaht vom LG Halle und LG Karlsruhe, BadRPrax 03 53, 346, auch vom OLG Rostock, Rsp 15 77 (s. auch Hoppe, DJZ 11 585), verneint vom OLG Karlsruhe, Rsp 3 167.

Außerhalb des Festsetzungsverfahrens steht dem Gläubiger ein Anspruch auf Ersatz der Kosten für Kündigungs-, Mahn- und Aufforderungsschreiben dann zu, wenn diese Kosten durch Gesetz (BGB §§ 1118, 1210, ZVG § 10) oder Vertrag dem Schuldner auferlegt sind. Im übrigen wird der Anspruch in der Regel versagt, denn Kündigung und Mahnung zielen nur darauf ab, den Schuldner in Verzug zu setzen, Aufforderungsschreiben aber bezwecken, das gerichtliche Verfahren überflüssig zu machen, Walter-Joachim 50 N. 55; LG Berlin I, KGBl 00 40, 08 49; Reinsch, DJZ 11 334. Indessen läßt sich wegen der Aufforderungs- und Mahnschreiben die Verpflichtung zur Erstattung der Kosten rechtfertigen, und zwar bei den ersten dann, wenn das Aufforderungsschreiben durch den RA nach Lage der Sache Aussicht auf Erfolg versprach und dieser auch eingetreten ist, „weil Kläger die Forderung von vornherein durch seinen Anwalt erfolgreich mit dem Anspruch auf Kostenerstattung hätte einklagen dürfen und daher jedenfalls die geringeren Kosten des Aufforderungsschreibens erstattet verlangen könne", LG Insterburg (PosMschr 01 19), und bei den Mahnschreiben aus § 325 BGB. Weil die Mahnung erst nach Fälligkeit der Forderung in Verzug setzt, war die rechtzeitige Erfüllung, als gemahnt wurde, nicht mehr möglich; für diese Unmöglichkeit, die bei Zahlungen der Schuldner stets zu vertreten hat, hat er Schadenersatz durch Erstattung der Kosten des Mahnschreibens zu leisten (§§ 284, 279 BGB). Wenn auch diese Begründung nicht einwandfrei ist, so erscheint sie doch einfacher als die Konstruktion eines Nebenvertrags; s. Fraeb, JW 12 776, 13 1091. War wirklich bis zum Empfange des Anwaltschreibens der Schuldner noch nicht im Verzuge, wird er die Kosten des Schreibens abwehren können. Die Lebenserfahrung lehrt aber, daß der

Schuldner fast immer wohl schon im Verzug ist, wenn der Gläubiger ihn noch durch einen Anwalt mahnen läßt, um sich so den Beweis der Mahnung zu sichern, und dieser Erfahrungssatz genügt als prima facie-Beweis, um einstweilen die Kostenerstattung zu rechtfertigen, ohne dem Gläubiger eine schwierige und kostspielige Beweisführung aufzubürden. Ist der Schuldner durch die Mahnung in Verzug gesetzt, so sind die Kosten weiterer Aufforderungsschreiben, soweit sie zweckmäßig erscheinen, nach § 286 BGB zu ersetzen, Hoffmann, JW 13 727; aM ungedruckte Entsch. des RG, Komm. d. RGR § 286 A. 2. Die Kosten einer notariellen Feststellung der Zahlungsweigerung sind jedoch nicht zu ersetzen, OLG Hamburg, Rsp 23 163.

10. Eine Gebühr des Anwalts für die Abfassung eidesstattlicher Versicherungen, die von der Partei selbst oder von Dritten unterzeichnet werden sollen, hält die Mehrzahl der Kammergerichtssenate im Verhältnis zum Gegner nicht für erstattungsfähig. Ob im Verhältnisse des Anwalts zum Auftraggeber für die Abfassung solcher Versicherungen eine besondere Gebühr zu gewähren sei, ist nicht ganz einheitlich entschieden, wird aber auch überwiegend verneint. Nachstehend eine Übersicht der wichtigeren Entscheidungen:

Die Abfassung eidesstattlicher Versicherungen liegt außerhalb der Prozeßtätigkeit; die hierfür zu entrichtende Gebühr kann nicht auf Grund von § 91 ZPO als zu den Kosten des Rechtsstreits gehörend erstattet verlangt werden, KG (Zivilſ 2), Rsp 19 69. Fordert die Partei ihre dem Anwalt dafür gezahlten Gebühren als eine Auslage erstattet, so will KG (Zivilſ 7 u. 15), Rsp 17 107, KGBl 12 90, die Notwendigkeit der Aufwendung prüfen. Ebenso KG (Zivilſ 5, 14, 8), Rsp 15 80, 81, wo, zum Teil mit alternativer Begründung, die Erstattung versagt wird. OLG Rostock, SeuffA 65 Nr. 79 hält aber die Kosten der Beglaubigung für erstattungsfähig.

Weiter wird die besondere Gebühr hierfür mit der Begründung versagt, daß die eidesstattliche Versicherung wenigstens bei Arresten und einstweiligen Verfügungen zur Stoffsammlung gehöre, vom KG (Zivilſ 14, 22), Rsp 19 253, DJZ 13 700. Gerade hier billigt aber umgekehrt OLG Hamburg, Rsp 15 82 eine besondere Gebühr zu, s. noch OLG Köln, ZDJ 11 169.

Dem Korrespondenzmandatar ist im Verhältnisse zu seinem Auftraggeber für Entwürfe von eidesstattl. Versich. aus § 89 GebO eine besondere Gebühr zugebilligt, KG (Zivilſ 15), Rsp 13 261.

Das Entwerfen eidesstattlicher Versicherungen durch den Prozeßbevollmächtigten des Antragstellers, die von einem anderen zu unterschreiben sind, begründet keinen Anspruch auf eine Gebühr, KG (Zivilſ 16 u. 22), KGBl 09 14, 13 102.

Die Gebühr ist neben der Prozeßgebühr auch dann zu versagen, wenn die eidesstattliche Versicherung nicht von der Prozeßpartei abgegeben wird, KG (Zivilſ 20), KGBl 09 111.

11. Eine Partei, die mehrere Ansprüche hat, ist regelmäßig nicht verpflichtet, sie alle in einer Klage geltend zu machen. Es ist sogar dem Kläger unverwehrt, einen vor das Landgericht gehörenden Anspruch in Teilbeträgen vor dem AG einzuklagen, um schneller ein ohne Sicherheitsleistung vollstreckbares Urteil zu erwirken, RG, JW 92 11, 98 278; SeuffA 47 337; KG, Rsp 19 71; LG I Berlin, KGBl 04 5; aM OLG Breslau, BreslAK 91 227; OLG Posen, PosMschr 03 114; OLG Dresden, SächsA 2 802. Jedenfalls ist, wenn in dem Rechtsstreit über einen Teilbetrag dem Beklagten die Kosten des Rechtsstreits auferlegt sind, bei der Kostenfestsetzung jede Nachprüfung darüber ausgeschlossen, ob der Kläger die mehreren Teilbeträge hätte zusammen einklagen können und ob die durch die Einklagung in mehreren besonderen Rechtsstreiten entstandenen Kosten erstattungsfähig sind oder nicht, Schultzenstein, ZZP 28 375, OLG Dresden, Rsp 25 127; aM OLG Celle, Marienwerder, Rsp 19 69, 25 68. Allerdings kann sich der RA, der gewohnheitsmäßig oder aus Eigennutz vor das Landgericht gehörende Ansprüche in Teilbeträgen vor dem AG einklagt, disziplinarisch verantwortlich machen, EGH 8 113, 13 70, 14 155. Auch Mehrkosten, die dadurch entstehen, daß statt des Urkundenprozesses oder Mahnverfahrens der ordentliche Prozeß gewählt worden ist, sind stets zu erstatten, OLG Dresden, SächsA 2 804.

12. Die Kosten für die Beglaubigung der Prozeßvollmacht (ZPO § 80) hat die unterliegende Partei zu erstatten, wenn sie die Beglaubigung verlangt hat, KG, ZZP 13 364; auch ohne dieses Verlangen, wenn die Beglaubigung geschah, um eine sonst zu befürchtende Verzögerung des Prozesses abzuwenden, OLG Hamburg, SeuffA 42 214.

Wegen der Erstattung des Vollmachtsstempels s. S. 39 Nr. 7.

13. Über die Kosten des Kostenfestsetzungsverfahrens vgl. S. 31 und S. 88.

14. Auslagen für die Hinterlegung der Sicherheit, von der die vorläufige Vollstreckbarkeit des Urteils abhängt, sind erstattungsfähig, KG, ZZP 14 329. Dagegen können die Kosten für Beschaffung der Mittel, die zur Bestellung einer Sicherheit dienen, also z. B. die Zinsen an den Darlehensgeber, im Festsetzungsverfahren als nach § 91 ZPO zu erstattende Kosten nicht berücksichtigt werden, OLG Rostock, Hamburg, Rsp 13 97, 23 163.

15. Die dem Prozeßbevollmächtigten des Gläubigers nach § 87 RAGebO zustehende Gelderhebungsgebühr ist im Festsetzungsverfahren nur soweit zu berücksichtigen, als sie zu den Kosten des Rechtsstreits gehört und bei der Erhebung und Ablieferung die Mitwirkung eines RA notwendig war. Notwendig wird sie aber schon dann, wenn der Beklagte statt an den Kläger unmittelbar an dessen Anwalt zahlt, da dieser das Geld anzunehmen und abzuliefern, nicht etwa zurückzuweisen hat, OLG Hamm, JW 13 613.

a) Die Gebühr des § 87 kann nicht festgesetzt werden, wenn sie für die Erhebung der Streitsumme von dem unterlegenen Gegner und für ihre Ablieferung an den Mandanten entstanden ist; denn diese Tätigkeit des RA gehört nicht zum Prozeßverfahren, und die entstandenen Kosten sind weder Kosten des Rechtsstreits noch solche der Zwangsvollstreckung; RG, JW 84 170, 86 113, 230, 89 168, 92 372; Gruch 34 762; OLG Dresden, Hamburg, Braunschweig, KG, Rsp 13 97, 14 164, 23 279; OLG Stettin 3 W 172/11. Dies zeigt sich schon darin, daß die Prozeßvollmacht den RA nicht zur Empfangnahme der Streitsumme nach § 81 ZPO ermächtigt, RG 54 276. Ebensowenig gehört es zum Prozeßbetriebe, wenn der RA zuviel gezahlte oder zu unrecht beigetriebene Kosten für seinen Mandanten zurückerhält. Wenn ein Anspruch auf Erstattung der Gebühr nach bürgerlichem Rechte begründet ist, muß er in einem besonderen Rechtsstreite geltend gemacht werden, RG, JW 89 168; OLG Kolmar, Rsp 19 259.

Dagegen wird die Gebühr des § 87 in diesen Fällen bei der Festsetzung berücksichtigt vom OLG Dresden (7. 8. Sen.), Rsp 13 266 A. 2, 23 278, wo aber die Notwendigkeit der Zuziehung eines RA verneint wird. OLG Dresden (2. Sen.), Rsp 13 266 setzt die Gebühr, die zu den Vollstreckungskosten gehöre, mit dem Hinweis auf § 91 Abs. 2 ZPO ohne weiteres fest; ebenso v. Bardeleben, DJZ 13 287 bei der Zwangsversteigerung. Auch OLG Dresden (4. Sen.) und OLG Cassel, Rsp 13 267, 21 166 zählen die Gebühr in solchen Fällen zu den Kosten des Rechtsstreits, prüfen aber die Notwendigkeit der Zuziehung eines RA. Sie wird von Dresden, Rsp 13 267 und OLG Hamm, JW 13 613 bejaht, da der Gegner die Streitsumme dem RA übersandt habe, von Cassel, Rsp 21 166 unter denselben Umständen verneint. OLG Kolmar, Rsp 19 259 scheidet die Gebühr aus dem Festsetzungsverfahren in einem Falle aus, wo die Streitsumme nach Erlaß des Urteils aber vor Beginn der Vollstreckung gezahlt war.

b) Da nach der herrschenden Ansicht die Gebühr des § 87 für die Erhebung und Ablieferung von Geld und Wertpapieren zu prozessualen Zwecken z. B. zur Sicherheitsleistung und für die Auszahlung der vom Mandanten erhaltenen Streitsumme an den Gegner nicht verdient wird (s. § 87 A. 1), kann sie auch nicht festgesetzt werden. Bewilligt man aber die Gebühr, so gilt für den letzten Fall dasselbe wie zu a. Im ersten Falle wird man aber die Tätigkeit zum Prozeßbetriebe rechnen und die Gebühr mit Rücksicht auf § 91 Abs. 2 ZPO stets als erstattungsfähig ansehen müssen; sie gehört dann zu den notwendigen Kosten der Zwangsvollstreckung. Walter-Joachim § 87 A. 15, 16.

In einem solchen Falle und bei der Zahlung eines Gerichtskostenvorschusses durch Vermittelung des RA wird die Notwendigkeit der Zuziehung des RA geprüft und verneint: vom OLG Dresden, Rsp 13 266, SächsAnn 2 249.

c) Die Frage, ob zur Vermeidung eines neuen Prozesses die Hebegebühr für die Empfangnahme und Ablieferung des beizutreibenden Betrags durch den Anwalt mit einzuziehen ist, muß folgerichtig verneint werden, wenn man die Gebühr nicht zu den Prozeß- und Zwangsvollstreckungskosten zählt. Über die abweichenden Ansichten s. Geißler, JW 92 437, LG Freiberg, 441. RG 22 322 hat die Gebühr des § 87 RAGebO bei der Versteigerung eines Grundstücks zu den Beitreibungskosten der Hypothek gerechnet, die Mitwirkung des RA aber für nicht erforderlich erklärt.

Im Konkursverfahren ist die Erstattung der RA-Gebühren überhaupt ausgeschlossen, KO § 63 Nr. 2.

d) Wenn der RA ohne Auftrag die Streitsumme von dem Gegner erhebt und an den Auftraggeber abliefert, so steht ihm die Gebühr des § 87 nicht zu (RG, Recht 05 166). Den Gegner als Auftraggeber anzusehen (OLG Kassel, Rsp 21 165), erscheint nicht angängig (Walter-Joachim § 87 A. 6), da dem Gegner der Wille fehlt, den Anwalt zu beauftragen und ihm gegenüber eine Verpflichtung zu übernehmen. Für den Gegner handelt es sich nicht um ein Verpflichtungs- sondern um ein Erfüllungsgeschäft. Daher hat der Anwalt keinen Anspruch auf Zahlung der Gebühr gegen den an ihn leistenden Gegner. Wenn aber die obsiegende Partei die Empfangnahme durch den Anwalt veranlaßt oder gebilligt hat, so kann daraus ein Anspruch des Anwalts gegen seine Partei als Auftraggeber entstehen.

16. a) Laienvertreter sind alle gemäß § 79 ZPO zugezogenen Bevollmächtigten, d. h. alle, die nicht Rechtsanwälte oder die nicht als Rechtskundige mindestens zwei Jahre im Vorbereitungsdienst beschäftigt und gleichzeitig von der Landesjustizverwaltung gemäß § 25 Abs. 1, 2 der RAO dem RA als Stellvertreter zugewiesen sind (RAGebO § 1). Diejenigen Personen, denen nach § 157 Abs. 4 ZPO das mündliche Verhandeln vor Gericht durch eine Anordnung der Justizverwaltung gestattet ist (in Preußen die Prozeßagenten), sind vor anderen Laienvertretern nur insofern bevorzugt, als sie nicht wegen ihres geschäftsmäßigen Auftretens vom Gerichte zurückgewiesen werden dürfen. Wegen der Erstattung ihrer Gebühren und Auslagen sind die für die Laienvertreter überhaupt geltenden Grundsätze auch auf sie anzuwenden.

b) Die an Rechtskonsulenten und Prozeßagenten gezahlten Gebühren und Auslagen sind nicht wie die Kosten des RA immer, sondern nur dann erstattungsfähig, wenn die Vertretung durch sie zur zweckentsprechenden Rechtsverfolgung oder Rechtsverteidigung notwendig war, ZPO § 91 Abs. 1. Dies wird dann anzunehmen sein, wenn die Partei nach ihrer Persönlichkeit und bei der Art des Rechtsstreits nicht imstande war, den Prozeß persönlich zu führen oder wenn durch die persönliche Prozeßführung der Partei höhere Kosten, als die für den Vertreter entstandenen, verursacht sein würden, Gaupp-

Stein § 91, VII 4; Petersen § 91 A 12; KG u. LG I Berlin, KGBl 00 2; LG Breslau, BreslAK 15 33; LG Karlsruhe, BadRPrax 99 164, 03 340, 04 17.

Dagegen sind die Kosten eines Laienvertreters nicht für erstattungsfähig erachtet, wenn den Parteien eine hinreichende Auswahl von Rechtsanwälten zu Gebote steht, LG III u. I Berlin, KGBl 09 4, 13 51. Der Vorschlag, die Kosten eines Laienvertreters, ausgenommen die eines Prozeßagenten (§ 157 ZPO), stets für nicht erstattungsfähig zu erklären (Kraft, JW 13 815), geht zu weit.

Hat die Partei durch einen *Rechtskonsulenten Schriftstücke anfertigen lassen*, so sind die hierfür gezahlten Beträge dann nicht zur Erstattung geeignet, wenn die Partei selbst zur Anfertigung von Schriftstücken fähig ist. Aber auch wenn die Partei nicht fähig ist, Schriftstücke selbst anzufertigen, braucht sie doch nicht ohne weiteres sich eines solchen Beistandes zu bedienen, vielmehr kann sie der Regel nach ihre Prozeßschriften in der gerichtlichen Anmeldestube zu Protokoll des Gerichtsschreibers erklären. Ob im einzelnen Falle die Partei aus besonderen Gründen — Beschleunigung der Sache, Unabkömmlichkeit, weite Entfernung — an der Benutzung der Anmeldestube gehindert worden, ist Tatfrage und jedesmal besonders zu prüfen.

c) Erstattungsfähig als Gebühren und Auslagen der Laienvertreter sind nur angemessene Sätze; die Anwaltsgebühr darf nicht überschritten, in der Regel auch nicht erreicht werden.

Um für die Festsetzung der Gebühren der Prozeßagenten eine feste Grundlage zu schaffen, hatte eine Vereinigung von Richtern der Amtsgerichtsbezirke Limburg, Wiesbaden und Neuwied den nachstehenden in der DJZ 04 591 abgedruckten Tarif, der sich den früher geltenden Vorschriften der RAGebO anlehnte, ausgearbeitet.

Tarif für Prozeßagenten (Bez. Frankfurt a. M.).

I. Prozeßgebühr.

1. Bei Objekten bis einschl. 100 Mk. . . . 1 Mk.	3. Bei Objekten von 200 bis einschl. 300 Mk. 3 Mk.
2. „ „ von 100 bis einschl. 200 Mk. 2 Mk.	

II. Terminsgebühr.

Für Wahrnehmung eines jeden Termins, in dem verhandelt wird (Termine, in denen nur ein Vertagungsantrag usw. gestellt wird, gelten als solche nicht),

1. In den Regelfällen . . . . 1 Mk.	2. falls eine Beweisaufnahme stattfindet . 2 Mk.

Die Gebühren zu I und II dürfen die einem Anwalte für einen gleichen Prozeß zustehenden Gebühren nicht übersteigen.

III. Gebühr für den Antrag auf Kostenfestsetzung . . . . 0,50 Mk.

IV. Gebühr für den Antrag auf Erlaß eines Zahlungsbefehls und im Zwangsvollstreckungsverfahren

1. Bei Objekten bis einschl. 20 Mk. . . . . 0,50 Mk.	3. Bei Objekten v. 100 bis einschl. 200 Mk. 1.50 Mk.
2. „ „ von 20 bis einschl. 100 Mk. . 1,— Mk.	4. „ „ v. 200 und höher . . . 2,— Mk.

V. Gebühr für den Antrag auf Erlaß eines Vollstreckungsbefehls die Hälfte der Sätze zu IV.

VI. Neben den zu I—V aufgeführten Gebühren werden für Abschriften 10 Pfennig für die Seite nach den für Rechtsanwälte maßgebenden Vorschriften gewährt.

Durch Verfügung vom 4. Juni 1903 hatte der OLGPräsident zu Frankfurt diesen Tarif den sämtlichen Gerichten seines Bezirks zur Kenntnisnahme mitgeteilt.

Mit Rücksicht auf die Änderungen der RAGebO dürfte es angezeigt erscheinen, auch diesen Tarif entsprechend zu ändern. Danach wären für den Antrag auf Erlaß des Zahlungsbefehls die Sätze zu I zu bewilligen, während die Gebühr zu IV in Wegfall käme. Als Schreibkosten könnten auch in Zukunft 10 Pfennig für die Seite berechnet werden, einfacher wäre es jedoch, für Schreib- und Postgebühren den Prozeßagenten ebenfalls ein mäßig bemessenes Pauschquantum zuzubilligen.

Für Geschäftsreisen der Prozeßagenten sind (DJZ **04** 858) folgende — für einfache Verhältnisse wohl etwas zu hohe — Sätze vorgeschlagen:

I. an Tagegeld	6,00 Mk.	a) Eisenbahn oder Dampfschiff	0,06 Mk.
II. für ein Nachtquartier	3,00 Mk.	sowie für jeden Zu- und Abgang	1,50 Mk.
III. an Fuhrkosten für das km		b) Landweg	0,30 Mk.

Für den Kammergerichtsbezirk ist im Jahre 1910 folgender Tarif aufgestellt:

Gebührentarif für Prozeßagenten (Kammergerichtsbezirk).

I. Gebühren. Als angemessene Vergütung für die Berufstätigkeit der Prozeßagenten gilt für die Regel die Hälfte der Gebühr, die ein Rechtsanwalt nach den gesetzlichen Vorschriften zu beanspruchen haben würde.

II. Auslagen. 1. Als angemessene Vergütung für die Herstellung des Schreibwerkes gelten für die Regel 60/100 des Betrags, den ein RA nach den gesetzlichen Vorschriften zu beanspruchen haben würde. Daneben können die Postgebühren von dem Prozeßagenten auch dann in Ansatz gebracht werden, wenn ein RA hierzu nach den gesetzlichen Vorschriften nicht berechtigt sein würde.

2. Bei Geschäftsreisen kann der Prozeßagent für die Regel beanspruchen:

a) an Tagegeldern 4 Mk. 50 Pf.,
b) für ein Nachtquartier 1 Mk. 50 Pf.,
c) an Fuhrkosten
   α) bei Fahrten auf der Eisenbahn das erforderliche Fahrgeld dritter Klasse,
   β) bei Fahrten auf Landwegen 25 Pf. für das Kilometer.

Ähnlich wird in einer Verf. des OLGPräs in Stettin v. 14. März 1912 vorgeschlagen, den Prozeßagenten 50% der Anwaltsgebühren und ihre Portoauslagen zu bewilligen. Für Sachsen s. den hinten unter VII Königreich Sachsen Nr. 4 abgedruckten amtlichen Gebührentarif v. 11. Juli 1910 (JMBl 48). In Bayern besteht nach einer brieflichen Mitteilung kein Tarif für Prozeßagenten; die Festsetzung richtet sich nach billigem Ermessen des festsetzenden Gerichtsschreibers und des demnächst entscheidenden Richters.

Der Rechtsagent hat keine eigene Kostenforderung gegenüber dem Prozeßgegner, sondern kann nur namens seines Vollmachtgebers dessen notwendige Kosten erstattet verlangen, LG Karlsruhe, BadRPrax **03** 340, **04** 17. Dem erstattungspflichtigen Gegner gegenüber hat der Gerichtsschreiber die angemessenen Beträge nach freiem Ermessen festzusetzen. Er ist weder an den mitgeteilten Tarif noch an eine etwa landesrechtlich für das Verhältnis des Prozeßagenten zu seinem Auftraggeber bestehende Taxe gebunden, noch auch verpflichtet, die RAGebO, etwa unter entsprechender Ermäßigung ihrer Sätze, zugrunde zu legen, OLG Königsberg, PosMschr **1** 107, 177, **2** 110; OLG Breslau, BreslAK **10** 54; KG u. LG I Berlin,

KGBl 00 2; LG Stendal, NaumbAK 01 76; Baath in DJZ 03 545. Insbesondere werden nicht die Pauschsätze des § 76 RAGebO anzuwenden, sondern angemessene Auslagenentschädigungen festzusetzen sein, JW 11 418. In ihren eigenen Prozessen haben die Prozeßagenten besondere Gebühren nicht zu beanspruchen, LG Bromberg, PosMschr 5 97, OLG Celle, Rsp 23 104. § 124 ZPO ist auf sie nicht entsprechend anzuwenden.

17. Nach § 76 RAGebO werden die Schreib- und Postgebühren durch Pauschsätze abgegolten, die die unterliegende Partei zu erstatten hat. Ob das Schreibwerk des Anwalts umfangreich oder geringfügig war, bleibt außer Betracht (§ 76 A 1). Allein nach § 76 Abs. 6 RAGebO stehen dem Anwalte neben den Pauschsätzen noch besondere Schreibgebühren, und zwar in Höhe von 20 Pfennigen für die Seite zu:

1. für die auf besonderes Verlangen gefertigten Abschriften;
2. für eine von ihm gefertigte beglaubigte Abschrift der Klageschrift, falls diese zu einer Ausfertigung des Urteils (§ 317 Abs. 3 ZPO) benutzt wird;
3. für ein Schreibwerk, soweit es außerhalb des Rahmens einer gebührenpflichtigen Tätigkeit entsteht.

Werden diese Gebühren erstattet verlangt, so ist, nachdem festgestellt ist, daß überhaupt eine besondere Gebühr zu entrichten war, zu prüfen, ob ihre Aufwendung notwendig war, KommBer 88.

Nach den Beschlüssen der Rechtsanwälte am Kammergericht, mitgeteilt in JW 10 275ff., sind alle Abschriften, deren Erteilung nach dem gewöhnlichen Geschäftsgange zum ordnungsmäßigen Betriebe des Prozesses erforderlich ist, gebührenfrei, weil sie innerhalb des Rahmens einer gebührenpflichtigen Tätigkeit, nämlich des durch die Prozeßgebühr abzugeltenden Geschäftsbetriebs liegen. Dadurch, daß eine Partei eine hiernach gebührenfreie Abschrift besonders verlangt, wird die Gebührenfreiheit dieser Abschrift nicht etwa aufgehoben.

a) Von seinen eigenen Schriftsätzen hat der RA dem Gericht und dem Gegner Abschriften gebührenfrei zu erteilen. Dies gilt auch von den Anlagen dazu, wenn es erforderlich ist, daß das Gericht und der Gegner von ihnen durch Abschrift Kenntnis erhält; Knebusch, JW 10 387, aM JW 10 277. Wenn aber die Urschriften eingereicht sind und deren Einsichtnahme genügt, oder wenn bei Urkunden, die einzeln oder zusammen einen unverhältnismäßig großen Umfang haben, ihre Bezeichnung mit dem Erbieten, Einsicht zu gewähren (§ 131 Abs. 3 ZPO), ausreicht, kann der RA für die Erteilung von Abschriften, die gleichwohl verlangt werden, besondere Vergütung verlangen, RG, JW 98 476, SeuffA 54 96.

Von seinen eigenen Schriftsätzen nebst Anlagen wird der RA, wenn es ihm erforderlich erscheint, seiner Partei und dem Zwischenanwalt Abschriften erteilen, die dann unter den Pauschsatz fallen. Abschriften, die von ihnen verlangt werden, ohne daß sie bei verständiger Würdigung der Sachlage notwendig sind, sind besonders zu vergüten.

b) Von Schriftsätzen der Gegenpartei und der Streitgenossen sind der eigenen Partei oder dem Zwischenanwalt in der Regel Abschriften mitzuteilen, die gebührenfrei sind.

c) Von Gerichtsbeschlüssen, Termins- und Beweisprotokollen, schriftlichen dem Gericht erstatteten Gutachten und ähnlichen Schriftstücken sind einmalige Abschriften für die Partei oder den Zwischenanwalt gebührenfrei, JW 11 1022. Es ist aber zulässig, den Parteien oder dem Zwischenanwalt die dem Anwalte vom Gegner oder Gerichte zugehenden Abschriften dieser Schriftstücke mit der Auflage der Rücksendung zu übersenden und die Erteilung besonderer Abschriften von einem ausdrücklichen Verlangen abhängig zu machen. Die verlangten Abschriften sind dann hier gebührenpflichtig. Es hängt also hier von dem pflichtmäßigen Ermessen des Anwalts ab, ob die Übersendung der Urschriften zur ordnungsmäßigen Prozeßführung ihm ausreichend erscheint. Außerdem sind darüber hinaus verlangte Abschriften gebührenpflichtig.

Hieraus folgt, daß in der Regel die besonderen Schreibgebühren von allen auf besonderes Verlangen gefertigten Abschriften zu a, b, c nicht erstattungsfähig sind, KommBer 88. Unter besonderen Umständen kann aber z. B. die Erteilung besonderer Abschriften im Falle des § 131 Abs. 3 ZPO zur zweckentsprechenden Rechtsverfolgung notwendig erscheinen. Dann sind die besonderen Schreibgebühren zu erstatten.

Ob sonst die Schreibgebühren für die unter a, b und c genannten, auf Verlangen gefertigten Abschriften, die der Anwalt seinem Machtgeber zuschickt, erstattungsfähig sind, ist Tatfrage. Die Erstattungsfähigkeit wird dann anzunehmen sein, wenn die Mitteilung von Abschriften zur zuverlässigen Information erforderlich erscheint, OLG Naumburg, JW 11 419. In einfachen Sachen kann die Mitteilung des Inhalts eines Schriftsatzes genügen; es kann auch bei einfacher Sachlage für ausreichend erachtet werden, daß der RA seinem Mandanten das Schriftstück selbst, wenn seine einmalige Durchsicht für den Mandanten genügt, unter Beding der Rückgabe zusendet. Außerdem ist zu berücksichtigen, ob zwischen dem Eingang eines Schriftstücks und dem nächsten Verhandlungstermine genügende Zeit dazu vorhanden war, daß das Schriftstück in Urschrift von dem Anwalte seinem Mandanten übersandt und von diesem dem Anwalte zurückgereicht werden konnte, RG, JW 85 186; NaumbAK 91 104; KG, KGBl 01 28, 04 71; LG I Berlin, KGBl 91 102, 104, 94 12, 01 28; LG II Berlin, KGBl 03 80. OLG Naumburg, JW 11 419, Dresden ZDJ 13 37. Daß die Erteilung der Abschriften einem billigen Verlangen eines Dritten entsprach, OLG München, Rsp 27 40, dürfte nicht genügen.

Hat der Anwalt es unterlassen, einem von Amts wegen zuzustellenden Schriftsatze die erforderliche Anzahl von Abschriften beizufügen, so werden für die vom Gerichte gefertigten Abschriften Gebühren nach § 79 Nr. 1 GKG erhoben. Diese sind alsdann nicht zu erstatten, weil die Herstellung der Abschriften zum ordnungsmäßigen Geschäftsbetriebe des Anwalts gehört und daher unter Abs. 1 § 76 RAGebO fällt.

d) Urteile. Die Ansicht, daß die zwecks Zustellung angefertigten beglaubigten Abschriften gebührenpflichtig sind, da für sie, wenn sie vom Gericht erteilt werden, ebenfalls besondere Schreibgebühren berechnet werden, kann nicht für zutreffend erachtet werden, da die Fälle, in denen das Gericht befugt ist, besondere Schreibgebühren zu erheben, mit den Fällen, in denen solche dem Anwalte zustehen, sich nicht decken. Die Herstellung von beglaubigten Abschriften der Urteile zum Zwecke der Zustellung (§ 170 ZPO) ist eine Tätigkeit des RA, die zum ordnungsmäßigen Prozeßbetriebe gehört. Daher gilt hierfür der bereits erwähnte Grundsatz, daß alle Abschriften, deren Erteilung nach dem gewöhnlichen Geschäftsgange zum ordnungsmäßigen Betriebe des Prozesses erforderlich sind, unter den 20 vom Hundert der Gebühren betragenden Pauschsatz fallen. Die einzige Ausnahme von diesem Grundsatze wird im § 76 Abs. 6 Nr. 2 RAGebO zugelassen, wo aber Urteilsabschriften zwecks Zustellung nicht erwähnt sind. Für diese darf demnach keine Schreibgebühr berechnet werden, JW **10** 638f., 694, 733f., 778, 780f., 925, **11** 419; aM JW **10** 598, 733, 925, **11** 419.

Für die Ausfertigungen, die nur der Gerichtsschreiber herstellen kann, sind nach § 79 Nr. 1 GKG Schreibgebühren zu entrichten, die erstattungsfähig sind. Dies gilt auch, wenn sich die obsiegende Partei von Urteilen des Amtsgerichts Ausfertigungen mit Tatbestand und Gründen erteilen läßt (§ 496 Abs. 6 ZPO), sofern nicht ganz besondere Umstände die Auffassung rechtfertigen, daß eine solche Ausfertigung zur zweckentsprechenden Rechtsverfolgung nicht notwendig war; sehr bedenklich JW **11** 165. Wird ein Anerkenntnis- oder Versäumnisurteil, das nach § 313 Abs. 3 ZPO in abgekürzter Form ergangen ist, nach § 317 Abs. 4 ZPO durch Benutzung einer dem Gerichte vorgelegten beglaubigten Abschrift der Klageschrift ausgefertigt, so sind nach § 79 Abs. 2 GKG für die Ausfertigung keine Schreibgebühren an das Gericht zu zahlen, der Anwalt kann aber seinem Auftraggeber nach § 76 Abs. 6 Nr. 2 RAGebO, da in dieser Vorschrift das Wort „eine“ nicht das Zahlwort ist (Langenbach, JW **10** 274), Schreibgebühren für eine oder, falls mehrere Ausfertigungen nötig sein sollten, für so viele beglaubigte Klageabschriften in Rechnung stellen, als Ausfertigungen davon hergestellt sind. Diese lediglich für Ausfertigungen erlassene

Bestimmung auf die vom Anwalte selbst hergestellten beglaubigten Klageabschriften auszudehnen, ist aber nach dem Wortlaute des Gesetzes nicht angängig.

Der Gerichtsschreiber und das Gericht haben zu prüfen, ob mehr als eine Ausfertigung zu erteilen ist, da § 299 ZPO kein unbedingtes Recht auf Abschriften und Ausfertigungen gibt, RG, Gruch 34 763. Notwendig ist in der Regel nur eine Ausfertigung des Urteils. Da nach § 170 ZPO die Zustellung durch Übergabe einer beglaubigten Abschrift erfolgt, bedarf der RA nur einer Ausfertigung, von der er sich die beglaubigten Abschriften herstellt, KG, Rsp 27 84; aM LG III Berlin, KGBl 13 69. Ihre Herstellung wird durch die Prozeßgebühr oder Zwangsvollstreckungsgebühr nebst Pauschsatz abgegolten. Daher sind grundsätzlich die Kosten nur einer Ausfertigung der Partei in Rechnung zu stellen und vom Gegner zu erstatten, selbst dann, wenn der Gerichtsschreiber unnötigerweise eine zweite Ausfertigung erteilt haben sollte; Fraeb, Müller DJZ **10** 1406, **11** 1271, Strauß, Recht **11** 22.

Wenn also der obsiegende Kläger an mehrere Beklagte zustellen will, hat er sich die dazu erforderlichen beglaubigten Abschriften von der ihm erteilten Ausfertigung herzustellen; seine Ausfertigung kann er mit der Vollstreckungsklausel versehen lassen, wenn er sich nicht von vornherein eine vollstreckbare Ausfertigung hat erteilen lassen. Diese vollstreckbare Ausfertigung ist dem Beklagten nach Empfang der Leistung auszuliefern (§ 757 ZPO). Damit der Kläger nach seiner Befriedigung eine Urkunde über die Zustellung behält, muß er sich bei der Zustellung eine beglaubigte Abschrift als seine Urschrift (§ 169 ZPO) für sich fertigen, die ihm wieder zugeht. Im Ergebnis ebenso: Entsch. JW **10** 638f., 694, 733, 735, 779f., **11** 163f., 419, **12** 419, 438; KG, OLG Dresden, Rsp 22 288, 23 278, 27 41, Stettin 2 W 51 u. 67/12. Die Kosten einer einfachen und einer vollstreckbaren Ausfertigung werden für erstattungsfähig angesehen: JW **10** 694, 734, 777, OLG München, Rsp 22 288, OLG Dresden, Ann **34** 206, LG I Berlin, KGBl **13** 70.

Unterläßt der Anwalt die Einreichung einer Klageabschrift, so wird das Urteil nach der zweiten Form des Abs. 4 § 317 ZPO hergestellt (pr Geschäftsordn. f. d. AG § 16 Abs. 15 a; f. d. LG § 15 Abs. 14a), und das Gericht fordert hierfür nach § 79 Nr. 1 GKG Schreibgebühren, die erstattungsfähig sind. Diese letztgenannten sind, da sie in der Regel nur für eine Seite entstehen, geringer als diejenigen für Anfertigung einer vielleicht viele Seiten langen Klage. Deshalb aber bei abgekürzten Urteilen stets nur die Schreibgebühren des Formularurteils als erstattungsfähig festzusetzen, JW **10** 693, 875, 926, **11** 420, ZDJ **12** 205, erscheint ebenso bedenklich wie die unbeschränkte Festsetzung der Gebühr aus § 76 Abs. 6 Nr. 2 RAGebO, JW **10** 875, 925f., **11** 165, 420, **13** 701; Manasse, DJZ **11** 1214, Strauß, Recht **11** 23. Es ist vielmehr in jedem einzelnen

Falle zu prüfen, ob die eine oder die andere Form der Urteilsausfertigung zur zweckentsprechenden Rechtsverfolgung notwendig war.

Das amtsgerichtliche Versäumnisurteil und der Vollstreckungsbefehl werden durch Vermittelung des Gerichtsschreibers zugestellt (§§ 508, 699 ZPO). Hierdurch wird aber die Zustellung nicht zu einer solchen von Amts wegen, sondern der Auftrag der Partei zur Vermittelung der Zustellung durch den Gerichtsschreiber wird schon durch den Antrag auf Erlaß des Versäumnisurteils oder Vollstreckungsbefehls als erteilt angesehen, wenn nicht die Partei erklärt hat, selbst zustellen zu wollen (§ 21 Geschäftsordnung für Gerichtsschreibereien der AG). In dem unterstellten Auftrag auf Zustellung ist auch der Antrag auf Erteilung einer Ausfertigung und der zugehörigen Abschriften zu erblicken, so daß die Ausfertigung, wenn nicht § 79 Abs. 2 GKG vorliegt, und die Abschriften nach § 79 Nr. 1 GKG zu vergüten sind.

Bei Pfändungsbeschlüssen (§ 829 ZPO) dagegen ist ein solcher Auftrag zur Zustellung nicht zu unterstellen. § 168 ZPO bezieht sich, wie aus den Worten „in dem zuzustellenden Schriftsatz" und der besonderen Vorschrift in §§ 508, 699 ZPO hervorgeht, nicht auf derartige Entscheidungen des Gerichts. Es erscheint daher nicht gerechtfertigt, wenn der Gerichtsschreiber gleichwohl die Zustellung vermittelt, den RA oder die Partei mit Kosten für notwendig gewordene Abschriften zu belasten (Fränkel, DJZ 13 582).

18. Soweit besondere Schreibgebühren berechnet werden, dürfen auch Postgebühren in Rechnung gestellt werden. Im übrigen aber werden die Postgebühren durch die Pauschsätze abgegolten, die sich freilich nur auf die eigenen Sendungen des Anwalts beziehen. Andere Postgebühren, z. B. Kosten der Nachnahme eines Gerichtsvollziehers können der Partei in Rechnung gestellt und vom Gegner erstattet verlangt werden, KommBer 88. Dasselbe gilt nach § 76 Abs. 8 RAGebO von den Telegraphen- und den im Fernverkehre zu entrichtenden Fernsprechgebühren. Für die Benutzung des Fernsprechers im Orts-, Nachbarorts- und Bezirksverkehr dürfen keine besonderen Kosten in Ansatz gebracht werden, Begr. 56. Ob der Gegner diese besonderen Aufwendungen zu erstatten hat, ist nach § 91 Satz 1 ZPO zu prüfen.

V. Kostenerstattung im Falle der Streitgenossenschaft.

1. Kosten mehrerer von Streitgenossen bevollmächtigter Anwälte.

Der Regel nach stehen sowohl bei der einfachen als bei der notwendigen Streitgenossenschaft die „Streitgenossen dem Gegner dergestalt als einzelne gegenüber, daß die Handlungen des einen Streitgenossen dem anderen weder zum Vorteile noch zum Nachteile gereichen", ZPO § 61. Die Streitgenossen treten infolge des Prozesses in kein besonderes Verhältnis zueinander. Dadurch, daß sie gemeinschaftlich klagen oder verklagt werden, werden rechtliche Wirkungen unter ihnen nicht begründet. Materiell sind ihre Interessen unabhängig voneinander, so daß jeder Streitgenosse so beurteilt werden muß, als ob er allein mit seinem Gegner im Prozesse befangen wäre (Mot. 80). Das Recht zur Betreibung des Prozesses steht jedem Streitgenossen zu, ZPO § 63. Jeder hat die Rechte einer selbständigen Partei, kann sich also einen eigenen Vertreter wählen, ZPO §§ 78, 79. Nach § 91 Abs. 2 Satz 1 ZPO sind die Gebühren und Auslagen eines Rechtsanwalts der obsiegenden Partei in allen Prozessen zu erstatten. Der Gerichtsschreiber hat daher nicht zu prüfen, ob die Vertretung jedes Streitgenossen durch einen Rechtsanwalt zur zweckentsprechenden Rechtsverfolgung und Rechtsverteidigung notwendig war. Als Regel gilt also, daß jeder Streitgenosse befugt ist, sich durch einen besonderen Rechtsanwalt vertreten zu lassen und die Kosten dieser Vertretung von dem Gegner erstattet zu verlangen, ohne daß die Notwendigkeit einer gesonderten Vertretung vom Gerichtsschreiber zu prüfen ist, RG **14** 395, **30** 346, **31** 417; JW **93** 342, 444; Gruch **30** 725, **41** 1156. Dasselbe Recht steht den Nebenintervenienten zu, RG **13** 433, **14** 497.

Haben mehrere Streitgenossen denselben RA bestellt, so kann der einzelne nur die Erstattung der ihm tatsächlich entstandenen Kosten verlangen. Die Höhe seiner Haftung gegenüber dem RA bestimmt sich nach § 3 RAGebO; mehr kann er jedenfalls vom Gegner nicht erstattet verlangen. Der Anspruch auf Erstattung bis zu diesem Höchstbetrage wird aber durch die Vorlegung der bezahlten Rechnung des Anwalts über die den mehreren Streitgenossen geleistete Vertretung noch nicht glaubhaft gemacht, sondern begründet nur den Anspruch auf Erstattung des auf den einzelnen nach § 420 BGB fallenden Anteils. Weiter geht der Erstattungsanspruch, wenn dargetan wird, daß ein Rückgriff gegen die Streitgenossen keinen Erfolg verspricht, RG **31** 409, JW **93** 468, OLG Darmstadt, Rsp. **17** 121. Ist hiernach ausnahmsweise der Anspruch auf Erstattung sämtlicher Kosten begründet, so kann der Gegner nicht etwa einwenden, der Erstattungsberechtigte sei zur Ausgleichung mit seinen Streitgenossen verpflichtet, da er diesen wieder den auf sie entfallenden Anteil erstatten müßte; Walter-Joachim § 3 A. 25.

2. Haftbarkeit der zur Kostentragung verurteilten Streitgenossen.

1. Mehrere unterlegene Streitgenossen haften für die ihnen auferlegten Kosten dem obsiegenden Gegner nach Kopfteilen, ZPO § 100 Abs. 1. Ob die Streitgenossenschaft auf dem Willen der Parteien (ZPO §§ 59, 60) oder auf Gerichtsbeschluß (ZPO § 147) beruht, ist unerheblich, RG **5** 355, **6** 416; Gruch **41** 1158; OLG Posen, PosMschr **04** 169. Auch gilt es gleich, ob die Verpflichtung zur Kostentragung in dem nämlichen Urteil oder in verschiedenen kontra-

diktorischen oder Versäumnis-Urteilen ausgesprochen ist, sofern nur die getrennten Urteile in demselben Prozeß ergangen sind, RG, JW 88 66. Für Nebenintervenienten, die nach § 69 ZPO als Streitgenossen der Hauptpartei gelten, sind dieselben Bestimmungen maßgebend, § 101 Abs. 2 ZPO.

Von dieser Regel sind drei Ausnahmen zugelassen:

a) Bei einer erheblich verschiedenen Beteiligung der Streitgenossen am Rechtsstreite kann die Beteiligung zum Maßstabe der Kostenentscheidung genommen werden, ZPO § 100 Abs. 2. Dies gilt insbesondere auch bei den nach § 147 ZPO verbundenen Prozessen, OLG Posen, PosMschr **04** 169.

b) Für die Kosten, die durch besondere Rechtsbehelfe eines Streitgenossen veranlaßt sind, sind die übrigen Streitgenossen nicht mit verhaftet, ZPO § 100 Abs. 3.

c) Werden mehrere Beklagte (oder Widerbeklagte) nach bürgerlichem Rechte in der Hauptsache als Gesamtschuldner (BGB §§ 421 ff.) verurteilt, so haften sie ohne weiteres auch für die Kostenerstattung als solche, ZPO § 100 Abs. 4.

Die Haftung nach Kopfteilen und die Gesamthaftung für die Kosten brauchen in der Kostenentscheidung des Urteils neben der Entscheidung in der Hauptsache nicht besonders ausgesprochen zu werden, selbst dann nicht, wenn diese die Gesamthaftung nicht ausdrücklich ausspricht (RG **15** 381, **30** 341; OLG Hamburg, SeuffA **40** Nr. 312 für § 95 ZPO a. F.). Dagegen müssen die Ausnahmen zu a und b im Urteil ausdrücklich hervorgehoben werden. Die Ausnahme zu b ist aber gegenüber der Gesamthaftung nicht vorzubehalten, wenn ein Fall des Satzes 2 Abs. 4 § 100 ZPO vorliegt. Hier erstreckt sich dann die Gesamthaft nach den Vorschriften des bürgerlichen Rechtes auch auf die durch besondere Rechtsbehelfe veranlaßten Kosten, z. B. Haftung des Bürgen, des Mannes, des Vaters, OLG Rostock, Rsp **22** 14.

Die Gesamthaftung besteht auch, wenn die Streitgenossen nicht in demselben Urteile verurteilt sind, bezieht sich dann aber nur auf die Kosten, die entstanden waren, solange die Streitgenossen zusammen den Rechtsstreit führten, OLG Braunschweig, Dresden, Rsp **19** 80, **23** 164.

2. Liegt einer der Ausnahmefälle zu 1 a, b, c nicht vor, so darf der obsiegende Teil von den ihm erwachsenen Kosten gegen jeden unterlegenen Streitgenossen nur einen K o p f t e i l, d. h. nur einen der Zahl der Streitgenossen entsprechenden Teil zur Erstattung geltend machen. Für einen nicht beizutreibenden Kopfteil haften die anderen Streitgenossen nicht.

3. Wenn nun auch der Kostenanteil eines jeden der zusammen in die Kostenlast verurteilten Streitgenossen aus dem Urteil oder aus der Anwendung des § 100 ZPO sich ergibt, so ist doch der B e t r a g des von jedem einzelnen Streitgenossen zu erstattenden Teiles

der Kosten im Beschlusse ziffernmäßig anzugeben, um Zweifel bei der Zwangsvollstreckung auszuschließen. Beispiel: „Die von den Beklagten an den Kläger zu erstattenden Kosten werden auf x Mk. sowie auf y Mk. für den Kostenfestsetzungsbeschluß festgesetzt. Davon haben zu zahlen: A a Mk., B b Mk. und A c Pf., B d Pf. Festsetzungskosten," OLG Naumburg, Rsp 19 79; aM OLG Hamburg, ZDJ 10 134. Andererseits empfiehlt es sich, die in dem Urteil ausgesprochene Gesamthaftung auch im Kostenfestsetzungsbeschlusse wiederzugeben.

4. Die Vorschrift des § 100 ZPO bezieht sich nur auf die „Kostenerstattung", also nur auf das Verhältnis der unterliegenden Streitgenossen zum obsiegenden Gegner. Die Auseinandersetzung der Streitgenossen untereinander hat im Kostenfestf.Verfahren keinen Raum, RG, JW 82 175. Sie erfolgt nach den Vorschriften des bürgerlichen Rechtes über die Ausgleichung im Innenverhältnisse von mehreren Mitschuldnern (BGB § 426, JW 12 240[7], RG 79 288). Für das Verhältnis zur Staatskasse ist § 91 GKG maßgebend.

3. Erstattungspflicht in dem Falle, daß von mehreren durch denselben Rechtsanwalt vertretenen Streitgenossen der eine obsiegt, während die anderen unterliegen.

Die Kosten, für die der obsiegende Streitgenosse dem RA allein haftet (§ 3 RAGebO) oder die ihm sonst allein entstanden sind, kann er unbedenklich vom Gegner erstattet verlangen. Die übrigen Kosten kann der obsiegende Streitgenosse nach der einen Ansicht dem unterlegenen Gegner voll in Rechnung stellen, ohne Rücksicht auf etwaige Rückgriffansprüche dieses Streitgenossen gegen den anderen Auftraggeber, Fenner-Mecke 3 413; JW 87 35; KG, KGBl 91 22; OLG Breslau, BreslAK 91 13; LG I Berlin, KGBl 90 3. Nach anderer Ansicht ist dem obsiegenden Streitgenossen, sofern er nicht glaubhaft macht, daß er die gesamten Anwaltskosten aus eigenen Mitteln gezahlt habe oder voraussichtlich zahlen müsse und von den Streitgenossen keinen Ersatz erhalte, nur der auf ihn entfallende Kopfteil zu erstatten, RG 31 406; JW 93 13, 468, 97 342, 98 12, 74, 349; SeuffA 47 Nr. 63; OLG Hamburg, HansGerZ 94 Beibl 96; KG, KGBl 02 95, 06 88; OLG Kiel, Braunschweig, Stuttgart, Recht 10 Nr. 117, 11 Nr. 2933, 12 Nr. 897; OLG München, Rsp 27 51; Gaupp-Stein § 100, IV.

Der ersten Ansicht ist beizutreten, Meyer-Irmler § 3 A. 5; Walter-Joachim § 3 A. 30; Drucker § 3 A. 4. Der obsiegende Streitgenosse kann von der Gegenpartei die Erstattung des ganzen Betrags der ihr auferlegten Prozeßkosten verlangen, soweit er selbst als Gesamtschuldner für sie haftet; denn nach § 3 RAGebO kann er den Anwalt nicht wegen eines Teiles seiner Forderung an die Mitauftraggeber verweisen, und wieweit er gegen seine Streitgenossen ein Rückgriffsrecht hat, hängt von dem zwischen ihnen bestehenden

Rechtsverhältnis ab (§ 426 BGB). Daher ist auch der Armenanwalt des obsiegenden Streitgenossen, wenn er gemäß § 124 ZPO die Kostenfestsetzung betreibt, da er nur das der Partei zustehende Recht für sich ausübt, befugt, die gesamten Kosten vom Gegner beizutreiben, RG, JW 98 45. Was dem obsiegenden Streitgenossen von dem, was er hiernach erstattet verlangen kann, durch den Gegner auf Grund der Kostenentscheidung zu ersetzen ist, wird vielfach sich erst durch Auslegung des Urteils vermitteln lassen, Beispiele: RG 41 399, OLG Zweibrücken, Braunschweig, Kolmar, Hamburg, KG, Rsp 17 314, 20 309, 23 127, 27 49f; Stuttgart, Recht 07 515. Über die Fassung der Urteilsformel s. RG 39 383; JW 98 12, 349, 00 411, 650; RG, Gruch 52 1016; OLG Frankfurt, Recht 07 770, OLG München, SeuffBl 76 179; Freymuth und Sohm in JW 09 153 und 265.

VI. Die gegen das Kostenfestsetzungsgesuch zulässigen Einreden.

Die Aufgabe des Kostenfestsetzungsbeschlusses besteht darin, den bisher nur dem Grunde nach feststehenden vollstreckbaren Erstattungsanspruch auch seinem Betrage nach festzustellen. Statthaft sind also nur Einreden gegen den Betrag, während Rechtsbehelfe gegen den Grund des Anspruchs (die Kostenlast als solche), soweit sie überhaupt noch zulässig sind, in den Formen des § 767 ZPO oder (bei nur vorläufig vollstreckbarem Titel) bei der weiteren Verhandlung des Prozesses selbst geltend zu machen sind. Der Einwand, daß der verurteilte Beklagte Gebührenfreiheit genieße und daher zur Erstattung der vom Kläger gezahlten Gerichtsgebühren nicht verpflichtet sei, betrifft den Betrag der Kostenschuld und gehört sonach in das Festsetzungsverfahren, OLG Kolmar, Rsp 13 113; s. oben S. 36.

Die Geltendmachung anderer Einreden ist versagt. Sie würden den durch den Schuldtitel festgesetzten Anspruch selbst betreffen, also gemäß § 767 ZPO im Wege der Klage oder bei einem Verstoße gegen § 775 ZPO nach § 766 ZPO durch Anrufung des Vollstreckungsgerichts geltend zu machen sein, RG 13 361; JW 88 300, 96 634, 98 537, 03 398, 06 381; OLG Oldenburg, Dresden, Rsp 6 389, 390; OLG Marienwerder, PosMschr 05 10, 73 (aM die Aufsätze in ZZP 6 47, 84, 11 169). Die den Zahlungseinwand zulassende Entscheidung des RG bei Gruch 36 708, der sich OLG Kiel, SeuffA 67 Nr. 21 noch anschließt, ist jetzt in RG 62 188, JW 06 82 nicht mehr aufrecht erhalten.

Unzulässig sind hiernach die Einreden, daß die Kostenforderung überhaupt nicht mehr geschuldet werde, daß sie durch Erlaß, Zahlung, Aufrechnung oder auf andere Weise getilgt, daß sie verjährt, oder daß ihre Fälligkeit durch Stundung hinausgeschoben sei, KG, OLG Hamburg, ObLG München, Rsp 17 129, 20 338, 27 51 A. 1. Dasselbe gilt von dem Einwande, daß noch vor Rechtskraft des Urteils ein Vergleich mit anderer Kostenverteilung geschlossen oder durch einen Zwangsvergleich die Kostenforderung herabgesetzt sei, OLG Braunschweig, Marienwerder, Rsp **19** 81, **25** 79. Ebenso ist es unzulässig, die Beschwerde auf die Behauptung, daß der Anwalt durch die obsiegende Partei noch nicht befriedigt sei, oder darauf zu gründen, daß die unterliegende Partei einen Arrest auf die Kostenforderung gelegt habe. Auch der Einwand, es sei mit dem Kläger verabredet, daß dieser die Klage zurücknehmen solle, enthält keinen zulässigen Angriff gegen den Erstattungsanspruch, vielmehr einen Angriff gegen das Urteil. Auch Ansprüche auf Rückerstattung gezahlter Kosten können nicht im Festsetzungsverfahren geltend gemacht werden, s. S. 109. Wegen der Einreden im Falle des § 124 ZPO s. S. 28.

VII. Das Verfahren in erster Instanz.

1. Das Kostenfestsetzungsverfahren ist durch die Novelle zur ZPO vom 1. Juni 1909 in wesentlichen Punkten umgestaltet worden. Vor allem ist die Entscheidung über das Kostenfestsetzungsgesuch dem Gerichtsschreiber erster Instanz übertragen; im Zusammenhange damit hat die erst 1900 eingeführte frühere Befugnis des Gerichts nach § 103 ZPO, die Höhe der zu erstattenden Kosten bereits im Urteile festzusetzen, wieder wegfallen müssen. Sie wurde ersetzt durch § 105, wonach der Festsetzungsbeschluß des Gerichtsschreibers unter Umständen auf das Urteil und dessen Ausfertigungen gesetzt werden kann. Eines besonderen Gesuchs bedarf es nicht mehr, wenn die Partei vor der Urteilsverkündung ihre Kostenberechnung eingereicht hat. Auf das Kostenfestsetzungsverfahren sind nach der neuen Fassung des § 204 GVG die Gerichtsferien ohne Einfluß.

2. Die Stellung des Gerichtsschreibers. Da der Gerichtsschreiber die Kosten selbständig festzusetzen hat, so hat er als Organ des Gerichts alle dabei erforderlichen Bestimmungen unter eigener Verantwortung zu treffen. Sein Ermessen ist an die Stelle „des freien Ermessens des Gerichts" getreten, wie durch die Änderung in der Fassung des § 91 ZPO zum Ausdrucke gebracht ist; er hat also, soweit das Gesetz einer freien Beurteilung Spielraum gewährt, nach seinem freien Ermessen darüber zu befinden, inwieweit die unterliegende Partei die dem Gegner erwachsenen Kosten zu erstatten hat. Hiermit übt der Gerichtsschreiber eine richterliche Tätigkeit aus. Wenn er auch nicht die Bürgschaften der richterlichen Unabhängigkeit genießt, so muß ihm doch insofern seine Unabhängigkeit gewahrt bleiben, als er nach seinem pflichtmäßigen Ermessen das Gesetz anzuwenden und auszulegen hat. An Anweisungen der Justizverwaltung oder des Richters ist er bei dieser Tätigkeit ebensowenig wie der Richter gebunden; denn er allein hat seine Entscheidung zu verantworten, und es muß ihm überlassen bleiben, ob er den Rat des Richters einholen und von ihm Gebrauch machen will (Gaupp-Stein § 104, I). Dies gilt dagegen nicht für Anordnungen im Rechtsmittelverfahren, die wie überall zu befolgen sind. Mit Rücksicht auf diese

weitgehenden Befugnisse und Pflichten des Gerichtsschreibers sollen bei der Entscheidung über Kostenfestsetzungsgesuche nur solche Personen verwendet werden, welche die Befähigung für das Gerichtsschreiberamt besitzen (Nr. II d. AVf. v. 29. Jan. 1910, JMBl 10 20, fügt dies zu § 5 Abs. 2 des Ges. über die Dienstverhältnisse d. Gerichtsschr. v. 3. März 1879 in der Fass. des Art. 131 PrFGG ergänzend hinzu; vgl. auch § 32 Abs. 2 der GerichtsschreiberO v. 5. Juni 1913, JMBl 179). Danach sind z. B. ungeprüfte Justizanwärter, Kanzleigehilfen, geprüfte Anwärter für die Amtsanwaltschaft oder das Gerichtsvollzieheramt nicht zur Kostenfestsetzung zu verwenden, selbst wenn sie als Gerichtsschreiber aushilfsweise tätig sind.

Nachdem die Entscheidung über das Kostenfestsetzungsgesuch dem Gerichtsschreiber anvertraut ist, müssen ihm zu dessen sachgemäßer Erledigung richterliche Befugnisse eingeräumt werden, soweit solche nicht an die Befähigung zum Richteramte geknüpft sind. Der Gerichtsschreiber kann daher den Antragsteller und den Gegner schriftlich oder mündlich hören. Wählt er das letzte, so greifen die Grundsätze der sog. fakultativen mündlichen Verhandlung Platz. Die Ladungen geschehen also von Amts wegen; erscheint niemand in dem anberaumten Termine, so ruht nicht das Verfahren, und beim Ausbleiben einer Partei treten nicht die Versäumnisfolgen ein, sondern die Entscheidung wird dann nach dem Inhalte der Akten gefällt. Setzt der Gerichtsschreiber eine Frist, z. B. zur Beibringung von Unterlagen oder zur Abgabe einer Erklärung, so finden darauf, da er in seiner richterlichen Eigenschaft handelt, die Vorschriften über richterliche Fristen Anwendung (§§ 221, 222, 223 Abs. 2, 224, 225 ZPO). Da nach § 104 Abs. 2 ZPO die Ansätze des Gesuchs zum mindesten glaubhaft zu machen sind, hat die Glaubhaftmachung (§ 294 ZPO) ihm gegenüber zu geschehen. Wird indessen ein Beweis für erforderlich erachtet, weil die Glaubhaftmachung zur Berücksichtigung eines Ansatzes nicht „genügt", so hat der Gerichtsschreiber die Anordnungen selbständig zu erlassen (Begr. S. 26). Er kann also Zeugen und Sachverständige hören und die Vorlegung von Akten und Urkunden anordnen. Dagegen ist er nicht befugt, die genannten Personen zu vereidigen und mit den Rechtsfolgen und Strafen der §§ 373ff. ZPO zu laden oder förmlichen Urkundenbeweis nach §§ 415ff. ZPO zu erheben; ebensowenig darf er Parteieide abnehmen (Stein, Nov. § 104, I, 2; Remelé § 104, 5). Vgl. auch S. 76.

3. Durch die Aufhebung des früheren § 103 ZPO ist die bisherige Besonderheit des Kostenfestsetzungsverfahrens vor den Amtsgerichten beseitigt. Das Verfahren ist jetzt, abgesehen von der Bestimmung des § 106 ZPO (s. unten S. 81), vor den Amts- und Landgerichten einheitlich geregelt. Die Entscheidung über das Gesuch steht immer dem Gerichtsschreiber zu. Nur für die Art, in der dieser entscheidet, läßt das Gesetz neben dem Regelfalle, daß ein

besonderer Beschluß ergeht, noch ein abgekürztes Verfahren nach § 105 ZPO zu, wonach unter gewissen Voraussetzungen der Beschluß sogleich auf das Urteil und dessen Ausfertigungen vom Gerichtsschreiber gesetzt werden kann.

4. Im Regelfalle wird das Verfahren durch ein Gesuch an den Gerichtsschreiber des Gerichts erster Instanz um Festsetzung der Kosten in Gang gesetzt. Der Gerichtsschreiber prüft zunächst, ob er für die von ihm verlangte Entscheidung zuständig ist (oben S. 32); sodann, ob das Gesuch die Grundlage zu dem begehrten Verfahren bilden kann, ob es also in der gehörigen Form des § 103 Abs. 2 ZPO von einer dazu berechtigten Person auf Grundlage eines geeigneten Titels gestellt ist. Fehlt es an einer dieser Voraussetzungen, so kann der Gerichtsschreiber, sofern nach Lage der Sache anzunehmen ist, daß sich der bemerkte Mangel beheben läßt, durch eine Zwischenverfügung die Beseitigung des Anstandes aufgeben. Erscheint eine solche Verfügung nicht angezeigt oder wird der Mangel von dem Antragsteller in der ihm gesetzten Frist nicht behoben, so ist das Gesuch durch Beschluß als unzulässig zurückzuweisen. Gegen diesen Beschluß hat der Gesuchsteller nach § 576 ZPO das Rechtsmittel der fristlosen Erinnerung an das Prozeßgericht und gegen dessen abweisenden Beschluß die Beschwerde aus § 567 ZPO. Wird die Erinnerung für begründet erachtet, so hat das Prozeßgericht den Gerichtsschreiber anzuweisen, über das Gesuch sachlich zu befinden. Diese Entscheidung ist für den Gerichtsschreiber bindend. Ebenso Stein, Nov. § 104, V, 1.

5. Dieselben Grundsätze gelten, wenn kein ausdrückliches Kostenfestsetzungsgesuch vorliegt, sondern die Berechnung der Kosten nach § 105 Abs. 2 ZPO eingereicht ist. Nur hat sich dann die Prüfung auch darauf zu erstrecken, ob die Rechnung rechtzeitig vor der Verkündung des Urteils eingereicht ist. Gleichzeitig hat sich der Gerichtsschreiber darüber schlüssig zu machen, mag nun ein ausdrückliches oder ein gesetzlich vermutetes Gesuch ihm vorliegen, ob er einen besonderen Kostenfestsetzungsbeschluß erlassen oder ob er das Verfahren des § 105 ZPO, sofern dessen Voraussetzungen gegeben sind, wählen will. Da das Gesetz dem Gerichtsschreiber nur die Befugnis erteilt, die Kostenfestsetzung nach § 105 ZPO vorzunehmen, so hängt es von dem Ermessen des Gerichtsschreibers ab, ob er das abgekürzte Verfahren einschlagen will. Die Partei hat kein Anrecht darauf, daß die Kosten in der Form des § 105 festgesetzt werden, wie sie andrerseits auch nicht die besondere Abfassung des Beschlusses verlangen kann (KommBer 36). Einem Rechtsmittel, das lediglich bemängelt, daß der Beschluß nicht in der beantragten Form ergangen ist, würde demnach der Erfolg zu versagen sein. Die Ablehnung der Festsetzung überhaupt ist auch hier stets in einem besonderen Beschlusse vorzunehmen.

6. a) Die sachliche Prüfung hat sich darauf zu erstrecken,

ob die Rechnung im Einklange mit dem Schuldtitel aufgestellt ist und ob der Gesuchsteller die von ihm verlangten Beträge zu fordern berechtigt ist. Dagegen unterliegt die in dem Schuldtitel getroffene Entscheidung über die Kostenlast niemals der Nachprüfung im Kostenfestsetzungsverfahren, RG, JW 05 149, OLG Kolmar, Darmstadt, Rsp 17 121, 19 97. Allerdings wird damit nicht ausgeschlossen, daß der Gerichtsschreiber der gefällten Kostenentscheidung z. B. aus den Urteilsgründen oder dem Akteninhalt eine selbständige Auslegung gibt, sofern der Tenor eine verschiedene Deutung zuläßt. Beispiele: RG 41 399, JW 98 12, 349; Rsp 17 314, 19 80, 27 49f.

Über Auslegung von Vergleichen, OLG Hamburg, Kolmar, Rsp 23 114, 116. Zu den durch die Versäumnis veranlaßten Kosten (§ 343 ZPO) gehören nicht die Kosten der Vollstreckung und die der Einstellung der Vollstreckung aus dem Versäumnisurteil, Gaupp-Stein § 344, III; OLG Hamburg, Rsp 17 159.

b) Gegenstand der Entscheidung im Festsetzungsverfahren ist die Erstattungsfähigkeit der einzelnen im Festsetzungsgesuch enthaltenen Posten. Deshalb hat der mit der Kostenfestſ. befaßte Gerichtsschreiber alle in der Kostenberechnung enthaltenen Ansätze zu prüfen und auf Grund dieser Prüfung zu bestimmen, ob und inwieweit der geltend gemachte Erstattungsanspruch begründet erscheint, RG, JW 93 536; SeuffA 53 97. Ist der Wert des Streitgegenstandes durch einen unangefochten gebliebenen Beschluß festgesetzt, so ist dieser Beschluß auch für die Kostenfestſ. maßgebend. In Ermangelung eines solchen Beschlusses hat der Gerichtsschreiber den Wert des Streitgegenstandes bei der Kostenfestſ. nach §§ 3ff. ZPO, §§ 9ff. GKG zu ermitteln (RG, JW 99 3) und in den Gründen des Kostenfestſ.Beschlusses den von ihm angenommenen Wert des Streitgegenstandes anzugeben. Einen selbständigen Wertfestsetzungsbeschluß zu erlassen, ist er jedoch nicht befugt, da hierfür nach § 16 GKG das Gericht zuständig ist. In zweifelhaften Fällen hat er daher einen Wertfestsetzungsbeschluß des Gerichts anzuregen. Vgl. aber § 24 PrGKG., nach dem in Landeskostensachen grundsätzlich der Gerichtsschreiber den Wert festzusetzen hat, soweit nicht das Gericht „für angemessen erachtet", ihn selbst festzusetzen. Da der Wert für jede Instanz gesondert festzusetzen ist (RG, JW 98 418), so muß er unter Umständen auch das höhere Gericht um Wertfestsetzung angehen. Der Wertfestsetzungsbeschluß kann freilich durch das Gericht höherer Instanz auch im Kostenfestsetzungsverfahren von Amts wegen abgeändert werden, wie sich aus § 16 Satz 2 GKG ergibt; RG 44 403; JW 97 608, 98 576. Über die Mittel zur Abhilfe einer unrichtigen Wertannahme s. unten XII, 3.

Der Kostenfestſ.Beschluß muß den Betrag, der von der einen Partei der anderen zu erstatten ist, ziffernmäßig festsetzen. Ein Beschluß, in dem dies nicht geschehen ist, kann als Kostenfestſ.Beschluß nicht angesehen werden, BayObLG 13 317.

c) Bei der **Prüfung des Betrags** ist daran festzuhalten, daß die Anträge der Parteien den festzusetzenden Betrag begrenzen. Es kann also nicht mehr zugesprochen werden, als gefordert ist, auch wenn aktenmäßig ein höherer Betrag feststehen sollte, ZPO § 308 Abs. 1; RG 35 427. Andererseits darf im Falle des Anerkenntnisses der Gegenpartei auch denjenigen Ansätzen, die an sich nicht für erstattungsfähig erachtet werden könnten, die Festsetzung nicht versagt werden. Das Anerkenntnis hat zwar nicht die im § 307 ZPO vorgeschriebene Bedeutung, sondern es ist als eine Verpflichtungserklärung des Schuldners aufzufassen, die als erstattungsfähig anerkannten Kosten zahlen zu wollen. Ein solches Anerkenntnis unbeachtet zu lassen, liegt kein Anlaß vor, da die Parteien über ihre Forderungen und Verpflichtungen in dem Kostenfestsetzungsverfahren verfügen können, selbst wenn in dem Hauptverfahren ihnen diese Befugnis nicht zustand; aM Schultzenstein, ZZP 35 469. Der von ihm angezogene Beschluß des OVG erweckt insofern Bedenken, als es nicht Aufgabe des Festsetzungsverfahrens sein kann, nur theoretisch festzustellen, welcher Betrag „nach dem Gesetz" zu erstatten sein würde, wenn unter den Parteien über den geschuldeten Betrag oder Mindestbetrag Einigkeit besteht. Auch in Strafsachen und im Verwaltungsstreitverfahren wird die auf eine reine Geldschuld hinauskommende Erstattungspflicht durch die Erklärungen der Beteiligten begrenzt.

Deshalb, und weil nicht die ganze Forderung, sondern der einzelne Gebührenansatz festgesetzt wird (RG 27 402), muß aus dem Gesuch ersichtlich sein, wieviel der Antragsteller beansprucht und woraus er die einzelnen Ansätze ableitet. Die ziffermäßige Berechnung eines Ansatzes wird ihm dann erlassen werden können und von Amts wegen nachzuholen sein, wenn die Grundlagen hierfür dem Gerichte vorliegen. Beispielsweise sind Anträge der Partei, „ihre Reisekosten für die wahrgenommenen Termine nach den Sätzen des Zeugentarifs festzusetzen", für statthaft zu erachten.

Unzulässig ist es, daß der Gerichtsschreiber an Stelle eines unstatthaften Ansatzes von Amts wegen einen anderen setzt, der an sich zulässig, aber nicht berechnet ist. Nach dem Satze falsa demonstratio non nocet, kann er aber offenbar irrtümliche Angaben ohne weiteres berichtigen, wenn die Absicht des Antragstellers klar ist, LG Halle, NaumbAK 97 123; Schultzenstein, ZZP 24 473. Eine abweichende, insbesondere auch vom Reichsgerichte vertretene Praxis beschränkt allerdings den Grundsatz, daß keiner Partei etwas zugesprochen werden darf, was nicht beantragt ist (ZPO § 308 Abs. 1), auf den Gesamtbetrag der verlangten Kosten. Innerhalb dieser Grenze wird daher oftmals an Stelle eines geforderten aber nicht berechtigten Ansatzes der nicht geforderte aber berechtigte zugebilligt, besonders im Falle der Beschwerde, was dann auch für die Erinnerung gelten muß, RG 4 356, 26 379; JW 93 536, 97 207,

98 506; KG, Rsp 3 127. Jedoch ist hier die Rechtskraft nicht angefochtener Streichungen erster Instanz und bei Nachtragsanträgen die Rechtskraft des früheren Beschlusses zu beachten, RG, JW 99 159; s. S. 107f.

d) Zweck des Kostenfestf.Verf. ist lediglich, in Ausführung des Urteils den Betrag der zu erstattenden Kosten festzusetzen. Dagegen soll in ihm, wie nicht über den Grund des Erstattungsanspruchs, so auch nicht über die Person des Berechtigten oder Verpflichteten entschieden werden. Hierfür ist lediglich der Vollstreckungstitel maßgebend. Es darf daher bei der Festsetzung weder ausgesprochen werden, daß die Kosten an einen Vertreter der nach dem Vollstr.-Titel berechtigten Partei zu zahlen sind, noch, daß sie nicht an diesen zu zahlen sind. Soll eine Rechtsnachfolge bei der Festsetzung berücksichtigt werden, so muß zunächst von dem Vollstr.-Titel eine vollstreckbare Ausfertigung für oder gegen den Rechtsnachfolger beschafft und auf Grund dieser Ausfertigung das Gesuch um Kostenfestf. für oder gegen den Rechtsnachfolger gestellt werden. Die Festsetzung findet dann, dem Vollstr.Titel entsprechend, für oder gegen den Rechtsnachfolger statt; s. S. 25 zu 3. Eine Ausnahme besteht im Falle des § 124 ZPO, wonach die für eine arme Partei bestellten Rechtsanwälte berechtigt sind, ihre Gebühren und Auslagen von dem in die Prozeßkosten verurteilten Gegner beizutreiben. Demgemäß ist in dem Festsetzungsbeschlusse nicht die in dem vollstreckbaren Titel bezeichnete Partei, sondern der RA selbst als Berechtigter anzugeben, Schultzenstein, ZZP 16 541 (s. oben II, 2. S. 26 zu 6).

e) Sind Streitgenossen zur Haftung für die Kosten nach Kopfteilen verurteilt, so ist eine ziffermäßige Feststellung desjenigen Betrags zu treffen, bis zu welchem jeder der Streitgenossen die Kosten zu erstatten hat, da es nicht Sache des Gerichtsvollziehers ist, diesen Betrag erst aus den außerhalb des Kostenfestf.Beschlusses liegenden Voraussetzungen des Beschlusses zu ermitteln, OLG Augsburg, ZZP 18 446 (oben S. 67f. zu 3). Ebenso ist die sich aus dem Urteil ergebende Gesamthaftung der Kostenschuldner zu vermerken.

f) Die Entscheidung erfolgt durch einen vom Gerichtsschreiber zu unterzeichnenden Beschluß, in unbedenklichen Fällen ohne Anhörung des Gegners, auf Grund der Gerichtsakten und der einzufordernden Handakten der Parteien. Der Gerichtsschreiber kann aber auch auf Grund der ihm eingeräumten richterlichen Befugnisse (s. oben S. 70):

aa) den Gegner unter Mitteilung der Abschrift der Kostenberechnung zu einer schriftlichen Gegenerklärung binnen bestimmter Frist auffordern. Der Beschluß ergeht nach Lage der Akten, wenn eine Gegenerklärung nicht eingeht. Der Antragsteller kann zur Entgegnung aufgefordert werden;

bb) mündliche Verhandlung anordnen. Dies ist nur in verwickelten Sachen angebracht. Der Beschluß mit der Terminsbestimmung wird den Parteien von Amts wegen zugestellt, Gaupp-Stein § 128, V, B, 1. Der Gedanke, das Verfahren zu vereinfachen, das den Bestimmungen der neuen §§ 496, 497 ZPO zugrunde liegt und im Verfahren vor den Amtsgerichten den Parteibetrieb ausgeschaltet hat, gilt in gleichem Maße für das Verfahren der fakultativen Verhandlung, insbesondere vor dem Gerichtsschreiber, so daß es nicht gerechtfertigt erscheint, hier noch das Erfordernis des Parteibetriebs aufrecht zu erhalten. Für ein Versäumnisverfahren ist kein Raum. Die Entscheidung erfolgt stets, auch im Falle der Säumnis einer oder beider Parteien, auf Grund der Sachlage. Der die Entscheidung enthaltende Beschluß ist zu verkünden, ZPO § 329.

Das Verfahren selbst entspricht dem bisherigen Verfahren, in dem der Gerichtsschreiber Erklärungen der Parteien zu Protokoll entgegennahm. Der Gerichtsschreiber verhandelt, wie er bisher Erklärungen zu Protokoll aufnahm. Als Beamter hat er zwar immer die äußere Ordnung aufrecht zu halten, aber nicht mit den sitzungspolizeilichen Befugnissen des GVG. Die Zuziehung eines Protokollführers ist nicht vorgeschrieben (s. auch Gaupp-Stein § 159, I C).

Anwaltszwang findet weder vor dem Gerichtsschreiber des Amtsgerichts noch vor dem des Landgerichts statt (§ 78 Abs. 2 ZPO).

g) Wegen der Unterbrechung und Aussetzung des Kostenfestsetzungsverfahrens ist davon auszugehen, daß es ein zur ersten Instanz gehörendes selbständiges Nachverfahren bildet. Als ein Teil des Rechtsstreits wird es, wenn es während des Rechtsstreits anhängig ist, von der Unterbrechung und Aussetzung des Hauptverfahrens mitbetroffen, RG, JW **91** 198; OLG Posen, Rsp 7 285. In allen andern Fällen unterliegt es als ein selbständiges Verfahren den Bestimmungen der §§ 239ff. ZPO, RG, JW **92** 204; Gruch **44** 1169; Gaupp-Stein § 103, I. Liegt der Fall der Unterbrechung oder Aussetzung vor, so ist die Entscheidung über einen vorher gestellten Festsetzungsantrag bis zur Beseitigung der Unterbrechung auszusetzen; dagegen wird das Verfahren nicht unterbrochen oder ausgesetzt, wenn die Partei schon vor der Einleitung des Festsetzungsverfahrens stirbt, ElsLothZ **23** 431.

h) Auf das Kostenfestsetzungsverfahren bleiben nach § 204 GVG die Gerichtsferien ohne Einfluß.

i) Nachträgliche Ergänzung eines unvollständigen Kostenfestf.Beschlusses nach dem Ergänzungsverfahren des § 321 ZPO ist unzulässig, da dieses nur für Urteile vorgesehen ist und § 329 ZPO diese Vorschrift auf Beschlüsse nicht ausdehnt, RG, SeuffA **42** 106. Etwaige Unvollständigkeiten des Festsetzungsbeschlusses können also, wenn der Gerichtsschreiber von seiner Befugnis, den Beschluß zu ändern (s. S. 105), keinen Gebrauch macht, nur im Rechtsmittelwege behoben werden, OLG Kassel, ZZP **15** 87. Einer Anwendung des § 319 ZPO steht indessen nichts im Wege.

7. Will der Gerichtsschreiber den **Kostenfestsetzungsbeschluß in der abgekürzten Form** des § 105 ZPO erlassen, so hat er zunächst, wie auch sonst, zu prüfen, ob die allgemeinen Voraussetzungen für den Beschluß, z. B. Zuständigkeit, Legitimation des Gesuchstellers, gegeben sind und ob bei einem stillschweigenden Gesuche nach § 105 Abs. 2 ZPO dieses rechtzeitig gestellt worden ist. Keinen Unterschied macht es, ob es sich um eine amts- oder landgerichtliche Sache handelt, nur muß der Rechtsstreit in erster Instanz schweben, da ja nur der Gerichtsschreiber erster Instanz den Beschluß erlassen kann. Der Beschluß ist **auf das Urteil zu setzen**, und daher muß ein solches überhaupt ergangen sein und eine Entscheidung über die Kostenlast enthalten. Die Bestimmung des § 103 ZPO, daß ein zur Zwangsvollstreckung geeigneter Titel vorliegen muß, gilt auch hier (Begr 26). Das Urteil muß also entweder rechtskräftig oder für vorläufig vollstreckbar erklärt oder aus einem sonstigen Grunde sofort vollstreckbar sein, und zwar muß die Rechtskraft, da der Beschluß schon vor der Erteilung der ersten Ausfertigung zu erlassen ist, in diesem Zeitpunkte bestehen. Rechtskräftige Urteile kommen aber im Verfahren erster Instanz, abgesehen vom sofortigen Verzicht auf Rechtsmittel, nicht vor, und sofortige Vollstreckbarkeit von Urteilen gemäß § 794 Ziff. 3 ZPO gehört zu den Seltenheiten, z. B. Urteile nach § 99 Abs. 3 ZPO, so daß fast nur für vorläufig vollstreckbar erklärte Urteile hier als Schuldtitel in Betracht kommen. Da die Kostenfestsetzung auch zulässig ist aus Urteilen, die keinen zur Vollstreckung geeigneten Inhalt besitzen, kann der Beschluß auch auf solche Urteile gesetzt werden. Die Bestimmungen des Satzes 2 im § 105 ZPO und des § 795a ZPO, wonach keine besondere Ausfertigung des Beschlusses erteilt wird und der Beschluß keiner besonderen Vollstreckungsklausel bedarf, machen einen Beschluß in der Form des § 105 ZPO nicht unzulässig. Die Annahme von Gaupp-Stein § 105, III, 2 (ebenso Remelé § 105, 2), daß dann eine Vollstreckung aus dem Beschlusse nicht möglich sei, da dem Urteile mangels eines zur Vollstreckung geeigneten Inhalts und damit auch dem Beschlusse keine Vollstreckungsklausel erteilt werden könne, erscheint nicht gerechtfertigt. Allerdings wird einem Urteile, das über die Verpflichtung zur Tragung der Kosten Entscheidung trifft, im übrigen aber keinen zur Vollstreckung geeigneten Inhalt besitzt, die Vollstreckungsklausel versagt (RG, JW 03 374), und zwar deshalb, weil das die allgemeine Kostenentscheidung enthaltende Urteil einen zu unbestimmten Inhalt besitzt, als daß daraus unmittelbar wegen der Kosten vollstreckt werden könnte, KG, KGBl 07 32. Dieser Mangel lag jedoch nicht vor, wenn nach dem alten § 103 ZPO die Kosten sofort im Urteile festgesetzt wurden. Hier enthielt das Urteil, das z. B. die Klage abwies, eine ziffernmäßig berechnete Verurteilung in die Kosten, so daß kein Bedenken bestand, zu einem solchen Urteile die Vollstreckungsklausel zu

erteilen. Nicht anders liegt die Sache jetzt, wenn auf das Urteil der Beschluß nach § 105 Abs. 1 ZPO gesetzt ist. Diese Form der Kostenfestsetzung ist an die Stelle der im alten § 103 ZPO vorgesehenen Art der Festsetzung getreten und der Beschluß neben dem Urteile nur deshalb angeordnet, weil jetzt der Gerichtsschreiber selbständig den Beschluß erläßt (Begr 26). Der Beschluß bildet aber mit dem Urteil, auf das er gesetzt ist, „wie in dem Falle des bisherigen § 103, einen einheitlichen Titel" (Begr 27). Dieser Titel enthält demnach eine ziffermäßig bestimmte Entscheidung über die Kosten und hat daher stets einen zur Vollstreckung geeigneten Inhalt. Deshalb darf ihm die Vollstreckungsklausel nicht verweigert werden. Nach § 795a ZPO bedarf der Beschluß keiner besonderen Klausel, da er gleichsam ein Teil des Urteils geworden ist und daher auch von der zu dem Urteil erteilten Klausel gedeckt wird, wie er seinerseits die Klausel für das Urteil erst ermöglicht; Begr. 47, s. auch Keetmann, BBl 10 64.

8. Als besondere Voraussetzungen des Beschlusses in der Form des § 105 ZPO sind noch zu beachten:

a) Bei der Anbringung des Gesuchs darf noch keine Ausfertigung des Urteils, weder eine einfache, noch eine vollstreckbare, erteilt sein. Diese Vorschrift im Zusammenhange mit § 103 Abs. 1 ZPO schränkt die Zulässigkeit des abgekürzten Verfahrens auf alle die Titel ein, die ohne Zustellung einer Ausfertigung bereits vollstreckbar sind, und sie bestätigt andrerseits die Ansicht, daß die Festsetzung aus solchen Titeln ohne vorherige Zustellung zulässig ist. Wie sich der Gerichtsschreiber mit Rücksicht darauf, daß nur die Erteilung vollstreckbarer Ausfertigungen auf der Urteilsurschrift nach § 734 ZPO vermerkt wird, die Gewißheit davon verschafft, daß andere Ausfertigungen nicht erteilt worden sind, bleibt seinem Ermessen überlassen. Die Akten geben darüber Aufschluß, da zu jeder Schreibarbeit ein Kanzleivermerk gemacht wird. Zweifellos rechtzeitig ist das Gesuch gestellt, wenn die Kostenberechnung vor der Verkündung des Urteils eingereicht war.

b) Ein Beschluß in der Form des § 105 ist ausgeschlossen, wenn die Prozeßkosten ganz oder zum Teil nach Quoten verteilt sind, § 106 Satz 3 ZPO. In diesem Falle würde die Aufforderung an den Gegner und das Abwarten der einwöchigen Frist eine Verzögerung für die Erlassung des Beschlusses mit sich bringen, die gerade vermieden werden soll.

Ein Beschluß, der entgegen den Vorschriften zu a und b gleichwohl auf das Urteil gesetzt wird, ist für unzulässig zu erachten und äußert keine Wirkungen. Seine Zustellung setzt also z. B. die Erinnerungsfrist nicht in Lauf, und die Vollstreckung daraus würde sich als unzulässig darstellen. Um dem vorzubeugen, daß der Vordruck auf Urteilsformularen für den Kostenfestsetzungsbeschluß nachträglich noch benutzt wird, empfiehlt sich, daß der Gerichtsschreiber, sobald er die erste Urteilsausfertigung erteilt, den zu diesem Zeitpunkte noch nicht ausgefüllten Vordruck durchstreicht.

c) Durch die Verbindung des Beschlusses mit dem Urteile darf keine Verzögerung in der Ausfertigung des Urteils eintreten. In allen Fällen, wo eine solche etwa wegen Beseitigung irgendwelcher Anstände mit Rücksicht auf die Beschleunigung des Verfahrens in §§ 313, 317, 496, 508 ZPO leicht eintreten kann, hat die Verbindung zu unterbleiben. Wird sie dennoch vorgenommen, so äußert dies nicht dieselben Wirkungen wie unter b, da der Beschluß und das Urteil selbst in ordnungsmäßiger Form, wenn auch verspätet, vorliegen, so daß wegen der Verzögerung höchstens eine Beschwerde im Dienstaufsichtswege möglich wäre, wobei aber zu berücksichtigen bleibt, daß die nunmehr erteilte vollstreckbare Ausfertigung die Vollstreckung ohne Einhaltung der Frist des § 798 ZPO ermöglicht.

d) Die Verbindung des Beschlusses mit dem Urteile soll unterbleiben, wenn dem Festsetzungsgesuch auch nur teilweise nicht entsprochen wird, § 105 Satz 4 ZPO. Diese Bestimmung ist getroffen worden, weil sich aus der Verbindung in dem Rechtsmittelverfahren, zu dem es wahrscheinlich kommen würde, Weiterungen ergeben könnten (Begr 27).

9. In jedem Falle kann die Verbindung, wenn sie sich nachträglich als unzulässig oder unzweckmäßig herausstellt, gelöst werden. Dem steht die Vorschrift des § 105 Satz 2 ZPO nicht entgegen, da sie nur die besondere Ausfertigung und Zustellung des Beschlusses neben dem Urteile verbietet, solange die Verbindung besteht, aber nicht die Lösung jener Verbindung ausschließt. Wie der Gerichtsschreiber auf die Erinnerung hin seinen Beschluß inhaltlich ändern kann, muß er auch die Form, deren Wahl seinem freien Ermessen überlassen ist, auf die Erinnerung einer Partei hin zu ändern befugt sein. Ebenso kann im Beschwerdeverfahren die Trennung von Beschluß und Urteil angeordnet werden. Nur bleibt zu beachten, daß nach der Trennung eines unzulässigen Beschlusses das Verfahren nochmals zu beginnen hat, während bei nur unzweckmäßiger Verbindung die bisherigen Maßnahmen ihre Wirksamkeit behalten und nur für die Folgezeit der besondere Beschluß Verwendung findet. Es kann sich also die bereits in Lauf gesetzte Rechtsmittelfrist vollenden, und eine vorgenommene Vollstreckung bleibt gültig. Eine solche Unzweckmäßigkeit liegt z. B. vor, wenn keine Partei zur Zeit der Beschlußfassung eine Ausfertigung des Urteils beantragt hat und dann auch später nicht beantragen wird, weil sich die Verurteilung in der Hauptsache erledigt hat oder die Hauptsache gar nicht zur Vollstreckung geeignet ist. Hier hat die Partei an der Erteilung einer Urteilsausfertigung, die sie im Parteibetriebe zustellen müßte, kein Interesse, sondern ihr liegt an der kostenlosen Zustellung des besonderen Beschlusses von Amts wegen. Daher wird der Gerichtsschreiber gut tun, in diesen Fällen

überhaupt von einem Beschlusse nach § 105 ZPO abzusehen. Ebenso unzweckmäßig ist die Verbindung, wenn die Vollstreckung aus dem Urteile von einer vom Antragsteller zu beweisenden Tatsache abhängt.

Die Trennung kann auch dann noch stattfinden, wenn das Urteil schon mit der Vollstreckungsklausel versehen war; der getrennte Beschluß muß dann die Klausel nochmals erhalten. Freilich wird auf beiden Ausfertigungen dann erkennbar zu machen sein, daß es sich um denselben Schuldtitel handelt. Zweifelhaft erscheint nur, ob eine besondere Anordnung gemäß § 733 ZPO erforderlich ist; doch wird man von einer solchen absehen können, da es sich nicht um eine weitere vollstreckbare Ausfertigung desselben Titels handelt, sondern ein neuer Titel geschaffen wird, der zum ersten Male ausgefertigt wird. Danach genügt auch in diesem Falle die Erinnerung, um den Gerichtsschreiber zur Erteilung dieser Ausfertigung zu berechtigen.

10. Der erlassene Beschluß wird auf die Urschrift des Urteils gesetzt. Mit jeder Ausfertigung des Urteils wird auch eine Ausfertigung dieses Beschlusses erteilt. Ergeht das Urteil in der abgekürzten Form des § 313 Abs. 3 ZPO, so wird der Beschluß auf dasselbe Schriftstück wie das Urteil gesetzt (Buhe, DJZ **10** 365; ZDJ **13** 109). Wird hierbei gemäß § 696 Abs. 3 ZPO der Zahlungsbefehl verwendet, so empfiehlt sich, um doppelte Beitreibung der bereits berechneten Kosten des Zahlungsbefehls zu vermeiden, die Bemerkung, inwieweit die festgesetzte Summe die bereits nebenstehend berechneten Kosten des Mahnverfahrens nochmals enthält. Seinem Inhalte nach hat der Beschluß die begehrte ziffermäßige Kostenfestsetzung zu enthalten, ohne daß es einer besonderen Angabe des zugrundeliegenden Titels bedarf, da dieser sich schon aus dem räumlichen Zusammenhang ergibt. Eine besondere Ausfertigung und Zustellung des Beschlusses, der nunmehr als ein Teil des Urteils behandelt wird, findet nicht statt, § 105 Satz 2 ZPO. Die Parteien erhalten also eine Ausfertigung des Beschlusses nur auf besonderen Antrag und zwar zusammen mit einer Ausfertigung des Urteils, die sie im Parteibetriebe zuzustellen haben. Da aber in amtsgerichtlichen Sachen der Gerichtsschreiber das Versäumnisurteil mangels einer entgegenstehenden Erklärung ohne weiteres für die Partei zuzustellen hat (§ 508 ZPO), wird damit auch der auf das Urteil gesetzte Festsetzungsbeschluß wirksam zugestellt.

Damit aber die Parteien von der Tatsache, daß der Beschluß erlassen ist, alsbald Kenntnis erhalten, hat ihnen der Gerichtsschreiber den festgesetzten Betrag, dem Gegner des Antragstellers unter Beifügung einer Abschrift der Kostenberechnung, mitzuteilen, § 105 Satz 3 ZPO. Die Mitteilung kann formlos erfolgen, z. B. durch eine Postkarte oder einfache Zusendung der mit dem Vermerke versehenen Abschrift der Kostenberechnung oder der erbetenen Ausfertigung des mit dem Beschlusse verbundenen Urteils. Diese Mitteilung setzt jedoch nicht die Notfrist des § 104 Abs. 3 ZPO in Lauf, da hierzu eine Zustellung im Parteibetriebe erforderlich ist (Begr. S. 27). Die Unterlassung der Mitteilung kann nur durch Beschwerde im Dienstaufsichtswege gerügt werden.

VIII. Verfahren, wenn die Prozeßkosten nach Quoten verteilt sind.

Wenn die Prozeßkosten nach Quoten verteilt sind, ist das Verfahren nach § 106 ZPO verschieden, je nachdem die Kosten in einer Sache entstanden sind, die in erster Instanz vor einem Landgericht oder vor einem Amtsgerichte verhandelt ist. Die von der Novelle gebrachten Neuerungen hängen mit der Einführung des Amtsbetriebs vor den Amtsgerichten zusammen. „Sind die Prozeßkosten ganz oder teilweise nach Quoten verteilt, so hat in den in erster Instanz vor einem Landgerichte verhandelten Sachen die Partei den Gegner vor Anbringung des Festsetzungsgesuchs aufzufordern, die Berechnung seiner Kosten binnen einer einwöchigen Frist bei dem Gerichtsschreiber einzureichen. In den in erster Instanz vor einem Amtsgerichte verhandelten Sachen ist die Aufforderung nach Anbringung eines Festsetzungsgesuchs von dem Gerichtsschreiber zu erlassen. Die Vorschriften des § 105 finden keine Anwendung. Nach fruchtlosem Ablaufe der einwöchigen Frist erfolgt die Entscheidung ohne Rücksicht auf die Kosten des Gegners, unbeschadet des Rechtes des letzteren, den Anspruch auf Erstattung nachträglich geltend zu machen. Der Gegner haftet für die Mehrkosten, welche durch das nachträgliche Verfahren entstehen," ZPO § 106.

Die Anwendbarkeit des § 106 ZPO ist auf den Fall beschränkt, daß in dem zur Festsetzung geeigneten Titel die Prozeßkosten ganz oder zum Teil nach Quoten verteilt sind. Das Verfahren des § 106 ZPO ist aber auch dann anzuwenden, wenn nur die Kosten einer Instanz nach Quoten verteilt sind und wenn der Armenanwalt nach § 124 ZPO die Festsetzung betreibt, OLG Celle, Rsp 13 114. Für den letzten Fall aM OLG Stuttgart, Rsp 15 97. Dagegen ist es ausgeschlossen hinsichtlich der Vollstreckungskosten, OLG Dresden, Rsp 15 96. Das Verfahren nach § 106 findet keine Anwendung, wenn der unterlegene Teil die Kosten mit Ausnahme eines ziffermäßig bestimmten Betrags zu tragen hat oder der Gegner einem von mehreren Streitgenossen alle Kosten zu erstatten hat oder wenn die durch die Versäumnis veranlaßten Kosten (§ 344 ZPO) ausgeschieden sind. Da nach §§ 91, 92 ZPO über die Kosten des Prozesses als Ganzes entschieden werden soll, ist eine Entscheidung dahin, daß die Kosten der Klage der einen, die Kosten der Widerklage der anderen Partei auferlegt sind, unstatthaft. Ist eine solche Entscheidung dennoch ergangen, so sind die Gebühren zu teilen nach dem Verhältnisse der den Werten der beiderseitigen Klag- und Widerklaganträge entsprechenden gesetzlichen Gebührensätze, nicht gemäß § 96 ZPO, da die Widerklage kein besonderes „Angriffs- oder Verteidigungsmittel" darstellt, und ebensowenig nach den aus dem Wertverhältnisse der beiderseitigen Ansprüche sich ergebenden, vom Richter unbestimmt gelassenen Quoten, RG, JW 91 198. Auch dann versagt § 106, wenn die Kosten zeitlich geteilt sind (Kläger hat die seit — Datum — erwachsenen Kosten, der Beklagte dagegen die Kosten bis zu diesem Tage zu tragen), RG 19 430; JW 87 493; 97 50; OLG Dresden, SächsAnn 24 463.

Aus der Fassung des Gesetzes: die Partei „hat aufzufordern" folgt, daß der Gerichtsschreiber die Festsetzung erst vornehmen darf, wenn der Antragsteller nachweist, daß er den Gegner in der vorgeschriebenen Weise aufgefordert hat, dem Gegner diese Aufforderung zugestellt und seit der Zustellung die einwöchige Frist abgelaufen ist, ZZP 6 482.

Die Aufforderung ergeht in landgerichtlichen Sachen durch die Partei, welche die Kostenfestsetzung betreiben will. Sie ist wie das Festsetzungsgesuch vom Anwaltszwange befreit und geschieht durch Zustellung eines Schriftsatzes im Parteibetriebe. Mit dem Festsetzungsgesuche, das in diesem Falle nicht in der Form des § 105 Abs. 2 ZPO gestellt sein darf, ist das Aufforderungsschreiben nebst Zustellungsurkunde dem Gericht einzureichen. Wird der Nachweis der Aufforderung und des Fristablaufs nicht geführt, so ist das Festsetzungsgesuch als unzulässig zurückzuweisen, RG, JW 85 157; ZZP 24 432. Dies gilt auch für ein Gesuch des Anwalts aus § 124 ZPO; aM OLG Stuttgart, Rsp 15 97.

In amtsgerichtlichen Sachen wird die Aufforderung vom Gerichtsschreiber erlassen, nachdem die Partei das Gesuch um Festsetzung der Kosten ausdrücklich, nicht nach § 105 Abs. 2 ZPO, gestellt hat. Diese Aufforderung wird von Amts wegen, und zwar an den Prozeßbevollmächtigten der ersten Instanz zugestellt.

Die Frist ist eine gesetzliche, keine Notfrist, kann also durch Vereinbarung der Parteien verlängert oder abgekürzt werden (ZPO § 224) und beginnt mit der Zustellung. Durch die Gerichtsferien wird der Lauf der Frist nicht berührt, § 223 Abs. 2 ZPO. Geht die Kostenberechnung des Gegners nach Ablauf der Frist, aber vor Erlaß des Beschlusses ein, so ist sie hierbei nach § 231 Abs. 2 ZPO zu berücksichtigen. Ihre Berücksichtigung ist dagegen nicht geboten, wenn der Beschluß bereits erlassen war und nur noch die Ausfertigung fehlte, OLG Stettin, Recht 06 307.

Es ergeben sich danach folgende Möglichkeiten:

1. Die Kostenberechnungen beider Teile liegen vor (Ausgleichungsverfahren). Der Gerichtsschreiber hat über jede Kostenrechnung zu entscheiden und gleichzeitig auf Grund dieser Entscheidungen darüber zu befinden, welchen Betrag nach den im Urteile festgestellten Quoten die zu einer höheren Quote verurteilte Partei ihrem Gegner zu erstatten hat, RG 33 392. Es werden also

zwei Entscheidungen über die Gesuche beider Parteien in dem Beschlusse gefällt, von denen jede selbständig anfechtbar ist. Die Beschlußformel spricht aber nur aus, daß der Überschuß aus den für beide Parteien festgesetzten Prozeßkosten einer Partei zu erstatten ist. Der Beschluß darf nicht in der Form des § 105 ZPO ergehen. Zu berücksichtigen sind nur diejenigen Kosten, die nicht von der einen oder von der anderen Partei allein zu tragen sind. Finden sich unter den liquidierten Kosten gerichtliche Kostenvorschüsse, so sind sie abzusetzen, wenn die gerichtliche Kostennote ergibt, daß sie ganz oder teilweise auf den der Partei allein zur Last fallenden Teil der gerichtlichen Kosten verrechnet sind. Wenn einer der beiden Streitteile im Armenrechte geklagt hat, so sind bei der Kostenausgleichungsberechnung die Gerichtskosten außer Ansatz zu lassen, ZPO §§ 115, 125; KG, KGBl 91 110. Auszuschließen von der Ausgleichung sind auch die gerichtlichen und außergerichtlichen Kosten des Festsetzungsverfahrens, da für diese nicht die Kostenentscheidung des Urteils gilt, sondern eine neue Kostenentscheidung in dem Beschlusse zu treffen ist.

Beispiel: Die Kosten sind mit 1/4 dem Kläger, mit 3/4 dem Beklagten auferlegt.

Es betragen im Prozesse die gerichtlichen Kosten .	24 M.	
die außergerichtlichen Kosten des Klägers und des Beklagten je 12 M.	24 M.	
überhaupt:		48 M.

Der Kläger hat 6 M. Gebührenvorschuß, der Beklagte einen Auslagenvorschuß von 12 M. gezahlt.

Der Kostenanteil des Klägers ist 1/4 von 48 M. . . .		12 M.
Es betragen:		
a) der von ihm gezahlte Kostenvorschuß . . .	6 M.	
b) seine eigenen außergerichtlichen Kosten . .	12 M.	
überhaupt:		18 M.
Der Beklagte hat ihm also zu erstatten		6 M.
Die auf den Beklagten entfallenden		36 M.
werden wie folgt gedeckt:		
a) gezahlter Auslagenvorschuß	12 M.	
b) verauslagte eigene außergerichtliche Kosten .	12 M.	
c) dem Kläger zu erstatten	6 M.	
d) an die Gerichtskasse zu zahlen	6 M.	
Sind:		36 M.

Sind mehrere Beklagte als Gesamtschuldner zu einem Teile der Kosten verurteilt und nimmt der Kläger die Beklagten gemeinschaftlich auf Erstattung in Anspruch, so können die Beklagten ihm auch gemeinschaftkich ihren Erstattungsanspruch entgegenhalten, KG, Rsp 15 259.

Die im Ausgleichungsverfahren über die einzelnen Berechnungen der Parteien getroffenen Entscheidungen gehen, sofern sie nicht gemäß § 104 ZPO angefochten werden, in Rechtskraft über. Die nicht angegriffene Entscheidung über die Kostenberechnung des Beschwerdeführers unterliegt daher nicht der Nachprüfung im Rechtsmittelverfahren, RG 33 391. Der Beschluß erlangt auch dann die Rechtskraft, wenn er erlassen ist, ohne daß die Voraussetzungen des § 106 ZPO gegeben waren, eine Anfechtung aber unterblieben ist, RG, JW 97 50.

2. Die Kostenberechnung des aufgeforderten Gegners ist nicht eingegangen. Dann erfolgt die Festsetzung der Kosten des Antragstellers ohne Rücksicht auf die Kosten des Gegners. Diesem bleibt das Recht vorbehalten, seinen Erstattungsanspruch nachträglich geltend zu machen, was jedoch eine Vollstreckung aus dem Beschlusse nicht hindert. Er hat nur die Kosten der Nachfestsetzung zu tragen, RG 33 391; OLG Stuttgart, Rsp 15 97.

Nach rechtskräftiger Festsetzung der Kosten einer Partei darf die Festsetzung der Kosten des Gegners nicht aus dem Grunde anders, als es an sich geboten ist, erfolgen, weil bei der ersten Festsetzung eine Post vergessen oder unrichtig berechnet ist, RG 33 391.

Die beiderseits festgesetzten Kostenbeträge stehen in dem Verhältnisse von Forderung und Gegenforderung. Jeder Festsetzungsbeschluß unterliegt selbständig der Anfechtung, bildet einen selbständigen Schuldtitel und ist für sich vollstreckbar. Eine Aufrechnung der beiderseitigen Forderungen kann nur durch Vollstreckungsgegenklage, nicht durch Einrede im Kostenfestf.Verfahren geltend gemacht werden, ZPO § 767.

3. Ist die Partei, die den Gegner in einer landgerichtlichen Sache zur Einreichung seiner Berechnung aufgefordert hat, bei Einreichung ihres eigenen Gesuches säumig, dann gilt gegen sie dasselbe, was im Falle zu 2 gegen den säumigen Gegner gilt; denn die einwöchige Frist läuft auch gegen die auffordernde Partei, ZPO § 221 Abs. 2, OLG Karlsruhe, Rsp 1 69.

4. Sowohl die gerichtlichen als auch die außergerichtlichen Kosten des Ausgleichungsverfahrens hat diejenige Partei zu tragen, die der anderen den durch die Ausgleichung ermittelten Betrag zu erstatten hat, OLG Frankfurt, Recht 04 78; Petersen § 106 A. 5; vgl. Böhner in ZZP 30 73; wegen des Streitwertes s. S. 90. Nur im Falle des Satzes 2 Abs. 2 § 106 ZPO haftet der säumige Teil nach dem Gedanken des § 95 ZPO für die Mehrkosten, obwohl er mit seinem Festsetzungsgesuch obsiegt. Diese sind ziffermäßig festzustellen.

IX. Zustellung der Kostenfestsetzungsbeschlüsse.

Kostenfestf.Beschlüsse, die auf Grund einer mündlichen Verhandlung ergehen, sind zu verkünden, ZPO § 329. Nicht verkündete

Kostenfestf.Beschlüsse gelangen erst durch Zustellung zur rechtlichen Wirksamkeit und können, solange sie nicht zugestellt sind, nicht vollstreckt werden, ZPO §§ 794 Nr. 2a, 329. Beide Arten von Beschlüssen, die verkündeten und die nicht verkündeten, sind von Amts wegen an beide Parteien (§ 104 Abs. 1 ZPO) und zwar an den Prozeßbevollmächtigten der ersten Instanz zuzustellen; wenn ein solcher nicht vorhanden ist, an die Partei selbst, nicht an den Prozeßbevollmächtigten der höheren Instanz, § 176 ZPO; RG, JW 91 246, SeuffA 47 94. Auch in landgerichtlichen Sachen ist der ohne mündliche Verhandlung ergangene Kostenfestf.Beschluß dem infolge des Todes seines früheren Prozeßbevollmächtigten nicht mehr durch einen Anwalt vertretenen Gegner des Antragstellers persönlich zuzustellen. Denn infolge der Befreiung des Gesuchs vom Anwaltszwange muß auch die Entscheidung auf dieses Gesuch dem Antragsteller zugestellt werden dürfen, wenn kein Prozeßbevollmächtigter vorhanden ist. Wie die Zustellung des Beschlusses an den nicht vertretenen Antragsteller, muß auch die Zustellung an den Gegner unter derselben Voraussetzung für wirksam angesehen werden, KG, Rsp 11 61. Wird der Antrag auf Kostenfestsetzung zurückgewiesen, so genügt die Zustellung des Beschlusses an den Antragsteller.

Dem Gegner ist der Beschluß unter Beifügung der Abschrift der Kostenberechnung zuzustellen, § 104 Abs. 1 ZPO. Das Unterlassen dieser Beifügung hindert aber nicht die Wirksamkeit der Zustellung. Diese setzt, sofern sie sonst ordnungsmäßig erfolgt ist, die für die Erinnerung gesetzte Notfrist in Lauf, OLG Darmstadt, Rsp 17 129.

Zuerst wird zweckmäßig eine Ausfertigung des Festsetzungsbeschlusses an den Schuldner und zwar gegen Zustellungsurkunde zugestellt. Nach deren Eingang wird die zweite, für den Gläubiger bestimmte, bis dahin in der Gerichtsschreiberei zurückbehaltene Ausfertigung von dem Gerichtsschreiber mit folgendem Zeugnisse versehen:

„Vorstehende Ausfertigung wird dem (Gläubiger) zum Zwecke der Zwangsvollstreckung erteilt.

Dieser Schuldtitel ist an den (Schuldner) zugestellt am . .“

Die zweite Bescheinigung empfiehlt sich, damit der Gerichtsvollzieher bei der Zwangsvollstreckung den Beschluß nicht nochmals zustellt.

Demnächst wird die zweite Ausfertigung dem Gläubiger zugestellt, ohne Zustellungsurkunde, wenn ganz nach dem Antrage festgesetzt, gegen Zustellungsurkunde, wenn dem Antrage nur beschränkt stattgegeben ist, weil im letzten Falle dem Gläubiger die befristete Erinnerung zusteht; vgl. JW 10 729, 11 417.

Diese Zustellung des Festsetzungsbeschlusses von Amts wegen unterbleibt aber, wenn er nach § 105 Abs. 1 ZPO auf das Urteil gesetzt ist. Hier wird er erst mit dem Urteile dem Gegner im Parteibetriebe (s. auch § 508 ZPO) zugestellt, und diese Zustellung setzt dann die Notfrist für beide Parteien gleichzeitig in Lauf.

Für die von Amts wegen bewirkten Zustellungen werden weder Schreibgebühren für Ausfertigungen noch Zustellungsgebühren erhoben, sondern nur die Schreibgebühren der für den Gegner bestimmten Abschrift der Kostenberechnung, wenn die Einreichung dieser Abschrift unterblieben war, GKG §§ 79, 80a.

X. Der Kostenfestsetzungsbeschluß als Schuldtitel.

1. Der Kostenfestf.Beschluß bildet einen gesetzlichen Schuldtitel, auf Grund dessen der Gläubiger die Zwangsvollstreckung wegen des ihm zugesprochenen Betrags betreiben kann. Dies ist mit Rücksicht darauf, daß der Beschluß jetzt nicht mehr mit der Beschwerde angefochten wird, in ZPO § 794 Ziff. 2a besonders zum Ausdrucke gebracht.

Ob der Kostenfestf.Beschluß rechtskräftig oder noch anfechtbar ist, begründet für seine Vollstreckbarkeit keinen Unterschied, da die Erinnerung und die sofortige Beschwerde keine aufschiebende Wirkung haben. Das Gericht kann jedoch eine Aussetzung der Vollstreckung nach Einlegung sowohl der Erinnerung als auch der Beschwerde anordnen, ZPO § 104 Abs. 3; § 572. Der Gerichtsschreiber ist zu derartigen Anordnungen nicht befugt.

Da der Beschluß also vor seiner Rechtskraft vollstreckbar ist, bedarf es nicht seiner vorherigen Zustellung, um ihn mit der Vollstreckungsklausel versehen zu können. Für deren Erteilung gelten die §§ 724ff ZPO; daß eine vollstreckbare Ausfertigung erteilt ist, ist auf der Urschrift des Beschlusses zu vermerken, §§ 734, 795 ZPO. Um die Vollstreckung selbst vorzunehmen, ist zunächst der Beschluß (§ 750 ZPO) und im Falle einer Umschreibung der Vollstreckungsklausel auch diese unter Beobachtung der Vorschriften des Abs. 2 § 750 ZPO zuzustellen, ZZP 7 559; **16** 312. Daß das Urteil bereits zugestellt ist, bildet keine Voraussetzung der Vollstreckung aus dem Festsetzungsbeschlusse.

Zeugnisse über die Rechtskraft von Kostenfestf.Beschlüssen sind daher der Regel nach entbehrlich, aber nicht grundsätzlich ausgeschlossen. Die für Urteile gegebenen Bestimmungen der §§ 705, 706 ZPO sind auf Beschlüsse entsprechend anzuwenden, RG 25 387; aM KG, ZZP **16** 157 (über das Verfahren s. DJZ 13 912). Notwendig ist ein Rechtskraftzeugnis für einen Kostenfestf.-Beschluß dann, wenn auf Grund dieses Beschlusses eine Zwangsvollstr. im Auslande vorgenommen werden soll, Schultzenstein, ZZP **16** 156. Ist aber der Kläger oder Intervenient zur Tragung der Prozeßkosten verurteilt, so gelten die Bestimmungen des Haager Abkommens Art. 18 und §§ 5ff. des dazu erlassenen Ausf.Ges. v. 5. April 1909, KG, Rsp 20 97.

2. Für einen Kostenfestsetzungsbeschluß, der nach § 105 ZPO

mit dem Urteile verbunden ist, bestimmt § 795a ZPO ausdrücklich, daß er keiner besonderen Vollstreckungsklausel bedarf. Er ist Teil des Urteils geworden. Die vollstreckbare Ausfertigung des Urteils bildet auch die Grundlage für die Vollstreckung aus dem Beschlusse. Will oder kann der Gläubiger mangels eines geeigneten Inhalts aus dem Urteil in der Hauptsache nicht vollstrecken, so befähigt ihn doch die mit Rücksicht auf den festgesetzten Kostenbetrag ihm nicht zu versagende Vollstreckungsklausel, die Vollstreckung wegen der festgesetzten Kosten zu betreiben (oben S. 77). Die Zustellung dieses mit dem Beschlusse verbundenen Urteils hat gegenüber derjenigen anderer Urteile keine Besonderheit. Anordnungen nach § 104 Abs. 3 ZPO können auch hier getroffen werden, während für das Urteil § 719 ZPO gilt.

3. Die **Vollstreckung** selbst darf nur beginnen, wenn der Kostenfestſ.Beschluß mindestens drei Tage vorher zugestellt ist, ZPO § 798. Die Vorschrift gilt für alle Kostenfestſ.Beschlüsse, auch wenn sie im Ausgleichungsverfahren nach § 106 ZPO ergangen sind, **nicht aber** für die nach § 105 mit dem Urteile verbundenen Beschlüsse. Die Frist ist nach §§ 187, 188 des BGB zu berechnen, ZPO § 222 Abs. 1. Es müssen also nach dem Tage der Zustellung noch drei volle Tage frei bleiben, und es darf die Vollstreckung erst am vierten Tage nach der Zustellung, und wenn der Tag, an dem die Frist abläuft, ein Sonn- oder Feiertag ist, erst am fünften Tage beginnen. Wenn Gerichtskosten unter der Bedingung festgesetzt sind, daß die Zahlung nachgewiesen wird (oben S. 35), so muß dieser Nachweis ebenfalls schon drei Tage vor der Vollstreckung zugestellt sein (LG II Berlin, KGBl 11 5); denn erst mit dem Nachweise der Zahlung entsteht der Erstattungsanspruch. Dagegen genügt es, daß die Quittung über eine hinterlegte Sicherheit erst bei der Vollstreckung zugestellt wird (§ 751 Abs. 2 ZPO). Eine vor Ablauf der Frist begonnene Vollstreckung ist rechtsunwirksam und gewährt kein gültiges Pfandrecht.

4. Wie die Vollstreckung aus jedem anderen Titel, so kann sie auch aus dem Festsetzungsbeschlusse, z. B. nach § 775 ZPO, eingestellt werden. Ist das Urteil nur gegen Sicherheitsleistung vollstreckbar oder enthält es den Vorbehalt aus § 713 ZPO zugunsten des Schuldners, so soll dies auch im Festsetzungsbeschluß ersichtlich gemacht werden (s. S. 18). Aus einem Beschlusse, der die Anordnung der Sicherheitsleistung nicht wiederholt, kann gleichwohl wirksam erst vollstreckt werden, nachdem die Sicherheit geleistet ist.

Da der Beschluß von dem Urteil abhängt, auf dem er beruht, so ist, wenn der Schuldner die in dem Urteile nach § 713 vorbehaltene Sicherheit oder Hinterlegung bewirkt, auch die Vollstreckung aus dem Beschlusse einzustellen, RG, JW, 90 41, 360. Weiter ergibt sich hieraus, daß die Aufhebung der Kostenentscheidung im Urteil oder ihrer Vollstreckbarkeit sowie die Einstellung der Vollstreckung aus dem Urteile (§§ 707, 719 ZPO), unmittelbar auch die Vollstreckung aus dem Festsetzungsbeschluß unzulässig machen, OLG Hamburg, Rsp 19 82; LG I Berlin, KGBl 00 75, und daß die Umschreibung des Titels auch die des Beschlusses nach sich zieht, OLG Hamburg, Rsp 5 61; Gaupp-Stein § 104, VII, 2. Bereits getroffene Vollstreckungsmaßregeln bleiben aber bestehen, bis sie aufgehoben sind. Die Einstellung der Vollstreckung aus dem Urteile nach §§ 767, 769 ZPO berührt nicht die Vollstreckung aus dem Festsetzungsbeschlusse, RG 75 200.

§ 717 Abs. 2 ZPO, der nur für Urteile gilt, findet auf Beschlüsse keine Anwendung, insbesondere nicht auf Kostenfests.-Beschlüsse, da in diesem Verfahren eine bloße Berechnung, keine Verurteilung stattfindet, RG 21 380, 23 336, 25 425, 49 411; JW 96 203, 97 464; OLG Celle, Rsp 15 273; OLG Stettin, NaumbAK 96 78; OLG Posen, Recht 06 120; Gaupp-Stein § 104, V 8; Struckmann-Koch § 717 A 6; Blankmeister, Gruch 48 758; aM OLG Jena, ThürBl 51 87.

XI. Die Kosten des Kostenfestsetzungsverfahrens.

1. Durch das Kostenfests.Verfahren entstehen wieder, mag auf Grund eines ausdrücklichen oder eines stillschweigenden Gesuchs ein besonderer oder ein mit dem Urteile verbundener Beschluß ergehen, besondere Kosten: gerichtliche — die Gerichtsgebühren nebst Pauschsätzen (GKG §§ 38[1], 80b, wobei Abs. 2 zu beachten ist) — und außergerichtliche, insbesondere die Gebühren und Pauschsätze des Anwalts für das Festsetzungsgesuch (§§ 23[1], 76 RAGebO) und die Schreibgebühren für die Anfertigung der nicht beigefügten Abschriften der Kostenrechnungen (§ 79[1] GKG). Über diese Kosten ist in dem Festsetzungsbeschlusse selbst durch den Gerichtsschreiber zu entscheiden, KG, Rsp 20 393. Hierbei ist davon auszugehen, daß das Kostenfests.Verfahren ein prozessualisch selbständiges Verfahren bleibt. Maßgebend für die Entscheidung ist daher nicht, in welchem Verhältnisse die Kosten den Parteien im Urteil auferlegt sind oder wer in einem Vergleiche die Kosten übernommen hat; es kommt vielmehr nur darauf an, welche Partei mit dem Erstattungsanspruche durchdringt; aM Falkmann 70. Die Bewilligung des Armenrechts wirkt aber auch in dem Kostenfestsetzungsverfahren fort, OLG Darmstadt, Rsp 22 274. Die Befreiung des Gegners von den Gerichtskosten nach § 120 ZPO gilt jedoch nicht, wenn gerade dieser Gegner die Festsetzung betreibt, OLG Hamburg, Rsp 17 130.

Die Entscheidung hat von Amts wegen zu erfolgen (ZPO § 308 Abs. 2) und muß gleichzeitig den Betrag feststellen, den die unterliegende Partei der obsiegenden zu erstatten hat. Es geben daher die preuß. Formulare die Gesamtsumme der festgesetzten Kosten und die Beschlußkosten getrennt an.

2. Wer die Kosten des Festsetzungsverfahrens zu tragen hat,

wird durch die in den §§ 91 ff. der ZPO ausgesprochenen allgemeinen Grundsätze geregelt.

a) Das Festsetzungsgesuch wird zurückgewiesen. Dann trägt die Kosten der Antragsteller, ZPO § 91.

b) Die Festsetzung erfolgt nach dem Antrage. Dann hat der Gegner die Kosten zu tragen; soweit sie aber zur zweckentsprechenden Rechtsverfolgung oder Rechtsverteidigung nicht notwendig waren, sind sie dem Antragsteller aufzuerlegen. Dies wird insbesondere dann zu geschehen haben, wenn mehrere Festsetzungsanträge nacheinander gestellt werden, obwohl die Festsetzung aller Kosten auf einmal hätte beantragt werden können. (Vgl. oben S. 31.) Im Ausgleichungsverfahren nach § 106 ZPO hat diejenige Partei, die der anderen Kosten zu erstatten hat, sämtliche Festsetzungskosten zu tragen, OLG Frankfurt, Recht 04 78. Zu diesen gehören auch die außergerichtlichen Kosten; daher darf die Kostenfestf.Gebühr nebst Pauschsatz nicht bei der Ausgleichsberechnung miteingestellt werden. Der Abs. 2 Satz 2 § 106 ZPO läßt jedoch entsprechend § 95 ZPO eine Ausnahme gegen die säumige Partei zu; ihr können die Mehrkosten des nachträglichen Verfahrens auferlegt werden.

c) Der berechnete Betrag wird herabgesetzt. Dann verteilen sich die Kosten nach dem Verhältnisse des abgewiesenen Betrags zu dem zugesprochenen, ZPO § 92; RG, JW 98 115.

d) Zu einer Entscheidung nach § 102 ZPO ist der Gerichtsschreiber nicht befugt, da diese dem Gerichte vorbehalten ist (Hirsch, DJZ 13 578, Gaupp-Stein § 104, III; aM Krusen, DJZ 12 1522); hat aber der Gerichtsschreiber eine solche Entscheidung getroffen, ist sie nach § 104 ZPO anzufechten (aM Hirsch aaO).

3. Die Verbindlichkeit der unterliegenden Partei zur Erstattung der Kosten des Rechtsstreits wird begründet durch die in der Entscheidung zur Hauptsache ausgesprochene Verurteilung zur Tragung der Prozeßkosten; nur die Geltendmachung des Erstattungsanspruchs ist von der vorgängigen Festsetzung abhängig. Es bedarf daher zur Begründung der Zahlungsverbindlichkeit nicht erst der vorgängigen außergerichtlichen Mitteilung der Kostenrechnung durch den obsiegenden Teil an den unterlegenen Gegner, sondern es ist dessen Sache, sich nach dem Betrage der Kosten, deren Erstattung ihm obliegt, zu erkundigen und Zahlung zu leisten; vgl. Gaupp-Stein § 104 N. 32 auch über abw. M. Läßt er es auf das Kostenfestf.-Verfahren ankommen, so hat er auch die Kosten dieses Verfahrens zu tragen. Fordert die obsiegende Partei vor Herbeiführung der Kostenfestsetzung den kostenpflichtigen Gegner unter Mitteilung der Kostenrechnung gleichwohl zur Zahlung auf, so erscheint diese Maßnahme doch immerhin noch zur zweckentsprechenden Rechtsverfolgung notwendig, weil dadurch für den unterliegenden Teil ein der Erfüllung seiner Kostenpflicht entgegenstehendes Hindernis beseitigt wird. Es konnte daher früher die obsiegende Partei die Schreib-

gebühren ihres Anwalts für die erwähnte Mitteilung erstattet verlangen, Vfg. des OLGPräsidenten zu Breslau v. 24. Okt. 84 BreslAK 88 72; OLG Breslau BreslAK 96 62; LG I Berlin, KGBl 97 98; RG 14 320. Jetzt sind diese durch den Pauschsatz abgegolten.

4. Hat die unterliegende Partei vor der Geltendmachung des Erstattungsanspruchs der obsiegenden Partei den Ersatz der Kosten angeboten, so ist für die obsiegende Partei der Anlaß zur Stellung eines Kostenfestf.Antrags fortgefallen. Sollte der Antrag dennoch gestellt werden, so würde er zur zweckentsprechenden Rechtsverfolgung nicht notwendig und deshalb der unterliegende Teil auch nicht zur Tragung der Kosten des Festsetzungsverfahrens verpflichtet sein. Der obsiegende Teil wird vielmehr in solchem Falle dem Gegner den zu erstattenden Betrag mitzuteilen und erst dann, wenn der Gegner nicht zahlt oder Einwendungen erhebt, den Festsetzungsantrag zu stellen haben. In dem darauf ergehenden Verfahren sind die Kosten derjenigen Partei aufzuerlegen, die durch ihr Verhalten zu dem Verfahren Anlaß gegeben hat. In diesem Sinne ist auch dem § 93 ZPO die Anwendbarkeit nicht zu versagen, RG **14** 320; aM Gaupp-Stein § 104, III N 33. Sache des Kostenschuldners ist es, im Wege der Einrede darzutun, daß er rechtzeitig die Erstattung der Kosten angeboten habe, Hergenhahn ZZP **17** 110. Abgesehen von dem erwähnten Falle ist eine entsprechende Anwendung des § 93 ZPO unzulässig, sofortiges Anerkenntnis im Sinne des § 93 mangels mündlicher Verhandlung nicht denkbar, ZZP **19** 421.

5. Kostenpflichtig ist die Partei, nicht der Anwalt, der namens ihrer gehandelt hat. Dem Anwalte können die Kosten nur dann auferlegt werden, wenn er bei Stellung des Kostenfestf.Antrags erklärt hat, daß er den Antrag im eigenen Namen oder aus eigenem Rechte stelle (§ 124 Abs. 1 ZPO), RG, JW 83 155.

6. Der Wert des Streitgegenstandes wird gebildet durch den Betrag der beanspruchten Kosten, ohne Rücksicht auf die etwa vom Gerichtsschreiber gemachten Abstriche. Die Kosten des Festsetzungsverfahrens selbst bleiben außer Betracht. Sind die Kosten nach Bruchteilen verteilt und ist, weil der Gegner seine Kostenberechnung rechtzeitig einzureichen versäumte, lediglich auf Grund der Kostenaufstellung des Antragstellers zu entscheiden, so ist der nach dieser Aufstellung dem Gegner aufzuerlegende Bruchteil Wertgegenstand. Was bei rechtzeitiger Einreichung der Berechnung des Gegners (Ausgleichungsverfahren) als Streitwert anzunehmen ist, ist bestritten. Vielfach wird die Gebühr der RA für den Kostenfestf.Antrag nach dem vollen Betrage der Prozeßkosten der von ihnen vertretenen Partei, ohne Abzug der ihr zur Last fallenden Quote ihrer eigenen Prozeßkosten und der von ihr zu erstattenden Quote der Prozeßkosten der Gegenpartei berechnet, KG, KGBl **94** 9; OLG Kolmar, ElsLothZ **18** 422. Walter-Joachim § 23 A 24 lehrt: „Das für die Wertsberechnung maßgebende Interesse jeder Partei bestimmt sich im Ver-

fahren des § 106 ZPO durch den Betrag, welchen die dem Gegner auferlegte Quote seiner Gesamtkosten ausmacht. Wenn z. B. in einem Prozesse, in dem die Kosten zu $\frac{2}{3}$ dem Kläger, zu $\frac{1}{3}$ dem Bekl. auferlegt sind, die Kosten des Klägers 100, die des Bekl. 90 Mk. betragen, so ist der Wert des Festsetzungsverfahrens für Kläger $\frac{1}{3}$ von 100=33$\frac{1}{3}$ Mk., für Beklagten $\frac{2}{3}$ von 90=60 Mk." Diese Ansichten können aber nicht als richtig erachtet werden. Zweck des Verfahrens ist Festsetzung des vom Gegner zu erstattenden Betrags. Das Ziel des Antrags ist also nicht, die Festsetzung der beiderseitigen Rechnungen herbeizuführen. Deshalb wird der Wertgegenstand gebildet durch den Betrag, der dem Antragsteller nach seiner Berechnung unter Berücksichtigung der Kosten des Gegners zu erstatten wäre. Abstriche an den Kostenaufstellungen berühren nicht die Wertstufe, sondern können nach §§ 91ff. ZPO nur für die Entscheidung über die Kosten des Festsetzungsverfahrens in Betracht kommen, RG, JW **97** 240, **00** 875; Bolze 3 Nr. 304; OLG Naumburg, NaumbAK **88** 103; KG, ZZP 12 506, KGBl **92** 101, OLG Hamburg, Rsp **11** 63; Petersen § 105 A 7; Gaupp-Stein § 106 A III; Pfafferoth § 23 A 4c. Die Kosten des Festsetzungsverfahrens sind bei der Bestimmung des Streitwerts des Festsetzungsverfahrens nach § 4 ZPO nicht mitzurechnen, OLG Stuttgart, WürttJ **11** 94; aM OLG Jena, ThürBl **41** 151. Nach diesem Streitwerte ist die Gebühr der Rechtsanwälte im Kostenfestſ.Verfahren zu berechnen. Weder der Gesamtbetrag der beiden Kostenforderungen noch der Betrag der Forderung der einen oder anderen Partei bestimmt den Streitwert, OLG Kolmar, Recht **03** 505. Gleichen die wechselseitigen Erstattungsansprüche einander aus, so ist das Festsetzungsgesuch zurückzuweisen. Die Kosten würden alsdann nur nach der niedrigsten Wertstufe des § 8 GKG zu berechnen sein.

7. Der Grundsatz der Pauschgebühr ist auf das Kostenfestſ.-Verfahren nicht anwendbar, da es nicht zur ersten Instanz gehört, §§ 25, 30 RAGebO. Es kann also nicht angenommen werden, daß die einmal erhobene Festsetzungsgebühr die ganze Tätigkeit des Anwalts im Kostenfestſ.Verfahren decke, OLG Posen, Rsp 23 268. Die Kostenfestſ.Gebühr wird verdient durch den Antrag des Anwalts auf Kostenfestsetzung. Bei einer Mehrheit von Anträgen (vgl. oben S. 31) ist jeder Antrag besonders zu vergüten, wie auch die Gerichtsgebühr für jede Entscheidung über einen Kostenfestſ.Antrag besonders zu erheben ist. Für die Erstattungspflicht des Gegners ist zu prüfen, ob die mehreren Anträge zur zweckentsprechenden Rechtsverfolgung notwendig waren, z. B. OLG München, Rsp 23 129. Jedenfalls muß der Gegner die mehrfachen Anwaltsgebühren insoweit erstatten, als durch ein einmaliges, die ganzen Kosten umfassendes Festsetzungsgesuch eine höhere Wertstufe und dadurch eine höhere Gebühr entstanden sein würde, OLG Königsberg, PosMschr 99 65; JW **00** 385.

8. Die Kostenfestsetzungsgebühr des Rechtsanwalts ist, gleichviel, ob das Gesuch nach § 103 ZPO gestellt oder ob nach § 105 Abs. 2 ZPO verfahren ist, so oft gerechtfertigt, als ein Kostenfestf.-Verfahren zur zweckentsprechenden Rechtsverfolgung erforderlich ist, also allemal nach Abschluß des Verfahrens in einer Instanz. Sobald die Partei einen vollstreckbaren Titel für eine Instanz erlangt hat, kann sie auch die Kosten dieser Instanz festsetzen lassen. Sie braucht nicht mit dieser Festsetzung bis zur endgültigen Erledigung des Rechtsstreits zu warten, LG I Berlin, KGBl 93 91; OLG Karlsruhe, BadZtschr 96 75; LG Halle, NaumbAK 88 46; OLG Königsberg, PosMschr 99 65 (vgl. oben S. 31). Auch durch die Einreichung der Kostenberechnung auf Aufforderung des Gegners (§ 106 ZPO) ist die Gebühr erwirkt, OLG Köln, RheinArchiv 83 Abt. 1 191; RG, JW 97 240; OLG Kiel, Rsp 13 258. Der erst im Kostenfestf.Verfahren nach rechtskräftiger Entscheidung des Rechtsstreits auftretende Anwalt erhält nur die Gebühr aus § 23 RAGebO (§ 38[1] GKG), nicht daneben noch die Prozeßgebühr, OLG Köln, RheinArchiv 77 Abt. 1 18.

9. Daß der Gerichtsschreiber befugt sei, Gebühren, die durch eine unrichtige Behandlung der Sache ohne Schuld der Beteiligten entstanden sind, niederzuschlagen und für abweisende Bescheide, wenn der Antrag auf nicht anzurechnender Unkenntnis der Verhältnisse oder auf Unwissenheit beruht, Gebührenfreiheit zu gewähren, dürfte im Hinblick auf § 6 GKG, wonach die Gerichte diese Befugnis besitzen, zu verneinen sein. Die Entscheidung des Gerichts wäre nach § 4 GKG herbeizuführen. Mit der Hauptgebühr fällt dann auch der Pauschsatz für die baren Auslagen fort, GKG §§ 6, 80b.

XII. Rechtsmittel.

1. Arten.

Im Zusammenhange damit, daß die Entscheidung über das Kostenfestsetzungsgesuch dem Gerichtsschreiber übertragen ist, hat die Novelle zur ZPO von 1909 auch das Rechtsmittelverfahren umgestaltet, indem neben die Beschwerde noch die Erinnerung als Rechtsmittel im weiteren Sinne hinzugetreten ist. Das Verfahren gestaltet sich ähnlich wie das der Erinnerung und Beschwerde gegen eine gerichtliche Kostenrechnung. Im Kostenfestsetzungsverfahren der ZPO sind jedoch Erinnerung und Beschwerde in der Regel befristet. Der Festsetzungsbeschluß des Gerichtsschreibers unterliegt der Erinnerung an das Gericht, die binnen einer Notfrist von zwei Wochen seit der Zustellung zu erheben ist. Gegen die Entscheidung des Gerichts findet die sofortige Beschwerde statt, und diese Entscheidung kann unter Umständen durch die sofortige weitere Beschwerde angefochten werden, die dann ebenfalls an die Notfrist von zwei Wochen gebunden ist. Daneben kommen noch die unbefristete Erinnerung und die einfache Beschwerde vor. Gleichgültig ist es, ob der Festsetzungsbeschluß gesondert oder in Verbindung mit dem Urteil erlassen ist, da auch im letzten Falle der Beschluß unabhängig von dem Urteile der selbständigen Anfechtung unterliegt.

A. Die unbefristete Erinnerung richtet sich gegen den Beschluß des Gerichtsschreibers, der eine Kostenfestſ. ohne sachliche Prüfung aus formellen Gründen, z. B. wegen Mangel des Titels, der Zuständigkeit, der Legitimation des Antragstellers abgelehnt hat, ZPO § 576. Sie wendet sich an das Gericht, dem der Gerichtsschreiber angehört. Unerheblich ist es, wenn sie als Beschwerde bezeichnet wird. Gegen den diese unbefristete Erinnerung zurückweisenden Beschluß des Gerichts findet die einfache Beschwerde nach § 567 ZPO statt. Sie soll bei dem Gericht eingelegt werden, von dem die angefochtene Entscheidung erlassen ist, kann aber in dringenden Fällen auch bei dem Beschwerdegericht erhoben werden, ZPO § 569 Abs. 1. Dringlich ist der Fall, wenn ein sofortiges Eingreifen des Beschwerdegerichts notwendig ist, um wesentliche Nachteile zu vermeiden, RG 12 356; JW 85 322. Nimmt das Beschwerdegericht Dringlichkeit nicht an, so steht es ihm frei, die Beschwerde zurückzugeben und dem Beschwerdeführer die Einreichung beim Vorderrichter zu überlassen; das Beschwerdegericht kann aber auch selbst die Beschwerde an den Vorderrichter unter Hinweis auf 571 ZPO abgeben. Es ist aber nicht gerechtfertigt, die in einem nicht dringenden Falle beim Beschwerdegericht unmittelbar eingereichte einfache Beschwerde aus diesem Grunde als unzulässig zu verwerfen, RG, JW 93 158; Gruch 38 175. Diese Grundsätze finden auf die Erinnerung entsprechende Anwendung. Daraus folgt, daß der Gerichtsschreiber seinen Beschluß abändern darf, Gaupp-Stein § 104, V, 5; Skonietzki-Gelpcke § 104, 7; Struckmann-Koch § 576, 1; aM Remelé § 104, 6; näheres s. unten S. 105. Wollte man die Befugnis, die Entscheidung auf die Erinnerung abzuändern, dem Gerichtsschreiber versagen, so würde insbesondere dann das Verfahren nutzlos schwerfällig werden, wenn in der Erinnerung den Umständen, die die Zurückweisung veranlaßt haben, abgeholfen ist.

Ergeht auf ein Kostenfestſ.Gesuch ein Beschluß, durch den von den Kosten mehrerer Instanzen die Kosten der einen Instanz nur mangels eines die Kostenerstattungspflicht begründenden Titels abgesetzt und im übrigen die Kosten festgesetzt werden, so kann dieser Beschluß hinsichtlich des ersten Teiles der Entscheidung nicht als ein Festsetzungsbeschluß, sondern nur als ein die Festsetzung ablehnender Beschluß angesehen werden, der nicht der befristeten, sondern der fristlosen Erinnerung und Beschwerde unterliegt, RG, SeuffA 54 94; Gruch 43 212.

Wird die Erinnerung oder danach erst die Beschwerde vom Gerichte für begründet erachtet, so ist der das Festsetzungsgesuch zurückweisende Beschluß aufzuheben und die Sache an den Gerichtsschreiber mit der Anordnung zurückzuverweisen, nunmehr die einzelnen Ansätze sachlich zu prüfen (oben S. 73). Andernfalls würde den Parteien der Instanzenzug verkürzt werden, vgl. RG **14** 387, **16** 323; SeuffA **51** 474; JW **89** 19; Gaupp-Stein § 105, V, 1; aM Skonietzki-Gelpcke § 104, 6. Gegen den Beschluß des Landgerichts ist unter den Voraussetzungen des § 568 Abs. 2 ZPO die weitere Beschwerde gegeben, sofern die Beschwerdesumme den Betrag von 50 Mark übersteigt (§ 568 Abs. 3 ZPO); gegen die Entscheidungen der Oberlandesgerichte findet eine Beschwerde überhaupt nicht statt.

B. Die befristete Erinnerung ist gegen den Festsetzungsbeschluß selbst gegeben. Ein solcher liegt auch vor, wenn nach sachlicher Prüfung der Ansätze diese alle gestrichen worden sind, RG, JW **99** 335. Voraussetzung dieser Erinnerung ist, daß die sie erhebende Partei durch den Beschluß beschwert ist (s. unten S. 98). Die Berücksichtigung eines im Gesuche nicht geltend gemachten Postens kann daher nur durch ein neues Gesuch erreicht werden, RG 35 427. Für die befristete Erinnerung gelten folgende Besonderheiten:

Sie ist binnen einer Notfrist von zwei Wochen einzulegen, § 104 Abs. 3 ZPO. Der Lauf der Frist beginnt, wenn ein förmlicher Beschluß erging, für jede Partei besonders, mit der Zustellung des Kostenfestſ.Beschlusses, sofern die Zustellung ordnungsmäßig, also nach § 104 ZPO von Amts wegen erfolgt ist, vgl. RG 3 376, 5 357; JW 89 138; Gruch 33 1189. Die Mitteilung von dem Betrage des auf das Urteil gesetzten Beschlusses (§ 105 ZPO) setzt die Frist nicht in Lauf; hier ist die Zustellung im Parteibetrieb erforderlich, die dann für beide Parteien gleichzeitig wirkt. Die Frist wird aber auch dann in Lauf gesetzt, wenn die nach § 104 Abs. 1 ZPO vorgeschriebene Beifügung der Abschrift der Kostenberechnung unterblieben ist, OLG Darmstadt Rsp **17** 129. Die Frist wird durch die Gerichtsferien nicht gehemmt (§ 223 Abs. 2 ZPO) und endigt mit Ablauf desjenigen Tages der zweiten Woche, der durch seine Benennung dem Tage entspricht, an dem die Frist begonnen hat. Fällt das Ende der Frist auf einen Sonntag oder allgemeinen Feiertag, so endigt die Frist mit Ablauf des nächstfolgenden Werktags, § 222 ZPO.

Rechtzeitig eingegangen ist die Erinnerung, wenn sie innerhalb der Notfrist bei dem Gericht eingeht. Über den Eingangsvermerk s. RG, JW **99** 367, s. unten S. 101.

Eine Verlängerung der zweiwöchigen Notfrist findet nicht statt, wohl aber die Wiedereinsetzung in den vorigen Stand, §§ 233 bis 238 ZPO. Diese ist binnen einer Frist von einem Monat und zwar in der Form der Erinnerung zu beantragen.

Ist eine Erinnerung als verspätet verworfen und wird dann Wiedereinsetzung beantragt, vorsorglich aber auch sofortige Beschwerde eingelegt, so muß zuerst über den Antrag auf Wiedereinsetzung entschieden werden, RG 42 367.

Ebenso wie die Restitutionsbeschwerde, ZPO § 577 Abs. 2 Satz 3, wird man (mit Gaupp-Stein § 104 VI) auch die Restitutionserinnerung zulassen müssen, wenn die Notfrist für die Erinnerung zwar verstrichen ist, aber die Erfordernisse der Nichtigkeits- oder Restitutionsklage vorliegen. Die Erinnerung und zutreffendenfalls die Beschwerde ist dann gemäß § 586 ZPO binnen einer Notfrist von einem Monat und längstens binnen 5 Jahren seit der Rechtskraft anzubringen. Ist ein Rechtsmittel, wie z. B. gegen den Beschluß des OLG, überhaupt nicht mehr zulässig, so kann auch § 577 Abs. 2 ZPO nicht dazu verhelfen, KG, Rsp **17** 177. Ausgeschlossen ist diese Erweiterung der Beschwerdefrist in den Fällen des § 579 Nr. 1 und 3 ZPO dann, wenn der Nichtigkeitsgrund innerhalb der zweiwöchigen Frist geltend gemacht werden konnte, ZPO § 579 Abs. 2.

Da nur der Lauf der Notfrist von der Zustellung abhängt, kann die Erinnerung schon vor der Zustellung des angegriffenen Beschlusses eingelegt werden. Die für die Berufung und Revision in §§ 516, 552 ZPO gegebenen Vorschriften, welche die Einlegung dieser Rechtsmittel vor Zustellung des Urteils für wirkungslos erklären, sind, wie für die Beschwerde, so auch für die Erinnerung nicht maßgebend, RG **3** 408, **9** 386, 420; **40** 391, **43** 415, **46** 418; JW **86** 315, **92** 150, **99** 277; SeuffA **39** 362. Eine vor Erlassung der Entscheidung erhobene Beschwerde oder Erinnerung ist unwirksam, RG **25** 390, **46** 418, OLG München, Rsp **23** 193.

C. Bei der **sofortigen Beschwerde** genügt zur Wahrung der Notfrist die Einlegung bei dem Beschwerdegericht, auch wenn der Fall für dringlich nicht erachtet wird, ZPO § 577 Abs. 2 Satz 2. Die Einlegung ist aber nur statthaft beim judex a quo oder beim judex ad quem, also gegen einen Festsetzungsbeschluß, den das Landgericht in der Beschwerdeinstanz erlassen hat, nur beim Landgericht oder beim Oberlandesgerichte, nicht auch beim Amtsgerichte.

Nach ZPO § 577 Abs. 3 in der Fassung von 1898 war das Gericht nach Einlegung der sofortigen Beschwerde befugt, den Kostenfestſ.Beschluß zu **ändern**. Da jetzt die gerichtliche Entscheidung immer erst auf Erinnerung ergeht, ist die Änderungsbefugnis im Falle der sofortigen Beschwerde wieder beseitigt.

D. Die **sofortige weitere Beschwerde** ist überhaupt unzulässig, wenn über die erste Beschwerde das OLG entschieden hat. Dagegen ist gegen die auf sofortige Beschwerde erlassene Entscheidung des Landgerichts unter bestimmten Voraussetzungen eine sofortige weitere Beschwerde gegeben. Ist über denselben Streitpunkt sowohl auf die Erinnerung als auf die Beschwerde zuungunsten des Beschwerdeführers entschieden (duae conformes), so ist die abermalige Anfechtung ausgeschlossen. Wenn aber in der Entscheidung des Beschwerdegerichts ein neuer selbständiger Beschwerdegrund enthalten ist und die Beschwerdesumme den Betrag von 50 Mark übersteigt, findet die weitere Beschwerde statt, § 568 Abs. 2, 3 ZPO. Sie richtet sich gegen die Entscheidung des Beschwerdegerichts, setzt also voraus, daß bereits eine Entscheidung auf Beschwerde ergangen ist, RG 59 430; JW 98 506.

Ein Beschwerdegrund ist überhaupt nur gegeben, soweit die Beschwerdeentscheidung dem Beschwerdeführer nachteilig, d. h. die Beschwerde als erledigt, unzulässig oder unbegründet zurückgewiesen ist, RG, JW 94 14. Ein neuer Beschwerdegrund liegt stets dann vor, wenn die Beschwerdeentscheidung von der Vorentscheidung abweicht. Hatte die erste Beschwerde Erfolg, so steht dem Gegner immer die weitere Beschwerde zu, da ihm gegenüber ein neuer selbständiger Beschwerdegrund vorliegt, RG 14 391. Ist die erste Beschwerde auf Grund sachlicher Prüfung als unbegründet zurückgewiesen, so ist die weitere Beschwerde ausgeschlossen, da beide Entscheidungen sachlich übereinstimmen; eine Verschiedenheit in der Begründung benachteiligt den Beschwerdeführer nicht, gibt also auch keinen Grund zur weiteren Beschwerde (RG 1 223, 2 414, 4 362, 5 432, 14 387, 30 395), es sei denn, daß nach den Gründen die Tragweite der Beschwerdeentscheidung sich nachteiliger für den Beschwerdeführer herausstellt. So z. B. wenn das Beschwerdegericht sachlich entschieden hat, während der erste Richter aus prozeßrechtlichen Gründen eine Entscheidung in der Sache ablehnte, RG 1 223, 234, 13 225, 16 318, 17 371, 21 334; Gruch 29 1127; JW 86 314, 93 348, 561, 97 84, 148, 345, 605, 99 280, 02 170; BayObLG 7 364; SeuffA 42 Nr. 169, 45 Nr. 148, 58 367.

Dagegen steht dem unterlegenen Beschwerdeführer dann die weitere Beschwerde zu, wenn die Beschwerde als unzulässig (ZPO § 574) verworfen ist, RG 1 431, 4 362, 5 432, 12 355, 14 388, 15 391, 16 317, 18 425, 24 396; JW 87 41, 93 158, 94 181; Gruch 30 1150, oder wenn bei der sachlichen Entscheidung über die Beschwerde Vorschriften über das Verfahren verletzt sind, z. B. wenn das Gericht nicht vorschriftsmäßig besetzt oder nicht zuständig war, wenn ein ausgeschlossener Richter dabei mitgewirkt hat oder dem Beschwerdeführer das rechtliche Gehör versagt ist, RG 18 425, 42 352; JW 85 27, 93 59, 94 181, 98 355. Eine Versagung des rechtlichen Gehörs liegt nicht schon dann vor, wenn das Beschwerdegericht sich in den Gründen nicht auf jede einzelne Rüge eingelassen hat, RG, JW 00 71. Hierin könnte nur ein Mangel der Begründung gefunden werden; Entscheidungsgründe sind aber in der ZPO für Beschlüsse überhaupt nicht vorgeschrieben. Anders, wenn anzunehmen ist, ein bestimmtes Angriffsmittel sei überhaupt nicht geprüft worden, RG 17 371, 18 425, 30 338; JW 95 62, 97 7, 99 179, 00 50. Auch dann ist ein neuer selbständiger Beschwerdegrund gegeben, wenn das Beschwerdegericht gegen § 570 ZPO es abgelehnt hat, neue tatsächliche Anführungen zu berücksichtigen, RG 17 371.

Die Zulässigkeit der weiteren Beschwerde kann nicht durch neue

Tatsachen begründet werden, da der neue selbständige Beschwerdegrund in der angefochtenen Entscheidung enthalten sein muß, RG, SeuffA 46 112. Dagegen kann eine zulässige weitere Beschwerde im übrigen auch auf neue Tatsachen und Beweismitel gestützt werden.

Stimmen beide Entscheidungen in Beziehung auf den Betrag teilweise überein, so ist die weitere Beschwerde insoweit unzulässig, als diese Übereinstimmung reicht, RG 14 321, 30 340; JW 98 2.

E. Durch § 107 ZPO ist die Möglichkeit gegeben, auch einen rechtskräftigen Kostenfestf.Beschluß auf Grund veränderter Umstände abzuändern.

Ergeht nach der Kostenfestsetzung eine Entscheidung, durch die der Wert des Streitgegenstandes abweichend festgesetzt wird, so ist auf Antrag die Kostenfestsetzung entsprechend zu ändern. Unerheblich ist hierbei, ob die Entscheidung vor oder nach Rechtskraft der Kostenfestsetzung ergeht, ob sie den der Kostenfestsetzung zugrunde gelegten Streitwert erhöht oder ermäßigt, ob bereits vor der Kostenfestsetzung eine förmliche Festsetzung des Streitwertes stattgefunden hatte oder nicht, Mot. 90. Erforderlich ist nur, daß ein formeller Wertfestsetzungsbeschluß ergeht (§ 16 GKG). Wird die Entscheidung getroffen, bevor die Kostenfestsetzung in Rechtskraft übergegangen ist, so hat die Partei zwischen den Rechtsmitteln des § 104 Abs. 3 ZPO und dem Antrag aus § 107 ZPO die Wahl. Ob ein Rechtsmittel aber Erfolg haben würde, richtet sich danach, ob die Partei durch den alten Beschluß gegenüber der Wertfestsetzung oder sonst noch beschwert ist. Eine nach Rechtskraft irrtümlich eingelegte Beschwerde kann als Antrag nach § 107 ZPO behandelt werden, OLG Bamberg, Rsp 3 214.

Antragsberechtigt ist nur die Partei, nicht auch — vom Falle des § 124 ZPO abgesehen — der Anwalt in eigenem Namen. Über den Antrag entscheidet in allen Fällen, also auch dann, wenn die Kostenfestsetzung auf Beschwerde in höherer Instanz erfolgt war, der Gerichtsschreiber der ersten Instanz, vgl. RG, JW 99 3. Der Antrag ist in der Form des Festsetzungsgesuchs zu stellen, also vom Anwaltszwange frei. Der Antrag muß innerhalb der Frist von einem Monate bei dem Gerichtsschreiber angebracht werden. Die Frist läuft von der Zustellung und, wenn es einer solchen nicht bedarf, von der Verkündung des den Wert des Streitgegenstandes festsetzenden Beschlusses. Sie ist eine gesetzliche, aber keine Notfrist. Sie wird, wie das ganze Kostenfestsetzungsverfahren, von den Gerichtsferien nicht berührt (GVG § 204).

Das Verfahren entspricht demjenigen über das Festsetzungsgesuch. Die Entscheidung hat sich auf die Abänderung derjenigen Posten zu beschränken, die von der abweichenden Wertfestsetzung betroffen werden, und auch bei diesen nur auf den durch die Wertfestsetzung bedingten Betrag. Die nach § 107 ZPO getroffene Entscheidung unterliegt denselben Rechtsmitteln, wie der Kostenfestsetzungsbeschluß.

Eine wiederholte Anwendung des § 107 ist nicht ausgeschlossen.

Für die Kosten gilt das Verfahren aus § 107 ZPO mit dem Kostenfestsetzungsverfahren als eine Instanz, so daß bei einer Werterhöhung nur die Mehrkosten in Ansatz gebracht werden können, §§ 38 Nr. 1, 39 Abs. 3 GKG; §§ 23 Nr. 1, 30 Nr. 3 RAGebO.

Anträge aus § 107 ZPO, die nach dem 1. April 1910 gestellt werden, sind nach den Vorschriften der Nov. v. 1909 zu behandeln, wenn auch das Kostenfestſ.Verfahren nach altem Rechte stattgefunden hat.

Auch wenn die Kostenentscheidung in der höheren Instanz abgeändert wird, kann eine Änderung des schon rechtskräftigen Festsetzungsbeschlusses begehrt werden, OLG Braunschweig, Rsp 27 50.

2. Zuständigkeit.

Über die Erinnerung entscheidet das Gericht, dem der Gerichtsschreiber angehört; dies ist stets das Gericht der ersten Instanz.

Die Beschwerde unterliegt der Entscheidung des im Instanzenzuge zunächst höheren Gerichts (ZPO § 568); es entscheiden also:

1. über den Beschluß des Amtsgerichts die Zivilkammern des Landgerichts, GVG § 71, und in Handelssachen die Kammern f. HS., GVG §§ 100ff.;
2. über den Beschluß des Landgerichts die Zivilsenate des Oberlandesgerichts, GVG §§ 123 Nr. 4, 124.

Nach der Novelle sind die Kammern f. HS. auch Berufungs- und Beschwerdegerichte in Handelssachen, §§ 100a, 101 GVG. Die Kostenfestsetzungsbeschwerde gehört vor die Kammer f. HS., wenn die Berufung in der Hauptsache vor diese gehören würde. Beschwerden, die vor die Zivilkammer gehören, sind von Amts wegen an diese zu verweisen. Aber auch die Zivilkammer hat, wenn sie mit der Kostenfestsetzungsbeschwerde in einer Handelssache befaßt wird, diese von Amts wegen an die Kammer f. HS. abzugeben. Die Abgabe der Beschwerde von der einen an die andere Kammer ist jedoch unzulässig, wenn die mit der Beschwerde befaßte Kammer bereits eine Entscheidung in der Hauptsache erlassen hat oder die Hauptsache bei ihr anhängig ist, GVG § 108a.

3. Beschwerdegrund.

1. Materielle Voraussetzung für den Erfolg des Rechtsmittels ist, daß der Beschwerdeführer durch die angefochtene Entscheidung beschwert, d. h. in seinem Rechte beeinträchtigt ist. Ohne Beschwernis ist das Rechtsmittel als unzulässig zu verwerfen. Beschwert sein können sowohl der Antragsteller als der Gegner, indem jenem nicht die Ansätze seines Gesuchs bewilligt sind oder dieser durch die zu hohe Festsetzung sich benachteiligt fühlt. Der Anlaß zu der Beschwernis braucht also nicht in einem entgegenstehenden Antrage des Gegners zu liegen. Sind dem Antragsteller die geforderten Beträge voll bewilligt worden, kann er eine Erhöhung der irrtümlich zu niedrig angesetzten Forderungen nicht durch Rechtsmittel erlangen, RG 35 428.

2. Keinen Beschwerdegrund bildet es mehr, daß der Beschluß in den Ferien erlassen sei, da das Kostenfestsetzungsverfahren von den Gerichtsferien nicht mehr berührt wird (GVG § 204). Ebensowenig liegt ein Beschwerdegrund darin, daß entgegen dem Verlangen eines Teiles ohne Anordnung einer mündlichen Verhandlung entschieden, OLG Kolmar, Rsp 17 175, oder daß der Beschluß in der Form des § 105 ZPO ergangen oder nicht in dieser Form ergangen ist.

Die Entscheidung über die Kosten des Kostenfestsetzungsverfahrens kann für sich allein durch Beschwerde nicht angefochten werden. Dies ergibt sich aus der allgemeinen Vorschrift des § 99 Abs. 1 ZPO, RG 6 432; SeuffA 42 216; Bolze 17 Nr. 699; OLG Hamburg, SeuffA 53 Nr. 187; OLG Karlsruhe, Rsp 11 174; Petersen § 105 A. 10, Gaupp-Stein § 105, V, 7.

Dagegen ist die Erinnerung gegen die Entscheidung des Gerichtsschreibers in der Beschränkung auf den Kostenpunkt zulässig, da die Erinnerung nicht ein Rechtsmittel im Sinne des § 99 ZPO ist, Gaupp-Stein § 104, V, 2, OLG Hamburg, Rsp 23 117, LG Plauen, JW 11 415.

Durch Beschwerde unanfechtbar ist aber nur die im Kostenfestsetzungsbeschluß enthaltene Entscheidung darüber, wer die Kosten dieses Verfahrens tragen soll, nicht auch die damit verbundene Festsetzung des Betrages der gerichtlichen oder außergerichtlichen Kosten dieses Verfahrens, RG, JW 87 351, 91 248, 93 470, 99 139. Der festgesetzte Betrag der Verfahrenskosten ist nach den allgemeinen Regeln, also bei den gerichtlichen Kosten durch Erinnerung nach § 4 GKG, bei den außergerichtlichen Kosten durch Erinnerung nach ZPO § 104 Abs. 3 anfechtbar (vgl. KG, ZZP 12 506). Die Bestimmungen des § 99 Abs. 2, 3 ZPO kommen für das Kostenfestf.-Verfahren nicht in Betracht.

Hat der Gerichtsschreiber eine Entscheidung über die Kosten des Kostenfestf.Verfahrens ganz unterlassen, so ist die Erinnerung zulässig. Die Ergänzung des Beschlusses auf dem Wege des nur für Urteile gegebenen § 321 ZPO ist ausgeschlossen. Sie wird schon durch die Erinnerung erreicht, da der Gerichtsschreiber seinen Beschluß abändern kann. Das Gericht kann eine unterlassene Entscheidung über die Kosten nicht nachholen; sie ist durch die sofortige Beschwerde der dadurch beschwerten Partei zu verfolgen, RG, SeuffA 42 Nr. 75, JW 98 501; OLG Karlsruhe, SeuffA 52 Nr. 50; OLG Kolmar, Rsp 23 129. Hat der Gerichtsschreiber den Zusatz aus §§ 710, 713 ZPO aus dem Urteile nicht in den Festsetzungsbeschluß übertragen (s. oben S. 18), ist dagegen die Erinnerung gegeben.

3. Der Kostenfestf.Beschluß schafft nur Recht zwischen den Par-

teien, die den Rechtsstreit geführt haben. Deshalb stehen die Rechtsmittel nur der verletzten Partei selbst und ihrem Bevollmächtigten in ihrem Namen zu, RG 9 390; JW **93** 37, 563; SeuffA **51** 214. Im eigenen Namen hat der Anwalt das Beschwerderecht nur dann, wenn er für eine arme Partei bestellt ist und auf Grund des § 124 ZPO seine Gebühren und Auslagen zum Zwecke der Beitreibung von dem in die Prozeßkosten verurteilten Gegner festsetzen läßt, da er in diesem Falle selbst dem Gegner als Forderungsberechtigter gegenübersteht, RG 9 390; JW **83** 228, **93** 563, **96** 57; s. S. 27.

4. a) Ist in dem Kostenfestf.Beschluß ein zu niedriger Streitwert angenommen, ohne daß dieser bereits gemäß § 16 GKG durch Beschluß festgesetzt war, so wird die Partei nicht dadurch beschwert. Wer ein Interesse an der Festsetzung eines höheren Streitwerts hat, z. B. der Anwalt der Partei, kann dessen Festsetzung beantragen, worauf gemäß § 107 ZPO Änderung der Kostenfestsetzung beantragt werden könnte, vgl. OLG Bamberg, Rsp 5 469. Zu einer Beschwerde gegen den Wertfestf.Beschluß, der den Wert zu niedrig festsetzt, ist die Partei selbst nicht berechtigt, da ihr ein Interesse an der Erhöhung des Wertes des Streitgegenstandes überhaupt fehlt, RG **31** 419, JW **97** 268, OLG Karlsruhe, Rsp **11** 181, und sie auch nicht befugt ist, das etwaige Interesse ihres Anwalts zu wahren. Wohl aber kann der Anwalt den Wertfestf.Beschluß in diesem Falle im eigenen Namen durch Beschwerde anfechten, § 12 RAGebO. Dagegen steht dem Anwalt auch in diesem Falle nicht das Recht zu, im eigenen Namen den Kostenfestsetzungsbeschluß anzufechten, um die Einsetzung einer höheren Wertstufe zu erlangen, RG, JW **93** 564, **96** 302, **97** 240, 303, 543, **98** 144, **04** 9; KG, Rsp 2 268.

Ob der Rechtsanwalt die Erinnerung und Beschwerde gegen den Kostenfestf.Beschluß im eigenen Namen oder für die Partei eingelegt hat, ist in jedem Falle, wenn nötig durch Rückfrage, festzustellen, RG, JW **99** 163, **00** 124. Im Zweifel ist anzunehmen, daß er es für die Partei getan hat, RG, Jw **97** 303, **98** 506. Hingegen gilt die gegen den Wertfestf.Beschluß gerichtete Beschwerde im Zweifel als solche des Anwalts, RG 22 425; OLG Kolmar, ZZP 38 49.

b) Unbeschränkt zulässig ist es dagegen, den Kostenfestf.Beschluß deshalb anzufechten, weil in ihm der Wert des Streitgegenstandes zu hoch bemessen oder ein Streitwert ihm zugrunde gelegt ist, der sich mit einem bereits ergangenen Wertfestf.Beschlusse nicht deckt.

c) Die Wertfestsetzung kann auch noch nach Erlassung des Endurteils aus Anlaß einer Kostenfestsetzungsbeschwerde von Amts wegen durch die höhere Instanz geändert werden, RG 44 403. Ebenso kann nach Erlassung des Revisionsurteils infolge eines Antrags auf Wertfestsetzung für diese Instanz gemäß § 16 GKG zugleich die Wertfestsetzung der unteren Instanzen geändert werden, RG 71 321. Da aber gegen einen Wertfestf.Beschluß des OLG, wie gegen dessen Beschlüsse überhaupt die Beschwerde unzulässig ist, kann dann das RG auch nicht mehr in die Lage kommen, außerhalb eines Revisionsverfahrens von Amts wegen die Festsetzung nach § 16 GKG zu ändern, weil die Sache auf anderem Wege als dem der Revision nicht mehr an das RG gelangt.

4. Einlegung der Rechtsmittel.

A. Form. 1. Über die Form, in der die Erinnerung gegen den Kostenfestſ.Beschluß einzulegen ist, wird durch die Novelle nichts bestimmt. Es fragt sich daher, ob die Grundsätze, die für die bisher in der ZPO vorkommenden Erinnerungen gegen Entscheidungen des Gerichtsschreibers (§§ 576, 732 ZPO) galten, auch auf diese durch die Novelle geschaffene Erinnerung unterschiedslos anzuwenden sind. Diese Frage wird man im allgemeinen nicht bejahen können, da der § 104 ZPO das Rechtsmittelverfahren gegen Kostenfestſ.-Beschlüsse selbständig regelt und nicht die vorhandenen Vorschriften auf diese Erinnerung für anwendbar erklärt, was der Gesetzgeber getan hätte, wenn er diese Erinnerung den geltenden Bestimmungen hätte unterstellen wollen (ebenso Stein § 104, V, 4). Die Entscheidungen des Gerichtsschreibers in Kostenfestsetzungssachen sind überdies ihrem Wesen nach von den sonstigen Entscheidungen, die er nach der ZPO zu treffen hat, insofern verschieden, als er die Parteien durch einen der Rechtskraft fähigen Beschluß in ihrem Verhältnisse zueinander zu einer bestimmten Leistung verpflichtet.

Ähnliche Entscheidungen mit der Wirkung, der Partei der Staatskasse gegenüber bestimmte Verpflichtungen aufzuerlegen, traf der Gerichtsschreiber bisher bei der Berechnung der Gerichtskosten. An das hierbei bestehende Verfahren hat der Gesetzgeber gedacht, als er die Kostenfestsetzung dem Gerichtsschreiber übertrug (Begr. S. 26). Daher erscheint es geboten, die dort geltenden Bestimmungen, soweit angängig, entsprechend anzuwenden (§ 4 GKG; ebenso Remelé § 104, 3).

2. Über die Erinnerung kann ohne vorgängige mündliche Verhandlung entschieden werden (§ 104 Abs. 3 Satz 3 ZPO). Daraus ergibt sich, daß die Erinnerung schriftlich einzureichen oder, soweit es zulässig ist (unten 3), zu Protokoll des Gerichtsschreibers zu erklären ist. Telegraphische Übermittelung genügt, RG 44 369. Das Schriftstück ist bei dem Gerichtsschreiber einzureichen, dessen Entscheidung angefochten wird. Es muß bis Mitternacht des letzten Tages der Notfrist eingegangen, und zwar dem zuständigen Beamten ausgehändigt sein, RG, JW 04 212; KG, KGBl 13 52; strenger OLG Stuttgart, Hamburg, Rsp 17 140, 25 123. Durch Einwurf in den gerichtlichen Briefkasten, Niederlegung im Amtszimmer, Übergabe an einen nicht zuständigen Unterbeamten wird die Frist nicht gewahrt, RG 76 127, JW 05 52, 10 480, 11 547, OLG Darmstadt, Hamburg, Rsp 17 138, 139; auch nicht durch Abgabe in der Privatwohnung des Gerichtsschreibers, KG, Rsp 19 125, wohl aber durch Eingang bei der gerichtlichen

Briefannahmestelle (KG, KGBl 04 18, 10 106), dies auch dann, wenn diese gemeinschaftlich für mehrere Gerichte bestellt ist, KG, Rsp 19 125; RG, Recht 06 66. Dagegen kann in dem Falle, daß das Gericht seine Sendungen von der Post abholen läßt, der Zeitpunkt der Ankunft auf der Post nicht für maßgebend erachtet werden, RG, JW 98 155, 99 367; aM GauppStein § 207, IV unter Hinweis auf RG 69 137; SeuffA 44 Nr. 134; Rathenau DJZ 02 147. Eingeschriebene Sendungen können sich daher gerade infolge des Einschreibens verzögern, da die Empfangscheine durch den Vorstandsbeamten vollzogen werden müssen.

3. Ob die Erinnerung vom Anwaltszwange befreit ist, richtet sich danach, ob sie auch zum Protokolle des Gerichtsschreibers angebracht werden darf, § 78 Abs. 2 ZPO. In amtsgerichtlichen Sachen besteht nach § 78 ZPO ein Anwaltszwang überhaupt nicht. Daher kann in ihnen die Erinnerung schriftlich ohne Zuziehung eines Anwalts eingelegt und mündlich zum Protokolle des Gerichtsschreibers erklärt werden. Daß in landgerichtlichen Sachen die Erinnerung anders zu behandeln sei, dafür läßt sich aus den bereits angegebenen Gründen (zu 1) die bisherige Rechtsprechung zu § 576 ZPO nicht verwerten. Hingegen spricht die Regelung in § 4 Abs. 3 GKG, auf die bereits hingewiesen ist, für die Zulässigkeit der Erklärung zum Protokolle des Gerichtsschreibers. Zu demselben Ergebnis führt die Erwägung, daß selbst die Beschwerde gegen die Entscheidung des Amtsrichters und die weitere Beschwerde gegen die Entscheidung des Landgerichts in amtsgerichtlichen Sachen nach § 569 Abs. 2 ZPO zum Protokoll erklärt werden kann, das Gericht also, dem die Entscheidung unterbreitet wird, für die Form der Einlegung nicht maßgebend ist. Die Erinnerung darf aber, da sie in amts- und in landgerichtlichen Sachen im wesentlichen denselben Inhalt hat, ohne zwingende gesetzliche Bestimmung nicht strengeren Anforderungen unterworfen werden als die Beschwerde, Gaupp-Stein § 104, V, 4. Demnach darf auch in landgerichtlichen Sachen die Erinnerung zum Protokolle des Gerichtsschreibers erklärt werden, und sie ist deshalb auch bei Einreichung eines Schriftsatzes vom Anwaltszwange frei; Skonietzki-Gelpcke § 104, 8; aM: OLG Naumburg, Rsp 27 52; dagegen lehnen ebenfalls den Anwaltszwang ab die Berliner Gerichte u. das KG, Anm. aaO und Rsp 27 104, ferner OLG Posen, PosMschr 15 80.

Ist das Rechtsmittel zum Protokoll eines Gerichtsschreibers erklärt, so wird die Frist indessen nur gewahrt, wenn das Schriftstück innerhalb der Frist bei dem zuständigen Gericht eingegangen ist, RG 65 345.

4. Die unbefristete Erinnerung (oben S. 93), deren Zulässigkeit sich unmittelbar aus § 576 ZPO ergibt, kann ebenfalls zum Protokolle des Gerichtsschreibers erklärt werden und unterliegt bei schriftlicher Einlegung ebensowenig dem Anwaltszwange, weil die

Formvorschrift des § 577 Abs. 4 ZPO überhaupt nicht für derartige fristlose Erinnerungen gilt und das Gesetz andere Formvorschriften nicht enthält, vgl. RG 66 203.

5. Über die Form der Beschwerde und weiteren Beschwerde, mögen sie befristet oder unbefristet sein, trifft § 569 Abs. 2 ZPO Bestimmung.

Wenn der Rechtsstreit bei einem Amtsgericht anhängig ist oder anhängig war, kann die Beschwerde außer durch Einreichung einer Beschwerdeschrift auch durch Erklärung zum Protokolle des Gerichtsschreibers eingelegt werden und unterliegt deshalb nicht dem Anwaltszwange, § 78 Abs. 2 ZPO.

In landgerichtlichen Sachen muß die Beschwerde von einem Anwalt ausgehen, obwohl für das Kostenfestf.Gesuch und die Erinnerung gegen den Beschluß des Gerichtsschreibers kein Anwaltszwang besteht, ZPO § 78; RG 7 403, 36 363; JW 91 90, 93 349, 98 413, 99 71, 277. Dies gilt auch für solche Sachen, die zuerst beim Amtsgericht angebracht und von diesem nach §§ 505, 506, 697, 700 ZPO an das Landgericht verwiesen sind, KG, Rsp 27 104. Denn wenn auch jede solche Sache bei einem Amtsgericht anhängig war und unter den Wortlaut des § 569 Abs. 2 ZPO fallen würde, so ist doch der Sinn dieser Vorschrift dahin aufzufassen, daß nur dann der Anwaltszwang für die Beschwerdeeinlegung wegfällt, wenn derjenige Beschluß, der zu der Beschwerde Anlaß gegeben hat, von einem Amtsgericht erlassen ist, daß aber das Gegenteil gilt, wenn jener Beschluß gegen eine Entscheidung des Gerichtsschreibers des Landgerichts vom Landgericht ergangen ist, RG 35 384; JW 93 349, 98 10. Zur Vertretung der beschwerdeführenden Partei ist nur ein beim Prozeßgerichte zugelassener Rechtsanwalt geeignet, § 78 ZPO. Prozeßgericht im Sinne des § 78 ist dasjenige, bei dem die Beschwerde eingelegt wird, RG 1 432. Ihre Einlegung erfolgt bei dem Vorderrichter und ist gegen Entscheidungen der Amts- und Landgerichte in dringenden Fällen auch bei dem Beschwerdegerichte zulässig, selbst dann, wenn der Fall für dringlich nicht erachtet wird, §§ 569 Abs. 1, 577 Abs. 2 ZPO. Je nachdem die Beschwerde hier oder dort eingelegt wird, ist ihre Unterzeichnung durch einen bei dem Oberlandesgerichte oder bei dem Landgerichte zugelassenen RA erforderlich, RG (Pl.) 1 431, 7 403; JW 96 355, 99 72; Gruch 26 1146, 37 396; BayObLG 13 433, 14 156, 16 5. Sind die Vorschriften über den Anwaltzwang nicht beobachtet, so ist die Beschwerde als unzulässig zu verwerfen, ZPO § 574; RG, JW 99 159. Eine durch Namenzugstempel oder sonst auf mechanischem Wege hergestellte Unterschrift genügt nicht, RG 46 375. Gibt das OLG die durch einen beim LG zugelassenen Anwalt eingelegte Beschwerde so zeitig an das LG zurück, daß sie noch in der Beschwerdefrist beim Landgericht eingeht, so wird der Mangel geheilt, RG, JW 04 117. Telegraphische Übermittelung der Beschwerde ist nicht ausgeschlossen, da eine Zustellung nicht stattfindet, RG 44 369; RGSt 9 38, 10 166; OLG Dresden, SächsAnn 18 284; OLG Jena, ThürBl 44 248; Gaupp-Stein § 207, IV; aM OLG Hamburg, HansGerZ 17 63; Schultzenstein, ZZP 27 531, 566.

B. Inhalt. Für den Inhalt der Erinnerung gilt dasselbe, was bisher für die Beschwerdeschrift Geltung besaß und noch besitzt. Das im folgenden über die Beschwerde Gesagte ist daher auf die Erinnerung entsprechend anzuwenden. Entsprechend den in den §§ 518, 553 ZPO über den Inhalt der Berufungs- und Revisionsschrift gegebenen Bestimmungen muß es ausreichen, wenn die Rechtsmittelschriften den angefochtenen Beschluß bezeichnen und die Erklärung, das Rechtsmittel einzulegen, enthalten. Alsdann gilt der ganze Inhalt des Beschlusses, soweit er dem Beschwerdeführer nachteilig ist, als angefochten. Der Beschwerdegrund braucht nicht bezeichnet und ein bestimmter Antrag braucht nicht gestellt zu werden, RG 24 395; JW 87 188; SeuffA 42 375.

Neue Tatsachen und Beweise können sowohl in der Erinnerung als auch in der Beschwerde, der einfachen, der sofortigen und der weiteren, sowohl vom Beschwerdeführer als vom Gegner vorgebracht werden, ZPO § 570; RG 8 338; JW 95 382. Die neu vorgebrachten Tatsachen brauchen nicht erst nach der angefochtenen Entscheidung entstanden zu sein; ihr verspätetes Vorbringen kann nur auf die Entscheidung über den Kostenpunkt Einfluß üben, RG 42 401. Ein mangels Belegs gestrichener Posten kann im Rechtsmittelverfahren festgesetzt werden, sofern der fehlende Beleg beigebracht wird. Doch treffen die Kosten den Beschwerdeführer, der den Beleg zu spät vorlegt. Ob ein Posten, der im Kostenfestf.Verfahren überhaupt nicht geltend gemacht war, in der Rechtsmittelinstanz geltend gemacht werden kann, wird mit Rücksicht darauf, daß § 529 Abs. 2 ZPO für das Beschwerdeverfahren keine Anwendung findet (RG 55 61; aM BayObLG 15 53; OLG Hamburg, HansGZ 12 54), zu bejahen sein, OLG Karlsruhe, Rsp 15 189; aM OLG Darmstadt, DJZ 03 552. Freilich würde eine Beschwerde, die lediglich die Berücksichtigung eines neuen Anspruchs begehrt, unzulässig sein, da die angefochtene Entscheidung inbetreff dieses Anspruchs keine Beschwernis enthalten kann, RG 35 427. Wird mit der Erinnerung gegen einen völlig dem früheren Gesuch entsprechenden Beschluß des Gerichtsschreibers ein neuer Posten geltend gemacht, so wird dieser Antrag als neues nachträgliches Kostenfestsetzungsgesuch (oben S. 31) zu behandeln sein. Ist bei zulässiger Beschwerde das neue Vorbringen nicht berücksichtigt, so kann darin ein Beschwerdegrund im Sinne des § 568 Abs. 2 ZPO gefunden werden, RG 17 371; JW 88 110. Es empfiehlt sich, die neuen Tatsachen und Beweise in die Rechtsmittelschrift selbst aufzunehmen, da, wenn bereits auf Grund dieser Schrift entschieden wird, für die an sich mögliche Nachbringung im Schriftenwechsel oder in der mündlichen Verhandlung kein Raum bleibt.

Einreden, die im Festsetzungsverfahren überhaupt versagt sind (S. 69), können auch nicht in der Rechtsmittelinstanz geltend gemacht werden.

Solange nicht die Rechtsmittelfrist abgelaufen ist, ist die Wiederholung eines zurückgewiesenen oder eines als unzulässig verworfenen Rechtsmittels unter besserer Begründung zulässig, RG, JW **85** 88; Gruch **36** 717.

5. Verfahren.

I. a) Ist gegen die Entscheidung des Gerichtsschreibers die Erinnerung eingelegt, so fragt es sich, ob er sie ohne weiteres dem Gerichte vorzulegen oder die angegriffene Entscheidung nochmals von Amts wegen zu prüfen hat. Während der bisherige Abs. 3 des § 577 ZPO dem Gerichte bei Einlegung der sofortigen Beschwerde gerade bei den Kostenfestsetzungsbeschlüssen gestattete, seine Entscheidung abzuändern, ist das Gericht nach der Novelle hierzu nicht mehr befugt (S. 95). Diese Beschränkung konnte jetzt unbedenklich eingeführt werden, da das Gericht nicht mehr über das Gesuch des Antragstellers entscheidet, sondern erst auf die Erinnerung mit der Sache befaßt wird. Was aber der jetzige Abs. 3 des § 577 ZPO für die der sofortigen Beschwerde unterliegende Entscheidung des Gerichts vorschreibt („Das Gericht ist zu einer Änderung seiner . . . Entscheidung nicht befugt"), gilt nicht für die Erinnerung, und kann dort auch keine entsprechende Anwendung finden. Denn die Gründe, die früher die Ausnahme von der Unabänderlichkeit der Kostenfestsetzungsbeschlüsse zuließen, gelten jetzt für die Entscheidung des Gerichtsschreibers (Begr. S. 40). Daher ist in analoger Anwendung des § 571 ZPO, die schon früher auf die Erinnerungen aus § 576 ZPO zugelassen wurde (Gaupp-Stein § 576, II), und mit Rücksicht darauf, daß in § 329 ZPO nicht auf § 318 ZPO Bezug genommen ist (Struckmann-Koch § 576, 1), der G e r i c h t s s c h r e i b e r b e f u g t, d e n K o s t e n f e s t s e t z u n g s b e s c h l u ß a b z u ä n d e r n, wenn er die Erinnerung für begründet erachtet, Gaupp-Stein § 104, V, 5; Skonietzki-Gelpcke § 104, 7; Keetmann, BBl **10** 66; JW **10** 869, **11** 124; aM Remelé § 104, 6, OLG Hamm, ZDJ **12** 139. Ist dies nicht der Fall, hat er die Erinnerung dem Gerichte vorzulegen. Der abgeänderte Beschluß stellt sich als ein n e u e r Festsetzungsbeschluß dar, der wiederum von Amts wegen zuzustellen ist und von neuem die Notfrist in Lauf setzt.

War der Festsetzungsbeschluß nach § 105 Abs. 1 ZPO erlassen, so kann zwar, wenn Satz 4 daselbst beachtet ist, der Antragsteller keine Erinnerung erheben; wohl aber der Gegner, wenn er sich beschwert fühlt. Der auf die Erinnerung ergehende Beschluß muß nun als ein besonderer Kostenfestsetzungsbeschluß erlassen und daher auch von Amts wegen zugestellt werden; aM Remelé § 105, 5. Daraus, daß Beschluß und Urteil selbständig anfechtbar, die Rechtsmittelfristen aber verschieden sind, folgt, daß beide nicht gleichzeitig in Rechtskraft überzugehen brauchen. Dies ist bei der Erteilung des Rechtskraftzeugnisses, das in der Regel (s. oben S. 86) nur für das Urteil begehrt wird, zu beachten und erforderlichenfalls eine entsprechende Einschränkung hinzuzufügen.

Das Verfahren vor dem Gerichtsschreiber infolge der Erinnerung entspricht dem Verfahren auf das Festsetzungsgesuch (oben S. 70). Eine Anhörung des Gegners ist nicht vorgeschrieben, wird aber regelmäßig dann zu erfolgen haben, wenn die Erinnerung auf neue Tatsachen oder Beweise gestützt ist.

Wird der Erinnerung abgeholfen, so ist sie damit erledigt. Die geänderte Entscheidung kann aber unter Umständen dem Gegner Anlaß zur Erinnerung geben.

b) Erachtet der Gerichtsschreiber die Erinnerung für nicht begründet, so hat er sie dem Gerichte vorzulegen. Zweckmäßig wird er dabei bemerken, daß er zur Änderung der angefochtenen Entscheidung keinen Anlaß gefunden habe. Notwendig ist dies nicht. Ebensowenig braucht er zu begründen, weshalb er bei der angefochtenen Entscheidung verblieben sei.

Erachtet der Gerichtsschreiber die Erinnerung für teilweise begründet, so hat er ihr insoweit abzuhelfen und im übrigen eine Entscheidung des Gerichts eintreten zu lassen, vgl. RG, Gruch **39** 1144.

Die Erklärung des Gegners kann in amts- und landgerichtlichen Sachen, da auch für diese die Einlegung der Erinnerung zum Protokolle zuzulassen ist (oben S. 102), in entsprechender Anwendung des § 573 Abs. 2 ZPO schriftlich oder zum Protokolle des Gerichtsschreibers erfolgen und unterliegt demnach nicht dem Anwaltszwange. Wird jedoch mündliche Verhandlung angeordnet, so müssen sich die Parteien mit Rücksicht darauf, daß die Vorschriften der §§ 569, 573 ZPO nur auf die Einlegung des Rechtsmittels und die schriftlichen Gegenerklärungen entsprechend anzuwenden sind, vor dem Landgerichte durch daselbst zugelassene Anwälte vertreten lassen. Der § 78 Abs. 2 ZPO steht dem Anwaltzwange nicht entgegen, da die mündliche Verhandlung nicht vor dem Gerichtsschreiber, sondern vor dem über die Erinnerung beschließenden Prozeßgerichte stattfindet.

c) Das Gericht darf seinen der sofortigen Beschwerde unterliegenden Beschluß gemäß § 577 Abs. 3 ZPO nicht ändern, sondern hat ohne weiteres die Sache dem Beschwerdegerichte vorzulegen. Da die Beschwerde nur in den Sachen, die bei einem Amtsgericht anhängig waren, vom Anwaltszwange befreit ist, gilt § 573 Abs. 2 Satz 2 ZPO daher auch nur für diese Sachen, so daß in allen anderen Sachen die Erklärungen des Gegners durch einen Anwalt zu erfolgen haben. In den Fällen, in denen Anwaltszwang besteht, kann die erforderte Erklärung sowohl durch einen beim Beschwerdegericht, als durch einen bei dem Gerichte, dessen Entscheidung angegriffen wird, zugelassenen Anwalt abgegeben werden, § 573 Abs. 2 Satz 1 ZPO. Wird eine schriftliche Erklärung erfordert, so empfiehlt es sich, zugleich eine Frist zu bestimmen, nach deren Ablauf ohne weiteres entschieden werden kann. Im Falle mündlicher Verhandlung müssen die Parteien stets durch beim Beschwerdegerichte zugelassene Anwälte vertreten sein.

Diese Grundsätze finden entsprechende Anwendung auf das Verfahren infolge der weiteren Beschwerde.

d) Daß das Gericht auf die Erinnerung oder die Beschwerde nicht ohne weiteres auf Grund der Akten entscheidet, sondern mündliche Verhandlung oder schriftliche Anhörung der Beteiligten vor der Entscheidung anordnet, ist nicht geboten, aber gestattet, ZPO § 573. Mündl. Verh. wird nur ausnahmsweise, in besonders verwickelten oder zweifelhaften Fällen angeordnet werden. Geschieht dies, so hat das Gericht den diese anordnenden Beschluß mit der Terminsbestimmung den Parteien von Amts wegen zuzustellen (s. oben S. 75). Da die mündl. Verh. aber freigestellt ist, bleibt ein Versäumnisverfahren ausgeschlossen. Auch Ruhen des Verfahrens tritt nicht ein, wenn beide Teile ausbleiben. Vielmehr ist bei Säumnis einer Partei oder beider Parteien nach Lage der Akten zu entscheiden.

II. Die Prüfung des Rechtsmittels hat sich zunächst auf die Formalien und, wenn diese vorhanden sind, auf seinen Inhalt zu erstrecken. Die Entscheidung ergeht in allen Fällen durch Beschluß. Eine Begründung des Beschlusses ist zwar nicht vorgeschrieben, wird aber regelmäßig gegeben.

Es ist von Amts wegen zu prüfen, ob das Rechtsmittel an sich statthaft und in der gesetzlichen Form und Frist eingelegt sei. Mangelt es an einem dieser Erfordernisse, so ist das Rechtsmittel als unzulässig zu verwerfen, ZPO § 574. Gegen den die Beschwerde als unzulässig verwerfenden Beschluß findet sofortige weitere Beschwerde statt (oben S. 96).

Ist das Rechtsmittel zulässig, so ist in der Sache selbst zu entscheiden. Die Anträge der Parteien bilden den Rahmen, innerhalb dessen die Entscheidung sich zu halten hat. Auch im Rechtsmittelverfahren darf dem Beschwerdeführer nicht zugesprochen werden, was er nicht beantragt hat, RG 35 427. Andererseits darf der Beschwerdeführer durch die Entscheidung nicht schlechter gestellt werden, als es vorher der Fall war. Innerhalb dieser Grenzen ist über das Rechtsmittel frei und selbständig zu entscheiden, ohne Bindung an die Angriffe des Beschwerdeführers. Auch wenn dem Entscheidungsgrunde des angefochtenen Beschlusses nicht beigetreten, die Entscheidung aber durch einen anderen Grund getragen wird, ist sie aufrecht zu erhalten. Die Prüfungspflicht beschränkt sich nicht auf die Beurteilung des Rechtsstoffs, der dem Gerichtsschreiber mit dem Festsetzungsgesuch unterbreitet ist, sondern umfaßt auch die Ermittelung und Richtigstellung des Sachverhalts unter Benutzung und

Würdigung der neuen Tatsachen und Beweismittel. Ergeht die Entscheidung ohne mündliche Verhandlung, so ist der gesamte Inhalt der Akten zu berücksichtigen, RG, JW 89 169. Die Prüfung ist nicht auf die angegriffenen Posten beschränkt, sondern hat festzustellen, ob der Beschwerdeführer durch den Kostenfestf.Beschluß im ganzen benachteiligt ist, und sich dabei auf alle einzelnen Posten der Kostenrechnung zu erstrecken, ohne Rücksicht darauf, welche Posten im einzelnen vom Beschwerdeführer bemängelt sind, RG, Gruch 42 1173, JW 93 536, 97 228. Denn der ganze Kostenrechnungsbetrag, soweit er streitig ist, bildet einen einheitlichen Beschwerdegegenstand, RG 4 365, 26 379; JW 98 506. Die Ausgleichung ist jedoch nicht zulässig mit rechtskräftig gestrichenen Ansätzen, RG, JW 99 159. Rechtskräftig wird nämlich die Entscheidung über den einzelnen Ansatz, RG, JW 96 653. Da das Rechtsmittel eine Beschwernis voraussetzt, kann mit ihm nicht die Erhöhung von Gebühren verlangt werden, die zu dem geforderten Betrage voll bewilligt sind, RG 35 428. Ebensowenig dürfen zur Rechtfertigung einer Beschwerde wegen abgesetzter Gebühren andre bisher nicht geforderte Gebühren von der Partei in Ansatz gebracht werden. Das Rechtsmittel des Antragstellers ist also z. B. unbegründet, wenn die gerügte Streichung eines Ansatzes nicht gerechtfertigt war, aber in gleicher Höhe ihm zu Unrecht Ansätze festgesetzt sind; andrerseits ist das Rechtsmittel des Gegners begründet, wenn der gerügte Ansatz zwar zu bewilligen, ein andrer in gleicher Höhe aber zu streichen war, RG, SeuffA 51 Nr. 135, 53 Nr. 51; vgl. S. 74. Wurzer, Recht 06 592 bekämpft diese vom RG gebilligte Übung auf Grund der Entsch. d. RG. 27 402, wo eine Nachliquidation zugelassen wird und damit der üblichen Praxis der Boden entzogen sei.

Eine im Laufe des Kostenfestf.Verfahrens erfolgte neue Festsetzung des Streitwertes ist zu berücksichtigen, RG, JW 91 306, 95 6.

Soweit das Rechtsmittel unbegründet ist, ist es zurückzuweisen. Soweit es als begründet erachtet wird, ist die Vorentscheidung aufzuheben und anderweit zu entscheiden. Die in diesem Falle erforderlichen Anordnungen können bei der Beschwerde vom Beschwerdegerichte dem Vorderrichter übertragen oder von der Rechtsmittelinstanz selbst getroffen werden, ZPO § 575, RG 29 398. Die Übertragung hat regelmäßig zu geschehen, wenn eine Sachentscheidung von der Vorinstanz abgelehnt war. Nur in diesem Falle die Zurückverweisung vom Prozeßgericht an den Gerichtsschreiber für zulässig zu erklären, OLG Kolmar, Rsp 23 165, erscheint nicht gerechtfertigt, da § 575 ZPO sowohl bei der einfachen als auch bei der befristeten Erinnerung entsprechend anzuwenden ist, s. oben S. 93. Die Zurückverweisung empfiehlt sich, wenn noch eine tatsächliche Aufklärung durch die Vorinstanz angemessen erscheint oder an die Erledigung des Rechtsmittels sich noch ein weiteres Verfahren anschließt, RG 23 370. An die rechtliche Beurteilung in der auf das Rechtsmittel ergangenen Entscheidung sind der Gerichtsschreiber oder der Vorderrichter gebunden, so daß eine neue Beschwernis gegeben ist, wenn sie sich mit jener Beurteilung in Widerspruch setzen, RG, Gruch 30 1154. Bei Zurückverweisung ist die Entscheidung über die Kosten der Beschwerde der Vorinstanz mit zu überlassen.

Äußerst zweifelhaft ist, welche Bedeutung §§ 536, 537 ZPO haben und inwieweit sie für das Beschwerdeverfahren gelten. Grundsatz ist, daß der Beschwerdeführer durch die Einlegung der Erinnerung oder Beschwerde nicht schlechter gestellt werden darf als durch die angefochtene Entscheidung, es sei denn, daß auch der Gegner die Entscheidung selbständig oder durch Anschließung (BayObLG, Rsp 7 295; dagegen nach OLG Marienwerder, Rsp. 27 47 eine solche unzulässig) angefochten hat (s. oben S. 107). Zulässig ist aber, die Kostenentscheidung von Amts wegen zu ändern, Gaupp-Stein § 536, II, 1, § 573, II; Skonietzki-Gelpcke § 536, 4, b. Eine sachliche Änderung bei einem Mangel in den Prozeßvoraussetzungen zu gestatten (Gaupp-Stein aaO), unterliegt schweren Bedenken, Skonietzki-Gelpcke aaO; RG, JW 99 574. Die von Amts wegen zu berücksichtigende Zuständigkeit gab dem KG, Rsp 13 194 keinen Anlaß, die Entscheidung eines als unzuständig bezeichneten Gerichts aufzuheben, dagegen bemerkt RG 53 4 zu seiner Entscheidung, daß es in dem Falle sich um Befolgung von Amts wegen zu überwachender Vorschriften gehandelt habe; s. auch Schultzenstein, ZZP 31 1. Die angefochtene Entscheidung im KostenfestsVerfahren über den Rahmen des § 536 ZPO hinaus zu ändern, erscheint selbst dann nicht zulässig, wenn die Vorinstanz von Amts wegen zu berücksichtigende Vorschriften außer acht gelassen hat. Ist im Ausgleichungsverfahren des § 106 ZPO der Gegner zur Einreichung seiner Kostenberechnung nicht aufgefordert, trifft § 539 ZPO zu. Bei einem Landgericht, das in Privatklagesachen eine Kostenfestsetzung für unzulässig hielt (s. unten S. 127), wurde von Amts wegen jeder derartige Festsetzungsbeschluß aufgehoben, auch wenn nur wegen der Höhe der Kosten Beschwerde eingelegt war. Das verstößt jedoch gegen den Grundsatz ne eat judex ultra petita partium, sowie gegen die allgemeinen Grundsätze von der Devolutivkraft des Rechtsmittels, vgl. § 536 ZPO. Da die Prozeßnovellen selbst einer von Amts wegen zu beachtenden Unzuständigkeit in der Rechtsmittelinstanz die Berücksichtigung versagen (ZPO § 528, § 549 Abs. 2), entspricht es dem Geiste der ZPO, wenn man erstinstanzliche Verstöße gegen zwingende Vorschriften als geheilt behandelt, sofern die betroffene Partei dem nicht widerspricht.

Wird auf die Erinnerung oder Beschwerde der Kostenfests.Beschluß aufgehoben oder der Betrag herabgesetzt, so ist das Gericht zur Anordnung der Rückzahlung geleisteter Beträge nicht befugt. Die Anwendung des nur für Urteile gegebenen § 717 Abs. 2 ZPO ist ausgeschlossen, RG, JW 97 464, 99 533; SeuffA 47 Nr. 247; Gruch 40 1183; OLG Stettin, NaumbAK 96 78; RG 49 411, 50 406, 51 41; OLG Celle, Rsp 15 273.

Die Entscheidung ergeht in Form eines Beschlusses. Daß die Beschlüsse von allen Richtern, die bei der Entscheidung mitgewirkt haben, unterschrieben werden, ist gesetzlich nicht vorgeschrieben, da § 329 Abs. 2 ZPO weder § 313, noch § 315 anführt. Es genügt also die Unterschrift des Berichterstatters und des Vorsitzenden, RG 3 440; KGJ 3 8. Der auf die Erinnerung oder Beschwerde ergehende Beschluß ist, wenn er auf Grund mündlicher Verhandlung erlassen wird, zu verkünden, andernfalls von Amts wegen zuzustellen, § 329 ZPO. Die Notfrist läuft aber gemäß § 577 Abs. 2 ZPO stets erst von der Zustellung an. War also der Beschluß verkündet, so muß die Beschlüsse des Landgerichts die Partei zustellen, um die Notfrist in Lauf zu setzen, während die Beschlüsse des Amtsgerichts nach § 496 ZPO von Amts wegen zugestellt werden.

Die Nebenverfügung, die dem Gerichtsschreiber überlassen werden kann, muß bestimmen, wie oft der Beschluß auszufertigen und wem er zuzustellen ist. Sie muß ferner bei der Beschwerde die Rücksendung der Akten anordnen und den in der Beschwerdeinstanz ergangenen Beschluß der Vorinstanz mitteilen.

6. Wirkung.

Durch die Einlegung der Rechtsmittel wird die Vollziehung der im Kostenfestf.Verfahren ergangenen Entscheidung nicht gehemmt. Dieser Grundsatz gilt allgemein, gleichviel, ob der Beschluß als besonderer oder gemäß § 105 ZPO in Verbindung mit dem Urteil erlassen ist, für die Erinnerung wie für die sofortige und für die weitere Beschwerde und findet selbst dann Anwendung, wenn durch die Vollziehung der angefochtenen Entscheidung der Erfolg des Rechtsmittels vereitelt werden kann, RG, JW 95 539.

Es kann aber das Gericht vor der Entscheidung über die Erinnerung anordnen, daß die Vollstreckung aus dem Festsetzungsbeschluß auszusetzen sei, § 104 Abs. 3 Satz 4 ZPO. Wird Beschwerde eingelegt, so kann nach § 572 Abs. 2 und 3 ZPO diese Anordnung sowohl von dem Gerichte, dessen Entscheidung angefochten wird, als auch von dem Beschwerdegerichte getroffen werden.

Dieses darf außer der Aussetzung der Vollziehung noch anderweitige einstweilige Anordnungen erlassen, z. B. daß die Vollziehung gegen Sicherheitsleistung einzustellen oder nur gegen solche fortzusetzen sei. Die Anordnung wird am Platze sein, wenn gegen die angefochtene Entscheidung Bedenken vorliegen, die Entscheidung in der Beschwerdeinstanz aber nicht alsbald ergehen kann. Diese einstweiligen Maßnahmen können von Amts wegen getroffen werden, haben aber nicht die Natur von einstweiligen Verfügungen (ZPO §§ 935, 940). Sie sind daher unanfechtbar, RG 35 341. Dagegen steht die Befugnis zu den Anordnungen aus § 104 Abs. 3 und § 572 ZPO niemals dem Gerichtsschreiber zu.

7. Zurücknahme und Verzicht.

Die Zurücknahme der Erinnerung und Beschwerde kann bis zur Entscheidung auf diese Rechtsmittel zu jeder Zeit erfolgen und in jeder Form, die in dem Betriebe des Rechtsmittelverfahrens überhaupt rechtswirksam ist. Sie zieht die Verpflichtung des Zurücknehmenden, die Kosten zu tragen, nach sich. Über diese Verpflichtung ist entsprechend § 515 Abs. 3 ZPO auf Antrag durch Beschluß zu entscheiden, aM KG, Rsp 19 127.

Bezüglich des Verzichts auf die Rechtsmittel ist die entsprechende Anwendbarkeit des § 514 ZPO zu bejahen. So Petersen, Seuffert, v. Wilm.-Levy in den Vorbemerkungen zum Abschnitt: Beschwerde; Gaupp-Stein § 567, IV, 5.

8. Die Kosten des Rechtsmittelverfahrens.

1. Da die Kostenfestsetzung in einem selbständigen Verfahren erfolgt, finden auf die Rechtsmittel die allgemeinen Grundsätze der §§ 91 ff. ZPO Anwendung (S. 88), RG 4 365; AGZ 83 113; BBl 83 92, JW 83 154, 155; OLG Kiel, Rsp 5 172. Für die Verhandlung und Entscheidung über die Erinnerung werden freilich keine Gerichtsgebühren erhoben (GKG § 47 Nr. 5a); dagegen kann der Anwalt gemäß § 23 Ziff. 1 RAGebO $^3/_{10}$ der in den §§ 13 bis 17 bestimmten Gebühren berechnen, freilich nur, wenn er nicht auch den Antrag auf Kostenfestsetzung gestellt hat (§ 29 Nr. 6 RAGebO). Es können demnach doch Kosten durch die Erinnerung entstehen, so daß eine Kostenentscheidung sich auch bei ihr nicht entbehren läßt, OLG Marienwerder, Rsp 21 396. Da die Erinnerung kein Rechtsmittel im engeren Sinne bildet, wird dadurch die unmittelbare Anwendung des § 97 ZPO ausgeschlossen, aber einer Anwendung des § 91 ZPO steht nichts im Wege. Es ergeben sich danach für die Erinnerung und die Beschwerde folgende Kostenentscheidungen:

a) Werden sie zurückgewiesen oder als unzulässig verworfen, so fallen die Kosten dem zur Last, der dieses Rechtsmittel eingelegt hat, §§ 91, 97 ZPO.

b) Wird ihnen im vollen Umfange stattgegeben, so werden die Kosten aller Instanzen dem Unterliegenden auferlegt, § 91 ZPO.

c) Bei teilweiser Änderung bestimmt das Verhältnis der Sachfälligkeit der Parteien den Maßstab für die Verteilung der Kostenlast, § 92 ZPO.

Die Kosten fallen der Partei und nur im Falle des § 124 ZPO dem RA zur Last; aM Wolff, Recht 12 631. Freilich ist die Anwendung von § 102 ZPO nicht ausgeschlossen.

Ist die Erinnerung oder die Beschwerde nicht vom Gegner veranlaßt, sind z. B. ohne sein Zutun einzelne Ansätze gestrichen, so sind gemäß § 45 Abs. 1 GKG Gebühren für die Beschwerde nicht zu erheben, während die Entscheidung über die Erinnerung ohnehin gebührenfrei ergeht, OLG Kolmar, Rsp 25 69. Die außergerichtlichen Kosten können aber nicht der Staatskasse auferlegt werden.

2. Der Ansatz geschieht:

a) bei den gerichtlichen Kosten nach §§ 47 Nr. 5a, 45, 46, 31, 80b Abs. 2 GKG,

b) bei den Rechtsanwaltsgebühren nach §§ 23 Nr. 1, 29 Nr. 6, 41, 76 RAGebO.

3. Die Kosten der Beschwerdeinstanz werden ebenso wie die der ersten Instanz durch den Gerichtsschreiber erster Instanz festgesetzt.

4. Der Wert des Streitgegenstandes wird nach den nämlichen Grundsätzen wie in erster Instanz berechnet (S. 90 unter 6). § 6 GKG sowie § 97 Abs. 2 ZPO finden auch auf die Erinnerung und Beschwerde Anwendung, LG I Berlin, KGBl 92 94.

XIIa. Die Kostenfestsetzung im Mahnverfahren und bei der Zwangsvollstreckung.]

A. Mahnverfahren.

1. Gesuch um Erlassung des Zahlungsbefehls, ZPO §§ 688ff. Anwaltszwang besteht nicht. Hat aber der Gläubiger einen Anwalt zugezogen, so sind die Anwaltsgebühren (RAGebO § 38) von dem Schuldner stets zu erstatten, auch wenn der Gläubiger das Gesuch um Erlaß des Zahlungsbefehls selbst hätte anfertigen können, § 91 Abs. 2 ZPO; aM OLG Naumburg, NaumbAK 89 31. In den Zahlungsbefehl sind zugleich die Kosten des Verfahrens ihrem Betrage nach aufzunehmen, ZPO § 692. Zu diesen gehören die vom Gläubiger vorzuschießenden Gerichtskosten, nämlich die Gerichtsgebühr und der Pauschsatz nach GKG §§ 37, 80b sowie die ihm durch das Verfahren erwachsenden, im Mahngesuche zu berechnenden außergerichtlichen Kosten, insbesondere die Anwaltsgebühren nach § 38 RAGebO und der Pauschsatz des § 76 RAGebO. Für Zustellungen können Auslagen nur noch im Falle des § 80a GKG berechnet werden, da der Zahlungsbefehl von Amts wegen zugestellt wird, § 693 ZPO.

2. In den Vollstreckungsbefehl, der auf den Zahlungsbefehl nach widerspruchsfreiem Ablaufe der Frist von einer Woche zu setzen ist, sind die von dem Gläubiger zu berechnenden Kosten des bisherigen Verfahrens aufzunehmen und gelangen ohne weiteres mit zur Vollstreckung, ZPO § 699. Der Vollstreckungsbefehl ist demnach gleichzeitig Festsetzungsbeschluß. Die bereits in dem Zahlungsbefehle berechneten Kosten brauchen nicht nochmals in den Vollstreckungsbefehl aufgenommen zu werden. Dagegen gehören in den Vollstreckungsbefehl die Kosten seines Erlasses und etwa erst entstandene Anwaltskosten des Gläubigers sowie die Pauschsätze (§§ 37, 39, 80b GKG, §§ 38, 76 RAGebO). Ob die bei Erlassung des Zahlungsbefehls

übersehenen Kosten in den Vollstreckungsbefehl aufzunehmen sind, ist streitig, wird aber mit Recht verneint (Petersen-Anger § 699, II, 2; Stein § 699, IV), da der Vollstreckungsbefehl nur die im Zahlungsbefehl enthaltenen Ansätze für vollstreckbar erklärt und nur neu entstandene Kosten festsetzt (aM Schultzenstein, ZZP 16 564; Struckmann-Koch § 692, 4).

Die Zustellungskosten des Vollstreckungsbefehls brauchen nicht mehr mit aufgenommen zu werden, da nach § 788 Abs. 2 ZPO die Zustellungskosten bei der Zwangsvollstreckung mit beigetrieben werden können. Der Vollstreckungsbefehl kann wegen etwa übersehener Kosten ergänzt werden.

Ein besonderes Kostenfestsetzungsverfahren ist im Mahnverfahren hiernach im allgemeinen entbehrlich. Zulässig ist es aber, da der Vollstreckungsbefehl einem vorläufig vollstreckbaren Urteile gleichsteht, ZPO § 700. Wenn es sich darum handelt, die Kosten des ordentlichen Rechtsstreits in Verbindung mit den Kosten eines vorangegangenen Mahnverfahrens festzusetzen, so gelten die allgemeinen Vorschriften (vgl. S. 33ff.); ebenso, wenn in der Zwangsvollstreckung eine besondere Kostenfestsetzung erforderlich wird (LG III Berlin, KGBl 09 122). Die Kosten des Mahnverfahrens dürfen nicht aus dem Grunde abgesetzt werden, weil der Gläubiger den Widerspruch des Schuldners hätte voraussehen müssen, denn der Gläubiger hatte die freie Wahl zwischen Mahnverfahren und ordentlichem Rechtsstreit. Aus diesem Grunde kann der Gläubiger umgekehrt die Kosten des Rechtsstreits auch dann erstattet verlangen, wenn schon das Mahnverfahren zum Ziele geführt haben würde. Wegen der Verweisung nach erhobenem Widerspruch s. S. 48.

3. Der Zahlungsbefehl wird von dem Amtsgericht erlassen. Daß auch hier die Kostenfestsetzung durch den Gerichtsschreiber vorzunehmen sei, hat das Gesetz nicht bestimmt. Daher ist die in dem Zahlungsbefehl enthaltene Kostenfestsetzung als Teil des von dem Amtsrichter erlassenen Zahlungsbefehls zu behandeln. Der Schuldner hat daher gegen diese weder den Einspruch noch die Beschwerde. Er kann lediglich gegen den Zahlungsbefehl Widerspruch erheben, der keiner Form bedarf, und die Wirkung hat, daß der ganze Zahlungsbefehl entkräftet wird (§ 695 ZPO). Ein Gläubiger, dem ein Teil seiner beanspruchten Kosten in den Zahlungsbefehl nicht aufgenommen ist, hat gegen diesen unter Verletzung des § 691 Abs. 2 ZPO erlassenen Zahlungsbefehl keinen Rechtsbehelf. Sobald der Gläubiger in dem etwa nachfolgenden Rechtsstreit einen vollstreckbaren Titel erlangt hat, dürfte aber einem Antrag auf besondere Festsetzung der nicht berücksichtigten Kosten nichts im Wege stehen.

Der Vollstreckungsbefehl ist vom Gerichtsschreiber zu erlassen (§ 699 ZPO), der hier auch die Kostenfestsetzung vornimmt. Will der Gerichtsschreiber den Vollstreckungsbefehl ganz oder zum Teil, z. B. wegen der Kosten, nicht erlassen, so hat er das Gesuch nach § 699

Abs. 2 ZPO dem Gericht zur Entscheidung vorzulegen. Hält das Gericht das Gesuch ganz oder teilweise für begründet, so hat es insoweit die Erlassung des Vollstreckungsbefehls durch den Gerichtsschreiber anzuordnen. Gegen den zurückweisenden Beschluß des Gerichts ist die sofortige Beschwerde gegeben. Gegen den Vollstreckungsbefehl ist binnen einer Woche nach der — im Parteibetriebe zu bewirkenden — Zustellung (§ 508 Abs. 2 ZPO) der Einspruch zulässig, durch den das Verfahren in die Lage vor Erlassung des Vollstreckungsbefehls zurückversetzt wird.

B. Zwangsvollstreckung.

ZPO § 788 lautet:

„Die Kosten der Zwangsvollstreckung fallen, soweit sie notwendig waren (§ 91), dem Schuldner zur Last; sie sind zugleich mit dem zur Zwangsvollstreckung stehenden Anspruche beizutreiben. Als Kosten der Zwangsvollstreckung gelten auch die Kosten der Ausfertigung und der Zustellung des Urteils.

Die Kosten der Zwangsvollstreckung sind dem Schuldner zu erstatten, wenn das Urteil, aus welchem dieselbe erfolgt ist, aufgehoben wird."

I. Für die Vollstreckungskosten ist ein besonderer Kostenfestf.-Beschluß entbehrlich. Diese Kosten können vielmehr als Nebenforderung des zur Zwangsvollstreckung stehenden Anspruchs zugleich mit diesem auf Grund des Schuldtitels für die Hauptsache beigetrieben werden. Sie gehören nicht zu den Kosten des eigentlichen Rechtsstreits und sind nicht auf Grund der Kostenentscheidung des der Vollstreckung zugrunde liegenden Schuldtitels, sondern unmittelbar nach dem Gesetze (§ 788 ZPO) zu erstatten, RG, Gruch **44** 202, KG, OLG Kolmar, Rsp **13** 193, **25** 65, LG III Berlin, KGBl **09** 122; aM KG, Rsp **15** 8. Daher ist die im Urteile des Hauptprozesses gegebene Entscheidung über die Kosten des Rechtsstreits für die Kosten der Zwangsvollstreckung und ihre Verteilung bedeutungslos. Insbesondere hat die Haftung mehrerer Beklagter für die Prozeßkosten als Gesamtschuldner nicht die Gesamthaft für die Zwangsvollstr.Kosten zur Folge, OLG Hamburg, Rsp **5** 119; den einzelnen Schuldner treffen also nur die durch die Vollstreckung gegen ihn entstandenen Kosten, OLG Kiel, Rsp **16** 326; Gaupp-Stein § 788, I., Falkmann § 31, 2; aM Laessig, JW **10** 894, Amberg, SeuffBl **76** 58. Die Quotenverteilung des § 106 ZPO gilt nicht für die Vollstreckungskosten, OLG Dresden, Rsp **15** 96.

1. Vollstreckungskosten sind zunächst alle dem Gläubiger von der Erteilung der Vollstreckungsklausel an gerichtlich oder außergerichtlich zur Vorbereitung und Ausführung der Vollstreckung entstandenen gerichtlichen und außergerichtlichen Kosten, insbesondere die in der Novelle von 1909 hervorgehobenen Kosten der Ausfertigung und der Zustellung des Urteils, also die Kosten der vollstreckbaren

Ausfertigung (§ 79 Nr. 1 GKG und § 76 Abs. 6 Nr. 2 RAGebO), die Gebühren und Auslagen des Gerichtsvollziehers und andere dem Gläubiger aus Anlaß der Zwangsvollstr. erwachsene außergerichtliche Kosten, Mot. S. 417. Diese Kosten können bei einer Festsetzung auf Grund des § 105 ZPO nicht mit festgesetzt werden. Dem Gläubiger steht es aber jetzt frei, sie bei der Zwangsvollstreckung mit beizutreiben, Begr. S. 46. Dies gilt nicht nur bei Urteilen, gleichviel ob die Festsetzung nach § 105 ZPO stattgefunden hat oder nicht, sondern auch bei allen anderen Vollstreckungstiteln, z. B. Vergleichen. Die genannten Kosten hören aber andrerseits nicht auf, Kosten des Rechtsstreits zu sein, so daß sie auch nach §§ 103 ff. ZPO festgesetzt werden dürfen, Stein zu § 788. Die gemäß § 713 ZPO zur Rückgabe der Vollstreckungssicherheit aufgewendeten Kosten gehören zu den Vollstreckungskosten, RG, JW **93** 561; ebenso die Kosten für die Zwangseintragung in das Grundbuch, KG, KGBl **11** 94, und für die Vorbereitung von Handlungen, zu denen der Gläubiger nach §§ 928, 936 ZPO ermächtigt war, RG, Gruch **30** 1168, weil § 788 ZPO auf die Vollziehung von Arresten und einstweiligen Verfügungen entsprechend anzuwenden ist, OLG Dresden, Rsp **25** 227. Im Falle des § 887 ZPO vorbereitende Handlungen nur dann als Vollstreckungskosten anzusehen, wenn wenigstens ein Antrag beim Gericht gestellt ist (KG, Rsp **25** 171), erscheint nicht gerechtfertigt. Die durch Vorauszahlung nicht gedeckten Kosten aus § 887 ZPO können festgesetzt werden, OLG Celle, Rsp **20** 367; ebenso die Kosten der Löschung einer Eintragung, KG, Rsp **14** 165. Nicht hierunter fallen die Kosten eines Zwischenstreits im Zwangsvollstr.Verfahren (ZPO §§ 767, 769, 771—773, 785—787, 805), RG, JW **93** 561; Gruch **38** 501. Über diese hat das Gericht im Urteil oder im Beschlusse zu entscheiden, BayObLG, SeuffA **39** Nr. 338, OLG Posen, Rsp **25** 63. Ebensowenig sind Vollstreckungskosten die Anwaltsgebühren für Erhebung der Streitsumme, s. S. 57.

Zwischen den Kosten der zurzeit betriebenen und denen einer früheren Zwangsvollstr. wird nicht unterschieden. Es sind also bei einer Zwangsvollstr. auf Antrag außer den durch diese entstandenen Kosten auch die rückständigen Kosten einer früheren, aus demselben Schuldtitel vorgenommenen Zwangsvollstr. ohne gerichtliche Festsetzung mit einzuziehen, LG I Berlin, KGBl **90** 27; OLG Dresden, Rsp **5** 452, JW **03** 96.

§ 788 ZPO gilt für alle Vollstreckungsorgane, also sowohl für den Gerichtsvollzieher, als auch für das Vollstreckungsgericht. Er gilt für die Zwangsvollstr., gleichviel ob sie eine Geldforderung oder einen anderen Anspruch zum Gegenstande hat. Er bezieht sich endlich auf jede Art der Zwangsvollstr., auch auf die Liegenschaftsvollstreckung und die Pfändung und Überweisung von Forderungen sowie auf die Bestellung eines Sequesters, OLG Breslau, Rsp **19** 155.

In diesen Fällen hat nicht der Gerichtsschreiber, der nur in den Grenzen der §§ 103ff. ZPO über die Kostenfestsetzung zu entscheiden hat, sondern der Richter, und zwar der Vollstreckungsrichter, der nach § 828 ZPO und § 1 ZVG Vollstreckungsorgan ist, die Kosten nach ihrem Betrage festzustellen.

2. Über die Notwendigkeit der Kosten ist nach freiem Ermessen zu entscheiden. Leitender Grundsatz ist hierbei, daß der Gläubiger nicht zwecklos die Vollstreckungsmaßregeln häufen darf, daß aber die durch Fehlschlagen einer Vollstreckungsmaßregel oder Fristbewilligung entstehenden Mehrkosten nicht ohne weiteres abgestrichen werden dürfen. Soweit die Kosten nicht dem Schuldner zur Last fallen, hat sie der Gläubiger selbst zu tragen, so insbesondere die Kosten einer unstatthaften oder unnötigen Vollstreckungsmaßregel, weil z. B. der Schuldner den Gläubiger schon befriedigt hat, RG 7 376, 22 169; JW 82 235; RG, SeuffA 37 484 und ZZP 14 329; OLG Jena, SeuffA 42 83; OLG Königsberg, Rsp 20 346; erstattungsfähige Kosten: OLG Braunschweig, Rsp 23 209. Die Notwendigkeit der aufgewendeten Vollstreckungskosten hat der Richter auch bei der Liegenschaftsvollstreckung zu prüfen, RG 22 322; aM OLG Oldenburg, DJZ 10 375.

Die Zwangsvollstreckungsgebühr ist auch bei wiederholter Zwangsvollstr. erstattungsfähig, wenn die Vollstreckungsmaßregel zweckentsprechend war; dies ist zu verneinen, wenn nach fruchtloser Pfändung kein Anlaß vorlag, den Erwerb neuen Vermögens vorauszusetzen, LG I Berlin, KGBl 95 85. Ein Zwangsvollstr.Akt, der infolge schuldhafter Säumnis des betreibenden Gläubigers wirkungslos bleibt, kann als zur zweckentsprechenden Rechtsverfolgung notwendig nicht erachtet werden. Dies trifft in der Regel zu, wenn im Falle des § 845 Abs. 2 ZPO die Pfändung nicht innerhalb dreier Wochen nach Zustellung der Benachrichtigung bewirkt wird, da alsdann die Benachrichtigung ihre Wirkung verliert, RG, JW 98 644, OLG Celle, Rsp 23 102. Wird der Vollstr.Auftrag gegen mehrere Gesamtschuldner getrennt, statt in einem Akt erteilt, so ist für die dadurch entstandenen Mehrkosten der Gegner nicht erstattungspflichtig. Die Kosten der Veröffentlichung eines Urteils (unlaut. Wettbew.) sind zu erstatten auch über den üblichen Betrag einer amtlichen Bekanntmachung hinaus, OLG München, Rsp 23 102.

3. Das Verfahren vollzieht sich in der Weise, daß der Gerichtsvollzieher und das Vollstreckungsgericht auf Grund der ihm vom Gläubiger zu unterbreitenden Unterlagen die Kosten dem Betrag und der Notwendigkeit nach prüft, nicht notwendig erscheinende Kosten von der Einziehung ausschließt, die notwendigen aber, deren Berechnung dem Schuldner mitzuteilen ist, zugleich mit dem Hauptanspruche zur Vollstreckung bringt.

Der Ansatz der Vollstreckungskosten, mag er vom Gerichtsvollzieher oder vom Vollstreckungsgericht ausgehen, unterliegt in der Regel der Anfechtung durch die Erinnerung aus § 766 ZPO. Gegen die erstinstanzliche Entscheidung des Vollstreckungsgerichts findet darauf sofortige Beschwerde statt (§ 793), soweit diese nicht unmittelbar gegeben ist (s. Gaupp-Stein § 766, I, 4) oder der Widerspruch nach ZVG einzutreten hat, Jäckel-Güthe § 113 A 5. Streitigkeiten zwischen den Parteien selbst sind nach §§ 766 oder 767 ZPO (RG 16 317) zum Austrage zu bringen. Zu beachten bleibt, daß die Beschränkungen der §§ 99, 567, 568 ZPO für die Vollstreckungskosten Platz greifen, KG, Rsp 15 152.

4. Ein besonderer Festsetzungsbeschluß ist in der Zwangsvollstr.Instanz zwar entbehrlich, aber dennoch zulässig. Die Vorschrift des § 788 ZPO ist zugunsten des Gläubigers gegeben und schließt dessen Befugnis, die Zwangsvollstr.Kosten festsetzen zu lassen, nicht aus, RG, JW **93** 561; KG, KGBl **90** 34; OLG Karlsruhe, Jena, Celle, Dresden, SeuffA **48** 109, **51** 365, **54** 235; OLG Hamburg, HansGerZ **25** 4. AM LG Leipzig, SächsAnn **2** 794 und OLG Kassel, ZZP **42** 528, das eine Vollstreckung der Vollstreckungskosten auch ohne eine solche zur Hauptsache zuläßt, so daß eine Festsetzung nicht nötig sei. Voraussetzung ist nur, daß ein Schuldtitel vorliegt, und dieser kann auch ein Vollstreckungsbefehl sein, LG III Berlin, KGBl **09** 122. Der Gläubiger kann an der besonderen Festsetzung ein Interesse haben, z. B. wenn der Schuldner die Richtigkeit und Notwendigkeit der Kosten bestreitet oder die eingeleitete Vollstreckung wegen Befriedigung des Gläubigers nicht ausgeführt wird. Der Nachweis eines besonderen Interesses ist erforderlich, KG, KGBl **92** 95; OLG Posen, Rsp **15** 281. Es fehlt, wenn die Kosten schon im Pfändungsbeschluß festgesetzt sind oder bei einer späteren Vollstreckung, die Aussicht auf Erfolg bietet, beigetrieben werden können.

Zuständig zur Festsetzung der Zwangsvollstr.Kosten ist der Gerichtsschreiber des Prozeßgerichts erster Instanz, RG **44** 373; JW **80** 65; KG, Rsp **15** 8; aM KG, Rsp **13** 193, wo das Vollstreckungsgericht für zuständig erachtet ist. Der Vollstreckungsrichter wäre hierzu schon deshalb nicht berufen, weil er es nur mit der Zwangsvollstreckung auf Grund eines bereits vorhandenen Schuldtitels zu tun hat, aber nicht befugt ist, selbst einen Schuldtitel zu schaffen. Dies gilt auch bei Vollstreckungen aus der Konkurstabelle, wo alsdann der Gerichtsschreiber des nach §§ 164 Abs. 3, 146 Abs. 2 KO zuständigen Gerichts die Kosten festzusetzen hat, OLG Celle, Rsp **17** 200. Wenn im Vollstreckungsverfahren ein besonderer Streit stattgefunden hat und ein Urteil oder ein Beschluß ergangen ist, wodurch ein neuer Schuldtitel für die Kosten geschaffen wurde, so hat der Gerichtsschreiber des Vollstreckungsgerichts die Kosten festzusetzen, KG, Rsp **11** 100; Falkmann ZwVollst. 2. A. 356, 593. Dies trifft z. B. zu für die Kosten des Erinnerungsverfahrens, die dem unterliegenden Gläubiger auferlegt sind, OLG Kolmar, Rsp 13 194; Recht 06 446. Die Bestimmung des § 16 GKG, wonach Wertfestsetzungsbeschlüsse, die in der Zwangsvollstr.Instanz notwendig werden, vom Vollstreckungsgerichte zu erlassen sind, bezieht sich nicht auf Kostenfestsetzungsbeschlüsse.

Eine besondere Klage wegen der Kosten der Zwangsvollstreckung ist unzulässig, ZZP 18 460.

5. Wird der Schuldtitel, aus dem die Vollstreckungskosten beigetrieben sind, hinterher ganz oder teilweise aufgehoben, so sind dem Schuldner die mitbeigetriebenen Vollstreckungskosten zu erstatten, ZPO § 788 Abs. 2. Die Erstattungspflicht ist in dem aufhebenden Urteil auszusprechen, vgl. § 717 Abs. 2, 3 ZPO. Hierher gehört der Fall, wenn ein vorläufig vollstreckbares Urteil in höherer Instanz wieder aufgehoben wird, nicht aber der Fall, wenn lediglich die vorläufige Vollstreckbarkeit eines Urteils beseitigt wird, ZPO § 718. Der Anspruch auf Erstattung der Kosten erstreckt sich auch auf die dem Schuldner selbst, z. B. für Einstellungsanträge erwachsenen notwendigen Kosten, OLG Posen, PosMschr 01 33. Die Erstattungspflicht trifft den Gläubiger, nicht den Empfänger der Kosten, z. B. den Gerichtsvollzieher. Abs. 2 § 788 ZPO gilt auch von den Kosten der Vollstreckung eines wiederaufgehobenen Kostenfestsetzungsbeschlusses, RG, JW 89 236.

Zu beachten ist, daß nach dem neuen Abs. 3 des § 717 ZPO die Erstattung dann nur im Rahmen der Bereicherung, nicht des Schadenersatzes erfolgt, wenn das aufgehobene Urteil das eines OLG war.

6. Konnten die Kosten der Zwangsvollstreckung zugleich mit dem zur Zwangsvollstr. stehenden Anspruche beigetrieben werden, so hat der Gläubiger die durch die Festsetzung erwachsenen Mehrkosten zu tragen, RG, Gruch 30 1168; JW 86 272, 87 205, 90 157; OLG Jena, SeuffA 39 371; aM v. Bruchhausen, ZZP 12 251; PosMschr 4 33.

II. Zwangseintragung einer Sicherungshypothek. Die Eintragung ist ein Akt der Zwangsvollstreckung. Für die dem Schuldner zur Last fallenden Kosten der Eintragung haftet das Grundstück kraft Gesetzes, ZPO § 867 Abs. 1 Satz 3. Durch diese Bestimmung sollte die besondere Eintragung der Kosten vermieden werden, Prot. z. BGB 3 699. Daher ist die Eintragung der Kosten nicht notwendig und kann deshalb abgelehnt werden, KGJ 35 A 325. Das Grundbuchamt hat die Kosten weder zu prüfen noch festzusetzen, es ist vielmehr lediglich Sache des Gläubigers, sie im Falle der Zwangsversteigerung oder Zwangsverwaltung geltend zu machen. Kosten der Eintragung sind sowohl die gerichtlichen als die außergerichtlichen, insbesondere die Anwaltsgebühren für den Eintragungsantrag. Die etwa vom Gläubiger gemäß § 788 ZPO beantragte Eintragung früherer Vollstreckungskosten ist statthaft, kann aber nach § 1115 BGB nur erfolgen, wenn die Kosten zahlenmäßig feststehen. Es bedarf also der Festsetzung dieser Kosten nach §§ 103ff. ZPO, und diese Festsetzung ist Sache des Gerichtsschreibers erster Instanz, nicht des Grundbuchamts (vgl. oben zu 4), KG, Rsp 11 101; Gaupp-Stein § 867, VI. Unbedenklich können auch die Kosten des Rechtsstreits, sobald sie vom Gerichtsschreiber festgesetzt sind, auf Grund des selbständigen Schuldtitels, des Festsetzungsbeschlusses, eingetragen werden. Freilich gilt hier ebenso wie bei der Hauptforderung die Beschränkung des § 866 ZPO, daß die einzutragende Forderung für sich allein ohne Zurechnung der Nebenforderungen 300 Mk. betragen muß. Zugelassen durch die Novelle ist nur, daß die Zwangseintragung einer Sicherungshypothek aus einem Vollstreckungsbefehl ebenso wie aus jedem anderen Titel vorgenommen werden darf.

Bei der Zwangseintragung wird das Grundbuchamt nur in dieser seiner Eigenschaft, nicht als Vollstreckungsgericht in Anspruch genommen. Die Rechtsbehelfe gegen seine Entscheidung sind also nicht die des § 766 der ZPO, sondern es findet nur die Grundbuchbeschwerde des § 71 der GBO statt, RG 48 243.

III. Die Kostenfestsetzung ist kein Akt der Zwangsvollstreckung. Die Kosten des Erstattungsverfahrens werden daher zugleich mit den zu erstattenden Kosten des Hauptverfahrens festgesetzt (s. oben S. 88).

XIIb. Übergangsvorschriften.

1. Die Novelle vom 1. Juni 1909 ist am 1. April 1910 in Kraft getreten (Art. VII Ges. betr. Änderungen usw. v. 1. Juni 1909). Daher gelten die neuen Bestimmungen der §§ 103ff. ZPO über das Kostenfestsetzungsverfahren für alle Gesuche, die am oder nach dem 1. April 1910 einliefen. Sie sind also an den Gerichtsschreiber des Prozeßgerichts erster Instanz zu richten und können in der Form des § 105 Abs. 2 ZPO gestellt werden. Über alle von diesem Zeitpunkt an eingehenden Gesuche hat der Gerichtsschreiber nach § 104 oder § 105 ZPO zu entscheiden, ohne Rücksicht darauf, wann die Kostenentscheidung getroffen worden ist. Die vor dem 1. April eingegangenen Gesuche waren noch nach dem bisherigen Verfahren zu erledigen. Nur soweit diese Gesuche eine Festsetzung im Urteil oder mit dem Urteile bezweckten (§ 103 a. F. und § 105 ZPO), das erst nach dem 1. April 1910 ergehen konnte, lag die Entscheidung über die vorher gestellten Gesuche dem Gerichtsschreiber ob (Kiese, JW 10 323).

Über alle am oder nach dem 1. April 1910 einlaufenden Gesuche aus § 107 ZPO hat der Gerichtsschreiber zu entscheiden. Dagegen richtet sich die Anfechtung eines vor dem 1. April 1910 erlassenen Festsetzungsbeschlusses nach dem alten Rechte.

Vollstreckt werden darf aus einem Kostenfestsetzungsbeschlusse, der vor dem 1. April 1910 ergangen ist, vom 1. April 1910 ab stets erst nach Ablauf der dreitägigen Frist des § 798 ZPO.

2. Für den Inhalt der Festsetzung ergibt sich für die Übergangszeit, über die Art. X der Novelle nur bestimmt, daß die Schreib- und Postgebühren in den vor dem Inkrafttreten dieses Gesetzes anhängig gewordenen Rechtssachen bis zur Beendigung der Instanz nach den bisherigen Vorschriften des Gerichtskostengesetzes und der Gebührenordnung für Rechtsanwälte in Ansatz zu bringen sind, für die Gebühren der Rechtsanwälte folgender Grundsatz:

In allen am 1. April 1910 bereits anhängigen Sachen finden die neuen Bestimmungen der RAGebO auf alle gebührenpflichtigen Handlungen des Anwalts Anwendung, sofern seine zu vergütende Tätigkeit auch nur teilweise in die Zeit seit Inkrafttreten der neuen RAGebO fällt, Beschlüsse der Rechtsanwälte am KG, JW **10** 275; ebenso Flechtheim, JW **09** 382; Pfafferoth 32; Rieß 88; Koll, DJZ **10** 455; Meyerowitz, JW **10** 327; Schwering, JW **10** 380; Sydow-Busch 15; RG, JW **00** 345; OLG Königsberg, Braunschweig, DJZ **10** 976, 1032; OLG Kolmar, Rsp **21** 158, KG, KGBl **11** 102; aM Samter 120; Remelé, Recht **10** 196; Hedemann, DJZ **10** 791; s. auch Begr. 62f. Dagegen sind die Handlungen des Anwalts, die vor dem 1. April bereits abgeschlossen waren, nach den alten Sätzen zu vergüten. Entsprechendes gilt für die Gebührenerhöhung des Ges. v. 22. Mai 1910, das am 1. Juni 1910 in Kraft getreten ist. Unter den „anhängig gewordenen Rechtssachen" sind alle die Rechtssachen zu verstehen, mit denen ein Gericht vor dem Inkrafttreten des Gesetzes befaßt worden ist, KG, Rsp **21** 162; dagegen „anhängig" = „rechtshängig" OLG Karlsruhe, JW **10** 876.

Für die am 1. April 1910 anhängigen Sachen gilt daher (JW **10** 275):

a) Soweit die Prozeßgebühr nach den neuen Bestimmungen erhöht ist, kann die höhere Gebühr verlangt werden. Ist aber ein Teil des Anspruchs bereits durch Teilurteil oder anderweit erledigt, so tritt die Erhöhung nur nach dem Reste des Streitgegenstandes ein. Die Erledigung soll nach den genannten Beschlüssen der RA am KG mit der Verkündung des Urteils eintreten. Allein schon in diesem Zeitpunkte den Rechtsstreit für beendigt anzusehen, muß im Hinblick auf § 29 RAGebO und die dazu ergangenen Entscheidungen schweren Bedenken unterliegen. Vielmehr wird man an dem bisher anerkannten Instanzbegriffe festhalten müssen, so daß infolge einer Zustellung oder Ergänzung des Urteils nach dem 1. April die Prozeßgebühr nach den neuen Sätzen zu berechnen ist. Anwaltverein München und Breslau, JW 10 598 und BreslAKZ 10 7; Lentz, Recht 10 78; Hamburg, Rsp 21 159; JW 10 731, 871f.

b) Für mündliche Verhandlungen, die vor und nach dem 1. April stattfinden, steht dem Anwalte die höhere Gebühr zu, auch dann, wenn nach dem 1. April 1910 nur noch auf Grund einer vorangegangenen Beweisaufnahme verhandelt wird. An der Erhöhung nimmt also nicht etwa nur die Gebühr aus § 17 RAGebO teil, KG, KGBl 10 112, OLG Düsseldorf, Hamm, JW 10 690, 927, 11 126.

Dagegen erhöht sich nur die Verhandlungsgebühr, wenn lediglich nach dem 1. April 1910 streitig verhandelt, vorher aber ein Versäumnisurteil ergangen ist.

c) Die höhere Beweisgebühr ist fällig, wenn das Beweisverfahren auch nur teilweise in die Zeit nach dem 1. April 1910 fällt.

d) Die Vergleichsgebühr richtet sich nach dem Zeitpunkt, in dem der Vergleich geschlossen ist.

e) Im Falle der Zurückverweisung einer Sache sind die Gebühren des § 27 RAGebO auch dann zuzubilligen, wenn die Zurückverweisung schon vor dem 1. April 1910 stattgefunden hat, aber die Sache zu diesem Zeitpunkt in der unteren Instanz noch schwebt, OLG Oldenburg, DJZ 13 592. Außerdem aber erhöht sich die Prozeßgebühr, soweit für sie eine Erhöhung in anderen Paragraphen vorgesehen ist, da sie sich auf den ganzen Rechtsstreit bezieht, freilich mit den Einschränkungen zu a.

3. Die Schreib- und Postgebühren sind in den am 1. April 1910 anhängigen Sachen bis zur Beendigung der Instanz nach den bisherigen Vorschriften insbesondere auch der Höhe nach gemäß dem alten § 80 GKG mit 10 Pf. für die Seite in Ansatz zu bringen, OLG Kolmar, JW 10 637. Ob eine neue Instanz erst am 1. April 1910 begonnen hat, ist seit diesem Tage nach den neuen Bestimmungen zu beurteilen. Daher sind in einer Sache, in der nach dem 1. April 1910 ein Urteil ergeht und danach Berufung eingelegt wird, für das Berufungsverfahren die neuen Pauschsätze zu liquidieren, während für das Verfahren erster Instanz die alten Vorschriften maßgebend bleiben. War die Berufung schon am 31. März eingelegt, aber erst nach dem 1. April zugestellt, so war die Sache doch schon am 1. April anhängig, so daß die alten Schreibgebühren zu berechnen sind, KG, Rsp 21 398. Wenn nach dem 1. April 1910 eine Sache an das Gericht unterer Instanz zurückverwiesen (§§ 538, 539, 565 ZPO) oder eine schon vorher zurückverwiesene Sache an dem Tage noch anhängig ist (JW 10 277), ist das weitere Verfahren nicht nach dem alten § 26 RAGebO, § 31 GKG, sondern nach den neuen §§ 26, 27 RAGebO zu beurteilen. Hiernach gilt dieses neue Verfahren für die Gebühren der RA als neue Instanz, und daher sind auch die Schreib- und Postgebühren nach dem neuen § 76

RAGebO zu berechnen; ebenso anscheinend Pfafferoth, Novelle 33; aM Begr. 63; Merzbacher 246. War der Rechtsstreit durch Urteil vor dem 1. April 1910 abgeschlossen, so sind in dem Kostenfestsetzungsverfahren, das nach dem 1. April 1910 anhängig geworden ist, die Pauschsätze des § 76 RAGebO anzuwenden, da es für die Gebühren nach § 30 RAGebO als besonderes Verfahren anzusehen ist und die Vorschrift in Abs. 3 Halbsatz 2 § 76 nur für die Innehaltung der Höchst- und Mindestsätze gilt, OLG Hamm, Rsp 21 163, JW 10 735, 928; aM OLG Celle, Rsp 21 163; JW 10 638, 694, 736, 11 165.

B. Das Kostenfestsetzungsverfahren in Strafsachen.

Durch § 496 Abs. 2 StPO:

„Wenn über die Höhe der Kosten oder über die Notwendigkeit der unter ihnen begriffenen Auslagen Streit entsteht, so erfolgt hierüber besondere Entscheidung"

ist auch für den Strafprozeß ein Kostenfestf.Verfahren geschaffen.

XIII. Anwendbarkeit.

1. Freisprechung des Angeklagten.

„Die dem — freigesprochenen oder außer Verfolgung gesetzten — Angeschuldigten erwachsenen notwendigen Auslagen können der Staatskasse auferlegt werden," StPO § 499 Abs. 2.

1. Auslegung des § 499 und Zusammenstellung der obergerichtlichen Entscheidungen: Goltd. 37 237, 44 266. Verfahren bei Festsetzung der dem Angeschuldigten erwachsenen, der Staatskasse auferlegten Auslagen: PrAVf v. 15. März 1892, JMBl 109; s. unten S. 134. Das Gericht hat nur über die Höhe der Auslagen zu befinden, nicht aber die Anweisung auf eine bestimmte Kasse zu erlassen, Goltd. 39 86.

2. Die nach § 499 Abs. 2 StPO ergehenden Entscheidungen können mit der Revision nicht angefochten werden, weil bei ihnen im wesentlichen das richterliche Ermessen maßgebend ist, Goltd. 41 383; RG, R 6 533, 760, RGSt 45 63. Die Ablehnung des vom Angeklagten gestellten Antrags, nach § 499 Abs. 2 zu entscheiden, bedarf keiner weiteren Begründung, RG, Goltd. 53 70. Insbesondere ist die Anfechtung ausgeschlossen, wenn das Gericht im Falle der Freisprechung des Angekl., selbst bei nachgewiesener Unschuld, die notwendigen Auslagen (Goltd. 44 157) oder die Gebühren des Verteidigers (RG, R 6 532, 760) nicht der Staatskasse auferlegt. Das Gericht braucht sich nicht auf den allgemeinen Ausspruch, „daß die dem Angeschuldigten erwachsenen notwendigen Auslagen der Staatskasse aufzuerlegen", zu beschränken, sondern kann aus den Auslagen einzelne Arten ausscheiden und auf diese die Erstattungspflicht der Staatskasse begrenzen, RGSt 10 33, z. B. auf die Kosten der Ver-

teidigung (über deren Umfang, OLG Darmstadt, DJZ 10 320). Werden z. B. gestellte und erschienene Entlastungszeugen nicht vernommen, weil schon der Beweis der Unschuld geführt ist, so können die Kosten für diese Zeugen der Staatskasse zur Last gelegt werden, RG, R 6 57; RGSt 16 212. Auch auf die im Wiederaufnahmeverfahren nach § 411 StPO dem Antragsteller erwachsenen Auslagen findet § 499 Abs. 2 Anwendung, RGSt 28 146.

Ist eine ausdrückliche Entscheidung nach § 499 Abs. 2 StPO nicht ergangen, so kann der Angeklagte die Auslagen für einen von ihm gestellten Zeugen nicht von der Staatskasse erstattet verlangen, RG, Goltd. 52 258. Die Entscheidung aus § 499 Abs. 2 StPO bezieht sich nur auf die bis dahin entstandenen Auslagen. Legt also die Staatsanwaltschaft ein Rechtsmittel ein, das verworfen wird, ohne daß die neue Entscheidung sich wieder nach § 499 Abs. 2 StPO ausspricht, so hat der Angeschuldigte für die neu entstandenen Auslagen keinen Erstattungsanspruch, Löwe § 499 A. 5, b.

3. Der Ersatz der dem freigesprochenen Angekl. durch seine Verteidigung erwachsenen notwendigen Auslagen ist nicht auf die Fälle der notwendigen Verteidigung des § 140 StPO zu beschränken, RGSt 6 429; RG, R 6 532. Die Kosten einer notwendigen Verteidigung sind zwar notwendige Auslagen im Sinne des § 499 Abs. 2, sind aber, wenn der Angekl. sich eines Wahlverteidigers bedient hat, auch im Falle der Freisprechung nur nach Ermessen des Gerichts der Staatskasse aufzuerlegen, RG, R 5 743. Daß die Zuziehung eines Verteidigers zweckmäßig war, genügt noch nicht, aM. Mamroth, JW 12 1047, Hellwig, Goltd. 60 27. Der freigesprochene Angekl. darf unentgeltliche Bescheinigung der Rechtskraft verlangen (Goltd. 37 78); die Kosten einer Abschrift des freisprechenden Urteils sind zu den zu erstattenden Auslagen zu rechnen, Goltd. 40 361. Nicht zu erstatten sind aber die baren Auslagen, die dem Angekl. durch Wahrnehmung des Termins zur Hauptverhandlung entstanden sind, Goltd. 40 361, oder die Entschädigung für Zeitversäumnis, Goltd. 39 85, 51 68, OLG Frankfurt, ZDJ 12 138, Löwe § 499 A 4 d; KG, DJZ 08 83, wo aber Zehrkosten und Fahrkosten zugebilligt werden. Ebensowenig die Kosten eines im Vorverfahren zugezogenen Anwalts (Goltd. a. a. O.) und die Kosten einer Hypothekenbestellung (Goltd. 46 57) oder die Kosten für die Hinterlegung einer Barsicherheit (OLG Darmstadt, DJZ 10 320), s. unten XIV.

4. In dem Verfahren nach dem Ges. v. 20. Mai 1898 (RGBl 345) betr. die Entschädigung der im Wiederaufnahmeverfahren freigesprochenen Personen, und nach dem Ges. v. 14. Juli 1904 (RGBl 321) betr. die Entschädigung für unschuldig erlittene Untersuchungshaft ist für ein Kostenerstattungsverfahren im Sinne des § 496 Abs. 2 StPO kein Raum. Wer auf Grund des die Entschädigungspflicht der Staatskasse aussprechenden Beschlusses einen Anspruch geltend macht, hat diesen Anspruch

bei Vermeidung des Verlustes binnen drei (im zweiten Falle sechs) Monaten nach Zustellung des Beschlusses durch Antrag bei der StA desjenigen Landgerichts zu verfolgen, in dessen Bezirke das Urteil ergangen ist. Über den Antrag entscheidet die oberste Behörde der Landesjustizverwaltung. Gegen die Entscheidung ist die Berufung auf den Rechtsweg zulässig. Die Klage ist binnen einer Ausschlußfrist von drei Monaten nach Zustellung der Entscheidung gegen den Oberstaatsanwalt zu erheben, in dessen Bezirk das Landgericht liegt, das den Beschluß gefaßt hat. Ausschließlich zuständig zur Entscheidung sind die Zivilkammern der Landgerichte. In den zur Zuständigkeit des Reichsgerichts in 1. Instanz gehörigen Sachen ist die Reichskasse ersatzpflichtig. In diesen Fällen tritt an die Stelle der StA des Landgerichts der Oberreichsanwalt, an die Stelle der obersten Behörde der Landesjustizverwaltung der Reichskanzler.

2. Wissentlich falsche Anzeige.

StPO § 501: „Ist ein, wenn auch nur außergerichtliches Verfahren durch eine wider besseres Wissen gemachte oder auf grober Fahrlässigkeit beruhende Anzeige veranlaßt worden, so kann das Gericht dem Anzeigenden, nachdem derselbe gehört worden, die der Staatskasse und dem Beschuldigten erwachsenen Kosten auferlegen.

War noch kein Gericht mit der Sache befaßt, so erfolgt die Entscheidung auf den Antrag des Staatsanwalts durch dasjenige Gericht, welches für die Eröffnung des Hauptverfahrens zuständig gewesen wäre.

Gegen die Entscheidung findet sofortige Beschwerde statt."

1. „Gericht" ist das mit der Sache befaßte Gericht, also auch das Berufungsgericht, Goltd. 44 411; OLG Celle, Goltd. 54 316; aM Löwe § 501 A. 4b. Solange nur einzelne amtsgerichtliche Untersuchungshandlungen vorliegen, ist noch kein Gericht mit der Sache befaßt; es kann also nur der Staatsanwalt einen Antrag stellen, Goltd. 37 237.

2. Die Entscheidung über die Kostenpflicht ergeht durch Beschluß. Vor der Beschlußfassung ist dem Anzeigenden Gelegenheit zu geben, sich über den Vorwurf, daß er die Anzeige wider besseres Wissen oder aus grober Fahrlässigkeit angebracht habe, schriftlich oder zu Protokoll zu erklären. Geht eine Erklärung nicht ein, so wird nach Lage der Akten entschieden.

3. Das Rechtsmittel gegen den Beschluß ist nur die sofortige Beschwerde, auch wenn der Beschluß — unrichtigerweise — mit dem über die Anklage gefällten Urteile verbunden ist, RGSt 7 232. Sie steht zu: dem Anzeigenden — sofern ihm Kosten auferlegt sind —, der StA und dem Beschuldigten, den beiden letzten auch dann, wenn es das Gericht abgelehnt hat, die Kosten dem Anzeigenden aufzuerlegen. Die sofortige Beschwerde hat keine aufschiebende Wirkung, StPO §§ 353, 349 Abs. 1. Der Beschluß ist also sofort vollstreckbar.

über einen Fall, in dem der Kostenbeschluß rechtskräftig geworden war, demnächst aber die unterstellte falsche Anschuldigung durch freisprechendes Urteil verneint wurde, s. Rudolph, JW **13** 675. Die Vollstreckungsgegenklage aus § 767 ZPO wird hier mit Recht verneint.

Zur Feststellung, welche zu erstattenden Auslagen dem Beschuldigten erwachsen sind, kann noch ein besonderer Beschluß aus § 496 Abs. 2 StPO ergehen. Gegen diesen ist die einfache Beschwerde gegeben, OLG Celle, Goltd. **54** 316, Friedländer, ZStW **20** 188; aM Löwe § 501 A. 6

3. Zurücknahme des Strafantrags.

StPO § 502: „Erfolgt eine Einstellung des Verfahrens wegen Zurücknahme desjenigen Antrags, durch welchen dasselbe bedingt war, so hat der Antragsteller die Kosten zu tragen."

1. Die Vorschrift ist bindend (RGSt **23** 197; Winkler, Goltd. **56** 53ff., OLG Breslau, Goltd. **58** 237; Löwe § 502 A. 4), findet aber nur Anwendung, wenn die Zurücknahme des Strafantrags den unmittelbaren Grund zur Einstellung des Verfahrens bildet, Goltd. **43** 123. Legt das Gericht in diesem Falle die Kosten nicht dem Antragsteller, sondern der Staatskasse auf, so steht dem StA nicht die Beschwerde, sondern nur die Revision zu, RG, R **4** 322, **5** 623. War das Verfahren nicht nur auf Grund des später zurückgenommenen Antrags, sondern auch wegen eines ideell konkurrierenden Delikts, wegen dessen Freisprechung erfolgt ist, eingeleitet, so findet § 502 keine Anwendung, RG, R **5** 623; Goltd. **38** 438. Auch dann, wenn der Vorgesetzte den von ihm gestellten Antrag zurückgenommen hat, ist § 502 anzuwenden, Goltd. **47** 295. Ist der Vorgesetzte Träger eines staatlichen Amtes, so sind die Kosten der Staatskasse aufzuerlegen, DJZ **04** 318.

2. Der Antragsteller hat alle Kosten zu tragen, auch die dem Beschuldigten erwachsenen, soweit sie durch den Antrag veranlaßt und durch dessen Zurücknahme zu nutzlos aufgewendeten gemacht sind, RGSt **7** 411; aM RG, DJZ **05** 701.

3. Gegen die nach § 502 ergehende Entscheidung stehen den Beteiligten die je nach der Form der Entscheidung zulässigen Rechtsmittel zu, insbesondere also dem in die Kosten verurteilten Antragsteller (RG, R **5** 623) und, wenn eine ungerechtfertigte Verurteilung der Staatskasse in die entstandenen Kosten erfolgt ist, der StA, RGSt **10** 210; RG, R **4** 322. Die StA kann auch zugunsten des Antragstellers ein Rechtsmittel einlegen, RGSt **7** 409.

4. Die Privatklage.

StPO § 503: „In einem Verfahren auf erhobene Privatklage hat der Verurteilte auch die dem Privatkläger erwachsenen notwendigen Auslagen zu erstatten.

Wird der Beschuldigte außer Verfolgung gesetzt oder freigesprochen, oder wird das Verfahren eingestellt, so fallen dem Privatkläger die Kosten des Verfahrens sowie die dem Beschuldigten erwachsenen notwendigen Auslagen zur Last.

Ist den Anträgen des Privatklägers nur zum Teil entsprochen worden, so kann das Gericht die Kosten angemessen verteilen.

Mehrere Privatkläger und mehrere Angeklagte haften als Gesamtschuldner.

Unter den nach den Bestimmungen dieses Paragraphen zu erstattenden Auslagen sind, wenn sich der Gegner der erstattungspflichtigen Partei eines Rechtsanwalts bedient, die Gebühren und Auslagen des Anwalts insoweit inbegriffen, als solche nach der Bestimmung des § 91 der Zivilprozeßordnung die unterliegende Partei der obsiegenden zu erstatten hat."

Die Kosten können also dem Angeklagten oder dem Privatkläger auferlegt oder zwischen beiden geteilt werden. Die Verurteilung einer Partei in die Kosten des Verfahrens begründet zugleich die Erstattungspflicht, ohne daß das Gericht diese noch besonders auszusprechen braucht, RGSt **10** 114; RG, R **6** 153. Wird der Angeklagte für straffrei erklärt, so ist die Anwendung von § 500 StPO zulässig, RGSt **44** 334, Goltd. **37** 453. Wegen der Wirkung der Entscheidung für den Nebenkläger s. nächsten Abschnitt 5.

Die Gesamtverbindlichkeit von Mitangeklagten zum Tragen von Auslagen folgt aus der Verurteilung der mehreren Mitangeklagten in die Kosten von selbst und braucht im Urteile nicht besonders ausgesprochen zu werden, RGSt **1** 93; RG, R **1** 309.

Im Verfahren auf öffentliche Klage greift § 503 nur so weit Platz, als für die Kostenerstattungspflicht der Nebenkläger dem Privatkläger gleichgestellt wird (StPO § 437), im übrigen aber nicht; es kann also der Nebenkläger von den Kosten des Verfahrens nicht betroffen werden, RGSt **31** 230.

Den der obsiegenden Partei zustehenden Schuldtitel für das Festsetzungsverfahren bildet, je nach dem Ausgange der Sache, das rechtskräftige Urteil oder der Einstellungsbeschluß. Der in einer Privatklagesache über die Kosten abgeschlossene Vergleich fällt nicht unter § 794 ZPO, gewährt also keinen vollstreckbaren Titel, LG II Berlin, KGBl **92** 108; LG Schweinfurt, JW **13** 1007. Ztschr. des rheinpreuß. Amtsrichtervereins **6** 95; Goltd. **41** 26 (Blome), **45** 20 (Gorden); Reichel, JW **13** 75; aM OLG Königsberg, Goltd. **40** 462; Meikel, JW **13** 632. Die Vereinbarung, wer die Kosten zu tragen hat, ist lediglich ein Geschäft des Privatrechts und genießt, da sie nicht unter den Voraussetzungen des § 794 Nr. 1 ZPO getroffen ist, nicht die Vorzüge eines vollstreckbaren Titels. Der Erstattungsanspruch ist daher im Wege der Klage geltend zu machen. Die Vorschrift des Abs. 2 § 503 StPO ist bindend, so daß eine abweichende Vereinbarung der Parteien über die Kostentragung für die Kostenentscheidung des Gerichts ohne Bedeutung ist; RGSt 23 198; Winkler, Goltd. 56 53ff.; Fritze, Goltd. 51 308; OLG Dresden, Breslau, Goltd. 45 22, 58 236; aM OLG Kassel, Goltd. 52 265; Löwe § 503 A. 6, b. Ist aber auf Grund des Vergleichs ein Gerichtsbeschluß über den Kostenpunkt ergangen, so kann auf Grund dieses Beschlusses eine Kostenfestsetzung erfolgen, LG Bromberg, PosMschr 05 10; LG 1 Berlin, KGBl 06 110. Dagegen hält KG, DJZ 06 825 bei einer Zurücknahme der Privatklage außerhalb der Hauptverhandlung einen Einstellungsbeschluß überhaupt für unzulässig und erklärt den Vergleich der Parteien über die Kostentragung für maßgebend. Meikel, JW 13 631 erklärt den Einstellungsbeschluß nach Abschluß eines Vergleichs in jedem Falle für unnötig.

Der Erstattungsanspruch des Privatklägers hat zur Voraussetzung, daß der Angeklagte gerade auf die Privatklage hin verurteilt ist, und zwar weil sich seine Tat gegen den Privatkläger oder eine Person, deren Rechte er kraft eigenen Rechtes wahrnimmt, richtet, RGSt 41 173.

In welchem Umfange der unterliegende Teil die Auslagen und Kosten zu erstatten hat, darüber ist nach § 496 Abs. 2 StPO zu entscheiden, s. unten S. 131. § 503 Abs. 5 StPO weist nur für die Erstattung der Gebühren und Auslagen des Anwalts auf § 91 ZPO hin. Danach hat der unterliegende Teil die dem Gegner entstandenen Anwaltsgebühren für die Hauptverhandlung auch dann zu erstatten, wenn der zu den Akten legitimierte Anwalt der Gegenpartei nicht selbst auftritt, sondern sich durch einen anderen Anwalt vertreten läßt, der aber mangels einer Untervollmacht nur als Beistand aufgetreten ist, KGBl 04 34.

Titel zur Festsetzung sind:

I. das rechtskräftige Urteil.

1. Rechtskräftig ist ein Urteil, sobald es nicht mehr durch die ordentlichen Rechtsmittel — Berufung und Revision — angefochten werden kann, StPO §§ 357, 383. Die Anfechtung ist auch lediglich des Kostenpunkts wegen statthaft, da die StPO eine Bestimmung wie die des § 99 ZPO nicht aufgenommen hat, RGSt 6 238.

2. Ist das Urteil rechtskräftig, so wird durch den späteren Tod des Verurteilten der Anspruch des Gegners auf Befriedigung des ihm zustehenden Kostenanspruchs nicht berührt, vielmehr kann dieser gegen die Erben erhoben und gegen den Nachlaß vollstreckt werden.

3. Stirbt der Verurteilte vor der Rechtskraft des Urteils, so fallen dem Privatkläger nicht nur die Kosten, sondern auch die notwendigen Auslagen des Angekl. zur Last, Goltd. 46 365.

II. der Einstellungsbeschluß.

1. § 503 Abs. 2 StPO gilt für alle Fälle der Einstellung des Privatklageverfahrens, also nicht nur, wenn die Privatklage ausdrücklich zurückgenommen wird (§ 431 Abs. 1 StPO) oder nach § 431 Abs. 2 StPO die Zurücknahme anzunehmen ist, sondern auch im

Falle des § 429 StPO und beim Tode des Privatklägers, § 433 Abs. 1 StPO.

Vererblich ist die Privatklage nur in den Ausnahmefällen des § 433 Abs. 2 StPO auf Eltern und Kinder und auf den Ehegatten, sofern diese die Fortsetzung des Verfahrens binnen 2 Monaten, vom Tode des Privatklägers an gerechnet, erklären. Geschieht dies, so ist in dem aufgenommenen Verfahren auch über den Kostenpunkt mitzuentscheiden und tritt durch diese Entscheidung die Festsetzung des Einstellungsbeschlusses ohne weiteres außer Kraft. Sind diese Kosten bereits aus dem Nachlasse gezahlt, so kann im Falle einer abändernden Entscheidung im späteren Verfahren die Rückerstattung der Kosten nur durch eine besondere Klage erlangt werden.

2. Nur wenn nach § 417 Abs. 2 StPO die Staatsanwaltschaft die Verfolgung übernimmt und deshalb das Privatklageverfahren eingestellt wird, gilt § 503 Abs. 2 StPO nicht. Vielmehr fallen bei späterer Verurteilung des Angeklagten diesem auch die Kosten der Privatklage und die Auslagen des Privatklägers, der nun die Stellung eines Nebenklägers hat, zur Last, RG, Goltd. 48 348.

5. Die Nebenklage, StPO §§ 435 ff.

Der Nebenkläger hat die Rechte, nicht auch die Pflichten des Privatklägers, StPO § 437 Abs. 1. Erst mit dem Beschlusse des Gerichts, der ihn als Nebenkläger zuläßt, erlangt der Verletzte diese Rechte, RG, Goltd. 53 291.

Wird also der Angekl. verurteilt, so fallen ihm außer den Kosten des gerichtlichen Verfahrens (§ 497 StPO) auch die dem Nebenkläger seit der Anschließung (OLG Kassel, Goltd. 54 100) erwachsenen notwendigen Auslagen zur Last, weil für den Privatkläger der Ersatz dieser Auslagen ausdrücklich vorgeschrieben ist, StPO § 503. RGSt 6 237; RG, R 4 388, 5 572, 9 524. Vorausgesetzt wird dabei, daß der Angeklagte wegen einer gegen den Nebenkläger gerichteten Straftat verurteilt wird, RGSt 41 174, und daß der Nebenkläger rechtlich imstande war, seinen Anspruch bei dem Gerichte durchzusetzen, also nicht unzulässigerweise als Minderjähriger in dem Verfahren zugelassen ist, RG, Recht 13 Nr. 146. Eines besonderen Ausspruchs über die Erstattungspflicht bedarf es nicht, RGSt 10 113; RG, R 6 153. Durch die Abweisung der beantragten Buße wird der Erstattungsanspruch des Nebenklägers nicht ausgeschlossen, auch nicht dadurch, daß der Angekl. aus einem anderen rechtlichen Gesichtspunkte verurteilt wird, der einen Anschluß als Nebenkläger nicht zuläßt, RGSt 6 237; RG, R 4 388, 5 572, 9 524. Wird aber der Angeklagte nach § 199 StGB für straffrei erklärt, so umfaßt seine Verurteilung in die Kosten noch nicht die Kosten des Nebenklägers, RGSt 44 334.

Wird der Angekl. freigesprochen oder außer Verfolgung gesetzt oder wird das Verfahren eingestellt, sind die Gerichtskosten der Staatskasse zur Last zu legen. Dem Nebenkläger können nur die durch sein Verschulden besonders veranlaßten (StPO §§ 501, 504), nicht die Gerichtskosten allgemein und auch nicht die dem Angekl. erwachsenen Auslagen auferlegt werden, denn er hat das Verfahren nicht selbständig betrieben, sondern nur einem von Amts wegen betriebenen Verfahren sich unterstützend angeschlossen; § 503 Abs. 2 StPO findet auf den Nebenkläger keine Anwendung, RGSt **31** 230, **40** 411. Daß der Antrag auf Zuerkennung einer Buße zurückgewiesen ist, begründet noch keine Verpflichtung des Nebenklägers zur Tragung von Kosten, RGSt **41** 352. Eine Ausnahme gilt aber, wenn der Nebenkläger erfolglos ein Rechtsmittel eingelegt hat, RG, R **6** 197, Recht **11** Nr. 3788, **12** Nr. 2621. Die ihm erwachsenen baren Auslagen hat bei Freisprechung des Angekl. der Nebenkläger selbst zu tragen, ohne daß es eines besonderen Ausspruchs im Urteile bedarf, RGSt **15** 190, Recht **11** Nr. 1462.

6. Antrag auf gerichtliche Anordnung der öffentlichen Klage, StPO §§ 170ff.

StPO § 504: „Wird im Falle des § 173 der Angeschuldigte außer Verfolgung gesetzt oder freigesprochen oder das Verfahren eingestellt, so finden auf den Antragsteller die Bestimmungen des § 503 Abs. 2, 3, 4, 5 entsprechende Anwendung. Das Gericht kann jedoch nach Befinden der Umstände den Antragsteller von der Tragung der Kosten ganz oder teilweise entbinden.

Vor der Entscheidung über den Kostenpunkt ist der Antragsteller zu hören, sofern er nicht als Nebenkläger aufzutreten berechtigt war."

1. Für den Fall, daß der Angeschuldigte straffrei bleibt, steht der Antragsteller dem Privatkläger gleich. Er hat also die Kosten des Verfahrens einschließlich der dem Angeschuldigten erwachsenen notwendigen Auslagen zu tragen, ohne daß es darauf ankommt, ob ihm ein Versehen bei der Stellung des Antrags zur Last fällt. Das Gericht ist aber befugt, nach freier Würdigung der Sachlage den Antragsteller von den Kosten ganz oder teilweise freizustellen. Von dieser Befugnis wird insbesondere dann Gebrauch zu machen sein, wenn der Antragsteller mutmaßlich nicht aus privaten Gründen, sondern im öffentlichen Interesse die Verfolgung betrieben hat, Prot. der 174. Sitz. S. 2, Sten. Ber. S. 486.

2. War der Antragsteller berechtigt, als Nebenkläger aufzutreten (StPO § 435 Abs. 2), gleichviel ob er dieses Recht tatsächlich ausgeübt hat, so kann er ohne besonderes Gehör in dem Urteil oder in dem Einstellungsbeschluß zu den Kosten verurteilt werden.

3. War der Antragsteller als Nebenkläger aufzutreten nicht berechtigt, so ist er zunächst aufzufordern, sich wegen seiner Kostenpflicht binnen bestimmter Frist zu erklären. Nach Ablauf der Frist ist

dann, auch wenn keine Erklärung eingeht, über die Kostenpflicht nach Lage der Sache durch Beschluß zu entscheiden.

4. Dem zur Kostentragung verurteilten Antragsteller steht gegen den Beschluß die sofortige Beschwerde, gegen das Urteil das in der Hauptsache zulässige Rechtsmittel — Berufung oder Revision — zu. Die Rechtsmittelfrist läuft für ihn in allen Fällen von der Bekanntmachung der Entscheidung ab, Löwe § 504 A. 2, 3.

5. Die durch das Antragsverfahren (§ 170 StPO) dem Antragsteller erwachsenen Kosten können nicht auf Grund des Strafurteils zum Gegenstand eines Kostenfestſ.Verfahrens gemacht werden, LG Freiburg, BadRPrax **03** 260.

XIV. Umfang der Erstattungspflicht.

1. Das Recht des obsiegenden Teiles erstreckt sich in allen Fällen nur auf den Ersatz der ihm erwachsenen notwendigen Auslagen.

Ausdrücklich gesagt ist dies nur für den Fall der Freisprechung des Angeklagten und bei der Privatklage (StPO §§ 499 Abs. 2, 503 Abs. 1), muß aber auch für die andern zu XIII hervorgehobenen Fälle gelten, weil der entscheidende Grundgedanke, die Billigkeit walten zu lassen, gleichmäßig auf alle zutrifft. Für die Nebenklage kommt hinzu, daß die dem Nebenkläger durch die zugelassene Anschlußerklärung erwachsenen Rechte denen des Privatklägers gleichgestellt sind, StPO § 437. Wenn auch nur die Auslagen des Angeklagten genannt sind, so sind ihnen doch die solcher Personen gleichzustellen, die kraft eigenen Rechtes seine Verurteilung zu bekämpfen und für seine Freisprechung einzutreten befugt sind (§§ 324, 340, 401 Abs. 1), RGSt **28** 149; hierzu gehören aber nicht die Einziehungsbeteiligten, RG **22** 353; Löwe § 499 A 4, b, c. Im Falle des § 369 Abs 3, Halbsatz 2 StPO gilt für die Kosten das ganze Verfahren als eine Instanz, RG, Recht **12** Nr. 1413.

2. Die Notwendigkeit ist in jedem Einzelfalle nach den Umständen zu beurteilen. Als notwendig können insbesondere angesehen werden die von dem Angeschuldigten aufgewendeten Reisekosten, die von ihm gezahlten Zeugengebühren und die Kosten der Verteidigung, auch wenn eine solche nach § 140 StPO nicht notwendig war, RGSt **4** 429, **10** 33; RG, R **4** 635, **5** 743, **6** 57, **9** 476; s. auch oben S. 124 A. 3. Den Grundsatz des § 91 ZPO: „Die Kostenerstattung umfaßt auch die Entschädigung des Gegners für die durch notwendige Reisen oder durch die notwendige Wahrnehmung von Terminen entstandene Zeitversäumnis; die für die Entschädigung von Zeugen geltenden Vorschriften finden entsprechende Anwendung," auch in Strafsachen anzuwenden, würde billig sein; ebenso Riesebieter u. Boethke in DJZ **01** 93 u. 281; Karl Meyer in JW **04** 547; Hergenhahn, Goltd. **39** 86; Kochmann, DJZ **07** 355. Nach der herrschenden Meinung sind freilich unter Auslagen nur bare Aufwendungen, nicht aber Zeitversäumnisse zu

verstehen; OLG Kassel, Goltd. 39 85; OLG München, SeuffBl 74 67; Löwe § 499 A 4d. S. auch unten S. 134 zu II 1, oben S. 124 A 3.

In Privatklagesachen sind die Anwaltsgebühren des obsiegenden Teiles nach denselben Grundsätzen erstattungsfähig, wie im Zivilprozesse (S. 42ff.), StPO § 503 Abs. 5. Ebenso die des obsiegenden Nebenklägers, StPO § 437. Die Kosten eines Detektivs für Ermittelung des Schuldigen im Privatklageverfahren sind regelmäßig erstattungsfähig. Eine besondere Anwaltsgebühr entsteht durch den Betrieb des Ermittelungsverfahrens nicht; diese Gebühr wird durch die für das Vorverfahren erwirkte Gebühr abgegolten, LG I Berlin, KGBl 01 58. Die eigenen Auslagen und Kosten der Partei sind neben den Gebühren und Auslagen ihres Anwalts insoweit erstattungsfähig, als sie notwendig waren, LG Bromberg, PosMschr 04 169. Die Kosten der Urteilsveröffentlichung, die erst nach rechtskräftiger Beendigung des Strafverfahrens entstehen, können festgesetzt werden. Dagegen sind die Gebühren eines Anwalts hierfür als nicht notwendig nicht zu erstatten, OLG Hamburg, Rsp 11 342. Walter-Joachim, Vorb. Abschnitt 4, III, 5 bekämpft dies, weil nach ZPO § 91 nicht zu prüfen sei, ob es nötig war, einen Anwalt zuzuziehen. Es handelt sich jedoch nicht mehr um den Betrieb einer Rechtssache, sondern um die einfache Bekanntmachung eines feststehenden Richterspruchs (als erstattungsfähig anerkannt ist die Gebühr vom LG Landshut, JW 13 349).

3. Mitangeklagte, die in bezug auf dieselbe Tat zu Strafe verurteilt worden sind, haften für die Auslagen als Gesamtschuldner, StPO § 498 Abs. 2. Dies braucht im Urteile nicht besonders ausgesprochen zu werden, folgt vielmehr aus der Verurteilung der mehreren Mitangeklagten in die Kosten von selbst, RGSt 1 93. Eine Haftung nach Kopfteilen gibt es in der StPO nicht.

XV. Verfahren.

Das Urteil und der Beschluß — die beiden Schuldtitel bei Kostenfestsetzungen in den 6 Fällen zu XIII — entscheiden nur darüber, wer die Kosten des Strafverfahrens zu tragen hat, StPO § 496 Abs. 1. Kann hiernach ein Beteiligter Erstattung der Kosten verlangen, so kann er über die Höhe der Kosten und die Notwendigkeit der unter ihnen begriffenen Auslagen eine besondere Entscheidung im Festsetzungsverfahren erwirken, § 496 Abs. 2 StPO. Es steht ihm aber nicht zu, die Kosten im Prozeßweg einzuklagen. Mit der herrschenden Meinung ist davon auszugehen, daß die §§ 496ff. StPO erschöpfende Vorschriften enthalten (RG, R 5 527), daß demgemäß die Festsetzung innerhalb des Strafverfahrens erfolgt und den Weg der Zivilklage ausschließt, LG Plauen, ZZP 25 232; LG II Berlin (ZK), KGBl 06 50; LG I Berlin, KGBl 08 32;

Freyhan, KGBl 06 107; aM LG II Berlin (StrK), KGBl 06 75; LG Glogau, BreslauAKZ 07 10.

Die Voraussetzungen des Festsetzungsantrags sind streitig. Das LG II Berlin (StrK), KGBl 05 76 (BraunschwZ 53 191, s. auch Witt, Recht 06 930) lassen die Festsetzung nur unter den Voraussetzungen des § 496 Abs. 2 StPO zu. Nach der zutreffenden Ansicht braucht der in § 496 Abs. 2 StPO bezeichnete Streit über Höhe und Notwendigkeit nicht vorzuliegen. Wenn der erstattungspflichtige Teil zwar die Zahlungspflicht und den Betrag der Kosten nicht bestreitet, gleichwohl aber die Zahlung verweigert, muß es möglich sein, zum Zwecke der Vollstreckung einen Festsetzungsbeschluß zu erwirken, LG Kottbus, KGBl 05 99; OLG Hamburg, Rsp 11 343; Löwe § 496 A. 7; Irmler, Goltd. 33 177ff.; Freyhan, KGBl 06 108. Auf Grund des § 496 Abs. 2 StPO wird man jedoch wenigstens daran festhalten müssen, daß der erstattungspflichtige Gegner zuvor vergeblich zur Kostenerstattung aufgefordert sein muß, KG, KGBl 07 22, BayObLG, ZDI 11 168, 231, SeuffBl 76 671 (unter Aufgabe seiner früheren Ansicht); Hüssener, IW 06 186; Bruck, DIZ 08 182. Die Nichterfüllung ist dem Bestreiten gleichzustellen. Nach den Grundsätzen über die Einklagung einer zivilrechtlichen Forderung würden nur die Kosten des Festsetzungsbeschlusses dem Antragsteller aufzuerlegen sein, falls er den Festsetzungsantrag stellt, ohne vorher den Verurteilten zur Erstattung der Kosten aufzufordern. Das Festsetzungsgesuch aus diesem Grunde gänzlich abzuweisen, geht über das Ziel hinaus und ist auch aus § 496 StPO nicht notwendig zu folgern.

Vereinzelt wird auch die Ansicht vertreten, daß die Kosten schon auf Grund des Urteils und einer vom beitreibenden Teile gegebenen Aufstellung seiner Auslagen ohne Festsetzung beigetrieben werden können, so lange kein Streit über die Höhe oder Notwendigkeit entstehe, Zeiler, DIZ 08 531; SeuffBl 73 217ff.; früher auch OLG München, Samml. 8 98.

Zuständig für die Festsetzung ist das Gericht, das die Verpflichtung zur Kostentragung ausgesprochen hat, mag es sich um öffentliche Klagen (BayObLG 6 80) oder um Privatklagen handeln, OLG Darmstadt, DIZ 08 1350; OLG Kassel, Goltd. 39 86; OLG Rostock, Goltd. 52 264; KG, KGBl 07 22; OLG Darmstadt, HessR 8 73, 9 35; aM Friedländer, ZStW 20 186. Abweichend hiervon wird in Privatklagesachen das jedesmalige Gericht erster Instanz für zuständig erachtet, BayObLG 2 36, 6 358, SeuffBl 76 137, ElsLothZ 30 195.

Jedenfalls aber ist die Festsetzung nicht (wie im Zivilprozesse) dem Gerichtsschreiber übertragen.

Das Gericht selbst hat nach wie vor über das Gesuch zu entscheiden, da die einzelnen Bestimmungen der ZPO über das Kostenfestf.Verfahren nicht ohne weiteres für das Strafverfahren anzuwenden sind, OLG Kassel, Goltd. **39** 86, JW **11** 124, 415.

I. In Preußen ist das Verfahren, soweit es sich um die aus der Staatskasse zu erstattenden Auslagen handelt, durch die AVf. des Justizministers v. 15. März 1892, JMBl 109 (ergänzt durch die AVf. v. 30. April 1902, JMBl 92) wie folgt geregelt.

„I. 1. Die Anträge auf Festsetzung der Auslagen werden bei dem Gericht angebracht, welches die Entscheidung erlassen hat.

2. Die Anträge werden zunächst der bei dem Gerichte bestehenden Staatsanwaltschaft (Amtsanwalt, Erster Staatsanwalt, Oberstaatsanwalt) zur Erklärung mitgeteilt (§ 33 StPO).

3. Die auf die Anträge ergehenden Beschlüsse werden der in Nr. 2 bezeichneten Staatsanwaltschaft zugestellt (§§ 35, 41 StPO).

4. Der Staatsanwaltschaft wie den Beschuldigten steht gegen den Beschluß die einfache Beschwerde zu (§ 346 StPO).

II. Die Beamten der Staatsanwaltschaft haben, wenn ihnen Anträge der in Rede stehenden Art zur Erklärung vorgelegt (vgl. Nr. I. 2) oder die auf solche Anträge ergangenen Beschlüsse zugestellt werden (vgl. Nr. I. 3), sowohl bei der Abgabe der Erklärung als bei der Entschließung darüber, ob gegen die Beschlüsse Beschwerde einzulegen ist, die erhobenen Ansprüche einer sorgfältigen Prüfung zu unterziehen.

Hierbei sind insbesondere folgende Gesichtspunkte zu beachten:

1. Der Anspruch des Angeschuldigten erstreckt sich nur auf die notwendigen Auslagen, umfaßt hingegen nicht sonstige Nachteile; insbesondere ist auf die dem Angeklagten zu gewährende Entschädigung die Gebührenordnung für Zeugen und Sachverständige nicht zur Anwendung zu bringen.

2. Ob die durch Zuziehung eines Verteidigers entstandenen Kosten dem Angeklagten zu erstatten sind, hängt davon ab, ob die Zuziehung im Einzelfalle als notwendig zu erachten ist. Daß die Verteidigung eine notwendige im Sinne des § 140 der StPO war, wird nicht gefordert werden können. Daher ist es auch von der Lage des Falles abhängig, ob eine etwaige Beteiligung des Verteidigers im Vorverfahren als eine notwendige anzusehen ist.

3. Dem Rechtsanwalt ist für Anbringung des Antrags auf Festsetzung der Auslagen die im § 75 Nr. 1 der RAGebO bestimmte Gebühr nicht streitig zu machen.

III. Die Staatsanwaltschaft hat innerhalb einer Woche nach Zustellung des Beschlusses entweder die Beschwerde einzulegen, sofern dies zulässig ist und angezeigt erscheint, oder die Akten dem Vorstande des Gerichts (aufsichtführender Amtsrichter, Landgerichtspräsident, Oberlandesgerichtspräsident) mit der Erklärung zu übergeben, daß die Einlegung eines Rechtsmittels nicht beabsichtigt werde.

(AVf. v. 30. April 1902.) Ist der Beschluß von dem Amtsrichter erlassen, so hat der Amtsanwalt die ihm gemäß der Bestimmung in Nr. I. 3 mit der Urschrift des Beschlusses zugehenden Akten ohne Verzug dem Ersten Staatsanwalte mit einer Äußerung darüber einzureichen, ob ein Anlaß zur Einlegung der Beschwerde vorliegt. Die Einlegung der Beschwerde oder die Übergabe der Akten an den aufsichtführenden Amtsrichter mit der in dem ersten Absatze vorgeschriebenen Erklärung ist innerhalb der einwöchigen Frist durch den Ersten Staatsanwalt unmittelbar zu bewirken.

IV. Die Anweisung zur Zahlung der Auslagen erfolgt auf Grund des dieselben festsetzenden Beschlusses durch den Vorstand des Gerichts (Nr. III) auf den Fonds Kapitel 77 Abteilung 2 des Staatshaushaltsetats, wenn gegen den Beschluß ein Rechtsmittel nicht zulässig ist (§§ 346 Abs. 3, 352 Abs. 2 der StPO) oder die in Nr. III bezeichnete Erklärung der Staatsanwaltschaft vorliegt."

II. 1. Gegen den Festsetzungsbeschluß gibt es nur Eine Beschwerde; die weitere Beschwerde ist ausgeschlossen, StPO § 352. Die Beschwerde ist die einfache (nicht befristete), gleichviel, ob eine die Kostenfestsetzung ablehnende Entscheidung oder ob der Festsetzungsbeschluß selbst angegriffen wird, StPO § 346; Löwe § 496, A. 7 (mit der Ausnahme zu § 501 StPO). Die für den Zivilprozeß gegebenen Vorschriften über die Anfechtung des Kostenfests.Beschlusses finden keine entsprechende Anwendung. Dagegen gilt § 4 GKG auch in Strafsachen.

2. Die Beschwerde ist einzulegen bei dem Gericht 1. Instanz, in dringenden Fällen bei dem Beschwerdegerichte. Anwaltszwang besteht nicht. Sowohl die Beschwerde als die im Laufe des Verfahrens abzugebenden Erklärungen können zu Protokoll des Gerichtsschreibers oder privatschriftlich erfolgen. Will der erste Richter der Beschwerde nicht stattgeben, so „soll" er sie vor Ablauf von drei Tagen dem Beschwerdegerichte vorlegen, StPO § 348 Abs. 2.

3. Als Beschwerdegericht entscheidet endgültig über den Beschluß

a) des Amtsgerichts: die Strafkammer des Landgerichts in der Besetzung mit drei Richtern, GVG §§ 72, 77, 78;

b) der Strafkammer: der Strafsenat des OLG, GVG § 123[5].

4. Die Entscheidung erfolgt ohne mündliche Verhandlung. Vor der Entscheidung ist — außer in Privatklagesachen — die Staatsanwaltschaft zu hören. Das Beschwerdegericht ist nicht befugt, dem Gericht 1. Instanz eine Änderung aufzugeben oder die Sache in die 1. Instanz zurückzuverweisen. Es hat vielmehr, wenn es den angegriffenen Beschluß nicht für gerechtfertigt hält, diesen aufzuheben und selbst in der Sache zu entscheiden, StPO §§ 33, 351.

Die Vollstreckung des Kostenfests.Beschlusses erfolgt auf Betreiben des Ersatzberechtigten nach § 495 StPO.

III. Für den Militärstrafprozeß
bezeichnet die MilStGO v. 1. Dez. 1898 (RGBl 1289) in den §§ 470, 471 bestimmte Fälle, in denen dem Beschuldigten die ihm erwachsenen Auslagen von anderen Personen zu erstatten sind. Über das Verfahren ist nichts gesagt. Der Erstattungsanspruch wird aber im Militärstrafprozesse nicht anders zu behandeln sein als im bürgerlichen Strafprozesse. Die Entscheidung über den Festsetzungsantrag ist also vom Gerichtsherrn in der durch § 9 EG. MilStGO geregelten Form zu erlassen und den Beteiligten zuzustellen und gemäß § 495 StPO zu vollstrecken.

XVI. Kosten.

1. Im Falle zu XIII, 1 (S. 123) dürfen, wenn dem Erstattungsantrag im vollen Umfange stattgegeben wird, gerichtliche Kosten nicht berechnet werden, weil der Fiskus Schuldner ist, GKG § 98. Außergerichtliche Kosten (§ 75 RAGebO) sind dagegen insoweit mit festzusetzen, als sie „notwendige Auslagen" waren.

Wird der Antrag ganz oder teilweise zurückgewiesen, so sind für die zurückweisende Entscheidung gerichtliche Kosten nach § 78 GKG anzusetzen. Der § 499 StPO steht nicht entgegen, weil er sich nur auf die Kosten des Strafverfahrens bezieht und die Kostenfestsetzung ein besonderes Verfahren bildet. Die Kosten einer zurückgewiesenen Beschwerde treffen den Beschwerdeführer.

2. Im übrigen sind die Grundsätze über die Kostenpflicht in bürgerlichen Rechtsstreitigkeiten (oben S. 88) auch im Strafverfahren entsprechend anzuwenden, GKG § 78; RAGebO § 75.

III.

Gebührenordnung für Rechtsanwälte,

vom 7. Juli 1879 (RGBl. 176) in der Fassung der Bek. vom 20. Mai 1898 (RGBl. 692), mit den Änderungen der Novellen vom 1. Juni 1909 (RGBl. 475) und vom 22. Mai 1910 (RGBl. 767).

Erster Abschnitt.

Allgemeine Bestimmungen.

§ 1. Die Vergütung für die Berufstätigkeit des Rechtsanwalts in einem Verfahren vor den ordentlichen Gerichten, auf welches die Zivilprozeßordnung, die Strafprozeßordnung oder die Konkursordnung Anwendung findet, sowie für die beratende Berufstätigkeit des Rechtsanwalts, welche den Beginn oder die Fortsetzung eines solchen Verfahrens betrifft, bestimmt sich nach den Vorschriften dieses Gesetzes.

1. Der Ausdruck „Vergütung" umfaßt sowohl die Gebühren als die Auslagen des Rechtsanwalts, RG (Pl) 21 349. „Gebühren" sind die Entlohnung für die Berufstätigkeit (§§ 611 ff. BGB), „Auslagen" die Aufwendungen des RA. Diese sind vom Auftraggeber zu ersetzen, soweit sie notwendig waren. Schreib- und Postgebühren werden jetzt grundsätzlich durch einen Gebührenzuschlag (Pauschsatz) abgegolten; über dessen Natur s. § 76 Vorbem. Begründet ist der dem RA nach den Sätzen der RAGebO zustehende Vergütungsanspruch auf Grund des Gesetzes (§ 1), sobald seine Berufstätigkeit in Anspruch genommen wird, ohne daß es einer auf die Anwendung der GebO gerichteten Vereinbarung bedarf. Eine die Sätze der GebO abändernde Vereinbarung ist nur nach Maßgabe des § 93 gestattet.

2. Das Gesetz gilt nur für die Berufstätigkeit der Rechtsanwälte, nicht also für die Tätigkeit als Konkursverwalter oder Mitglied eines Gläubigerausschusses, OLG Köln, RheinArch 70 Abt. 2 S. 65; LG I Berlin, KGBl 02 62; OLG Hamburg, Rsp 9 168; Karlsruhe, Rsp 11 342; s. § 7.

a) Die Berufstätigkeit ist nicht beschränkt auf die Fälle des Anwaltszwanges (RG 9 331). Sie umfaßt auch die beratende Tätigkeit, wenn sie den Beginn oder die Fortsetzung des Verfahrens betrifft, auch wenn das Verfahren überhaupt nicht oder nicht von demselben RA begonnen oder fortgesetzt wird, RG, JW 86 499. Erforderlich ist jedoch, daß die Absicht des Auftraggebers darauf gerichtet war, die Tätigkeit des Anwalts zum Zwecke des Beginns oder der Fortsetzung eines gerichtlichen Verfahrens in Anspruch zu nehmen, RG, Rsp 15 180, 17 228. Bei dieser Voraussetzung fällt unter die beratende Tätigkeit des RA nicht nur der eigentliche Rechtsrat, sondern die ganze das gerichtliche Verfahren, besonders dessen Beginn, vorbereitende Tätigkeit, z. B. Mahnschreiben, Kündigungen, Aufforderung zur Freigabe von Pfandstücken, ferner auch die Beschaffung des Prozeßstoffs und der erforderlichen Beweise, RG, JW 03 28; KG, KGBl 08 37 und Rsp 17 228, OLG Braunschweig, Rsp 20 240; s. auch §§ 14, 37 A. 3, 47 und oben S. 53.

b) Rechtsanwälte im Sinne dieses Gesetzes sind diejenigen, die zur Zeit der zu vergütenden Tätigkeit zur Rechtsanwaltschaft, wenn auch nicht gerade bei dem zuständigen Gerichte, zugelassen sind, RG 26 418. Läßt der RA sich durch einen andern RA oder durch einen im Justizdienste befindlichen Rechtskundigen vertreten, der mindestens zwei Jahre im Vorbereitungsdienste beschäftigt und von der Landesjustizverwaltung gemäß § 25 Abs. 1, 2 RAO zum Stellvertreter bestellt ist, so ist die Tätigkeit des Vertreters ebenso zu vergüten, wie wenn sie vom RA selbst geübt wäre, RG, JW 84 157, 85 229. Vertritt ihn ein Referendar, der nicht von der Landesjustizverwaltung zum Stellvertreter bestellt ist, so kann eine Vergütung nicht nach der RAGebO, sondern nur im angemessenen und tatsächlich aufgewendeten Betrage zugebilligt werden. Dies folgt aus § 25 Abs. 3 RAO, wonach der bezeichnete Rechtskundige (abgesehen von § 157 ZPO) jedem Laienvertreter gleichsteht. Dieser Grundsatz ist vom RG ständig, insbesondere auch (wegen der Reisekosten aus § 78) in der Pl.-Entscheidung RG 21 349 anerkannt; ebenso in RG 31 425 und den dort angeführten Entscheidungen; Pfafferoth § 1 A. 9, § 78 A. 6. Er ist aber bestritten. Volle taxmäßige Vergütung billigen zu: Meyer-Irmler § 1 A. 3, Drucker A. III 2, Merzbacher § 1 A. 2, Walter-Joachim A. 9 und die dort angeführten Entscheidungen. Für die Vertretung des RA durch eine andere Person (Bureauvorsteher, Prozeßagent) kann dem RA ebenfalls eine Vergütung nach der RAGebO nicht bewilligt werden, sondern nur Ersatz der angemessenen Aufwendungen, OLG Breslau, Rsp 15 82. Hat ein RA durch seine Tätigkeit eine bestimmte Gebühr bereits erwirkt, so bleibt es ohne Einfluß, wenn demnächst ein Nichtanwalt die unter dieselbe Gebühr fallende Tätigkeit fortsetzt, PrJMBl 83 102.

3. Die Tätigkeit des RA muß ein Verfahren betreffen, das — nach Reichs- oder Landesrecht — vor die ordentlichen deutschen Gerichte gehört, GVG § 12. Unerheblich ist, ob die Sache, bevor sie bei den ordentlichen Gerichten anhängig gemacht war, bei anderen Behörden, z. B. bei dem Gemeindevorsteher, dem Seeamte, der Polizeibehörde, anhängig gewesen ist. Ist es in solchem Falle zu einem Verfahren vor den ordentlichen Gerichten nicht gekommen, so können für das Vorverfahren nur die Landesgebührengesetze in Betracht kommen, Walter-Joachim A. 30. Vgl. aber RGSt 14 371. Auch dann findet die RAGebO für die Tätigkeit des RA Anwendung, wenn er beauftragt wird, eine Sache vor die ordentlichen Gerichte zu bringen, den Auftrag aber nicht ausführt, z. B. weil die Sache gar nicht vor die ordentlichen Gerichte gehört. Dasselbe gilt, wenn ein solcher Auftrag nur bedingungsweise erteilt oder der RA nur mit der Frage befaßt wird, ob der Rechtsweg zulässig ist und die Sache demgemäß vor die ordentlichen Gerichte gebracht werden soll, Mot. S. 24.

Auf Rechtssachen, die nicht vor die ordentlichen Gerichte, sondern vor andere Behörden oder besondere Gerichte gehören, findet die RAGebO an sich keine Anwendung.

Der § 91 erstreckt jedoch die GebO auf 5 und Art. 2 der PrGebO auf noch 7 andere Verfahrensarten. Treffen reichs- und landesrechtliche Gebührenvorschriften zusammen, so ist die Gebühr nach § 92 nur einmal, und zwar nach den dem RA günstigeren Vorschriften, zu berechnen.

4. Auf das vor die ordentlichen Gerichte gehörende Verfahren müssen die Reichsprozeßordnungen Anwendung finden. Hiernach greift die RAGebO nicht Platz:

A. In denjenigen Verfahren vor den ordentlichen Gerichten, auf die andere Reichsgesetze Anwendung finden: a) Zwangsversteigerung und Zwangsverwaltung (ZVG); b) in Grundbuchsachen (GBO); c) in Angelegenheiten der freiw. Gerichtsb. (FGG), alle G. in d. Fass. v. 20. Mai 1898.

B. In denjenigen Sachen, in denen die Landesgesetze kraft reichsrechtlichen Vorbehalts ein abweichendes Verfahren vorgeschrieben haben. Hierher gehören: a) EG.ZPO § 11 (Aufgebot) und § 15 (Kompetenzkonflikt, Enteignung, Zwangsvollstreckung gegen den Fiskus, Körperschaften, Stiftungen oder Anstalten des öffentlichen Rechtes, Zwangsvollstreckung in Lehen-, Stamm-, Familienfideikommiß- oder Anerbengüter); b) EG.StPO § 3 (Forst- und Feldrügesachen) und § 6 (Strafverfolgung gegen Mitglieder einer gesetzgebenden Versammlung, Zuwiderhandlungen gegen das VereinsG, Verwaltungsstrafverfahren wegen öffentlicher Abgaben und Gefälle); c) EG.KO § 5 (Befriedigung der Lehen-, Stammguts- oder Familienfideikommißgläubiger).

5. A. Andere Behörden, auf die zum Teil auf Grund ausdrücklicher Anordnungen die RAGebO anzuwenden ist, sind die Verwaltungsbehörden und Verwaltungsgerichte, nämlich a) das Bundesamt für das Heimatwesen (Ges. v. 12. März 1894); b) die Versicherungsämter, Oberversicherungsämter und das Reichsversicherungsamt (Reichsversicherungsordnung v. 19. Juli 1911, RGBl 509; Einf. Ges. v. 19. Juli 1911 Art. 5, 11); die Vergütung der RA bemißt sich hier nach der KaisV v. 24. Dez. 1911 betr. die Gebühren der RA im Verfahren vor den Versicherungsbehörden (§ 91 A. 2); hierzu die andere KaisV v. 24. Dez. 1911 über Geschäftsgang und Verfahren des Reichsversicherungsamts, RGBl 1083, desgl. der Oberversicherungsämter, RGBl 1095, desgl. der Versicherungsämter, RGBl 1107; die Schiedsgerichte für die Angestelltenversicherung (Vers. Ges. für Angestellte v. 20. Dezember 1911, RGBl 989) *); c) das Patentamt (G. v. 7. April 1891), vor dem die Anwendung der RAGebO in RAGebO § 91 vorgeschrieben ist. Für ein Verfahren vor der Staatsanwaltschaft muß, selbst wenn diese als „andere Behörde" anzusehen wäre, mangels landesgesetzlicher Vorschriften die RAGebO entsprechende Anwendung finden, Meyer-Irmler A. 4; Walter-Joachim § 1 A. 45, Vorb. zu Abschnitt 4, IV.

B. Reichsgesetzlich bestellte besondere Gerichte sind: a) die Militärgerichte (Reichs-Militärgesetz v. 2. Mai 1874, RGBl 187, § 39, MilStGO v. 1. Dez. 1898, RGBl 1189). Nach § 17 des EG zur MilStGO soll auf die Berufstätigkeit der zum Auftreten vor den Militärgerichten zugelassenen Rechtsanwälte die RAGebO entsprechende Anwendung finden; b) die Konsulargerichte (G. v. 7. April 1900, RGBl 213, §§ 19, 76). Danach gilt in Konsularsachen die RAGebO,

*) Für das landesrechtliche Verfahren in Knappschaftssachen (KnappschaftsG. v. 17. Juni 1912, SchiedsgerichtsO. v. 8. Dez. 1913 und OberschiedsgerichtsO. v. 8. Dez. 1913, GS. 403, 420) fehlt es bislang an Anwaltsgebührenvorschriften.

soweit die Gebühren nicht durch Ortsgebrauch geregelt sind; c) die Gerichte der deutschen Schutzgebiete (SchutzgebietsG v. 10. Sept. 1900, RGBl 812); nach § 3 gilt ebenso wie in Konsularsachen die RAGebO; jedoch kann nach § 6 Ziff. 7 durch Kaiserl. Verordnung abweichendes bestimmt werden; s. auch § 10 d. Verord. v. 9. Nov. 1900, RGBl 1005; d) die Prisengerichte (Ges. v. 3. Mai 1884, RGBl 49); e) die Gewerbegerichte und Kaufmannsgerichte als Gerichte 1. Instanz, während für die Berufungs- und Beschwerdeinstanz das Landgericht zuständig und die RAGebO anzuwenden ist (Gewerbegerichtsges. in der Fassung v. 29. Sept. 1901, RGBl 353, § 55; Ges. betr. Kaufmannsgerichte v. 6. Juli 1904, RGBl 266, § 16); f) die Innungsschiedsgerichte (Gewerbeordnung §§ 81a[4], 81b[4], 91, 91a, 91b), gegen deren Entscheidungen die Klage beim ordentlichen Gerichte gegeben ist; für dieses weitere Verfahren gilt die RAGebO.

C. Reichsgesetzlich zugelassene besondere Gerichte sind: a) in Ansehung der Landesherren und der Mitglieder der landesherrlichen Familien sowie der Mitglieder der Fürstlichen Familie Hohenzollern, des vormaligen Hannoverschen Königshauses, des vormaligen Kurhessischen, des vormaligen Herzoglich Nassauischen und des Herzoglich Holsteinischen (RGBl 04 149) Fürstenhauses die in den Hausverfassungen oder den Landesgesetzen bestimmten Gerichte (EG.GVG § 5), für Strafsachen gegen Landesherren die Austrägalgerichte (EG.GVG § 7); b) die im § 14 GVG bezeichneten Gerichte, nämlich die Rheinschiffahrts- und Elbzollgerichte, die Agrargerichte und Gemeindegerichte. Die Gewerbegerichte, die in § 14 Nr. 4 GVG nur zugelassen waren, gehören nach dem Ges. v. 29. Juli 1890 zu den gesetzlich bestellten besonderen Gerichten (oben zu B). Wenn in den Fällen des § 14 GVG als besondere Gerichte die ordentlichen Gerichte bestellt sind und das Verfahren der Reichsprozeßordnungen vorgeschrieben ist, so findet die RAGebO Anwendung.

6. Gebührenschuldner ist der Auftraggeber. Der Auftrag kann auch durch einen gesetzlichen Vertreter oder Bevollmächtigten und nicht nur von der Partei, sondern auch — und zwar für eigene Rechnung — von einem anderen, der an dem Siege der Partei ein Interesse hat, erteilt werden. Wird mit der Führung eines Rechtsstreits ein RA beauftragt, der bei dem für den Rechtsstreit zuständigen Gerichte nicht zugelassen ist, und beauftragt er daher für die Instanz einen dort zugelassenen RA oder überträgt er einzelne Prozeßhandlungen einem anderen RA, so hängt es von den Umständen ab, ob dieser als von der Partei oder von dem RA beauftragt anzusehen ist. Die §§ 42, 43 setzen ein Verlangen der Partei für eine solche Übertragung voraus, das allerdings stillschweigend zum Ausdruck gebracht sein kann. Dem Unterbevollmächtigten haftet dann die Partei für seine Gebühren. Auch ohne solches Verlangen wird von: Aron, Vrst. d. AnwK Stettin, Kiese, JW 12 728, 730, 1094, KG, KGBl 06 90 die Partei, und von Gaupp-Stein § 81, V, KG, KGBl 05 79, 01 82, Hirsch, DRAZ 12 166, der RA für den Gebührenschuldner angesehen. Bestellt der RA lediglich auf Grund des § 81 ZPO einen Vertreter, so ist er Gebührenschuldner, tut er es auf Grund besonderer Ermächtigung der Partei, so haftet diese für die Gebühren, KG, KGBl 11 133. Die Ermächtigung kann allerdings stillschweigend erteilt sein, RG, Warn 13 Nr. 130. In bestimmten Fällen (ZPO §§ 57, 58, 668, 679, 686, 779, 787) hat der Vorsitzende des Prozeßgerichts oder das Vollstreckungsgericht einen RA als „besonderen Vertreter" einer

Partei zu bestellen. Gebührenschuldner ist in diesen Fällen der Vertretene. In den Fällen der §§ 58, 787 ZPO wird sich der RA wegen seiner Gebühren nur an den neuen Eigentümer des Grundstücks halten können. Er kann aber die Vertretung davon abhängig machen, daß der Antragsteller die Haftung übernimmt, Walter-Joachim A. 15.

Die Veräußerung der im Streite befangenen Sache oder die Abtretung des rechtshängigen Anspruchs läßt den Prozeß zwischen den bisherigen Parteien weitergehen (ZPO § 265). Der Rechtsnachfolger tritt nicht als Gebührenschuldner neben den ursprünglichen Auftraggeber. Hat der Rechtsnachfolger den Prozeß als Hauptpartei übernommen und läßt er den Prozeß von dem bisherigen RA weiterführen, so liegt ein — stillschweigender — Auftrag zur Prozeßführung vor. Dem RA haften daher für die bisherige Prozeßführung der ursprüngliche Auftraggeber, für die fortgesetzte Prozeßführung der Erwerber; Walter-Joachim A. 16.

Armenanwalt: S. 26 (6). Bestellter Verteidiger: s. Vorb. vor § 63.

7. Als zweiten Gebührenschuldner erhält der RA kraft Gesetzes: a) den Ehemann im gesetzlichen Güterstande (BGB §§ 1388, 1387, 1416), bei der allgemeinen Gütergemeinschaft (§§ 1460 Abs. 2, 1459 Abs. 2), bei der Errungenschaftsgemeinschaft (§§ 1529 Abs. 2, 1387, 1531, 1530 Abs. 2), bei der Fahrnisgemeinschaft (§ 1549); b) den Inhaber der elterlichen Gewalt, und zwar den Vater gemäß §§ 1654, 1388, die Mutter gemäß § 1686. AM Staudinger, der die genannten Paragraphen auf die dem eigenen RA geschuldeten Kosten nicht anwenden will.

8. Soweit die RAGebO keine Anwendung findet, sind die landesgesetzlichen Bestimmungen über die Gebühren der Rechtsanwälte maßgebend, falls nicht gemäß § 612 BGB eine — in diesem Falle (abweichend von RAGebO § 93 Abs. 2) formfreie — Vereinbarung über die Höhe der Vergütung stattgefunden hat. Allein auch landesgesetzliche Formvorschriften sind gültig, RG 75 98ff.

§ 2. Für die Ausführung eines Auftrags, dessen gemeinschaftliche Erledigung mehreren Rechtsanwälten übertragen ist, steht jedem derselben die volle Vergütung zu.

1. Wenn jemand mehreren Rechtsanwälten die gemeinschaftliche Ausführung eines Geschäfts aufträgt, so will er, daß jeder Anwalt sich vollständig mit der ganzen Sache befasse. Ob und wie eine Teilung der Arbeit eintritt, ist den Anwälten überlassen und für deren Verhältnis zum Auftraggeber nicht von Belang. War der Auftrag an mehrere Anwälte erteilt, die sich zur gemeinsamen Ausübung der Rechtsanwaltschaft verbunden haben, und ging die Absicht des Auftraggebers nur dahin, daß der Auftrag von dem einen oder dem anderen dieser Anwälte ausgeführt werden sollte, so können die mehreren Anwälte zusammen nur die Vergütung eines Anwalts beanspruchen, Mot. 25.

§ 2 gilt nicht, wenn die gemeinschaftliche Ausführung eines Auftrags einem RA und einem Nichtanwalt übertragen ist, RG **10** 380; OLG Dresden, SächsAnn 8 530.

2. Wenn mehrere Anwälte hintereinander oder in verschiedenen Abschnitten des Verfahrens tätig sind, so gelten die §§ 42ff.

§ 3. Bei Ausführung von Aufträgen mehrerer Auftraggeber durch dieselbe Tätigkeit haftet jeder Auftraggeber dem Rechtsanwalte für denjenigen Betrag an Gebühren und Auslagen, welcher bei abgesonderter Ausführung seines Auftrags erwachsen sein würde. Die Mitverhaftung der anderen Auftraggeber kann dem Rechtsanwalte gegenüber nicht geltend gemacht werden.

1. Die Anwendung des § 3 ist auf die Fälle beschränkt, in denen die Aufträge mehrerer Auftraggeber durch dieselbe Tätigkeit ausgeführt werden. Sie ist also nur möglich, wenn der RA im bürgerlichen Rechtsstreite mehrere Streitgenossen vertritt (§ 51), in Strafsachen mehrere Beschuldigte verteidigt (§ 72), oder mehrere Privatkläger oder Nebenkläger vertritt (§ 73). Entsprechende Anwendung findet § 3 bei einer Reise im Interesse mehrerer Auftraggeber, § 79. In Konkurssachen ist für § 3 kein Raum, da nach § 62 die Gebühren für jeden Auftrag besonders berechnet werden und, wenn wegen derselben Forderung mehrere Mitberechtigte Auftrag erteilen, in Wirklichkeit nur ein Auftrag vorliegt.

2. Wie hoch im Falle des § 3 sich die Gesamtvergütung des Anwalts beläuft, bestimmen §§ 51, 62, 72, 79 Abs. 3. Der § 3 regelt, inwieweit der einzelne Auftraggeber dem Anwalte haftet:

a) Ist die Gesamtvergütung dem Betrage gleich, den jeder einzelne Auftraggeber auch allein entrichten müßte, so haftet jeder dem RA ungeteilt für die ganze Vergütung. Dies ist der Fall, wenn der RA mehrere Streitgenossen vertritt, die ein gleiches Interesse am Streitgegenstande haben und für die er die gleiche gebührenpflichtige Tätigkeit ausgeübt hat.

b) Ist die Beteiligung der einzelnen Auftraggeber verschieden, so ist die Haftung jedes Auftraggebers auf denjenigen Betrag der Vergütung beschränkt, der bei gesonderter Ausführung seines Auftrags erwachsen sein würde. „Wenn also in einem Rechtsstreit über 2000 Mark der Anwalt den Bekl. und außerdem auf Grund einer gleichzeitig ausgestellten Vollmacht (§ 51) einen Nebenintervenienten vertritt, der nur in Höhe von 100 M. beteiligt ist, und die Gebühren das Doppelte des Gebührensatzes (§ 9) betragen, so haftet der Beklagte für 72 M., der Intervenient für 8 M.", Mot. 26. Führt der RA in einer Verhandlung vor dem Schöffengerichte die Verteidigung mehrerer Angekl., so beträgt seine Gesamtgebühr 18 M., jeder Angekl. haftet aber nur in Höhe von 12 M., §§ 63 Nr. 1, 72.

c) War die gebührenpflichtige Tätigkeit für die einzelnen Auftraggeber verschieden, so sind auch die Gebühren verschieden. Werden z. B. die Aufträge nacheinander erteilt, so haftet derjenige, der den späteren Auftrag erteilt hat, nur für die nach der Erteilung seines Auftrags entstandenen Kosten. Z. B. haftet der Nebenintervenient nicht für die Beweis- und die erhöhte Verhandlungsgebühr, wenn er erst nach der Beweisaufnahme den Prozeßbevollmächtigten der Hauptpartei mit seiner Vertretung beauftragt hat, Walter-Joachim A. 23; Meyer-Irmler § 3 A. 3; aM KGBl 92 71, wo der Nebenintervenient für die vollen Kosten des gemeinschaftlichen Anwalts haftbar erklärt wird, weil sein Auftrag nicht ohne Benutzung des bisherigen Prozeßstoffs sich habe ausführen lassen.

3. Soweit nach § 3 eine Gesamtschuld der mehreren Auftraggeber besteht, gelten die §§ 421 bis 425 BGB, und im Innenverhältnisse der Auftraggeber § 426 BGB.

4. Wegen Erstattung vom Gegner: oben S. 65ff.

§ 4. Für die Tätigkeit als Beistand stehen dem Rechtsanwalte die gleichen Gebühren zu wie für die Vertretung.

Die Vorschrift findet nur Anwendung, wenn der von der Partei bestellte „Beistand" in einem Verfahren der ZPO, StPO oder KO tätig wird. Daher gilt § 4 nicht, wenn ein RA nach § 13 FGG als Beistand auftritt. In Betracht kommen ZPO §§ 78 Abs. 2, 90, 157, 610, StPO §§ 418, 427. In Konkurssachen wird die Beistandsleistung da zuzulassen sein, wo eine Vertretung zulässig ist, Walter-Joachim A. 3.

§ 5. Für Unterzeichnung eines Schriftsatzes erhält der Rechtsanwalt die gleichen Gebühren wie für Anfertigung desselben.

1. Unterzeichnung von Schriftsätzen durch einen RA ist, abgesehen von dem Anwaltsprozeß (§ 130 Nr. 6 ZPO), erforderlich: bei dem Antrag auf gerichtliche Entscheidung über einen von der Staatsanwaltschaft abgelehnten Antrag auf Erhebung der öffentlichen Klage (§ 170 StPO), bei Anbringung und Begründung der Revision in Strafsachen (§§ 385, 430, 437 StPO) und bei einem Antrag auf Wiederaufnahme eines durch rechtskräftiges Urteil geschlossenen Strafverfahrens (§§ 406, 430 StPO), Mot. 27, 28. Nach § 29 FGG und § 80 GBO muß die weitere Beschwerde, wenn sie durch Einreichung einer Beschwerdeschrift eingelegt wird, von einem RA unterzeichnet sein.

2. Schriftsätze im Sinne dieses Gesetzes sind nicht nur diejenigen Schriften, die in der ZPO ausdrücklich als solche bezeichnet werden, sondern alle schriftlichen Anträge und Gesuche, die bei Gericht gestellt werden, Mot. 28.

3. Gebühren für Anfertigung eines Schriftsatzes: §§ 46, 68, 69, 73, 74.

§ 6. Für Anfertigung und Übersendung von Rechnungen über Gebühren und Auslagen und für Zahlungsaufforderungen wegen derselben kann der Rechtsanwalt eine Gebühr nicht beanspruchen.

1. Die Vorschrift bezieht sich nicht auf Anfertigung und Übersendung von Rechnungen, die der RA im Namen seines Auftraggebers z. B. zwecks Kostenfestsetzung vornimmt, sondern nur auf solche, die er im eigenen Interesse bewirkt.

2. Die Frage, ob der Ausdruck „Gebühr" hier in weiterem Sinne zu verstehen ist und auch den Anspruch auf Erstattung der Auslagen umfaßt, hat auch noch nach der Nov. Bedeutung behalten (abw. Sydow-Busch A. 2; Merzbacher § 6), da die Pauschsätze des § 76 sich auf Schreibwerk und Postsendungen innerhalb des Rahmens einer gebührenpflichtigen Tätigkeit beziehen, es sich hier aber um Schreibwerk im Sinne des § 76 Abs. 6 Nr. 3 handelt. Die Vorschrift ist aus § 7 Abs. 2 des preuß. G. v. 12. Mai 1851 entlehnt: „Für die Anfertigung und Zustellung der Liquidation und für Zahlungsaufforderungen, die sie wegen ihrer Gebühren und Auslagen erlassen, können sie nichts liquidieren." Daraus ist zu folgern, daß § 6 dem RA verbieten will, Gebühren und Auslagen für die hier genannte Tätigkeit zu beanspruchen. Ebenso: KGPräs, KGBl 93 109; Pfafferoth A. 1, 2; OLG Posen, Rsp 17 230; aM (Erstattung von Auslagen) Meyer-Irmler § 6 A. 1; Walter-Joachim A. 2—4; Drucker A. 3; Merzbacher A. 1; OLG Rostock, MecklZ 9 364; OLG Hamburg, HansGZ 99 Beibl. 232; OLG Posen, Rsp 17 229; Knebusch, Münchener Anwaltsverein, JW 10 386, 599.

3. Die Vorschrift findet auch auf den gemäß § 150 StPO zum Verteidiger bestellten RA wegen Berechnung der ihm aus der Staatskasse zu zahlenden Gebühren Anwendung, KGPräs, JW 01 197; KGBl 93 109.

§ 7. Bei dem Betrieb eigener Angelegenheiten kann der Rechtsanwalt von dem zur Erstattung der Kosten des Verfahrens verpflichteten Gegner Gebühren und Auslagen bis zu dem Betrage fordern, in welchem er Gebühren und Auslagen eines bevollmächtigten Rechtsanwalts erstattet verlangen könnte.

1. In eigenen Angelegenheiten darf der RA von dem unterliegenden und in die Kosten des Verfahrens verurteilen Gegner dieselben Gebühren und Auslagen fordern, die er beanspruchen könnte, falls er die Angelegenheit für einen anderen betrieben hätte, RG 10 376. Dasselbe gilt für Angelegenheiten, die er als gesetzlicher Vertreter, z. B. als Inhaber der elterlichen Gewalt, Vormund, Pfleger, Nachlaßverwalter, Konkursverwalter, Zwangsverwalter, Testamentsvollstrecker, betreibt. Deshalb kann der RA, der als Konkursverwalter zur Leistung eines ihm auferlegten Eides erscheint, die Beweisgebühr nach § 13 Nr. 4 und, wenn er zum Termine zu reisen hatte, Reisekosten beanspruchen, RG 9 332, 10 374. Ebenso kann der RA, welcher als Konkursverwalter Prozeßpartei im landgerichtlichen Prozeß ist, aber beim LG nicht zugelassen ist, für die Wahrnehmung von Beweisterminen beim ersuchten Amtsgericht und für Stellung von Zwangsvollstreckungsanträgen Gebühren nach der RAGebO zu Lasten des Gegners berechnen, OLG Königsberg, PosMschr 03 96; aM Walter-Joachim A. 7. Zwei zu Testamentsvollstreckern bestellte RA bilden zusammen nur eine Partei; zu erstatten sind daher nur die Kosten eines RA, KG, Rsp 23 100. Auch zwei TestV, die nicht selbst Anwälte sind, werden regelmäßig nur einen Anwalt bevollmächtigen, da sie — wenn auch formell Parteien und notwendige Streitgenossen — doch ein einheitliches Vermögensinteresse zusammenwirkend wahrzunehmen haben und wirtschaftlich nicht anders zu behandeln sind, wie etwa der mehrköpfige Vorstand einer Stiftung. Daß diese juristische Person ist und der Nachlaß nicht, kann doppelte Anwaltskosten für den Prozeßgegner nicht rechtfertigen. Aus ähnlichen Erwägungen mehreren Miterben nur die Kosten eines RA als erstattungsfähig zuzubilligen (Schönfeld, Recht 13 336), erscheint aber nicht angängig.

Ist der Anwalt Vormund, so gehören die Dienste, die er dem Mündel kraft seines Berufs leistet, zu den ihm aus dem Mündelvermögen zu ersetzenden Aufwendungen, BGB § 1835 Abs. 2. Dies gilt auch für den Pfleger und Nachlaßverwalter.

2. Hat der Anwalt in eigener Sache einen anderen Anwalt zum Prozeßbevollmächtigten bestellt, so ist er nicht befugt, auf Grund des § 7 die Gebühren oder Pauschsätze eines Korrespondenzmandatars (§ 44) zu berechnen. Als rechtskundige Partei braucht er sich eines „Zwischenanwalts" nicht zu bedienen, RG, JW 90 70, 91 4, 93 498, 98 54; Bolze 22 Nr. 709b; Gruch 34 1188, 38 1167; NaumbAKZ 94 7, 77; EGH 5 13; Portoauslagen kann er aber erstattet verlangen. Dasselbe gilt von dem Anwalte, der als Konkursverwalter in einem Prozesse der Konkursmasse den Prozeßbevollmächtigten informiert; diese Tätigkeit wird durch die Vergütung, die er als KVerwalter bezieht, mit abgegolten, JW 94 242, 98 54; Gruch 38 1167; OLG Karlsruhe, Hamburg, Kiel, Rsp 11 342, 15

184, 17 230. Aus demselben Grunde erhält der RA als Mitglied des Gläubigerausschusses keine Gebühren nach § 7, OLG Karlsruhe, Rsp 11 342.

3. Der im Strafverfahren freigesprochene RA kann im Falle des § 499 Abs. 2 StPO eine Gebühr für die von ihm selbst geführte Verteidigung nicht zu Lasten der Staatskasse berechnen, weil diese nur die tatsächlich erwachsenen notwendigen Auslagen zu erstatten hat, PreußJM, KGBl 93 72. Im Privatklageverfahren ist für die Erstattungspflicht der § 91 ZPO maßgebend, StPO § 503 Abs. 5. Es kann also auch der in eigener Sache tätige RA von dem unterlegenen Gegner Gebühren und Auslagen gemäß § 7 erstattet verlangen.

§ 8. Der niedrigste Betrag einer jeden nach den Vorschriften der Abschnitte zwei bis vier zu berechnenden Gebühr wird auf eine Mark bestimmt.

1. Wenn gemäß §§ 13ff. mehrere Gebühren zusammentreffen, so kommt § 8 nicht bei deren Summe, sondern bei jeder einzelnen selbständigen Gebühr zur Anwendung. Die weitere Verhandlungsgebühr (§ 17) ist keine selbständige Gebühr, da sie nur in einer Erhöhung der Verhandlungsgebühr des § 13[2] besteht, RG 9 332.

2. Nur die Abschnitte 2—4 werden vom § 8 betroffen, nicht aber auch die Abschnitte 5 und 7, also auch nicht die §§ 87 Abs. 2, 89, 90. Für die zum Ersatze der Schreib- und Postgebühren bestimmten Pauschsätze gelten andere Mindestbeträge: § 76. Diese Pauschsätze sind gesondert zu berechnen und für sich abzurunden.

3. Die Abrundung der Gebühren, die nicht ohne Bruch durch zehn teilbare Pfennigbeträge ergeben, ist, abweichend von § 7 GKG und von den Pauschsätzen § 76 Abs. 2, nicht ausdrücklich vorgeschrieben, aber auch nicht ausgeschlossen und daher nicht unzulässig.

Zweiter Abschnitt.

Gebühren in bürgerlichen Rechtsstreitigkeiten.

§ 9. In bürgerlichen Rechtsstreitigkeiten werden die Gebühren nach dem Werte des Streitgegenstandes erhoben.

Der Gebührensatz beträgt bei Gegenständen im Werte:

1.	bis 20 Mark einschließlich				. . . .	2	Mark,
2.	von mehr als	20	bis	60	Mark einschließlich	3	„
3.	„ „ „	60	„	120	„ „	4	„
4.	„ „ „	120	„	200	„ „	7	„
5.	„ „ „	200	„	300	„ „	10	„
6.	„ „ „	300	„	450	„ „	14	„
7.	„ „ „	450	„	650	„ „	19	„
8.	„ „ „	650	„	900	„ „	24	„
9.	„ „ „	900	„	1200	„ „	28	„
10.	„ „ „	1200	„	1600	„ „	32	„
11.	„ „ „	1600	„	2100	„ „	36	„
12.	„ „ „	2100	„	2700	„ „	40	„
13.	„ „ „	2700	„	3400	„ „	44	„

14.	von mehr als	3400	bis	4300	Mark	einschließlich	48	Mark,
15.	„ „ „	4300	„	5400	„	„	52	„
16.	„ „ „	5400	„	6700	„	„	56	„
17.	„ „ „	6700	„	8200	„	„	60	„
18.	„ „ „	8200	„	10000	„	„	64	„

Die ferneren Wertsklassen steigen um je 2000 Mark und die Gebührensätze in den Klassen bis 50000 Mark einschließlich um je 4 Mark, bis 100000 Mark einschließlich um je 3 Mark und darüber hinaus um je 2 Mark.

Die Prozeßtätigkeit wird dem prozeßbevollmächtigten RA nach Pauschsätzen vergütet, §§ 9, 13, 25, 29. Der § 9 setzt nur die Normalgebühr fest. Die Bestimmungen darüber, ob im Einzelfalle die volle Gebühr oder ein Bruchteil oder ein Mehrfaches der vollen Gebühr zu berechnen ist, treffen die §§ 13ff. Ein Höchstbetrag der Gebühren ist nicht festgesetzt, dagegen bestimmt § 8 einen Mindestbetrag.

§ 10. Auf die Wertsberechnung finden die Vorschriften der §§ 9 bis 13 des Gerichtskostengesetzes Anwendung.

Eine Zusammenstellung von Entscheidungen befindet sich in ZDJ **11** 93; ferner ist zu beachten *Rittmann*, Wert des Streitgegenstandes 3. A. 1913.

GKG § 9. Für die Wertsberechnung sind die Vorschriften der ZPO §§ 3 bis 9 und der KonkO § 148 mit den nachstehenden Bestimmungen maßgebend.

ZPO § 3. Der Wert des Streitgegenstandes wird von dem Gerichte nach freiem Ermessen festgesetzt; dasselbe kann eine beantragte Beweisaufnahme sowie von Amtswegen die Einnahme des Augenscheins und die Begutachtung durch Sachverständige anordnen.

1. § 10 RAGebO bestimmt, daß für die Wertberechnung, die zwecks Ermittelung der Anwaltsgebühren vorzunehmen ist, die Bestimmungen des GKG §§ 9—13 gelten sollen. Für die Wertberechnung bei den Gerichtskosten finden wiederum die §§ 3—9 ZPO und § 148 KO Anwendung. Dabei ist zu berücksichtigen, daß die Vorschriften der ZPO die Wertberechnung nur insoweit regeln, als die *sachliche Zuständigkeit* der Gerichte von ihr abhängt. Für die Wertberechnung im Kosteninteresse gelten sie nicht, insofern die §§ 9a—13 GKG abweichendes bestimmen.

2. *Streitgegenstand* ist das von dem Kläger geltend gemachte Recht im Umfange des Klageantrags, ohne Rücksicht auf die Begründung und auf die Rechtsverteidigung des Beklagten (Klagegegenstand), ZPO §§ 4, 5, 253—256; Wach, Handb. **1** 369; RG **3** 392, 420; RG, JW **95** 10, **96** 248, **98** 109, **00** 47; OLG München, Rsp **27** 12. Die Klagebegründung ist aber zur Auslegung des Klageantrags mit heranzuziehen, RG, JW **98** 2.

3. Die *Festsetzung* ist in der Regel entbehrlich, wenn der Streitgegenstand in einer bestimmten Geldsumme inländischer Währung besteht, RG, JW **96** 506, **98** 385, **04** 94, oder wenn Befreiung von einer Schuld in bestimmter Höhe verlangt wird, RG, JW **89** 499; Gruch **34** 1136. Im übrigen erstreckt sich die Festsetzungspflicht ausnahmslos auf alle vermögensrechtlichen Ansprüche; nichtvermögensrechtliche Ansprüche s. GKG § 10 S. 155. Den Maßstab für die Festsetzung bildet das freie, nur durch die bestimmten — unten bezeichneten — Vorschriften beschränkte Ermessen des Prozeßgerichts. Als Hilfsmittel bei der Schätzung kann das Gericht von Amts wegen die Einnahme des Augenscheins und die Begutachtung durch Sachverständige, eine Beweisaufnahme anderer Art aber nur dann anordnen, wenn sie beantragt und nicht überflüssig ist, OLG Hamburg, Rsp **27** 9.

Jeder vermögensrechtliche Anspruch ist schätzbar. § 10 Abs. 1 GKG bezieht sich nur auf nichtvermögensrechtliche Ansprüche, RG **10** 321; aM BayObLG, SeuffBl **63** 336. Gegenstand der Schätzung ist der *Anspruch des Klägers*, nicht die Verpflichtung des Beklagten. Deshalb ist in I. Instanz nur das Streitinteresse des Klägers, nicht das des Beklagten für die Wertfestsetzung maßgebend, auch nicht, wenn dieses höher ist, RG **24** 427, **33** 427; JW **96** 4; Bolze **3** 306. Eine Anderung des Streitwerts im Laufe des Rechtsstreits kommt für die Gebühren erst dann in Betracht, wenn sie zu einer Änderung (Erweiterung oder Beschränkung) der Klageanträge geführt hat, und nur für die kostenpflichtigen Akte, welche den geänderten Anträgen nachfolgen, LG Plauen, SächsArch 99 122, OLG Hamburg, Rsp 27 10; s. A. 30.

Über das Verfahren bei der Festsetzung: unten § 12 RAGebO, §§ 14—17 GKG.

4. Maßgebend für die Festsetzung des Streitgegenstandswerts ist lediglich das durch den Klageantrag begrenzte unmittelbare Interesse des Klägers, RG, JW 01 395. Sein mittelbares Interesse bleibt außer Betracht, gleichviel, ob es höher oder niedriger ist, RG 3 393, 5 410, 12 155; JW 00 520. Es bestimmt sich also bei Ansprüchen aus gegenseitigen Verträgen der Streitgegenstand nach der geforderten Leistung ohne Abzug der Gegenleistung, RG 5 409; JW 99 71. Dies gilt auch, wenn eine Leistung Zug um Zug gegen eine zu gewährende Gegenleistung gefordert wird, gleichviel, ob der Anspruch auf die Gegenleistung vom Beklagten erst im Laufe des Prozesses geltend gemacht oder vom Kläger schon in der Klage zugestanden und dies im Klageantrage zum Ausdruck gebracht ist, RG 3 391, 420; 4 356, 389; 5 408; 10 322, 343; 46 422; RG, JW 95 598, s. Anm. 21.

Der Wert des Streitgegenstandes ist also nicht notwendig gleich dem Interesse des Streitenden. Wenn z. B. auf Herausgabe einer Sache im Werte von 500 M. gegen Zahlung von 450 M. geklagt wird, so beträgt das Interesse des Klägers 50 M., der Streitgegenstand aber 500 M., RG 5 410; 12 154, 17 376; JW 96 2.

Auch dann ist der Wert des streitigen Anspruchs maßgebend, wenn gemäß § 304 ZPO über den Grund des Anspruchs vorab entschieden wird, RG, JW 98 385. Wenn gegen ein Zwischenurteil über eine prozeßhindernde Einrede ein Rechtsmittel eingelegt ist, ist doch der Wert des Klageanspruchs maßgebend, RG 40 416, JW 96 956.

In der Berufungsinstanz gilt, wenn die Berufung ohne bestimmten Antrag eingelegt ist, der ganze Inhalt des Urteils, soweit es dem Berufungskläger nachteilig ist, als angefochten, RG 17 374, 25 380; JW 96 302, 97 185, 98 144, 00 149. Ist ein Antrag gestellt, so ist das Interesse des Rechtsmittelklägers maßgebend, auch wenn dieser der Beklagte ist, RG 33 427; JW 94 542, 95 181, 537; 96 1, 74; 97 57, 287; 00 47. Doch darf der Wert des Berufungsgegenstandes den Wert des Streitgegenstandes nicht überschreiten, RG 47 421; Gruch 47 1148. Streitwert bei der Berufung gegen eine Klageabweisung, wenn der Beklagte den Kläger vor Einlegung der Berufung befriedigt hat, ist der Betrag der Kosten des Rechtsstreits, da ein Streit in der Hauptsache nicht mehr besteht, RG, SeuffA 52 342. Wird aber nach Zurücknahme der Berufung beantragt, den Zurücknehmenden des Rechtsmittels für verlustig zu erklären und in die Kosten zu verurteilen, so ist der Wert der Hauptsache Streitgegenstand, RG, JW 94 85. In der Beschwerdeinstanz ist der Wert des dort verfolgten Anspruchs, nicht der Wert des Streitgegenstandes im Hauptprozesse, maßgebend, RG, JW 94 173. Den Streitgegenstand im KostenfestsVerfahren bildet der erhobene, nicht der festgesetzte Erstattungsanspruch; bei dem Verfahren nach § 106 ZPO s. oben S. 90.

Der Streitwert des Beweissicherungsverfahrens, das sich auf denselben Anspruch bezog, der Gegenstand des Rechtsstreits bildet, kommt dem Streitwerte des Rechtsstreits gleich, KG, Rsp 19 50; jedenfalls darf es ihn nicht übersteigen, OLG Naumburg, ZZP 19 292. Das Interesse des Nebenintervenienten, der einer Partei beigetreten ist, steht dem der Hauptparteien gleich, KG, OLG Hamburg, Rsp. 23 65, 125, 27 30; aM KG, Rsp 25 63; BayObLG 16 375.

5. Als Wert ist derjenige zugrunde zu legen, welcher der Sache an und für sich zukommt, der gewöhnliche Verkehrswert, sofern nicht der Klageanspruch auf den außerordentlichen Wert (RG, JW 91 197) oder den Wert der besonderen Vorliebe (RG, JW 90 150) gerichtet ist, Mot. z. ZPO S. 49, RG 19 418, 30 374.

6. Über den Umfang des Antrags geht der Streitgegenstand nicht hinaus. Offenbare Schreib- oder Rechenfehler sind aber dabei richtig zu stellen, OLG Darmstadt, Recht 06 380, DJZ 06 324; OLG Frankfurt, Rsp 17 74. Wenn unter Verrechnung von Gegenforderungen nur der Restbetrag eingeklagt wird, so bildet dieser den Streitgegenstand. Wird eine Teilforderung klageweise geltend gemacht, so ist nur diese, nicht der Gesamtanspruch des Klägers Streitgegenstand, RG 4 388; JW 87 37, 401; 94 180, 96 248, 98 109. Bei der Forderung eines Mindestbetrags ist nur dieser maßgebend, RG, Warn 12 251. Eine angekündigte Klageerweiterung hat für die Gerichtskosten keine Bedeutung, wohl aber für die Prozeßgebühr beider Parteien, RG 34 426; s. § 13 Anm. 6; wegen der Widerklage s. Anm. 51.

7. Von alternativen Ansprüchen kommt nur einer zum Ansatz, und zwar entweder der mindere oder der höhere, je nachdem dem Beklagten oder dem Kläger die Wahl zustehen soll, RG 55 81, JW 90 24, 97 145, 99 71, 06 431. Bei prinzipalen und eventuellen Klage- und Rechtsmittelanträgen ist stets der weitergehende Antrag maßgebend, auch wenn der eventuelle Antrag keine praktische Bedeutung erlangt, RG 58 295; JW 86 38, 91 305, 465, 92 270, 93 467, 95 4, 97 190, 00 10, 03 174; Recht 07 1073; KG, KGBl 03 66. Dasselbe gilt, wenn der Kläger zwei Anträge, und zwar einen mit der Bedingung stellt, daß die Vollstreckung aus dem anderen nicht zu seiner Befriedigung führen sollte, wie z. B. bei der Herausgabe von Sachen, insbesondere bei Abzahlungsgeschäften. Über beide Anträge ist zu entscheiden (Gaupp-Stein § 260, II, 4); der Streitwert bemißt sich nur nach dem wertvolleren, unten A. 47.

8. Bei der Klage auf Rechnungslegung kann der Streitwert den Wert des Anspruchs, der durch die Rechnung begründet werden soll, nicht übersteigen. Dieser nach dem Interesse des Klägers an der Rechnungslegung zu bemessende Wert ist gemäß § 3 ZPO frei zu schätzen, RG, JW 89 283, 94 542, Gruch 49 110. Das gleiche gilt auch für die übrigen vorbereitenden Klagen, so für die Klage auf Vorlegung eines Inventars (RG, JW 91 509), auf Ausstellung, Anerkennung oder Herausgabe von Urkunden, Depotscheinen, Lebensversicherungspolicen, Stammanteilscheinen, Sparkassenbüchern, RG, JW 02 358, Hypothekenbriefen RG, JW 02 358, OLG Posen, Rsp 17 78, einer Quittung über eine unstreitig geleistete Zahlung, RG, JW 02 30, auf Herausgabe eines Nachlaßverzeichnisses, auf Vorlegung der Geschäftsbücher, RG 2 403; JW 95 2, auf Auskunft über eine Erbschaft, OLG Naumburg, Hamburg, Rsp 15 52, 17 75, wobei

die Schwierigkeiten des Klägers bei der Ermittelung des Bestandes der Erbschaft als Maßstab des Interesses abzuwägen sind, RG, Recht 07 313, andrerseits aber auch der beschworene Bestand des Nachlasses, nicht sein behaupteter Bestand zu berücksichtigen ist, OLG Marienwerder, Rsp 23 68; auf Mitteilung eines Buchauszugs zwecks Feststellung der Provisionen eines Agenten, RG, Recht 07 1538; s. Anm. 54. Der Wert des Anspruchs, über den das Schiedsgericht entscheiden soll, ist bei dem Streite über das Bestehen eines Schiedsvertrags oder über die Verpflichtung des Gegners zur Ernennung eines Schiedsrichters nicht ohne weiteres maßgebend, RG 41 362; JW 98 200; Bolze 5 Nr. 967; BayObLG, SeuffBl 63 336. Bei der Klage auf Feststellung, daß über einen Schadenersatzanspruch nicht ein Schiedsgericht, sondern das ordentliche Gericht zu entscheiden habe, ist nicht der Wert des künftigen Schadenersatzanspruchs, sondern das Interesse, daß jetzt das Gericht für zuständig erachtet werde, maßgebend, OLG Hamburg, Rsp 15 49.

9. Der Wert **bedingter Ansprüche** ist nach der Wahrscheinlichkeit des Eintritts der Bedingung zu schätzen, RG, JW 96 187. Bei Rentenklagen ist die Regreßforderung des Beklagten an einen Dritten nicht abzuziehen, RG, JW 02 161.

10. Für den Wert einer Klage auf Beseitigung einer **Vormerkung** oder einer Verfügungsbeschränkung ist das Interesse des Klägers maßgebend, das nicht höher sein kann als der Wert des Grundstücks, RG, JW 02 124. Der Wert der Klage auf Löschung eines Widerspruchs gegen die Löschung einer Sicherungshypothek kommt dem der Hypothek gleich, OLG Hamburg, Rsp 17 76; s. Anm. 59.

11. Bei einem Streite über **Art, Ort** oder **Zeit der Erfüllung** entscheidet richterliches Ermessen, und für dieses ist das Interesse des Klägers an der beanspruchten Erfüllungsweise maßgebend, RG, JW 93 466; KG, KGBl 13 20. Wird nur darüber gestritten, ob Urkunden (Handelsbücher) an dem Orte, wo sie sich befinden, oder an einem anderen Orte einzusehen seien, so besteht der Streitgegenstand in den Transportkosten, RG 2 403.

12. Bei **Ablehnung eines Richters** ist der Wert des Beschwerdegegenstandes besonders festzusetzen, und zwar regelmäßig niedriger, als der des Streitgegenstandes im Prozesse, RG, JW 89 480, 97 348.

13. Bei der **positiven Feststellungsklage** ist grundsätzlich das Interesse des Klägers an der Feststellung nach § 3 ZPO abzuschätzen. Ist auf Feststellung einer summenmäßig angegebenen Forderung geklagt, so deckt sich der Streitwert in der Regel mit dem Werte der Forderung, RG, JW 85 193, 92 11. In allen anderen Fällen ist der Wert des Anspruchs vom Gerichte nach freiem Ermessen festzusetzen, RG, JW 98 197; Gruch 46 140. Dies trifft besonders zu, wenn Feststellung eines Schadenersatzanspruchs begehrt wird, ein Schaden aber zur Zeit noch nicht nachweisbar ist, RG, Gruch 52 1113. Das Interesse bei der Feststellung der Verpflichtung zum Ersatze künftigen Schadens besteht z. B. in der Abwendung der Verjährung und Erschwerung späterer Beweisführung und ist danach zu schätzen, OLG Kolmar, Rsp 11 44. Bezweckt die Klage die unmittelbare Realisierung der streitigen Leistung, so fällt ihr Streitwert doch nicht mit dem der entsprechenden Leistungsklage zusammen; der Wert der künftigen Leistungen bildet nur einen Faktor, der bei Festsetzung des Wertes nach § 3 ZPO mit zu berücksichtigen ist, RG 66 424, aM früher RG 57 411. Dies gilt besonders bei dem Antrag, allen

Schaden zu ersetzen, den der Kläger durch einen Unfall erlitten hat, wobei die Ersatzleistungen sich in die Zukunft erstrecken und von wechselnden Verhältnissen abhängig sein können, RG, Warn 12 46, JW 08 13, 12 41. Das Interesse an der Feststellung der Unzulässigkeit der Kündigung einer erst später fälligen Forderung oder des früheren Bestehens einer Forderung deckt sich nicht mit der Forderung, RG, JW 05 206, OLG Hamburg, München Rsp 23 70.

Ein Vorkaufsrecht bemißt sich nicht nach dem Sachwerte (§ 6 ZPO), sondern nach dem Interesse des Klägers, auch wenn ein Nebenantrag auf Löschung des Rechtes im Grundbuche beigefügt ist, RG, JW 00 339. Wird das Grundstück selbst beansprucht, so kommt dessen Wert in Betracht (RG, JW 02 181), und zwar ohne Rücksicht auf den gegen Überlassung des Grundstücks zu zahlenden Preis, RG, SeuffA 42 467; JW 96 596; BBl 87 135. Dieselben Grundsätze gelten auch für das Wiederkaufs- und Retraktrecht.

Bei der Klage auf Feststellung einer Bürgschaftsverbindlichkeit kommt es wie beim § 6 ZPO darauf an, ob und in welchem Umfange der Bürge haftet, nicht darauf, wieviel er voraussichtlich einmal zu bezahlen hat, RG 25 366; JW 98 3; ThürBl 37 270; OLG Hamburg, KG, Rsp 13 71, 15 53, 25 46.

Bei einer Klage auf Feststellung der Gültigkeit eines Versicherungsvertrags wird der Streitwert weder durch die Summe der für die ganze Dauer des Versicherungsvertrags zu zahlenden Prämien, noch durch den vollen Betrag der Versicherungssumme gebildet, sondern gemäß § 3 ZPO nach freiem Ermessen des Gerichts festgesetzt, RG, ZZP 17 387; OLG Kolmar, Recht 07 1469.

14. Bei der negativen Feststellungsklage bestimmt sich der Streitgegenstand danach, welche Rechte des Beklagten der Kläger verneint wissen will oder welche Rechte der Beklagte im Gegensatz zur Klagebehauptung in Anspruch nimmt. Es wird also regelmäßig der Streitgegenstand erst unter Berücksichtigung der Angaben des Beklagten festgestellt werden können. Bei Klagen auf Feststellung des Nichtbestehens einer Schuldverbindlichkeit des Klägers von bestimmtem ziffermäßigen Betrag ist der Streitwert durch den Betrag des Anspruchs gegeben, dessen sich der Beklagte berühmt hat und dessen Nichtvorhandensein zur richterlichen Anerkennung zu bringen die Klage bezweckt, RG 12 361, 71 69, JW 85 121, 86 313, 87 415, 89 401, 92 11, 06 755, 11 816. Daher ist der Wert der neg. Feststellungs-Widerklage, wenn der Kläger Schadenersatz wegen Nichterfüllung beansprucht, nach dem Schadenanspruche, nicht nach dem Erfüllungsanspruche zu berechnen, OLG Kiel, Rsp 15 254. Ist nicht eine bestimmte Summe angegeben, dann ist der Wert des Anspruchs nach freiem Ermessen zu schätzen, RG, JW 98 197, 00 179, 01 57, 02 253. Bei der Klage auf Feststellung der Unverbindlichkeit oder Nichtigkeit eines Vertrags sind nicht die beiderseits gewährten oder zurückzugewährenden Leistungen maßgebend, sondern der Wert, den die von dem klagenden Teil begehrte Beseitigung des Vertrags für ihn hat, RG 52 427, 66 330. Sein Interesse besteht z. B. darin, keine Leistung gegen Empfang der Gegenleistung aus dem Vertrage machen zu müssen, OLG Braunschweig, Rsp 17 75, RG 40 407, oder in den Kosten, die die Wiederbeschaffung der schon gemachten Leistungen erfordern würde, OLG München, Rsp 23 66, oder

in der Befreiung von der Verpflichtung, eine Entschädigung im Falle grundloser Nichterfüllung leisten zu müssen, OLG Rostock, Rsp 27 10. S. auch Anm. 22.

15. Bei der Klage auf Zahlung eines Schadenbetrags, dessen Festsetzung dem richterlichen Ermessen überlassen wird, ist der Streitwert nicht nach dem zugesprochenen Betrage, sondern nach freiem Ermessen festzusetzen, RG, JW 91 178, 97 450. Ist aber eine bestimmte Summe verlangt und nur deren Ermäßigung dem Gericht überlassen, so ist die geforderte Summe maßgebend, RG, JW 97 2, 98 385.

16. Bei Anfechtungsklagen außerhalb des Konkurses bestimmt sich der Streitgegenstand nach dem Interesse des Klägers an der Befriedigung aus der anfechtbar übertragenen Sache, deren Belastungen als wertmindernd abzuziehen sind; seine Forderung nebst Zinsen und sonstigen Nebenforderungen bildet den Höchstbetrag seines Interesses, RG 47 375; JW 00 782, 10 335; ZDJ 13 135; OLG Karlsruhe, Rsp 11 166. AM: RG, JW 00 520; OLG Celle, Rsp 2 434. Bei Anfechtungsklagen des Konkursverwalters ist, weil dieser die durch das angefochtene Rechtsgeschäft veräußerten Gegenstände ganz für die Konkursmasse in Anspruch nimmt, stets der Wert maßgebend, den die zurückzugewährenden Gegenstände für die Konkursmasse haben; dieser Wert ist nach § 3 ZPO zu ermitteln; Hypotheken mindern den Wert eines zurückzugebenden Grundstücks, RG 34 404; JW 01 79, 391, 02 391; Gruch 45 367; OLG Naumburg, München, Hamburg, Rsp 19 49, 25 44; Gaupp-Stein § 6 III, 2. Ficht aber der Konkursverwalter eine Pfändung an, ist wie bei einer Klage aus § 771 ZPO sein Interesse unter entsprechender Anwendung von § 6 ZPO zu bewerten, RG, JW 10 114, s. Anm. 37.

Bei Widersprüchen gegen den Teilungsplan ist das Interesse des Klägers maßgebend, mit seiner Forderung vor dem Beklagten in die hinterlegte Summe angewiesen zu werden, OLG Kolmar, Rsp 13 66.

17. Bei Teilungsklagen, insbesondere bei Erbteilungsklagen, bestimmt sich der Streitwert nicht nach der Höhe der Teilungsmasse, sondern nach dem Anteile, den der Kläger begehrt, RG, JW 94 192, 95 537. Dasselbe gilt, wenn ein Miterbe Zahlung einer bestimmten Summe an die Nachlaßmasse oder Feststellung einer Nachlaßforderung oder Hinterlegung für die Erben oder Auszahlung eines hinterlegten Nachlaßbetrags verlangt, RG 38 421; OLG München, Rsp 17 305; RG 33 427; JW 98 474, Warn 12 311; oder wenn ein Miterbe auf Löschung einer für den Erblasser eingetragenen Forderung klagt, RG, Gruch 43 1215; JW 00 47, 02 362. Aus demselben Grunde ist das Interesse des klagenden Erben nach dem Erbteil des beklagten Miterben zu berechnen, wenn er klagt auf Erteilung der Auflassung eines Grundstücks oder auf Herausgabe einer Sache, OLG Königsberg, Naumburg, Nürnberg, KG, Rsp 17 78, 21 62, 23 67, 25 42, 27 12; oder auf Löschungsbewilligung, RG, Gruch 53 1095, oder auf Abtretung einer zum Nachlasse gehörigen Hypothek, OLG München, Rsp 23 67. Ebenso kommt bei der Klage eines Miteigentümers auf Feststellung seines Miteigentums nur der Wert seines Anteils in Betracht, RG, Warn 12 496. Für die Berechnung des Wertes eines Erbanteils kommt nur die reine Teilungsmasse nach Abzug der Schulden in Betracht, RG 33 427, 38 421. Ist lediglich der Zeitpunkt, in dem die Teilung erfolgen soll, streitig, so entscheidet

das Interesse des Klägers an der Zeit der Teilung, nicht die Größe der Teilungsmasse, RG, JW 93 466. Ist bei einer Klage auf Teilung gemeinschaftlicher Grundstücke nur streitig, ob geteilt werden soll, so bildet den Wert des Streitgegenstandes nicht der Wert des Miteigentums des Klägers, sondern sein Interesse an Aufhebung der Gemeinschaft, RG, ElsLothZ 18 466. Entsprechendes gilt bei der Klage auf Aufhebung der Gütergemeinschaft, OLG Karlsruhe, Rsp 15 51, und bei der Klage auf Auflösung einer Gesellschaft m. b. H. Die Höhe der gesellschaftlichen Beteiligung des Klägers ist nicht ohne weiteres mit diesem Interesse identisch. Auf den vollen Betrag der Stammeinlage würde der Streitwert nur dann festzusetzen sein, wenn die Auflösung erstrebt wird, um den gänzlichen Verlust der bisher unversehrten Einlage zu verhüten, RG, JW 01 395.

18. Bei Einklagung einer Forderung ist es für die Bemessung des Streitwerts gleichgültig, ob die Forderung mit Rücksicht auf die Vermögensverhältnisse des Schuldners oder sonstige Gründe einziehbar ist, RG 25 367. Dies gilt auch, wenn im Urteile dem Erben, gegen den die ganze Forderung eingeklagt ist, die beschränkte Haftung vorbehalten wird und der Nachlaß überschuldet ist, RG 54 412; s. aber Anm. 60.

19. Über die Wertbemessung nach § 3 ZPO bei den Klagen auf Herausgabe von Urkunden s. unten Anm. 54.

20. Entscheidungen über die Prozeß- und Sachleitung einschließlich der Bestimmung oder Änderung von Terminen oder Fristen, für die nur in der Beschwerdeinstanz nach § 47 Abs. 1 Nr. 1, Abs. 3 § 45 GKG Gebühren erhoben werden, sind nicht nach dem Werte der Hauptsache, sondern nach dem Interesse des Antragstellers an der begehrten Entscheidung, z. B. an der Verlegung des Termins, nach freiem richterlichen Ermessen zu bewerten, OLG Kassel, ZZP 18 267.

21. Bei Ansprüchen auf Leistung aus gegenseitigen Verträgen bestimmt sich der Wert nach der geforderten Leistung, ohne Abzug der Gegenleistung, RG 5 408, 15 434, 16 333, 22 411, 24 (Pl.) 372 (s. Anm. 4).

22. Bei der Klage auf Auflösung eines zweiseitigen Vertrags ist das Interesse des Klägers nach § 3 ZPO abzuschätzen, RG, JW 02 630, 03 3. Insbesondere ist bei einer Klage auf Rücktritt von einem Kaufvertrage nicht der Wert oder der vertragliche Preis der verkauften Sache maßgebend, sondern das Interesse in jedem einzelnen Falle besonders zu ermitteln und nach § 3 ZPO zu bestimmen, RG, JW 00 179, 02 248. Wird mit der Auflösungsklage der hingegebene Wert zurückgefordert, so ist dieser maßgebend, RG 40 407; JW 99 27. Verlangt Kl. zugleich den Besitz der streitigen Sache, so ist nach § 6 ZPO deren Wert maßgebend, RG, JW 96 596. Jedenfalls darf, wenn neben der Klage auf Aufhebung noch weitere ziffermäßig bestimmte Ansprüche geltend gemacht werden, der festzusetzende Streitwert nicht hinter deren Betrage zurückbleiben, RG, DJZ 04 64. Ebenso ist bei der Wandelungsklage das Interesse des Klägers an der Auflösung des Vertrags maßgebend, Hamburg, Recht 07 1261; es ist also der Vermögensunterschied vor und nach der Rückgängigmachung des Vertrags festzustellen, RG, Gruch 49 1005; OLG Königsberg, Recht 06 380. Die ältere Auffassung, die im Wandelungsprozesse den ganzen Grundstückswert ansetzte (z. B. RG 46 422), ist jetzt verlassen. Wird auf Rückzahlung der Anzahlung geklagt, so ist deren Betrag zunächst maßgebend und daneben noch zu prüfen,

ob die nachteiligen Folgen des Kaufes darüber hinausgehen, OLG Braunschweig, Rsp 11 166. Die Klage auf Entgegennahme der Rückauflassung infolge der Wandelung betrifft nur einen Teil der dem Kläger infolge der Wandelung zustehenden Ansprüche. Der Streitwert ist nach § 3 zu schätzen (JW 02 630) und zwar nur nach dem Interesse, das Kl. an der von ihm begehrten Regelung der Eigentumsverhältnisse hat, KG, OLG München, Rsp 21 60. Wenn also Rückzahlung einer Anzahlung, Befreiung von einer noch zu leistenden Zahlung, Rücknahme des Grundstücks und Befreiung von der Haftung für übernommene Hypotheken verlangt wird, ist die Summe der geleisteten und noch zu leistenden Zahlung einzusetzen und das Interesse an den übrigen Leistungen hinzuzurechnen. Soweit das dinglich haftende Grundstück die Hypotheken deckt, ist das Interesse an der Befreiung von der persönlichen Haftung nur gering zu veranschlagen, RG, DJZ 12 1469; OLG Nürnberg, KG, Rsp 15 48f.

23. Bei Klagen a) eines Aktionärs auf Anfechtung eines Generalversammlungsbeschlusses, § 271 HGB, oder b) eines Gewerken auf Aufhebung eines Gewerkschaftsbeschlusses ist nur das Interesse, zu a des klagenden Aktionärs (RG 24 427; JW 92 461, 94 193), zu b des klagenden Gewerken (RG, JW 01 204) maßgebend. Über die Erstattungsfähigkeit der Kosten mehrerer RA im Falle zu a s. Bondi, DJZ 10 697.

24. Bei Popularklagen des Patent- und Gebrauchsmusterschutzes richtet sich der Wert des Streites nicht nach dem Interesse des Klägers, sondern nach dem Werte des Patents oder Musters, RG, JW 02 131. Bei der Klage auf Löschung eines Gebrauchsmusters ist das Interesse des Klägers nicht nach dem Gewinne zu bemessen, den der Beklagte aus seinem Gebrauchsmuster zieht, sondern nach der Bedeutung, welche die Beseitigung der Konkurrenz für den Kläger hat, RG, JW 96 1, 02 309, 06 30.

25. Bei Klagen eines Gesellschafters gegen den anderen auf Befreiung von Gesellschaftsschulden beim Ausscheiden aus der Gesellschaft bildet der Gesamtwert der Schulden den Streitwert, RG, JW 98 2.

26. Anerkannt ist die Anwendbarkeit des § 3 ZPO bei der Klage des Verkäufers auf Abnahme der Ware (RG, JW 04 237; RG 57 400; JW 05 24), da es sich hierbei nicht um die Erlangung des Besitzes handelt (§ 6), sondern um dessen Erledigung, die der Kläger begehrt. Das Interesse besteht z. B. darin, daß der Beklagte die Ware aus dem Lagerraum entfernt und dadurch dem Kläger Platz schafft, RG, Gruch, 51 400; JW 06 688. § 3 gilt ferner bei der Klage auf Entgegennahme der Auflassung, s. Anm. 22, 53. Das Interesse des Klägers kann z. B. darin bestehen, der Sorge für die Verwaltung und für Aufbringung der Mittel zur Deckung der Lasten enthoben zu sein. § 3 ist anzuwenden beim Verbot, ein bestimmtes Haus zu betreten, RG, JW 04 237; bei der Klage auf Gewährung eines hypothekarisch sicher zu stellenden Darlehens, OLG Dresden, SächsA 25 367, KG, Rsp 25 43; bei der Klage auf Anerkennung des Pflichtteils, OLG Naumburg, NaumbAKZ 03 42; auf Untersagung von Zeitungsinseraten und Verurteilung zu Bekanntmachungen des Urteils in Zeitungen, RG, JW 05 113; bei dem Anspruche, die Übergabe eines Grundstücks an den Zwangsverwalter zu dulden, RG, JW 05 233; bei dem Streite über die Aufhebung der ehemännlichen Verwaltung, RG, Recht 05 109, Gruch 49 655.

KO § 148. Der Wert des Streitgegenstandes eines Prozesses über die Richtigkeit oder das Vorrecht einer Forderung ist mit Rücksicht auf das Verhältnis der Teilungs- zur Schuldenmasse von dem Prozeßgericht nach freiem Ermessen festzusetzen.

27. Die Vorschrift findet nur auf — einfache oder bevorrechtete — Konkursforderungen im Sinne der §§ 61 ff. KO Anwendung, also nicht auf Masseforderungen (§§ 57 ff. KO), Aussonderungsansprüche (§§ 43 ff. KO) oder Ansprüche auf abgesonderte Befriedigung (§§ 47 ff. KO), RG, JW 96 281.

28. Streitgegenstand in den bezeichneten Prozessen ist nicht der Nennwert der streitigen Forderung, sondern der Betrag, den der KGläubiger aus der Teilungsmasse zu erwarten hat. Maßgebend zur Schätzung der in Aussicht stehenden Konkursdividende ist nach der Regel der §§ 3, 4 ZPO der Zeitpunkt der Klageerhebung, RG, Gruch 43 1217; aM RG früher in Gruch 38 1180. Wird der Feststellungsanspruch (§ 146 Abs. 2 KO) durch Aufnahme eines bereits anhängigen Rechtsstreits verfolgt (§ 146 Abs. 3 KO), so ist für das Verfahren vor der Aufnahme der bisherige Streitwert, für das spätere Verfahren der Streitwert aus § 148 KO maßgebend, RG, JW 93 126, 94 114; Walter-Joachim A. 92. Richtet sich aber die Klage auch gegen den Gemeinschuldner, so ist der volle Wert der Forderung anzusetzen, OLG Karlsruhe, Rsp 15 50. Richtet sich die Klage nur gegen den Gemeinschuldner, ist der Streitwert gleich der Forderung abzüglich der voraussichtlichen Konkursquote. Betrifft der Rechtsstreit nur das Vorrecht, so besteht der Streitwert in dem Unterschiede zwischen der Konkursdividende und dem Betrage, der bei Feststellung des Vorrechts auf die Forderung entfallen würde. Bestrittene Forderungen, auf deren Feststellung nicht geklagt ist, sind mit einer der Wahrscheinlichkeit entsprechenden Teilquote in die Berechnung einzustellen, RG, JW 99 228. Nach Recht 12 Nr. 2064 soll auch der wahrscheinliche Ausgang des Rechtsstreits berücksichtigt werden, wenn er die Dividende erheblich beeinflußt; vgl. die Berechnung RG, Rsp 27 14, Anm. 1.

GKG § 10. Bei nicht vermögensrechtlichen Ansprüchen wird der Wert des Streitgegenstandes zu 2000 M., ausnahmsweise niedriger oder höher, jedoch nicht unter 200 M. und nicht über 50000 M. angenommen.

Ist mit einem nicht vermögensrechtlichen Anspruch ein aus ihm hergeleiteter vermögensrechtlicher verbunden, so ist nur Ein Anspruch, und zwar der höhere maßgebend.

29. Vermögensrechtliche Ansprüche sind solche, deren Gegenstand in Geld veranschlagt werden kann, stets also Ansprüche aus dinglichen und Forderungsrechten. Den Gegensatz bilden die nicht in Geldansprüche aufzulösenden Ansprüche, die lediglich Rechtsverhältnisse der Person betreffen, die also ausschließlich den Personenstand oder Familienverhältnisse, Ehrenrechte und Standesverhältnisse, Ehegelöbnisse, Ehesachen, Familiensachen (z. B. Herausgabe eines Kindes), Entmündigungssachen zum Gegenstande haben. Bei der Annahme des Wertes können die Vermögensverhältnisse der Parteien berücksichtigt werden, doch ist die Höhe des Vermögens nicht unbedingt maßgebend, JW 90 332, 93 488; OLG Karlsruhe, Hamburg, Rsp 13 72, 15 171.

Nicht vermögensrechtliche Ansprüche sind: der Anspruch auf eine Grabstätte „in der Reihe", RG 12 280, auf Ungültigkeitserklärung polizeilicher Verfügungen, RG, JW 97 167, aus dem Namenrechte, BGB § 12, Gruch 43 1, wegen der Mitgliedschaft bei einem Vereine, RG, JW 97 531. Dagegen sind **vermögensrechtliche Ansprüche**: das Verlangen, eine bestimmte, käuflich erworbene Grabstätte zur Beerdigung zu benutzen, RG, JW 90 150, Bolze 9 Nr. 642; die Klage wegen unlauteren Wettbewerbs, RG 40 412, JW 98 120; die Klage auf Unterlassung der unbefugten Firmenführung, RG, JW 01 652; auf Erteilung eines Zeugnisses gemäß § 73 HGB, RG, JW 02 362; wegen Eingriffs in einen Gewerbebetrieb, RG 61 89; Ansprüche des Schriftstellers aus dem Verlagsvertrage gegen den Verleger, RG, JW 04 391; Alimentenansprüche aus einem Familienverhältnisse, RG, JW 00 853.

§ 10 Abs. 2 gilt z. B. bei Klagen des unehelichen Kindes auf Unterhalt und Feststellung der Vaterschaft, sofern der zweite Antrag überhaupt eine selbständige Bedeutung hat, RG, JW 02 485; KG, Rsp 4 395, 5 43.

ZPO § 4. Für die Wertsberechnung ist der Zeitpunkt der Erhebung der Klage entscheidend; Früchte, Nutzungen, Schäden und Kosten bleiben unberücksichtigt, wenn sie als Nebenforderungen geltend gemacht werden.

Bei Ansprüchen aus Wechseln im Sinne der Wechselordnung sind Zinsen, Kosten und Provision, welche außer der Wechselsumme gefordert werden, als Nebenforderungen anzusehen.

GKG § 12. Für Akte, welche einen Teil des Streitgegenstandes betreffen, sind die Gebühren nur nach dem Werte dieses Teiles zu berechnen.

Sind von einzelnen Wertsteilen in derselben Instanz für gleiche Akte Gebühren berechnet, so darf nicht mehr erhoben werden, als wenn die Gebühr von dem Gesamtbetrage der Wertsteile zu berechnen wäre; treten für die Akte verschiedene Gebührensätze ein, so ist der höchste Satz maßgebend.

30. Der Satz des § 4 ZPO, daß für die Wertberechnung der Zeitpunkt der **Erhebung der Klage** entscheidend ist, gilt nur für die Zuständigkeit der Gerichte (ZPO § 2), nicht auch für die Gerichtskosten und die Gebühren. Bei diesen kann nach § 12 GKG der Streitgegenstand für jeden Prozeßabschnitt ein anderer sein, RG 17 374; JW 93 485.

„Akte" sind die in den §§ 18—24 GKG und in den §§ 13—17 RAGebO bezeichneten Prozeßabschnitte oder die in einem jeden dieser Abschnitte von dem Gericht und dem RA zu übende Tätigkeit. Werden für einzelne Akte Gebühren erhoben, so kommt nur der seinem Werte nach besonders festzustellende Teil des Streitgegenstandes in Frage, welchen der zu besteuernde Akt betrifft. Beispiel: In einem auf Zahlung von 1000 M. gehenden Rechtsstreit ist über 800 M. kontradiktorisch verhandelt und über 500 M. Beweis erhoben, die Prozeßgebühr daher von 1000 M., die Verhandlungsgebühr von 800 M., die Beweisgebühr von 500 M. zu berechnen.

Wenn von einzelnen Wertsteilen für gleiche Akte Gebühren zu berechnen sind, so darf die vom Gesamtbetrage der Wertsteile zu berechnende Gebühr nicht überschritten werden. Beispiel: Es ist zunächst über 800 M., dann über den Rest von 200 M. kontradiktorisch verhandelt. Die Verhandlungsgebühren würden betragen für 800 M. = 24 M., für 200 M. = 7 M., zusammen 31 M. Wäre über den Gesamtbetrag von 1000 M. verhandelt, so würden nur 28 M. Verhandlungsgebühr entstanden sein; es dürfen also nicht 31 M., sondern nur 28 M. berechnet werden.

Treten für die gleichen Akte verschiedene Gebührensätze ein, so soll der nicht zu überschreitende Gesamtbetrag nach dem höchsten Gebührensatze berechnet werden. KommBer 73. Beispiel: In einem Rechtsstreit über 3000 M. ist über 2000 M. kontradiktorisch, über 1000 M. nicht kontradiktorisch verhandelt. Die Einzelgebühren würden betragen für 2000 M. ($^{10}/_{10}$) = 36 M., für 1000 M. ($^{5}/_{10}$) = 14 M., zusammen 50 M. Es können aber nur berechnet werden 44 M. als höchster Gebührensatz ($^{10}/_{10}$) vom Gesamtwerte 3000 M.

Die Bestimmung des Abs. 2 im § 12 GKG ist besonders bei Teilurteilen anwendbar. Werden gegen diese nach und nach Rechtsmittel eingelegt und kommen sie gesondert zur Verhandlung und Entscheidung, dann sind verschiedene Instanzen vorhanden und die Gebühren werden für jede Instanz unabhängig von der anderen berechnet. Werden aber mehrere gegen Teilurteile nach und nach eingelegte Rechtsmittel zusammen verhandelt und entschieden, so liegt nur eine Instanz vor und es findet daher § 12 Abs. 2 Anwendung, OLG Darmstadt, Heinzerling 16 74, KG, ZZP 31 339; s. auch unten § 25 A. 4. Über das Beweissicherungsverfahren s. OLG Hamburg, Rsp 11 341. Der Streitwert im Vollstreckungsverfahren braucht sich mit dem des Rechtsstreits nicht zu decken, z. B. der Schuldner kann zum Unterlassen mehrerer Handlungen verurteilt sein und hat nur eine von ihnen vorgenommen, OLG Celle, Rsp 20 371.

Hat der Kläger eine Summe eingeklagt und ist über den Grund des Anspruchs entschieden, in dem Streite über den Betrag aber die Forderung erhöht worden, so bleibt die für den ersten Prozeßabschnitt getroffene Wertfestsetzung bestehen, wenn auch in dem späteren ein anderer Wert anzunehmen ist, OLG Kolmar, Rsp 19 237. Der Wert eines nach Erlaß eines Teilurteils abgeschlossenen Vergleichs bemißt sich nach dem Restanspruche, OLG Hamburg, Rsp 19 243.

31. Bei Klagen wegen fortlaufender Beträge (Lagergeld, Kurkosten, Alimente, Futtergelder), ist nicht der Zeitpunkt der Klage, sondern der Tag des Urteils oder der früheren Beendigung des Fortlaufs maßgebend, RG 15 75, 23 363; Bolze 7 Nr. 842; JW 98 353.

Preisschwankungen, die nach Erhebung der Klage den Wert, z. B. den Kurswert von Wertpapieren, verändern, kommen nicht in Betracht, RG, JW 89 107, RG 67 82. Der Streitwert der Widerklage ist ebenfalls nach der Sachlage zur Zeit der Erhebung der Widerklage zu berechnen, RG, JW 88 208.

Erledigt sich der Auftrag vor der Klageerhebung, so ist zur Anwendung des § 4 ZPO für die RAGebühren kein Raum. In solchen Fällen ist der Zeitpunkt maßgebend in dem die Tätigkeit des Anwalts in Anspruch genommen oder der das gerichtliche Verfahren einleitende Antrag eingereicht ist. Meyer-Irmler A. 3.

32. Nur die im § 4 ZPO bezeichneten Nebenforderungen, nicht auch andere (RG 13 396), bleiben bei der Wertberechnung unberücksichtigt und auch nur dann, wenn sie als Nebenforderungen geltend gemacht werden. Dagegen gilt die Vorschrift für alle Arten von Klageansprüchen, gleichviel ob die Leistungs- oder die Feststellungsklage angestellt, ob Erfüllung, Sicherung oder ein Vorrecht begehrt wird, RG 4 367, 7 326, 10 344, 394, 18 372, 26 412, 29 395; JW 92 158, 00 292.

Für den Begriff der im § 4 hervorgehobenen Forderungen ist das bürgerliche Recht maßgebend, vgl. Wurzer, Gruch 53 48. Früchte: BGB § 99. Ob die

Früchte noch vorhanden oder bereits verzehrt, ob sie schon bezogen sind oder nicht, ist für die Anwendbarkeit des § 4 ohne Einfluß. Es genügt, daß die Früchte von der fruchttragenden Sache getrennt sind und ihre Herausgabe oder Ersatz neben dieser verlangt wird. Ungetrennte Früchte sind dagegen Substanzteile, ihr Wert erhöht den Wert der Sache, RG, JW 93 535. Nutzungen: BGB § 100. Zu den Zinsen gehören die vertragsmäßigen und gesetzlichen. Die neben den Zinsen zu zahlenden Amortisationsbeiträge sind keine Nebenleistungen im Sinne der §§ 1115, 1178 BGB, KG, Preuß. JMBl 02 216. Zu den Schäden gehören alle Schadenersatzansprüche, die aus einem mit der Hauptsache zusammenhängenden Grunde (Gesetz oder Vertrag), sei es als wirklicher Schaden (damnum emergens), sei es als entgangener Gewinn (lucrum cessans), erhoben werden. Unter die Kosten fallen alle — bereits gezahlten oder noch geschuldeten — Beträge, die der Kläger zum Zwecke der Durchführung des Klageanspruchs im gegenwärtigen oder in einem früheren Rechtsstreit aufgewendet hat, z. B. die Kosten eines Gutachtens für den Prozeß, RG, JW 93 12, 94 364, 97 210, Lagerspesen des auf Abnahme der Ware klagenden Verkäufers, RG, JW 97 2, die Leihgebühr bei der Klage auf Rückgabe von Fässern, RG, Recht 06 381, JW 06 116, Futter- und Lagerkosten sowie Zoll- und Frachtkosten bei der Wandelungsklage oder der Klage auf Abnahme der Ware oder auf Zahlung des Kaufpreises, RG 42 388, 52 164; Gruch 50 1047; OLG Kiel, Recht 07 130; Rsp 13 67, 23 68 (aM Hans. OLG Recht 03 266).

33. Nebenforderung ist eine Forderung gegenüber einer anderen (Haupt-) Forderung, mit der zusammen sie geltend gemacht ist, sofern sie zu ihr in einem Abhängigkeitsverhältnisse steht, d. h. wenn ihr Bestehen begriffsnotwendig durch das Bestehen jener anderen (Haupt-)Forderung bedingt ist, RG 55 82; JW 87 204, 89 167, 96 300, 97 54. Darauf, ob die Geltendmachung nur bedingt oder eventuell erfolgt, kommt nichts an, RG, Gruch 33 125. Ebensowenig darauf, ob beide Forderungen auf demselben Rechtsgrunde beruhen oder nicht, RG, JW 98 3. Der Anspruch auf rückständige Leistungen neben dem Rechte auf die zukünftigen Leistungen ist als Nebenforderung nicht anzusehen, RG (Pl.) 19 416.

a) Nebenforderungen liegen z. B. vor:

α) wenn der Kläger neben der Herausgabe eines Grundstücks Ersatz der entgangenen Früchte verlangt, auch wenn der Ersatzanspruch auf eine besondere Voraussetzung (die Unredlichkeit des Besitzers) gegründet ist, RG, JW 93 469;

β) wenn der Kläger einseitig die Zinsen als Hauptsumme behandelt und dann weitere Zinsen fordert oder wenn er außergerichtliche Kosten usw. mit der Hauptforderung in einer Summe zusammenfaßt, RG 32 377; JW 93 535, 94 364;

γ) wenn gemäß § 717 Abs. 2 ZPO der Antrag auf Rückerstattung der gezahlten Beträge einschließlich Zinsen und Kosten gestellt wird, RG 9 410; JW 92 125; OLG Hamburg, Rsp 15 157. Wird dagegen besondere Klage oder Widerklage erhoben, sind Zinsen und Kosten keine Nebenforderung, RG 63 369;

δ) wenn eine veräußerte Sache dem Erwerber durch einen Dritten entwehrt ist, der von dem Erwerber gegen den Veräußerer neben dem Gewährleistungsanspruche geltend gemachte Anspruch auf Erstattung der ihm durch die Prozeßführung mit dem Dritten erwachsenen Kosten, RG 55 80; wenn eine Vertragsstrafe neben der Hauptsache eingeklagt wird, BGB §§ 340, 341; RG 66 310; DJZ 07 1257; Recht 07 1325, 1407. Ebenso die neben dem Anspruche selbst verlangten Kosten eines gegen den Kläger angestellten Prozesses, RG, JW 05 114, und die von dem Anspruch auf Aufhebung eines Kaufvertrags abhängige Schadenersatzforderung, RG, Recht 03 402, sowie die Kosten eines Vorprozesses gegen den Hauptschuldner bei der Klage gegen den Bürgen, RG **56** 256; s. auch RG, Gruch **49** 1007;

ε) wenn außer der Erfüllung Ersatz des entstandenen oder entstehenden Schadens aus der Nichterfüllung gefordert wird, RG, JW 07 675, Bolze 4 Nr. 1075.

b) Keine Nebenforderungen sondern selbständige Forderungen liegen vor:

α) wenn neben der Auflösung eines Vertrags Ersatz des durch Verschlechterung des Vertragsgegenstandes verursachten Schadens gefordert wird, RG, JW 87 286, 91 525; SeuffA **43** 367;

β) wenn Nutzungen (Früchte, Zinsen) oder Schadenersatz gesondert eingeklagt werden, RG **9** 414; JW 86 113, 91 570, 92 272, 94 84, 03 97, oder wenn es sich um Erstattung der von einem Dritten eingezogenen Zinsen handelt oder eine für Kapital und Zinsen zu leistende Sicherheit in Frage steht, RG **10** 345; Gruch **31** 1141. Das gleiche gilt, wenn Kl. Zinsen eines Kapitals fordert, das Gegenstand der Widerklage ist, RG, JW 96 410, oder wenn eine Partei wegen der Zinsen, die andere wegen des Kapitals ein Rechtsmittel einlegt, RG, BBl 90 113;

γ) wenn mit der Klage auf Herausgabe einer Sache oder Zahlung einer Schuld die Klage auf Nutzungen aus einer anderen Sache oder Zinsen von einer anderen Forderung verbunden oder wenn neben dem Teilbetrag einer Hauptforderung der Zinsrückstand von dem übrigen, nicht mit eingeklagten Teilbetrage derselben Hauptforderung eingeklagt wird, RG, Gruch **31** 1141; SeuffA **43** 468; BayObLG, SeuffA **45** 234; oder wenn Zinsen von einem Teile der Hauptforderung verlangt werden, der nicht mehr zur Entscheidung steht, RG **60** 112, KG, Rsp **23** 69.

δ) wenn entgangene Zinsen oder Nutzungen nicht als solche gefordert, sondern nur bei Berechnung des Anspruchs berücksichtigt werden. So bei Entschädigungsforderungen, RG **9** 415, **10** 345, bei Regreßklagen, RG **8** 365, — jedoch mit Ausnahme des Wechselregresses, § 4 Abs. 2 ZPO, unten Anm. 43 — bei der Ausübung des jus offerendi, RG **12** 260, und bei der ungerechtfertigten Bereicherung, RG, Bolze **22** 691; JW 96 300, 09 691;

ε) wenn bei der Umwandlung (Novation) einer Forderung Zinsen zum Kapitale geschlagen wurden. Bei Klagen aus einem Kontokorrentverhältnis ist der Saldo eine einheitliche Forderung, ohne Rücksicht auf die darin enthaltenen Zinsen; nur die vom Tage des Rechnungsabschlusses laufenden Zinsen sind Nebenforderungen, RG **32** 377; JW 94 504;

ζ) im Anfechtungsprozesse ist der Anspruch des Gläubigers mit Einschluß von Zinsen und Kosten zu bewerten, RG, JW 87 311, 92 460, 96 172, 00 437; Bolze **1** Nr. 1515, **2** Nr. 1415, **4** Nr. 1077;

η) wenn neben dem Schadenersatze wegen widerrechtlichen Abdrucks eines Bildes auch noch Vernichtung der hergestellten Abdrücke verlangt wird (§ 42 RGes. v. 9. 1. 07), München Rsp **21** 62.

34. Dividenden haben die rechtliche Natur der Früchte; neben dem Anspruch auf Herausgabe von Aktien gilt der Anspruch auf die dazugehörigen Dividenden als Nebenforderung, RG, JW 93 535.

35. Beim Streite über ein Absonderungsrecht im Konkurse sind Zinsen und Kosten Nebenforderungen, RG 7 327.

36. Bei einem Arrest, der zur Sicherung der Hauptforderung nebst Zinsen und Kosten ausgebracht war, bleiben Zinsen und Kosten außer Ansatz, RG 26 412.

37. Bei den Klagen aus §§ 767, 771 ZPO bilden Zinsen usw. Nebenforderungen, RG 10 393, 28 429; JW 99 423, 02 358.

38. Die nach Erhebung der Klage im Laufe des Rechtsstreits erwachsenen Zinsen usw. bleiben bei der Wertbemessung außer Betracht, RG 11 387.

39. Der Anspruch auf Rechnungslegung ist bei der Wertberechnung nicht zu berücksichtigen, wenn er neben dem Kapitalanspruche lediglich zum Zwecke der Klarlegung des Zinsanspruchs erhoben wird, da ihm in diesem Falle eine selbständige Bedeutung nicht zukommt, RG 29 395. Als Nebenforderung kann aber der Anspruch auf Rechnungslegung nicht angesehen werden, Anm. 33, 48.

40. Streiten Gläubiger über vorzugsweise Befriedigung aus dem Erlöse gepfändeter Sachen, so ist nur der Betrag der kleineren der beiden Forderungen, aber ohne Zinsen (§ 4 ZPO) Streitgegenstand, falls nicht etwa der Erlös des Pfandstücks noch geringer ist, RG 4 366, 6 327, 18 372; s. Anm. 55.

41. Prozeßkosten bleiben, wie alle Nebenforderungen, die erst nach der Klageerhebung entstehen, bei der Wertberechnung außer Betracht, RG 23 360; JW 84 111. Über die Prozeßkosten als Streitgegenstand s. GKG § 13, Anm. 46.

42. Die eigene Provision des Verkäufers für den Selbsthilfeverkauf (HGB § 373), entspricht der nach Art. 50 Nr. 3 WO dem Wechselinhaber gebührenden Provision, bleibt also unberücksichtigt, RG 33 408.

43. Abs. 2 des § 4 ist im Jahre 1898 eingefügt, um gegenüber der Rechtsprechung des RG, RG 29 332, 32 75; JW 97 167, klarzustellen, daß auch bei allen Wechselregreßklagen Zinsen, Kosten und Provision als Nebenforderungen zu gelten haben. Wird dagegen der zivilrechtliche Bürge in Höhe der Wechselregreßschuld in Anspruch genommen, so sind die Nebenkosten dem Hauptgelde zuzurechnen, weil § 4 Abs. 2 nur für wechselmäßige Ansprüche gilt, RG, Rsp 21 63.

GKG § 13. Für Akte, welche Früchte, Nutzungen, Zinsen, Schäden oder Kosten als Nebenforderungen ohne den Hauptanspruch betreffen, ist der Wert der Nebenforderungen insoweit maßgebend, als er den Wert des Hauptanspruchs nicht übersteigt.

Für Akte der Zwangsvollstreckung wegen einer Geldforderung werden die einzuziehenden Zinsen mit berechnet.

Für Akte, welche die Kosten des Rechtsstreits ohne den Hauptanspruch betreffen, ist der Betrag der Kosten maßgebend.

44. **Abs. 1** setzt voraus, daß Nebenforderungen getrennt von der Hauptsache, aber ohne ihre Eigenschaft als Nebenforderung verloren zu haben, z. B. Protestkosten, JW 85 94, den Streitgegenstand bilden, RG, JW 94 504, BayObLG 16 302, und daß in derselben Instanz nicht für einen gleichartigen, den Hauptanspruch betreffenden Akt Gebühren entstanden sind. Ist nach Fortfall des Hauptanspruchs die (bisherige) Nebenforderung selbst Hauptforderung geworden, so fällt die Beschränkung auf den Wert des (bisherigen) Hauptanspruchs fort, RG, JW 03 97, 174. Ist zunächst über die Kapitalforderung, hierauf über die Zinsen Beweis erhoben, so ist nach dem Grundsatze des § 25 die Beweisgebühr nur für den Beweis

über die Kapitalforderung erwirkt. Erstreckt sich aber die Beweisaufnahme nur auf einen Teil der Kapitalforderung und auf die Zinsen des ganzen Kapitals, so kommen für die Beweisgebühr wegen des Zinsenanspruchs nur die Zinsen desjenigen Kapitalteils in Betracht, über den nicht Beweis erhoben ist. Insgesamt aber darf nach § 12 Abs. 2 die Beweisgebühr nicht mehr betragen, als die Beweisgebühr für das ganze Kapital, Meyer-Irmler 30 A. 1, Walter-Joachim A. 83.

45. Abs. 2. Mit zu berechnen sind die Zinsen bis zu dem Tage, an dem die Zwangsvollstreckung ausgeführt oder der Antrag auf Zwangsvollstreckung zurückgenommen wird. Handelt es sich um einen das ZwangsvollstrVerfahren betreffenden selbständigen Prozeß, z. B. um eine Klage aus §§ 767, 771 ZPO, so findet § 13 Abs. 2 GKG keine Anwendung. Vielmehr ist die Forderung, für welche die Zwangsvollstreckung erfolgt, maßgebend und deren Zinsen und Kosten sind auch hier bloße Nebenforderungen, RG **10** 393, **26** 412, **28** 429. Anm. 37.

46. Abs. 3. Während Abs. 1 von den „Kosten als Nebenforderungen", d. h. von denjenigen Kosten spricht, welche die Partei durch Klage oder Widerklage zusammen mit dem Hauptanspruche gegen ihren Gegner geltend gemacht hat, sind unter den in Abs. 3 erwähnten „Kosten des Rechtsstreits" diejenigen zu verstehen, welche erst durch den Prozeß selbst verursacht sind und über die von Amts wegen erkannt werden muß. Die Kosten aus Abs. 3 bleiben bei der Wertberechnung des Streitgegenstandes außer Betracht, Anm. 41. Sie sind aber als der für die Gebührenberechnung zugrunde zu legende Wert des Streitgegenstandes dann anzusehen, wenn der Hauptanspruch selbst, einschließlich der Nebenforderungen, insbesondere auch der Kosten im Sinne des Abs. 1 erledigt ist und der Streit lediglich wegen der Prozeßkosten fortgesetzt wird, also nur noch die Kosten des Rechtsstreits (Abs. 3) den Streitgegenstand bilden. Dies ist der Fall, wenn beide Parteien erklären, daß der Rechtsstreit in der Hauptsache erledigt sei, RG **46** 348. Verlangt aber gegenüber dieser Erklärung des Klägers der Beklagte die Abweisung der Klage, so wird an dem Streitgegenstande nichts geändert. Erst wenn dann die Sache für erledigt erklärt und nur wegen der Kosten ein Rechtsmittel eingelegt ist, bilden in zweiter Instanz die Kosten den Streitgegenstand, RG, JW **94** 81, 85, 114, 117, 366. Wird außer über die Kosten des Rechtsstreits (Abs. 3) noch über einen Restteil des im übrigen erledigten Hauptanspruchs, z. B. über Zinsen gestritten, so ist lediglich der Betrag dieses Restteils, z. B. der Betrag der Zinsen für den Streitwert maßgebend, RG **39** 388, **47** 256, **60** 112; JW **85** 94, **93** 266, **94** 366, 430, 504; **97** 210; Gruch **38** 1192. Der Streitgegenstand im Falle des Abs. 3 ist die Summe der Gerichtskosten und der außergerichtlichen Kosten beider Parteien, die bis zur Erledigung des Streites über die Hauptsache entstanden sind, während die weiteren, durch den Akt selbst entstandenen Kosten sich als „Nebenforderungen" darstellen, RG **50** 368, OLG Hamburg, SeuffA **43** 454.

ZPO § 5. Mehrere in einer Klage geltend gemachte Ansprüche werden zusammengerechnet; eine Zusammenrechnung des Gegenstandes der Klage und der Widerklage findet nicht statt.

GKG § 11. Soweit Klage und Widerklage, welche nicht in getrennten Prozessen verhandelt werden, denselben Streitgegenstand betreffen, sind die Gebühren nach dem einfachen Werte dieses Gegenstandes zu berechnen. Soweit beide Klagen nicht denselben Streitgegenstand betreffen, sind die Gegenstände zusammenzurechnen.

Das gleiche gilt für wechselseitig eingelegte Rechtsmittel, welche nicht in getrennten Prozessen verhandelt werden.

GKG § 10a. Im Falle des § 254 der ZPO ist für die Wertsberechnung nur einer der verbundenen Ansprüche und zwar der höhere maßgebend.

ZPO § 254. Wird mit der Klage auf Rechnungslegung oder auf Vorlegung eines Vermögensverzeichnisses oder auf Leistung des Offenbarungseides die Klage auf Herausgabe desjenigen verbunden, was der Beklagte aus dem zugrunde liegenden Rechtsverhältnisse schuldet, so kann die bestimmte Angabe der Leistungen, welche der Kläger beansprucht, vorbehalten werden, bis die Rechnung mitgeteilt, das Vermögensverzeichnis vorgelegt oder der Offenbarungseid geleistet ist.

47. § 5 ZPO regelt die Zuständigkeit und die Berechnung der Revisionssumme. Für den Ansatz der Gerichtskosten und Anwaltsgebühren gilt er nur, soweit §§ 10a, 11 GKG nichts abweichendes bestimmen.

Die Zusammenrechnung mehrerer Ansprüche trifft die Fälle der subjektiven und objektiven Klagenhäufung, ZPO §§ 59, 60, 260. Die Ansprüche können auf demselben Grunde oder auf verschiedenen Gründen beruhen, von einem oder mehreren Klägern, gegen einen oder mehrere Beklagte geltend gemacht werden. Die Ansprüche müssen jedoch selbständige, gleichwertige sein und dürfen einander nicht ausschließen; daher dürfen nicht zusammengerechnet werden die Klage auf Feststellung und Leistung, OLG München, Rsp **17** 306, **21** 62, oder auf Zahlung einer Rente und deren Sicherstellung, RG, JW **96** 270, OLG Naumburg, Rsp **13** 68, oder auf Befreiung von persönlicher und dinglicher Haftung, RG, Recht **06** Nr. 1955. Also keine Zusammenrechnung von Haupt- und Nebenforderung und ebensowenig von alternativen oder von prinzipalen und eventuellen Ansprüchen, vgl. Anm. 7, 32 ff. Dasselbe gilt auch bei dem Anspruche gegen Gesamtschuldner und der Klage gegen die Ehefrau zusammen mit der Klage gegen den Ehemann auf Duldung der Zwangsvollstreckung, Gaupp-Stein § 5, I; Walter-Joachim A. 41 f.

Den Fall des Zusammentreffens vermögensrechtlicher und nicht vermögensrechtlicher Ansprüche regelt § 10 Abs. 2 GKG (s. Anm. 29).

48. Gegenstand der Vorschrift des § 254 ZPO sind die Fälle der §§ 259, 260, 660, 681, 713, 1214, 1421, 1546 Abs. 3, 1681, 1890, 1915, 1978, 1991, 2027, 2028, 2130, 2218 BGB und der §§ 91, 166, 340 Abs. 3 HGB. Es handelt sich um zwei Ansprüche, nämlich um den Anspruch auf Rechnungslegung usw. und um den Anspruch auf Herausgabe, wobei der mutmaßliche Wert der beanspruchten Leistung in der Regel den Streitwert bestimmen wird, OLG Karlsruhe, Rsp 13 67.

49. Bei einer **Verbindung getrennt anhängig gemachter Prozesse** (ZPO § 147) werden vom Zeitpunkte der Verbindung ab die verbundenen Sachen gerade so behandelt, als wären sie ursprünglich in der Klage verbunden gewesen. Von diesem Zeitpunkt ab bildet der Gesamtbetrag der einzelnen Streitgegenstände den neuen Streitgegenstand, für die Zeit vorher ist er für jeden Prozeß einzeln zu berechnen, RG **44** 420. Sind die Sachen vor der mündlichen Verhandlung verbunden, so ist nur die Prozeßgebühr von den in jedem Einzelprozesse geltend gemachten Ansprüchen zu berechnen, RG 5 354, 6 416, 30 330; JW 81 211, 97 236, 98 74, 99 90, 696.

Das umgekehrte gilt, wenn mehrere in einer Klage erhobene Ansprüche in getrennten Prozessen verhandelt werden, ZPO § 145. Wird die Trennung in der mündlichen Verhandlung angeordnet, so ist die Prozeßgebühr von dem Gesamtwerte der ungetrennten Prozesse zu berechnen. Die übrigen Gebühren berechnen sich von den getrennten Werten vom Zeitpunkte der ausgesprochenen Trennung ab.

Das Nachverfahren über den Aufrechnungseinwand, ZPO § 302, hat denselben Streitgegenstand wie der Hauptprozeß, RG 18 408, 31 1; es betrifft aber nur einen Teil des Streitwerts, wenn die Gegenforderung geringer ist als der Klageanspruch.

50. Mehrere in derselben Widerklage erhobene Ansprüche sind nach den in Anm. 47 entwickelten Grundsätzen zusammenzurechnen, RG 31 387.

51. Werden Klage und Widerklage in demselben Prozesse verhandelt, so werden die beiden Streitgegenstände soweit zusammengerechnet, als sie nicht zusammenfallen, RG, JW 96 358, 97 205. Ob dies der Fall, ist nicht nach dem Wortlaute der Anträge, sondern nach der ganzen Lage des Streitverhältnisses zu beurteilen, OLG München, Rsp 21 62. Sie fallen zusammen, wenn die beiden Anträge einander ausschließen (confessoria und negatoria). Ferner wenn Kl. die Löschung der Hypothek verlangt, Bekl. widerklagend Zahlung der Hypothekenschuld oder auch nur der Zinsen begehrt, RG, JW 91 297, ObLG München, Rsp 23 69. Ebenso, wenn der Kl. Leistung aus einem Vertrage, der Bekl. mit der Widerklage Feststellung des Nichtbestehens des Vertragsverhältnisses begehrt, RG, JW 86 38, 92 213, 98 433; RG, Rsp 19 236; wenn der Kläger Erfüllung und der Widerkläger Wandelung verlangt, RG, Recht 06 185; wenn der Ehemann auf Überlassung der eingebrachten Sachen klagt, die Frau Aufhebung der Nutznießung begehrt, OLG München, Rsp 25 45; wenn der Kläger Herausgabe einer Kaution verlangt, der Widerkläger aber Gegenansprüche geltend macht, für welche die Kaution bestellt ist, RG 31 387; JW 84 260, 97 322; wenn Kläger Vollstreckbarkeit eines Schiedsspruchs, der Beklagte Aufhebung des Schiedsspruchs beantragt, RG bei Pfafferoth § 11 A. 4a. Verlangt der Kläger Schadenersatz wegen Nichterfüllung und Widerkläger die Feststellung, daß ein Vertrag nicht bestehe, ist der Wert der Widerklage nur gleich dem des Schadens, da Erfüllung des Vertrags nach § 326 BGB ausgeschlossen ist, OLG Kiel, Rsp 15 254. Verschiedene Streitgegenstände liegen vor, wenn der Kläger auf Auflassung des verkauften Grundstücks klagt und der Bekl. Widerklage auf Zahlung des Kaufpreises erhebt, RG, JW 97 190. Wenn hingegen der Beklagte gegen die Klage auf einzelne Rückstände wiederkehrender Leistungen die Widerklage auf negative Feststellung des Bezugsrechts erhebt, so ist zwar der höhere Wert dieser Widerklage auf negative Feststellung maßgebend, der Wert der Leistungsklage ist aber darin schon enthalten, vgl. JW 86 38, 89 401. Eine eventuelle Widerklage für den Fall, daß die Klage nicht abgewiesen wird, ist unzulässig, RG 40 331; JW 99 226. Wird dennoch eine solche Widerklage erhoben, so kann sie sowohl für die Prozeß- als auch für die Verhandlungsgebühr in Betracht kommen, RG, JW 92 214; vgl. RG, JW 99 226, 339. Als hinzukommende Prozeßgebühr für die Widerklage wird dann die Differenz zwischen der Gebühr für den Streitgegenstand der Klage und der für den Ge-

samtbetrag der Streitgegenstände von Klage und Widerklage erhoben. Waren mehrere Klagen verbunden, so ist der Berechnung die Gebühr zugrunde zu legen, die bei gleichzeitiger Einklagung aller Ansprüche fällig gewesen wäre, OLG Hamburg, Rsp **11** 149. Die durch Ankündigung einer demnächst nicht erhobenen Widerklage verursachten Kosten, über die das Urteil nichts bestimmt, gehören aber nicht zu den Kosten des Rechtsstreits, RG (Pl.) **51** 5. Eine nur angekündigte Widerklage bleibt bei der Wertfestsetzung für die Gerichtskosten überhaupt außer Betracht, OLG Kolmar, Recht **07** Nr. 2583, OLG Karlsruhe, Rsp **27** 101; wegen der Klage s. Anm. 6.

52. Werden wechselseitig eingelegte Rechtsmittel nicht getrennt verhandelt, so sind die Beschwerdegegenstände zusammenzurechnen. Ob die Rechtsmittel von beiden Teilen selbständig eingelegt sind oder ob der eine Teil sich nur dem vom andern Teile eingelegten Rechtsmittel angeschlossen hat, macht keinen Unterschied, RG **29** 349; JW **92** 97, **98** 212.

ZPO § 6. Der Wert des Streitgegenstandes wird bestimmt: durch den Wert einer Sache, wenn deren Besitz, und durch den Betrag einer Forderung, wenn deren Sicherstellung oder ein Pfandrecht Gegenstand des Streits ist. Hat der Gegenstand des Pfandrechts einen geringeren Wert, so ist dieser maßgebend.

53. Der Besitz einer Sache bestimmt sich nach BGB § 854. Nach § 90 BGB sind Sachen nur körperliche Gegenstände. Unmittelbarer und mittelbarer (BGB § 868), Eigen- und Fremdbesitz (BGB § 872) sind kostenrechtlich gleich, RG **61** 92. Streitgegenstand ist der Besitz einer Sache dann, wenn der Klageantrag auf Erlangung oder Wiedererlangung des Besitzes (BGB §§ 985, 1007) gerichtet ist. Auf den Rechtsgrund der Klage kommt nichts an. § 6 ist nicht beschränkt auf die eigentlichen Besitzklagen, er gilt auch bei Eigentumsklagen, RG, JW **93** 73, **96** 355, **04** 94; OLG Dresden, Karlsruhe, Rsp **13** 69; bei persönlichen Klagen auf Herausgabe von Sachen, z. B. auf Grund von Kauf-, Vorkauf-, Wiederkauf-, Leih-, Verwahrungs-, Miet- und Pachtverträgen, RG, JW **81** 4, **86** 21, **99** 423, RG **61** 92, OLG Hamburg, Rsp **25** 46; bei Klagen aus ungerechtfertigter Bereicherung, z. B. auf Rückgewähr wegen Nichtigkeit des Vertrags, RG, JW **97** 541; bei Klagen des Käufers auf Auflassung des gekauften Grundstücks, selbst dann, wenn das Grundstück bereits dem Käufer übergeben ist, RG, JW **93** 467, **99** 10; Bolze **3** Nr. 1025, **7** Nr. 837; Gruch **44** 1146; bei Klagen auf Feststellung des Nichtbestehens einer Auflassungsverpflichtung, RG, JW **00** 10, **01** 418, **02** 253. Bei Klagen gegen eine gütergemeinschaftliche Ehefrau auf Zustimmung zur Auflassung (§ 1445 BGB) ist der Wert des Streitgegenstandes nach dem Wert der Hälfte des aufzulassenden Grundstücks zu bestimmen, BayObLG, Recht **04** 20.

§ 6 gilt nicht bei Klagen wegen Besitzstörung (§ 862 BGB), RG **3** 394; JW **00** 482, OLG Hamburg, Rsp **23** 72; bei Klagen auf Vorlegung von Sachen oder Urkunden (BGB § 809) oder auf Legung einer Rechnung oder eines Inventars, RG, JW **95** 181; Bolze **4** Nr. 1079, **5** Nr. 958; Gruch **38** 1130 (s. Anm. 8); bei Klagen auf Herausgabe zur vorläufigen Verwahrung, RG, JW **03** 125, bei Klagen auf Abnahme der Kaufsache, RG **57** 400; JW **05** 24, und auf Entgegennahme der Auflassung, RG, JW **90** 235, **01** 718, **02** 253, 269,

630; Bolze 9 Nr. 6441; Gruch 34 1138, 46 1044; OLG Kiel, München, Rsp 19 48, 21 61; s. Anm. 26.

Bei Anträgen auf einstweilige Verfügung kann der Wert des Streitgegenstandes dem der Hauptsache gleichkommen, so daß dann auch § 6 anzuwenden ist, z. B. wenn es sich um die Eintragung einer Vormerkung zur Sicherung einer Forderung oder um den dauernden Besitz der Sache handelt, RG 35 394, Gruch 49 956, JW 99 138. Im allgemeinen wird aber, da es sich zumeist um eine vorübergehende Regelung handelt, § 3 anzuwenden sein, RG 15 434, 16 333, 22 425, JW 90 7, 91 551, 93 93, 96 74, 97 105, 131, 417; 90 175, 739, 00 150, 03 125; 05 233, 500; Gruch 51 402. Dagegen hat das RG bei Arrestgesuchen den § 6 angewendet, RG 26 412; JW 97 572. Ebenso Gaupp-Stein § 3 V, § 4 III, § 6 II, 1. Bei Arrest und einstw. Verfügung ist auch nach erhobenem Widerspruch für die Wertfestsetzung das Verlangen des Antragstellers maßgebend, RG 20 383, Gruch 28 1174, 34 942.

54. Den Wert des Streitgegenstandes bestimmt der gemeine Wert der Sache, um deren Besitz gestritten wird, RG, Recht 03 44, nicht das sonstige Interesse des Klägers, OLG Hamburg, Rsp 15 46. Ist nur ein Teil der Sache oder der Mitbesitz streitig, so ist dessen Wert zu ermitteln, RG, JW 94 180, 97 106, 02 391; Bolze 6 Nr. 854, 867; 7 Nr. 832. Dabei ist regelmäßig bei verkauften Sachen der Kaufpreis, RG, JW 95 537, 99 423, bei Waren und Wertpapieren der Markt- oder Börsenpreis (Kurswert) maßgebend. In Enteignungssachen besteht der Streitwert in dem Unterschied zwischen der von der Enteignungsbehörde festgesetzten und der verlangten Entschädigung, RG 4 386; Bucerius, DJZ 09 200.

Belastungen der Sache und Verwendungen, die der Kläger dem Besitzer zu vergüten hat, müssen bei Bestimmung des Wertes unberücksichtigt bleiben, RG 22 388; JW 86 89, 88 405, 90 370, 93 467, 96 2. Daher ist bei Klagen auf Auflassung der Wert des Grundstücks ohne Berücksichtigung der darauf ruhenden Lasten und Schulden maßgebend, RG, JW 96 355; Bolze 3 Nr. 1025, 7 Nr. 837.

Durch eine angebotene Gegenleistung wird der Streitgegenstand nicht geändert, RG, JW 93 467, 97 267.

Bei der Klage um das Sukzessionsrecht in ein Familienfideikommiß ist der Wert des F. selbst, ohne Abrechnung der F.-Schulden, als Wert des Streitgegenstandes maßgebend, RG, JW 02 212.

Bei der Klage auf Herausgabe von Urkunden ist, wenn sie Wertpapiere sind, der Betrag der Forderung maßgebend, bei Beweis- oder Legitimationsurkunden der Wert nach dem Interesse des Klägers an der Herausgabe zu schätzen, RG, JW 94 239, 02 358, Bolze 6 Nr. 861, 7 Nr. 839, 848; Gruch 29 418, 30 1105; OLG Kolmar, Recht 04 554, RG, Rsp 21 59 (Quittung). Das Interesse ist danach zu bewerten, was mit dem Anspruch auf Herausgabe der Urkunde bezweckt wird. Unter Umständen kann der Wert der zurückgeforderten Wechsel dem Werte der Wechselsummen, ja sogar der Wechselregreßsummen gleich erachtet werden, RG, JW 84 298, 91 384; BBl 90 64. Das Interesse am Besitze kann aber auch niedriger als die Wechselsumme geschätzt werden, RG, Gruch 29 418; Recht 05 166; ebenso bei der Klage auf Herausgabe eines Schuldscheins, RG, Gruch 41 1151. Das Interesse kann z. B. bei Wechseln oder einer Vollmacht darin bestehen, Mißbrauch mit den Urkunden zu verhindern, RG, JW 05

113; OLG Naumburg, Rsp 21 59. Das Interesse an der Herausgabe eines verwahrten Hypothekenbriefs ist gleich den Kosten seiner Wiederherstellung geschätzt, RG, Gruch 30 1106. Dieser Maßstab ist nicht bei dem Anspruch auf Herausgabe von Testamenten anwendbar, KG, Rsp 15 47. Bei der Herausgabe eines Erbvertrags zur gerichtlichen Eröffnung ist zu berücksichtigen, daß der Berechtigte sich nur so als Erbe ausweisen kann, wenn auch der Wortlaut der letztwilligen Anordnung feststeht, RG, JW 11 190. Bei der Herausgabe eines unrichtigen Erbscheines besteht das Interesse darin, daß seine Verwendung dem Kläger keine Nachteile bringt, RG, JW 11 813. Bei der Klage auf Herausgabe des Hypothekenbriefs gegen den Zedenten ist das Interesse gleich dem Wert der Forderung, da erst durch die Übergabe des Briefes die Abtretung wirksam wird, OLG Braunschweig, Rsp 14 115. Wird die Herausgabe des Hypothekenbriefs zur Verwirklichung einer Pfändung verlangt, so ist das Interesse an der Pfändung unter entsprechender Anwendung von § 6 ZPO zu berechnen, RG 46 401, Warn 10 412. Bei der Klage auf Übergabe der Urkunden, die erforderlich sind, um den Kläger zu dem Antrag auf Löschung der auf seinem Grundstücke haftenden Posten in den Stand zu setzen, ist der Betrag der Aufwendung entscheidend, die gemacht werden muß, um die Löschung zu ermöglichen, RG, JW 95 181. Das Interesse an der Herausgabe einer Lebensversicherungspolice ist dem Rückkaufswerte, RG 28 183; OLG Hamburg, Rsp 6 374; den Kosten des Aufgebotsverfahrens, OLG Hamburg, Rsp 9 50; der Versicherungssumme, RG 37 415, OLG München, Rsp 23 73, SeuffBl 75 532 gleichgesetzt; in RG 37 415 wird aber zugleich die Rückabtretung verlangt.

55. Ist die Sicherstellung einer Forderung oder ein Pfandrecht Gegenstand der Klage, so gilt § 6 ZPO, gleichviel, ob der Kläger Feststellung seiner Forderung oder Verurteilung des Bekl. verlangt, RG, JW 04 94. Auf die Art der Sicherstellung kommt nichts an. Z. B. gehören hierher die Klage auf Feststellung einer Bürgschaftsverbindlichkeit, RG 25 366; JW 98 3; die Pfändung von Forderungen und anderen Vermögensrechten, sowie die Klage auf Abtretung einer Forderung zum Zwecke der Sicherstellung, OLG Naumburg, NaumbAKZ 98 53; die Klage auf Durchführung des Pfandrechts, und auf Aufhebung eines Pfandrechts, RG, Gruch 35 1177, 36 1195, OLG Karlsruhe, Rsp 13 70; oder auf Feststellung seiner rechtlichen Gültigkeit oder Ungültigkeit, die Klage auf Herausgabe der Pfandsache, gleichviel ob es sich um ein rechtsgeschäftliches oder gesetzliches Pfandrecht z. B. des Vermieters handelt, RG, Gruch 49 1008, OLG München, Rsp 23 71; oder auf Löschung einer Hypothek, OLG Hamburg Rsp 23 74; Anträge auf Vormerkung nach §§ 648, 883 BGB, § 935 ZPO, RG 35 394; die Klage aus § 767 ZPO, RG, JW 92 57; Bolze 5 Nr. 966, 11 Nr. 630; KG, KGBl 13 61 (aM 18 20); die Interventionsklage aus § 771 ZPO, RG 10 393; JW 90 333, 93 381, 02 358, 09 114; Bolze 9 Nr. 632, 11 Nr. 643; die Klage auf Feststellung eines Absonderungsrechts, RG, JW 96 281. Auch die Klage auf Herausgabe von Sachen, die zur Sicherung einer Forderung übereignet waren, fällt unter § 6 ZPO, OLG Köln, DJZ 13 1083. Entsprechende Anwendung findet § 6 bei Rangstreitigkeiten mehrerer Pfandgläubiger. Maßgebend ist der Betrag der niedrigeren Forderung, sofern der Pfandgegenstand oder der zu verteilende Erlös nicht einen geringeren Wert hat, RG 4 365, 7 327, 10 346, 18 372, 26 412; OLG München

Rsp 23 74. Dagegen ist § 3 ZPO für anwendbar erklärt bei einer Klage aus § 768 ZPO und § 1134 BGB, OLG München, KG, Rsp 18 409, 23 66. Wenn es sich nur um den Anspruch auf Löschung handelt, ohne daß über den Bestand der Hypothek Streit besteht, so ist der Wert nach § 3 ZPO zu schätzen, RG, JW 00 437, aM RG, JW 98 348, 01 649. Keine Anwendung findet § 6 auf das Zurückbehaltungsrecht. Ist nur dieses, nicht auch die Forderung des Zurückbehaltenden im Streit, so ist der Wert der Sache maßgebend, um deren Zurückbehaltung es sich handelt, RG 12 155; JW 94 7; OLG Nürnberg, Hamburg Rsp 23 72, 73.

56. Den Streitwert bestimmt der Wert der Forderung oder der Pfandsache, je nachdem der eine oder der andere geringer ist. Der Betrag der Forderung ist nach §§ 3, 4 ZPO, d. h. nach dem Zeitpunkte der Klageerhebung und unter Fortlassung der Nebenforderungen, also bei Klagen auf Löschung einer Hypothek nach dem zu löschenden Kapitalbetrage, auch wenn die Hypothek nicht mehr oder nicht mehr in voller Höhe gilt, RG, Bolze 22 Nr. 688; JW 96 170, 98 348, 433, bei Sicherungshypotheken nach dem eingetragenen Höchstbetrage zu berechnen, RG, JW 92 330; Gruch 36 1195. Der Wert der Pfandsache ist nach § 3 ZPO, also ohne Rücksicht auf vorgehende Belastungen festzustellen, RG 22 388; JW 95 291, 96 281, 00 520, Recht 12 Nr. 2855. Bei einer Klage auf Duldung der Zwangsvollstreckung in ein Grundstück bestimmt sich aber wie bei Anfechtungsklagen der Wert des Streitgegenstandes nach dem Werte des Grundstücks, abzüglich der vorgehenden Hypotheken, soweit dieser Wert hinter dem Betrage der Forderung zurückbleibt, RG, JW 03 180. Beim Streite über das Pfandrecht an einem Hypothekenbrief ist der nach § 6 maßgebende Wert des Hypothekenbriefs nach § 3 ZPO zu bestimmen, RG, JW 97 446. Bei der Interventionsklage gegen mehrere Beklagte, die nicht in Rechtsgemeinschaft stehen, ist der Wert des Streitgegenstandes nach § 6 ZPO gegen jeden einzelnen Beklagten festzustellen und danach für alle zusammenzurechnen, RG, ZDJ 10 78, OLG Naumburg, NaumbAKZ 94 119.

Der Wert der Interventionsklage ist nach dem Zeitpunkt der Klageerhebung zu bestimmen, so daß nach einer teilweisen Tilgung der Forderung nur noch ihr Restbetrag als Streitwert einzustellen ist, OLG München, Rsp 23 65. Ähnlich ist bei einer Klage aus § 767 ZPO der Teilbetrag der Forderung, aus dem vollstreckt ist, in Betracht zu ziehen, KG, Rsp 23 159.

Bei der Verbindung der Pfandrechtsklage mit der persönlichen Klage ist nur der Betrag der Forderung maßgebend, RG 31 387; JW 93 466, 94 260, 96 270. Wird neben der Forderung, um deren Sicherstellung es sich handelt, oder neben der Bewilligung der Löschung einer Grundschuld die Herausgabe eines Grundschuld- oder Hypothekenbriefs verlangt, so bildet lediglich die Forderung, für welche das Pfandrecht eingetragen ist, den Wert des Streitgegenstandes, RG, JW 92 158, 93 125, 96 270.

57. Verlangt der Kläger Befreiung von einer Hypothekenschuld, für die er persönlich haftet, ist der Streitwert nicht gleich der Forderung (so früher RG, Gruch 34 1137; OLG Frankfurt, Recht 07 702), sondern das Interesse an der Befreiung ist danach zu bemessen, ob und inwieweit das Grundstück Sicherheit für den Gläubiger bietet und mit welchem Ausfalle zu rechnen ist, RG, DJZ 12 1470,

RG, KGBl 13 20, OLG Breslau, AKZ 09 65. Wird auf Befreiung eines Grundstücks von einer vom Kläger nicht übernommenen Hypothek geklagt, so findet § 3 ZPO Anwendung, Petersen § 6 A. 10.

58. Auch für bedingte und betagte Forderungen gilt § 6 ZPO. Doch kann nur derjenige Wert angesetzt werden, auf den sich der Wert der Forderung bei Berücksichtigung der Bedingung und der Zahlungsfrist stellt, RG 22 413. Bei Streitigkeiten über eine Lebensversicherung kann der Rückkaufswert der Police berücksichtigt werden, RG 22 414, 28 182; dies empfiehlt sich, wenn die Fortsetzung der Versicherung ausgeschlossen erscheint, OLG Braunschweig, Rsp 15 47; ist dies nicht der Fall, braucht sich der Streitwert nicht auf den Rückkaufswert zu beschränken, RG, JW 02 185.

59. Das Interesse des Klägers an der Beseitigung eines ihn an der Verfügung über einen Hypothekenbrief hindernden Beschlusses ist dem realisierbaren Werte des Briefes gleich geachtet, OLG Karlsruhe, Rsp 15 48; s. Anm. 10.

60. Entsprechende Anwendung findet § 6, wenn eine sachlich beschränkte Haftung in Anspruch genommen wird, wie z. B. beim Reeder und bei der Klage gegen den Ehemann auf Duldung der Zwangsvollstreckung in das eingebrachte Gut; die Forderung entscheidet, wenn nicht das eingebrachte Gut geringeren Wert hat, OLG Dresden, KG, Rsp 3 160, 11 43; aM OLG Marienwerder, Rsp 27 165, wo nach § 3 ZPO der Wert des Duldungsanspruchs ebenso wie der des Leistungsanspruchs bewertet ist. An Stelle des Eingebrachten legt den Wert der Nutznießung daran der Bewertung zugrunde: OLG Colmar, Rsp 25 45; s. wegen Erbenhaftung Anm. 18.

ZPO § 7. Der Wert einer Grunddienstbarkeit wird durch den Wert, welchen dieselbe für das herrschende Grundstück hat, und wenn der Betrag, um welchen sich der Wert des dienenden Grundstücks durch die Dienstbarkeit mindert, größer ist, durch diesen Betrag bestimmt.

61. Der Begriff der Grunddienstbarkeit, BGB §§ 1018, 1019. Die Grunddienstbarkeit muß Klagegegenstand sein, gleichviel, ob dinglich oder persönlich, konfessorisch oder negatorisch geklagt wird, RG 3 394, 29 407. Ist diese Voraussetzung nicht gegeben, verbietet sich eine ausdehnende Anwendung des § 7, RG, JW 94 180, 420, 99 482, 02 391, Warn 10 Nr. 293. Eine entsprechende Anwendung ist aber zugelassen bei beschränkt persönlichen Dienstbarkeiten, Reallasten und servitutähnlichen Rechten, RG 3 394 (Dränageröhren), RG 67 79 (Licht), RG 29 407 (sogar bei einer persönlichen Baubeschränkung). § 7 ist auch dann anzuwenden, wenn zugleich auf Beseitigung der Beeinträchtigung einer Grunddienstbarkeit geklagt wird, RG 63 100, oder deren Umfang streitig ist, RG, Warn 10 Nr. 169, und bei Immissionsklagen (§ 906 BGB) RG, JW 98 153. In der Regel wird aber im letzten Falle dem Streitwert nach § 3 die Wertminderung zugrunde zu legen sein, die das Grundstück des Klägers erleiden würde, wenn die Immissionen auf unbestimmte Zeit zuzulassen wären, RG, Recht 07 894.

62. Die Anwendung von § 7 ist verneint bei dem Streite über das Bestehen einer selbständigen Fischereigerechtigkeit, ObLG München, DJZ 11 1223. Das Recht, Ton zu entnehmen oder Bausteine zu brechen, ist nach § 3 ZPO zu bewerten, OLG Oldenburg, Kolmar, Rsp 4 263, Recht 12 Nr. 1045. Soll der

Beklagte als Dritter eine Grundlast beseitigen, so ist der Streitwert nach dem Betrage der zur Befreiung des Grundstücks von der Last notwendigen Ausgaben gemäß § 3 ZPO zu bemessen, RG, JW 95 181; Bolze 6 Nr. 866.

63. Zur Bestimmung des Wertes der Grunddienstbarkeit ist nach freiem Ermessen (ZPO §§ 3, 4) der Wert zu ermitteln, um den sich durch die Grundgerechtigkeit der Wert des herrschenden Grundstücks erhöht und der Wert des dienenden Grundstücks mindert. Maßgebend ist der höhere Wert, RG, Bolze 2 Nr. 1407, 6 Nr. 857; JW 97 6.

ZPO § 8. Ist das Bestehen oder die Dauer eines Pacht- oder Mietverhältnisses streitig, so ist der Betrag des auf die gesamte streitige Zeit fallenden Zinses und, wenn der fünfundzwanzigfache Betrag des einjährigen Zinses geringer ist, dieser Betrag für die Wertsberechnung entscheidend.

GKG § 9a Abs. 1. Ist das Bestehen oder die Dauer eines Pacht- oder Mietverhältnisses für einen längeren als einjährigen Zeitraum streitig, so wird der Wert auf den Betrag des einjährigen Zinses berechnet.

64. Der § 8 ZPO gilt für die Zuständigkeit und die Berechnung der Revisionssumme, § 9a GKG ist für die Gerichtskosten und die Anwaltsgebühren maßgebend, KommBer 29, RG, JW 01 833.

Die Bestimmungen gelten nur für Pacht- und Mietverhältnisse, BGB §§ 535ff., 581ff.; auch bei Jagdpacht, RG, JW 10 291, JDZ 10 117. Auf Dienstmiete und Werkvertrag (BGB §§ 611ff., 631ff.) ist § 3 ZPO anzuwenden.

65. Der § 8 findet nur Anwendung, wenn streitig ist, ob ein Pacht- oder Mietverhältnis für eine bestimmte Zeit besteht, aber nicht nur bei Feststellungsklagen, sondern auch bei Leistungsklagen wegen Überlassung, Benutzung oder Räumung der Miet- oder Pachtsache, RG (Pl) 33 1; bei Räumungsklagen aber nur, sofern der Klageanspruch darauf beruht, daß ein dem Pacht- oder Mietbesitze zugrunde liegender Pacht- oder Mietvertrag von einer über den geltend gemachten Räumungszeitpunkt hinausgehenden Dauer nicht in rechtsverbindlicher Weise zustande gekommen oder vor Ablauf jener Dauer hinfällig geworden sei. Ebenso BayObLG, Recht 06 248. Im Streite ist die ganze auf den Auflösungszeitpunkt folgende Dauer des Vertrags, RG, Rsp 23 75. Dadurch wird aber nicht die selbständige Bewertung einer Widerklage auf Zahlung des Mietzinses für die mehrjährige Dauer des Vertrags ausgeschlossen; Fuchs, JW 12 63; aM RG in einem von Fuchs bekämpften Beschl. v. 20. 2. 11, wo auch für diesen Fall lediglich GKG § 9a angewendet wird. Betrifft der Streit die Räumungspflicht, unabhängig von dem Bestand und der Dauer des Pacht- oder Mietvertrages, so ist nicht § 8, sondern § 3 oder § 6 ZPO maßgebend, RG 30 373; JW 93 57, 95 322; s. Anm. 53.

66. Die Worte „streitige Zeit" lassen erkennen, daß die Vorschrift des § 8 nur dann Anwendung finden kann, wenn in der Klage, RG, Gruch 35 1176, zum Ausdrucke gebracht ist, daß es sich um ein bestimmte Zeit dauerndes Miet- oder Pachtverhältnis handelt; doch wird bei einem Pacht- oder Mietverhältnisse von unbestimmter Dauer § 8 entsprechend anzuwenden sein. Dabei ist die gesetzliche Mindestdauer und die Kündigungsbefugnis in Betracht zu ziehen, RG 17 376; JW 95 537, 98 500; OLG Kiel, Rsp 13 70. Bei kündbaren Verträgen geht die „strei-

tige Zeit" nur bis zu dem Zeitpunkte, zu dem der Vertrag gekündigt werden kann, RG, SeuffA 42 Nr. 322.

67. Die Anwendung des § 8 ZPO ist beschränkt auf den Streit der unmittelbaren Pacht- oder Mietbeteiligten. Macht ein Dritter einen Anspruch auf Beteiligung an dem Pacht- oder Mietverhältnisse geltend, so ist nicht § 8, sondern § 3 ZPO maßgebend, Nassow in Gruch 33 889, RG, Recht 09 Nr. 1000. Zulässig ist aber, § 9a GKG auf den Bürgen des Mieters, RG, Hamburg, Rsp 13 71, 15 531 und § 8 ZPO bei dem Streite, ob einem Dritten die Rechte aus dem Pachtvertrag zustehen, entsprechend anzuwenden, RG, Warn 10 Nr. 381.

68. Der Begriff des „Zinses", der für die Wertberechnung entscheidend ist, bestimmt sich nach dem bürgerlichen Rechte. Der Zins kann auch in anderen Leistungen als in Geld bestehen, z. B. in einem Nutzungsanteil oder in Früchten, BGB §§ 535, 581. In solchem Falle sind die Leistungen gemäß § 3 ZPO in Geld zu veranschlagen, schwankende Leistungen sind nach dem aus dem mutmaßlichen Durchschnittswerte zu ermittelnden Jahresbetrage zu veranschlagen (Rittmann, Streitgegenstand 3 226). Die Überlassung einer Dienstwohnung als Teil des Gehalts ist aber kein Mietvertrag, der Wert des Streitgegenstandes ist also nicht nach ZPO § 8, GKG § 9a, sondern unter Berücksichtigung des Interesses des Klägers, die Verfügung über die Wohnung zu erhalten, nach § 3 zu bestimmen, RG 30 372. Dasselbe gilt für die Bestimmung des Wertes eines unentgeltlichen Wohnungsrechts, RG, JW 99 1.

69. Klagen wegen Zahlung von Pacht- oder Mietzinsen, sowie wegen Instandsetzung oder Instandhaltung der Pacht- oder Mietsache unterliegen dem § 8 nicht. Wird neben der Räumungsklage zugleich auf Zahlung des Pacht- oder Mietzinses geklagt, so ist dieser nicht Nebenforderung im Sinne des § 4, vielmehr nach § 5 dem Werte der Räumungsklage hinzuzurechnen (RG, ZZP 14 256; OLG Hamburg, Rsp 19 51), aber doch nur so weit, als er für eine Zeit begehrt wird, die außerhalb des für die Bewertung des Räumungsanspruchs maßgebenden Zeitraums liegt; Rittmann, Streitgegenstand 3 233; ZDJ 10 50.

70. Ist streitig, ob ein Teil der Mietsache (ein Vorgarten) mit vermietet ist, so ist der Mietwert dieses Teiles maßgebend, RG, Rsp 4 261.

ZPO § 9. Der Wert des Rechts auf wiederkehrende Nutzungen oder Leistungen wird nach dem Werte des einjährigen Bezugs berechnet und zwar

auf den zwölfundeinhalbfachen Betrag, wenn der künftige Wegfall des Bezugsrechts gewiß, die Zeit des Wegfalls aber ungewiß ist;

auf den fünfundzwanzigfachen Betrag bei unbeschränkter oder bestimmter Dauer des Bezugsrechts. Bei bestimmter Dauer des Bezugsrechts ist der Gesamtbetrag der künftigen Bezüge maßgebend, wenn er der geringere ist.

GKG § 9a. Abs. 2, 3. Bei Ansprüchen auf Alimente, welche auf gesetzlicher Vorschrift beruhen, wird der Wert des Rechts auf die wiederkehrenden Leistungen, falls nicht der Gesamtbetrag der geforderten Leistungen geringer ist, auf den fünffachen Betrag des einjährigen Bezuges berechnet. Das gleiche gilt bei Ansprüchen auf Entrichtung einer Geldrente, welche nach den §§ 843, 844 BGB oder nach den §§ 3, 3a, 7 des Gesetzes, betreffend die Verbindlichkeit zum Schadenersatze für die bei dem Betriebe von Eisenbahnen, Bergwerken, usw. herbeigeführten Tötungen und Körperverletzungen, vom 7. Juni 1871 erhoben werden.

Ist für die Dauer des Rechtsstreits, welcher eine Ehesache betrifft, über die Unterhaltspflicht der Ehegatten zu entscheiden, so wird der Wert des Rechts auf Entrichtung einer Geldrente auf den einjährigen Betrag derselben berechnet.

71. § 9 ZPO gilt für die Ermittelung der Zuständigkeit und der Revisionssumme, für die Berechnung der Gerichtskosten und Anwaltsgebühren aber nur insoweit, als nicht § 9a GKG für die dort genannten Ansprüche abweichendes bestimmt, RG, JW **03** 27. Der § 9 ZPO setzt voraus: Rechte auf wiederkehrende Nutzungen (BGB § 100) oder Leistungen, d. h. Leistungen, welche, sich gleichbleibend, auf einem und demselben Grunde beruhen und in einzelnen Zeitabschnitten von neuem zu leisten sind, OLG Darmstadt, Recht **03** 20, wie Renten, Alimente, Pensionen, Gehälter, Reallasten, ist also ausgeschlossen, wenn es sich um Rechte von ununterbrochener Dauer, z. B. um einen Nießbrauch, ein Wohnungsrecht, Nutzungsrecht oder ein Jagdrecht, RG, JW **99** 1; SeuffA **54** 210, OLG Celle, Rsp **13** 72, oder um einmalige Leistungen handelt, auch wenn sich deren Höhe (wie bei Lagergeld und Kurkosten, RG, JW **86** 2, **89** 230; Bolze **7** 842) nach einem für bestimmte Zeitabschnitte festgesetzten Einheitssatze berechnet. Bei der Klage um die Berechtigung des Eigentümers zur Jagd auf seinem Grundstück ist der Streitwert nicht nach § 9, sondern nach § 3 ZPO zu bemessen, RG, JW **02** 418. Ebenfalls ist § 3 anzuwenden, wenn die Bezüge unregelmäßig wiederkehren, z. B. bei Kirchenbaulasten, BayObLG, SeuffA **49** Nr. 267; aM Gaupp-Stein § 9, I, 1. Unter „wiederkehrenden" Leistungen können nur solche verstanden werden, die sich gleichbleiben, RG **36** 416, JW **96** 583, **00** 48. Wechseln sie, so ist der Streitwert nach § 3 ZPO zu bemessen, wobei aber der Grundsatz des § 9 ZPO, § 9a GKG zu berücksichtigen ist, RG **36** 416. Der Streitwert liegt dann zwischen dem einer Rente von dem Höchstbetrage und dem einer Rente von dem Mindestbetrage der geforderten Rentenbeträge, RG, aaO, OLG Hamburg, Kolmar, Rsp **23** 78, **25** 48. Einen Durchschnitt von den geforderten Renten zu bilden, OLG Hamburg, Rsp **21** 133, empfiehlt sich nicht. Sollen die einer Person für ihre Lebenszeit zu gewährenden Leistungen erst nach einer Reihe von Jahren beginnen, so ist § 3 ZPO maßgebend, RG **26** 409, JW **08** 44.

Der § 9 setzt solche Rechte voraus, deren Dauer sich auf eine lange Reihe von Jahren, mindestens auf $12\frac{1}{2}$ Jahre erstreckt oder zu erstrecken pflegt. Bei Rechten von nur vorübergehendem, kürzerem Bestande, insbesondere bei Klagen und einstweiligen Verfügungen auf Alimentation der Ehefrau während des Scheidungsprozesses, findet nicht § 9, sondern § 3 Anwendung, RG (Pl.) **24** 373, **37** 385, JW **95** 477, 537; **96** 300, 583; für die Gerichtskosten und Anwaltsgebühren setzt aber Abs. 3 § 9a GKG den Wert fest. Ein möglicher Wegfall der Bezüge wegen Veränderung in den Vermögens- oder Erwerbsverhältnissen der Beteiligten bleibt außer Betracht, RG **44** 372, JW **99** 431.

72. Der Gegenstand des Streites muß das Bezugsrecht selbst sein, also das Recht auf die gesamten, bei Erhebung der Klage noch nicht fälligen (künftigen) Bezüge. Werden mit dem Rechte auf die künftigen Bezüge zugleich Rückstände geltend gemacht, so sind sie, soweit sie vor der Klageerhebung fällig geworden waren, nach § 5 ZPO hinzuzurechnen, RG (Pl.) 19 416, Recht 04 530; OLG Karlsruhe, Recht 03 46. Durch § 9a Abs. 2 GKG ist hieran nichts geändert, RG 58 293; Bischofswerder, JW 03 205. Die erst nach der Klagezustellung verfallenden Bezüge bleiben „künftige Bezüge" im Sinne des § 9 ZPO; sind also nicht neben der nach § 9 zu berechnenden Hauptsumme selbständig zu berechnen, RG 23 359; JW 89 230, 91 221, 94 117, 420. Geleistete Abschlagszahlungen sind zuerst auf die Rückstände zu verrechnen, RG, ZDJ 13 99. Werden nur einzelne Rückstände eingeklagt, ohne daß über das Recht selbst entschieden wird, so kommt § 9 überhaupt nicht zur Anwendung, vielmehr entscheidet der Wert der streitigen Leistungen.

73. Die Wertberechnung erfolgt nach dem Werte des einjährigen Bezugs:

a) zum $12^1/_2$fachen Betrage, wenn der künftige Wegfall gewiß und nur die Zeit des Wegfalls ungewiß ist, wie bei den auf Lebenszeit festgesetzten Altenteilen, RG, JW 94 117; Bolze 7 Nr. 825. Sind in dem Altenteil auch dauernde Leistungen, z. B. ein Wohnrecht, enthalten, so kommt daneben noch § 3 in Betracht, OLG Celle, Rsp 13 72, BayObLG, Recht 08 Nr. 2197, 09 Nr. 498. Der $12^1/_2$fache Betrag ist einzusetzen beim Zinsgenuß einer Hypothek, da deren Erlöschen als gewiß anzunehmen ist, KG, Rsp 23 77;

b) zum 25fachen Betrage, wenn die Dauer des Rechtes unbeschränkt, wie z. B. bei Reallasten oder der Rente aus § 912 BGB, OLG Hamburg, Rsp 17 77, oder der Zeit nach bestimmt ist. Ist jedoch im letzten Falle der Gesamtbetrag der künftigen Bezüge geringer, so kommt nur dieser zum Ansatz. Ein Bezugsrecht von bestimmter Dauer liegt nur dann vor, wenn der Zeitpunkt des Wegfalls bei Erhebung der Klage feststeht.

74. § 9a gilt nicht für die auf Vertrag oder letztwilliger Verfügung, sondern nur für die auf gesetzlicher Vorschrift beruhenden Alimente (z. B. der Ehegatten, der Verwandten, der unehelichen Kinder) und bei Ansprüchen auf Entrichtung einer Geldrente, die auf die §§ 843, 844 BGB oder auf das Haftpflichtgesetz, nicht aber auf das vor dem 1. Januar 1900 geltende Landesrecht gestützt werden, RG, JW 01 458, 724, 833; Gruch 45 383. Auf vor 1900 entstandene Alimente wendet ObLG München, Rsp 25 280, § 9a an. Zu den Alimenten des § 9a gehören nicht die Versorgungsgebührnisse der im Dienste beschädigten Militärpersonen, KG, Rsp 19 242, oder Ansprüche aus dem Beamtenunfallfürsorgeges., OLG Kolmar, Hamburg, ZDJ 11 79, Rsp 25 280. Der Unterhalt des verarmten Schenkers (BGB § 528) fällt nicht unter § 9a; denn sein Anspruch geht jetzt nur auf Rückgabe des Geschenkes, und die Unterhaltszahlung ist lediglich ein dem Beschenkten freistehendes Mittel, um den Anspruch abzuwenden (facultas alternativa). § 9a gilt nicht für Ansprüche aus § 845 BGB, RG, ZDJ 12 162.

Die Anwendung des § 9a wird nicht dadurch ausgeschlossen, daß über die gesetzliche Unterhaltspflicht ein Anerkenntnis oder Vergleich vorliegt, aus denen geklagt wird, OLG, Rsp 7 217, 19 242, 25 125, 281, 27 14.

Wird der Anspruch auf eine Rente für einen im § 843 BGB genannten Schaden auf einen Vertrag oder doch mit auf Vertrag gestützt, ist nicht § 9a GKG anzuwenden, RG, ZDJ 12 77, OLG Breslau, Rsp 23 259, OLG Jena, SeuffA 66 Nr. 105; aM KG, KGBl 06 28; Rsp 13 71, 252, 19 243, OLG Karlsruhe, ZDJ 12 162.

Regreßansprüche aus den UnfallversichGes sind nach § 9a zu bewerten, wenn es sich um übergegangene Ansprüche des Beschädigten aus §§ 843, 844 BGB handelt, z. B. § 140 GewUVG; vgl. SeuffA 64 473.

Selbständige Regreßansprüche, z. B. aus § 136 GewUVG gegen den Unternehmer, sind nach § 9 ZPO zu bewerten, RG, JW 11 952, OLG Braunschweig, ZDJ 11 36; Augsburg, Recht 08 Nr. 2685. Diese Berechnung trifft auch für Ansprüche aus § 62 Unterstützungswohnsitzges. zu, OLG Stettin 3 W 59/12.

75. Alimentenklagen des unehel. Kindes gegen den Vater. Bei Klagen auf Feststellung der Vaterschaft gegen den außerehelichen Vater in Verbindung mit der Klage auf Alimente soll in der Regel die Feststellung der Vaterschaft keine selbständige Bedeutung haben, sondern nur als Voraussetzung des Unterhaltsanspruchs in Betracht kommen, so daß die Pflicht zur Unterhaltszahlung den alleinigen Klagegrund bei Ansprüchen aus §§ 1713 Abs. 2, 1708 Abs. 2 BGB oder aus § 323 ZPO bilden würde. So die landgerichtlichen Entscheidungen in JW 02 62, 63 und LG I Berlin, KGBl 02 23. Jedoch ist die Möglichkeit eines unabhängig von dem Unterhaltsanspruche bestehenden rechtlichen Interesses an der Feststellung der Vaterschaft für das uneheliche Kind nicht ausgeschlossen. Diese Feststellung hindert den Bekl., bei dem Anspruch auf Unterhalt über das 16. Lebensjahr hinaus (§ 1708 Abs. 2 BGB) oder auf Beerdigungskosten (§ 1713 Abs. 2 BGB) von neuem seine Vaterschaft zu bestreiten. Sie ist daher bei der Wertbemessung neben dem Leistungsanspruche besonders zu bewerten, und zwar gemäß § 3 ZPO nach freiem Ermessen, da sie hier nur dazu dient, den vermögensrechtlichen Anspruch vorzubereiten, Cohn in KGBl 02 11. Die Vaterschaft kann aber auch als Ehehindernis (§ 1310 Abs. 3 BGB) und als Familienband bei der Legitimation durch nachfolgende Ehe (§§ 1718, 1720 BGB) in Frage kommen; insoweit hat der Feststellungsanspruch nicht vermögensrechtliche Natur, so daß § 10 GKG anzuwenden ist, KG, KGBl 02 70. S. die Ausführungen in der JW 01 706, 02 485 und Urteil des LG Görlitz, JW 02 244.

76. Ehesachen: ZPO §§ 606, 627. Werden Alimente „bis zur Wiederherstellung des ehelichen Lebens", also für die Dauer einer nur tatsächlichen Trennung von unbestimmter zeitlicher Ausdehnung gefordert, so findet nicht Abs. 3, sondern Abs. 2 des § 9a GKG Anwendung, RG, JW 00 180; OLG Hamburg, Rsp 15 54.

§ 11. Die für die Berechnung der Gerichtsgebühren maßgebende Festsetzung des Wertes ist für die Berechnung der Gebühren der Rechtsanwälte maßgebend.

§ 12. Gegen den im § 16 des Gerichtskostengesetzes bezeichneten Beschluß steht dem Rechtsanwalte die Beschwerde nach Maßgabe des § 567 Abs. 2 und der §§ 568—575 der Zivilprozeßordnung zu.

GKG § 14. Bei jedem Antrag ist der Wert des Streitgegenstandes, sofern derselbe nicht in einer bestimmten Geldsumme besteht oder aus früheren Anträgen erhellt, und auf Erfordern auch der Wert eines Teiles desselben schriftlich oder zum Protokolle des Gerichtsschreibers anzugeben.

Die Angabe kann jederzeit berichtigt werden.

GKG § 15. Die zum Zwecke der Entscheidung über die Zuständigkeit des Prozeßgerichts oder die Zulässigkeit des Rechtsmittels erfolgte Festsetzung des Wertes ist, unbeschadet der Vorschrift des § 9a, für die Berechnung der Gebühren maßgebend.

GKG § 16. Soweit eine Entscheidung in Gemäßheit des § 15 nicht stattfindet, und nach der Natur des Streitgegenstandes oder durch den Antrag einer Partei die Festsetzung des Wertes erforderlich wird, erfolgt dieselbe gebührenfrei durch Beschluß des Prozeßgerichts, bei der Zwangsvollstreckung, falls der Wert noch nicht festgesetzt ist, durch Beschluß des Vollstreckungsgerichts. Die Festsetzung kann von dem Gerichte, welches dieselbe getroffen hat, sowie von dem Gerichte der höheren Instanz im Laufe des Verfahrens von Amts wegen geändert werden.

Gegen den Beschluß findet Beschwerde nach Maßgabe des § 567 Abs. 2 und der §§ 568 bis 575 der ZPO sowie des § 4 Abs. 3 dieses Gesetzes statt.

GKG § 17. Wird eine Abschätzung durch Sachverständige erforderlich, so ist in dem Beschlusse, durch welchen der Wert festgesetzt wird (§ 16), über die Kosten der Abschätzung zu entscheiden. Dieselben können ganz oder teilweise der Partei zur Last gelegt werden, welche durch Unterlassung der ihr obliegenden Wertsangabe oder durch unrichtige Wertsangabe, unbegründetes Bestreiten der Wertsangabe, oder unbegründete Beschwerde die Abschätzung veranlaßt hat.

1. Die Festsetzung des Wertes erfolgt, soweit eine Entscheidung über die sachliche Zuständigkeit des Gerichts (GVG § 23[1]) oder über das Vorhandensein der Revisionssumme (ZPO § 546) erforderlich ist, in dem Beschluß oder Urteile; soweit über das Vorhandensein der Beschwerdesumme (ZPO § 568 Abs. 3) zu entscheiden ist, durch den auf die Beschwerde ergehenden Beschluß (GKG § 15). Sie kann in diesen Fällen nur zugleich mit der Hauptentscheidung angefochten werden, OLG Naumburg, Rsp 21 86. Im übrigen wird der Wert in allen Fällen, in denen er sich nicht von selbst ergibt, durch besonderen Beschluß festgesetzt, und zwar sowohl auf Parteiantrag wie von Amts wegen, gleichviel, ob die Parteien über den Wert des Streitgegenstandes streiten oder nicht. Den Antrag auf Wertfestsetzung kann die Partei auch im Anwaltsprozesse selbst stellen, RG, ZDJ 11 148. Das Recht der Parteien, in jeder Instanz die Festsetzung des Streitgegenstandes zu verlangen, ist nicht davon abhängig, daß das Verfahren in der betreffenden Instanz bis zu einem gewissen Grade vorgeschritten ist, RG, JW 02 391. Auch der Gegner der armen Partei kann Festsetzung des Streitwertes verlangen, RG, JW 04 149, Gruch 48 1163.

2. In der Regel wirkt die Wertfestsetzung für die gerichtlichen und außergerichtlichen Kosten, RG 31 393. Ist dies ausnahmsweise nicht der Fall, weil sich z. B. die für die Kostenberechnung erhebliche Tätigkeit des Gerichts und der Rechtsanwälte nicht auf denselben Gegenstand bezieht oder weil der Streitwert für die Gerichtsgebühren nach andern Grundsätzen als den für die Anwaltsgebühren berechnet wird, so kann die Frage, von welchen Wertstufen bei der Berechnung der RAGebühren auszugehen ist, nicht in einem dem § 16 GKG entsprechenden WertfestsVerfahren, sondern nur bei der Kostenfestsetzung nach §§ 103—106 ZPO oder in einem besonderen Rechtsstreite zum Austrage gebracht werden, RG, JW 95 10, 98 348, 03 9; KG, KGJ 28 B 43, 42 B 293, Rsp 19 264. Z. B. verschiedene Beteiligung

mehrerer Pfändungsgläubiger bei der Klage aus § 771 ZPO, OLG Kiel, Rsp 21 159; s. auch § 10 Anm. 6, 51, § 13 Anm. 6.

3. Zuständig für den Wertfestsetzungsbeschluß (GKG § 16) ist das Prozeßgericht, bei der Zwangsvollstr., falls der Wert noch nicht festgesetzt ist, das Vollstreckungsgericht, GKG § 16. Prozeßgericht ist das Gericht derjenigen Instanz, für welche der Wert festgesetzt werden soll. Dieses Gericht hat auch dann den Wert festzusetzen, wenn das Verfahren in der Instanz bereits abgeschlossen ist, RG, JW 91 336, 95 382, 480; 96 671. Der für die höhere Instanz erlassene Festsetzungsbeschluß gilt zunächst nur für diese, bindet aber auch die untere Instanz, wenn der Streitgegenstand derselbe ist, RG, JW 94 316, 97 531. Die untere Instanz kann ihre Wertfestsetzung nicht mehr ändern, wenn die höhere Instanz auf Beschwerde darüber entschieden hat, RG 37 384.

Solange nicht der Streitwert besonders festgesetzt ist, kann der Gerichtsschreiber im KostenfestsVerfahren einen Streitwert annehmen. Zu seiner Festsetzung ist er aber nicht befugt. Über die Anfechtung der Entscheidung s. oben S. 100.

Wenn der RA gegen seinen Machtgeber wegen der Gebühren klagt, so hat der erkennende Richter auch über die Höhe des Streitwerts zu entscheiden, wenn dieser noch nicht festgesetzt war, RG, JW 93 270.

4. Die in § 14 GKG den Parteien zur Pflicht gemachte Wertangabe bindet den Richter nicht, selbst wenn die Angaben der Parteien übereinstimmen. Den Richter der höheren Instanz bindet ebensowenig der von den Parteien angegebene, wie der vom Vorderrichter festgesetzte Wert, RG 3 94; JW 92 372, 93 488, 95 143, 480, 97 171. Das Gericht kann vor der Wertfestsetzung von Amts wegen Einnahme des Augenscheins und Begutachtung durch Sachverständige, auf Parteiantrag auch eine förmliche Beweisaufnahme anordnen, und entscheidet sowohl über den Beweisantrag wie über den Wert selbst nach freier Überzeugung, ZPO § 286. Die Beweiserhebung wird jedoch nur in besonderen Fällen angebracht sein, OLG Hamburg, Rsp 27 9.

5. Der WertfestsBeschluß kann von dem Gerichte, das ihn erlassen hat, zu jeder Zeit, auch nach Abschluß des Verfahrens in der Instanz von Amts wegen geändert werden, RG, JW 97 531. Auch das Gericht der höheren Instanz kann die Festsetzung der unteren Instanz von Amts wegen ändern, aber nur „im Laufe des Verfahrens". Der Sinn dieser Bestimmung ist durch die PlEntsch RG 44 403 dahin festgestellt, daß das Gericht der höheren Instanz, auch wenn es nicht mit der Sache selbst befaßt ist, sondern nur über eine auf die Kostenfestsetzung bezügliche Beschwerde zu entscheiden hat, von Amts wegen die in der unteren Instanz getroffene Festsetzung des Streitwerts ändern kann. Dasselbe gilt, wenn die höhere Instanz im Wertfestsetzungsverfahren mit der Sache befaßt wird, RG 71 321; OLG Hamburg, Rsp 19 237.

6. Das Rechtsmittel gegen den nach § 16 GKG erlassenen WertfestsBeschluß ist die Beschwerde. Sie steht neben der Staatskasse, GKG § 4, RG, Gruch 28 1178, zu:

a) nach § 12 RAGebO dem RA, und zwar kraft eigenen Rechts, also auch seinem eigenen Machtgeber gegenüber (Mot. 35);

b) nach § 16 Abs. 2 GKG der Partei.

Die Beschwerde zu a kann nur auf eine Erhöhung des festgesetzten Streitgegenstandswerts hinwirken. An einer solchen ist nur der RA, nicht die Partei interessiert. Deshalb ist dieser die Beschwerde wegen zu geringer Wertfestsetzung selbst dann versagt, wenn die Festsetzung eines revisibeln Streitwerts herbeigeführt werden soll, RG 22 425; JW 86 42, 87 328, 88 305, 91 200, 92 213, 93 94, 344, 94 55, 95 102, 96 150, 584, 599, 97 268, 98 578, 03 67. Ebensowenig kann sich der Anwalt darüber beschweren, daß der Wert zu hoch festgesetzt ist. Legitimiert zur Beschwerde im Falle a ist nur der Anwalt derjenigen Instanz, für die der Streitwert festgesetzt werden soll, also nicht der Anwalt 2. Instanz wegen der Wertfestsetzung für die 1. Instanz, RG, JW 99 335, 96 584, 94 514; BayObLG, SeuffBl 00 150. Dem Anwalt 1. Instanz steht gegen die Wertfestsetzung für die 2. Instanz nur dann die Beschwerde zu, wenn diese Wertfestsetzung z. B. bei gleichem Streitwert beider Instanzen auch für die 1. Instanz wirksam ist oder ein sonstiges Interesse, z. B. zur Berechnung der Korrespondenzgebühr nachgewiesen wird, RG, JW 97 572, 98 576, 01 226. Die auf Beschwerde eines RA nach § 12 erfolgte Erhöhung des Streitwerts ist auch für den Gegenanwalt und für die Gerichtskosten maßgebend, RG 31 393. Ist der RA selbst Partei, so kann er trotz des § 7 nicht nach § 12 Beschwerde einlegen, RG, Rsp 23 260.

Die Beschwerde zu b kann eine Erhöhung lediglich für den Fiskus, für die Partei aber regelmäßig nur eine Herabsetzung des Streitwerts zum Gegenstande haben.

Eine Partei, deren Anwalt nach § 12 im eigenen Namen eine Erhöhung des festgesetzten Streitwerts beantragt und erwirkt, ist hierdurch nicht behindert, ihr eigenes entgegengesetztes Interesse mittels eines Rechtsmittels zu verfolgen, RG 37 384; JW 96 75.

7. Voraussetzung der Beschwerde ist ein formgerechter Festsetzungsbeschluß. Ein Aktenvermerk oder eine in den Gründen des KostenfestsBeschlusses enthaltene Äußerung über den Wert des Streitgegenstandes gibt keinen Anlaß zur Beschwerde, RG, Bolze 3 Nr. 307; JW 93 37, 563, 97 240, 98 114. Die Beschwerde folgt den Vorschriften der §§ 567 ff. ZPO. Es ist also das Gericht, dessen Entscheidung angefochten wird, befugt, der Beschwerde ganz oder teilweise stattzugeben. Geschieht dies, so ist insoweit, als der Beschwerde Erfolg gegeben ist, für die Entscheidung des Beschwerdegerichts kein Raum, RG, JW 95 126. Im Falle zu 6a unterliegt die Beschwerde, sofern sie gegen den Beschluß eines Kollegialgerichts gerichtet ist, auch für den Anwalt dem Anwaltszwange, ZPO §§ 78, 569 Abs. 2; der Anwalt muß also, wenn er die Beschwerde bei einem Gericht einlegt, bei dem er nicht zugelassen ist, sich eines dort zugelassenen Anwalts bedienen, RG 10 373; JW 89 528, 96 584, 02 610; OLG Kassel, Rsp 19 253; aM OLG Dresden, SächsAnn 21 442. Im Falle zu 6b ist die Beschwerde der Partei, wie die Bezugnahme auf § 4 Abs. 3 GKG ergibt, vom Anwaltszwange befreit.

Die weitere Beschwerde ist bedingt durch einen neuen selbständigen Beschwerdegrund, ZPO § 568 Abs. 2, RG 6 409, 37 384; JW 97 466, 98 2. Die in der Beschwerdeinstanz erlassenen Entscheidungen der Landgerichte unterliegen der weiteren Beschwerde nur, wenn die Beschwerdesumme den Betrag von 50 Mk. übersteigt, ZPO § 568 Abs. 3. Gegen die Entscheidungen der Oberlandesgerichte ist eine Beschwerde überhaupt ausgeschlossen, ZPO § 567 Abs. 2, in der Fassung des Ges. v. 22. Mai 1910, RGBl 767. Das Beschwerdegericht darf aber seinen Beschl. auf eine Vorstellung hin ändern, selbst wenn die weitere Beschw. unzulässig ist, RG 33 377, 37 385.

8. Kosten. Die Wertfestsetzung erfolgt gebührenfrei, selbst wenn sie vom Prozeßbevollmächtigten in seinem eigenen Interesse beantragt (§ 12) war, RG, JW 03 9; KG, Rsp 19 237. Die Auslagen einer etwaigen Abschätzung fallen der Staatskasse zur Last und sind nur dann der Partei aufzuerlegen, wenn diese die Abschätzung schuldhaft veranlaßt hat, GKG §§ 16, 17.

Im Beschwerdeverfahren werden Gebühren nach GKG § 45 Abs. 1 erhoben. Der Streitwert der von der Partei eingelegten Beschwerde ist die Differenz der Höhe der Kosten, je nachdem diese nach dem festgesetzten oder dem von ihr beantragten Werte des Streitgegenstandes berechnet werden. Hierbei sind außer den Gerichtskosten die Gebühren beider Anwälte zu berücksichtigen, RG 31 307, JW 97 136. Bei der Beschwerde des RA kommt nur der Unterschied seiner Gebühren in Betracht, RG 45 402, OLG Naumburg, Rsp 25 132, und zwar für die Instanz, für die er die Festsetzung begehrt, RG 46 365. Die Beschwerdesummen werden nicht zusammengerechnet, wenn beide RA Beschwerde einlegen, RG 51 173. In dem Verfahren über die Beschwerde im Falle zu 6a (nach § 12 RAGebO) ist die Gegenpartei nicht Prozeßgegner, es können ihr also auch beim Obsiegen des beschwerdeführenden RA nicht die Kosten der Beschwerdeinstanz auferlegt werden, RG 12 361; JW 97 466, 98 153. Siegt der RA ob, so sind die gerichtlichen Gebühren niederzuschlagen. Unterliegt der RA, so sind die Kosten ihm, nicht seiner Partei aufzuerlegen, ZPO § 97; RG, JW 91 311.

§ 13. Die Sätze des § 9 stehen dem als Prozeßbevollmächtigten bestellten Rechtsanwalte zu:

1. für den Geschäftsbetrieb, einschließlich der Information (Prozeßgebühr);
2. für die mündliche Verhandlung (Verhandlungsgebühr);
3. für die Mitwirkung bei einem zur Beilegung des Rechtsstreits abgeschlossenen Vergleiche (Vergleichsgebühr).

Die Sätze des § 9 stehen demselben zu fünf Zehnteilen zu:

4. für die Vertretung in dem Termine zur Leistung des durch ein Urteil auferlegten Eides sowie in einem Beweisaufnahmeverfahren, wenn die Beweisaufnahme nicht bloß in Vorlegung der in den Händen des Beweisführers oder des Gegners befindlichen Urkunden besteht (Beweisgebühr).

I. Allgemeines.

§ 13 regelt die normalen Gebühren, die dem zum Prozeßbevollmächtigten bestellten RA für seine Berufstätigkeit in bürgerlichen Rechtsstreitigkeiten zustehen. Zum Prozeßbevollmächtigten bestellt ist der RA dann, wenn er durch die gemäß §§ 81—83 ZPO erteilte Vollmacht zur Vornahme aller Handlungen ermächtigt ist, welche der regelmäßige Verlauf des Prozesses mit sich bringt. Die Gebührensätze des RA, der nur mit bestimmten Einzelhandlungen beauftragt ist, bestimmen die §§ 43—49. Ausgeschlossen von der Anwendung des § 13 sind die besonderen Prozeßarten, nämlich das Sühneverfahren, das Mahnverfahren, das Verteilungsverfahren, das Aufgebotsverfahren (ZPO §§ 510c, 609, 610, — 688 bis 703, — 858 Abs. 6, 872 bis 877, 882, — 946 bis 956, 959 bis 972, 977 bis 1024). Die Gebühren in diesen Fällen regeln die §§ 37—40.

II. Prozeßgebühr.

1. „Die Prozeßgebühr umfaßt die gesamte Tätigkeit des RA außerhalb der mündlichen Verhandlung, insbesondere die Information, die Anfertigung aller vorkommenden Schriftsätze oder schriftlichen Anträge, die Wahrnehmung von Terminen, soweit solche neben der mündlichen Verhandlung etwa vorkommen, und den zur Prozeßführung erforderlichen Verkehr mit den Parteien, dem Gerichte und den Gerichtsvollziehern." Mot. 36.

2. Erwirkt ist die Prozeßgebühr, sobald der zum Prozeßbevollmächtigten bestellte RA eine zum Geschäftsbetrieb erforderliche Tätigkeit ausgeübt hat, die weiter geht als die in §§ 14, 21 bezeichneten Handlungen. Darauf, ob die Sache rechtshängig geworden ist, kommt nichts an; es genügt die Einreichung der Klage bei Gericht. In welchem Abschnitte des Verfahrens der RA in die Prozeßführung eingetreten ist, ist unerheblich, sofern er nur durch irgendeinen Akt die zum Geschäftsbetrieb erforderliche Tätigkeit ausgeübt hat. Über die Gebühr, wenn sich die Tätigkeit auf die Urteilszustellung beschränkt, s. § 29 A. II, 7.

3. Abgegolten werden durch die Prozeßgebühr alle zum Geschäftsbetriebe gehörigen Einzelhandlungen, so daß für sie nichts besonders berechnet werden darf. Hierunter fallen:

a) Die Information, ohne Rücksicht auf ihren Umfang und ohne Rücksicht darauf, ob sie vom Auftraggeber selbst oder von Dritten (GSH 8 253) oder durch Einsicht von Urkunden, Akten u. dgl. eingezogen wird. Über die Anfertigung von Entwürfen eidesstattlicher Versicherungen s. oben S. 55.

b) Das die Zuziehung von Hilfspersonen ersparende private Wissen bei der Prozeßführung, z. B. die Kenntnis und Anwendung einer fremden Sprache, RG, JW 99 771.

c) Die Mitteilungen an die Partei.

d) Die Anfertigung der Schriftsätze.

e) Der Verkehr mit dem Gegner, dem Gericht und dem Gerichtsvollzieher.

f) Die Bestellung der prozessualischen Sicherheit, RG 9 329, 11 364; JW 91 485, 97 323, 98 262; OLG, Rsp 17 237f.; aM Walter-Joachim A. 16.

g) Der vom Anwalte des Beklagten nach § 926 Abs. 1 ZPO gestellte Antrag auf Bestimmung einer Frist für die Klageerhebung, RG, JW 98 608.

h) Für die Rückforderung einer bestellten Sicherheit nach § 109 ZPO (oder der ähnlichen Vorschrift in § 19 der PrHinterlO. v. 21. April 1913) kann der RA die 3/10 Gebühr des § 23 stets besonders neben der Prozeßgebühr fordern, da dieses Verfahren nicht zur Instanz gehört, § 30³. Für das Rückgabeverfahren aus § 715 ZPO darf dagegen die 2/10 Gebühr des § 24 nur dann gefordert werden, wenn die Tätigkeit des Anwalts auf dieses Verfahren beschränkt ist; wird aber dieses Verfahren vom Prozeßbevollmächtigten betrieben, so fällt seine Tätigkeit in den durch die Prozeßgebühr gedeckten Geschäftsbetrieb, OLG Hamburg, Rsp 17 239. Der § 29⁶ steht dieser Annahme nicht entgegen. Allerdings werden hier als zur Instanz gehörig nur die im GKG § 47 unter 1 bis 12 bezeichneten Streitpunkte und Anträge, nicht auch die — den Fall des § 715 ZPO umfassenden — unter Nr. 16 bezeichneten — Anträge aufgeführt. Der § 29 gibt aber keine erschöpfende Aufführung der zur Instanz gehörenden Fälle, sondern gibt nur („insbesondere") einzelne Beispiele. Die verschiedene Behandlung des Verfahrens nach

§ 109 und nach § 715 ZPO erscheint auch gerechtfertigt. Denn während der im Falle des § 109 ZPO zu führende Nachweis, daß die Veranlassung für eine Sicherheitsleistung weggefallen ist (RG 50 376, 52 105, 61 300, 72 265), schwer sein kann, genügt im Falle des § 715 ZPO, bei dem ein Schadenanspruch des Gegners nicht in Frage kommt, zur Erwirkung der Rückgabe der Sicherheit die Vorlegung eines Rechtskraftzeugnisses. Ebenso die Mehrzahl der OLG: Rsp 2 269, 4 270, 5 227, 7 226ff., 11 154ff., 13 259f., 15 191ff., 17 234, 19 260, 23 132, 270; Recht 03 268, 434, 05 112, 07 1272, 1543; DJZ 04 1000, 13 240; dagegen wird die besondere Gebühr des § 24 neben der Prozeßgebühr von anderen OLG zugebilligt: Rsp 2 270, 3 169, 13 258; Recht 04 555; JW 03 119, 05 511; PosMschr 03 29; s. auch Meyer-Irmler § 13 A. II 3; Walter-Joachim § 13 A. 18.

i) Wird der Streit über die Gültigkeit eines Vergleichs in demselben Rechtsstreite, in dem er geschlossen ist, ausgetragen (RG 65 420), so gilt dieses Verfahren als Fortsetzung des früheren Rechtsstreits, OLG Frankfurt, Rsp 27 232 Anm., ZDJ 13 98.

4. **Nicht zum Prozeßbetriebe** gehören und durch die Prozeßgebühr nicht abgegolten werden a) die Anfertigung von Mahnbriefen, Kündigungsschreiben und ähnlichen Schriften, die nur den Zweck verfolgen, die Grundlage für ein demnächst einzuleitendes gerichtliches Verfahren zu gewinnen, s. oben S. 53. b) Die Erhebung und Ablieferung der Streitsumme, s. § 87 und oben S. 56.

5. Die Prozeßgebühr ist, wie jede der vier Rechtsstreitgebühren des § 13, **selbständig**. Der RA kann sie fordern, gleichviel ob und in welcher Höhe ihm eine der übrigen Rechtsstreitgebühren, insbesondere die Verhandlungsgebühr zusteht. Ist z. B. wegen 5000 M. geklagt, so bemißt sich die Prozeßgebühr nach dem Betrage von 5000 M., auch wenn nur wegen 4000 M. verhandelt, wegen 3000 M. Beweis erhoben ist und gemäß § 12 GKG demnach die Verhandlungs- und die Beweisgebühr von 4000 und 3000 M. berechnet werden.

Nach § 20 erhält der RA nur $^5/_{10}$ der Gebühren, soweit seine Tätigkeit ausschließlich die in § 26 Nr. 1—8, 10 GKG bezeichneten Gegenstände betrifft. Die Vorschrift gilt auch für die Prozeßgebühr, trifft hier aber nur zu, wenn die Tätigkeit des RA lediglich den bezeichneten beschränkten Prozeßstoff, z. B. eine prozeßhindernde Einrede zum Gegenstande hat. Hat aber der Anwalt tatsächlich den Prozeß in seinem ganzen Umfange betrieben, hat sich seine durch die Prozeßgebühr mitzuvergütende Information auf die ganze Sache bezogen, so steht ihm die volle Prozeßgebühr auch dann zu, wenn die Verhandlung auf den bezeichneten Prozeßstoff (die prozeßhindernde Einrede) beschränkt gewesen ist, RG 20 426; Bolze 3 Nr. 1081; JW 88 394, 98 576. Eine Vermutung dafür, daß die erteilte Information oder der Prozeßbetrieb den aus der Verhandlung erkennbaren Prozeßstoff überschreitet, besteht nicht. Verlangt also der Anwalt die Prozeßgebühr ganz, unter der Angabe, daß er von seiner Partei Auftrag und Information nicht bloß für den zur Verhandlung gelangten beschränkten Prozeßstoff, sondern auch für die Hauptsache erhalten habe, so ist es seine Sache, diese Angabe, sofern sie nicht ohne weiteres aus den Akten, d. h. aus dem Inhalte der Schriftsätze hervorgeht, glaubhaft zu machen, RG 19 429; JW 89 171, 93 353, 95 330, 96 75; aM Walter-Joachim A. 26; Merzbacher A. 3f; OLG Dresden, Rsp 15 184: die Tatsache, daß der RA sich über die gesamte Rechtslage, die Hauptsache selbst, informiert habe, sei als Regel zu unterstellen und von dieser Regel nur dann abzuweichen, wenn das Gegenteil nachgewiesen sei.

6. Die Höhe der Prozeßgebühr richtet sich für die Anwälte beider Teile nach dem Werte des höchsten Streitgegenstandes während des ganzen Laufes des Prozesses, RG 17 274; JW 87 42, 88 393, 93 485. Maßgebend ist für den einzelnen RA die Zeit nach der Erteilung des Auftrags, so daß auch die Zeit der Klagevorbereitung mit in Betracht zu ziehen ist. Die Zurücknahme eines Klageantrags ist einflußlos. Eine im Schriftsatz angekündigte Klageerweiterung ist auch dann zu berücksichtigen, wenn sie in der mündlichen Verhandlung nicht vorgetragen ist, RG 34 426; JW 00 46; OLG Kolmar, Rsp 21 415. Dasselbe gilt von einer angekündigten, aber nicht erhobenen Widerklage, JW 87 42, 95 198; aM. RG, JW 99 339; KG, Rsp 3 128. Beides wirkt auch für die Prozeßgebühr des Gegners, RG 34 426. Wegen der Erstattungsfähigkeit s. S. 20, 40.

Die Prozeßgebühr in der Berufungs- oder Revisionsinstanz wird bestimmt durch den in der Rechtsmittelschrift gestellten Antrag des Rechtsmittelklägers. Ist ein solcher Antrag nicht gestellt, so darf der Gegner annehmen, daß das Urteil, soweit es zum Nachteile des Rechtsmittelklägers lautet, im ganzen angefochten sei. Er kann danach seine Verteidigung vorbereiten und seine Prozeßgebühr berechnen, selbst wenn nachträglich der Antrag eingeschränkt wird. Die spätere Erweiterung des Antrags hat die Erhöhung der Prozeßgebühr auch dann zur Folge, wenn der erweiterte Antrag bei der mündlichen Verhandlung nicht gestellt wird, RG 17 374, 25 380; JW 85 250, 89 288, 500, 96 302, 97 185, 417, 634; 98 144, 348; 00 46; aM RG 00 149 bei Beschränkung des Rechtsmittels auf den Zinsanspruch und RG, JW 92 11, da bei der allgemeinen Einlegung des Rechtsmittels die Erklärung über dessen Umfang vorbehalten sei und der Streitwert erst durch den Rechtsmittelantrag bestimmt werde. Nach RG, JW 87 313 soll bei verspäteter Einlegung der Berufung der Streitgegenstand 1. Instanz ganz außer Betracht bleiben, weil die Sache überhaupt nicht Gegenstand der Berufungsinstanz geworden sei.

Die Verbindung mehrerer Prozesse hat wegen der schon vorher erwirkten Gebühren keine rückwirkende Kraft, OLG Kiel, SchlHolstAnz 95 200; OLG Hamburg, HansGZ 98, Beibl 31; s. § 10 Anm. 49. Dies gilt auch für die Berufungsinstanz, OLG Oldenburg, OldZ 98 229.

III. Verhandlungsgebühr.

7. Sie ist erwirkt, sobald im Termine mündlich verhandelt wird; es genügt die Stellung der Anträge nach Maßgabe des § 297 ZPO (vergl. § 16); der Vortrag des Sachverhältnisses ist nicht erforderlich, RG 10 388; JW 95 127, 98 607, Warn 12 389; KG, KGBl 07 120; aM OLG Königsberg, Recht 04 49 und KG, Rsp 27 223, wo eine materielle Erörterung des Streitstoffes gefordert wird. Durch späteres Fallenlassen der Anträge kann die bereits erwirkte Verhandlungsgebühr nicht wieder ausgeschlossen werden, RG, JW 85 125, 92 481, 95 84, 98 418. Keine Verhandlung liegt vor, es wird also auch die Verhandlungsgebühr nicht begründet, wenn ohne Verlesung der Anträge a) die Klage zurückgenommen wird EGH 8 251; RG 20 414; JW 82 95, 97 136; b) die Parteien übereinstim-

mend die Erledigung des Rechtsstreits anzeigen, KG, KGBl 91 83; c) den Rechtsstreit nur im allgemeinen erörtern, EGH 8 254; RG 33 406, oder lediglich über den Abschluß eines Vergleichs unterhandeln; d) die Sache zum Vergleichsversuche vor den beauftragten Richter verwiesen und durch Vergleich erledigt worden ist, OLG Oldenburg, DJZ 03 504; e) der Termin auf Antrag einer Partei, KG, Rsp 25 293, oder beider Parteien verlegt oder vertagt wird, RG, JW 93 564. Als Verhandlung ist es aber angesehen worden, wenn nur über eine prozessuale Vorfrage, z. B. das Verlangen, eine beglaubigte Vollmacht vorzulegen, verhandelt ist, OLG Hamburg, Rsp 15 185; dagegen nicht, wenn lediglich über die Verweisung der Sache an die Kammer für Handelssachen gestritten ist, OLG Dresden, Rsp 13 255 Anm., worin aber eine Verhandlung nach § 23 (GKG § 47³) liegen würde. In den Fällen zu a und b kann es zu einer Verhandlung über die Kosten, zu e über die Vertagung (§ 23 Anm. 6) kommen. Im Falle der Zurücknahme eines Rechtsmittels ist eine Verhandlung über den Antrag aus §§ 515 Abs. 3, 566 ZPO möglich.

8. Die Wertberechnung bestimmt sich nach dem Werte des Gegenstandes, über den verhandelt ist, und zwar bei mehreren Verhandlungen nach dem höchsten Gegenstand einer Verhandlung. Wird nur über die Kosten des Rechtsstreits verhandelt, dann bilden diese, nämlich die Gerichtskosten und die ungefähr zu schätzenden außergerichtlichen Kosten beider Parteien das Objekt für die Verhandlungsgebühr. Nicht nur über die Kosten, sondern über die Hauptsache ist verhandelt, wenn die Erklärung eines Teiles, daß die Hauptsache erledigt sei, vom Gegner bestritten, RG, JW 94 81, oder wenn im Falle der §§ 346, 515 Abs. 3, 566 ZPO der Antrag gestellt wird, den Berufungs- oder Revisionskläger des Rechtsmittels für verlustig zu erklären; in beiden Fällen ist also der Streitwert der Hauptsache maßgebend, RG, JW 94 85.

Einschränkungen der Verhandlungsgebühr bestimmen die §§ 15, 16, 17. Wird ein Teil der Klageforderung sofort anerkannt, über den Rest streitig verhandelt, so wird für den anerkannten Teil die halbe, für den bestrittenen Teil die ganze Gebühr angesetzt, doch darf der Gesamtbetrag der Gebühren den Betrag nicht überschreiten, der entstanden sein würde, wenn über den ungeteilten Streitgegenstand streitig verhandelt worden wäre, § 12 GKG; s. oben § 10 Anm. 30. Hat der Anwalt aus Versehen Versäumnisurteil wegen der ganzen Klageforderung erwirkt, obwohl ein Teil bereits gezahlt war, so darf er die durch den falschen Antrag entstandenen Mehrkosten seinem Auftraggeber nicht in Rechnung stellen, und diesem steht daher auch kein Erstattungsanspruch hierfür zu, RG, DJZ 09 717.

IV. Vergleichsgebühr.

9. Sie hat zur Voraussetzung, daß im Laufe des Rechtsstreits zu dessen Beilegung unter Mitwirkung des RA ein Vergleich geschlossen ist. Da die Novelle von 1909 den § 18 gestrichen hat, ist es nunmehr gleichgültig, ob der Vergleich vor Gericht oder außergerichtlich geschlossen wird. Ein Vergleich ist nach materiellem Recht, das hier maßgebend ist, RG 20 414, JW 98 75, „ein Vertrag, durch den der Streit im Wege gegenseitigen Nachgebens beseitigt wird", BGB § 779. Daher liegt kein Vergleich vor, wenn vor der Verhandlung der Hauptsache der Kläger die Klage zurücknimmt, RG 20 414, oder wenn die Parteien erklären, daß der Rechtsstreit in der Hauptsache erledigt sei und daß der Be-

klagte (oder der Kläger) die Kosten übernehme, RG, JW 95 481, 98 75. Bewilligung der Stundung ist als Vergleich nur dann aufzufassen, wenn gegen diese Bewilligung sachliche Einwendungen aufgegeben werden, Mot 38; OLG Frankfurt, Rundsch 86 63. Der Vergleich muß zur Beilegung eines Rechtsstreits geschlossen sein, so daß bei einem Vergleich nach rechtskräftiger Entscheidung die Gebühr nicht verdient wird, KG, DJZ 12 1357. Noch im Läuterungsverfahren kann ein Vergleich zur Beilegung des Rechtsstreits geschlossen werden. Zweifelhafter ist, ob man dies noch während der Zwangsvollstreckung aus einem rechtskräftigen Urteil annehmen kann. Hier ist der Rechtsstreit, in dem der Schuldtitel erwirkt wurde, rechtskräftig beendet. Sieht man jedoch das Vollstreckungsverfahren als einen selbständigen „Rechtsstreit" an (nicht als eine bloße Instanz des beendeten Prozesses), so könnte dieser „Rechtsstreit", z. B. ein Zwangsverwaltungsverfahren ebenfalls durch einen Prozeßvergleich „beigelegt" werden; s. § 23 A. 17.

Der RA muß bei dem Vergleich irgendwie mitgewirkt haben, OLG Posen, Rsp 27 232; sind die Vergleichsverhandlungen ergebnislos verlaufen, so erhält der RA für seine Bemühungen, den Vergleich zustande zu bringen, keine Vergleichsgebühr, KG, Rsp 27 233. Für seine Mitwirkung beim Vergleiche genügt es, daß der RA in irgend einer Weise, z. B. durch Ratschläge zur Herbeiführung des Vergleichs beigetragen hat, OLG Hamburg, HansGZ 98 Beibl 124; OLG Posen, Recht 06 1382; es ist aber nicht erforderlich, daß er dem Vergleichsabschlusse selbst beiwohnt, RG, JW 97 56; OLG Naumburg, Rsp 15 187. Der Anwalt erster Instanz hat Anspruch auf die Vergleichsgebühr für die Mitwirkung bei einem in zweiter Instanz geschlossenen Vergleiche, wenn er nicht lediglich als Korrespondenzmandatar tätig gewesen ist, OLG Dresden, KG, Rsp 15 189, 19 254. Die schriftliche Abfassung der Vergleichsabrede durch den RA ist nur ein Teil der Mitwirkung beim Vergleiche, wird also durch die Vergleichsgebühr, die eine Pauschgebühr ist, mit abgegolten, so daß nicht noch eine besondere Gebühr „für einen Vertragsentwurf" zuzubilligen ist. Wohl aber kann neben der Vergleichsgebühr die Notariatsgebühr verdient sein, wenn der beim Vergleichsschlusse mitwirkende RA den Vergleich zum Zwecke der Vollstreckbarkeit notariell aufgenommen hat; Walter-Joachim A. 55, 67.

10. Wegfall der Vergleichsgebühr. Ein nichtiger Vergleich kann die Vergleichsgebühr nicht begründen. Ebensowenig — gegen Meyer-Irmler A. IV, 4 — ein Vergleich, dessen Wirksamkeit von einer später nicht eintretenden Bedingung, z. B. der Genehmigung eines Dritten abhängig gemacht oder unter Vorbehalt des Widerrufs geschlossen war und dann widerrufen wird; Walter-Joachim A. 57. Die für den Abschluß verdiente Gebühr fällt aber nicht wieder fort, wenn der endgültig abgeschlossene Vergleich hinterher angefochten oder aufgehoben oder nach § 779 BGB unwirksam wird; RG v. 19. Nov. 1897, mitgeteilt bei Pfafferoth § 13 A. 11; Drucker A.C. II, 2; Meyer-Irmler A. IV, 4; Walter-Joachim A. 56. Denn es ist nur wesentlich, daß ein Vergleich zum Zwecke der Beilegung des Rechtsstreits geschlossen ist, nicht auch daß der Rechtsstreit durch den Vergleich wirklich und dauernd beigelegt ist, KG, Rsp 15 188; aM die früh. Aufl. und KG, KGBl 96 62.

11. Maßgebend für die Berechnung ist der durch den Vergleich erledigte Streitgegenstand. Wird nur ein Teil des Streitgegenstandes durch Ver-

gleich erledigt, so ist die Gebühr nach diesem Teile zu bemessen, RG, JW 99 815. Der durch Teilurteil bereits erledigte Teil des Streitgegenstandes ist aber mit zu berücksichtigen, wenn der später geschlossene Vergleich diesen mit umfaßt, KG, Rsp 15 188. Wird durch den Vergleich die Hauptsache und die Arrestsache gleichzeitig erledigt, so konnte eine besondere Gebühr für den Arrestprozeß nach früherem Rechte nicht gefordert werden, RG, JW 92 372. Da aber jetzt nach § 28 das Verfahren über einen Arrest oder eine einstweilige Verfügung als besonderer Rechtsstreit gilt, steht dem RA für den zur Beilegung des Verfahrens und zugleich des Arreststreits im Hauptprozesse geschlossenen Vergleich auch eine besondere Vergleichsgebühr für den mitverglichenen Arrest zu, die er sich jedoch zu $^5/_{10}$ auf die Vergleichsgebühr für die Hauptsache anzurechnen hat, Sydow-Busch § 13 A. 5; Pfafferoth, Nov. 11.

Wenn sich der Vergleich auch auf einen Anspruch bezieht, dessen Erhebung angekündigt aber noch nicht vorgetragen ist, so ist doch die Vergleichsgebühr davon zu berechnen; denn es kommt wie bei der Prozeßgebühr nicht darauf an, ob der Anspruch rechtshängig (§ 281 ZPO) geworden ist, aM OLG Karlsruhe, ZDJ 10 97.

Die Frage, wie die Vergleichsgebühr zu berechnen ist, wenn der Vergleich über den Rahmen des Rechtsstreits hinausgeht, ist streitig. Die eine Meinung billigt dem RA für die Einbeziehung neuer Ansprüche in den Vergleich überhaupt keine besondere Gebühr zu, sondern berechnet die Vergleichsgebühr nur nach dem Werte des Streitgegenstandes, OLG Kolmar, Jena, Recht 03 609, 05 372; OLG Karlsruhe, Hamburg, Rsp 15 51, 188; Schönfeld, Recht 06 927. Die andere Meinung gewährt dem RA eine erhöhte Gebühr, die von den einen aus § 89, von den anderen für Preußen aus Art. 14 der PrGebO v. 6. September 1910 begründet wird. Beide Ansichten gelangen zu demselben zutreffenden Ergebnisse, daß neben der Vergleichsgebühr für den Streitgegenstand noch eine weitere Gebühr aus § 13 Nr. 3 für den über den Rechtsstreit hinausgreifenden Vergleichsgegenstand zu berechnen ist. Es erscheint nämlich zulässig, „die Mitwirkung des RA beim Vergleichsabschluß als eine beratende Tätigkeit aufzufassen, welche bezüglich noch nicht anhängiger Ansprüche den Beginn, bezüglich der schon in anderen Prozessen anhängigen Ansprüche die Fortsetzung eines Verfahrens nach der ZPO vor den ordentlichen Gerichten betrifft. Damit ist nach § 1 die RAGebO maßgebend, die Vergleichsgebühr für das nicht in Streit befangene Objekt gemäß §§ 89, 13^3 und 37 auf $^{10}/_{10}$ zu normieren und in entsprechender Anwendung des § 48 RAGebO eventuell die Gesamtgebühr für den Vergleich auf die Vergleichsgebühr für das Gesamtobjekt zu reduzieren." Walter-Joachim § 1 A. 71; Hergenhahn, ZZP 18 147; Pfafferoth § 13 A. 14; KG, KGBl 01 12, 02 15, 05 43; OLG Breslau, AKZ 08 32. Für die Gerichtskosten hat allerdings RG 36 404 den Ansatz einer erhöhten Gebühr aus § 23 GKG abgelehnt; dagegen haben ihn OLG Hamburg, Düsseldorf, Rsp 23 261, 25 291, zugebilligt.

Daß die durch Hineinziehung neuer Ansprüche in einen Prozeßvergleich begründete Erhöhung der Vergleichsgebühr im KostenfestsVerfahren zu berücksichtigen ist, verneinen: OLG Marienwerder, PosMschr 03 66; KG, KGBl 92 3; OLG Breslau, BreslAKZ 98 56, OLG München, SeuffBl 74 217. Dagegen lassen die Festsetzung mit Recht zu: OLG Naumburg, NaumbAKZ 95 7; KG, KGBl 02 15; OLG Breslau, AKZ 08 61, OLG Kolmar, Rsp 23 275.

Allerdings sind grundsätzlich nur die in Beziehung auf einen anhängigen Anspruch erwachsenen Kosten als Kosten des Rechtsstreits anzusehen. „Wenn aber die Parteien in einem vor dem Richter geschlossenen Vergleiche zum Ausdruck bringen, daß die Kosten des Vergleichs, auch soweit er über den Rechtsstreit hinausgeht, den Prozeßkosten gleich zu behandeln und ebenso wie diese vollstreckbar sein sollen, so muß eine praktischen Zielen dienende Rechtspflege in einer entsprechenden Anwendung des § 91 ZPO das Mittel finden, die Absicht der Parteien zu verwirklichen, zumal da hierdurch ein neuer Prozeß vermieden wird," KG, KGBl 02 15. „Es ist zu unterstellen, daß die in den Vergleich hineingezogenen Ansprüche gleichzeitig rechtshängig und erledigt werden," PosMschr 03 67. Das RG hat die Erstattungsfähigkeit für den Fall bejaht, daß in einem gemäß § 794 ZPO geschlossenen Vergleiche die Partei, auch soweit er über die Grenze des Rechtsstreits hinausgeht, die Kosten übernommen hat, KGBl 01 12.

Über die Gebühr im Sühneverfahren s. § 37.

V. Beweisgebühr.

A. Vertretung im Termine zur Eidesleistung.

12. Ein durch Urteil auferlegter Eid im Sinne des § 13⁴ ist nur derjenige, der nach §§ 460, 477 ZPO durch ein bedingtes Urteil auferlegt ist, nicht ein Eid, der selbst den Streitgegenstand bildet. Ist also eine Partei zur Leistung eines Offenbarungseides oder zur Vorlegung eines eidlich zu bestärkenden Inventars verurteilt und leistet den Eid, so wird dadurch die Beweisgebühr nicht fällig, RG 14 395. Im Falle des § 13⁴ Halbs. 1 ist die Beweisgebühr nur erwirkt, wenn der RA im Termine zur Eidesleistung anwesend gewesen ist und seine Partei dort vertreten hat, RG 43 415; JW 95 603, 99 229; OLG Königsberg, PosMschr 02 135; aM KG, ZZP 13 430. Ob der Eid geleistet, erlassen oder verweigert wird, insbesondere ob der Schwurpflichtige im Eidesleistungstermine ausbleibt (§§ 463 bis 468 ZPO), ist unerheblich. Ist zur Eidesleistung vor das Prozeßgericht geladen und wird im Termine gemäß § 479 ZPO die kommissarische Abnahme des Eides beschlossen, was ohne mündliche Verhandlung geschehen kann, RG 16 412, so wird die Beweisgebühr nur erwirkt durch Wahrnehmung des zur Eidesleistung bestimmten Termins. Für die Wahrnehmung mehrerer Eidesleistungstermine ist die Beweisgebühr als Pauschgebühr nur einmal anzusetzen (§ 25). Eine entsprechende Anwendung der Vorschrift des Halbs. 1 auf ein durch Beweisbeschluß angeordnetes Eidesverfahren, das unter den Halbsatz 2 fällt, ist nicht angängig, OLG Jena, Recht 04 506.

13. Maßgebend für die Wertberechnung ist derjenige Streitgegenstand, dessen Entscheidung von der Leistung oder Nichtleistung des Eides abhängig gemacht ist. Der Berechnung zugrunde zu legen ist die Gebühr derjenigen Instanz, in der der Eid abgenommen wird (§ 537 ZPO). Neben der gewöhnlichen Beweisgebühr steht die Urteilseidgebühr dem RA nicht zu, RG 9 331; JW 85 159.

B. Vertretung in einem Beweisaufnahmeverfahren.

14. **Beweisaufnahmeverfahren.** Der Halbsatz 2 bezieht sich auf jede Art der Beweiserhebung, also auch auf einen durch Beschluß auferlegten Eid. a) Das Reichsgericht hielt in seiner älteren Praxis die Beweisgebühr erst für ver-

dient, wenn die Beweiserhebung durch einen förmlichen Beweisbeschluß angeordnet und der Beweis in einem besonderen vom Verhandlungstermine getrennten Beweistermin erhoben war, RG 10 370, 14 349; JW 84 302, 85 186, 88 137. Nach der neueren Rechtsprechung des Reichsgerichts bedarf es eines förmlichen Beweisbeschlusses nicht mehr, sondern es genügt ein Beschluß, der keinen Zweifel läßt, daß eine Beweisaufnahme beabsichtigt war, RG, JW 89 403, 95 10, 96 35, 151, 97 532, 99 6, 03 124; OLG, Rsp 11 150, 13 256, 15 187, 17 230f.; Recht 07 1079. Ebensowenig ist ein besonderer Beweistermin erforderlich, RG 32 410, 36 386; JW 94 84. Hat aber das Gericht z. B. die Vorlegung von Akten nicht erkennbar zur Feststellung streitiger Tatsachen, sondern nur zu seiner oder der Parteien Information angeordnet, so ist die Beweisgebühr nicht begründet, RG, JW 91 274, 95 242, 96 35, 176, 97 532, 99 6; OLG Kiel, Rsp 17 230. Eine Spaltung des Verfahrens in einen den Parteibehauptungen und in einen der Beweisaufnahme gewidmeten Abschnitt muß allerdings deutlich hervortreten, OLG Darmstadt, DJZ 04 128. Unter dieser Voraussetzung ist die Beweisgebühr auch fällig, wenn z. B. die Partei den ihr durch Beschluß auferlegten Eid sofort leistet, ein zur Stelle gebrachter Zeuge vernommen wird oder die von dem Berichterstatter herangezogenen Akten zur Feststellung bestrittener Tatsachen vorgelegt werden, OLG München, Hamburg, Rsp 11 150, 15 187; OLG Kolmar, Recht 12 Nr. 1852. Vgl. § 509 ZPO.

Verdient ist die Gebühr durch die Vertretung im Beweisaufnahmeverfahren. Die bloße Anordnung der Beweisaufnahme genügt nicht; andrerseits ist aber nicht erforderlich, daß eine Beweisaufnahme stattgefunden hat, RG 18 402, JW 95 63. Das Beweisaufnahmeverfahren beginnt nicht erst mit dem Zeitpunkt, in dem ein Zeuge oder Sachverständiger vernommen, ein Parteieid geleistet wird, sondern schon mit der Ladung des Zeugen oder Sachverständigen, mit der Aufforderung an den Sachverständigen, ein schriftliches Gutachten abzugeben, mit der Verhandlung über die Eidesleistung im Schwurtermine (Müller JW 13 823, aM ein von ihm dort besprochener Beschl. des LG Halle), mit der Einziehung von Akten zum Zwecke des Beweises, RG 12 393, 44 398; JW 88 137, 95 63, 481, 98 201; KG, KGBl 03 12; OLG Breslau, AKZ 09 27; OLG Hamburg, Rsp 11 151. Dies muß auch für die Anordnungen nach § 501 ZPO gelten, da eine dem § 22a GKG entsprechende Bestimmung, daß die Beweisaufnahme stattgefunden haben müsse, für die RAGebO nicht ergangen ist. Eine dem Inhalte des § 22a GKG analoge Auslegung des § 13 Nr. 4 in bezug auf die Anordnung des § 501 ZPO ist aber nicht angängig, weil der neue Paragraph durch den Inhalt des § 22 GKG geboten erschien; ebenso LG Würzburg, JW 12 551.

Die Augenscheinseinnahme nach § 144 ZPO gilt als Beweisaufnahme, RG, JW 96 151.

Die Gestellung von Zeugen zur Glaubhaftmachung rechtfertigt unter den obigen Voraussetzungen die Beweisgebühr, sofern die gestellten Zeugen vom Gericht tatsächlich vernommen werden, OLG München, Rsp 15 187; aM OLG Kolmar, Rsp 21 128. Daß dies eine „Beweisaufnahme ist", stellt ZPO § 294 Abs. 2 klar; ein Beweisbeschluß ist aber nach § 358 entbehrlich, weil die Abhörung der gestellten Zeugen „ein besonderes Verfahren nicht erfordert". Dagegen gilt die Ermittelung ausländischen Rechts nicht als Beweisaufnahme, da es sich nicht um die Feststellung von Tatsachen handelt, OLG Dresden, SächsAnn 24 183, OLG München, Rsp 21 127. Wegen des Beweissicherungsverfahrens s. §§ 22, 29 Nr. 3, 30 Nr. 1.

b) Ausgeschlossen ist die Beweisgebühr, wenn das Beweisaufnahmeverfahren nur in Vorlegung der in den Händen des Beweisführers oder des Gegners befindlichen Urkunden besteht. Die Vorlegung durch den Beweisführer ist nicht Aufnahme, sondern Antretung des Beweises (§ 420 ZPO). Hiernach kann die Glaubhaftmachung (§ 294 ZPO) z. B. im Arrestprozeß, wenn sie durch eidesstattliche Versicherungen oder andere Urkunden geschieht, die Beweisgebühr niemals begründen. Dieser Fall liegt auch dann vor, wenn die Urkunde auf Anordnung des Prozeßgerichts vor einem anderen Gerichte vorgelegt wird, OLG Rostock, Recht 05 47, oder wenn der Beweisführer die von ihm vorzulegenden Urkunden erst nach Erlaß des Beweisbeschlusses sich verschaffen muß (RG, JW 93 184, 94 18; OLG Celle, Rsp 17 231); ebenso dann, wenn sich die Urkunde in den Händen eines Dritten befindet und der Beweisführer gemäß § 428 ZPO den Antrag stellt, zur Herbeischaffung der Urkunde eine Frist zu bestimmen, oder wenn die Partei die in ihren Händen befindliche Urkunde nicht vorlegt und deshalb das Gericht die Akten heranzieht, OLG Kolmar, Rsp 11 151. Wenn aber im Falle einer Beweisaufnahme, die im Ausland erfolgen soll, das Prozeßgericht gemäß § 364 ZPO dem Beweisführer die Beibringung einer dem fremden Rechte entsprechenden Urkunde über die Beweisaufnahme aufgibt, so ist die Beweisgebühr begründet, da es sich nicht um Vorlegung einer in den Händen des Beweisführers befindlichen Urkunde, sondern um Ausführung des Beweisbeschlusses an Stelle des Gerichts handelt. Walter-Joachim A. 77. Wird dem Gegner gemäß § 426 ZPO durch Beweisbeschluß die Leistung des Editionseides auferlegt oder wird nach Vorlegung der Urkunde über deren bestrittene Echtheit nach §§ 437—444 ZPO Beweis erhoben, so ist die Beweisgebühr begründet. Urkunden im Sinne des § 13[4] sind auch die Handelsbücher einer Partei, OLG Darmstadt, Rsp 1 329.

15. Vertretung im Beweisaufnahmeverfahren. Die Beweisgebühr wird von den Motiven als Entgelt „für den Mehraufwand an Zeit und Tätigkeit, welchen unzweifelhaft eine Beweisaufnahme bedingt", angesehen. Sie ist nicht schon erwirkt, wenn der RA während der Beweisinstanz Prozeßbevollmächtigter der Partei gewesen ist, aM Drucker A. II. Er muß vielmehr noch eine besondere Tätigkeit ausgeübt haben, die mit der Beweisaufnahme in unmittelbarem Zusammenhange steht. Durch die Gebühr wird dann die gesamte Tätigkeit im Beweisverfahren abgegolten, KG, Rsp 15 195. Auf das Maß dieser Tätigkeit kommt nach den Grundsätzen des Pauschsystems nichts an, RG 44 398. Die Wahrnehmung des Beweistermins ist nicht erforderlich, RG 21 407, 26 378, 44 398; JW 93 161, 95 481, 96 671, 97 347; Gruch 27 1137, 28 1183, 29 1028. Als genügend zum Erwirken der Beweisgebühr wird freilich nicht erachtet die bloße Empfangnahme der Ladung zum Beweistermine (RG, JW 94 18, OLG Stuttgart, Recht 04 256; aM RG, JW 84 214, 98 390), wohl aber die Benachrichtigung der Partei von dem Beweistermine (RG, JW 95 481, 99 493, OLG Kolmar, Recht 12 Nr. 2745), die Empfangnahme der Mitteilung über Aufhebung des Beweistermins und Benachrichtigung der Partei hiervon (RG, JW 96 150, 321), die Beauftragung eines auswärtigen Anwalts mit der Wahrnehmung des Beweistermins (RG 26 378; JW 94 64, 99 493). Für die dem Beweisaufnahmeverfahren vorausgehende

oder nachfolgende Tätigkeit wird die Beweisgebühr nicht begründet, also nicht für die bloße Empfangnahme des Beweisbeschlusses und dessen Mitteilung an die Partei, da dies noch nicht zum Beweisverfahren gehört (RG, JW 87 314; KG, ZZP 13 432; OLG Kiel, Rsp 1 331), auch nicht für die Empfangnahme des Beweisprotokolls und Mitteilung des Beweisergebnisses an die Partei, weil diese Tätigkeit erst nach dem Schlusse des Beweisaufnahmeverfahrens geübt wird (RG, JW 98 390). Die Gebühr steht dem RA nicht zu, wenn er während des Beweisaufnahmeverfahrens nur eine Tätigkeit übt, die nicht zu diesem Verfahren gehört, wenn er z. B. den Wohnort eines Zeugen anzeigt, denn diese Tätigkeit gehört zum Beweisantritte, nicht zum Beweisaufnahmeverfahren und wird durch die Prozeßgebühr abgegolten, RG 44 397; JW 99 493; Gruch 31 1134. Erfolgt die Beweisaufnahme nicht auf Grund eines Beweisbeschlusses, sondern zur Information für den Abschluß eines Vergleichs, so ist gleichfalls für die Beweisgebühr kein Raum, RG, JW 00 51; OLG Karlsruhe, Rsp 11 340.

16. Die Wertberechnung bestimmt sich nach dem höchsten Objekte der Beweisaufnahme zu irgendeiner Zeit des Beweisaufnahmeverfahrens; eine nach dessen Beginn eintretende Verringerung oder nach dessen Beendigung eintretende Erhöhung des Streitgegenstandes ist bedeutungslos, KG, KGBl 91 38, Rsp 25 294; OLG Karlsruhe, Rsp 11 342. Betraf die Beweisaufnahme nur einen Teil des Streitgegenstandes, so ist die Beweisgebühr nur nach dem Werte dieses Teiles zu berechnen, RG 42 409; aM Begemann, ZZP 28 447. In dem Beschluß ist aber zum Ausdrucke zu bringen, daß die Beweisaufnahme nur einen Teil des Anspruchs umfassen soll, da sie sonst für den ganzen Streitgegenstand angeordnet gilt, Wurzer, Recht 07 486.

17. Hat der RA sowohl im Beweisaufnahmeverfahren als in einem Termine zur Leistung eines durch Urteil auferlegten Eides die Partei vertreten, so steht ihm nach dem Pauschsystem (§ 25) die Beweisgebühr doch nur einmal zu, RG 9 331; JW 85 159.

§ 14. Soweit der Auftrag vor der mündlichen Verhandlung erledigt ist, ohne daß der Rechtsanwalt die Klage eingereicht hat oder einen Schriftsatz hat zustellen lassen, steht ihm die Prozeßgebühr nur zu fünf Zehnteilen zu.

In einem Verfahren, für welches eine mündliche Verhandlung durch das Gesetz nicht vorgeschrieben ist, findet die gleiche Ermäßigung statt, soweit der Auftrag erledigt ist, bevor der Antrag an das Gericht eingereicht, der mündliche Antrag gestellt oder der Auftrag an den Gerichtsvollzieher oder den diesen Auftrag vermittelnden Gerichtsschreiber erteilt ist.

1. Die Vorschrift gilt für jeden bevollmächtigten RA, also nicht nur für den RA des Kl., sondern auch für den des Bekl., eines Streitgenossen, eines Nebenintervenienten usw., bezieht sich aber („Prozeßgebühr") nur auf den Fall, daß der RA zum Prozeßbevollmächtigten in einer der Angelegenheiten des § 1 bestellt ist. Geht der Auftrag nur auf Vornahme einzelner Prozeßhandlungen, so kann eine Liquidation nur nach §§ 43—48 oder nach §§ 89, 90 aufgestellt werden.

2. Die Prozeßgebühr (§ 13 Nr. 1) ist erwirkt, sobald der prozeßbevollmächtigte RA überhaupt in der Sache irgendwie tätig gewesen ist. Sie soll aber die Vergütung für den Betrieb der ganzen Sache sein und ist deshalb durch § 14 in den Fällen auf die Hälfte ermäßigt, in denen die Tätigkeit des RA nicht nach außen hervorgetreten ist.

a) Absatz 1: Die Ermäßigung hat zur Voraussetzung, daß der Auftrag vor der mündlichen Verhandlung erledigt ist und daß der RA die Klage noch nicht eingereicht oder einen Schriftsatz hat zustellen lassen. Hat die mündliche Verhandlung begonnen (§§ 136, 137 ZPO), ist die volle Prozeßgebühr verdient. Mündliche Verhandlung im Sinne des § 14 ist auch diejenige, in der nicht zur Hauptsache, sondern nur über die Kosten verhandelt wird (RG, JW 86 118, 93 470), liegt aber nicht vor, wenn in dem Termine nur die Anberaumung eines neuen Verhandlungstermins beantragt und beschlossen ist, RG, JW 91 200; aM Walter-Joachim A. 7; Drucker A. 7. Erledigt wird der Auftrag durch dessen Aufhebung, für den Gegenanwalt durch Zurücknahme der Klage oder des Rechtsmittels oder durch Einschränkung des Antrags in einem zugestellten Schriftsatze. Wird die Zurücknahme der Klage erst bei der mündlichen Verhandlung, d. h. nach deren Eröffnung, wenn auch vor der Verlesung der Anträge zurückgenommen (ZPO § 271), so findet § 14 keine Anwendung mehr, RG 7 356; JW 86 118, 93 470. Der Prozeßbevollmächtigte des Beklagten, der in dem Verhandlungstermin nicht erscheint, in dem die Klage aus § 335 ZPO abgewiesen wird, erhält doch die volle Prozeßgebühr, da sein Auftrag vor der mündlichen Verhandlung nicht erledigt war. Hat der RA die Klage eingereicht, d. h. zum Zwecke der Bestimmung des Termins zur mündlichen Verhandlung dem Gerichtsschreiber des Prozeßgerichts übergeben (ZPO § 261), oder hat er einen Schriftsatz zustellen lassen, d. h. das zur Zustellung Erforderliche getan, also z. B. den Schriftsatz mit der Widerklage dem Gerichtsvollzieher übergeben oder die Einspruchs-, Berufungs-, Revisionsschrift bei Gericht eingereicht, so kann er die volle Prozeßgebühr beanspruchen. Die Anfertigung der Klage oder des Schriftsatzes hindert die Ermäßigung nicht; dazu ist vielmehr Einreichung bzw. Zustellung erforderlich, RG, JW 91 200.

b) Absatz 2: In einem Verfahren, für das eine mündliche Verhandlung nicht vorgeschrieben ist, tritt die Ermäßigung schon ein, wenn der Auftrag vor den in § 14 Abs. 2 bezeichneten Akten erledigt ist. Diese Bestimmung gilt insbesondere für das KostenfestsVerfahren (ZPO § 103), das Verfahren vor dem Vollstreckungsgerichte (ZPO § 764), das Verfahren über einen Arrestantrag oder über den Erlaß einer einstweiligen Verfügung (ZPO §§ 921, 937).

3. Die Ermäßigung tritt nur soweit ein, als der Auftrag erledigt ist. Bei teilweiser Erledigung findet § 12 Abs. 1 und 2 GKG Anwendung. Die vor der mündlichen Verhandlung erfolgte Zurücknahme der Klage erledigt nur die Hauptsache, nicht den Kostenpunkt. Stellt der nach Zurücknahme der Klage im Termin erschienene Anwalt des Beklagten, ohne daß er vor Zurücknahme der Klage einen Schriftsatz hatte zustellen lassen, den Antrag auf Versäumnisurteil wegen der Kosten, so hat er $^{5}/_{10}$ Prozeßgebühr wegen der Hauptsache und die volle Prozeßgebühr nach dem Betrage der Kosten erwirkt, OLG Hamburg, HansGZ 98, Beibl. 117; Drucker A. 2; aM LG u. OLG Dresden, Wengler 83 241. Für die Wertberechnung ist der Zeitpunkt der Erteilung des Auftrags maßgebend, Walter-Joachim A. 16.

4. Einen besonderen Fall der Erledigung eines Auftrags vor der mündlichen Verhandlung erwähnt § 47 Abs. 2. Den Fall späterer Aufhebung des Auftrags behandelt § 50. Wegen der Erstattung der Gebühr s. oben S. 19.

§ 15. Die Verhandlungsgebühr steht dem Rechtsanwalte nicht zu, welcher zur mündlichen Verhandlung geladen hat, ohne daß dieselbe durch das Gesetz vorgeschrieben oder durch das Gericht oder den Vorsitzenden angeordnet war.

Dem Anwalte des Gegners, der zur mündl. Verhandlung geladen worden war, kann die Verhandlungsgebühr nicht versagt werden. Wenn der Anwalt in dem auf die Klage anberaumten Termine den Klageantrag in den Antrag auf Erlaß einer einstw. Verfügung ändert, über den ohne mündliche Verhandlung durch Beschluß hätte entschieden werden können, so liegt der Fall des § 15 nicht vor, Drucker A. 1; aM OLG Kiel, SchlHolstAnz 83 361.

§ 16. Für eine nicht kontradiktorische Verhandlung (Gerichtskostengesetz § 19) steht dem Rechtsanwalte die Verhandlungsgebühr nur zu fünf Zehnteilen zu. Diese Minderung tritt in den im § 20 Nr. 1 des Gerichtskostengesetzes bezeichneten Rechtsstreitigkeiten nicht ein, sofern der Kläger verhandelt.

Die Verhandlung im vorbereitenden Verfahren (Zivilprozeßordnung §§ 348 bis 351) gilt als kontradiktorische mündliche Verhandlung.

GKG § 19. Die Verhandlung gilt als kontradiktorisch, soweit in derselben von beiden Parteien einander widersprechende Anträge gestellt werden.

§ 20. Die Verhandlungsgebühr kommt auch zur Erhebung: 1. für eine nicht kontradiktorische mündliche Verhandlung in Ehesachen, in Rechtsstreitigkeiten, welche die Feststellung des Rechtsverhältnisses zwischen Eltern und Kindern zum Gegenstande haben, in den vor die Landgerichte gehörigen Entmündigungssachen und in dem Verfahren über die gegen eine Todeserklärung erhobene Anfechtungsklage, sofern der Kläger verhandelt.

1. Kontradiktorische Verhandlung. Zur Annahme einer Verhandlung im Sinne des § 13[2] genügt die Stellung der Anträge nach Maßgabe des § 297 ZPO, s. § 13 A. 7. Eine kontradiktorische Verhandlung liegt vor, wenn beide Teile ihre Anträge stellen und soweit dem Antrag einer Partei ein Antrag der Gegenpartei widerspricht, RG 33 403, JW 98 607.

Hiernach gilt als streitige Verhandlung:

wenn der Beklagte zwar die eingeklagte Verpflichtung anerkennt, aber gleichwohl den Antrag auf Abweisung der Klage stellt (RG, JW 83 5; aM OLG Marienwerder, Rsp 2 269);

wenn der Beklagte das Bestehen der Schuld zugibt, ohne sie anzuerkennen, und sich der Erlassung einer ihn verurteilenden Entscheidung widersetzt, OLG Kolmar, Rsp 21 72;

wenn der Beklagte keinen Abweisungsantrag stellt, aber seiner Verurteilung widerspricht, OLG Kolmar, Recht 13 Nr. 369; s. aber RG 33 406;

wenn der Beklagte dem Klageantrage gegenüber beantragt, den Klageanspruch für erledigt zu erklären (RG, JW 86 317);

wenn der widersprechende Gegenantrag nur eventuell gestellt ist (RG, BreslAK 95 43; JW 95 127;

wenn im Falle des § 506 ZPO der Kläger Abweisung der Widerklage beantragt, RG, JW 98 418.

Wegen des Urkunden- und Wechselprozesses s. § 19 Anm. 1 a. E.

Ob der verlesene Antrag später fallen gelassen wird, ist unerheblich, RG, JW 85 125, 92 481, 95 84, 98 418. Daß die widersprechenden Anträge nur in den Schriftsätzen angekündigt sind, genügt nicht; sie müssen in dem Termine nach § 297 ZPO gestellt sein. Daß dies geschehen ist, kann außer durch das Protokoll auch durch den Tatbestand dargetan werden, RG 10 366, JW 97 86, 98 418.

2. Eine nicht kontradiktorische Verhandlung ist vorhanden, wenn die Anträge der Parteien sich nicht widersprechen oder wenn nur von einer Partei ein Antrag zur Hauptsache gestellt wird und die andere Partei nicht verhandelt oder ausbleibt, RG 23 394; JW 89 403. Das Versäumnisverfahren ist in den Motiven nur als Beispiel angeführt; keineswegs aber ist § 16 auf das Versäumnisverfahren beschränkt, RG 33 405. Insbesondere liegt eine nicht kontradiktorische Verhandlung vor:

im Falle des Anerkenntnisses, JW 85 125;

soweit als nach Verlesung des Klageantrags gezahlt und dementsprechend sodann die Klage ermäßigt ist, RG, JW 85 84;

soweit bei der mündl. Verhandlung der Kl. unter Stillschweigen des Bekl. auf den Klageanspruch verzichtet, OLG Oldenburg, OldZ 97 100;

wenn der Anwalt des Bekl., ohne Anträge in der Sache zu stellen oder Einwendungen zu erheben, nur nachweist, daß er einem andern den Streit verkündet habe, OLG Hamburg, HansGZ 96, Beibl. 25;

wenn eine zwar angekündigte, aber in der mündl. Verhandlung nicht erhobene Widerklage durch Versäumnisurteil abgewiesen wird (was freilich nur bei Rechtsunkenntnis des Anwalts und des Gerichts vorkommen kann, da eine nicht verlesene Widerklage auch noch nicht rechtshängig geworden ist), OLG Darmstadt, ZZP 22 159.

Nur die halbe Verhandlungsgebühr ist auch dann bewilligt, wenn der Beklagte gegen den Klageantrag zur Hauptsache keinen Gegenantrag stellt und geltend macht, er habe dem Klageanspruche genügt, RG 33 406. Keine kontradiktorische Verhandlung liegt ferner vor, wenn der Beklagte den Anspruch anerkennt, aber die Einrede aus §§ 273, 322 BGB erhebt oder nach §§ 305, 780 ZPO den Vorbehalt der beschränkten Erbenhaftung oder nach § 721 ZPO die Gewährung einer Räumungsfrist beantragt und der Kläger mit einer hiernach eingeschränkten Verurteilung zufrieden ist, Gaupp-Stein § 93, II, 1, Skonietzki-Gelpcke § 93 A. 5, Rittmann § 19 A. 9; aM Walter-Joachim A. 5, OLG Breslau, Rsp 9 66; s. auch KG, KGBl 97 79. Wegen § 599 ZPO s. § 19 A. 1.

Die in dem Termin abgegebene Erklärung des Klägers, daß er die Klage zurücknehme, enthält ein Verhandeln zur Sache überhaupt nicht, sondern erübrigt gerade ein Verhandeln zur Sache, so daß nicht einmal eine „nicht kontradiktorische Verhandlung" im Sinne des § 16 angenommen werden kann, RG, JW 82 95, 97 136. Ebenso verhält es sich mit der von beiden Teilen im Verhandlungstermin abgegebenen Erklärung, daß die Hauptsache erledigt sei. In beiden Fällen kann aber noch eine Verhandlung über den Kostenpunkt stattfinden; s. § 13 A. 7.

3. **Haben mehrere Verhandlungstermine** stattgefunden, so ist die Gebühr für die kontradiktorische Verhandlung erwirkt, sobald Eine Verhandlung kontradiktorisch gewesen ist.

4. Wird nur über einen **Teil** des Streitgegenstandes kontradiktorisch verhandelt, so kommt die volle Verhandlungsgebühr nur für diesen Teil zum Ansatz. Dies ist auch der Fall, wenn nur hinsichtlich der Prozeßkosten kontradiktorisch verhandelt wird, RG 33 405. Für den Rest ist nur die halbe oder gar keine Gebühr fällig, je nachdem nicht kontradiktorisch oder gar nicht verhandelt ist, RG, JW 85 268; zu beachten bleibt aber § 12 GKG.

5. **Ehesachen** sind in den §§ 606—639 ZPO behandelt, Kindschaftssachen in den §§ 640—643 ZPO. Entmündigungssachen gehören vor die LG in den Fällen der §§ 664, 679, 684, 686 ZPO. Anfechtungsklage gegen eine Todeserklärung: ZPO §§ 973—976. Die volle Verhandlungsgebühr in den bezeichneten Fällen kommt nur zum Ansatze, wenn der Kläger verhandelt. Als Kläger ist auch der Widerkläger zu behandeln. In der Rechtsmittelinstanz kommt § 16 nur dann zur Anwendung, wenn der Kläger Rechtsmittelkläger ist. RG 27 362, 28 394, 35 347; Walter-Joachim A. 24, 25. Güterstandprozesse oder Auseinandersetzungsstreitigkeiten sind **keine** Ehesachen, OLG Köln, RheinArch 71, Abt. 2 S. 61, ebenso nicht Unterhaltsansprüche eines Gatten gegen den andern.

6. Das **vorbereitende Verfahren** (ZPO §§ 348—351) gehört zu der Instanz des Rechtsstreits, in der es angeordnet wurde. Hatte der Anwalt in dieser Instanz bereits die Gebühr für eine kontradiktorische mündliche Verhandlung erwirkt, so darf er nach dem Grundsatze des § 25 für das vorbereitende Verfahren nicht noch eine besondere Verhandlungsgebühr beanspruchen, JW 90 331. Bedeutung gewinnt die Vorschrift, wenn die Partei in dem vorbereitenden Verfahren und in der mündlichen Verhandlung von verschiedenen Anwälten vertreten gewesen ist, ferner, wenn es sich wegen eines notwendigen Wechsels in der Person der Anwälte um die Erstattungsfähigkeit handelt, OLG Dresden, SächsArch 1 630, 631; 18 284. Walter-Joachim A. 7.

7. In den Fällen der §§ 19, 20, 22, 23, 24 tritt bei nichtkontradiktorischer Verhandlung die Ermäßigung des § 16 bei den dort genannten Sätzen ein.

§ 17. Insoweit sich in den Fällen des § 13 Nr. 4 die Vertretung auf die weitere mündliche Verhandlung erstreckt, erhöht sich die dem Rechtsanwalte zustehende Verhandlungsgebühr um fünf Zehnteile und, wenn die weitere mündliche Verhandlung eine nicht kontradiktorische ist, um die Hälfte dieses Betrags.

1. Die **erhöhte Verhandlungsgebühr** soll eine Vergütung für den Mehraufwand an Zeit und Mühe sein, welche die Vertretung in der an ein Beweisaufnahmeverfahren sich anschließenden Verhandlung regelmäßig verursacht (Mot. 39). Die Voraussetzungen der Erhöhung sind:

a) Es muß ein „**Beweisaufnahmeverfahren**" im Sinne des § 13⁴ stattgefunden haben; s. oben § 13 A. 12—14. Es ist also nicht erforderlich, daß der Beweis tatsächlich erhoben ist; aM RG, JW 97 421. Es genügt vielmehr, daß die Beweisaufnahme eingeleitet, z. B. daß ein Beweistermin anberaumt ist und Ladungen an die zu vernehmenden Personen ergangen sind, RG 44 399;

JW 91 311, 99 493; KG, KGBl 00 3; OLG Breslau, BreslAKZ 09 27. Besteht die Beweisaufnahme lediglich in der Vorlegung von Urkunden durch eine Prozeßpartei, so ist, wie nach § 13[4] keine Beweisgebühr entsteht, auch die Erhöhung aus § 17 nicht begründet, OLG Dresden, SächsArch 96 249. Die Beweisaufnahme braucht aber nicht als die letzte des Prozesses der weiteren mündlichen Verhandlung vorausgegangen zu sein, OLG Dresden, SächsAnn 15 333, 21 557; aM (Erledigung der ganzen Beweisaufnahme): OLG Darmstadt, Rsp 1 331. Treffen beide Fälle des § 13[4] zusammen und schließt sich die weitere Verhandlung sowohl an das Beweisaufnahmeverfahren als an eine Eidesleistung an, so kann nach § 25 die Gebühr nur einmal berechnet werden, RG, JW 85 159; BayObLG, SeuffA 88 30. Ein gemäß § 144 ZPO angeordneter Augenschein gilt auch im Sinne des § 17 als Beweisaufnahmeverfahren, RG, RheinArch 83, Abt. 2 S. 21.

b) Die Vertretung muß sich auf die weitere mündliche Verhandlung erstrecken. Der Anwalt muß also die Partei sowohl in einer der Beweisaufnahme vorausgehenden, als auch in einer ihr nachfolgenden Verhandlung vertreten haben, RG 9 332. Darauf, ob der Anwalt die Partei auch im Beweisaufnahmeverfahren selbst vertreten, also außerdem noch den Anspruch auf die Beweisgebühr des § 13[4] erworben hat, kommt nichts an, RG 10 377; JW 89 403; Bolze 12 Nr. 670. Auch dann ist die erhöhte Verhandlungsgebühr erwirkt, wenn die weitere Verhandlung sich an die vor dem Prozeßgerichte stattgehabte Beweisaufnahme unmittelbar anschließt, so daß die dreifache Gebühr (Verhandlungs-, Beweis- und erhöhte Verhandlungsgebühr) in demselben Termine verdient werden kann, RG 10 372, 32 410, 36 386. Tritt der Anwalt erst nach der Beweisaufnahme ein, so erhält er nur die einfache Verhandlungsgebühr, RG, Bolze 8 Nr. 761. Wird aber auf diese Verhandlung nochmals Beweis erhoben und dann weiter verhandelt, so ist für diese letzte Verhandlung die Voraussetzung des § 17 erfüllt, Walter-Joachim A. 6. Beweissicherungsverfahren s. § 30 A. I.

Welchen Inhalt die weitere mündliche Verhandlung hat, ist für die Anwendung des § 17 ohne Bedeutung. Insbesondere ist nicht erforderlich, daß die Verhandlung die Ergebnisse des Beweisaufnahmeverfahrens zum Gegenstande hat. Selbst wenn die Verhandlung sich darauf gar nicht richten konnte, weil die den Gegenstand des Beweises bildenden Behauptungen unmittelbar nach der Beweisaufnahme zugestanden oder zurückgenommen sind, ist § 17 anzuwenden, RG 23 394; JW 99 493; Bolze 7 Nr. 915; OLG Kassel, Rsp 13 257 Anm. 1. Ferner dann, wenn nach der Beweisaufnahme die Anwälte erklären, daß sie weiteres nicht anzuführen haben (OLG Marienwerder, PosMschr 03 133, OLG Hamburg, Rsp 19 243) oder beim Nichterscheinen des Gegners ein Antrag auf Versäumnisurteil gestellt wird, RG 23 394; JW 94 245. Auch durch den Antrag auf Läuterungsurteil wird der Anspruch auf die erhöhte Verhandlungsgebühr begründet, RG, JW 98 575. Dagegen ist in der Erklärung, daß der Anwalt mit einem Sühnetermin einverstanden sei, keine Verhandlung zu erblicken, OLG Hamburg, Rsp 17 231.

2. Ob die weitere mündliche Verhandlung als kontradiktorisch anzusehen, ist nach § 16 zu beurteilen. Danach muß die weitere Verhandlung insoweit als kontradiktorisch gelten, als widersprechende Anträge neu gestellt oder die früher gestellten widersprechenden Anträge aufrecht erhalten werden, RG, JW 89

245, 97 86. Bei einer Verhandlung über die Läuterung eines bedingten Endurteils nach der Eidesleistung wird regelmäßig nicht angenommen werden können, daß die früheren Anträge aufrecht erhalten werden sollen, RG, JW 98 575; KG, KGBl 00 3; OLG Hamm, Recht 07 1543. Die Gebühr des § 17 kommt voll zum Ansatze, wenn bei mehreren Beweisaufnahmen nur nach einer von ihnen kontradiktorisch verhandelt ist, OLG Hamburg, Rsp 17 232.

3. Bei der Frage, nach welchem Streitgegenstande die Gebühr des § 17 zu berechnen ist, stehen sich zwei Ansichten gegenüber. a) Nach der einen Meinung ist der Gegenstand der Beweisaufnahme maßgebend, so daß, wenn die Beweisaufnahme nur einen Teil des Streitgegenstandes umfaßt, nur der Wert dieses Teiles in Betracht kommt. b) Die andere Ansicht berechnet die Gebühr nach dem Werte des ganzen nach der Beweisaufnahme noch verbliebenen Streitgegenstandes, läßt also die Gebühr dadurch, daß das Beweisaufnahmeverfahren ein niedrigeres Streitobjekt als der Prozeß im übrigen hatte, nicht beeinflußt werden. Zutreffend und herrschend ist die Ansicht zu a. Denn der § 17 bewilligt die Erhöhung der Gebühr nicht, „wenn" eine weitere Verhandlung stattfinden mußte, sondern „insoweit", d. h. „in dem Umfange", in dem sie stattfinden mußte. Nur über den von der Beweisaufnahme betroffenen Teil des Streitgegenstandes kann eine weitere Verhandlung im Sinne des § 17 stattfinden, während die übrige Verhandlung nur eine wiederholte ist, für die die Tätigkeit des RA schon durch die volle Verhandlungsgebühr abgegolten wird, Meyer-Irmler A. 7; Merzbacher A. 4; Pfafferoth A. 5; Walter-Joachim A. 12 bis 14; RG 42 409; JW 83 157; OLG Köln, RheinArch 84, Abt. 1 S. 87; OLG Kolmar, ElsLothZ 23 220; OLG Frankfurt, Rundschau 93 23. Eine nachträgliche Erhöhung des Streitwerts durch Erweiterung des Klageantrags oder durch Erhebung einer Widerklage erhöht zwar die Gebühr aus § 13 Nr. 2, aber nicht die aus § 17, OLG Kassel, KG, Rsp 13 257, 21 160. Die Ansicht zu b vertreten: Drucker A. III 2; KG, KGBl 91 38; OLG Dresden, SächsAnn 8 267; OLG Jena, ThürBl 42 243.

4. Auch die erhöhte Verhandlungsgebühr ist eine Pauschgebühr (§ 25). Sie kann in derselben Instanz nur einmal gefordert werden, selbst wenn nach der Beweisaufnahme noch mehrere Termine zur mündlichen Verhandlung stattfinden sollten, RG, JW 83 207, 85 159.

5. Die Gebühr des § 17, die nur in einer Erhöhung der Verhandlungsgebühr besteht, ist keine selbständige Gebühr. Dies zeigt sich daran, daß ihr Mindestbetrag unter den Satz des § 8 herabsinken kann, RG 9 332. Der Pauschsatz ist daher von der Summe der Gebühren aus § 13 Nr. 2 und § 17 zu berechnen (Abs 2 § 76) und Abs. 3 § 76 auf diese Summe anzuwenden, s. auch S. 121.

§ 18. (Der durch die Novelle vom 1. Juni 1909 aufgehobene § 18 lautete: „Die Vergleichsgebühr steht dem Rechtsanwalte nur zu fünf Zehnteilen zu, wenn ihm für denselben Streitgegenstand die volle Verhandlungsgebühr zusteht und der Vergleich vor dem Prozeßgericht oder einem ersuchten oder beauftragten Richter abgeschlossen ist.")

1. Als Grund für die Ermäßigung der Vergleichsgebühr gaben die Motive an, daß bei gerichtlichem Vergleichsabschlusse der Regel nach angenommen werden müsse, die richterliche Tätigkeit sei auf das Zustandekommen des Vergleiches von Einfluß gewesen, Mot. 40. Durch die Novelle vom 1. VI. 1909 ist nun der

§ 18 gestrichen worden; denn man hatte erkannt, „der Umstand, daß der Vergleich vor Gericht abgeschlossen werde, könne keinen Grund für die Abänderung der Vergleichsgebühr abgeben, weil er keinen Maßstab für die Mühewaltung des Anwalts biete", KommBer 78. Daher steht jetzt dem RA die volle Vergleichsgebühr nach § 13 Nr. 3 zu, gleichviel wo der Vergleich geschlossen ist und ohne Rücksicht darauf, ob die volle Verhandlungsgebühr verdient ist, sofern nur der RA beim Abschlusse des Vergleichs mitgewirkt hat, § 13 A. 9. Dies gilt für alle Vergleiche, die nach dem 1. April 1910 geschlossen sind.

2. Als volle Verhandlungsgebühr wurde die Gebühr aus § 13 Nr. 2 und dem alten § 19 angesehen; dagegen nicht die aus §§ 16, 20—24. Stand dem RA die Verhandlungsgebühr überhaupt nicht zu, weil der Vergleich geschlossen wurde, bevor verhandelt war, so erhielt er die volle Vergleichsgebühr. Stand ihm die volle Verhandlungsgebühr nur von einem Teile des Streitgegenstandes zu, so hatte er bezüglich dieses Teiles nur die ermäßigte, bezüglich des Restes die volle Vergleichsgebühr, in keinem Falle aber (§ 12 Abs. 2 GKG) mehr als die volle Vergleichsgebühr von dem ganzen Objekt zu beanspruchen, Meyer-Irmler § 18 A. 4, 5; aM Pfafferoth A. 1; Walter-Joachim A. 4: volle Vergleichsgebühr.

3. Als vor Gericht abgeschlossen galt der Vergleich nach der früher herrschenden Ansicht schon dann, wenn er zu gerichtlichem Protokolle festgestellt war und damit einen nach § 794 ZPO vollstreckbaren Titel bildete, selbst wenn sich die Parteien ohne Mitwirkung des Richters außergerichtlich geeinigt hatten, RG, JW 88 100, 395, 98 608; NaumbAKZ 91 87; OLG Jena, ThürBl 29 64; OLG Köln, RheinArch 80 77, 89 73; OLG Karlsruhe, Hamburg Rsp 17 232f.; Meyer-Irmler § 18 A. 1, 2. Diese Ansicht kann nicht für richtig erachtet werden, weil der Grund der Motive, daß die richterliche Tätigkeit auf den Abschluß des Vergleichs Einfluß ausgeübt habe, in solchen Fällen nicht zutraf und der RA, der durch die Mitwirkung beim Vergleiche schon die Gebühr aus § 13³ verdient hatte, die Hälfte der bereits verdienten Gebühr wieder verloren hätte, weil er auch noch die Wahrnehmung eines Termins zur gerichtlichen Beurkundung des abgeschlossenen Vergleichs als weitere Tätigkeit aufwendete. Daher mußte man zur Anwendung des § 18 erfordern, daß der Vergleich wirklich erst durch die Tätigkeit des Richters zustande gebracht war, OLG München, JW 04 604; OLG Bamberg, Recht 05 22; KG, KGBl 09 81; OLG Hamburg, Kassel, Rsp 11 152, 17 232. Drucker A. II, Walter-Joachim A. 7; van Aken JW 02 247.

§ 19. (**Fassung von 1909.**) **Für die Vertretung im Urkunden- oder Wechselprozesse (Zivilprozeßordnung §§ 592 bis 605) erhält der zum Prozeßbevollmächtigten bestellte Rechtsanwalt nur sechs Zehnteile der Prozeßgebühr, wenn eine kontradiktorische Verhandlung nicht stattfindet. Auch steht ihm die im § 16 Abs. 1 Satz 1 bestimmte Gebühr nur zu sechs Zehnteilen zu.**

1. Während der bisherige § 19 allgemein bestimmte:

„Sechs Zehnteile der in den §§ 13 bis 18 bestimmten Gebühren erhält der zum Prozeßbevollmächtigten bestellte Rechtsanwalt für die Vertretung im Urkunden- oder Wechselprozesse (Zivilprozeßordnung §§ 592 bis 605)",

erhält jetzt der RA im Urkunden- und Wechselprozesse grundsätzlich die vollen Gebühren wie im ordentlichen Prozesse. § 19 schafft nur eine Ausnahme für den Fall, daß überhaupt keine kontradiktorische Verhandlung in der Instanz stattfindet, und setzt die Prozeßgebühr auf $^{6}/_{10}$ und die Verhandlungsgebühr des § 16 Abs. 1 Satz 1 ebenfalls auf $^{6}/_{10}$ ihres Betrags, also $^{3}/_{10}$ der vollen Gebühr, herab. Die Vergleichs- und die Beweisgebühr bleiben in diesem Verfahren stets unvermindert. Ist auch nur über einen Teil des Streitgegenstandes streitig verhandelt worden, so tritt die Ermäßigung des § 19 nicht mehr ein. Dasselbe gilt, wenn der RA erst später die Prozeßführung übernimmt, nachdem streitig verhandelt war, er selbst aber nur ein Versäumnisurteil erwirkt. In der Berufungs- und Revisionsinstanz sind, wenn dort der Urkunden- oder Wechselprozeß fortgesetzt wird, die $^{6}/_{10}$ von den erhöhten Gebühren des § 52 zu berechnen, sofern die Voraussetzung des § 19 in diesen Instanzen von neuem gegeben ist, Pfafferoth, Nov. 6, OLG Breslau Rsp 25 295, Posen JW 11 417; Sydow-Busch A. 2; aM Flechtheim, JW 09 378, der die einmal erfolgte streitige Verhandlung auch für die weiteren Instanzen nachwirken läßt. Auf die Prozeßgebühr aus anderen Paragraphen z. B. §§ 14, 20 findet § 19 keine Anwendung, wie sich aus der alten Fassung des § ergibt. KommBer. 40. Eine kontradiktorische Verhandlung liegt nicht vor, wenn der Beklagte beantragt, ihm die Ausführung seiner Rechte vorzubehalten, OLG Marienwerder, Celle Rsp 2 269, 27 106; SächsAnn 22 550; Gaupp-Stein § 599 A. 4.

2. Das Nachverfahren im ordentlichen Prozesse gilt als besonderer Rechtsstreit. Der RA hat sich aber die Prozeßgebühr anrechnen zu lassen, § 28.

3. Die vollen Gebühren des § 19 stehen dem RA auch zu, wenn nur vor dem 1. April 1910 kontradiktorisch verhandelt ist, der Rechtsstreit aber erst nach diesem Zeitpunkt endigt, Pfafferoth, Nov. 6.

§ 20. (Fassung von 1909.) **Fünf Zehnteile der in den §§ 13 bis 17 bestimmten Gebühren erhält der Rechtsanwalt, soweit die durch die Gebühr zu vergütende Tätigkeit ausschließlich die im Gerichtskostengesetze § 26 Nr. 1 bis 8, 10 bezeichneten Gegenstände betrifft.**

GKG § 26. Fünf Zehnteile der Gebühr (§§ 18 bis 24) werden erhoben, wenn der Akt ausschließlich betrifft:

1. prozeßhindernde Einreden (ZPO § 274);

2. die Unzuständigkeit des Gerichts, die Unzulässigkeit des Rechtsweges, den Mangel der Parteifähigkeit, der Prozeßfähigkeit, der Legitimation eines gesetzlichen Vertreters oder der erforderlichen Ermächtigung zur Prozeßführung, sofern dieselben von Amts wegen berücksichtigt sind (GVG § 17 Abs. 1, ZPO §§ 40, 56);

3. die Entlassung des Beklagten aus dem Rechtsstreite (ZPO §§ 75 bis 77) oder die Übernahme des Rechtsstreits durch den Rechtsnachfolger (ZPO § 266);

4. die Aufnahme eines unterbrochenen oder ausgesetzten Verfahrens (ZPO §§ 239 bis 250);

5. die Zulässigkeit der Wiedereinsetzung in den vorigen Stand, der Berufung, Revision oder der Wiederaufnahme des Verfahrens oder die Zurücknahme eines Rechtsmittels (ZPO §§ 238, 515 Abs. 3, §§ 535, 566, 589);

6. den Einspruch (ZPO §§ 341, 345, 346, 700) sowie die gegen ein Versäumnisurteil eingelegten Rechtsmittel (ZPO § 513 Abs. 2, § 566);

7. die vorläufige Vollstreckbarkeit eines Urteils;

8. die Erteilung der Vollstreckungsklausel, sofern sie im Wege der Klage beantragt oder angefochten wird (ZPO §§ 731, 738, 742, 744, 745 Abs. 2, §§ 749, 768), oder Einwendungen gegen die Zwangsvollstreckung, welche den Anspruch selbst betreffen, sofern der § 767 Abs. 2 oder § 796 Abs. 2 der ZPO Anwendung findet, oder die Zulassung der Zwangsvollstreckung aus dem Urteile eines ausländischen Gerichts oder aus einem Schiedsspruche (ZPO §§ 722, 1042);

9. (aufgehoben) lautete: die Anordnung, Abänderung oder Aufhebung eines Arrestes oder einer einstweiligen Verfügung, sofern die Entscheidung durch Endurteil zu treffen ist (ZPO § 922 Abs. 1, §§ 925, 926 Abs. 2, §§ 927, 936);

10. die Unzulässigkeit des schiedsrichterlichen Verfahrens oder die Aufhebung eines Schiedsspruches (ZPO § 1046).

1. In den §§ 20—24 und 41 lautete die Regierungsvorlage: „der zum Prozeßbevollmächtigten bestellte (Rechtsanwalt) usw." Diese Worte sind von der Reichtagskommission gestrichen. Es kommt also in den bezeichneten Fällen nicht darauf an, ob der RA zum Prozeßbevollmächtigten bestellt ist.

2. Die $^5/_{10}$ im § 20 sollen berechnet werden von den vollen Gebühren der §§ 13—17, KommBer S. 40. Der § 19 ist nicht in Bezug genommen. Es erhält also im Urkunden- und Wechselprozesse der RA in den Fällen des § 20 dieselben Gebühren wie im gewöhnlichen Prozesse, nicht etwa nur $^5/_{10}$ der Sätze des § 19, OLG Posen, PosMschr 03 157.

3. Die Anwendbarkeit des § 20 ist auf die Fälle beschränkt, in denen die vom RA geübte Tätigkeit, d. i. der betreffende prozessuale Akt, ausschließlich einen der in § 26 $^{1-8, 10}$ GKG bezeichneten Gegenstände betroffen hat und nicht bereits anderweit durch die regelmäßige Gebühr abgegolten ist, RG, JW 94 264. Ist z. B. nach Verhandlung der Hauptsache nur über die prozeßhindernde Einrede der Unzuständigkeit des Gerichts (GKG § 26^1) Beweis erhoben, so hat der RA die Prozeßgebühr und die Verhandlungsgebühr (§ 13^{1,2}) voll, dagegen die Beweisgebühr (§ 13^4) nur mit $^5/_{10}$ zu beanspruchen, RG, JW 83 157. Ist der Prozeßbetrieb selbst auf einen der Fälle des § 26 $^{1-8, 10}$ GKG beschränkt gewesen, so hat der RA nach § 20 auch die Prozeßgebühr nur in Höhe von $^5/_{10}$ erwirkt, RG 7 356, 20 426; JW 88 245, 91 224, 473. Ob die Voraussetzung des § 20 für die Prozeßgebühr vorliegt, die den RA für eine Tätigkeit entschädigen soll, die sich wesentlich von den Akten unterscheidet, für die die Gebühren der §§ 18—24 GKG bestimmt sind, ist von Fall zu Fall zu prüfen. Ist die mündliche Verhandlung auf einen der in § 26$^{1-8, 10}$ bezeichneten Gegenstände beschränkt gewesen, so liegt es, wenn Zweifel bestehen, dem RA ob, nachzuweisen, daß er nach Lage der Sache Veranlassung gehabt habe, sich nicht nur über den eingeschränkten Prozeßstoff, sondern über die gesamte Rechtslage zu informieren. Eine Vermutung dafür, daß diese Veranlassung vorgelegen habe, besteht nicht, RG 19 431, s. oben § 13 A. II, 5; Meyer-Irmler § 20 A. 4c; aM Belligerode in JW 89 105. Zu dem vom RA zu führenden Nachweise wird regelmäßig der Inhalt der Schriftsätze genügen; RG, JW 95 330.

Die Bestimmung des § 28 Satz 2 GKG: „Treffen für gleiche Akte die volle Gebühr und die Gebühr des § 26 (GKG) rücksichtlich desselben Streitgegenstandes zusammen, so kommt nur die volle Gebühr zur Erhebung", gilt entsprechend auch für die Berechnung der Anwaltsgebühren, RG, JW 89 307; s. § 25 A. 2.

4. Das Zusammentreffen mehrerer Fälle des § 26¹⁻⁸, ¹⁰ GKG übt auf die Gebühren keinen Einfluß und hat weder eine Vervielfältigung noch eine mehrfache Herabsetzung der ermäßigten Gebühr zur Folge (RG, JW 87 273), vielmehr kommt die ermäßigte Gebühr des § 20 nur einmal zur Erhebung, RG, JW 83 269.

5. **Zu § 26 GKG. a) Nr. 1, 2.** Prozeßhindernde Einreden im Sinne dieser Bestimmung sind nur die des § 274 ZPO. Andere, wenn auch verwandte Einreden (**RG 6** 431, **7** 328, **8** 348, **11** 390, **12** 399, **13** 331), ein Streit über die Zulässigkeit der Widerklage wegen mangelnder Konnexität, RG, JW 88 22, gehören nicht hierher. Ist die Einrede der Unzuständigkeit durch Zwischenurteil verworfen und darauf die Klage abgewiesen, so können die Gebühren nur zu $^{10}/_{10}$, nicht zu $^{15}/_{10}$ berechnet werden, RG, Gruch **34** 1157. Sind in 1. Instanz Verhandlung und Entscheidung auf eine prozeßhindernde Einrede beschränkt gewesen, so können auch die Gebühren 2. Instanz nur in Höhe von $^{5}/_{10}$ angesetzt werden, selbst dann, wenn in 2. Instanz unzulässigerweise Anträge zur Hauptsache gestellt sind, OLG München, Recht 01 266. Die Einrede der Unzulässigkeit des Rechtswegs ist nur dann eine prozeßhindernde, wenn geltend gemacht wird, daß wegen des erhobenen Anspruchs nach dem bestehenden öffentlichen Rechte die Anrufung der bürgerlichen Gerichte überhaupt oder doch vorläufig ausgeschlossen sei, nicht aber, wenn behauptet wird, daß durch Vertrag der Rechtsweg ausgeschlossen sei, RG, JW 96 147, 00 14; Gruch **40** 1057. Auch die Entscheidung, welche auf Grund einer prozeßhindernden Einrede die Klage abweist, unterliegt der Bestimmung des § 26 GKG, OLG Jena ThürBl **46** 92; OLG Köln, RheinArch **95** 120; KG, KGBl 02 14. Eine Ermäßigung der Prozeßgebühr kann bei Nr. 1 für den Kläger in erster Instanz nicht vorkommen.

Nr. 2 betrifft den Fall, daß die dort genannten Erfordernisse von Amts wegen berücksichtigt sind, ohne daß ihr Fehlen durch prozeßhindernde Einrede geltend gemacht ist. Die Verweisung, die in den Fällen der §§ 276, 505, 506, 697, 700 ZPO stattfinden kann, hat zur Voraussetzung, daß das angegangene Gericht nicht zuständig ist. Die Zuständigkeit ist in jedem Falle von Amts wegen zu prüfen. Die sich hierbei ergebende Unzuständigkeit ist aber nur dann zu berücksichtigen, wenn sie durch prozeßhindernde Einrede gerügt ist oder durch Parteivereinbarung nicht unschädlich gemacht werden kann (§§ 274, 40 ZPO). Sie führt dann zur Abweisung der Klage. Um diese zu vermeiden, kann in den Fällen der §§ 276, 505 ZPO der Kläger die Verweisung an das zuständige Gericht beantragen. Das Urteil nach § 276 ZPO und der Beschluß aus § 505 ZPO enthalten also außer dem Ausspruch über die Verweisung die Feststellung der Unzuständigkeit. Da die Verweisung hier nur eintritt, wenn die Unzuständigkeit durch prozeßhindernde Einrede gerügt ist oder von Amts wegen berücksichtigt werden mußte, stellt der Verweisungsbeschluß stets eine Entscheidung dar, die unter § 26 Nr. 1 oder Nr. 2 GKG fällt.

Die §§ 506, 697, 700 ZPO geben beiden Parteien das Recht, die Verweisung zu beantragen. Hier kann es also zu einer Verweisung kommen, ohne daß die Unzuständigkeit durch prozeßhindernde Einrede gerügt oder von

Amts wegen zu berücksichtigen war, wenn im Falle des § 506 ZPO die Partei, die durch ihre Maßnahmen die Unzuständigkeit herbeiführt, und beim Mahnverfahren der Gläubiger die Verweisung beantragt. Die Verweisung kann aber nur stattfinden, wenn die Zuständigkeit geprüft und verneint ist. Die Tätigkeit des Richters ist also dieselbe wie im Falle der §§ 276, 505 ZPO. Der Beschluß enthält ebenfalls neben der Verweisung eine Entscheidung über die Unzuständigkeit des angegangenen und die Zuständigkeit des künftigen Prozeßgerichts. Daher ist eine entsprechende Anwendung des § 26 GKG geboten, RG 30 334; OLG Karlsruhe, Darmstadt, Rsp 17 218, 23 202; Walter-Joachim A. 10; aM OLG Stettin, Rsp 25 144, 27 128; Meyer-Irmler § 20 A. 5b; Pfafferoth § 20 A. 10. Eine nur prozeßleitende Verfügung liegt in diesem unanfechtbaren Beschlusse nicht. Daher gelten auch für die Verweisungsbeschlüsse aus §§ 506, 697, 700 ZPO die Bestimmungen des § 20.

Die Verhandlung kann streitig oder nichtstreitig sein. In dem Sonderfalle des § 697 Abs. 2 ZPO braucht keine Verhandlung stattzufinden. Wegen der Erstattung s. S. 47f.; s. auch § 26.

Die Wertstufe bestimmt sich nach dem durch die Klage geltend gemachten Anspruche, RG 40 416; JW 98 657.

b) Nr. 3 umfaßt nicht den Fall, in dem die Tätigkeit des RA zur Instanz gehört (OLG Köln, RheinArch 79 Abt. 1 S. 91), ebensowenig die Hauptintervention und den durch sie eingeleiteten Streit, RG, SächsArch 96 248; RG, JW 89 307, 95 227.

c) Nr. 4. Hat der an Stelle eines verstorbenen bestellte neue RA nicht nur das Verfahren aufgenommen, sondern auch das Urteil zugestellt, so betrifft seine Tätigkeit nicht nur den in Nr. 4 bezeichneten Gegenstand, er hat vielmehr auf die volle Prozeßgebühr Anspruch, RG, JW 92 39 Nr. 6; aM RG, JW 92 39 Nr. 7, wo angenommen ist, daß die Zustellung des Urteils, wenn es vor dem das Verfahren aufnehmenden Schriftsatze zugestellt wird, noch in die Aufnahme des Verfahrens fällt und durch die Gebühr des § 20 mit vergütet wird; s. § 29 A. II, 7.

d) Nr. 5. aa) Das Verfahren über den Antrag auf Wiedereinsetzung ist mit dem über die nachgeholte Prozeßhandlung zu verbinden. Nur ausnahmsweise, insbesondere wenn der Antrag augenscheinlich unstatthaft ist, kann das Gericht ihn vorab erledigen (ZPO § 238). Der Anwalt muß daher auf die mündliche Verhandlung zur Hauptsache vorbereitet sein, kann also die Prozeßgebühr stets voll beanspruchen, RG, JW 98 576. Dasselbe gilt für die Zulässigkeit der Wiederaufnahme des Verfahrens, da auch hier das Gericht befugt ist, ohne weiteres in die Verhandlung der Hauptsache einzutreten (ZPO §§ 589, 590). Auf das Wiederaufnahmeverfahren selbst findet § 26[5] GKG keine Anwendung, RG, ZZP 16 319.

bb) Wird gegen ein die Berufung als unzulässig verwerfendes Urteil Revision eingelegt, so handelt es sich in der Revisionsinstanz nur um die Zulässigkeit der Berufung; daher ist § 26 Nr. 5 GKG anzuwenden, RG, Fenner u. Mecke Arch 3 350.

cc) Wenn nach Zurücknahme eines Rechtsmittels auf Antrag des Gegners ein Urteil nach §§ 515 Abs. 3 ZPO ergeht, so ist die mit $^5/_{10}$ zu erhebende Verhandlungsgebühr nicht wie bei der Zurücknahme einer Klage nach dem Werte der entstandenen Kosten (§ 13 GKG), sondern nach dem Werte des Hauptanspruchs zu berechnen, weil in dem auf Antrag des Gegners zu erlassenden Urteil auch der Verlust des Rechtsmittels auszusprechen, mithin außer über die Kosten zugleich über den Hauptanspruch zu erkennen ist, RG, JW 83 269, 94 85. Beschränkt sich dagegen der Antrag des Gegners nur auf den Kostenpunkt, so ist die Gebühr auch nur nach dem Betrage der Kosten zu berechnen. Die Verhandlungsgebühr ist bei nicht kontradiktorischer Verhandlung nach § 16 nochmals zu ermäßigen, OLG Darmstadt, Rsp 3 168.

dd) Die §§ 470, 471 ZPO sind nicht in Bezug genommen. Es ist daher nicht statthaft, auf die Verhandlung über Zulässigkeit des Widerrufs eines durch bedingtes Urteil auferlegten Eides den § 20 anzuwenden, obwohl hier ein der „Wiederaufnahme“ ähnliches Verfahren vorliegt. Meyer-Irmler A. 5 N. 4b; Walter-Joachim A. 21.

ee) Die Erhöhung der Gebühren aus § 52 gilt auch hier, RG 57 232.

e) **Nr. 6.** Die Vorschrift bezieht sich nicht nur auf den Einspruch gegen ein Versäumnisurteil, sondern auch auf den gegen einen Vollstreckungsbefehl und auf die Fälle der §§ 513, 566 ZPO. Für die Verhandlung, auf welche ein Versäumnisurteil ergeht, das den Einspruch gegen ein früheres Versäumnisurteil verwirft, beträgt die Verhandlungsgebühr nach §§ 16, 20 $^5/_{20}$ der vollen Gebühr, OLG Düsseldorf, Dresden Rsp 19 255, 22 286; Petersen, KGBl 03 103; aM KG, KGBl 06 49, das die Gebühr auf $^5/_{20}$ nur herabsetzt, wenn die Partei den Einspruch vor dem Termine zurückgenommen hat und das Versäumnisurteil sie des Einspruchs für verlustig erklärt. Eine Ladung zur Hauptsache findet nicht mehr statt, §§ 340, 340a ZPO; s. auch § 27.

f) **Nr. 7** gilt im Falle des § 716 ZPO, wenn sich die Tätigkeit des Anwalts auf die Ergänzung des Urteils wegen der vorläufigen Vollstreckbarkeit beschränkt; im Falle des § 718 ZPO, wenn in 2. Instanz nur über die vorläufige Vollstreckbarkeit verhandelt wird; bei Beschränkung des Rechtsmittels auf die vorläufige Vollstreckbarkeit. Über vorläufige Einstellung der Vollstreckung und Anträge aus §§ 534, 560 ZPO s. § 23 (GKG §§ 35^1, 47^{11}).

g) Nr. 8. aa) Bei Klagen auf Erteilung oder Anfechtung der Vollstreckungsklausel findet die Vorschrift Anwendung, gleichviel ob ein Urteil oder ein anderer Schuldtitel z. B. eine Notariatsurkunde vorliegt, RG, JW 96 175. Anträge auf Erteilung der Vollstreckungsklausel behandelt § 24 (GKG §§ 38^3, 47^{15}). Dagegen werden Klagen, durch die den Anspruch selbst betreffende Einwendungen gegen die Zwangsvollstreckung aus gerichtlichen Vergleichen oder aus gerichtlichen oder notariellen Urkunden geltend gemacht werden, von § 26^8 nicht betroffen, da in diesen Fällen nach §§ 795, 797 Abs. 4 ZPO der § 767 Abs. 2 ZPO nicht gilt, RG, JW 97 110, 99 97. Über die Wertberechnung § 10 A. 45, 55.

bb) Die Vorschrift bezieht sich nur auf Einwendungen gegen den Zwangsvollstr.-Anspruch (Zahlung, Stundung, Erlaß, Vergleich, Verjährung). Dagegen sind bei der Klage aus § 771 ZPO oder der des Erben aus §§ 781, 785 ZPO oder der aus § 786 ZPO, da sich hierbei der Streit um den Gegenstand der Zwangsvollstreckung dreht, die vollen Gebühren zum Ansatze zu bringen, RG, JW 88 244.

cc) § 26^8 GKG und § 20 RAGebO sind auch anzuwenden, wenn eine Klage aus § 767 ZPO erhoben werden sollte, sie aber unzulässig war, RG, JW

95 330. Wenn der Schuldner einem Vollstr.Antrag einredeweise widerspricht, findet § 26⁸ GKG keine Anwendung, Walter-Joachim A. 39. **Verbindet** der Kläger mit dem Antrag aus § 767 ZPO noch einen selbständigen Anspruch, so ist die volle Gebühr fällig, KG, KGBl 10 68. Eine entsprechende Anwendung des § 26⁸ auf Klagen aus § 323 ZPO ist abzulehnen, KG, Rsp 20 321.

dd) Da es eine Klage auf Erteilung oder Anfechtung des Rechtskraftzeugnisses nicht gibt, die §§ 706, 576 ZPO das Verfahren vielmehr in anderer Weise ordnen, ist eine analoge Anwendung des § 26⁸ darauf nicht zulässig; Walter-Joachim A. 36; aM KG, NaumbAKZ 89 84; Meyer-Irmler A. e zu Nr. 8.

ee) Der Streitwert der Klage aus § 1042 ZPO ist gleich dem Werte des Hauptanspruchs, auch insoweit, als der Schiedsspruch zu Vollstreckungshandlungen keinen Anlaß gibt, RG, JW 96 685.

h) Nr. 9. aa) Die Novelle vom 1. Juni 1909 hat die Bezugnahme auf Nr. 9 des § 26 GKG beseitigt, weil nach § 28 nunmehr das Verfahren über einen Antrag auf Anordnung, Abänderung oder Aufhebung eines Arrestes oder einer einstweiligen Verfügung für die Gebührenberechnung stets als besonderer Rechtsstreit gilt, auch wenn es von dem Verfahren über die Hauptsache nicht getrennt ist, gleichviel ob über den Antrag durch Urteil oder Beschluß entschieden wird; s. unten § 28.

bb) Die alte Vorschrift betraf nur den Fall, daß durch Endurteil über den Antrag entschieden war, während für die Entscheidung durch Beschluß § 23¹ galt, RG 13 319. Durch Urteil war der Arrest aber auch dann angeordnet, wenn der durch Beschluß erlassene Arrest nach Verhandlung über den Widerspruch bestätigt wurde; zur Hebung kam dann nur die Gebühr des § 20, nicht etwa daneben noch die des § 23. RG, JW 84 9.

i) Nr. 10. Es handelt sich um Klagen aus § 1046 ZPO. Wird zugleich mit dem Anspruch auf Aufhebung des Schiedsspruchs über eine damit verbundene Feststellungsklage verhandelt oder wird auf die Feststellung, daß ein Schiedsgericht zu entscheiden habe, geklagt, so sind die Gebühren nach § 13 zu berechnen, OLG Karlsruhe, Hamburg Rsp 15 189, 21 395. Die Gebühren für das Verfahren über Ernennung oder Ablehnung eines Schiedsrichters oder bei der Entscheidung über das Erlöschen eines Schiedsvertrags regelt § 22.

§ 21. Der Rechtsanwalt erhält neben den ihm sonst zustehenden Gebühren die Prozeßgebühr nur zu fünf Zehnteilen, wenn seine Tätigkeit ausschließlich die Erledigung eines bedingten Urteils betrifft.

1. „Der § 21 will den Fall vorsehen, wenn der RA erst nach Erlaß des bedingten Urteils eintritt und seine Vertretung ausschließlich die Erledigung des bedingten Urteils zum Gegenstande hat. In diesem Falle soll der RA nur $^5/_{10}$ der durch § 13 bestimmten Prozeßgebühr erhalten, daneben aber die Beweisgebühr, die Verhandlungsgebühr und nach Umständen die Vergleichsgebühr nach Maßgabe der Bestimmungen in § 13 Nr. 2, 3, 4, § 16", Mot. 42.

2. Die „Prozeßgebühr" ist so zu verstehen, wie sie sich nach Maßgabe aller vorstehenden §§ im Einzelfalle berechnet, KommBer S. 40.

3. Wenn nach Erlaß eines bedingten Urteils der Prozeßbevollmächtigte stirbt und dadurch das Verfahren unterbrochen wird, so ist für den neuen, zur Aufnahme des Verfahrens und Erledigung des bedingten Urteils bestellten Prozeß-

bevollmächtigten die volle Prozeßgebühr erwirkt, da seine Tätigkeit weder auf die Erledigung des bedingten Urteils, noch auf die Aufnahme des Verfahrens (§ 20 GKG; § 26[5]) beschränkt ist.

4. Ist der Auftrag auf die Wahrnehmung des Eidesleistungstermins beschränkt, so berechnen sich die Gebühren nach § 45.

§ 22. Der Rechtsanwalt erhält die Prozeßgebühr und die Verhandlungsgebühr nur zu fünf Zehnteilen, wenn seine Tätigkeit Anträge auf Sicherung des Beweises (ZPO §§ 485 bis 494) oder eine gerichtliche Entscheidung über die Ernennung oder Ablehnung eines Schiedsrichters, das Erlöschen eines Schiedsvertrags oder die Anordnung der von Schiedsrichtern für erforderlich erachteten richterlichen Handlungen (ZPO § 1045) betrifft. Für die Vertretung bei der Beweisaufnahme erhält der Rechtsanwalt die Beweisgebühr (§ 13 Nr. 4).

1. Das Beweissicherungsverfahren gehört, wenn die Hauptsache schon anhängig ist, zur Instanz und wird durch die Gebühren des Hauptprozesses abgegolten, § 29[3]; s. § 30 A. I. Die Verhandlungsgebühr kann nur entstehen, wenn ausnahmsweise (ZPO § 490) mündlich verhandelt ist. Werden mehrere Anträge auf Sicherung des Beweises gestellt, so entstehen für jeden Antrag besondere Gebühren, sofern es sich nicht um ein einziges Beweissicherungsverfahren handelt, was insbesondere der Fall ist, wenn mehrere Anträge durch Einen Beschluß und Eine Beweisaufnahme erledigt werden. Meyer-Irmler A. 4. Für die Vertretung bei der Beweisaufnahme erhält der RA die volle Gebühr des § 13[4]. Der Wert des Streitgegenstandes ist dem Streitwerte des Prozesses gleich, wenn sich das Verfahren auf den ganzen Gegenstand des Rechtsstreits bezog, KG, Rsp 19 50; sonst bestimmt er sich nach dem Werte, nach dem im Prozesse die Beweisgebühr über denselben Gegenstand zu berechnen sein würde und, falls es zum Prozesse nicht kommt, nach dem Interesse des Antragstellers an dem Ausfalle der Beweisaufnahme.

2. Schiedsrichterliches Verfahren; s. hierüber § 20 (GKG § 26 Nr. 10) u. § 91 A. 1. Hier kommt das Beschlußverfahren aus § 1045 ZPO in Betracht. Der Wert des Streitgegenstandes ist bei Anträgen auf Ernennung oder Ablehnung eines Schiedsrichters sowie bei dem Verfahren über das Erlöschen des Schiedsvertrags unter Berücksichtigung des streitigen Anspruchs niedriger als dieser frei zu schätzen, RG 41 362; OLG Kiel, Rsp 19 166. Bei dem Antrag auf Vornahme richterlicher Handlungen entspricht der Streitwert dem des schiedsrichterlichen Verfahrens, Walter-Joachim A. 17. Auf Rechtsstreitigkeiten über die Frage, ob an Stelle eines von der Partei ernannten, demnächst ablehnenden Schiedsrichters ein anderer zu ernennen sei, bezieht sich § 22 nicht, vielmehr stehen hier die vollen Gebühren zu, OLG Köln, RheinArch 84 Abt. 1 S. 162.

3. Die Beweisgebühr ist zugebilligt für die Vertretung bei der Beweisaufnahme. Sie ist also erwirkt, wenn eine Beweisaufnahme stattgefunden und der RA in ihr die Partei in irgendeiner Weise vertreten hat. Der Wahrnehmung des Beweistermins bedarf es ebensowenig wie im Falle des § 13[4]. RG, JW 87 16. Ob die Vertretung in einem durch die beantragte Entscheidung

angeordneten oder in einem die Entscheidung vorbereitenden, ihr vorhergehenden — nach § 1045 ZPO möglichen — Beweisaufnahmeverfahren, z. B. über die Voraussetzungen des § 1033 ZPO, stattfindet, ist gleich. Auch im letzten Falle ist die Beweisgebühr zur vollen Höhe des § 13[4] ($^5/_{10}$) erwirkt, aM Walter-Joachim A. 16, welcher in dem unterstellten Falle nur die halbe Beweisgebühr ($^5/_{20}$) zubilligt.

§ 23. (Fassung von 1909.) **Drei Zehnteile der in den §§ 13 bis 17 bestimmten Gebühren erhält der Rechtsanwalt, wenn seine Tätigkeit betrifft:**

1. **die im Gerichtskostengesetze § 27 Nr. 1, § 35 Nr. 1, § 38 Nr. 1, 2, § 47 Nr. 1 bis 12 bezeichneten Angelegenheiten;**
2. **die Zwangsvollstreckung.**

Durch die Novelle von 1909 ist in der zweiten Zeile die Bezugnahme auf § 18 fortgefallen, da dieser aufgehoben ist, und in Nr. 1 ist bei § 35 die Nr. 3 mit Rücksicht auf den veränderten Inhalt des § 28 RAGebO gestrichen.

Die bezeichneten Angelegenheiten sind die folgenden:

a) § 27 Nr. 1. Die Zulässigkeit einer Nebenintervention (ZPO § 71);

b) § 35 Nr. 1. Anträge auf vorläufige Einstellung, Beschränkung oder Aufhebung einer Zwangsvollstreckung (ZPO §§ 707, 719, 769, 771 Abs. 3, §§ 785, 786, 805 Abs. 4, § 810 Abs. 2);

c) § 38 Nr. 1. Anträge auf Festsetzung der vom Gegner zu erstattenden Prozeßkosten oder auf Abänderung der Kostenfestsetzung (ZPO § 107);

Nr. 2. Anträge auf Bestimmung einer Frist zur Rückgabe und auf Anordnung der Rückgabe einer Sicherheit in den Fällen des § 109 Abs. 1, 2 ZPO;

d) § 47 Nr. 1—12. Die Verhandlung und Entscheidung:

Nr. 1. über die Prozeß- oder Sachleitung, einschließlich der Bestimmung oder Änderung von Terminen und Fristen;

Nr. 2. über die Bewilligung oder Entziehung des Armenrechts, sowie die Verpflichtung zur Nachzahlung von Kosten (ZPO § 126);

Nr. 3. über die Zuständigkeit des obersten Landesgerichts (§ 7 EG z. ZPO) oder der Kammer für Handelssachen (GVG §§ 103—106), über die Bestimmung des zuständigen Gerichts (ZPO § 36), die Übernahme eines Entmündigungsverfahrens (ZPO § 650 Abs. 3, § 651 Abs. 2), die Bestimmung eines Gerichtsvollziehers (ZPO § 827 Abs. 1, § 854 Abs. 1) oder eines Sequesters (ZPO §§ 848, 855);

Nr. 4. über die Ablehnung eines Richters, eines Gerichtsschreibers oder Sachverständigen (ZPO §§ 42—49, 406);

Nr. 5. über die Verpflichtung eines Gerichtsschreibers, gesetzlichen Vertreters, Rechtsanwalts oder anderen Bevollmächtigten, sowie eines Gerichtsvollziehers zur Tragung der durch Verschulden derselben veranlaßten Kosten (ZPO § 102);

Nr. 5a. (eingefügt durch die Novelle von 1909) über Erinnerungen gegen den Festsetzungsbeschluß (ZPO § 104 Abs. 3);

Nr. 6. über die Verpflichtung eines Rechtsanwalts zur Zurückgabe einer vom Gegner ihm mitgeteilten Urkunde (ZPO § 135);

Nr. 7. über die Verpflichtung zur Abgabe eines Zeugnisses oder Gutachtens (ZPO §§ 386—389, 408);

Nr. 8. über die Zwangsmaßregeln gegen einen Zeugen oder Sachverständigen, sowie die Verurteilung derselben zu Kosten und Strafe (ZPO §§ 380, 381, 390, 409);

Nr. 9. über die Bestellung eines Vertreters für eine nicht prozeßfähige oder unbekannte Partei, für ein von dem Eigentümer aufgegebenes Grundstück oder für einen Erben, der die Erbschaft noch nicht angenommen hat (ZPO §§ 57, 58, 494, 668, 679, 686, 779, 787);

Nr. 10. über die Berichtigung des Urteils oder des Tatbestandes (ZPO §§ 319, 320);

Nr. 11. über die Vollstreckbarkeit der durch Rechtsmittelanträge nicht angefochtenen Teile eines Urteils (ZPO §§ 534, 560);

Nr. 12. über die Zulassung einer Zustellung oder Zwangsvollstreckung zur Nachtzeit oder an einem Sonntag oder allgemeinen Feiertage (ZPO §§ 188, 761).

1. Die Vorschrift bestimmt nur den Gebührensatz für den Fall, daß Gebühren überhaupt erfordert werden dürfen. Ob die betreffende Tätigkeit zur Instanz gehört, regeln die §§ 29ff., 75. Ist dies der Fall, können die Gebühren aus § 23 neben anderen Gebühren nur bei einer Änderung des Streitgegenstandes in Betracht kommen, § 25 A. 2. Immer erwirkt sind aber die Gebühren aus § 23, wenn die Tätigkeit des RA auf die erwähnten Angelegenheiten beschränkt ist; OLG Braunschweig, Rsp 21 160.

2. Zugesprochen sind dem RA $^3/_{10}$ der Gebührensätze nicht des § 9, sondern der §§ 13—17. Es können also nach § 23 dem RA neben $^3/_{10}$ der Prozeßgebühr auch $^3/_{10}$ der Verhandlungs- und Beweisgebühr zustehen, falls — z. B. in der ZwangsvollstrInstanz — eine mündliche Verhandlung oder eine Beweisaufnahme stattfindet, RG, JW 97 240, 99 493; KG, KGBl 92 53; OLG Köln, RheinArch 88 Abt. 1 S. 130. Der § 19 ist dagegen nicht angezogen. Deshalb erhält der RA in den Fällen des § 23 auch im Urkunden- und Wechselprozesse stets dieselben Gebühren wie im gewöhnlichen Prozesse, KommVer S. 40. Auch § 20 ist nicht in Bezug genommen. Der Anwalt hat also für eine in den Fällen des § 20 nach § 23 geübte Tätigkeit stets $^3/_{10}$ (nicht $^3/_{10}$ von $^5/_{10}$) zu fordern, OLG Karlsruhe, Rsp 19 256.

3. **GKG § 27 Nr. 1.** Für den Zwischenstreit aus § 71 ZPO kann der RA der Hauptpartei Gebühren überhaupt nicht, der RA des Nebenintervenienten sie nur dann fordern, wenn seine Tätigkeit auf den Zwischenstreit beschränkt ist; vgl. § 29² A. 2. Über den Streitwert § 10 A. 4. Erstattung der **Kosten**: oben S. 20, 39.

4. **GKG § 35 Nr 1.** Vgl. § 29 Nr. 4, § 30 Nr. 2 u. A. II. Diese Gebühr steht dem RA nur zu, wenn sich seine Tätigkeit auf das Verfahren über die genannten Anträge beschränkt, z. B. bei Verhandlung in 2. Instanz über die vorläufige Einstellung der Vollstreckung aus einem Urteil 1. Instanz, OLG Colmar, ElsLothZ 6 73, oder wenn das Verfahren von dem über die Hauptsache getrennt ist, RG 50 358. Anträge auf „einstweilige Anordnungen" (ZPO §§ 572, 732, 766) sind regelmäßig Teil des die Beschwerde, Einwendung oder Erinnerung

enthaltenden Antrags und daher nicht besonders zu vergüten, RG, Gruch 42 1163. Walter-Joachim A. 19.

5. **GKG § 38 Nr. 1.** Die Gebühr im KostenfestsVerfahren ist stets besonders erwirkt, gleichviel ob ein besonderer Beschluß oder ein Beschluß nach § 105 ZPO ergangen ist, mag ein ausdrückliches Gesuch gestellt oder die Festsetzung nach § 105 Abs. 2 ZPO erfolgt sein, § 30 Nr. 3; JW **10** 596. Das Verfahren über die Festsetzung der Kosten und die Abänderung der Kostenfestsetzung (§ 107 ZPO) bildet aber Eine Instanz, § 30 Abs. 3. Die Gebühr steht dem Anwalte der erstattungsberechtigten Partei stets zu, dem Anwalte des Gegners nur dann, wenn er vom Gerichte zur Abgabe einer Erklärung veranlaßt ist. Für die bloße Entgegennahme des Festsetzungsbeschlusses ist eine besondere Gebühr nicht begründet. Wohl aber kann im Verfahren des § 106 ZPO der Gegner für seine Vertretung bei Einreichung der Gegenrechnung die Gebühr verlangen, OLG Kiel, Rsp **13** 258; aM OLG Hamm, Rsp **11** 152; vgl. S. 92. Wegen der Erinnerung s. § 29 A. II, 6; wegen des § 107 ZPO s. § 30 A. V. Wegen des Wertes des Streitgegenstandes vgl. oben S. 90.

GKG § 38 Nr. 2. In dem Verfahren des § 109 ZPO. erhält der RA diese Gebühr, selbst wenn er Prozeßbevollmächtigter ist, da dieses Verfahren nach § 30 eine besondere Instanz bildet, die den Antrag auf Fristsetzung und den auf Rückgabe umfaßt. Der Streitwert richtet sich nach dem Werte der Sicherheit. Über Rückgabe einer Sicherheit nach § 715 ZPO vgl. § 24 A. 2, § 13 A. II 3h.

6. Die in **§ 47 Nr. 1 bis 12 GKG** bezeichneten Angelegenheiten gehören zur Instanz, § 29 Abs. 2 Nr. 6. Die Gebühr nach § 23 ist also nur begründet, wenn die Tätigkeit des Anwalts ausschließlich eine dieser Angelegenheiten betrifft. Die besonderen Gebühren des § 23[1] RAGebO, § 47[1] GKG können freilich neben anderweit verdienten gleichartigen Gebühren auch dann zum Ansatze gelangen, wenn § 12 Abs. 2 GKG zutrifft, und zwar bis zu dem dort vorgesehenen Betrage, vgl. § 25 A. 2. Bei sich gleichbleibendem Streitgegenstande sind nur die höheren Gebühren anzusetzen, RG, JW **97** 240, **99** 493.

GKG § 47 Nr. 1. Für die „Prozeß- u. Sachleitung" kommt die Tätigkeit in Betracht, die nur den Gang des Verfahrens betrifft, an dem Rechtsstreite selbst aber nichts ändert, RG **40** 380. Beispiele: ZPO §§ 140, 141, 147, 150, 335. Der Beschluß, durch den nach §§ 505, 506, 697 ZPO das Amtsgericht den Rechtsstreit an das zuständige Gericht verweist, ist keine prozeßleitende Verfügung, sondern eine sachliche Entscheidung, es kommen also die Gebührensätze des § 20 zur Anwendung, RG **30** 330; s. § 20 A. 5. Für den Vertagungsantrag ist eine besondere Prozeßgebühr, außer der erwirkten vollen Prozeßgebühr, ausgeschlossen, die Verhandlungsgebühr aber ($^3/_{10}$ der vollen Gebühr) begründet, sofern über die Vertagung überhaupt kontradiktorisch verhandelt wird und der RA nicht von demselben Streitgegenstande die Verhandlungsgebühr gemäß §§ 13[2], 16 erhält, RG, JW **97** 240, **99** 493; KG, Rsp **25** 293. Wenn aber über den Vertagungsantrag nicht kontradiktorisch verhandelt wird, sondern beide Anwälte übereinstimmend die Vertagung beantragen oder der eine Anwalt Vertagung beantragt und der andere nicht widerspricht, so findet eine Verhandlung über den Vertagungsantrag überhaupt nicht statt, es kann deshalb nicht einmal eine Gebühr für nichtkontra-

diktorische Verhandlung beansprucht werden, RG, JW 91 200, 93 564; Walter-Joachim A. 31; Landsberg, PosMschr 02 1; aM Drucker § 23 A. zu GKG § 47[1].

7. **GKG § 47 Nr. 2.** Die Gebühr für den Antrag auf Bewilligung (oder Entziehung) des Armenrechts ist nach dem Werte der Hauptsache zu bestimmen, RG, JW 86 145. Für das Verfahren zur Nachzahlung von Beträgen (ZPO §§ 125, 126) kann nur die Summe dieser Beträge als Streitwert in Betracht kommen. Die Gebühr steht dem RA der ersten Instanz zu, wenn er nach deren Beendigung für die Berufungsinstanz das Armenrecht nachsucht, da diese Tätigkeit nicht zur Instanz gehört (§ 29[6]), OLG Kiel, Celle, Rsp 4 273, 19 257.

8. **GKG § 47 Nr. 3.** Über Fälligkeit, OLG München, Rsp 21 160. Maßgebend für die Gebühr ist der Streitwert der Hauptsache.

9. **GKG § 47 Nr. 4.** Der Streitwert des Verfahrens über die Ablehnung eines Richters usw. ist unter Berücksichtigung des Streitwerts der Hauptsache und keinenfalls höher als dieser festzustellen, RG, JW 89 480, 97 348. Ablehnung eines Schiedsrichters: § 22.

10. **GKG § 47 Nr. 5.** Für ein Verschulden, das den gemäß § 25 RAO bestellten Vertreter eines Anwalts trifft, ist dieser selbst haftbar zu machen, RG, JW 94 354; Skonietzki-Gelpke § 102 A. 3b; aM Gaupp-Stein § 102 A. I 2.

GKG § 47 Nr. 5a. Die Bestimmung ist durch die Novelle von 1909 eingefügt. Diese Gebühr erhält der RA nur, wenn seine Tätigkeit ausschließlich die Erinnerung betrifft. Hat er bereits das Kostenfestsetzungsgesuch gestellt, so deckt die Gebühr in Anm. 5 das ganze Festsetzungsverfahren; s. auch § 29 A. II, 6.

11. **GKG § 47 Nr. 6.** Die Entscheidung ergeht durch Zwischenurteil, es kann also auch eine Verhandlungsgebühr entstehen.

12. **GKG § 47 Nr. 7, 8.** Über die Weigerung entscheidet das Prozeßgericht durch Zwischenurteil, ZPO § 387. Es kann mithin eine Verhandlungsgebühr Platz greifen. Der Streitwert ist nach dem Werte der Hauptsache zu bemessen.

13. **GKG § 47 Nr. 9.** Für den Streitwert kommt in Betracht der Wert der Hauptsache, im Falle des § 58 ZPO das Recht am Grundstücke.

14. **GKG § 47 Nr. 10.** Das Ergänzungsverfahren (ZPO § 321) gehört zur Instanz des Rechtsstreits und wird durch die Pauschgebühr mit abgegolten. Beschränkt sich der Auftrag auf das Ergänzungsverfahren, so hat der RA, wenn es sich um die vorläufige Vollstreckbarkeit des Urteils handelt (§ 716 ZPO), gemäß § 20 (GKG § 26[7]) $^5/_{10}$ der Gebührensätze, in allen übrigen Fällen die volle Gebühr zu beanspruchen. Für den Streitwert ist der Wert des Anspruchs maßgebend, über den eine ergänzende Entscheidung verlangt wird, Merzbacher A. 20; Meyer-Irmler A. 8, Nr. 10; Walter-Joachim A. 40.

15. **GKG § 47 Nr. 11.** Den Streitwert bildet nicht der Anspruch selbst, sondern das besonders zu schätzende Interesse des Antragstellers an der Erlangung eines vollstreckbaren Titels bezüglich des nicht angefochtenen Teiles eines Urteils, OLG Breslau, AKZ 07 56; Meyer-Irmler A. 8[11]. Allerdings wird regelmäßig die Höhe dieses Interesses mit dem Werte des betreffenden Anspruchs zusammenfallen. Ob dem Anwalt außer der Verhandlungsgebühr die Prozeßgebühr ganz oder zu einem Teile zuzubilligen ist, bestimmt sich nach allgemeinen Grundsätzen, KG, KGBl 92 53, was Drucker ohne zutreffenden Grund bezweifelt. Da der nicht angefochtene Teil des Urteils nicht Streitgegenstand in der Berufungs-

instanz ist, kann der RA neben seinen sonstigen Gebühren die Gebühr aus § 23 von diesem Streitteil unter Beachtung des § 12 Abs. 1 GKG fordern, KG, Rsp 27 102. § 52 ist hierbei zu beachten.

16. GKG § 47 Nr. 12. Die Gebühr des § 23 ($^3/_{10}$) ist erwirkt, wenn die Tätigkeit des Anwalts auf das Betreiben der Zustellung gemäß § 188 ZPO beschränkt ist. Für den die Zwangsvollstreckung nur vorbereitenden Antrag auf die gerichtliche Ermächtigung zu einer Zwangsvollstreckung bei Nachtzeit usw. (ZPO § 761) steht dem Anwalte die Gebühr aus § 23¹ auch dann zu, wenn er die Zwangsvollstreckung selbst betreibt, § 23².

17. § 23 Ziffer 2. Zwangsvollstreckung. a) Jede Vollstreckungsmaßregel bildet nach Maßgabe des § 31 eine besondere Instanz; vgl. dazu §§ 32—35, 36. Für jede hiernach verdiente besondere Gebühr ist auch der Pauschsatz aus § 76 Abs. 2 zu berechnen.

Unter die nach § 23 Nr. 2 abzugeltende Tätigkeit bei der Zwangsvollstreckung fallen nicht diejenigen Handlungen, welche die Zwangsvollstreckung nur vorbereiten, wie die briefliche Androhung der VollstrMaßregeln (RG, JW 99 746, OLG Kolmar, Rsp 15 80), die Erwirkung des Notfrist- oder des Rechtskraftzeugnisses oder der VollstrKlausel (§ 35), die Leistung einer Sicherheit für die vorläufige Vollstreckbarkeit eines Urteils oder für die Arrestvollziehung (§ 13 A. II 3, f.). Diese Handlungen gehören, ebenso wie diejenigen, die erforderlich sind, um das Urteil rechtskräftig zu machen, noch zu derjenigen Instanz, in der das zu vollstreckende Urteil ergangen ist, und werden gemäß § 29 durch die im § 13 angegebenen Gebühren vergütet. Daß die Zeugnisse oder Klauseln nach § 724 Abs. 2 ZPO vom Gerichtsschreiber der höheren Instanz zu erteilen sind, ändert daran nichts, RG, JW 87 42. Über den Antrag auf weitere vollstreckbare Ausfertigung s. §§ 32, 24 (GKG § 38³).

Die nach § 890 Abs. 2 ZPO notwendige Strafandrohung gehört, obwohl sie schon eine Vollstreckungsmaßregel bildet (RG 42 421), nach § 33 Abs. 3 zur Instanz der Hauptsache.

Die Einreichung eines Schuldtitels zwecks Feststellung einer Konkursforderung, KG, KGBl 10 109, ist keine Vollstreckungsmaßregel.

b) Dagegen stehen die ZwangsvollstrGebühren des § 23 Nr. 2 neben den Gebühren für die Hauptsache dem RA zu für seine Tätigkeit in einem von der ZPO (§§ 704 bis 945) geordneten ZwangsvollstrVerfahren, also insbesondere für den Auftrag an das zuständige VollstrOrgan (Gerichtsvollzieher oder Gericht) zur Vornahme der Zwangsvollstr. Wegen der Zwangshypothek s. § 31 A. 2. Wird die Vollstreckung dadurch unmöglich, daß der Schuldner inzwischen in einen anderen Gerichtsvollzieherbezirk verzogen ist, so ist doch die Gebühr entstanden; wird der Auftrag an den nunmehr zuständigen GV wiederholt, so wird die Gebühr doch nur einmal verdient, OLG Naumburg, Rsp 21 416; KG, KGBl 10 62. Erledigt sich der Vollstreckungsauftrag vor der Abgabe an den Gerichtsvollzieher oder an das Gericht, so hat der Anwalt nach § 14 Abs. 2 nur die Hälfte der Gebühr des § 23 Nr. 2, also nur $^3/_{20}$ der Gebühr des § 13, zu beanspruchen. Ferner fällt die außergerichtliche Vorpfändung aus § 845 ZPO, da sie eine Vollstreckungshandlung ist (KG, Rsp 19 8), unter den § 23 und macht diese Gebühr fällig, wenn dem RA nicht die gleiche Gebühr für den späteren Antrag auf gerichtliche Pfändung zusteht (RG, JW 95 127, 97 468, 98 644; KG, KGBl 11 122, 12 89; aM OLG Hamburg, HansGZ 94 40). Soweit die zur Durchführung einer Forderungspfändung erforderlichen Maßregeln dieselbe Forderung, zu deren gunsten sie erfolgt, und dieselbe Geldforderung als Pfandgegenstand betreffen, kann die Gebühr nur einmal angesetzt werden (§ 31), RG, JW 97 468. Dies trifft zu, wenn auf mehrere Vorpfändungen ein gemeinsamer Pfändungsbeschluß ergeht. Eine entsprechende Anwendung des § 845 ZPO auf Pfändungen anderer Art ist unstatthaft; durch die Mitteilung des Anwalts, daß eine Pfändung bevorstehe, deren Gegenstand nicht eine Forderung bildet, wird die Gebühr des § 23 Nr. 2 nicht erwirkt, RG, JW 84 303, 99 746; Gruch 29 1032, aM Meyer-Irmler A. 9b. Einen Sonderfall behandelt OLG München, SeuffBl 78 163. Dagegen steht diese Gebühr dem Anwalte zu: für Erinnerungen des Schuldners aus § 766 ZPO (s. § 31 A. 1), für den Antrag auf Pfändung oder Überweisung einer Forderung (ZPO §§ 829, 835); für die Verzichtserklärung aus § 843 ZPO (§ 35); für den Antrag auf anderweitige Verwertung eines gepfändeten Rechtes (ZPO § 844); für den Antrag auf Pfändung anderer Vermögensrechte nach §§ 846 ff. ZPO; für die Erklärung namens des Drittschuldners nach § 840 ZPO; für den Antrag, den Gläubiger zu ermächtigen, eine Handlung auf Kosten des Schuldners durch einen Dritten vornehmen zu lassen oder selbst vorzunehmen (ZPO § 887 Abs. 1); für die Übersendung des Urteils aus § 771 ZPO an den Gerichtsvollzieher, die Freigabe der Pfandsachen zu erreichen, KG, KGBl 12 118; für den Antrag auf Löschung der kraft einstw. Verfügung eingetragenen Vormerkung, wenn dieser Antrag auf Grund des die einstw. Verfügung aufhebenden Beschlusses beim Grundbuchrichter gestellt wird, KG, KGBl 94 56; OLG Posen, PosMschr 02 122; Meyer-Irmler A. 9b; für den Antrag, ein Urteil zu vollstrecken, nach dem der Gegner ein Vermögens- oder Nachlaßverzeichnis vorlegen und beschwören soll (RG, JW 99 88); für den Antrag beim Patentamt auf Löschung eines Gebrauchsmusters (KG, KGBl 06 88).

Für den Antrag auf Löschung einer Eintragung unter Vorlegung eines nach § 894 ZPO ergangenen Urteils wird die Gebühr versagt vom OLG München, Rsp 17 233; doch wird man sie nach den Grundsätzen des RG 62 157, KGJ 26 A 262 zubilligen müssen. Der Antrag, das Grundbuchamt um die Eintragung (§ 941 ZPO) zu ersuchen, enthält keine Vollstreckungshandlung, KG, KGBl 12 19. Im Offenbarungseidverfahren wird die Gebühr durch die Einreichung des Antrags verdient, OLG Karlsruhe, Rsp 4 271; wegen der Verhandlungsgebühr s. § 32. Gemäß § 36 kann der RA für die Vollziehung des Arrestes die Gebühr aus § 23^2 neben der aus § 28 beanspruchen, selbst wenn er die Anordnung und die Vollziehung gleichzeitig beantragt hat, OLG Karlsruhe, Rsp 15 190. Dagegen macht die Zustellung der einstw. Verfügung, die ein Gebot oder Verbot enthält, die Vollstreckungsgebühr noch nicht fällig, obwohl die Zustellung die Vollstreckung der Verfügung darstellt, da die Zustellung durch die Gebühr für die Anordnung abgegolten wird, OLG Karlsruhe, Hamburg, Rsp 13 258; 15 195. Durch einen Vergleich während der Vollstreckung aus einem rechtskräftigen Urteil wird eine Gebühr aus §§ 23, 13^3 nicht verdient, KG, DJZ 12 1357; s. § 13, IV, 9. Dagegen steht die Gebühr dem RA zu, wenn das Urteil noch nicht rechtskräftig war, KG, KGBl 13 102.

Die Vergütung des RA bei der Zwangsversteigerung und Zwangsverwaltung erfolgt nach Landesrecht, §§ 15, 146 ZVG, s. Art. 4, 5 PrGebO.

c) Den Wert des Streitgegenstandes bildet bei der Zwangsvollstreckung wegen einer Geldforderung die Summe des einzuziehenden Kapitals und der miteinzuziehenden Zinsen, GKG § 13 Abs. 2. Wird nur in bestimmte Gegenstände vollstreckt, so kann der Streitwert den Wert dieser Gegenstände nicht übersteigen.

Bei Zwangsvollstreckungen zur Erwirkung von Handlungen oder Unterlassungen ist die Höhe der Strafe für den Streitwert nicht maßgebend; er fällt auch nicht immer mit dem Streitwerte des Hauptanspruchs zusammen, sondern ist nach dem Werte der zu erzwingenden Handlung oder Unterlassung nach § 3 ZPO festzustellen, RG, Bolze 3 304, JW 89 429; OLG Celle, Rsp 20 371. Im Falle des § 887 ZPO wird der Streitwert durch den Betrag der vorauszuzahlenden Kosten gebildet, RG, JW 86 147, Gruch 30 112.

Wird eine richterliche Wertfestsetzung bei der Zwangsvollstreckung erforderlich, so hat sie durch das VollstrGericht zu erfolgen, § 16 Abs. 1 GKG (oben S. 174).

18. Im Entwurfe war, als dem § 23 unterliegend, auch der Fall des § 34[1] GKG (Anträge auf Entmündigung oder Wiederaufnahme einer Entmündigung, soweit die Amtsgerichte zuständig sind, ZPO §§ 645—662, 675—678, 680—683, 685) aufgeführt. Die RTK hat diesen Fall gestrichen. In ihm erhält also der RA die vollen Gebühren.

§ 24. (Fassung von 1909.) **Zwei Zehnteile der in den §§ 13 bis 17 bestimmten Gebühren erhält der Rechtsanwalt, wenn seine Tätigkeit die im Gerichtskostengesetze § 38 Nr. 3, § 47 Nr. 15, 16 bezeichneten Anträge oder Gesuche betrifft.**

1. Die bezeichneten Anträge und Gesuche sind:

a) GKG § 38 Nr. 3. „Anträge auf Erteilung der VollstrKlausel in den Fällen, in welchen dieselbe auf Anordnung des Vorsitzenden zu erfolgen hat, oder auf Zurücknahme der VollstrKlausel, sofern diese Anträge nicht im Wege der Klage gestellt werden (ZPO §§ 726—730, 732, 738, 742, 744, 745 Abs. 2, §§ 749, 795, 796 Abs. 1, 797 Abs. 3, 929), oder auf Erteilung einer weiteren vollstreckbaren Ausfertigung (ZPO § 733).“

b) GKG § 47 Nr. 15. „Anträge auf Erteilung der VollstrKlausel (ZPO §§ 724, 725, 795, 797 Abs. 1), sofern nicht Gebühren nach den Vorschriften des § 26 Nr. 8 oder des § 38 zu erheben sind;“ Nr. 16. „Anträge auf Anordnung der Rückgabe einer Sicherheit im Falle des § 715 ZPO, sowie über Gesuche um Erteilung des Zeugnisses der Rechtskraft oder um Erteilung des Zeugnisses, daß innerhalb der Notfrist ein Rechtsmittelschriftsatz zum Zwecke der Terminsbestimmung nicht eingereicht sei (ZPO § 706).“

2. In § 24 wird nur die Höhe der Gebühren festgesetzt. Ob der RA diese Gebühren beanspruchen kann oder ob seine Tätigkeit zur Instanz gehört und durch die Pauschgebühr für die Instanz mit abgegolten wird, bestimmen die §§ 32, 35. Daß für das Rückgabeverfahren aus § 715 ZPO der Prozeßbevollmächtigte nicht neben der Prozeßgebühr die besondere Gebühr aus § 24 beanspruchen darf, wird überwiegend angenommen. Vgl. § 13 A. II 3h. Über § 26[8] GKG: Erteilung der Vollstreckungsklausel im Wege der Klage s. § 20 A. 5g; von § 38 GKG kommt nur die in § 24 erwähnte Nr. 3 in Betracht.

3. Der § 19 ist nicht in Bezug genommen. Deshalb erhält der RA $^3/_{10}$ der vollen Gebühr auch dann, wenn im Urkunden- und Wechselprozesse die Hauptgebühr nach § 19 herabgesetzt sein sollte.

4. Der Wert des Streitgegenstandes wird bestimmt bei Urteilen durch den Wert des zuerkannten Rechtes (RG 16 421), bei Vergleichen durch den Wert derjenigen Leistungen, bezüglich deren eine Zwangsvollstreckung in Frage kommen kann, RG, JW 98 569.

§ 25. Jede der im § 13 benannten Gebühren kann der Rechtsanwalt in jeder Instanz rücksichtlich eines jeden Teils des Streitgegenstandes nur einmal beanspruchen.

1. Der § 25 in Verbindung mit § 29 Abs. 1 spricht den Grundgedanken des Pauschsystems aus. Die in § 13 angegebenen Gebühren umfassen die gesamte Tätigkeit des RA vom Beginne bis zur Beendigung der Instanz. Ob diese Tätigkeit in einem oder in mehreren Terminen entwickelt ist, oder ob sich ihr Umfang durch die Zahl der Angriffs- und Verteidigungsmittel erhöht, bleibt außer Betracht. Jeder Anwalt kann jede Pauschgebühr in jeder Instanz und für einen jeden Teil des Streitgegenstandes nur einmal beanspruchen, gleichviel ob er infolge eines oder mehrerer Aufträge tätig wird. Dies gilt auch insbesondere für einen auswärtigen Anwalt (§ 45), der bei mehreren Beweisaufnahmen tätig ist, RG 47 412, Walter-Joachim § 45, 9; aM OLG Kassel, Rsp 19 258. Treten für dieselbe Partei in derselben Instanz mehrere Anwälte auf — z. B. bei Streitgenossen —, so fordert jeder Anwalt für sich selbständig, und jeder einzelne hat einen vollen Anspruch auf die vollen Gebühren des § 13. Es können also die in § 13 angegebenen Gebühren in der nämlichen Instanz so viele Male zum Ansatz kommen, als Anwälte auf der Seite einer Partei vorhanden sind, jedoch für jeden einzelnen Anwalt nur einmal, RG 21 409, 26 377; JW 88 409, 90 180, 93 161. Insbesondere kann die Gebühr nur einmal berechnet werden für die — wenn auch getrennte — Verhandlung gegen mehrere Streitgenossen (OLG Stuttgart, WürttJahrb 5 42), für die in derselben Sache erfolgten Abschlüsse mehrerer Vergleiche mit mehreren Gegnern (OLG Dresden, SächsAnn 10 336), für Zurücknahme der Klage gegen einen Solidarschuldner unter Fortsetzung des Prozesses gegen den anderen (OLG Dresden, SächsAnn 16 288), für die von mehreren Beklagten über denselben Streitgegenstand besonders eingelegte und in verschiedenen Protokollen verhandelte Berufung (RG, JW 92 219; aM RG, JW 98 54), Drucker A. IV 1a bis d. Über Berufung gegen mehrere Teilurteile s. unten zu 4.

2. Der § 25 entspricht dem § 28 GKG, doch ist der zweite Satz des § 28: Treffen für gleiche Akte die volle und die halbe Gebühr rücksichtlich desselben Streitgegenstandes zusammen, so kommt nur die volle Gebühr zur Erhebung, als selbstverständlich nicht mit aufgenommen. Hatte der RA über eine prozeßhindernde Einrede und gleichzeitig oder später in der Sache selbst verhandelt, so kann er die Gebühr des § 13 Nr. 2 nicht $1^1/_2$fach, sondern nur einmal beanspruchen; aM OLG Bamberg, SeuffBl 78 23 für den Armenanwalt. Ist zur Hauptsache nicht streitig verhandelt, so tritt die Gebühr aus § 16 nicht neben die

aus § 20, sondern nimmt diese in sich auf, OLG Kolmar, Rsp 19 256. Dagegen bei Änderung des Streitgegenstandes können die Gebühren für gleiche Akte mehrmals erhoben werden, z. B. können neben den Gebühren aus § 20 die aus § 13 entstehen, wenn nach Verwerfung einer prozeßhindernden Einrede nur noch wegen den Kosten gestritten wird, OLG Darmstadt, Rsp 23 202. Bei der Berechnung sind jedoch § 10 dieses Gesetzes und §§ 12, 13 GKG zu beachten, Mot. 45. Der Anwalt kann also in keinem Falle mehr als die volle Gebühr vom ganzen Streitgegenstande beanspruchen. Derselbe Streitgegenstand liegt nicht vor, wenn über die Hauptsache durch Versäumnisurteil entschieden ist und über die Kosten danach kontradiktorisch verhandelt wird, RG 33 405. Daher wird auch in dem Falle, daß über die Hauptsache nicht streitig verhandelt und nach deren Erledigung über die Kosten durch Versäumnisurteil entschieden ist, die $^5/_{10}$ Verhandlungsgebühr von beiden Streitgegenständen verdient. aM OLG Hamburg, Rsp 15 187, weil die erste Verhandlung die Kosten mit umfaßt habe.

3. In der Reichstagskommission wurde festgestellt, daß die im § 17 erwähnte erhöhte Verhandlungsgebühr unter § 13 falle, ohne daß dies besonders ausgesprochen werden müsse. Auch auf die in den §§ 14 bis 16 vorgesehenen Änderungen der Prozeß- und Vergleichsgebühr findet § 25 Anwendung, RG 9 333; OLG Hamburg, Rsp 15 186.

4. Die Instanz umfaßt nach der ZPO das Verfahren von der Zustellung der Klage bis zur Erledigung durch Vergleich oder Endurteil, mit Einschluß der Urteilszustellung, ZPO §§ 176, 178 317, RG 8 424, 9 367, 10 345, 16 354, 19 397, 39 398, 41 427; JW 93 133, 00 50; Gruch 31 109. Die RAGebO und das GKG haben den Begriff der Instanz aus der ZPO entnommen, aber nur mit gewissen Einschränkungen.

Nach § 29 Abs. 1 RAGebO beginnt die Instanz mit dem Auftrage zur Klage oder zur Einlegung eines Rechtsmittels. Darauf, ob die Klage einen neuen oder einen bereits geltend gemachten Anspruch betrifft, kommt nichts an. Danach sondern sich für die Gebührenerhebung die Wiederaufnahme des Verfahrens von dem durch rechtskräftiges Urteil geschlossenen Rechtsstreit, das landgerichtliche und das amtsgerichtliche Verfahren in Entmündigungssachen, die Anfechtung des Ausschlußurteils und das Aufgebotsverfahren, die Einwandklage aus § 767 ZPO und der Hauptprozeß, Mot. zu §§ 28—36 GKG.

Mit Anträgen und Gesuchen in einem anhängigen Rechtsstreite beginnt der Regel nach keine neue Instanz (Ausnahme: §§ 27ff.). Ebenso nicht, wenn ein anhängiger Rechtsstreit an eine andere Kammer verwiesen oder wenn nach § 36 ZPO das zuständige Gericht durch das höhere Gericht bestimmt wird. Ferner beendigen nicht die Instanz: Teilurteile (OLG Karlsruhe, BadRpr 99 159), Urteile unter Vorbehalt der Entscheidung über die Aufrechnung (RG, JW 93 471, OLG Posen, PosMschr 00 8), Urteile über den Grund eines Anspruchs, Vorbehaltsurteile aus § 540 ZPO, Entscheidungen über prozeßhindernde Einreden (RG 8 434). Wegen des Vorbehaltsurteils im Urkundenprozeß s. § 28. Die Zustellung derselben Klage gegen einen Streitgenossen nach Verurteilung der anderen auf Grund eines einheitlichen Auftrags schafft keine neue Instanz, OLG Karlsruhe, Rsp 17 233.

Ist eine Widerklage mit Zustimmung des Gegners zurückgenommen, so eröffnet ihre neue Erhebung eine neue Instanz, da der Gegner nach § 271 ZPO in der

Lage war, nach Rücknahme der ersten Widerklage ein Kostenurteil zu erwirken und bis zur Erstattung der Kosten die Verhandlung über die neue Widerklage zu verweigern. Daß dasselbe Urteil über die Kosten beider Widerklagen entscheidet, ist unerheblich, RG 28 404; Meyer-Irmler § 25 A. 4a; Walter-Joachim A. 6; aM Pfafferoth § 25 A. 3d.

Beendigt ist die Instanz mit denjenigen Prozeßhandlungen vor dem Gericht einer bestimmten Ordnung (dem Gericht 1. Instanz, dem Berufungsgerichte, dem Revisionsgerichte), die den diesem Gericht unterbreiteten Streitstoff erledigen, RG 8 434, 57 302. Hierher gehören die Zurücknahme der Klage oder der Widerklage (RG 28 404) und der Vergleich. Wenn das Gericht nach Abschluß des Vergleichs weitere Anträge der Parteien entgegennimmt oder über einen Antrag auf Fortsetzung der Verhandlung durch Urteil entscheidet, gleichviel ob die Fortsetzung des Verfahrens zulässig ist, RG 65 420, 78 286, Gruch 50 428, so kann der Anwalt Gebühren für die Tätigkeit in diesem Verfahren nicht berechnen, weil es nach § 29 Abs. 1 mit zu der Instanz gehört, RG, JW 95 359; OLG Marienwerder, Hamburg, Frankfurt Rsp 21 131, 23 270, 27 232 Anm., ZDJ 13 98. Bei Erweiterung der Anträge werden aber neue Gebühren fällig, KG, Rsp 21 129. Die Erledigung eines in 1. Instanz erlassenen bedingten Endurteils gehört als sog. Nachverfahren immer zur 1. Instanz, auch wenn die Sache inzwischen in die Berufungsinstanz gebracht war.

Die **neue Instanz** beginnt erst, sobald ein Gericht höherer Ordnung mit der Sache befaßt wird. Mot. 46; RG 68 254.

Die Einlegung eines Rechtsmittels eröffnet eine neue Instanz auch dann, wenn über denselben Streitstoff bereits früher auf Grund eines Rechtsmittels entschieden ist, insbesondere, wenn nach Zurückverweisung der Sache gegen das neue Urteil nochmals ein Rechtsmittel eingelegt wird, RG 10 426. Wird bei einem nach Grund und Betrag streitigen Anspruche über den Grund vorab entschieden, so wird die erste Instanz erst mit der Zustellung des Urteils über den Betrag beendigt. Werden aber gegen die gesonderten Urteile besondere Rechtsmittel eingelegt, so wird durch jedes Rechtsmittel, da ihm nur der in der Vorinstanz entschiedene Streitstoff unterliegt, eine besondere Instanz eröffnet, RG 8 434, 10 425; JW 93 563, 96 152. Ebenso in allen Fällen, in denen Zwischenurteile hinsichtlich der Rechtsmittel den Endurteilen gleichgestellt sind (ZPO §§ 275, 302, 529, 540; RG 8 434, 10 425; JW 93 563, 96 152). Ob die Berufung gegen das Zwischenurteil, z. B. über prozeßhindernde Einreden, noch schwebte, während die Berufung in der Hauptsache eingelegt wird, ist unerheblich, RG 8 434; JW 93 563. Im Falle der Zurückverweisung gilt nach § 27 Abs. 1 infolge der Novelle von 1909 das Verfahren vor dem unteren Gericht außer für die Prozeßgebühr als neue Instanz. Ist über einzelne Teile des Anspruchs durch Teilurteil entschieden und werden hiergegen gesonderte Berufungen eingelegt, so erhält der RA für jeden Teil die Prozeßgebühr, selbst wenn über die Berufungen gemeinsam verhandelt wird, KG, Rsp 5 228; aM OLG Hamburg, Rsp 7 225.

§ 26. (Fassung von 1909.) **Für die Bestimmung des Umfanges einer Instanz im Sinne des § 25 finden die Vorschriften des § 30 des Gerichtskostengesetzes entsprechende Anwendung.**

GKG § 30. Verweist das Amtsgericht einen Rechtsstreit an ein anderes Gericht (ZPO §§ 505, 506, 697), so bildet das weitere Verfahren vor dem anderen Gerichte mit dem Verfahren vor dem Amtsgericht im Sinne des § 28 Eine Instanz.

1. Durch die Novelle von 1909 ist die Bezugnahme auf § 31 GKG beseitigt, da für die Zurückverweisung an das Gericht unterer Instanz (§§ 538, 539, 565 ZPO) jetzt § 27 Bestimmung trifft, und GKG § 30 mit den neuen Bestimmungen der ZPO in Einklang gesetzt worden. Im Falle des § 505 ZPO ist dessen Abs. 3 Satz 2 zu beachten; zu § 697 ZPO s. § 38. Besondere Gebühren § 20 A. 5.

Über die Erstattungsfähigkeit der Kosten mehrerer Anwälte s. oben S. 47. Durch eine Verweisung nach § 276 ZPO wird jedoch eine neue Instanz eröffnet.

2. Neben dem § 30 GKG bestimmt noch § 112 des Genossenschaftsgesetzes v. 20. Mai 1898 (RGBl 810) bei Klagen auf Anfechtung der im Genossenschaftskonkurs aufgestellten Vorschuß- und Nachschußberechnung den Umfang der Instanz. Diese Vorschrift gilt auch für den Konkurs der Versicherungsvereine auf Gegenseitigkeit nach § 52 des Ges. über die privaten Versicherungsunternehmungen v. 12. Mai 1901 (RGBl 139).

§ 112 GenG. Die Klage ist ausschließlich bei dem Amtsgerichte zu erheben, welches die Berechnung für vollstreckbar erklärt hat. Die mündliche Verhandlung erfolgt nicht vor Ablauf der bezeichneten Notfrist. Mehrere Anfechtungsprozesse sind zur gleichzeitigen Verhandlung und Entscheidung zu verbinden.

Übersteigt der Streitgegenstand eines Prozesses die sonst für die sachliche Zuständigkeit der Amtsgerichte geltende Summe, so hat das Gericht, sofern eine Partei in einem solchen Prozesse vor der Verhandlung zur Hauptsache darauf anträgt, durch Beschluß die sämtlichen Streitsachen an das Landgericht, in dessen Bezirk es seinen Sitz hat, zu verweisen. Gegen diesen Beschluß findet die sofortige Beschwerde statt. Die Notfrist beginnt mit der Verkündung des Beschlusses.

Ist der Beschluß rechtskräftig, so gelten die Streitsachen als bei dem Landgerichte anhängig. Die im Verfahren vor dem Amtsgerichte erwachsenen Kosten werden als Teil der bei dem Landgerichte erwachsenen Kosten behandelt und gelten als Kosten einer Instanz. . . .

§ 27. (Fassung von 1909.) Im Falle der Zurückverweisung einer Sache an das Gericht unterer Instanz (Zivilprozeßordnung §§ 538, 539, 565) gilt das weitere Verfahren vor diesem Gerichte für die Gebühren der Rechtsanwälte, mit Ausnahme der Prozeßgebühr, als neue Instanz. Das gleiche gilt im Falle der Zurücknahme oder Verwerfung des gegen ein Versäumnisurteil eingelegten Einspruchs für das Verfahren über den Einspruch.

Im Falle der Zulassung des Einspruchs steht dem Rechtsanwalte des Gegners der den Einspruch einlegenden Partei die Gebühr für die mündliche Verhandlung, auf welche das Versäumnisurteil erlassen ist, besonders zu.

1. **Abs. 1** hat seine Fassung durch die Novelle von 1909 erhalten und bestimmt jetzt in Satz 1 für den Fall der Zurückverweisung, was bisher nur für das Einspruchsverfahren galt. Der RA erhält also in dem weiteren Verfahren die Gebühren mit Ausnahme der Prozeßgebühr ohne Rücksicht darauf, ob er diese Gebühren im vorangegangenen Verfahren bereits verdient hatte. Für die Prozeßgebühr wird dagegen das ganze Verfahren als Eine Instanz behandelt. Wird z. B. das eine prozeßhindernde Einrede zulassende erstinstanzliche Urteil aufgehoben, die Sache nach § 538² ZPO in die Instanz zurückverwiesen und alsdann zur Hauptsache weiter verhandelt, so ist nur die Prozeßgebühr des § 13 und nicht außerdem nochmals die Hälfte dieser Gebühr anzusetzen, RG, JW 86 318, 89 307, 98 114. Die Wertfestsetzung des höheren Gerichts behält für die Prozeßgebühr in dem weiteren Verfahren ihre Wirksamkeit, RG, JW 97 78. Gelangt aber die Sache darauf nochmals vor das höhere Gericht, so bildet dieses Verfahren auch hinsichtlich der Prozeßgebühr eine neue Instanz, RG 10 426. Ebenso eröffnet das Rechtsmittel, das gegen die zurückverweisende Entscheidung eingelegt wird, eine neue Instanz.

2. Die Zurücknahme des Einspruchs begründet eine besondere Gebühr, wenn a) über den Verlust des Einspruchs oder b) über die Kosten des Einspruchs verhandelt wird. Für die Höhe der Gebühr ist im Falle a) der § 20 in Verbindung mit § 26⁵,⁶ GKG maßgebend, da auf die Zurücknahme des Einspruchs die Vorschriften über die Zurücknahme der Berufung Anwendung finden, ZPO §§ 346, 515. Der Fall b) begründet die Verhandlungsgebühr von $^{10}/_{10}$ (nicht kontradiktorisch $^{5}/_{10}$) nach dem Betrage des Streitgegenstandes, der in den bis zur Verhandlung entstandenen Kosten des Einspruchs besteht. Wird der RA erst im Einspruchsverfahren, aber vor der Zurücknahme des Einspruchs bestellt, so steht dem RA die Prozeßgebühr mit $^{10}/_{10}$ zu, Walter-Joachim A. 6. Anders wenn er erst nach Zurücknahme des Einspruchs bestellt wird. Dann ist die Tätigkeit des RA auf das Verfahren über den Verlust des Einspruchs und die Kosten beschränkt, betrifft also nur den Einspruch, es sind also Prozeß- und Verhandlungsgebühr gemäß § 20 (GKG § 26⁶) nur mit $^{5}/_{10}$ anzusetzen.

Die Verwerfung des Einspruchs betrifft ausschließlich den Einspruch. Es ist also die Gebühr nur zu $^{5}/_{10}$ zu berechnen, § 20 (GKG § 26⁶). Ist die Verhandlung über den Einspruch nicht kontradiktorisch, so kommt nach § 16 die Verhandlungsgebühr nur mit $^{5}/_{20}$ zum Ansatz, OLG Königsberg, PosMschr 02 122.

3. **Abs. 2.** Wird der Einspruch zugelassen (ZPO § 342), so erhält der RA des Gegners der den Einspruch einlegenden Partei eine besondere Gebühr, da er eine Tätigkeit ausgeübt hat, die der Nichterschienene unterlassen und durch seinen Einspruch nutzlos gemacht hat. Ob die Zulassung des Einspruchs durch Zwischenurteil ausgesprochen wird oder durch Eintritt in die Verhandlung der Hauptsache tatsächlich erfolgt, macht keinen Unterschied. Die dem RA. zustehende besondere Gebühr ist die Gebühr für die mündliche Verhandlung, auf die das Versäumnisurteil erlassen ist, also für eine nichtkontradiktorische Verhandlung. Sie beträgt $^{5}/_{10}$ (§ 16 Abs. 1), RG, JW 98 288, ist aber stets besonders erwirkt, unabhängig von sonstigen, demselben RA zustehenden Verhandlungsgebühren, gleichviel ob die Versäumnisverhandlung den Verhandlungen, welche die sonstigen Verhandlungsgebühren begründen, nachfolgt oder vorausgeht, RG, JW 99 341. Jedoch ist sie

erst fällig, wenn der Einspruch eingelegt und zugelassen ist, OLG Hamburg, Rsp 25 294. Der § 17 kommt bei der Berechnung der für die Versäumnisverhandlung vorgesehenen Gebühr nicht in Betracht. Auch dann, wenn die Versäumnisverhandlung eine weitere Verhandlung nach der Beweisaufnahme im Sinne des § 17 ist, ist die Gebühr nur nach § 16 zu berechnen, nicht aber nach § 17 noch um die Hälfte zu ermäßigen, RG 44 401. Wohl aber kann eine Ermäßigung der Gebühr deshalb eintreten, weil die Verhandlung einen der in den §§ 20, 23 genannten Gegenstände betraf.

Wird der Einspruch nur wegen eines Teilbetrags eingelegt, so erscheint es nicht angängig, die Gebühr von diesem Teile zu berechnen, weil nur wegen dieses Teiles das Versäumnisurteil unnötig gewesen sei (Zeiler, DJZ 09 204), sondern der Streitwert des Versäumnisurteils ist für maßgebend zu erachten, da über diesen Betrag die mündliche Verhandlung stattgefunden hat.

4. Von den hiernach fälligen besonderen Gebühren werden auch besondere Pauschsätze berechnet. Sie müssen sich jedoch in ihrem Gesamtbetrage zusammen mit denen der anderen Gebühren in den Grenzen der Höchst- und Mindestsätze des § 76 Abs. 3 halten. Dort ist nur Abs. 1 des § 27 in Bezug genommen, weil Abs. 2 nicht eine neue Instanz eröffnet.

§ 28. **(Fassung von 1909.)** Das Verfahren über einen Antrag auf Anordnung, Abänderung oder Aufhebung eines Arrestes oder einer einstweiligen Verfügung gilt, auch wenn es mit dem Verfahren über die Hauptsache verbunden ist, für die Berechnung der Gebühren des Rechtsanwalts als besonderer Rechtsstreit. Das gleiche gilt für das ordentliche Verfahren, welches nach der Abstandnahme vom Urkunden- oder Wechselprozesse sowie nach dem mit Vorbehalt in demselben erlassenen Urteil anhängig bleibt (Zivilprozeßordnung §§ 596, 600). Der Rechtsanwalt muß sich jedoch die in dem Verfahren über einen Arrest oder eine einstweilige Verfügung erwachsenen Gebühren in Höhe von fünf Zehnteilen auf die ihm in dem Verfahren über die Hauptsache zustehenden entsprechenden Gebühren und die Prozeßgebühr des Urkunden- oder Wechselprozesses auf die gleiche Gebühr des ordentlichen Verfahrens anrechnen.

Das Verfahren über einen Antrag auf Abänderung oder Aufhebung eines Arrestes oder einer einstweiligen Verfügung bildet mit dem Verfahren über den Antrag auf Anordnung des Arrestes oder der einstweiligen Verfügung Eine Instanz.

1. Der § 28 enthält außer den Bestimmungen über den Urkunden- und Wechselprozeß, die schon nach dem bisherigen § 28 galten, die durch die Novelle von 1909 getroffene Regelung der Gebühren des Arrestverfahrens. Nach früherem Rechte erhielt der RA im Arrestverfahren, wenn es mit dem Verfahren über die Hauptsache verbunden war, gar keine Gebühr, weil seine Tätigkeit durch die Gebühren der Hauptsache nach dem alten § 29 Nr. 4 mit abgegolten wurde. War das Arrestverfahren nicht mit der Hauptsache verbunden, so bekam der RA nach dem alten § 20 $^{5}/_{10}$ oder nach dem alten § 23 Nr. 1 $^{3}/_{10}$ der vollen Gebühren, je nachdem über den Antrag durch Urteil oder Beschluß entschieden war, vgl. oben § 20 A. 5h.

2. Jetzt stehen dem RA in dem Verfahren über den Antrag auf Anordnung, Abänderung oder Aufhebung eines Arrestes oder einer einstweiligen Verfügung, die vollen Gebühren der §§ 13ff. zu, gleichviel, ob über den Antrag durch Urteil oder durch Beschluß entschieden wird, und ohne Rücksicht darauf, ob das Verfahren mit dem über die Hauptsache verbunden ist oder nicht. Der RA muß sich aber die ihm erwachsenen Arrestgebühren in Höhe von $^5/_{10}$ auf die gleichartigen Gebühren, die ihm in dem Verfahren über die Hauptsache zustehen, anrechnen. Sobald also eine Gebühr im Hauptverfahren fällig wird, kann der RA diese Gebühr neben der bereits verdienten entsprechenden Gebühr des Arrestverfahrens nur insoweit zum Ansatz bringen, als sie den $^5/_{10}$-Betrag der Arrestgebühr übersteigt, OLG Kassel, Braunschweig, JW 11 1021, 10 924, Rsp 21 399. Diese Berechnungsart ist aus dem Wortlaute des § 28 zu entnehmen, entspricht aber nicht der ursprünglich beantragten Fassung des § 28. Die Komm. wollte nur die Fassung verbessern, KommBer 80, 81. Es wurde aber eine sachliche Änderung daraus. Daß die von dem Gesetz angeordnete Anrechnung zu Unzuträglichkeiten führt, wenn die Kostenentscheidung im Haupt- und Arrestverfahren verschieden ausfällt oder das Arrestverfahren erst nach dem Hauptverfahren beendigt wird (ZDJ 11 12, 91, 12 54), vermag den klaren Wortlaut der Bestimmung, gegen den sich selbst die Entstehungsgeschichte nicht verwerten läßt, nicht zu beseitigen: OLG Kolmar, Rsp 25 295. Gleichwohl kürzen die Gebühren des Arrestverfahrens: OLG Stuttgart, JW 10 924, OLG Hamburg, Stettin, Rsp 23 272, 25 297; Büning, JW 13 730. Daß Haupt- und Arrestverfahren genau denselben Streitgegenstand betreffen, ist nicht nötig; es genügt ein rechtlicher und tatsächlicher Zusammenhang beider Verfahren, z. B. § 627 ZPO oder Kostenvorschuß und Hauptprozeß; aM KG, JW 11 417, Sydow-Busch A. 4, wonach im letzten Falle die vollen Gebühren in beiden Verfahren bewilligt werden. Dem ist jedoch nur insoweit beizutreten, daß ein bloß tatsächlicher Zusammenhang des Hauptprozesses und des Arrestverfahrens bei Selbständigkeit der Ansprüche die Ermäßigung der Gebühr noch nicht rechtfertigt. Die Anrechnungspflicht besteht auch für den nicht zum Prozeßbevollmächtigten bestellten RA, OLG Celle, Rsp 23 273.

3. Im Urkunden- und Wechselprozeß im Falle der §§ 596, 600 ZPO wird die Prozeßgebühr, diese aber in voller Höhe, angerechnet, während für die übrigen Gebühren das ordentliche Verfahren als neue Instanz gilt. Ist in beiden Verfahrensabschnitten der Streitgegenstand derselbe, so bleibt sich die Prozeßgebühr gleich; der RA erhält also für seine vermehrte Tätigkeit keine weitere Entschädigung. Nur wenn es im Urkundenprozesse zu keiner kontradiktorischen Verhandlung gekommen war, so daß die Prozeßgebühr nach § 19 nur $^6/_{10}$ betrug, bekommt der RA im ordentlichen Verfahren noch $^4/_{10}$ dazu, OLG Kolmar, Rsp 23 274. Erklärt der Kläger nach Verlesung der Anträge aber vor der Verhandlung zur Hauptsache, daß er vom Urkundenprozeß abstehe, so erhält er die Verhandlungsgebühr nur für das ordentliche Verfahren, OLG Dresden, Rsp 9 169.

4. Findet das Hauptverfahren oder das ordentliche Verfahren nur über einen Teil des Streitgegenstandes statt, der im Arrestverfahren oder Urkundenprozeß anhängig war, so gilt die Regel, daß nur der die Hälfte oder den vollen Betrag der bereits verdienten Gebühr übersteigende Betrag der neuen Gebühr noch in Rechnung gestellt werden darf, ohne daß etwa erst eine Umrechnung der bereits

verdienten Gebühr nach diesem Teile oder dem Reste des Streitgegenstandes vorzunehmen wäre, Pfafferoth § 28 A. 2; KG, ZZP 14 506, OLG Kolmar, Rsp 23 273; aM die 6. Aufl.; Walter-Joachim A. 11; Meyer-Irmler § 28 Nr. 2c; OLG Posen, Rsp 7 230. Die Gegenmeinung findet in dem Wortlaute des § 28 keine Stütze, da Satz 3 von den „erwachsenen Gebühren", nicht aber von Gebühren spricht, die für denselben Streitgegenstand im vorausgegangenen Arrest- oder Urkundsverfahren entstanden sind.

5. Der Streitwert des Nachverfahrens im Urkundenprozesse braucht sich also mit dem des ordentlichen Verfahrens nicht zu decken. Stellt der Beklagte neben dem Hauptantrag auf Aufhebung des Vorbehaltsurteils noch die Nebenanträge auf Erstattung der von ihm aufgewendeten Kosten des Urkundenprozesses oder auf Erstattung des auf Grund des Vorbehaltsurteils Gezahlten, so bleiben aber diese Nebenanträge für die Berechnung des Streitwerts außer Betracht (ZPO § 4), RG 9 410, 23 350.

6. Die Anrechnung der Gebühren hat nicht auch die Anrechnung der Pauschsätze zur Folge, sondern diese sind so zu berechnen, als wenn eine Anrechnung nicht stattfände, nur sind für die Summe der Pauschsätze beider Verfahren die Mindest- und Höchstsätze des Abs. 3 § 76 zu beachten; s. § 76 A. II, 1.

7. **Abs. 2.** Das ganze Verfahren von dem Antrag auf Anordnung des Arrestes an mit dem Widerspruchs-, Bestätigungs- und Abänderungsverfahren bis zur Aufhebung des Arrestes oder der einstweiligen Verfügung bildet eine Instanz. Dies gilt auch dann, wenn einzelne Verfahrensabschnitte vor verschiedenen Gerichten stattfinden (§§ 927 Abs. 2, 942 ZPO). Es können demnach gemäß §§ 25, 29 Abs. 1 die Gebühren nur einmal zum Ansatz gebracht werden. Das Verfahren, das die Herbeiführung einer „Erläuterung oder Modifikation" einer einstweiligen Verfügung bezweckt, gehört zu dem Verfahren auf Erlaß einer einstweiligen Verfügung und wird durch die hierfür erwirkte Gebühr mit abgegolten, RG, JW 87 42; SeuffA 8 250. Unter der Aufhebung ist nur diejenige zu verstehen, welche auf Antrag des Arrestschuldners oder der Person, gegen welche sich die einstweilige Verfügung richtet, auf Grund der §§ 922, 925, 926, 927 ZPO erfolgt. Entsprechend werden für die Rechtsmittel gegen diese Entscheidungen die Gebühren nur einmal verdient, OLG Celle, Rsp 23 274. Für eine von einem Dritten gemäß § 771 ZPO erhobene Klage oder für Anfechtungsklagen aus der KO oder dem RAnfGes müssen dem RA besondere Gebühren bewilligt werden, RG, JW 86 147, 92 481.

8. Die Vollziehung des Arrestes oder der einstweiligen Verfügung gehört jedoch nicht mit zur Instanz. Sie ist eine Vollstreckungsmaßregel (§ 36), so daß der RA für seine dabei aufgewendete Tätigkeit die $^{3}/_{10}$ Gebühr des § 23 Nr. 2 erhält. Diese steht ihm selbst dann zu, wenn der Antrag auf Vollziehung des Arrestes mit dem auf seine Anordnung verbunden war, RG, JW 96 338, OLG Karlsruhe, Rsp 15 190. Hat der Anwalt zunächst zur Vollziehung des Arrestes die Pfändung einer Forderung und dann nach Erlangung eines vollstreckbaren Titels die Überweisung derselben Forderung für den Gläubiger erwirkt, so kann er sowohl für die Pfändung als auch für die Überweisung die Gebühr aus § 23² beanspruchen, weil jene zur Arrestvollziehungsinstanz, diese zur UrteilsvollstrInstanz gehört, RG 44 373; JW 99 439. Die Aufhebung des vollzogenen Arrestes (§ 934 ZPO) fällt nicht unter § 28, sondern ist nach § 23 Nr. 2 zu vergüten, wobei aber

§§ 31, 35, 36 einen doppelten Ansatz der Gebühr des § 23 ausschließen, RG, JW 95 299; Sydow-Busch § 28 A. 5.

§ 29. (Fassung von 1909.) Die im § 13 benannten Gebühren umfassen die gesamte Tätigkeit des Rechtsanwalts von dem Auftrage bis zur Beendigung der Instanz.

Zu der Instanz gehören insbesondere:

1. das Verfahren behufs Festsetzung des Wertes des Streitgegenstandes;
2. Zwischenstreite mit Nebenintervenienten sowie mit Zeugen oder Sachverständigen;
3. das Verfahren zur Sicherung des Beweises (ZPO §§ 485 bis 494), wenn die Hauptsache anhängig ist;
4. das Verfahren*) über einen Antrag auf vorläufige Einstellung, Beschränkung oder Aufhebung einer Zwangsvollstreckung (Zivilprozeßordnung §§ 707, 719, 769, 771 Absatz 3, §§ 785, 786, 805 Absatz 4, § 810 Absatz 2), soweit das Verfahren mit dem Verfahren über die Hauptsache verbunden ist;
5. das Verfahren über einen Antrag auf Änderung einer Entscheidung des beauftragten oder ersuchten Richters oder des Gerichtsschreibers (Zivilprozeßordnung § 576);
6. das Verfahren über die im Gerichtskostengesetze § 47 Nr. 1 bis 12 bezeichneten Streitpunkte und Anträge;
7. die Zustellung und Empfangnahme der Entscheidungen und die Mitteilung derselben an den Auftraggeber;
8. die Übersendung der Handakten an den Bevollmächtigten einer anderen Instanz.

I. Unter den „im § 13 benannten Gebühren" sind nicht nur die Normalgebühren des § 13, sondern auch deren in den §§ 14—17 enthaltenen Modifikationen zu verstehen, RG 9 333; JW 83 207. Gemeint sind die einzelnen Gebührenarten des § 13 Nr. 1—4, so daß z. B. die Prozeßgebühr nicht eine Beweisgebühr, die bei der Tätigkeit der in Nr. 1ff. bezeichneten Art erwachsen ist, in sich aufnehmen kann; aM KG, Rsp 15 190. Die Fälle zu 1—8 geben nur Beispiele („insbesondere") bezüglich solcher Punkte, bei denen es zweifelhaft sein könnte, ob sie nicht eine neue Instanz würden bilden können. Es können also daneben auch noch andere Tätigkeiten zur Instanz gehören, z. B. die Tätigkeiten aus § 47 Nr. 15 u. 16 GKG, die Ergänzung des Urteils gemäß §§ 321, 716 ZPO, die Bestimmung der Einspruchsfrist gemäß § 339 Abs. 2 ZPO, Walter-Joachim A. 1, 7, vgl. auch oben § 13 A. II 3.

II. Die einzelnen Fälle.

1. Nr. 1. Vgl. §§ 11, 12 und GKG § 16 (S. 174). Die Beschwerde gegen den Wertfestsetzungsbeschluß begründet eine neue Instanz.

---

*) Hier sind folgende Worte in der neuen Fassung gestrichen: „über einen Antrag auf Anordnung oder Aufhebung eines Arrestes oder einer einstweiligen Verfügung, sowie".

2. Nr. 2. a) Zwischenstreite mit Nebenintervenienten. Die hierfür im § 23 (GKG § 27[1]) bestimmte Gebühr steht dem RA nur zu, wenn sich die Vertretung auf den Zwischenstreit wegen Zulassung oder Zurückweisung eines Nebenintervenienten (ZPO § 71) beschränkt. Weder der Prozeßbevollmächtigte der Hauptpartei noch der RA des Nebenintervenienten, wenn er sich an der Verhandlung zur Hauptsache beteiligt, kann eine besondere Gebühr für den Zwischenstreit beanspruchen, RG, JW 90 375, 95 227. Dieselben Grundsätze gelten bei der Streitverkündung, wenn der Dritte dem Streitverkünder beitritt, ZPO § 74. Die Hauptintervention ist ein selbständiges, besonders zu vergütendes Prozeßverfahren, ZPO §§ 64, 65; s. auch § 20 (GKG § 26[3]).

b) Zwischenstreite mit Zeugen oder Sachverständigen, ZPO §§ 387, 389, 408. Die Gebühr des § 23 ist nur erwirkt, wenn sich die Tätigkeit des RA auf den Zwischenstreit beschränkt, z. B. im Falle der Vertretung des Zeugen oder Sachverständigen, OLG Braunschweig, Rsp 21 160.

3. Nr. 3. Vgl. § 30 A. I.

4. Nr. 4. Das Verfahren über Arreste und einstweilige Verfügungen brauchte nicht mehr erwähnt zu werden, da nach § 28 dieses Verfahren eine besondere Instanz bildet, selbst wenn es mit der Hauptsache verbunden ist. Das Verfahren über Anträge aus §§ 707, 719 ZPO gehört stets zur Instanz. Im übrigen vgl. § 30 A. II.

5. Nr. 5. Vgl. § 41 Nr. 2.

6. Nr. 6. Vgl. § 23. Die Verweisung in Nr. 6 auf § 47 Nr. 5a GKG kann nur bedeuten, daß die Erinnerung über die Kostenfestsetzung trotz ihrer Ähnlichkeit mit einem Rechtsmittel keine neue Instanz eröffnet. Daß das Kostenfestsetzungsverfahren für die Gebühren als selbständiges Verfahren anzusehen ist, folgt aus § 30 Nr. 3. Aus diesem Verfahren kann nicht ein Abschnitt, die Erinnerung, als zu der durch die Prozeßgebühr abgegoltenen Instanz gehörig herausgerissen werden. Daher kann der RA, der die Festsetzung betrieben hat, nicht noch die Gebühr aus § 23 für die Erinnerung verlangen, wohl aber hat der Gegner, der Erinnerung einlegt, die Gebühr verdient; ebenso LG Glatz, JW 11 1020, OLG Braunschweig, Rsp. 25 298; aM: OLG Dresden, Kolmar, Rsp 22 287, 23 129; Sydow-Busch, § 23 A. 5d; s. auch § 41 Nr. 2.

7. Nr. 7. Das RG hat angenommen, daß der RA, der erst nach der Schlußverhandlung von einer Partei Prozeßvollmacht erhält, dessen Tätigkeit sich also auf die Urteilszustellung beschränkt, Anspruch auf die volle Prozeßgebühr hat, da für das Erwirken dieser Gebühr auf den Umfang der geübten Tätigkeit nichts ankommt und die Ausnahmebestimmungen der §§ 20 (GKG § 26[4]), 21, welche in den dort aufgeführten Fällen die Prozeßgebühr nur zu $^5/_{10}$ zubilligen, nicht vorliegen, RG, JW 91 4, 92 39[6]. Der Ansicht des RG folgen Meyer-Irmler § 13 A. II, 4c, Pfafferoth § 13 A. 3, Walter-Joachim § 13 A. 22, Sydow-Busch § 29 A. 12. Sie ist aber nicht bedenkenfrei. Unmittelbare Anwendung auf den unterstellten Fall finden die §§ 20, 21 allerdings nicht. In diesen §§ ist aber die Gebühr mit Rücksicht auf den regelmäßig geringeren Umfang der Tätigkeit ermäßigt. Wenn der RA für seine Tätigkeit in den Fällen der §§ 20, 21 die Prozeßgebühr nur zu $^5/_{10}$ erhält, für die in dem unterstellten Falle geübte Tätigkeit aber, deren Umfang sogar noch geringer ist, die volle Prozeßgebühr bewilligt wird, so widerspricht dies dem Sinne des Gesetzes. Richtiger

ist es, die §§ 20, 21 auch auf den unterstellten Fall entsprechend anzuwenden und auch für ihn nur die halbe Prozeßgebühr zuzubilligen, so OLG Kassel, ZZP 14 505, RG, JW 92 39[7].

8. Nr. 8. Vgl. § 44 Abs. 2, § 77.

9. Aus § 29 Abs. 2 ist zu folgern, daß die Instanz jedenfalls noch nicht mit Erlassung des Urteils für die Gebührenberechnung beendigt ist. Sie dauerte also z. B. am 1. April 1910 noch fort, wenn nach diesem Zeitpunkte das Urteil zugestellt worden ist (RG 10 346, 13 311, 39 398, 41 427; KG, Rsp 17 236), so daß nach den oben S. 120f. entwickelten Grundsätzen die Prozeßgebühr nach der Novelle zu berechnen ist, dagegen die Schreib- und Postgebühren nach dem früheren Recht in Ansatz zu bringen sind.

§ 30. (Fassung von 1909.) Die Gebühren werden besonders erhoben für die Tätigkeit bei Streitigkeiten und Anträgen, welche betreffen:*)

1. die Sicherung des Beweises (Zivilprozeßordnung §§ 485 bis 494), wenn die Hauptsache noch nicht anhängig ist;
2. das Verfahren über einen Antrag auf vorläufige Einstellung, Beschränkung oder Aufhebung einer Zwangsvollstreckung (Zivilprozeßordnung §§ 769, 771 Absatz 3, §§ 785, 786, 805 Absatz 4, § 810 Absatz 2), sofern das Verfahren von dem Verfahren über die Hauptsache getrennt ist;
3. die im Gerichtskostengesetze § 38 Nr. 1, 2 bezeichneten Angelegenheiten.

Wird die vorläufige Einstellung, Beschränkung oder Aufhebung der Zwangsvollstreckung bei dem Vollstreckungsgericht und bei dem Prozeßgericht beantragt, so wird die Prozeßgebühr nur einmal erhoben.

Die Festsetzung der Kosten und die Abänderung der Kostenfestsetzung (Gerichtskostengesetz § 38 Nr. 1) bilden Eine Instanz. Das gleiche gilt von dem Verfahren über die im Gerichtskostengesetze § 38 Nr. 2 bezeichneten Anträge.

I. Abs. 1. Nr. 1. Ein Beweissicherungsverfahren, welches begonnen wird, nachdem die Hauptsache anhängig geworden ist (ZPO §§ 263, 281), gehört zur Instanz; die Gebühren werden also durch die Gebühren des Hauptprozesses abgegolten, § 29[3]. Für die vor der Anhängigkeit der Hauptsache, wenn auch erst zugleich mit der Einreichung der Klage beantragte Beweissicherung sind die Gebühren des § 22 besonders zu erheben, OLG Hamburg, Rsp 4 273. Auf die Gebühren des Hauptprozesses sind sie nicht anzurechnen, Mot. 49. Wird das Ergebnis der vorausgegangenen Beweissicherung im Hauptprozeß verwendet, so stellt das keine Beweisaufnahme dar, so daß der RA im Hauptprozeß eine Beweisgebühr aus § 13 Nr. 4 und folglich auch eine Gebühr aus § 17 nicht beanspruchen kann, OLG Dresden, SächsArch 91 632; LG Dresden, SächsArch 94 379; OLG Frankfurt, Rundschau 93 198; OLG Stuttgart, WürttJahrb 3 15; OLG

*) Die Novelle von 1909 hat gestrichen: in Nr. 2 „über einen Antrag auf Anordnung oder Aufhebung eines Arrestes oder einer einstweiligen Verfügung, sowie"; in Abs. 3 „im besonderen Verfahren erfolgte".

Hamburg, HansGZ 96 Beibl. 22; OLG Rostock, Rsp 1 330. Dagegen wird die Gebühr des § 13⁴ bewilligt von RG, JW 97 347; OLG Kolmar, ElsLothZ 23 116; OLG Hamburg, Rsp 13 256; Drucker A. 1; Merzbacher A. 1. Walter-Joachim A. 9 unterscheidet die Art der Benutzung. Findet jedoch eine „Vertretung bei der Beweisaufnahme" in einem Beweissicherungsverfahren statt, das, während die Hauptsache anhängig ist, eingeleitet wird, so erhält der RA die Gebühr aus § 22 Satz 2, die eben lediglich die Beweisgebühr aus § 13 Nr. 4 darstellt. Eine weitere Verhandlung macht die Gebühr aus § 17 fällig. Für eine Beweisaufnahme im Hauptverfahren über denselben Streitgegenstand kann der RA mit Rücksicht auf § 25 die Gebühr aus § 13 Nr. 4 dann nicht nochmals verlangen.

II. Abs. 1. Nr. 2. Die bisherigen Bestimmungen über das Arrestverfahren konnten im § 30 wegfallen, da die Novelle dieses Verfahren selbständig im § 28 geregelt hat. Vgl. §§ 28, 20 A. 5b.

Für das Verfahren über vorläufige Einstellung usw. einer Zwangsvollstreckung erhält der RA eine besondere Gebühr nur, wenn dieses Verfahren von dem über die Hauptsache getrennt ist, §§ 30^2, 29^4. Die Gebühr beträgt nach § 23^1 $^3/_{10}$. Der Antrag aus §§ 707, 719 ZPO der in § 30^2 nicht erwähnt ist, kann seiner Natur nach nur im Zusammenhang mit dem Verfahren über die Hauptsache gestellt werden, so daß § 29^4 stets vorliegt. Beschränkt sich jedoch die Tätigkeit eines RA auf das Verfahren über die vorläufige Einstellung usw. einer Zwangsvollstreckung, so hat er die Gebühr des § 23 verdient, gleichviel ob der Antrag aus §§ 707, 719 ZPO oder aus den in § 30^2 erwähnten Vorschriften gestellt ist, § 35^1 GKG und § 23^1. In der Regel gehören die anderen in Nr. 2 genannten Verfahren zu dem über die Hauptsache, wenn der Antrag bei dem Prozeßgerichte gestellt wird. Die Trennung muß besonders angeordnet werden, RG, NaumbAKZ 91 14, und erstreckt sich dann regelmäßig nur auf die mündl. Verhandlung. Auch für diese ist eine Gebühr nur zulässig, wenn eine von der Hauptsache getrennte mündl. Verhandlung stattfindet. Dagegen wird in diesem Falle eine Prozeßgebühr zu versagen sein. Sie wird, da der Antrag auf Einstellung der Zwangsvollstreckung der Anordnung auf Trennung des Verfahrens vorauszugehen hat, durch die für das Verfahren über die Hauptsache erwirkte Prozeßgebühr abgegolten; aM Walter-Joachim A. 25. Eine Trennung besteht aber ohne weiteres, wenn der Antrag auf Einstellung an das Vollstreckungsgericht gerichtet wird, KG, KGBl 08 108. Dagegen ist dies nicht ohne weiteres anzunehmen, wenn der Antrag vor Einreichung der Klage beim Prozeßgerichte gestellt wird, RG, JW 90 360, OLG Nürnberg, Braunschweig, Rsp 23 269; 25 298; aM Merzbacher § 29 A. 6. Für die Erklärung der Freigabe der Pfandstücke oder des Verzichts auf die Rechte aus der Pfändung kann keine besondere Gebühr gefordert werden, EGH 8 252.

III. Abs. 1 Nr. 3. Die im GKG § 38 Nr. 1, 2 bezeichneten Angelegenheiten sind: Nr. 1. Anträge auf Festsetzung der vom Gegner zu erstattenden Prozeßkosten oder auf Abänderung der Kostenfestsetzung (ZPO § 107); Nr. 2. Anträge auf Bestimmung einer Frist zur Rückgabe und auf Anordnung der Rückgabe einer Sicherheit in den Fällen des § 109 Abs. 1, 2 ZPO. Die Höhe der Gebühren regelt § 23 Nr. 1. Von diesen Gebühren werden die Pauschsätze des § 76 berechnet, die sich zusammen mit den Pauschsätzen der Hauptsache in den Grenzen der Höchst- und Mindestsätze des Abs. 3 § 76 zu halten haben. Die Gebühren erhält der RA, gleichviel, ob die Kosten nach § 104 oder nach § 105 ZPO festgesetzt sind, und ohne Rücksicht darauf, ob ein besonderes Gesuch gestellt oder die Kostenberechnung nach § 105 Abs. 2 ZPO eingereicht war. Bei mehrmaliger Festsetzung erwachsen die Gebühren von neuem. Wegen der Erstattung S. 91. Wegen der Erinnerung s. § 29 A. II, 6. Für die sofortige Beschwerde gilt § 41.

Der § 38 Nr. 2 GKG betrifft nur die Anträge wegen Rückgabe einer Sicherheit aus § 109 ZPO. Wegen der Rückgabeanträge aus § 715 ZPO s. § 13 A. II 3h.

IV. Abs. 2. Die Vorschrift bezieht sich auf den Fall des § 769 Abs. 2 ZPO. Sie betrifft nur die Prozeßgebühr. Die Zulässigkeit der Verhandlungsgebühr für jedes der beiden Verfahren wird dadurch nicht berührt.

V. Abs. 3. Wird der Wert des Streitgegenstandes nach der Kostenfestsetzung festgesetzt, so kann auch der rechtskräftige KostenfestsBeschluß gemäß § 107 ZPO geändert werden. Geschieht dies, so bilden die beiden Verfahren Eine Instanz. Wird bei der Änderung die Herabsetzung der Kosten beantragt, so entsteht eine weitere Gebühr nicht, da der Streitwert des neuen Antrags in dem alten Antrag enthalten ist. Wird die Erhöhung der Kosten beantragt, so ist eine nach den Gesamtkosten zu berechnende Gebühr gerechtfertigt und der Unterschied zwischen dieser und der bereits festgesetzten Gebühr nachzuzahlen, OLG Karlsruhe, Rsp 17 235; Walter-Joachim A. 31.

Die Gebühr für das Verfahren aus § 109 ZPO (Rückgabe einer Prozeßsicherheit) deckt sowohl den Antrag auf Fristbestimmung als den Antrag auf Anordnung der Rückgabe, ist daher nur einmal zu erheben. Streitwert ist der Betrag der Sicherheit, deren Rückgabe verlangt wird. Für die sofortige Beschwerde gilt § 41.

§ 31. In der Zwangsvollstreckung bildet eine jede Vollstreckungsmaßregel zusammen mit den durch dieselbe vorbereiteten weiteren Vollstreckungshandlungen bis zu der durch die Maßregel zu erlangenden Befriedigung des Gläubigers Eine Instanz.

Die landesgesetzlichen Bestimmungen in betreff der Gebühren für eine den Vorschriften der Zivilprozeßordnung nicht unterliegende Zwangsvollstreckung bleiben unberührt.

1. Abs. 1 betrifft nur die den Vorschriften der ZPO unterliegenden Zwangsvollstreckungen. Die Gesamtheit der im Verhältnis von Vorbereitung und Ausführung stehenden einzelnen Vollstreckungshandlungen einer Vollstreckungsmaßregel bildet eine besondere Instanz. „Weitere Vollstreckungshandlungen" sind also nur diejenigen, die sich als Fortsetzung der früheren Vollstreckungsmaßregel darstellen, RG, JW 92 481, z. B. bei der Pfändung beweglicher Sachen die Versteigerung dieser Sachen, bei der Überweisung einer Forderung die Zwangsvollstr. wegen Herausgabe der über die Forderung vorhandenen Urkunden (ZPO § 836), bei der außergerichtlichen Vorpfändung (ZPO § 845) der spätere Antrag auf gerichtliche Pfändung derselben Forderung, RG, JW 97 468 (aM LG Dresden, ZZP 24 267), bei der Hinterlegung in den Fällen der §§ 827, 853 ZPO die Herbeiführung der Auszahlung des hinterlegten Betrags. Hierzu gehört auch die Tätigkeit des RA des betreibenden Gläubigers aus § 766 zur Abwendung von Erinnerungen und Einwendungen und die außergerichtliche Erledigung von Interventionsansprüchen

und Stundungsgesuchen des Schuldners. Wird durch die erste Zwangsvollstr. eine vollständige Befriedigung des Gläubigers nicht herbeigeführt und eine neue Zwangsvollstr. notwendig, so bildet dieses neue Verfahren auch eine neue Instanz in der Zwangsvollstr., muß also besonders vergütet werden; auch der Pauschsatz des § 76 Abs. 2 wird von neuem fällig. So z. B. wenn zunächst eine Zwangsvollstr. in körperliche Sachen und dann eine Pfändung von Forderungen stattgefunden hat oder wenn verschiedene Forderungen nacheinander oder nach der Freigabe von Sachen andere Sachen gepfändet sind, RG, JW 92 481; KG, KGBl 06 7. Dagegen wird keine neue Gebühr für einen neuen ZwangsvollstrAuftrag verdient, wenn der frühere Auftrag wegen Wegzugs des Schuldners nicht ausführbar war, KG, KGBl 10 62, OLG Naumburg, Rsp 21 416. Nimmt der RA gleichzeitig mehrere Vollstreckungsmaßregeln vor, z. B. Fahrnis- und Forderungspfändung oder Pfändung mehrerer Forderungen, so vervielfacht sich seine Gebühr, RG, JW 98 644; Merzbacher A. 3.

Besondere Instanzen der Zwangsvollstr. bilden das Verfahren zur Abnahme des Offenbarungseides (§ 32) und das Verteilungsverfahren (§ 39); s. auch sonst §§ 32—36.

2. Abs. 2. Eine Zwangsvollstreckung, die den Vorschriften der ZPO nicht unterliegt, ist die Zwangsversteigerung und Zwangsverwaltung von Grundstücken, ZVG v. 20. Mai 1898 (RGBl 713). Hier werden die Gebühren nach dem Landesgesetz berechnet (Preußen: Art. 8 der PrGebO v. 6. September 1910).

Ob die Vergütung des RA für die Erwirkung einer Zwangshypothek sich nach Reichsrecht oder nach Landesrecht bestimmt, kann zweifelhaft sein. Da es sich bei der Zwangshypothek um einen Akt der Zwangsvollstr. handelt und die Eintragung in der ZPO (§§ 866 bis 868) geregelt ist, ist die Meinung vertreten, daß der Antrag auf Eintragung der Zwangshypothek unter die RAGebO falle. Dieses Gesetz bestimmt aber lediglich die Vergütung für die Berufstätigkeit des RA in einem Verfahren vor den ordentlichen Gerichten. Danach versagt die Anwendung des Reichsrechts jedenfalls in den Bundesstaaten, welche, wie Württemberg und Baden, besonderen für Gemeindebezirke eingerichteten Behörden die Verrichtungen des Grundbuchamts übertragen haben, weil hier eine Tätigkeit der ordentlichen Gerichte überhaupt nicht in Anspruch genommen ist. Aber auch in denjenigen Bundesstaaten, welche die Amtsgerichte zu Grundbuchbehörden bestellt haben, erscheint die Anwendung des Reichsrechts um deswillen ausgeschlossen, weil unter dem „Verfahren" im Sinne des § 1 RAGebO, abgesehen von dem Straf- und Konkursverfahren, nur bürgerliche Rechtsstreitigkeiten verstanden werden können, zu denen die Eintragung einer Zwangshypothek, als Akt der freiwilligen Gerichtsbarkeit, nicht gerechnet werden kann, Schanz in JW 05 196; aM Pfafferoth A. 1, OLG Stuttgart, Recht 12 Nr. 3497.

§ 32. Das Verfahren über einen Antrag auf Erteilung einer weiteren vollstreckbaren Ausfertigung (Zivilprozeßordnung § 733), das Verfahren zur Abnahme des Offenbarungseides (Zivilprozeßordnung §§ 900, 901) und die Ausführung der Zwangsvollstreckung in ein gepfändetes Vermögensrecht durch Verwaltung (Zivilprozeßordnung § 857 Absatz 4) bilden besondere Instanzen der Zwangsvollstreckung.

Für die einmalige Erwirkung einer vollstreckbaren Ausfertigung ist eine besondere Gebühr nicht zu beanspruchen, § 35. Die Gebühr beträgt in dem Verfahren über einen Antrag auf Erteilung einer weiteren vollstreckbaren Ausfertigung $^3/_{10}$ (§ 24, GKG § 38³), in den beiden andern Fällen des § 32 $^3/_{10}$ (§ 23²) der Gebühr des § 9. Für das Verfahren zur Abnahme des Offenbarungseides kommen nur in Frage die Fälle der §§ 807, 883 ZPO, nicht auch der Fall des § 889 ZPO, vgl. § 34. Für die Wertberechnung ist maßgebend im Falle § 883 der Wert der herauszugebenden Sache, im Falle des § 807 der Betrag der fruchtlos vollstreckten Forderung. Ist im Falle des § 807 der Antrag nur wegen eines geringeren Teiles der Forderung gestellt, so kann nur dieser geringere Teil in Betracht kommen, KG, Rsp 15 20, Gaupp-Stein § 900, VI; aM Walter-Joachim A. 5; Hollender, DJZ 12 159. Zur Erwirkung der Verhandlungsgebühr gehört:

a) für den Anwalt des Gläubigers, daß er den Termin wahrnimmt und im Termin entweder: der Schuldner erscheint, seiner Verpflichtung widerspricht und über den Widerspruch verhandelt wird (kontradiktorische Gebühr, $^3/_{10}$) oder der Schuldner ausbleibt und nach Verhandlung gegen ihn Haftbefehl beantragt wird (nicht kontradiktorische Gebühr, $^3/_{20}$), KG, KGBl 10 116; der Zubilligung der Verhandlungsgebühr steht die Bestimmung des § 15 nicht entgegen, LG II Berlin, KGBl 09 60; denn zu dem Termin werden beide Parteien von Amts wegen geladen. Seine Wahrnehmung gehört zur zweckentsprechenden Rechtsverfolgung, so daß die Gebühr erstattungsfähig ist, falls es zu einer Verhandlung kommt. OLG Königsberg, Rsp 11 152, versagt die Verhandlungsgebühr, wenn lediglich Haftbefehl gegen den nicht erschienenen Schuldner beantragt ist, weil es hier zu *keiner Verhandlung gekommen* sei. Daß hier kein Seitenstück zu dem Versäumnisverfahren vorliegt, muß in der Tat im Hinblick auf den seit 1900 veränderten Gang des Offenbarungseidverfahrens anerkannt werden. Wenn aber der Schuldner widerspruchslos den Eid leistet, so kommt es zur Verhandlung überhaupt nicht, es entsteht also auch keine Verhandlungsgebühr, es bleibt vielmehr bei der Prozeßgebühr, EGH 5 124;

b) für den Anwalt des widersprechenden Schuldners, daß er den Termin wahrnimmt und entweder: der erschienene Gläubiger bei dem Antrage auf Leistung des Eides oder Verwerfung des Widerspruchs stehen bleibt (kontradiktorische Gebühr, $^3/_{10}$) oder der Gläubiger nicht erschienen ist (nicht kontradiktorische Gebühr, $^3/_{20}$). Kommt es zur Anordnung der Haft, gehört die Verhaftung des Schuldners (ZPO § 909) noch mit zur Instanz dieses Verfahrens, es kann also dafür nicht noch eine besondere Gebühr erfordert werden, LG I Berlin, KGBl 90 28, 94 90; OLG Königsberg, Rsp 11 152; EGH 5 123.

§ 33. Die Vollstreckung der Entscheidung, durch welche der Schuldner nach Maßgabe des § 887 Absatz 2 der Zivilprozeßordnung zur Vorauszahlung der Kosten verurteilt wird, scheidet aus der Zwangsvollstreckung zur Erwirkung der Handlung als besonderes Verfahren aus.

Soll die Zwangsvollstreckung auf Unterlassung oder Duldung einer Handlung durch Strafen ausgeführt werden (Zivilprozeßordnung § 890 Absatz 1), so bildet eine jede Verurteilung zu einer Strafe nach Maßgabe der Vorschriften des § 29 den Schluß der Instanz.

Die Erwirkung der einer Verurteilung vorausgehenden Strafandrohung (Zivilprozeßordnung § 890 Absatz 2) gehört zur Instanz der Hauptsache; dem Rechtsanwalte, welcher diese Instanz nicht geführt hat, steht die im § 23 bestimmte Gebühr zu.

1. Abs. 1. Die Gebühr für die VollstrMaßregeln aus § 887 Abs. 2 ZPO ist neben der Gebühr für die VollstrMaßregeln aus § 887 Abs. 1 ZPO besonders erwirkt. Für die Bestimmung der Instanz ist § 31 maßgebend. Danach können die VollstrMaßregeln aus § 887 Abs. 2 mehrere Instanzen bilden, Meyer-Irmler § 33 A. 1. Über die Vollstreckung aus § 888 ZPO s. § 34.

2. Abs. 2, 3. Der neue Antrag, der nach der Verurteilung zu einer Strafe gestellt wird, eröffnet eine neue Instanz. Wird über mehrere Anträge einheitlich verhandelt und Beweis erhoben, so kann von der Zusammenfassung an nur eine Gebühr von dem Gesamtwerte des Interesses berechnet werden, OLG Hamburg, Rsp **14** 189. Die einer solchen Verurteilung vorausgehende Strafandrohung kann mit dem die Verpflichtung des Schuldners aussprechenden Urteile verbunden werden. Ist dies geschehen, so gehört der Antrag auf Strafandrohung zur Instanz der Hauptsache, begründet also keine besondere Gebühr. Wenn die Erwirkung der Strafandrohung dem Urteil in der Hauptsache nachfolgt, kommt dem RA eine Sondergebühr nach § 23 nur in dem Falle zu, wenn sich seine Tätigkeit auf die Erwirkung der Strafandrohung beschränkt, Mot. 52. Dies folgt daraus, daß die Strafandrohung bereits eine VollstrMaßregel selbst bildet, RG (Pl.) **42** 419.

3. Die Verurteilung zur Sicherheitsleistung (§ 890 Abs. 3 ZPO) stellt eine besondere Instanz der Zwangsvollstr. dar und berechtigt zu besonderen Gebühren. Für die Rückgabe der Sicherheit (ZPO § 109) ist eine besondere Gebühr von $^3/_{10}$ nach § 23 zu berechnen, Walter-Joachim A. 12, 13. Vgl. S. 178.

4. Über die Wertberechnung s. § 23 A. 17, c.

§ 34. Bei Ausführung der Zwangsvollstreckung auf Vornahme einer Handlung durch Geldstrafen oder Haft (Zivilprozeßordnung § 888) bildet das gesamte Verfahren eine Instanz.

Für die gesamte Tätigkeit des Anwalts — das dem Verfahren nach § 888 vorangegangene Verfahren, die Strafentscheidung und die VollstrTätigkeit — kann auch bei wiederholten Anträgen die Gebühr des § 23² nur einmal erfordert werden. Maßgebend für die Wertberechnung ist der Wert der zu erzwingenden Handlung, RG, JW 89 429. Auch im Falle des § 889 ZPO (vgl. Abs. 2 daselbst) ist § 34 anzuwenden.

§ 35. Für die einmalige Erwirkung des Zeugnisses der Rechtskraft (Zivilprozeßordnung § 706) oder der Vollstreckungsklausel (Zivilprozeßordnung §§ 724 bis 730, 738, 742, 744, 745 Absatz 2, §§ 749, 795, 796 Absatz 1, § 797 Absatz 1, 2, § 929) steht weder dem Rechtsanwalte der Instanz, in welcher dieselben zu erteilen, noch dem Rechtsanwalte, welcher mit dem Betriebe der Zwangsvollstreckung beauftragt ist, und für die Aufhebung einer Vollstreckungsmaßregel weder dem Rechtsanwalte, welcher deren Vornahme veranlaßt hat, noch dem Rechtsanwalte, welcher mit dem Betriebe der weiteren Zwangsvollstreckung beauftragt ist, eine Gebühr zu.

Ist dagegen der Auftrag des RA auf die im § 35 bezeichneten Handlungen beschränkt, so steht ihm die nach § 24 auf $^2/_{10}$ oder nach § 23 auf $^3/_{10}$ zu bemessende Gebühr zu (Mot. 52), RG, JW 00 51. Für die Erwirkung einer weiteren vollstreckbaren Ausfertigung gilt § 32. Wie aus der uneingeschränkten Bezugnahme auf § 706 ZPO hervorgeht, fällt auch der Antrag auf Notfristattest unter § 35.

§ 36. Die Vorschriften der §§ 31 bis 35 finden bei Vollziehung eines Arrestbefehls oder einer einstweiligen Verfügung (Zivilprozeßordnung §§ 928 bis 934, 936) entsprechende Anwendung.

Die Instanz dauert bis zur Aufhebung des Arrestes oder der einstweiligen Verfügung oder bis zum Anfange der Zwangsvollstreckung aus dem in der Hauptsache erlassenen Urteile.

Vgl. § 28 A. 8. Der RA erhält für die Vollziehung des Arrestes die Gebühr des § 23. Die Instanz dauert bis zur Aufhebung des Arrestes oder des Arrestvollzugs (§ 934 ZPO, RG, JW 95 299). Auch der Anfang der Zwangsvollstreckung aus dem in der Hauptsache ergangenen Urteile beendigt die Instanz. Die Vollstreckung aus diesem Urteile begründet den Anspruch auf die Gebühr des § 23 von neuem, RG 44 373. Die Vollziehung einer einstweiligen Verfügung, die in einem Gebot oder Verbote besteht, beginnt schon mit der Zustellung an den Schuldner, RG 21 416. Durch die Zustellung allein wird aber die Gebühr des § 23 noch nicht erwirkt, OLG Karlsruhe, Hamburg, Rsp 13 258, 15 195; aM Walter-Joachim A. 3.

§ 37. (Fassung von 1909.) Für die Mitwirkung bei einem der Klage vorausgehenden Sühneverfahren (Zivilprozeßordnung §§ 510c, 609, 610) erhält der Rechtsanwalt drei Zehnteile der Sätze des § 9.

Diese Gebühr wird im Falle der Verhandlung des Rechtsstreits vor dem Amtsgericht auf die Prozeßgebühr angerechnet.

Ist in dem Falle des § 510c der Zivilprozeßordnung unter der Mitwirkung des Rechtsanwalts ein Vergleich geschlossen, so erhält er die vollen Sätze des § 9.

1. Abs. 1. Zur Mitwirkung im Sühneverfahren genügt jede sich auf dieses beziehende Tätigkeit des RA, insbesondere auch der Antrag auf Terminsbestimmung, OLG Posen, PosMschr 02 183; RG, JW 95 10. Auch dann ist die Gebühr erwirkt, wenn im Termine die Gegenpartei nicht erscheint und somit das Sühneverfahren nicht stattfindet, wenn es zu einem Rechtsstreite nicht kommt oder wenn der beim Sühneverfahren mitwirkende RA nicht zum Prozeßbevollmächtigten bestellt wird, RG, JW 95 10. Kommt es zum Rechtsstreite, so gehört die Gebühr zu den auf Grund des Urteils festzusetzenden Prozeßkosten, RG, JW 00 13. Die Gebühr beträgt in allen Fällen einmal $^3/_{10}$ der Normalgebühr des § 9; die Gebühren der §§ 13—17 kommen nicht in Betracht, RG, JW 90 116. Die Wahrnehmung eines Sühnetermins im anhängigen Rechtsstreit wird durch die Prozeßgebühr abgegolten, OLG Posen, Rsp 15 195.

2. Abs. 2. Die Anrechnung auf die Prozeßgebühr findet nur statt im Falle des § 510c ZPO, und auch nur dann, wenn der Rechtsstreit vor dem Amtsgerichte verhandelt wird, RG, JW 95 10. Ob es zu einer streitigen oder nicht streitigen Verhandlung kommt, gilt gleich. Walter-Joachim A. 9 rechnet die Gebühr nur an, wenn nach § 510c Abs. 2 ZPO sogleich im Termin verhandelt wird. Im Falle des § 609 ZPO ist die Anrechnung ausgeschlossen, da für Ehesachen das Landgericht ausschließlich zuständig ist; der RA erhält also die Gebühr des § 37 neben der Prozeßgebühr, RG, JW 95 10, 00 13; RG, Ann. 8 88; aM KG, ZZP 13 366, weil das Sühneverfahren zur Instanz gehöre, also § 25 Anwendung finde. Das Sühneverfahren geht aber der Eröffnung der Instanz voraus, RG 45 368.

3. Abs. 3. Der Anwalt erhält für diesen Fall einmal die volle Gebühr des § 9. Die Tätigkeit des RA, dem außerhalb der Fälle der §§ 510c, 609 ZPO die Herbeiführung eines Vergleichs in einer noch nicht anhängigen Sache im außergerichtlichen Wege aufgetragen ist, ist nicht nach der RAGebO, sondern nach Landesrecht zu vergüten; dasselbe gilt auch bei einem vom RA vermittelten außergerichtlichen Vergleiche zur Abwendung des Konkurses (sog. Präventivakkord), KommBer 40. Diese Tätigkeit des RA betrifft nicht die Vorbereitung, sondern die Abwendung eines gerichtlichen Verfahrens, ist also streng genommen keine reichsrechtlich geordnete Berufstätigkeit des Rechtsanwalts im Sinne des § 1 RAGebO, Walter-Joachim § 1 A. 68. Geht der Auftrag dahin, einen Vergleich zustande zu bringen und in dem Falle, daß dies nicht gelingt, zu klagen, so ist der Klageauftrag bis zur Beendigung der Vergleichsverhandlungen als aufgeschoben zu erachten. Kommt es zum Vergleiche, so ist nur für diesen nach Landesgesetz eine Gebühr zu berechnen. Scheitert der Vergleich, so ist nur für das Prozeßverfahren, nicht daneben noch für das Vergleichsverfahren die Gebühr zu berechnen und zwar nunmehr nach der RAGebO, RG, JW 03 28; KG, KGBl 96 2; OLG Karlsruhe, BadRPrax 03 153. AM Drucker § 13 A. C II 1. Hat der RA Auftrag zur Klageanstellung erhalten und vor Einreichung der Klage im Auftrag oder mit Billigung des Auftraggebers Vergleichsverhandlungen eingeleitet, die zum Abschluß eines Vergleichs führen, so beschränkt sich seine Tätigkeit auf die Vorbereitung für den Prozeß, es ist daher nach der RAGebO die Gebühr zu berechnen und zwar $^5/_{10}$ Prozeßgebühr (§ 14) und gemäß § 89, § 13 Nr. 3, § 37 eine volle Vergleichsgebühr, KG, KGBl 99 63; Walter-Joachim § 1 A. 69, 70; Drucker § 13 A. C II 1.

§ 38. (Fassung von 1909.) **Im Mahnverfahren erhält der Rechtsanwalt:**

1. **die Sätze des § 9 für die Vertretung des Gläubigers,**
2. **zwei Zehnteile der Sätze des § 9 für die Erhebung des Widerspruchs.**

Auf die in dem nachfolgenden Rechtsstreite zustehende Prozeßgebühr wird die Gebühr in Nr. 1 zu sieben Zehnteilen, die Gebühr in Nr. 2 voll angerechnet.

1. Die Novelle von 1909 hat dem § 38 seine jetzige Fassung gegeben. Sie hat die bisherige Häufung der Gebühren: $^3/_{10}$ für die Erwirkung des Zahlungsbefehls und $^2/_{10}$ für die des Vollstreckungsbefehls beseitigt.

Nr. 1 gewährt dem RA des Gläubigers jetzt die volle Gebühr des § 9 für seine Vertretung im Mahnverfahren. Durch diese eine Gebühr wird die gesamte Tätigkeit des RA ohne Rücksicht auf ihren Umfang abgegolten.

Sie ist bereits erwirkt, wenn der RA nur irgendeine auf Erwirkung des Zahlungsbefehls gerichtete Tätigkeit ausgeübt hat. Es muß genügen, daß der RA den Auftrag zur Stellung des Antrags erhalten und das Gesuch entworfen hat. Da die §§ 13ff. für das Mahnverfahren nicht gelten, tritt auch die im § 14 vorgesehene Ermäßigung nicht ein, wenn sich der Auftrag vor Einreichung des Gesuchs erledigt; denn § 14 bezieht sich nur auf die Prozeßgebühr des § 13 und ihre Modifikationen, aM Pfafferoth, Nov. A. 2. Dagegen wird man dem RA, wenn er nicht mit der Vertretung im Mahnverfahren betraut ist, sondern sich sein Auftrag auf die Anfertigung des Gesuchs beschränkt, nach § 46 nur $^5/_{10}$ der Gebühr zubilligen können, Pfafferoth, a. a. O. Wird das Gesuch auf Erlassung des Vollstreckungsbefehls zurückgewiesen und gegen den Beschluß des Gerichts sofortige Beschwerde eingelegt (§ 699 Abs. 2 ZPO), so tritt die Gebühr des § 41 hinzu, Mot. 53, während die Anrufung des Gerichts gegen die Entscheidung des Gerichtsschreibers durch die Gebühr des § 38 abgegolten wird.

Nr. 2. Der RA des Schuldners erhält für die Erhebung des Widerspruchs $^2/_{10}$ der vollen Gebühr.

2. Schließt sich an das Mahnverfahren infolge Widerspruchs oder Einspruchs (§§ 696, 700 ZPO) ein Rechtsstreit an, so wird die Gebühr in Nr. 1 zu $^7/_{10}$ und die Gebühr der Nr. 2 in voller Höhe auf die Prozeßgebühr angerechnet, gleichviel, ob der Rechtsstreit beim Amts- oder Landgerichte geführt wird (§ 26). Der RA des Gläubigers erhält dann also $^{10}/_{10} + ^3/_{10}$ Prozeßgebühr. Eine Überleitung in den Wechselprozeß ist unzulässig, RG 79 69. Da die $^3/_{10}$ nicht als Gebühr verdient werden, sondern durch Anrechnung entstehen, findet auf sie § 8 keine Anwendung, ZBJ 13 13. Der Rechtsstreit beginnt bereits mit dem Antrag auf Anberaumung eines Verhandlungstermins oder auf Verweisung an das Landgericht. Der Gläubiger kann beide Anträge mit dem Gesuch um Erlassung des Zahlungsbefehls und der Schuldner den letzten Antrag mit dem Widerspruch verbinden. Für den RA des Schuldners, der durch Nr. 2 lediglich für die Erhebung des Widerspruchs entlohnt wird, ist durch diesen gleichzeitigen Antrag demnach bereits die Prozeßgebühr fällig geworden, die damit schon die Widerspruchsgebühr in sich aufgenommen hat. So lange kein Widerspruch erhoben ist, sind die genannten Anträge des Gläubigers gegenstandslos und fallen unter die Gebühr des § 38. Sie begründen erst die Prozeßgebühr, sobald der Schuldner widersprochen hat. Bezieht sich der von dem widersprechenden Schuldner seinem RA erteilte Auftrag nur auf einen Gegenstand des § 20, so erwächst diesem die Prozeßgebühr nur zu $^5/_{10}$, auf die die Widerspruchsgebühr anzurechnen ist. Dies trifft besonders zu, wenn der Schuldner mit dem Widerspruch den Verweisungsantrag verbindet. In diesem Falle und ebenso, wenn der Gläubiger zugleich mit dem Gesuch oder bis zur Verhandlung zur Hauptsache die Verweisung beantragt, entsteht auch für den RA des Gläubigers die Prozeßgebühr nur zu $^5/_{10}$, d. h. er erhält zu der Gebühr aus § 38[1] nichts hinzu. Je nachdem über die Zuständigkeit und Verweisung streitig oder nicht streitig oder im Falle des § 697 Abs. 2 ZPO gar nicht verhandelt wird, werden $^5/_{10}$ oder $^5/_{20}$ oder keine Verhandlungsgebühr fällig (§ 20 A. 5a). Diese Prozeß- und Verhandlungsgebühren gehen bei der weiteren Verhandlung zur Sache in den dann fällig werdenden

Gebühren nach dem Grundsatze des § 25 auf, gleichviel ob der Rechtsstreit nach Verwerfung des Verweisungsantrags beim Amtsgericht oder nach der Verweisung beim Landgericht anhängig ist (§ 26). Die Anrechnung ist ausgeschlossen, wenn infolge der Verweisung der Prozeßbevollmächtigte wechselt. Über die Erstattung der Gebühren in diesem Falle s. S. 48.

3. Durch die Einlegung des Einspruchs bezw. durch Empfangnahme der Einspruchsschrift nebst Terminsbenachrichtigung erwirkt der RA die Rechtsstreitgebühren. Im Falle der Verweisung betragen die Prozeß- und Verhandlungsgebühren, da bis dahin nur über die Zulässigkeit des Einspruchs und über die Zuständigkeit verhandelt sein kann (§§ 508, 700, 697 ZPO), nach § 20 $^5/_{10}$. Eine Entscheidung ohne Verhandlung ist hier nicht möglich. § 27 findet hier keine Anwendung, da § 38 Abs. 2 das Verhältnis der Gebühren des Mahnverfahrens zu denen des nachfolgenden Rechtsstreits besonders regelt. Eine Anrechnung der Zwangsvollstreckungsgebühren findet nicht mehr statt. Wegen der Gebühr für Erteilung der Vollstreckungsklausel (§ 796 Abs. 1 ZPO) s. §§ 24, 35.

4. Der Wert des Streitgegenstandes bemißt sich nach der Höhe des Antrags. Wird der Widerspruch in zulässiger Weise nur wegen eines Teiles erhoben, so ist dessen Wert für die Berechnung der Gebühr aus Nr. 2 maßgebend. Entsprechendes gilt für den Einspruch. Wird hiernach der Rechtsstreit nur wegen eines Teiles geführt, so erfolgt die Anrechnung, wie oben § 28 A. 4 dargelegt ist.

5. Da nach Nr. 1 jetzt eine gemeinsame Gebühr für die Erwirkung des Zahlungs- und des Vollstreckungsbefehls dem RA zusteht, kann er diese Gebühr verlangen, wenn auch nur der Antrag auf Erlaß des letzten nach dem 1. IV. 10 gestellt ist, LG III Berlin, JW **10** 637.

6. Die Auslagen sind nach Abs. 2, nicht nach Abs. 3 des § 76 zu berechnen. Die Anrechnung der Gebühren im nachfolgenden Rechtsstreite hat nicht auch die Anrechnung des Pauschsatzes zur Folge, sondern der Pauschsatz der Prozeßgebühr wird nach deren voller Höhe, in der sie zum Ansatz kommen würde, nicht nach dem zur Hebung kommenden Teile berechnet und der Mindestsatz des § 76 Abs. 3 ist neben dem bereits verdienten Pauschsatz anzusetzen, da die Gebühr des § 38 nicht eine der in Abs. 3 genannten Gebühren bildet, Münchener Anwaltsverein, JW **10** 598; JW **11** 127, 1022, **12** 492, 709, ebenso Pfafferoth Novelle § 76 A. 5; aM JW **10** 732, OLG Naumburg, Rsp **23** 276; JW **13** 111; OLG Stuttgart, Recht **13** Nr. 762.

7. Nach Verweisung der Sache ist der RA, der die Gebühren der §§ 38, 20 verdient hat, oft nach §§ 44 oder 45, zuweilen nach § 43 tätig. Zu den bis dahin verdienten $^{10}/_{10}$ des Klägers und $^5/_{10}$ des Beklagten würde, da im Falle des § 44 dessen Satz 2 entsprechend anzuwenden ist (§ 44 A. 4), die halbe Prozeßgebühr hinzutreten, OLG Hamburg, Rsp **27** 233. Da aber § 38 die Anrechnung nicht auf den Prozeßbevollmächtigten beschränkt, sondern für jede „Prozeßgebühr" vorschreibt und nach § 48 der nicht zum Prozeßbevollmächtigten bestellte RA höchstens die für den Prozeßbevollmächtigten bestimmte Gebühr erhält, muß sich der Kläger, dem erst $^5/_{10}$ auf die Prozeßgebühr aus § 20 angerechnet sind, noch $^2/_{10}$ anrechnen lassen; er erhält also im ganzen $^{13}/_{10}$, wie wenn er Prozeßbevollmächtigter geblieben wäre. Der Beklagte, dem die $^2/_{10}$ auf die Gebühr aus § 20 angerechnet sind, erhält noch $^5/_{10}$, also im ganzen $^{10}/_{10}$ und steht sich damit auch

ebenso, als wenn er Prozeßbevollmächtigter geblieben wäre; aM Mittelmann, Rosenthal, DJZ 10 873, 1078. Ebenso hoch ist die Prozeßgebühr im Falle des § 45.

§ 39. Für die Vertretung im Verteilungsverfahren (Zivilprozeßordnung § 858 Absatz 6, §§ 872 bis 877, 882) stehen dem Rechtsanwalte fünf und, falls der Auftrag vor dem Termine zur Ausführung der Verteilung erledigt wird, drei Zehnteile der Sätze des § 9 zu.

Der Wert des Streitgegenstandes wird durch den Betrag der Forderung und, wenn der zu verteilende Geldbetrag geringer ist, durch diesen Betrag bestimmt.

1. Die Gebühr des § 39 steht dem Anwalte zwar auch dann zu, wenn er für die Tätigkeit bei der Zwangsvollstreckung die Gebühr des § 23 Nr. 2 bezieht, aber in jedem Falle nur einmal, auch wenn gemäß §§ 880, 882 ZPO ein anderweites Verfahren angeordnet wird und die Tätigkeit des Anwalts sich auch auf dieses erstreckt. Das Gesetz verweist — übereinstimmend mit § 42 GKG — neben den §§ 872—877 auch auf den § 882 und bezeichnet hierdurch das im § 882 vorgesehene anderweite Verfahren als Teil des Verteilungsverfahrens.

Gegen eine besondere Gebühr für das anderweite Verfahren spricht auch die sachliche Erwägung, daß jede für einen Akt festgesetzte Gebühr die gesamte Tätigkeit des Anwalts bis zur Beendigung des Aktes (der „Instanz") umfaßt, und daß der Anwalt jede dieser Gebühren in jeder Instanz nur einmal beanspruchen kann, §§ 25, 29, 13, 31, 34, 36. Von diesem allgemeinen Grundsatze macht § 39 keine Ausnahme. Die dadurch bestimmte Gebühr erstreckt sich auf das ganze Verfahren bis zu dessen Beendigung. Beendigt wird das Verteilungsverfahren erst durch die völlige Ausschüttung der Masse. Das anderweite Verfahren des § 882 ZPO ist kein neues Verteilungsverfahren, keine neue Instanz, sondern nur die Fortsetzung des früheren Verfahrens. Es wird auch nicht das ganze frühere Verfahren wiederholt, insbesondere keine Aufforderung zu neuen Anmeldungen erlassen — solche sind sogar unzulässig (§ 874 Abs. 3 ZPO) —, sondern nur ein neuer Teilungsplan angefertigt und ein neuer Termin zu dessen Ausführung anberaumt. In dem neuen Termine können Widersprüche, die in dem ersten Verfahren ausgeschlossen oder durch Urteil beseitigt sind, nicht von neuem erhoben werden. Eine Vertretung in diesem Termine wird sich daher meist erübrigen. Jedenfalls begründet sie keine neue Gebühr aus § 39, wenn der Anwalt diese bereits für das frühere Verfahren zu fordern hat, Meyer-Irmler A. 4, Walter-Joachim A. 7, Merzbacher A. 1; aM Pfafferoth A. 3.

2. Der „Betrag der Forderung", der für den Wert des Streitgegenstandes maßgebend ist, bestimmt sich nach der im § 873 ZPO vorgeschriebenen, von den Gläubigern einzureichenden Berechnung. Sie muß das Kapital nebst Zinsen und Kosten, diese nach Maßgabe des § 788 ZPO und einschließlich der Kosten des Verteilungsverfahrens, berechnen, etwaige Zahlungen abziehen und danach den Restanspruch feststellen. Der Zinsenlauf wird durch das Verfahren nicht gehemmt. Bei der Vertretung mehrerer Gläubiger ist die Anwaltsgebühr für jeden besonders zu berechnen.

§ 40. Im Aufgebotsverfahren (Zivilprozeßordnung §§ 946 bis 956, 959 bis 972, 977 bis 1024) stehen dem Rechtsanwalt, als Vertreter des Antragstellers (Zivilprozeßordnung § 947), drei Zehnteile der Sätze des § 9 zu:

1. für den Betrieb des Verfahrens, einschließlich der Information;
2. für den Antrag auf Erlaß des Aufgebots;
3. für den Antrag auf Anordnung der Zahlungssperre, sofern derselbe vor dem Antrag auf Erlaß des Aufgebots gestellt wird;
4. für die Wahrnehmung des Aufgebotstermins.

Als Vertreter einer anderen Person erhält der Rechtsanwalt diese Gebühr nur einmal.

1. Als Vertreter des Antragstellers hat der RA für jede der in den Nrn. 1—4 bezeichneten Tätigkeiten eine Gebühr von $^3/_{10}$, also wenn die Tätigkeiten zu 1, 2, 4 geübt sind, $^9/_{10}$ der Sätze des § 9 zu beanspruchen. Die bis zum Erlasse des Ausschlußurteils geübte Tätigkeit in einem jeden der bezeichneten Abschnitte ist aber einheitlich zusammengefaßt, daher kann die Gebühr in jedem Falle nur einmal beansprucht werden, auch wenn nacheinander mehrere Anträge zu stellen oder mehrere Termine wahrzunehmen sind, Mot. 54. Bei Vertretung einer anderen Person als des Antragstellers vervielfacht sich die Gebühr nicht, Abs. 2.

2. Zahlungssperre: ZPO § 1020.

3. Streitgegenstand ist beim Aufgebot einer gefundenen Sache deren Wert, beim Aufgebot zwecks Ausschließung eines Grundeigentümers der Wert des Grundstücks, beim Aufgebot von Hypothekenposten deren Betrag, beim Aufgebot von Urkunden, die Träger der Forderung sind (Inhaberpapiere, Wechsel usw.), der Betrag der Forderung, bei Todeserklärung das Vermögen des Verschollenen. In anderen Fällen ist der Wert nach freiem richterlichen Ermessen festzusetzen. So auch beim Aufgebote von Urkunden, die nicht Träger der Forderung sind, insbesondere von Hypothekenbriefen. Der Annahme, der Wert sei nach den Kosten der Wiederherstellung der Urkunde zu bemessen (LG Oels, BreslAK 88 59), steht das Bedenken entgegen, daß auch diese Kosten sich nur unter Zugrundelegung eines bestimmten Objekts berechnen lassen. Den Betrag der Forderung erachtet für maßgebend LG Halle, NaumbAK 87 12, 93. Das AG Berlin-Mitte setzt beim Aufgebote von Hypotheken- oder Grundschuldbriefen den Streitwert regelmäßig auf $^1/_{10}$ des Forderungsbetrags fest, Meyer-Irmler A. 4.

4. Sind mehrere Aufgebote verbunden (ZPO § 959), so kann der Anwalt für jede Sache, in der er tätig gewesen ist, besondere Gebühren berechnen.

5. Der § 40 gilt nur für die durch die ZPO geregelten Fälle des Aufgebotsverfahrens. Auf die landesgesetzlich geregelten Fälle des Aufgebotsverfahrens finden die Gebührenvorschriften der Landesgesetze Anwendung.

§ 41. (Fassung von 1909.) Drei Zehnteile der in §§ 13 bis 17 bestimmten Gebühren erhält der Rechtsanwalt:

1. in der Beschwerdeinstanz;
2. wenn seine Tätigkeit sich auf ein Verfahren beschränkt, wel-

ches die Änderung einer Entscheidung des beauftragten oder ersuchten Richters oder des Gerichtsschreibers (Zivilprozeßordnung § 576) betrifft.

In der Instanz der an eine Notfrist nicht gebundenen Beschwerde steht dem Rechtsanwalte die Prozeßgebühr nicht zu, wenn ihm dieselbe oder eine der in den §§ 37 bis 40 bezeichneten Gebühren in der Instanz zustand, in welcher die angefochtene Entscheidung ergangen ist.

1. Die Vorschrift bezieht sich, wie die Überschrift zum zweiten Abschnitt ergibt, nur auf bürgerliche Rechtsstreitigkeiten.

2. Aus der Bezugnahme auf die §§ 13—17 folgt, daß, wenn eine Verhandlung oder Beweisaufnahme stattfindet, dem RA auch $^3/_{10}$ der Verhandlungs- und Beweisgebühr zustehen. Die Nichtbezugnahme des § 19 und der §§ 20ff. ergibt, daß im Urkunden- und Wechselprozesse, selbst wenn eine kontradiktorische Verhandlung nicht stattfindet, und bei den in §§ 20ff. genannten Prozeßhandlungen die Gebühren ebenso hoch sind, als im gewöhnlichen Prozesse.

3. Die Gebühr aus § 41 steht dem RA auch dann zu, wenn er nur mit Anfertigung der Beschwerdeschrift beauftragt ist, RG, JW 90 84.

4. Anträge aus § 576 ZPO gehören zur Instanz (§ 29 Nr. 5), werden also nur vergütet, wenn die Tätigkeit des Anwalts auf ein Verfahren nach § 576 ZPO beschränkt ist. Über die Erinnerung im Kostenfestsetzungsverfahren s. § 29 A. II, 6.

5. Bei der sofortigen Beschwerde (§ 577 ZPO) ist die Gebühr immer erwirkt, mag der Rechtsanwalt für den Prozeß selbst, oder nur für die Beschwerdeinstanz bevollmächtigt sein. Bei der gewöhnlichen Beschwerde fällt die besondere Prozeßgebühr des § 41 fort, sofern dem Rechtsanwalt in der Instanz, in der die angefochtene Entscheidung ergangen ist, entweder die Prozeßgebühr, und zwar aus § 13 Nr. 1 voll oder zu einem Teilbetrage, oder in den Fällen des Sühne-, Mahn-, Verteilungs- oder Aufgebotsverfahrens eine Gebühr aus den §§ 37—40 zusteht. Findet in der Beschwerdeinstanz mündliche Verhandlung oder Beweisaufnahme statt, so hat der Anwalt die Verhandlungs- oder Beweisgebühr auch bei der gewöhnlichen Beschwerde zu beanspruchen, RG 8 429.

6. Der Streitwert des Beschwerdeverfahrens ist nicht ohne weiteres der des Hauptverfahrens, muß vielmehr in jedem Falle entsprechend dem durch die Beschwerde verfolgten Interesse des Beschwerdeführers nach freiem Ermessen ermittelt werden, RG, JW 94 173.

§ 42. Der zum Prozeßbevollmächtigten bestellte Rechtsanwalt, welcher auf Verlangen der Partei die Vertretung in der mündlichen Verhandlung einem anderen Rechtsanwalt übertragen hat, erhält neben den ihm zustehenden Gebühren fünf Zehnteile der Verhandlungsgebühr. Diese Gebühr wird auf eine ihm zustehende Verhandlungsgebühr angerechnet.

§ 43. Dem Rechtsanwalte, welchem von der Partei oder auf deren Verlangen von dem Prozeßbevollmächtigten nur die Vertretung in der mündlichen Verhandlung oder die Ausführung der

Parteirechte in derselben übertragen ist, steht neben der Verhandlungsgebühr die Prozeßgebühr zu fünf Zehnteilen zu. Letztere Gebühr steht ihm auch dann zu, wenn der Auftrag vor der mündlichen Verhandlung erledigt wird. Erstreckt sich die Vertretung auf eine mit der mündlichen Verhandlung verbundene Beweisaufnahme (§ 13 Nr. 4), so erhält der Rechtsanwalt außerdem die Beweisgebühr.

1. Die §§ 42, 43 beruhen auf den Unterscheidungen des § 27 RAO: „Insoweit eine Vertretung durch Anwälte geboten ist, kann nur ein bei dem Prozeßgerichte zugelassener Rechtsanwalt die Vertretung als Prozeßbevollmächtigter übernehmen.

In der mündlichen Verhandlung, einschließlich der vor dem Prozeßgericht erfolgenden Beweisaufnahme, kann jedoch jeder Rechtsanwalt die Ausführung der Parteirechte und für den Fall, daß der bei dem Prozeßgerichte zum Prozeßbevollmächtigten bestellte Rechtsanwalt ihm die Vertretung überträgt, auch diese übernehmen." Vgl. dazu RG, Warn. 13 Nr. 66, 117.

Voraussetzung für ihre Anwendung ist, daß die Trennung der Tätigkeiten auf besonderem Verlangen der Partei beruht. Ist sie von einem Anwalt ohne ein solches Verlangen, insbes. aus Gründen, die in der Person des Anwalts liegen, vorgenommen, so fehlt es in der Regel an einer Verpflichtung der Partei zur Zahlung erhöhter Gebühren. Vielmehr wird es dann Sache der Anwälte sein, sich untereinander abzufinden. Vgl. § 1 A. 6.

2. § 42 regelt die dem Prozeßbevollmächtigten zukommenden Gebühren. Der Prozeßbevollmächtigte erhält außer den Gebühren, die ihm ohnehin schon zustehen, fünf Zehnteile derjenigen Verhandlungsgebühr, welche ihm im Falle seiner Teilnahme an der mündlichen Verhandlung zugestanden hätte, also $^5/_{10}$ bei kontradiktorischer und $^5/_{20}$ bei nicht kontradiktorischer Verhandlung. Hatte der Prozeßbevollmächtigte aber die Verhandlungsgebühr (§ 13^2) verdient, so daß er nach § 25 für die Wahrnehmung des Termins nichts mehr zu beanspruchen hatte, so steht ihm auch nach § 42 Satz 2 nichts mehr zu. Betrug die verdiente Verhandlungsgebühr noch nicht $^5/_{10}$, so muß er sie sich anrechnen. Die Beweisgebühr kann der Prozeßbevollmächtigte verdient haben, obgleich er an der Beweisaufnahme nicht teilgenommen hat, wenn er nur eine Tätigkeit entwickelt hat, durch die die Gebühr des § 13^4 für ihn fällig geworden ist. Im Falle der weiteren mündlichen Verhandlung (§ 17) erhält aber der Prozeßbevollmächtigte, ohne daß er selbst die Beweisgebühr verdient zu haben braucht (§ 17 A. 1, b), nach § 42 $^5/_{20}$, die auf die frühere Verhandlungsgebühr nicht anzurechnen sind, Walter-Joachim A. 9, 10. Ist nur die Ausführung der Parteirechte übertragen, so findet § 42 im Gegensatze zu § 43 keine Anwendung. Denn in diesem Falle verbleibt die Vertretung dem Prozeßbevollmächtigten, der auch im Termine zugegen sein muß. Er erhält also die ihm nach §§ 13ff. zustehende Verhandlungsgebühr.

3. § 43 regelt die dem nicht als Prozeßbevollmächtigten bestellten Anwalt zustehenden Gebühren, die sich in ihrer Höhe nach der Art des betreffenden Rechtsstreits richten, Walter-Joachim A. 12; EGH 5 123; (vgl. z. B. §§ 20, 52).

a) Daß dem Anwalt im Falle des § 43 ein Teil der Prozeßgebühr gewährt wird, beruht auf seiner zur Vorbereitung für die mündliche Verhandlung erforderlichen Tätigkeit. Deshalb kann diese Gebühr nicht dadurch wegfallen, daß der Auftrag sich erledigt, bevor es zur mündlichen Verhandlung kommt. Immer aber wird vorausgesetzt, daß der Anwalt in irgendeiner Weise, z. B. durch Einziehung von Information, eine Tätigkeit geleistet hat, für deren Vergütung die Prozeßgebühr bestimmt ist. Trifft diese Voraussetzung nicht zu, so würde ein Anspruch auf Gebühren nicht bestehen, Mot. 55, 56. § 14 gilt jedoch hier nicht. Durch die wiederholte Übertragung der Vertretung wird ein Anspruch auf wiederholte Prozeßgebühr nicht gerechtfertigt (analog § 25), RG 47 412, JW 00 124; aM Walter-Joachim A. 14.

b) Die Verhandlungsgebühr ist, gleichviel ob die mündliche Verhandlung vor oder nach der Beweisaufnahme stattfindet, der Höhe nach dieselbe, welche nach § 13 Nr. 2, § 16 einem zum Prozeßbevollmächtigten bestellten RA zusteht. Dies gilt auch bei der wiederholten Vertretung in der mündl. Verhandlung, § 48. Wenn aber die erste Verhandlung vor, die neue Verhandlung nach der Beweisaufnahme stattfindet, so ist für die Vertretung in der neuen Verhandlung die Erhöhung der Verhandlungsgebühr nach § 17 gerechtfertigt, Walter-Joachim A. 15, 16.

c) Die Beweisgebühr ist nur erwirkt, wenn die Beweisaufnahme mit der mündlichen Verhandlung verbunden ist. Der Begriff der Beweisaufnahme ist hier derselbe wie in § 13^4. Eine Abweichung ergibt sich nur daraus, daß die Beweisaufnahme mit der mündlichen Verhandlung verbunden sein muß. Bei Beschränkung der Tätigkeit des RA auf die Vertretung bei der Beweisaufnahme gilt § 45.

d) Die Vergleichsgebühr ist unter den Voraussetzungen des § 13^3 erwirkt.

e) Der § 43 bezieht sich seinem Wortlaute nach auf alle Fälle, in denen einem RA nur die Vertretung in der mündl. Verhandlung oder die Ausführung der Parteirechte übertragen ist, findet also nicht nur dann Anwendung, wenn ein RA zum Prozeßbevollmächtigten bestellt ist und ein zweiter RA neben jenem oder an dessen Stelle die Vertretung der Partei in der mündl. Verhandlung wahrnimmt, sondern auch dann, wenn ein Prozeßbevollmächtigter nicht bestellt, vielmehr nur ein RA mit der Vertretung in der mündl. Verhandlung beauftragt ist. Der letzte Fall kann vorliegen im Amtsgerichtsprozeß sowie — in Preußen — im Verfahren vor dem Bezirksausschuß oder dem Oberverwaltungsgericht, OVG in KGBl 01 122, LG Torgau, NaumbAKZ 99 7; Walter-Joachim A. 3; Drucker A. 3. AM LG Freiberg i/S., ZZP 22 160; Meyer-Irmler A. 5; Sydow-Busch A. 1. Ist der Prozeßbevollmächtigte nicht ein Rechtsanwalt und überträgt er seine Vertretung einem Anwalt, so ist ebenfalls § 43 anzuwenden, LG Breslau, AKZ 07 11; aM Anwaltskammer Breslau, a. a. O., die die volle Prozeßgebühr zum Ansatze bringt. Die Anrechnungspflicht des § 28 besteht auch für die Gebühren aus § 43, OLG Celle, Rsp 23 273.

f) Wegen der Berechnung der Pauschsätze s. § 76 Abs. 4.

§ 44. Dem Rechtsanwalte, welcher lediglich den Verkehr der Partei mit dem Prozeßbevollmächtigten führt, steht eine Gebühr in Höhe der Prozeßgebühr zu. Er erhält nur fünf Zehnteile, wenn ihm in unterer Instanz die vorbezeichnete Gebühr oder die Prozeßgebühr zustand.

Die mit der Übersendung der Akten an den Rechtsanwalt der höheren Instanz verbundenen gutachtlichen Äußerungen dienen nicht zur Begründung dieser Gebühr, wenn nicht zu denselben Auftrag erteilt war.

1. **Satz** 1 grenzt („lediglich") die Tätigkeit, für welche die Gebühr des § 44 erwirkt ist, gegen die des Prozeßbevollmächtigten ab, bestimmt aber nicht, daß diese Gebühr fortfallen soll, wenn der Anwalt außer der Tätigkeit des § 44 noch eine andere Tätigkeit nach §§ 43, 45, 46 geübt hat, RG, JW 97 548. Es treten also neben die Gebühr aus § 44 die Verhandlungsgebühr des § 43 und die Beweisgebühr des § 45. Dagegen wird eine Erhöhung der Prozeßgebühr, selbst wenn sie nach Satz 2 nur $^5/_{10}$ beträgt, überwiegend versagt, RG, Gruch 35 1170, JW 90 360, 92 235, 98 576, 99 746, 00 124; OLG Dresden, SächsAnn 12 384, Recht 10 Nr. 994; OLG Celle, Posen, Naumburg, Hamburg, KG, Rsp 13 262, 15 195, 17 235, 19 257, 21 161; OLG Stuttgart, Recht 13 Nr. 1934. Die Prozeßgebühr bis zum Höchstbetrage des vollen Satzes (§§ 48, 49) billigte zu: Walter-Joachim A. 4, § 45 A. 13 u. früh. Auflage. Für diese Ansicht spricht RG 26 376.

Geht die Tätigkeit des RA über die des § 44 beim Abschluß eines Vergleichs hinaus, erhält er noch die Vergleichsgebühr, OLG Dresden, KG, Rsp 15 189, 19 254.

2. In Frage steht nur der im Auftrage der Partei geübte, auf den Betrieb des Prozesses gerichtete Verkehr (Korrespondenzmandatar). Vgl. § 7 A. 2. Das Übersenden der Handakten an den Anwalt der höheren Instanz gehört zur Instanz und wird nicht besonders vergütet, § 29[8]. Ebensowenig die bloße Regelung der Gebühren des Anwalts der höheren Instanz.

3. Auch die Gebühr des § 44 ist eine Pauschgebühr. Deshalb kann der Korrespondenzmandatar nicht neben ihr noch für die Konferenzen berechnen, durch die der Stoff für die Korrespondenz beschafft wurde, RG, Bolze 2 Nr. 381. Ihre Höhe richtet sich nach dem Inhalt und der Instanz des Rechtsstreits.

4. **Satz** 2 hat zwei getrennte Instanzen, eine untere und eine höhere, im Auge und läßt die Ermäßigung nur eintreten, wenn dem RA in der unteren Instanz die Gebühr des § 44 oder die Prozeßgebühr des § 13[1] voll oder mit ihren Modifikationen zustand, nicht aber wenn er dort z. B. die Gebühr des § 43 bezogen hatte. Entsprechend ist aber die Bestimmung anzuwenden auf den Gebührenanspruch des RA, der die Partei vor dem Amtsgerichte oder im Mahnverfahren vertreten und nach Verweisung des Rechtsstreits an das Landgericht ihren Verkehr mit dem landgerichtlichen Anwalte geführt hat, da der Grund des Gesetzes, daß der RA von seiner früheren Tätigkeit her mit der Sachlage schon vertraut ist und ihm daher die Korrespondenz geringere Mühe macht, auch hier zutrifft, RG, JW 99 180, Gruch 44 206; OLG Hamburg, Rsp 27 233. Vgl. § 38 A. 7; s. aber § 48 A. 1.

5. **Abs. 2.** Ein Auftrag im Sinne des Abs. 2 ist in der allgemeinen Bevollmächtigung des Anwalts, die Einlegung des Rechtsmittels und das Verfahren höherer Instanz zu veranlassen, nicht enthalten, sondern liegt nur dann vor, wenn die Partei den Anwalt besonders beauftragt hat, dem Anwalte der höheren Instanz gegenüber gutachtlich sich zu äußern, RG 8 374.

Wegen der Erstattungspflicht des in die Kosten verurteilten Gegners s. S. 46.

§ 45. Der Rechtsanwalt, dessen Tätigkeit sich auf die Vertretung in einem nur zur Leistung des durch ein Urteil auferlegten Eides oder nur zur Beweisaufnahme bestimmten Termine beschränkt, erhält neben der dem Prozeßbevollmächtigten im gleichen Falle zustehenden Beweisgebühr eine Gebühr in Höhe von fünf Zehnteilen der Prozeßgebühr. Letztere Gebühr steht ihm auch dann zu, wenn der Auftrag vor dem Termin erledigt wird.

Die Wahrnehmung eines weiteren Termins zur Fortsetzung der Verhandlung begründet nicht eine Erhöhung der Gebühr.

1. **Anwendbarkeit.** Die Bestimmung bezieht sich lediglich auf den RA, der nicht selbst Prozeßbevollmächtigter, sondern von diesem oder von der Partei mit der Vertretung in einem nur zur Leistung des durch ein Urteil auferlegten Eides oder nur zur Beweisaufnahme bestimmten Termine betraut ist. Weiter geht der Auftrag im Falle des § 43. Der Prozeßbevollmächtigte selbst, dessen Tätigkeit auf die Vertretung in einem solchen Termine beschränkt ist, hat nicht nach § 45, sondern nach §§ 13, 50 (14, 21) Gebühren zu berechnen.

2. Nach § 45 erhält also der RA, und zwar für alle in Abschnitt 2 behandelten Verfahrensarten nach den dafür geltenden Sätzen:

a) wenn er den Auftrag ausführt,
   aa) die Beweisgebühr nach denselben Grundsätzen, nach denen ein als Prozeßbevollmächtigter bestellter RA sie berechnen könnte,
   bb) die halbe Prozeßgebühr,
b) wenn der Auftrag sich erledigt, nur die Gebühr zu bb (v. Ziegler, JW 13 1171).

Durch die halbe Prozeßgebühr soll in beiden Fällen die auf die Vorbereitung verwendete Mühe abgegolten werden, RG 21 407; Annal. 1 30; JW 88 409, 410; 92 235, 93 161; Gruch 35 1170; aM OLG Jena, JW 85 290, 86 85. Der Prozeßbevollmächtigte verliert durch § 45 nicht seine Beweisgebühr aus § 13[4].

3. Vertritt der RA die Partei sowohl im Termine zur Eidesleistung, als im Termine zur Beweisaufnahme, so darf die Gebühr aus § 45 doch nur einmal erfordert werden. Vertritt der RA die Partei auf Grund desselben Auftrags in mehreren Terminen, so erhöht sich die Gebühr nicht, § 45 Abs. 2. Dasselbe gilt, wenn er die Vertretung in derselben Instanz auf Grund mehrerer Aufträge führt, RG 47 412, OLG Hamburg, Rsp 17 235, OLG Jena, ZDJ 10 116. Im letzten Falle nehmen eine Erhöhung der Prozeßgebühr im Rahmen des § 48 an: Kassel, Rsp 19 258; Walter-Joachim A. 12 und frühere Aufl.

4. Die Beweisgebühr aus § 45 kann nur gefordert werden, wenn der RA den Beweistermin wahrgenommen hat, auch wenn es, z. B. wegen Ausbleibens des Zeugen, zur Beweisaufnahme nicht kommt. Dies ergibt sich daraus, daß § 45 nur Anwendung findet, wenn der Auftrag zur Vertretung im „Beweistermin" (nicht wie im Falle des § 13 Nr. 4 „im Beweisverfahren") erteilt ist, Meyer-Irmler A. 2; Walter-Joachim A. 6; Drucker A. 2b; OLG Frankfurt, Recht 03 459; OLG Kolmar, Recht 06 693; OLG Kiel, Rsp 17 236. AM OLG Kolmar, Recht 04 556. Für Wahrnehmung eines Sühnetermins wird die Gebühr nicht gewährt, OLG Posen, Rsp 15 195, 23 276.

5. Zusammentreffen der Tätigkeiten aus § 44 und § 45; § 44 A. 1.

6. Erstattungsfähigkeit: oben S. 45. Wegen der Berechnung der Pauschsätze s. § 76 Abs. 4.

§ 46. Beschränkt sich die Tätigkeit des Rechtsanwalts auf die Anfertigung eines Schriftsatzes, so erhält er eine Gebühr in Höhe von fünf Zehnteilen der Prozeßgebühr.

Die Vorschrift bezieht sich nur auf den RA, der nicht zum Prozeßbevollmächtigten bestellt ist, RG, JW 90 84. Schriftsatz: § 5. Die $^5/_{10}$ sind von der Prozeßgebühr zu berechnen, die gerade für den Prozeß zum Ansatz zu bringen ist, für den der Schriftsatz bestimmt ist.

Für die wiederholte Anfertigung von Schriftsätzen in derselben Instanz kann die Gebühr des RA den Betrag der Prozeßgebühr nicht überschreiten, § 48. AM (gemäß § 25 nur einmal) Drucker A. 3. Die Gebühr des § 46 vergütet zugleich die zur Anfertigung des Schriftsatzes erforderlichen Besprechungen, so daß die Gebühr des § 47 dafür nicht noch daneben gefordert werden darf, RG, Recht 07 710; KG, Rsp 17 222.

§ 47. Für einen erteilten Rat erhält der nicht zum Prozeßbevollmächtigten bestellte Rechtsanwalt eine Gebühr in Höhe von drei Zehnteilen der Prozeßgebühr.

Eine Gebühr in Höhe von fünf Zehnteilen der Prozeßgebühr steht dem mit Einlegung der Berufung oder der Revision beauftragten Rechtsanwalte zu, wenn derselbe von der Einlegung abrät und der Auftraggeber seinen Auftrag zurücknimmt.

1. Rat im Sinne dieser Vorschrift ist nicht jede Besprechung über einzelne nebensächliche Punkte, sondern nur der (schriftlich oder mündlich) erteilte Rat, der die Beurteilung und Geltendmachung einer Rechtsangelegenheit betrifft, ESH 3 9, 4 63. Erwirkt ist die Gebühr des § 47 nur dann, wenn die Partei den Rat erbeten hat, also nicht ohne weiteres schon dann, wenn der RA wegen Aussichtslosigkeit der Rechtsverfolgung oder Rechtsverteidigung den Auftrag ablehnt, Meyer-Irmler A. 1; aM LG Breslau, BreslAK 92 43. Ein Gutachten mit juristischer Begründung ist nach § 88 zu beurteilen. Ob die Absicht des Auftraggebers auf ein Gutachten oder nur auf einen Rat gerichtet war, ist im Streitfalle durch Willensauslegung zu ermitteln; s. z. B. LG III Berlin, JW 13 824.

§ 47 betrifft auch nur den Fall, daß die ganze Tätigkeit des RA in der Erteilung eines Rates besteht; nicht aber den Fall, in welchem der RA zum Prozeßbevollmächtigten bezüglich der ganzen Rechtsangelegenheit mit der Beschränkung des Auftrags zur vorläufigen Einklagung eines Teilanspruchs unter Vorbehalt der Erweiterung des Klageantrags auf dessen Rest bestellt ist, RG, JW 12 860.

2. Die RTK hat unter Zustimmung der RegVertreter folgende Erklärung zu Protokoll genommen: „Die in § 47 aufgeführte Erteilung eines Rates und die hierfür dem Sachwalter zu gewährende Gebühr bezieht sich lediglich auf die in § 1 begrenzten Angelegenheiten. Ein Rat, welcher eine andere Angelegenheit betrifft, ist nach den landesgesetzl. Taxbestimmungen zu honorieren," KommBer 40. Die Frage ist überall da ohne praktische Bedeutung, wo nach den Landesges. der § 47 RAGebO auch über die durch § 1 gezogenen Grenzen hinaus für anwendbar erklärt ist. (Für Preußen bestimmt aber Art. 11 PrGebO für einen Rat

in landesgesetzl. Angelegenheiten nur $^1/_{10}$ der vollen Gebühr, KG, Rsp 15 180, 183, 17 223.)

3. Werden gleichzeitig verschiedene Rechtsangelegenheiten mit verschiedenen Objekten besprochen, so kann die Gebühr des § 47 für jede der verschiedenen Rechtsangelegenheiten gefordert werden, während verschiedene Rechtsfragen in derselben Rechtsangelegenheit nur zu einer Gebühr berechtigen, RGSt 14 367; JW 86 459. Mehrere Konferenzen in derselben Rechtsangelegenheit sind gemäß § 25 nur einmal zu vergüten, EGH 3 9, 8 247, KG, Rsp 17 222. In keinem Falle darf die Gebühr den Betrag der Prozeßgebühr überschreiten, § 48.

4. Die Gebühr des § 47 deckt auch die zur Vorbereitung der Raterteilung von dem RA geübte Tätigkeit, insbesondere die Einsicht gerichtlicher Akten, EGH 8 253. Wird im Anschluß an die Raterteilung der RA zum Prozeßbevollmächtigten bestellt oder mit einer anderen gebührenpflichtigen Tätigkeit, z. B. der Erwirkung eines Zahlungsbefehls, der Anfertigung eines Schriftsatzes beauftragt, so ist die Einholung des Rates nur als Vorbesprechung aufzufassen, mithin die Gebühr des § 47 ausgeschlossen (§§ 48, 49), RG, JW 03 28, KG, Rsp 17 222, 228; Meyer-Irmler A. 3, Pfafferoth A. 4. Fertigt der RA nach der Raterteilung ein Mahnschreiben, ohne daß es zu Prozeßhandlungen kommt, so ist für diese Tätigkeit, wenn es sich um eine unter § 1 fallende Angelegenheit handelt, nach §§ 89, 46, 14 eine Gebühr von $^5/_{10}$ anzusetzen. In dieser geht die Gebühr aus § 47 auf. In der Regel wird man den RA schon als Prozeßbevollmächtigten anzusehen haben, da sich seine Tätigkeit auf den Beginn des in Aussicht stehenden Rechtsstreits bezieht.

5. Für Konferenzen mit dritten Personen kann der Prozeßbevollmächtigte seinem Vollmachtgeber nur dann Gebühren berechnen, wenn er dessen Auftrag oder Interesse durch Bezeichnung des Gegenstandes der Besprechung nachweist. Dabei wird meist auf § 47 zurückzugehen sein, RG, Bolze 2 381.

6. Absatz 2 ist anwendbar, wenn a) der Anwalt, der den Auftrag zur Einlegung der Berufung oder Revision erhalten, von der Einlegung, nicht etwa von der Weiterverfolgung des bereits eingelegten Rechtsmittels, abgeraten und b) die Partei ihren Auftrag zurückgenommen hat. Sobald dies geschehen, ist die Gebühr des Absatz 2 erwirkt (Mot. 58), also auch dann, wenn sich die Partei an einen anderen Anwalt wendet und infolgedessen dennoch die Einlegung des Rechtsmittels geschieht. Verlangt die Partei trotz des Abratens des RA die Einlegung des Rechtsmittels und lehnt nunmehr der RA den Auftrag ab, so steht ihm eine Gebühr nicht nach Abs. 2, wohl aber nach Abs. 1 zu. Auch dann hat er solche nicht zu beanspruchen, wenn er von vornherein die Einlegung des Rechtsmittels als aussichtslos ablehnt.

Doch gilt Absatz 2 nur für diejenigen RA, die bei dem für die Entscheidung über das Rechtsmittel zuständigen Gerichte zugelassen sind, weil nur diese mit der Einlegung des Rechtsmittels beauftragt werden können. Wird der Rat, ein Rechtsmittel nicht einzulegen, von einem anderen Rechtsanwalt erteilt, so findet die Gebühr aus Abs. 1 Anwendung.

7. Die Gebühr bestimmt sich nach dem Werte des Streitgegenstandes, d. h. derjenigen Rechtsangelegenheit, auf welche sich die Ratерholung und Raterteilung bezieht, nicht nach den erörterten Rechtsfragen. Es ist also gleichgültig, wenn

sich infolge der Raterteilung die Möglichkeit mehrerer Rechtsstreite herausstellt, RGSt 14 367.

8. Da Abs. 2 voraussetzt, daß der RA den Auftrag zur Einlegung des Rechtsmittels bereits erhalten hatte und der RA, um abraten zu können, sich mit der Sache beschäftigt haben muß, würde im Falle der Weiterführung des Rechtsstreits die Prozeßgebühr nach den Sätzen des § 52 verdient sein. Folglich sind auch die $^5/_{10}$ nach dem erhöhten Satze des § 52 zu berechnen.

§ 48. Der nicht zum Prozeßbevollmächtigten bestellte Rechtsanwalt erhält höchstens die für den Prozeßbevollmächtigten bestimmte Gebühr, falls die ihm aufgetragenen Handlungen in den Kreis derjenigen Tätigkeit fallen, für welche die dem Prozeßbevollmächtigten zustehende Gebühr bestimmt ist.

§ 49. Wird ein Rechtsanwalt, nachdem er in einer Rechtssache tätig gewesen, zum Prozeßbevollmächtigten bestellt, so erhält er für die ihm vorher aufgetragenen Handlungen, soweit für dieselben die dem Prozeßbevollmächtigten zustehende Gebühr bestimmt ist, und als Prozeßbevollmächtigter zusammen nicht mehr an Gebühren, als ihm zustehen würde, wenn er vorher zum Prozeßbevollmächtigten bestellt worden wäre.

1. Damit nicht ein RA die Prozeßvollmacht ablehnt, um durch Ausführung von Einzelaufträgen (§§ 42ff.) höhere Gebühren zu erzielen, soll sowohl derjenige RA, der nur einzelne Handlungen, die in den Kreis der durch die Gebühr des Prozeßbevollmächtigten vergüteten Tätigkeit fallen, vornimmt (§ 48), als auch derjenige RA, der, nachdem er bereits in einer Rechtssache tätig gewesen, später zum Prozeßbevollmächtigten bestellt wird (§ 49), im ganzen nicht mehr Gebühren erheben, als er erhalten würde, wenn er von vornherein zum Prozeßbevollmächtigten bestellt wäre, Mot. 58. Beide Vorschriften beziehen sich nur auf eine und dieselbe Instanz. Hat derselbe RA die Tätigkeit des Zwischenanwalts und des Prozeßbevollmächtigten wahrgenommen, so kann er neben der Prozeßgebühr nicht auch die Verkehrsgebühr des § 44 fordern, OLG Breslau, Recht 03 215. Über die Besonderheit im Falle der Verweisung s. § 44 A. 4.

2. Für die im § 49 erwähnten Rechtssachen gilt die im § 1 festgestellte Beschränkung, von welcher in der Hauptsache das Gesetz beherrscht wird, KommBer 41. Deshalb findet § 49 auf andere als die im § 1 bezeichneten Rechtssachen nur insoweit Anwendung, als dies landesgesetzlich bestimmt ist.

§ 50. Wird der einem Rechtsanwalt erteilte Auftrag vor Beendigung der Instanz aufgehoben, so stehen dem Rechtsanwalte die Gebühren in gleicher Weise zu, als wenn die Instanz zur Zeit der Aufhebung des Auftrags durch Zurücknahme der gestellten Anträge erledigt wäre, unbeschadet der aus einem Verschulden sich ergebenden zivilrechtlichen Folgen.

1. Die Vorschrift regelt nur die Höhe des Gebührenanspruchs für den Fall, daß die vorzeitige Aufhebung des Auftrags (§§ 25 bis 36) von keinem Teile verschuldet ist, Mot. 59. Die Gebühr ist dieselbe, die dem RA nach § 13 zugestanden hätte, wenn zurzeit der Aufhebung des Auftrags die Instanz durch Zurück-

nahme der gestellten Anträge erledigt wäre. Je nach dem Umfange der bis dahin geübten Tätigkeit hat also der RA nur die Prozeßgebühr oder auch die Verhandlungsgebühr und die Beweisgebühr erwirkt, gleichviel, ob er zum Prozeßbevollmächtigten bestellt oder nur mit der Vertretung in einem Prozeßabschnitte, z. B. in der ZwangsvollstrInstanz oder im Beweisaufnahmeverfahren beauftragt war.

2. Die Folgen, die eine vom RA oder von der Partei durch vertragswidriges Verhalten verschuldete vorzeitige Aufhebung des Auftrags nach sich zieht, bestimmt das bürgerliche Recht, §§ 276, 275 Abs. 2, 307, 323, 325, 626, 627 Abs. 2, 628, 671 Abs. 2, 675 des BGB. Freiwillige Kündigung des Auftrags durch den Anwalt genügt danach noch nicht, um den Gebührenanspruch zu vernichten oder zu mindern. So wird z. B. dem Anwalte der Anspruch auf die vollen Gebühren des § 50 nicht versagt werden können, wenn er kündigt, weil die Partei den erforderten Vorschuß nicht bezahlt oder sich derartig gegen ihn benommen hat, daß ihm eine weitere Tätigkeit für sie nicht zugemutet werden kann (RG, JW 98 161, 278), oder weil er die Überzeugung gewinnt, daß die Rechtsverfolgung seines Auftraggebers aussichtslos ist. Es kann nicht als Vertragswille angesehen werden, daß der RA die Vertretung unter allen Umständen bis zur Beendigung der Instanz durchführe, vielmehr nur, daß er sie für die Dauer seiner Zulassung bei dem Prozeßgerichte führen sollte. Es kann daher auch nicht als vertragswidrig angesehen werden, wenn er seine Zulassung aufgibt und die noch schwebenden Prozesse unerledigt läßt. Nur besondere Umstände könnten ein Verschulden des RA darstellen, z. B. Verschweigen der schon bestehenden Absicht, die Zulassung aufzugeben (RG 33 369), oder ein pflichtwidriges Verhalten, das zur Löschung kraft Urteils führt (RG, JW 98 390), oder Selbstmord wegen Spielschulden (KG, KGBl 13 112). Gibt der RA aus Gesundheitsrücksichten die Praxis auf, so kann ihm nicht zugemutet werden, daß er die schwebenden Prozesse zu Ende führt, selbst wenn nur noch die Zustellung des Urteils erforderlich ist, RG, JW 94 278. Dagegen verliert der RA den Gebührenanspruch, wenn er im Laufe der Instanz wegen strafbarer Handlungen flüchtig wird, OLG Marienwerder, Recht 04 171.

Trifft den RA ein Verschulden an der Aufhebung des Auftrags, gleichviel ob er selbst grundlos kündigt, oder durch sein vertragswidriges Verhalten die Kündigung des Auftraggebers veranlaßt, so steht ihm ein Anspruch auf Vergütung insoweit nicht zu, als der Auftraggeber dem neu zu bestellenden Anwalt die gleichen Gebühren noch einmal zu zahlen hat (BGB § 628), RG, JW 98 390, 99 30; KG, KGBl 03 17, Rsp 22 307, Walter-Joachim A. 5. Kündigt der RA ohne wichtigen Grund, so hat er den durch seine Kündigung verursachten Schaden dem Auftraggeber zu ersetzen; er kann sich von dieser Verpflichtung nur durch den Nachweis eines wichtigen Grundes befreien, KG, KGBl 06 19, Rsp 15 196.

3. Ausnahmen von § 50 enthalten die §§ 14, 39, 43, 45, 90. Die eigenmächtige Zurücknahme einer (unrichtig begründeten) Klage oder einer (aussichtslosen) Berufung steht der Kündigung des Auftrags nicht gleich und nimmt dem RA nicht seinen Gebührenanspruch, LG II Berlin, KGBl 02 61. Wegen der Erstattung der Gebühren mehrerer Anwälte s. S. 47.

§ 51. Bei Vertretung mehrerer Streitgenossen, einschließlich der Nebenintervenienten, stehen dem Rechtsanwalte die Gebühren nur einmal zu. Bei nachträglichem Beitritte von Streitgenossen erhöht sich durch jeden Beitritt die Prozeßgebühr um zwei Zehnteile. Die Erhöhung wird nach dem Betrage berechnet, bei welchem die Vollmachtgeber gemeinschaftlich beteiligt sind, mehrere Erhöhungen dürfen den einfachen Betrag der Prozeßgebühr nicht übersteigen.

I. Vertretung mehrerer Streitgenossen. 1. Satz 1 gibt die Regel, daß bei Vertretung mehrerer Streitgenossen dem RA die Gebühren nur einmal zustehen. Eine Ausnahme ist in Satz 2 lediglich für den nachträglichen Beitritt von Streitgenossen gemacht. Die Frage, inwieweit der einzelne Auftraggeber für die Gesamtgebühr des RA haftet, ist im § 3 entschieden. Wegen der Erstattung s. S. 65 ff.

2. Streitgenossen im Sinne des § 51 sind nur die im § 59 ZPO bezeichneten. Auch dann findet § 51 Anwendung, wenn verschiedene Personen zwar aus demselben Rechtsverhältnis, aber in der Art verklagt sind, daß der Anspruch in erster Linie gegen die eine und nur eventuell gegen die andere gerichtet wird, RG, JW 91 526. Verschiedenheit der Rechtsgründe der gegen mehrere Beklagte geltend gemachten Ansprüche steht dem Grundsatze, daß die Gebühren nur einmal zu berechnen sind, nicht entgegen, OLG Dresden, Wengler 86 58. Ist in der mündlichen Verhandlung für einen oder gegen einen von mehreren auf denselben Gegenstand belangten Streitgenossen nur über die Kosten, für oder gegen die andern aber zur Hauptsache kontradiktorisch verhandelt, so darf für die Verhandlung über die Kosten eine besondere Verhandlungsgebühr nicht angesetzt werden, OLG Karlsruhe, BadAnn 89 374.

3. Der Nebenintervenient soll dem Streitgenossen gleich behandelt werden. Es ist also für die Anwendung des § 51 gleichgültig, ob der Nebenintervenient der Prozeßvollmacht der Hauptpartei oder diese der Prozeßvollmacht des Nebenintervenienten beitritt, RG 35 361; JW 95 202.

Werden aber die Hauptpartei und der Nebenintervenient von verschiedenen Anwälten vertreten, von denen der eine in Vertretung des anderen für dessen Auftraggeber mitverhandelt hat, so verbleibt doch die Verhandlungsgebühr dem anderen Anwalte, OLG Hamburg, Rsp 17 236.

4. Wenn eine Rechtsgemeinschaft zwischen den Streitgenossen nicht vorhanden ist, vielmehr nur gleichartige und auf einem im wesentlichen gleichartigen tatsächlichen und rechtlichen Grunde beruhende Ansprüche oder Verpflichtungen den Gegenstand des Rechtsstreits bilden (ZPO § 60), so tritt eine Erhöhung der Prozeßgebühr um eine Quote nicht ein, vielmehr kommen § 5 ZPO und § 11 GKG über die Zusammenrechnung der Streitgegenstände zur Anwendung. Ebenso wenn mehrere Prozesse, in denen derselbe Anwalt tätig ist, verbunden werden (ZPO § 147); die vor der Verbindung schon erwachsenen Gebühren bleiben aber unberührt. „Werden z. B. zwei Prozesse über je 200 M. nach stattgehabter kontradiktorischer Verhandlung vor der Beweisaufnahme verbunden, so berechnet sich die Prozeß- wie die Verhandlungsgebühr für jeden Prozeß besonders nach dem Gebührensatze der 4., die Beweisgebühr sowie die Gebühr für die nach der Beweisaufnahme stattfindende weitere Verhandlung für beide zusammen nach dem Gebührensatze der 6. Wertklasse (Mot 62), RG, JW 91 201.

5. Wird die Streitgenossenschaft aufgehoben (ZPO §§ 145, 150), so sind die nach dem Aufhebungsbeschluß entstehenden Gebühren jedem Auftraggeber

gegenüber besonders zu berechnen. So z. B. dann, wenn gegen die einzelnen Streitgenossen durch besondere Urteile entschieden ist und der Anwalt für jeden Beklagten gesondert Berufung einlegt, RG, JW 98 54.

II. Nachträglicher Beitritt zur Prozeßvollmacht. Wenn Streitgenossen oder Nebenintervenienten nachträglich denselben RA bestellen, den andere Streitgenossen bereits bestellt hatten (RG 35 361), so erhöht sich durch jeden Beitritt die Prozeßgebühr um $^2/_{10}$ bis zum Höchstbetrag einer ganzen Prozeßgebühr. Die Erhöhung steht nur dem Anwalte zu, dessen Partei Streitgenossen hinzutreten, nicht dem Gegenanwalte, BayObLG 16 300. Ob sich die Hauptpartei der vom Intervenienten oder dieser der von der Hauptpartei erteilten Vollmacht anschließt, ist einerlei, RG 35 361. Ist eine Beitrittserklärung in 1. Instanz erfolgt, so bewirkt sie eine Erhöhung der Gebühr nur für den Anwalt 1. Instanz, während es für den Anwalt 2. Instanz bei der Regel des § 51 Satz 1 bleibt, OLG Hamburg, HansGZ 92 Beibl. 173.

III. Berechnung der Erhöhung. Ist der nachträglich beitretende Streitgenosse am ganzen Streitgegenstande beteiligt, so erhöht sich die Prozeßgebühr des gemeinschaftlichen Anwalts um $^2/_{10}$. Mehrere Erhöhungen dürfen den Betrag der Prozeßgebühr nicht übersteigen. Wenn mehrere Streitgenossen gleichzeitig dem bereits von anderen Streitgenossen bestellten Anwalte Vollmacht erteilen, so liegt nur ein Beitritt vor. Für den Fall, daß die Streitgenossen am Streitgegenstande nicht gleichmäßig beteiligt sind, geben die Motive folgendes Beispiel: „Stellt bei einem Rechtsstreit über 10000 M. zunächst der bei dem ganzen Streitgegenstande beteiligte A., dann der in Höhe von 1600 M. beteiligte B., demnächst der in Höhe von 60 M. beteiligte C. Vollmacht aus, so erhöht sich die regelmäßige Prozeßgebühr von 64 M. durch den Hinzutritt des B. um $^2/_{10}$ des Gebührensatzes der 10. Wertklasse, also um 6 M. 40 Pf., und durch den Hinzutritt von C. um $^2/_{10}$ des Gebührensatzes der 2. Klasse, also um 60 Pf., zusammen also um 7 M. oder auf 71 M. Nach dem Grundsatze des § 3 haftet aber A. nur in Höhe von 64 M., B. nur in Höhe von 32 M., C. nur in Höhe von 3 M. Wenn noch weitere Genossen, einer nach dem anderen, hinzutreten, so darf die Prozeßgebühr doch das Duplum, also hier den Betrag von 128 M. nicht übersteigen." (Mot 62.)

§ 52. (Fassung von 1910.) Die Gebührensätze erhöhen sich in der Berufungsinstanz um drei Zehnteile und in der Revisionsinstanz um fünf Zehnteile.

1. Die jetzige Fassung des § 52 beruht auf der zur Entlastung des Reichsgerichts bestimmten Novelle vom 22. Mai 1910. Die Novelle von 1909 hatte eine Erhöhung der Gebühren der Berufungs- und Revisionsinstanz um $^3/_{10}$ vorgesehen und damit die Bezüge der RA bereits erheblich verbessert, da bis dahin die um $^3/_{10}$ erhöhten Gebühren nur die bei dem Reichsgerichte zugelassenen Anwälte in der Revisionsinstanz bezogen.

2. Es erhalten jetzt also die RA, ohne Rücksicht darauf, ob sie bei dem höheren Gerichte zugelassen sind, in der Berufungsinstanz $^3/_{10}$ und in der Revisionsinstanz $^5/_{10}$ auf jede Gebühr mehr, als diese in erster Instanz betragen würde. Diese Erhöhung ist nach der Grundgebühr des § 9 zu berechnen. Sie tritt nicht nur bei den Gebühren des § 13 mit ihren Modifikationen, sondern auch

bei den Gebühren der Verfahren mit besonderem Inhalt (§§ 20—23) und bei den Gebühren für besondere Tätigkeiten (§§ 43—47) ein. Voraussetzung ist jedoch, daß das Berufungs- und Revisionsgericht als solches bei dem Akte tätig wird. Da das Arrestverfahren nach § 28 verselbständigt ist, findet auch hier, wenn gegen das Arresturteil Berufung eingelegt ist, die Gebührenerhöhung statt. Wird ein Arrest oder eine einstweilige Verfügung erst beantragt, während der Hauptprozeß schon in der Berufungsinstanz schwebt (§ 943 ZPO), so sind die Arrestgebühren ebenfalls mit der Erhöhung nach § 52 zu berechnen, da auch für das Arrestverfahren das Gericht als Berufungsgericht tätig wird (Sydow-Busch § 52, OLG München, Rsp 25 301, aM. Pfafferoth). Das Arresturteil ist dann „in der Berufungsinstanz erlassen" und unterlag als solches bis zur Novelle von 1910 dem Rechtsmittel der Revision. Ebenso gehören die Nichtigkeits- und Restitutionsklagen, die nach § 584 ZPO beim Berufungs- oder Revisionsgericht erhoben werden, zur höheren Instanz, RG 57 232. Nur für die Beschwerde, für die im § 41 die Gebühren genau festgelegt sind, gilt § 52 nicht.

3. § 52 findet nach dem Inhalte der RAGebO nur in bürgerlichen Rechtsstreitigkeiten Anwendung, auf die § 1 RAGebO zutrifft. Da die RAGebO jedoch auch für andere Verfahren anwendbar erklärt ist, so gilt auch für diese die Gebührenerhöhung des § 52. Vgl. oben Patent-, Konsulargerichtsbarkeits-, Schutzgebiets-, Gewerbegerichts- und Kaufmannsgerichtssachen, § 1 A. 5A, B.

4. In einem Berufungsverfahren, das am 1. April 1910 noch nicht beendet war, sind die erhöhten Sätze des § 52 für die einzelnen gebührenpflichtigen Akte in Ansatz zu bringen, die sich über diesen Zeitpunkt hinaus erstreckten. War eine Beweisaufnahme vor dem 1. April 1910 abgeschlossen, fand die weitere mündliche Verhandlung aber erst nach diesem Zeitpunkte statt, so ist die ganze Verhandlungsgebühr nach den neuen Sätzen zu berechnen, da die Gebühr aus § 17 keinen selbständigen Charakter besitzt, sondern sich als Erhöhung der Verhandlungsgebühr aus § 13² angliedert, s. oben S. 121; aM Pfafferoth, Nov. A. 4.

Dritter Abschnitt. Gebühren im Konkursverfahren.

Vorbemerkungen.

1. Die Bestimmungen des dritten Abschnitts gelten nach § 1 nur für die Tätigkeit des RA in einem nach der Deutschen Konkursordnung stattfindenden Verfahren sowie für die beratende Tätigkeit über den Beginn oder die Fortsetzung eines solchen Verfahrens. Sie gelten ferner nur, wenn der RA den Gemeinschuldner oder einen Gläubiger vertritt. Über den sog. Präventivakkord s. oben § 37 Anm. 3.

Der KVerwalter darf sich in seiner eigentlichen Verwaltertätigkeit nicht durch einen Rechtsanwalt vertreten lassen. Rat und Beistand, die der KVerwalter von einem RA verlangt, sind gemäß § 89 (und unter Berücksichtigung der §§ 45—47) zu vergüten, Mot. 65. Vertritt der RA den KVerwalter in Prozessen, die dieser gemäß § 10 KO aufnimmt oder für die Masse anstrengt oder die gegen ihn angestrengt werden, so sind die Gebühren nach Abschnitt 2 zu berechnen.

Wird der Rechtsanwalt selbst zum KVerwalter oder zum Mitgliede des Gläubigerausschusses bestellt, so erhält er Entschädigung nach §§ 85, 91 KO, LG I Berlin, KGBl 09 35, OLG Hamburg, Karlsruhe Rsp 9 168, 11 342. Für Information eines Prozeßbevollmächtigten erhält er dann aber keine Verkehrsgebühr (§ 44), s. oben § 7 A. 2.

2. Soweit hiernach die Tätigkeit des Anwalts überhaupt unter den dritten Abschnitt fällt, ist zu unterscheiden, ob der Auftrag auf Vertretung im ganzen oder nur auf einzelne Handlungen gerichtet ist.

a) Im ersten Falle findet der Grundsatz der Pauschgebühren auch hier Anwendung, §§ 55, 56. Neben der Pauschgebühr erhält der RA: aa) bei Erhebung und Ablieferung von Geldern die Gebühr aus § 87; bb) wenn er im Laufe des Konkurses einen Prozeß führt, die Gebühren für diesen Prozeß nach Abschnitt 2.

b) Einzelhandlungen. Besondere Bestimmungen gelten für das Verfahren über einen Antrag auf KEröffnung (§ 54) und für die Anmeldung einer KForderung (§ 57). Im übrigen greift der Grundsatz des § 89 durch, daß die Gebühr unter entsprechender Anwendung der Bestimmungen dieses Gesetzes zu bemessen ist. Insonderheit hat die Praxis angenommen, daß zu berechnen ist: für die Anfertigung des Antrags auf KEröffnung nach § 54; für die Vertretung oder Beistandsleistung in einzelnen Terminen nach § 56 Nr. 1; für die Ladung des Schuldners zur Leistung des Offenbarungseids (KO § 125, GKG § 56) nach § 32, 23; für Rat in einzelnen Angelegenheiten, z. B. über einen Zwangsvergleichvorschlag oder dessen Annahme, nach § 47. Für die Wertberechnung gilt durchweg § 59, Meyer-Irmler A. 3, Walter-Joachim A. III.

3. Die Kosten, die den einzelnen Gläubigern durch ihre Teilnahme am KVerfahren erwachsen, also auch die Gebühren und Auslagen des von ihnen bevollmächtigten Rechtsanwalts, können im KVerfahren selbst nicht geltend gemacht werden, § 63 Nr. 2 KO.

§ 53. Auf die Gebühren im Konkursverfahren finden die Vorschriften der §§ 9, 11, 12 entsprechende Anwendung.

Die gerichtliche Festsetzung des Wertes in Konkurssachen, auf die § 11 verweist, ordnen die §§ 50—52 GKG:

§ 50. Auf die Gebühren im Konkursverfahren finden die Vorschriften des § 8 über die Wertklassen und den Gebührensatz, sowie der §§ 14, 16, 17 dieses Gesetzes und des § 3 der ZPO über die Wertfestsetzung entsprechende Anwendung.

§ 51. Für das Konkursverfahren, einschließlich des der Eröffnung vorangegangenen Verfahrens, werden erhoben:

(Es folgen unter Nr. 1—5 die Gebührensätze.)

§ 52. Die im § 51 bestimmte Gebühr wird nach dem Betrage der Aktivmasse erhoben. Massekosten mit Ausnahme der Gebühren des Konkursgerichts, des Konkursverwalters und des Gläubigerausschusses, sowie Masseschulden werden abgesetzt. Gegenstände, welche zur abgesonderten Befriedigung dienen, werden nur in Höhe des für diese nicht erforderlichen Betrags angesetzt.

Ist die Aktivmasse höher als die Schuldenmasse, so wird die Gebühr nach dem Betrage der letzteren erhoben.

Für die Berechnung der Masse ist die Zeit der Beendigung des Verfahrens maßgebend.

Nach welchen Werten die Gebühren der §§ 54—58 zu berechnen sind, regelt § 59.

§ 54. Im Verfahren über einen Antrag auf Eröffnung des Konkursverfahrens (Konkursordnung §§ 104 bis 106) erhält der Rechtsanwalt zwei Zehnteile, oder, wenn er einen Gläubiger vertritt, fünf Zehnteile der Sätze des § 9.

1. Als Gegenstandswert gilt im ersten Falle der Betrag der Aktivmasse (§ 52 GKG), im letzten Falle der Nennwert der Forderung des Gläubigers, § 59.

2. Die Motive machen zweifelsfrei erkennbar, daß die Gebühr aus § 54 von der der §§ 55, 56 unabhängig ist, also dem Rechtsanwalt auch dann zusteht, wenn er seinen Auftraggeber in dem eingeleiteten KVerfahren weiter vertritt, Mot. 64.

3. § 54 bezieht sich auch auf die besonderen Konkursfälle der §§ 207—210, 213, 214ff., 236 KO. Die $^{2}/_{10}$ Gebühr erhält hier der RA, wenn er die in §§ 208, 210, 217 KO genannten Personen vertritt.

§ 55. Für die Vertretung im Konkursverfahren erhält der Rechtsanwalt sechs Zehnteile, wenn jedoch die Vertretung vor dem allgemeinen Prüfungstermine (Konkursordnung § 138) sich erledigt oder erst nach demselben beginnt, vier Zehnteile der Sätze des § 9.

§ 56. Der Rechtsanwalt erhält die Sätze des § 9 besonders:
1. für die Tätigkeit bei Prüfung der Forderungen;
2. für die Tätigkeit in dem Zwangsvergleichsverfahren;
3. für die Tätigkeit in dem Verteilungsverfahren.

Für die Vertretung im allgemeinen, sei es des Gemeinschuldners, sei es eines Gläubigers, insbesondere auch für die Information und für den ganzen Betrieb der Sache einschließlich der Anmeldung der KForderung gibt § 55 den Pauschsatz, Mot. 64, 65. Sofern der Anwalt während der Vertretung eine der im § 56 bezeichneten Handlungen vornimmt, erhält er für jede dieser Handlungen noch besonders die im § 56 dafür festgesetzte Gebühr. Bei Vertretung eines Gläubigers wird die Gebühr aus § 55 nach dem Nennwert der angemeldeten Forderung, die Gebühr aus § 56 nach der entfallenden Dividende berechnet. Bei Vertretung des Gemeinschuldners ist in beiden Fällen der Betrag der Aktivmasse der Berechnung zugrunde zu legen, § 59. Die Gebühr für die Tätigkeit im Falle des § 56 Nr. 1 umfaßt auch die Tätigkeit des RA für die Prüfung der Forderungen anderer Gläubiger. Da die Gebühren Pauschgebühren sind, kommt es auf den Umfang der Tätigkeit nicht an. Ist der Vergleichstermin nach § 180 KO mit dem Prüfungstermin verbunden und erledigt sich die Vertretung vor dem Termine, so ermäßigt sich die Gebühr des § 55, während die des § 56² dem RA voll verbleibt, sofern er nur irgendeine auf das Zwangsvergleichsverfahren gerichtete Tätigkeit ausgeübt hat, Merzbacher, A. 3.

§ 57. Beschränkt sich die Tätigkeit des Rechtsanwalts auf die Anmeldung einer Konkursforderung, so erhält derselbe zwei Zehnteile der Sätze des § 9.

Der § 57 findet nur Anwendung, wenn Auftrag und Tätigkeit des Rechtsanwalts auf die Anmeldung einer Forderung beschränkt sind. Die Gebühr wird nach dem Nennwerte der Forderung berechnet, § 59 Abs. 2. Für den Fall einer nachträglichen Ausdehnung des Auftrags gilt die Beschränkung des § 61 Abs. 2.

§ 58. Für die Vertretung:
1. in der Beschwerdeinstanz,
2. in dem Verfahren über Anträge auf Anordnung von Sicherheitsmaßregeln im Falle des § 197 Absatz 2 der Konkursordnung

erhält der Rechtsanwalt besonders die im zweiten Abschnitte (§§ 23, 41) bestimmten Gebühren.

Beide Gebühren (zu 1 nach § 41, zu 2 nach § 23 $^3/_{10}$ der in den §§ 13—17 bestimmten Sätze) hat der Anwalt zu beanspruchen, gleichviel ob seine Tätigkeit sich auf die fraglichen Handlungen beschränkt oder ob ihm noch außerdem Gebühren zustehen, Mot. 65. Ob der Auftraggeber die Beschwerde eingelegt hat oder als Gegner des Beschwerdeführers gehört ist (§ 573 ZPO), hat auf den Anspruch auf die Gebühr zu 1 keinen Einfluß. Findet in der Beschwerdeinstanz eine mündliche Verhandlung oder eine Beweisaufnahme statt, so kann auch die Verhandlungs- und die Beweisgebühr gefordert werden. Der Gegenstandswert wird im Falle der Nr. 1 nach § 59 berechnet. Im Falle der Nr. 2 ist nach §§ 53, 11 die Bestimmung des § 58 Abs. 2 GKG maßgebend: „Wird vor der Wiederaufnahme die Anordnung von Sicherheitsmaßregeln beantragt (KO § 197 Abs. 2), so wird die Gebühr . . . . . nach dem Werte des Gegenstandes, durch welchen die Sicherung erfolgen soll, besonders erhoben", Drucker § 59 A. 1b.

§ 59. Die Gebühren der §§ 54 bis 56 sowie des § 58 im Falle der Beschwerde gegen den Beschluß über Eröffnung des Konkursverfahrens (Konkursordnung § 109) oder den Beschluß über Bestätigung eines Zwangsvergleichs (Konkursordnung §§ 189, 230 Absatz 2, § 236) werden, wenn der Auftrag von dem Gemeinschuldner erteilt ist, nach dem Betrage der Aktivmasse (Gerichtskostengesetz § 52) berechnet.

Ist der Auftrag von einem Konkursgläubiger erteilt, so werden die Gebühren der §§ 54, 55, 57 und die Gebühr im Falle der Beschwerde gegen den Beschluß über Eröffnung des Konkursverfahrens nach dem Nennwerte der Forderung, die Gebühren des § 56 und die Gebühr im Falle der Beschwerde gegen den Beschluß über die Bestätigung eines Zwangsvergleichs nach dem Werte der Forderung des Gläubigers unter entsprechender Anwendung des § 148 der Konkursordnung berechnet.

§ 148 KO ist abgedruckt oben S. 155.

1. Der Betrag der Aktivmasse (Abs. 1) ist deren gemäß § 52 GKG (mitgeteilt zu § 53) vom Gerichte festgesetzter Wert.

Der Nennwert der Forderung (Abs. 2) kommt nach § 109 KO nur für einen den Antrag eines Konkursgläubigers abweisenden Beschluß in Betracht. Der

Wert einer Forderung unter Anwendung des § 148 KO entspricht der auf sie voraussichtlich entfallenden Dividende, bei einem Zwangsvergleiche der Akkordrate. Der Wert wird durch Schätzung gemäß § 3 ZPO bestimmt. Als Grundlage der Schätzung wird regelmäßig die Erklärung des KVerwalters in Betracht kommen.

2. Zwischen Konkursgläubigern mit oder ohne Absonderungsrecht wird nicht unterschieden, OLG Hamburg, HansGZ 87, Beibl. S. 32, Drucker A. 2.

§ 60. In einem wieder aufgenommenen Konkursverfahren erhält der Rechtsanwalt die Gebühren nach den Bestimmungen der §§ 55 bis 59 besonders.

Die Wiederaufnahme des durch Zwangsvergleich abgeschlossenen KVerfahrens (§ 198 KO) soll sowohl für die Gerichtskosten (§ 58 GKG) als auch für die Anwaltsgebühren als ein neues Verfahren angesehen werden. Der § 54 ist nicht erwähnt. Eine besondere Gebühr für den Antrag auf Wiederaufnahme erscheint daher nicht gerechtfertigt, Merzbacher A. 2; aM Walter-Joachim A. II.

§ 61. Insoweit dem Rechtsanwalte Gebühren für die Vornahme einzelner Handlungen im Konkursverfahren zustehen, darf der Gesamtbetrag derselben die im § 55 bestimmte Gebühr nicht übersteigen.

Wird der Rechtsanwalt, nachdem er einzelne Handlungen im Konkursverfahren vorgenommen hat, mit der Vertretung im Konkursverfahren beauftragt, so erhält er zusammen nicht mehr an Gebühren, als ihm zustehen würde, wenn er vorher mit der Vertretung im Konkursverfahren beauftragt worden wäre.

Es entspricht Abs. 1 dem § 48, Abs. 2 dem § 49. „Einzelne Handlungen" im Sinne dieser Vorschrift sind nur diejenigen, die unter die nach § 55 abzugeltende Tätigkeit fallen.

§ 62. Die Gebühren werden für jeden Auftrag gesondert, ohne Rücksicht auf andere Aufträge, berechnet.

Die Bestimmung betrifft nur den Fall, wenn von mehreren Machtgebern verschiedene Forderungen geltend gemacht werden, nicht aber den Fall, wenn die mehreren Machtgeber Mitberechtigte an einer gemeinschaftlichen Forderung (z. B. Erben) sind, denn alsdann liegt sachlich nur ein Auftrag vor, auch wenn die mehreren Einzelaufträge besonders — vielleicht zu verschiedenen Zeiten — erteilt sein sollten, Mot. 68. Dem Anwalte gegenüber haftet jeder Auftraggeber für seine Gebühren allein, für die für alle Aufträge untrennbar entstandenen Auslagen nach § 3, Walter-Joachim A. 3.

Vierter Abschnitt. Gebühren in Strafsachen.

Vorbemerkungen.

1. „Der Schwerpunkt der Tätigkeit eines RA in Strafsachen, falls er nicht etwa ausschließlich im Vorverfahren seinem Klienten Beistand geleistet hat, fällt in die Hauptverhandlung. Die Mühe, welche der RA vor der Hauptver-

handlung auf die Einziehung der Information und auf das Studium der rechtlichen Seite der Sache zu verwenden hat, gelangt erst in der Hauptverhandlung zur Verwertung. Erwägt man noch, daß die Anfertigung von Schriftsätzen im Strafverfahren fast gänzlich in den Hintergrund tritt, so ergibt sich von selbst, daß nach der StPO für ein System von Einzelgebühren kein Raum vorhanden ist. Die Tätigkeit, welche der RA, abgesehen von einer Verteidigung im Vorverfahren, auf die Verteidigung bzw. Vertretung eines Angeklagten verwendet, läßt sich in einzelne Teile nicht auflösen und kann deshalb nur mit Pauschsätzen vergütet werden," Mot. 69.

2. Außer den Pauschsätzen für die Verteidigung in der Hauptverhandlung sind für bestimmte Einzelhandlungen (§§ 67, 68, 70, 73 Abs. 2, 74, 75) noch besondere Gebühren festgesetzt. Wo diese Bestimmungen nicht ausreichen, tritt ergänzend der allgemeine Grundsatz des § 89 ein.

a) Für die Vorbereitung — Information aus den Akten, Studium des Rechtspunkts —, sofern er nicht auch die Verteidigung in der Hauptverhandlung führt, — erhält der RA gemäß §§ 48, 49, 14 Abs. 1, 67: $^5/_{10}$ der Gebühr des § 63, OLG Braunschweig, Goltd **40** 369; LG I Berlin, KGBl **91** 50, **97** 80; LG Halle, Magdeburg, NaumbAKZ **91** 63, **95** 113; Walter-Joachim, Vorb. III 1. Pfafferoth Vorb. IIa bemißt die Vergütung nach dem Umfange der Mühewaltung bis zum vollen Betrage der Gebühr des § 67. LG Ratibor, BreslAKZ **92** 92 versagt jede Gebühr.

b) Für die Beistandleistung in einem einzelnen Termin im Vorverfahren oder vor einem ersuchten oder beauftragten Richter (§§ 191, 222—224 StPO) erhält er gemäß §§ 45, 64, 67: $^5/_{10}$ der Sätze des § 63. Pfafferoth Vorb. IIb bemißt auch in diesem Falle die Gebühr nach dem Umfange der Mühewaltung bis zum vollen Betrage des § 67; vergl. v. Ziegler, JW **13** 1171.

c) Für einen Rat sind gemäß § 47 Abs. 1 und 2: $^3/_{10}$ und $^5/_{10}$ der Gebühr des § 63 zu berechnen. EGH **7** 55 erklärt nur eine angemessene Gebühr für statthaft.

d) Für die Anschlußerklärung des Nebenklägers erhält der RA, sofern er weder als Vertreter noch als Beistand seines Auftraggebers in der Hauptverhandlung auftritt, gemäß § 68: $^5/_{10}$ der Sätze des § 63. Pfafferoth § 73 A. 8 bemißt die Gebühr für die Anschlußerklärung nach § 69 auf 2 M.

e) Für die Wertstufe in den Fällen zu a—d ist, wenn das Hauptverfahren nicht eröffnet worden, die Zuständigkeit des Gerichts erster Instanz maßgebend.

f) Für die Beistandleistung im Sühneverfahren einer Privatklagesache (§ 420 StPO) erhält der RA im Regelfalle gemäß § 67 Nr. 1: 6 M.; wenn aber seine Tätigkeit auf den Antrag auf Sühnetermin beschränkt ist, nach § 69: 2 M., LG Magdeburg, NaumbAKZ **94** 112, s. unten § 69 A. 2d.

g) Die gleichen Sätze gelten gemäß Art. 14 PrGebO in entsprechender Weise für die Vertretung in einem bei der Staatsanwaltschaft anhängigen Vorverfahren und für den Antrag auf Einleitung eines solchen Vorverfahrens, Meyer-Irmler, Vorb. A. 3; Walter-Joachim, Vorb. IV.

3. Dem gemäß § 150 StPO zum Verteidiger bestellten RA sind für die Verteidigung, gleichviel ob sie notwendig (§ 140 StPO) war oder nicht (§ 141 StPO), die Gebühren aus der Staatskasse zu bezahlen. Ob die Befugnis

des bestellten Verteidigers mit der Verkündung des ersten Urteils erlischt oder ob der bestellte Verteidiger in gleicher Weise wie der gewählte auch noch zur Einlegung und Begründung von Rechtsmitteln berechtigt sei, ist streitig. Bei der Beratung im Reichstage wurde erwogen, „daß in der (im Falle des § 150 StPO) geführten Verteidigung alle Bemühungen eines Anwalts zur Verteidigung von der Bestellung an bis zur Rechtskraft des letzten Erkenntnisses inbegriffen sind, daß insbesondere auch die Kosten des eingelegten Rechtsmittels, dessen Rechtfertigung usw. mit in der Verteidigung inbegriffen sind," JW 05 277. Das Gesetz bestimmt nichts darüber, wann die Aufgabe des zugeordneten Verteidigers erlischt. In der Praxis wird angenommen, daß sich der Anspruch an die Staatskasse nicht auf die Gebühren für die Verteidigung in der Hauptverhandlung beschränkt, sondern auch auf die Gebühren für die Tätigkeit im Vorverfahren und für Einlegung und Rechtfertigung von Rechtsmitteln erstreckt, KG, Goltd 37 310; LG Thorn, PosMschr 00 135, Goltd 47 387; LG Kassel, JW 05 277, OLG Kassel, JW 06 367, JMBl 06 232, Rsp 13 262; OLG Stuttgart, JW 06 593, Löwe, StPO § 140 A. 12b, § 150 A. 2; Walter-Joachim, Vorb. VI. Eine abweichende Ansicht hält den Anspruch des Anwalts an die Staatskasse nur insoweit für begründet, als der Anwalt zum Verteidiger bestellt sei. Die Bestellung reiche aber nur soweit, wie sie nach § 140 StPO notwendig sei, also für das Verfahren in 1. Instanz, nicht für die Rechtfertigung der Revision, für die nach § 385 Abs. 2 StPO die Notwendigkeit der Verteidigung nicht vorliege. LG Ellwangen, JW 06 593; KG, KGBl 94 17, JMBl 94 88. Diese noch in der 6. Aufl. gebilligte Ansicht kann jedoch nicht mehr aufrecht erhalten werden, da die Bestellung eines Verteidigers für einzelne Prozeßabschnitte der StPO fremd ist. Sie geschieht für das ganze Verfahren und bleibt, abgesehen von § 406 Abs. 2 StPO, so lange in Kraft, bis ein rechtskräftiges Urteil ergangen ist, RGSt 37 23, 40 6; JMBf v. 14. Juli 1906 (Müller, Justizverwaltung, 6. Aufl. 149). OLG Braunschweig, Rsp 27 234 läßt dies insoweit gelten, als nicht ausdrücklich oder nach den Umständen die Vollmacht auf bestimmte Abschnitte des Verfahrens beschränkt ist.

Ein nach § 81 StPO bestellter Verteidiger steht einem nach § 140 StPO bestellten Verteidiger gleich, RGSt 37 21.

Die Pauschsätze des § 76 sind dem RA, ebenso wie ihm bisher die zur zweckentsprechenden Verteidigung notwendigen Auslagen erstattet wurden, aus der Staatskasse zu zahlen, OLG Karlsruhe, JW 82 51; OLG München, Samml. 1 554; OLG Dresden, SächsAnn 2 503; OLG Königsberg, Goltd 37 450. Daß Schreibwerk geleistet ist, ist nicht erforderlich (s. § 76 A. I). Die nach § 144 StPO zu Verteidigern bestellten RA, die nicht am Sitze des Gerichts wohnen, bei dem sie zugelassen sind, haben keinen Anspruch auf Reisekosten und Tagegelder, § 39 RAO. Dasselbe gilt, wenn die Verteidigungskosten des freigesprochenen Angeklagten der Staatskasse auferlegt sind, und der Angeklagte sich durch einen Wahlverteidiger hat verteidigen lassen, der nicht am Gerichtssitze wohnt, OLG Darmstadt, DJZ 03 408.

Auftraggeber des von Amts wegen bestellten Verteidigers ist der Staat. Hierauf gründet sich die für Preußen ergangene Bestimmung, daß die Festsetzung der Gebühren des zum Verteidiger bestellten RA nicht durch richterliche Entscheidung, gegen die Beschwerde nach Maßgabe der StPO stattfindet, sondern unter Vorbehalt des ordentlichen Rechtswegs lediglich im Justizverwaltungswege erfolgt und etwaige Beschwerden gemäß § 85 AG.GVG im Aufsichtswege zu erledigen sind, JMBf v. 3. Juli/1. Okt. 84 (Goltd **36** 30; Müller, Justizverw., 6. Aufl. 149), v. 15. März 92 (JMBl S. 109) und v. 15. Nov. 92 (KGBl **93** 50), s. auch OLG Kolmar, RheinArch **108** 323, OLG Jena, ZDJ **12** 57.

Ausgeschlossen vom Ersatze sind nach § 6 Schreibgebühren und Portoauslagen für den Antrag auf Zahlungsanweisung und für die Kostenrechnung. Vfg. des KGPräsidenten v. 4. Januar 93, KGBl **93** 109, BBl 188, aM Meyer-Irmler, Vorb. A. 7. Für ein Gnadengesuch hat der bestellte Verteidiger weder Gebühren noch Auslagen aus der Staatskasse zu beanspruchen, weil das Gnadengesuch einen besonderen Akt darstellt, der mit der Verteidigung vor Gericht, d. h. mit der Tätigkeit im Vorverfahren oder in der Hauptverhandlung nichts zu tun hat, OLG München, Goltd **37** 226.

4. Dem gewählten Verteidiger steht ein Gebührenanspruch gegen die Staatskasse nicht zu, auch nicht, wenn die Verteidigung nach § 140 StPO notwendig war. Sind aber gemäß § 499 Abs. 2 StPO die dem freigesprochenen oder außer Verfolgung gesetzten Angekl. erwachsenen notwendigen Auslagen der Staatskasse auferlegt, so müssen auch die Kosten einer notwendigen Verteidigung, soweit sie die Sätze der RAGebO nicht überschreiten, dem Angekl. aus der Staatskasse erstattet werden, RG, R **4** 535; JW **84** 25, 26. Ist einem im Strafverfahren freigesprochenen RA Ersatz der notwendigen Auslagen gemäß § 499 Abs. 2 der StPO zugesprochen, so kann zu diesen Auslagen die Gebühr für die von ihm selbst geführte Verteidigung nicht gerechnet werden, weil sie keine „Auslage" im Sinne des § 499 Abs. 2 ist, Preuß. JMBf v. 9. April 92, KGBl **93** 72. Wegen der Festsetzung s. oben S. 123 und 132.

5. Zur Legitimation des gewählten Verteidigers genügt die Anzeige des Angeklagten, daß er den Verteidiger gewählt habe. Legt aber der Verteidiger eine Vollmacht vor, so haftet er als Vorleger der Urkunde für den Stempel, KG, KGJ **16** 262, **21** B 16; dies gilt auch für den vom Gerichte bestellten Verteidiger, wenn er eine Vollmacht des Angeklagten vorlegt, LG I Berlin, KG, KGBl **06** 50, **10** 111.

6. Nach § 17 des EG. MilStGO v. 1. Dez, 1898 (RGBl 1289) findet auf die Berufstätigkeit der zum Auftreten vor den Militärgerichten zugelassenen Rechtsanwälte (§ 341 Nr. 5 der MilStGO) die RAGebO entsprechende Anwendung. Auftraggeber des von Amts wegen zum Verteidiger bestellten RA ist hier das Reich. Ihm werden daher die Gebühren aus der Kasse der Militärverwaltung zu zahlen sein.

§ 63. In Strafsachen erhält der Rechtsanwalt als Verteidiger in der Hauptverhandlung erster Instanz:

1. vor dem Schöffengerichte . . . . 12 Mark;
2. vor der Strafkammer . . . . 20 Mark;
3. vor dem Schwurgericht oder dem Reichsgerichte . 40 Mark.

1. Die Sätze des § 63 umfassen als Pauschgebühr die gesamte Tätigkeit des RA in der Hauptverhandlung und in dem nach dem Eröffnungsbeschlusse (StPO § 196) beginnenden Hauptverfahren. Sie gelten:

a) sowohl für die Verteidigung als auch — in den zulässigen Fällen, §§ 231, 233, 319, 322, 418, 427, 451, 457, 464, 467, 474, 478 StPO — für die Vertretung;

b) nicht nur gegen den Angeklagten, sondern auch gegen den Privat- und Nebenkläger (§ 73) sowie in dem Verfahren bei Einziehungen und Vermögensbeschlagnahmen gegen dritte Personen, die einen rechtlichen Anspruch auf den Gegenstand der Einziehung, Vernichtung oder Unbrauchbarmachung haben (§ 478 StPO);

c) ohne Rücksicht darauf, ob die Sache in der Hauptverhandlung durch Urteil erledigt wird oder nicht. Durch die Vertagung der Hauptverhandlung wird die Instanz nicht beendet und der wiederholte Ansatz der Gebühr des § 63 nicht gerechtfertigt. Dadurch aber, daß nach erfolgter Vertagung der RA die Verteidigung in der neuen Hauptverhandlung nicht führt, geht sein Anspruch auf die Gebühr des § 63 nicht verloren.

2. Wenn nach § 270 StPO die Unzuständigkeit des Gerichts ausgesprochen oder wenn in der höheren Instanz das Urteil vernichtet und die Sache in die untere Instanz zurückverwiesen wird (§§ 369, 394 StPO), beginnt eine neue Verhandlung, auf die § 63 wieder anzuwenden ist. Der RA, der die Verteidigung auch in der ferneren Verhandlung führt, hat daher nochmals die volle Gebühr des § 63 — nicht nur die Zusatzgebühr des § 64 — zu beanspruchen. Die zweite Verhandlung ist nicht die Fortsetzung der früheren. Die abweichende Bestimmung für Zivilsachen (§§ 26, 27 RAGebO, § 31 GKG) kann nicht analog herangezogen werden. Für Strafsachen besteht eine Bestimmung, wie sie im § 31 GKG für das Zivilverfahren gegeben ist, nicht. Auf diese Auslegung führt auch die Analogie des § 77 GKG, wonach, wenn im Aufnahmeverfahren das frühere Urteil aufrecht erhalten wird, die Gebühren für das neue Verfahren nach denselben Bestimmungen wie für das erste Verfahren erhoben werden. So auch Meyer-Jrmler A. 5, Pfafferoth A. 5, Drucker A. 3, Merzbacher A. 4, LG Halle, NaumbAKZ 88 17; LG I Berlin, KGBl 92 4; aM LG Torgau, Magdeburg, NaumbAKZ 85 369, 88 32; OLG Jena, ThürBl 32 182, die nur die Zusatzgebühr aus § 64 zubilligen. Kein neues Verfahren, sondern nur eine Fortsetzung des vor dem Schöffengericht begonnenen Verfahrens liegt jedoch vor, wenn das übergeordnete Gericht nach § 369 Abs. 3 StPO selbst erkennt, RG, Recht 12 Nr. 1413. Wenn nach der Zurückverweisung in dem neuen Hauptverfahren eine Gebühr aus § 63 nicht begründet ist, weil der RA nicht die Verteidigung in der Hauptverhandlung führt, so ist die Gebühr für seine Tätigkeit nach §§ 89 und 90 zu bemessen. Folgt man der oben Vorbem. 2a zum 4. Abschn. mißbilligten Ansicht von Pfafferoth, so wäre auch hier das Gericht an die festen Sätze der RAGebO nicht gebunden; es könnte eine angemessene Gebühr bestimmen, ohne die für die Verteidigung im Vorverfahren bestimmten Sätze (§ 67) zu überschreiten, so OLG Oldenburg, DJZ 03 59. Bei Anwendung der Generalklausel der §§ 89, 90 wird man aber $^{5}/_{10}$ der Gebühr des § 63 zubilligen müssen.

3. Für die Abstufung der Gebühren kommt es lediglich darauf an, vor welchem Gerichte die Hauptverhandlung 1. Instanz tatsächlich stattgefunden hat. Hat die Verhandlung vor dem Amtsrichter ohne Zuziehung von Schöffen stattgefunden — § 211 Abs. 2 StPO —, so kommt gleichfalls die niedrigste Stufe — 12 M. — zur Anwendung. Wegen der Pauschsätze s. § 76 A. V.

4. Die Gebühr des § 63 ist erwirkt, sobald in Anwesenheit des RA die Hauptverhandlung begonnen hat (StPO §§ 242, 278, 365, 391), gleichviel ob der RA darin tätig gewesen ist oder nicht, in 1. Instanz mit dem Aufrufe der Zeugen und Sachverständigen, wenn solche nicht geladen sind, mit der Vernehmung des Angekl. über seine persönlichen Verhältnisse (StPO § 242), in der Berufungs- und Revisionsinstanz mit dem Vortrage des Berichterstatters (StPO §§ 365, 391), vor dem Schwurgerichte mit der Bildung der Geschworenenbank (StPO § 278) oder mit der Beibehaltung der für eine andere Verhandlung gebildeten Geschworenenbank (StPO §§ 278, 286). In der Berufungsinstanz des Privatklageverfahrens hat der Anwalt die Gebühr aus § 63 auch dann erwirkt, wenn er nach Zurücknahme der Berufung des Gegners in der Hauptverhandlung lediglich ein Urteil über die Kosten herbeiführt, OLG Darmstadt, Goltd **44** 292. War die Berufung vor Anberaumung des Termins bereits zurückgenommen, so ist dem RA für den Antrag auf Verwerfung der Berufung nur die Gebühr des § 69 bewilligt worden, LG Kottbus, KGBl **09** 108. Ist in die Verhandlung gar nicht eingetreten, vielmehr — z. B. wegen Ausbleibens von Angeklagten — ohne sachliche Verhandlung sofort Vertagung beschlossen, so liegt der Fall des § 63 nicht vor, LG I Berlin, KGBl **91** 50, Pfafferoth A. 2, Walter-Joachim A. 10. Da aber die Verhandlung 1. Instanz mit dem Aufrufe der Zeugen beginnt, so ist die Gebühr doch fällig, wenn nach Feststellung des Ausbleibens eines Zeugen die Sache sofort vertagt wird. Kommt es zur Hauptverhandlung überhaupt nicht, so ist der RA für die gehabte Mühewaltung nach § 89 zu entschädigen. So sind dem RA, wenn in einer Privatklagesache vor der Hauptverhandlung ein Vergleich geschlossen ist, nach § 14[1] $^5/_{10}$ der Gebühr des § 63 bewilligt worden, OLG Braunschweig, Goltd **40** 369.

§ 64. Erstreckt sich die Verhandlung auf mehrere Tage, so erhöhen sich die im § 63 bestimmten Gebühren für jeden weiteren Tag der Verteidigung um fünf Zehnteile.

Im Verfahren auf erhobene Privatklage findet diese Bestimmung nicht Anwendung.

1. Es macht keinen Unterschied, ob die Verhandlung ohne Unterbrechung bis über 12 Uhr nachts ausgedehnt, ob sie unterbrochen und an einem anderen Tage fortgesetzt oder ob die Sache vertagt und in einem neuen Termine von neuem verhandelt wird, § 228 StPO, OLG Frankfurt, ZDJ **12** 78. Findet die Urteilsverkündung in einem besonderen Termine statt (StPO §§ 259, 267, 396), so ist für den RA, der den Verkündungstermin wahrnimmt, die Gebührenerhöhung aus § 64 gleichfalls erwirkt. Auch dann findet § 64 Anwendung, wenn in Schwurgerichtssachen der Verteidiger am ersten Tage nur bei der Bildung der Geschworenenbank (StPO § 286) mitgewirkt hat, die Hauptverhandlung aber erst am nächsten Tage stattfindet, OLG Karlsruhe, BadAnn **96** 86. Nicht aber dann, wenn nach Aufhebung des ersten Urteils durch das höhere Gericht eine neue Hauptverhandlung in 1. Instanz stattfindet, OLG Rostock, MecklZ **2** 129. Vgl. § 63 A. 2.

2. Unter „Tag" im § 64 ist der Kalendertag zu verstehen, PrJMVf v. 30. Dez. 84, Goltd **36** 30.

3. Verhandlung: § 63 A. 4. Pauschsatz: § 76 A. V.

§ 65. Findet in den auf Privatklage verhandelten Sachen eine Beweisaufnahme statt, so erhöht sich die im § 63 bestimmte Gebühr um 6 Mark.

1. Privatklagesachen werden vor dem Schöffengerichte verhandelt, GVG § 27 Nr. 3. Die Gebühr beträgt also 12 M., § 63 Nr. 1. Die Erhöhung aus § 64 ist ausgeschlossen. Die Erhöhung aus § 65 tritt immer ein, wenn es überhaupt zu einer Beweisaufnahme kommt, gleichviel, ob sie vor dem erkennenden Gerichte oder vor einem ersuchten oder beauftragten Richter (StPO § 222) stattgefunden hat. Durch die Erhöhung soll die größere Arbeit abgegolten werden, die dem Rechtsanwalte dadurch erwächst, daß er bei der Verteidigung das Ergebnis der Beweisaufnahme zu berücksichtigen hat, Mot. 76. Der § 65 findet also auch dann Anwendung, wenn der RA der auswärtigen Beweisaufnahme nicht beigewohnt hat. Darauf, von welcher Partei die Beweisaufnahme veranlaßt ist, kommt nichts an, doch erhöht sich die Gebühr stets nur einmal um 6 M., auch wenn eine mehrfache Beweisaufnahme stattgefunden hat. § 65 gilt nicht nur für den Verteidiger des Angeklagten, sondern nach § 73 auch für den Vertreter des Privatklägers. Die Vorschrift bezieht sich nur auf eine Beweisaufnahme im Hauptverfahren. Die Mühewaltung in einer Beweisaufnahme des Vorverfahrens ist nach § 67 zu vergüten, LG I Berlin, KGBl 96 109. Pauschsatz: § 76 A. V.

2. Eine Beweisaufnahme im Sinne des § 65 erfordert, daß tatsächliche Ermittelungen über die unter Anklage gestellte Handlung stattfinden. Wird ein zum Gegenstande der Anklage gemachtes Schriftstück oder werden die Aussagen der in 1. Instanz vernommenen Zeugen im unmittelbaren Anschluß an den Eröffnungsbeschluß oder an das Urteil 1. Instanz verlesen, so liegt eine Beweisaufnahme nicht vor, LG Halle, NaumbAKZ 90 94, OLG Jena, ThürBl 93 41, 94 166; Meyer-Irmler A. 3. Pfafferoth A. 2. Werden die Zeugenaussagen erster Instanz und die als Beweismittel dienenden Schriftstücke erst nach Anhörung des Angeklagten und zur Feststellung von Tatsachen verlesen, so liegt eine Beweisaufnahme vor, LG I Berlin, KGBl 91 119, 06 50; OLG Jena, ThürBl 38 275, Drucker A. 2, Walter-Joachim A. 13.

§ 66. In der Berufungsinstanz sowie in der Revisionsinstanz stehen dem Rechtsanwalte die in den §§ 63 bis 65 bestimmten Sätze zu. Die Stufe bestimmt sich nach der Ordnung des Gerichts, welches in erster Instanz erkannt hat.

In den höheren Instanzen sind dieselben Gebühren zu berechnen, wie für die Sache in 1. Instanz. Eine Erhöhung der Gebühren entsprechend dem § 52 tritt nicht ein. Besondere Gebühren sind in den §§ 68, 69 für den Fall festgesetzt, daß sich die Tätigkeit des RA auf die dort bezeichneten Handlungen beschränkt. Über das Verhältnis der §§ 68, 69 zu einander s. § 70.

§ 67. Für die Verteidigung im Vorverfahren erhält der Rechtsanwalt:

1. in den zur Zuständigkeit der Schöffengerichte gehörigen Sachen . . . . 6 Mark;
2. in den zur Zuständigkeit der Strafkammer gehörigen Sachen . . . . 10 Mark;

3. in den zur Zuständigkeit der Schwurgerichte oder des Reichsgerichts gehörigen Sachen . . . . 20 Mark.

1. Die §§ 63—66 handeln von den Gebühren für die Verteidigung in der Hauptverhandlung. Aus der im § 67 getroffenen Bestimmung über die Verteidigung im Vorverfahren folgt nicht, daß unter dem Vorverfahren das ganze der Hauptverh. vorausgehende Verfahren zu verstehen und die Gebühr des § 67 für jede vor der Hauptverh. stattfindende Tätigkeit des Verteidigers anzusetzen ist. Denn § 70 bestimmt, „für welchen Umfang des Verfahrens die festgesetzte Pauschgebühr als solche, d. h. als Gebühr für die Gesamttätigkeit des RA Platz greift .... Die im § 63 für das Hauptverfahren in der 1. Instanz festgesetzten Gebühren sollen nicht bloß eine Vergütung für die Verteidigung in der Hauptverh., sondern auch für die übrige Tätigkeit des RA in der Instanz gewähren", Mot. 77. Hiernach beziehen sich die Gebühren der §§ 63—66 nicht nur auf die Verteidigung in der Hauptverh., sondern auch auf die Tätigkeit des Verteidigers außerhalb der Verhandlung im Hauptverfahren, insbesondere auf die „Vorbereitung der Hauptverhandlung" (§§ 212—224 StPO), die zum Hauptverfahren gehört.

2. Das Hauptverfahren beginnt mit dem Eröffnungsbeschlusse, StPO § 201, RGSt 18 417; vgl. JW 90 330. Was vorher geschieht, gehört zum Vorverfahren, KG, KGBl 00 101. Die Gebühren des § 67 betreffen demnach die Verteidigung vor Eröffnung des Hauptverfahrens. Das Vorverfahren bildet im Sinne der RAGebO und entsprechend dem Sprachgebrauche des StPO den Gegensatz zum Hauptverfahren, nicht zur Hauptverhandlung.

3. Maßgebend für den Beginn des Hauptverfahrens ist auch gebührenrechtlich der Zeitpunkt, in dem das Hauptverfahren tatsächlich eröffnet ist, gleichviel, wann der Verteidiger Kenntnis davon erlangt, KG, Goltd 39 198, OLG Karlsruhe, BadRPrax 99 136. Zum Vorverfahren ist deshalb nicht nur die „Vorbereitung der öffentlichen Klage" (sog. Ermittelungsverfahren, §§ 156—175 StPO) und die Voruntersuchung (§§ 176—195 StPO), sondern auch derjenige Prozeßabschnitt zu rechnen, der zwischen der Erhebung der öffentlichen Klage und der Eröffnung des Hauptverfahrens liegt und die in den §§ 196—211 StPO unter dem Titel „Entscheidung über die Eröffnung des Hauptverfahrens" angeordneten Maßnahmen umfaßt: Mitteilung der Anklage an den Angeschuldigten und dessen Erklärung darauf (§ 199), die Anordnung auf Ergänzung der Voruntersuchung oder Eröffnung einer solchen oder auf Vornahme einzelner Beweiserhebungen (§ 200) sowie endlich der Beschluß, das Hauptverfahren nicht zu eröffnen (§ 202). Diese Maßnahmen gehören nicht zum Hauptverfahren, denn dieses beginnt erst mit dem Eröffnungsbeschluß. Sie sind also in das Vorverfahren zu verweisen. Dies entspricht auch den Bestimmungen der StPO, die von dem Vorverfahren handeln, §§ 58, 65, 66, 82, 142, 149, 208, 232, 250. Die Vorschrift des § 58, daß eine Gegenüberstellung von Zeugen im Vorverfahren in der Regel nicht stattfinden soll, gilt nicht nur für das Ermittelungsverfahren und die Voruntersuchung, sondern auch für die nach § 200 StPO angeordneten Zeugenvernehmungen. Die Bestimmung, daß die Beeidigung im Vorverfahren nur ausnahmsweise gestattet ist (§ 65) und der Zeugniszwang auch für das Vorverfahren zugelassen wird (§ 65), gilt wie für das Ermittelungsverfahren und die Vor-

untersuchung so auch für die Beweiserhebungen nach § 200 StPO und die übrigen vorbezeichneten Bestimmungen.

Daß zum Vorverfahren alle Prozeßhandlungen gehören, die vor dem Eröffnungsbeschlusse vorgenommen sind, ist auch herrschende Ansicht, PrJMBf v. 3. Juli/1. Oktbr. 84 (Goltd **36** 30, Müller aaO 149), v. 10. Juli 90 (NaumbAKZ 95, BreslAKZ 72), v. 18. Januar 92 (BBl 62) und v. 14. Nov. 92 (KGBl **93** 50); RGSt **18** 417; BayObLG, DJZ **01** 716; OLG Breslau, Stuttgart JW **84** 40, **86** 213; OLG Jena, ThürBl **35** 178, OLG Rostock, MecklZ 8 166; OLG Karlsruhe, BadAKZ **96** 55, JW **89** 90, KG, Goltd **39** 198, JMBl **95** 161; LG I Berlin, KGBl **90** 95; LG Darmstadt, JW **90** 330; LG Halberstadt, NaumbAKZ 87 14; OLG Posen, Goltd **39** 378; OLG Dresden, SächsAnn **14** 385, **22** 386; Kronecker in Goltd **36** 197, 206.

Für die Ansicht, daß das Verfahren nach § 199 StPO durch die Gebühr des § 63 mit vergütet werde: OLG Rostock, MecklZ **1** 41; OLG Oldenburg, JW 87 262. Für die Meinung, daß die Vergütung der Tätigkeit für das bezeichnete Verfahren nach § 89 festzusetzen sei und daß § 67 einen Anhalt für diese Festsetzung gewähre: OLG Dresden, SächsAnn 2 504, DJZ **6** 414; LG Torgau, NaumbAKZ 88 2.

Im Verfahren auf amtsrichterlichen Strafbefehl wird der Eröffnungsbeschluß durch den richterlichen Strafbefehl ersetzt. Durch ihn wird die Sache bei dem erkennenden Gericht anhängig. Der Einspruch gegen den Strafbefehl und ebenso der Antrag auf gerichtliche Entscheidung gegen eine Strafverfügung gehören daher nicht zum Vorverfahren, Goltd **41** 1; Thiesing, JW **06** 100. Vgl. § 69 A. 2.

4. Da der Prozeßabschnitt zwischen der Anklage und der Eröffnung des Hauptverfahrens zum Vorverfahren gehört, stehen dem RA die Gebühren für die Verteidigung im Vorverfahren nicht nur dann zu, wenn er die Verteidigung im Ermittelungsverfahren oder in der Voruntersuchung führt, sondern auch dann, wenn er nach Erhebung der Anklage, aber vor Eröffnung des Hauptverfahrens als Verteidiger tätig ist. Auch in diesem Abschnitte des Prozesses kann die Tätigkeit des Anwalts umfangreich und zeitraubend sein, z. B. wenn auf Antrag des Angeschuldigten Ergänzung oder Eröffnung der Voruntersuchung beschlossen oder eine Beweiserhebung angeordnet wird. Diese Tätigkeit ist ebenso nach § 67 zu vergüten wie die Verteidigung in dem früheren Abschnitte des Strafprozesses. Die Ansicht (OLG Oldenburg, JW 87 262), daß diese Tätigkeit durch diejenige Gebühr mit abgegolten werde, die der Anwalt für die Verteidigung in der Hauptverh. gemäß § 63 erhält, daß insbesondere der gemäß § 140 StPO bestellte Verteidiger für seine Tätigkeit nach § 199 StPO nur die Gebühr des § 63 beanspruchen dürfe, läßt unentschieden, welche Gebühr erwirkt sein soll, wenn es zu einer Hauptverh. gar nicht kommt oder der RA nicht in ihr tätig ist. Die Gebühr des § 63 ist ohne Hauptverh. nicht denkbar. Es bleibt also nur die Gebühr des § 67 übrig.

5. Der Anwalt, der gemäß § 140 Abs. 3 StPO zwar schon im Vorverfahren bestellt, aber in diesem nicht tätig gewesen ist, hat keinen Anspruch auf die Gebühr des § 67. Da die Vorbereitung der Verteidigung in der Hauptverh. durch die Pauschgebühr aus § 63 mit abgegolten wird, ist daneben noch die Gebühr aus § 67 nur begründet, wenn der RA noch ein

Mehreres getan hat, als er zur Vorbereitung der Verteidigung in der Hauptverh. ohnehin zu tun hatte, Preuß. JMBf v. 10. Juli 90 (BreslAKZ 72, NaumbAKZ 95) u. 14. Nov. 92 (KGBl 93 50), LGPräs Berlin I v. 4. März 92 und KGPräs v. 22. März 92 (KGBl 93 23), OLGPräs v. 17. Okt. 93 (NaumbAKZ 94 15), KGPräs v. 31. Mai 95 (NaumbAGZ 96 23), LG Neu-Ruppin (KGBl 94 29). Hat also der Anwalt nur die Akten eingesehen, sich mit dem Angekl. besprochen, oder eine andere Handlung vorgenommen, die zur Vorbereitung der Hauptverh. erforderlich war, so kann er die Gebühr aus § 67 auch dann nicht beanspruchen, wenn er die erwähnte Handlung vor der Eröffnung des Hauptverfahrens und gleichzeitig in der Absicht vorgenommen hat, zu prüfen, ob sich Einwendungen gegen die Eröffnung des Hauptverfahrens erheben ließen, da er zur Erfüllung dieser Absicht eine besondere Tätigkeit nicht aufgewendet hat, LG I Berlin, KGBl 93 9, 94 30; aM OLG Hamburg, DJZ 11 224, LG München ZDJ 13 167. Liegt aber eine Verteidigung im Vorverfahren vor, hat also der Anwalt eine Tätigkeit entwickelt, die über die Vorbereitung der Hauptverh. hinausging, so hat er neben der Gebühr aus § 63 auch die Gebühr aus § 67 erwirkt, ohne daß es auf den Umfang seiner Tätigkeit ankommt, da auch diese Gebühr eine Pauschgebühr ist. Er wird also die Gebühr aus § 67 beanspruchen können, wenn seine Tätigkeit sich auf die Anfertigung einer einzelnen bei Gericht überreichten sachlichen Eingabe beschränkt (s. hierzu OLG Köln, ZDJ 10 191). Auf die Gebühr aus § 69 darf er nur dann verwiesen werden, wenn er lediglich mit der Anfertigung des Schriftsatzes, nicht mit der Verteidigung im ganzen beauftragt war, Kronecker, Goltd 36 205; Walter-Joachim A. 6, OLG Karlsruhe, JW 89 90. Für eine Beweisaufnahme im Vorverfahren kann eine Gebühr neben der des § 67 nicht beansprucht werden, LG I Berlin, KGBl 96 109.

Die Ansicht, daß der RA die Gebühr des § 67 immer erwirkt hat, wenn er im Vorverfahren zur Wahrung und Geltendmachung der Rechte des Beschuldigten tätig gewesen ist, ohne daß die Tätigkeit das zur Vorbereitung für das Hauptverfahren erforderliche Maß überschritten hat, vertreten: OLGPräs Posen, NaumbAKZ 89 14; OLG Karlsruhe, JW 89 90, BadAKZ 97 15; OLG Jena, ThürBl 38 66; KG, JMBl 95 161; LG I Berlin, KGBl 90 95, 93 9, 94 112, 113; LG Gleiwitz, BreslAKZ 95 31; Meyer-Irmler A. 5; Walter-Joachim A. 5; Drucker A. III.

Die Anzeige der strafbaren Handlung und der Strafverfolgungsantrag sind als ein Teil des Vorverfahrens anzusehen, da der von diesen Anzeigen und Anträgen handelnde § 156 StPO im Gesetze selbst zum Vorverfahren gerechnet wird. Ist die Tätigkeit des Anwalts auf die Strafanzeige oder den Strafverfolgungsantrag beschränkt, so erhält er die Gebühr des § 69.

6. Für die Gebührenstufe kommt es darauf an, welches Gericht nach dem Gegenstande des Vorverfahrens zuständig sein würde, nicht vor welchem — wie im Falle des § 63 — in erster Instanz die Hauptverhandlung stattfindet, weil es sonst an einem Maßstab für diejenigen Sachen fehlen würde, in denen es zu einem Hauptverfahren nicht kommt, Mot. 76.

In den zur Zuständigkeit der Strafkammern gehörigen Sachen beträgt also die Gebühr immer 10 M., auch wenn nach Erhebung der Anklage die Sache gemäß § 75 GVG von der Strafkammer dem Schöffengericht überwiesen wird.

7. Für die Verteidigung in Privatklagesachen ist die Gebühr des § 67 ebenso wie im ordentlichen Prozesse begründet, wenn der Verteidiger in dem Prozeßabschnitte zwischen der Klageerhebung und dem Eröffnungsbeschlusse tätig wird. Dieser Prozeßabschnitt ist nämlich in Privatklagesachen ebenso wie im ordentlichen Prozesse als Vorverfahren anzusehen. Die StPO gebraucht den Ausdruck in dem Abschnitt über die Privatklage (§§ 414—434) allerdings nicht. Es findet auch weder ein Ermittelungsverfahren noch eine Voruntersuchung in Privatklagesachen statt. Das Verfahren beginnt mit der Erhebung der Klage (§ 421 StPO), und die Voruntersuchung ist gesetzlich ausgeschlossen (§ 176 Abs. 3 StPO). Das Verfahren nach § 199 findet ebenfalls nicht statt (§ 199 Abs. 4). Es ist aber in den §§ 422, 423 für Privatklagesachen ein ähnliches Verfahren vorgeschrieben, insofern auch hier vor Eröffnung des Hauptverfahrens die Klage dem Beschuldigten zur Erklärung mitzuteilen ist und der Beschuldigte Einwendungen gegen die Eröffnung des Hauptverfahrens geltend machen und Widerklage erheben kann (§ 428 StPO). Das Gericht kann darauf einzelne Beweise erheben und aus formellen oder sachlichen Gründen die Eröffnung des Hauptverfahrens ablehnen. Gegen den abweisenden Beschluß steht dem Privatkläger die sofortige Beschwerde zu (§§ 423, 209), und das Beschwerdegericht kann zum Zwecke der Entscheidung neue Ermittelungen anstellen. Diese Maßnahmen sind, da die Klage nicht im Sinne der §§ 156ff. StPO vorbereitet wird, für das Privatklageverfahren wichtiger als für den ordentlichen Prozeß (vgl. Mot. zu § 423 StPO). Zu dem mit dem Eröffnungsbeschlusse beginnenden Hauptverfahren können sie aber keinesfalls gerechnet werden. Ein Unterschied zwischen dem Privatklageverfahren und dem öffentlichen Anklageprozeß ist vom Gesetz überhaupt nur insoweit beabsichtigt, als an die Stelle des Staatsanwalts der Privatkläger tritt. Im übrigen ist das Verfahren in Privatklagesachen dasselbe, wie bei der öffentlichen Klage (§§ 423, 424 StPO), daher kann man unbedenklich den dem Eröffnungsverfahren vorausgehenden Prozeßabschnitt als Vorverfahren bezeichnen.

8. Für die Verteidigung in diesem als Vorverfahren des Privatklageverfahrens zu bezeichnenden Prozeßabschnitte erhält der RA die Gebühr des § 67. Eine Beschränkung des § 67 auf den ordentlichen Prozeß ist weder aus dem Gesetze selbst noch aus den Motiven zu entnehmen. Der Wortlaut dieses Paragraphen ist ebenso allgemein wie der des § 63, dessen Anwendbarkeit auf das Privatklageverfahren nicht bezweifelt wird. Die RAGebO stellt überhaupt, soweit es sich um die Verteidigung des Angekl. handelt, für das Privatklageverfahren, abgesehen von den Bestimmungen der §§ 64 Abs. 2, 65, keine besonderen Grundsätze auf. Es muß daher der § 67 auf die Verteidigung des Angekl. im Privatklageverfahren nach denselben Grundsätzen angewandt werden, wie in dem Verfahren auf öffentliche Klage.

Nach § 73 Abs. 1 gelten für die Vertretung eines Privatklägers die Gebühren für die Verteidigung im Anklageprozeß entsprechend. Daher ist § 67 auch auf die Vertretung des Privatklägers in dem Prozeßabschnitte zwischen Erhebung der Privatklage und dem Eröffnungsbeschluß anzuwenden. Ein Unterschied würde um so weniger gerechtfertigt erscheinen, als das Gesetz den Privatkläger und Angekl. auch anderweit gleichstellt (StPO §§ 418, 427).

9. Durch die Gebühr des § 63, die der Anwalt für die Vertretung des Privatklägers und für die Verteidigung des Angekl. in der Hauptverh. zu beanspruchen hat, wird für das Privatklageverfahren die Gebühr des § 67 ebensowenig ausgeschlossen wie für den ordentlichen Prozeß. Die Zulässigkeit der Zurückweisung und der Zurücknahme (§§ 423, 431 StPO) der Privatklage hat zur Folge, daß das Verfahren häufiger als im ordentlichen Prozesse vor der Hauptverh. seine Erledigung findet. Auch dies führt dazu, in solchen Fällen die Gebühr des § 67 zuzulassen, da die Gebühr des § 63 voraussetzt, daß eine Hauptverh. stattgefunden hat. Ebenso wird man die Gebühr des § 67 auch dann zulassen müssen, wenn die Verteidigung oder Vertretung in der Hauptverh. von einem anderen Anwalt als demjenigen, der vorher damit befaßt gewesen ist, geführt wird. Gewährt man beide Gebühren, sobald die Verteidigung oder Vertretung im Vorverfahren und in der Hauptverh. in den Händen verschiedener Anwälte liegt, so läßt sich kein Grund absehen, weshalb deren Zulässigkeit nebeneinander dann ausgeschlossen sein sollte, wenn derselbe Anwalt sowohl im Vorverfahren als auch in der Hauptverh. tätig ist.

10. Dagegen, daß die Gebühr des § 67 im Privatklageverfahren zulässig ist, spricht auch nicht § 73 Abs. 2, wonach die Anfertigung der Privatklage für den RA die im § 67 bestimmte Gebühr begründet. Nach den Motiven (79) trifft diese Bestimmung den Fall, „daß dem RA lediglich die Anfertigung der Privatklage übertragen ist". Man meint nun, daß diese Bestimmung überflüssig wäre, wenn es im Privatklageverfahren ein Vorverfahren im Sinne des § 67 gäbe. Denn da nach § 73 Abs. 1 die Vertretung des Privatklägers der Verteidigung des Angekl. hinsichtlich der Gebühren gleichgestellt sei und die Privatklage in das Gebiet des Vorverfahrens falle, so habe es bei Anwendung des § 67 nach der allgemeinen Vorschrift des § 73 Abs. 1 der besonderen Bestimmung des § 73 Abs. 2 nicht bedurft, um die Gebühr des § 67 für die Fertigung der Privatklage zu begründen. Mit dieser Folgerung gelangt man dazu, die Gebühr des § 73 Abs. 2 zu versagen, sobald der Anwalt die Gebühr des § 63 für die Verteidigung in der Hauptverh. erhält, weil die Gebühr des § 73 Abs. 2 nur dem Anwalte zustehe, der lediglich die Privatklage fertigt und in der Hauptverh. nicht tätig ist. Die Motive wollen aber keineswegs die Fertigung der Privatklage in Gegensatz zur Verteidigung in der Hauptverh. bringen, sondern sagen, daß die Gebühr des § 67 dem Anwalte schon dann zusteht, wenn er die Privatklage fertigt und sonst weder im Vor- noch im Hauptverfahren tätig ist. Fehlte die Bestimmung des § 73 Abs. 2, so würde für die Fertigung der Privatklage nur die Gebühr des § 69 berechnet werden können. Das Gesetz wollte aber „wegen der mit dieser Arbeit verbundenen Information eine höhere Gebühr als die im § 69 angegebene festsetzen" (Mot. 79) und hat deshalb die Bestimmung des § 73 Abs. 2 getroffen. Sie bildet eine Ausnahme von dem allgem. Grundsatze des § 73 Abs. 1 und war daher nicht überflüssig. Ist die Gebühr des § 67 schon für die bloße Anfertigung der Privatklage zu gewähren, dann muß auch um so mehr diese Gebühr für die gesamte Verteidigung oder Vertretung im Vorverfahren zugebilligt werden. Die Gebühr kann nur einmal zum Ansatze kommen. Neben der Gebühr für die Fertigung der Klage darf also nicht noch eine besondere Gebühr für die weitere Vertretung im Vorverfahren berechnet werden.

Beschränkt sich in Privatklagesachen die Tätigkeit des Anwalts im Vorverfahren auf die Fertigung einzelner Anträge und Gesuche, so steht ihm nur die Gebühr des § 69 zu. Die Gebühr des § 67 ist nur dann begründet, wenn der Anwalt die gesamte Vertretung des Privatklägers oder des Beschuldigten bereits im Vorverfahren übernimmt, also Vollmacht überreicht und Zustellungen entgegennimmt, etwaige Termine wahrnimmt und Erklärungen abgibt. Hat er die Privatklage gefertigt, so steht ihm die Gebühr jedenfalls zu, auch neben der des § 63. Wegen des Sühneverfahrens s. § 69 A. 2d. Dasselbe muß von dem Verteidiger des Angeklagten gelten, der im Vorverfahren Widerklage erhoben hat, LG Breslau, BreslAKZ 92 51.

Die Auffassung, daß auch in Privatklagesachen ein Vorverfahren im Sinne der RAGebO anzunehmen sei, ist gegenwärtig herrschend. Dafür haben sich erklärt: OLG Celle, LG Magdeburg, Erfurt, Halle, Naumburg, Berlin I, NaumbAKZ 90 55; 85 367, 398, 89 92; 87 46, 91 47; 93 77, 95 111; 95 49; 89 14, KGBl 97 55; LG Gleiwitz, Hirschberg, Glogau, Breslau, Beuthen, Öls, BreslAKZ 83 13; 88 8; 88 13; 88 54, 90 44; 91 7; 91 24; 91 79; LG Altona, JW 85 113; Meyer-Irmler A. 3, Pfafferoth A. 5, Drucker A. IV, Walter-Joachim A. 4.

AM LG Ravensburg, DJZ 62 127; LG Erfurt, Halle, Torgau, NaumbAKZ 82 84; 85 351, 87 66, 88 46, 89 67, 94 22; 96 91; LG Schweidnitz, Öls, Neiße, BreslAKZ 88 14; 88 46; LG II Berlin, KGBl 91 64, 99 6.

11. Unter den „zur Zuständigkeit des Reichsgerichts gehörigen Sachen" sind die zu verstehen, in denen das RG in erster und letzter Instanz zuständig ist, GVG § 136 Nr. 1.

12. Für die Vertretung des Privatklägers können Gebühren gefordert werden a) aus den §§ 63, 73 Abs. 1 mit 12 M., b) aus § 65 mit 6 M., c) aus §§ 67 Nr. 1 u. 73 Abs. 2 mit 6 M. Diese Gebühren umfassen die gesamte Tätigkeit im Privatklageverfahren, auch wenn die Bestrafung des Klägers durch Widerklage vom Beschuldigten beantragt und über Klage und Widerklage gleichzeitig erkannt wird (StPO § 428), weil es sich um ein einheitliches Verfahren handelt und dem RA die gesamte Vertretung des Privatklägers, wie sie im Vorverfahren und in der Hauptverhandlung nach den zulässigen Anträgen nötig wird, übertragen ist. Vgl. § 72 A. 2.

13. Die Gebühr aus § 67 verdient der RA neben der aus § 63 als selbständige Gebühr, so daß auch ein besonderer Pauschsatz nach § 76 Abs. 2 zu berechnen ist.

§ 68. Fünf Zehnteile der im § 63 bestimmten Sätze stehen dem Rechtsanwalte zu für Anfertigung:

1. einer Schrift zur Rechtfertigung einer Berufung;
2. einer Schrift zur Begründung einer Revision;
3. eines Antrags auf Wiederaufnahme des Verfahrens;
4. eines Gnadengesuchs.

Die Stufe bestimmt sich nach der Ordnung des Gerichts, welches in erster Instanz erkannt hat.

§ 69. Für Einlegung eines Rechtsmittels sowie für Anfertigung anderer, als der im § 68 bezeichneten Anträge, Gesuche und Erklärungen erhält der Rechtsanwalt je 2 Mark.

1. Die in den Fällen der §§ 68 Nr. 1—3, 69 festgesetzte Gebühr ist nur dann erwirkt, wenn Auftrag und Tätigkeit des Anwalts auf die Anfertigung der bezeichneten Schriftstücke allein und losgelöst von der Verteidigung in der Hauptsache beschränkt bleiben, Mot. 77. Ist der Anwalt mit der Vertretung oder Verteidigung für das Vor- oder Hauptverfahren beauftragt, so werden die bezeichneten schriftlichen Arbeiten durch die Pauschgebühr für das betreffende Verfahren mit abgegolten, § 70. Für den Antrag auf Wiederaufnahme des Verfahrens (StPO § 406) steht dem Anwalte die Gebühr des § 68 dann zu, wenn ihm nicht die Vertretung in dem Wiederaufnahmeverfahren selbst übertragen ist. Die Gebühr ist durch die Anfertigung, der nach § 5 die Unterzeichnung gleichsteht, erwirkt, ohne daß es der Einreichung bei Gericht bedarf. Für die Anfertigung von Gegenerklärungen auf die zu Nr. 1—3 bezeichneten Schriftstücke wird nach § 89 die Gebühr des § 68 zu bewilligen sein, OLG Breslau, ZDJ **12** 163, Walter-Joachim A. 4; aM OLG Hamburg, Rsp **11** 342, das nur die Gebühr des § 69 zubilligt. Gnadengesuche gehören niemals zur Hauptverhandlung, sind also stets nach § 68 zu vergüten. Die Gebühr des § 68 ist beschränkt auf die Hälfte der Sätze des § 63. Die in den §§ 64, 65 vorgesehenen Erhöhungen bleiben außer Betracht.

2. Als Beispiele zu § 69 führen die Motive auf: Beschwerdeschriften (StPO §§ 348ff.), Anträge auf Entlassung aus der Haft, auf Ladung von Zeugen, Mot. 77. Die Praxis rechnet hierher weiter den Einspruch gegen einen amtsrichterlichen Strafbefehl (§ 449 StPO) und den Antrag auf gerichtliche Entscheidung gegen eine polizeiliche Strafverfügung (Goltd **41** 1, vgl. § 67 A. 3) oder gegen den Strafbescheid einer Verwaltungsbehörde, §§ 453 Abs. 3, 454, 459 StPO. Ferner werden mit Rücksicht auf die allgemeine Fassung des § 69 und die Ausführung der Motive S. 77, wonach die Gebühr des § 69 bestimmt ist, „für alle übrigen einzelnen Tätigkeiten, welche dem RA als Verteidiger in Strafsachen übertragen werden können", hierher zu zählen sein:

a) Der Antrag auf Zuerkennung einer Buße; aM ($^5/_{10}$ der Sätze des § 63): Walter-Joachim Vorb. III, 4.

b) Die Ausübung der nach § 200 StGB dem Beleidigten zuerkannten Befugnis, die Verurteilung des Angekl. öffentlich bekannt zu machen; denn diese Publikationsbefugnis ist nicht als ein Akt der Zwangsvollstreckung, sondern nur als Privatgenugtuung des Privatklägers aufzufassen, Olshausen StGB § 200 A. 4, LG Nordhausen, Torgau, Halle, NaumbAKZ **87** 13, **87** 87, **94** 68, LG Hirschberg, BreslAKZ **95** 44, **96** 53, LG Schweinfurt, ZDJ **11** 189; Pfafferoth § 70 A. 3. Dagegen bewilligen in Anlehnung an § 23² $^3/_{10}$ der Gebühr des § 63 Walter-Joachim Vorb. III, 5, LG I, II Berlin, KGBl **90** 59, **95** 58, Magdeburg, NaumbAKZ **98** 77, OLG Breslau, Recht **12** Nr. 1089, LG Neuburg, Landshut JW **11** 1021, **13** 349. Es bewilligen die Zwangsvollstreckungsgebühr des § 23 Nr. 2, berechnet von einem nach § 10 GKG zu schätzenden Objekt: LG Halle, Torgau, NaumbAKZ **86** 70; **87** 87; Meyer-Irmler Vorbem. A. e.

Merzbacher § 70 A. 3c gewährt eine besondere Vergütung nach Analogie des § 75[2]; LG Göttingen, JW 11 419. Jede Vergütung versagen: LG Halle, Magdeburg, Potsdam, NaumbAKZ 86 94, 87 13; 89 40; 98 45. Dieselben Grundsätze gelten in anderen Fällen der Publikationsbefugnis.

c) Anträge und Beschwerden an die Staatsanwaltschaft, insbesondere auch die Strafanzeige und der Strafverfolgungsantrag. AM Walter-Joachim, Vorb. IV, A ($^5/_{10}$ der Gebühr des § 63) und KG, KGBl 05 44.

d) Anträge auf Anberaumung eines Sühnetermins vor der Vergleichsbehörde (§ 420 StPO; prSchiedsmannsordnung v. 29. März 1879). Für die beratende Tätigkeit im Sühneverfahren vor der Vergleichsbehörde erhält der mit der Vertretung im Privatklageverfahren beauftragte RA keine besondere Gebühr. Beschränkt sich aber seine Tätigkeit auf die Vertretung im Sühneverfahren, so wird die Gebühr des § 67[1] dem RA zuzubilligen sein. AM Walter-Joachim, Vorb. IV, B, der diese Gebühr neben der aus § 67 gewährt; LG Essen, DJZ 13 472.

e) Die Gebühr aus § 69, nicht die des § 67, ist bewilligt worden für den Antrag auf Verwerfung der Berufung, der nach deren vor Anberaumung des Termins erfolgten Zurücknahme gestellt war, LG Kottbus, KGBl 09 108.

3. Von der Anwendbarkeit des § 69 ausgeschlossen sind außer den in § 68 erwähnten die in § 73 Abs. 2 und § 74 gedachten Schriften.

4. Die Gebühr des § 69 wird zwar durch die Pauschgebühren der §§ 63, 66, sofern diese dem RA zustehen, ausgeschlossen, ist aber selber keine Pauschgebühr, kann deshalb in derselben Instanz mehrfach berechnet werden. Ist dem RA die Verteidigung im Privatklageverfahren übertragen, so darf er für Anfertigung der Erklärung auf die Privatklage zwar aus § 67, nicht aber außerdem noch für einzelne Schriftsätze aus § 69 Gebühren fordern, LG Halle, NaumbAKZ 89 91. Die Anfertigung der Anschlußerklärung für den Nebenkläger fällt in die Instanz, ist also nicht besonders zu vergüten, OLG Rostock, MecklZ 1 39; OLG München, Goltd 44 292. Für Anfertigung eines Schriftstücks nach Eröffnung des Hauptverfahrens ist die Gebühr aus § 69 nur begründet, wenn die Anfertigung losgelöst von der Verteidigung in der Hauptverhandlung übertragen ist, Meyer-Irmler A. 2. Wegen Anrechnung der Gebühr aus § 69 auf die Gebühr aus § 68 Nr. 1 und 2 vgl. § 71. Erhöhung bei Verteidigung mehrerer Angeklagten: § 72.

§ 70. Die in den §§ 63 bis 66 sowie die im § 67 bestimmten Gebühren umfassen die Anfertigung der zu derselben Instanz oder zu dem Vorverfahren gehörigen Anträge, Gesuche und Erklärungen, sowie die Einlegung von Rechtsmitteln gegen Entscheidungen oder Verfügungen derselben Instanz oder des Vorverfahrens.

1. „In dem § 70 ist ausgesprochen, für welchen Umfang des Verfahrens die festgesetzte Pauschgebühr Platz greift.

Was das Vorverfahren anbelangt, so soll die im § 67 bestimmte Pauschgebühr das ganze Vorverfahren umfassen, so daß alle Erklärungen, Gesuche, Beschwerden im Laufe desselben durch diese Gebühr gedeckt und neben derselben keine besonderen Einzelgebühren gewährt werden.

Ingleichen sollen die im § 63 für das Hauptverfahren in der ersten Instanz und im § 66 für das Hauptverfahren in den höheren Instanzen festgesetzten Gebühren nicht bloß eine Vergütung für die Verteidigung in der Hauptverhandlung, sondern auch für die übrige Tätigkeit des RA in der betreffenden Instanz gewähren. Die Information, welcher der RA zur Führung der Verteidigung überhaupt bedarf, reicht auch für die Anfertigung von schriftlichen Anträgen in der Instanz völlig aus, und diese selbst können nach der Natur des ganzen Verfahrens der Regel nach nicht so schwierig sein, um eine besondere Gebühr zu rechtfertigen.

Unter den Begriff der „Einlegung von Rechtsmitteln" fallen nicht die Rechtfertigung einer Berufung oder die Stellung von Revisionsanträgen und deren Begründung (§§ 355, 358, 381, 385 StPO). Dem RA, der die Verteidigung in der Vorinstanz geführt hat, steht sonach für die Anfertigung der Berufungs- bzw. Revisionsschriften die Gebühr des § 68 besonders zu, vorausgesetzt daß er nicht auch die Verteidigung in der betreffenden höheren Instanz führt; denn letzterenfalls umfaßt die ihm für die höhere Instanz zukommende Pauschgebühr (§ 66) zufolge der Vorschrift des § 70 auch die Anfertigung dieser Schriften," Mot. 77, 78.

2. Auch die Gebühren in Privatklagesachen sind Pauschgebühren, durch welche die gesamte Tätigkeit des RA in dem gerichtlichen Verfahren abgegolten wird. Wird in der Privatklagesache ein Vergleich geschlossen, so kann dafür der Anwalt die regelmäßigen Gebühren (§§ 63, 65, 67), nicht aber die Vergleichsgebühr aus § 13³ beanspruchen, LG Hirschberg, BreslAKZ 88 28, OLG Zweibrücken, JW 12 552, LG Bamberg, SeuffBl 76 439; Walter-Joachim § 65 A. 27. Wenn vor Eintritt in die mündliche Verhandlung der Rechtsstreit durch Vergleich erledigt wird, so kann die volle Gebühr der §§ 63, 67 dem im Termin erschienenen Anwalt nicht bewilligt werden, weil er die daselbst vorgesehene Tätigkeit nicht zur vollständigen Ausführung hat bringen können, sondern nur vorbereitet hat. In solchem Falle finden die §§ 89, 90 Anwendung und es erscheint danach ein Betrag von $^5/_{10}$ des vollen Gebührensatzes angemessen, OLG Braunschweig, Goltd 40 169; LG I Berlin, KGBl 91 50; Meyer-Irmler Vorbem. A. 4. AM LG Halberstadt, NaumbAKZ 90 64, welches nur 2 M. zubilligt. Die Anfrage eines Parteivertreters im Privatklageverfahren, ob das Urteil rechtskräftig geworden sei, gehört zur Instanz, LG Naumburg, Halle, NaumbAKZ 94 53, 94 120, 98 70. AM LG Halle, NaumbAKZ 94 53.

§ 71. Auf die Gebühr für Rechtfertigung der Berufung (§ 68 Nr. 1) und auf die Gebühr für Begründung der Revision (§ 68 Nr. 2) wird die Gebühr für Einlegung des Rechtsmittels (§ 69) angerechnet.

Beide Gebühren (§§ 68, 69) werden aber dadurch ausgeschlossen, daß dem RA die Pauschgebühren der §§ 63, 66 zustehen, § 70.

§ 72. Im Falle der Verteidigung mehrerer Beschuldigter durch einen gemeinschaftlichen Verteidiger erhöhen sich die Gebühren um fünf Zehnteile.

1. Der § 72 gilt auch für den Fall des § 67 und ebenso entsprechend für die Fälle der §§ 68, 69, wenn der Anwalt für die mehreren Beschuldigten Einen Schriftsatz gefertigt hat. Sobald aber für jeden von mehreren Beschuldigten ein besonderer Schriftsatz gefertigt werden muß, ist auch für jeden

Schriftsatz die volle Gebühr erwirkt, Meyer-Irmler A. 4, Pfafferoth A. 2, Walter-Joachim A. 4.

2. Voraussetzung für die Anwendung des § 72 ist eine Mehrheit von Personen, von denen eine jede selbständig die Dienste des RA in Anspruch nimmt. Dies ist auch der Fall, wenn ein RA mehrere Privatkläger oder Nebenkläger vertritt (§ 73). Ebenso ist § 72 auch dann anzuwenden, wenn gemäß §§ 424, 236 StPO mehrere bei demselben Gericht anhängige Straf- oder Privatklagesachen miteinander verbunden und in der Hauptverhandlung die mehreren Privatkläger oder Angeklagten von demselben Rechtsanwalte vertreten werden, während die vor dieser Verbindung geübte Tätigkeit des RA in jeder Sache besonders und unverkürzt zu vergüten ist. Für den Fall, daß in Privatklagesachen eine Widerklage erhoben wird, die in demselben Verfahren zur gleichzeitigen Verhandlung und Entscheidung gelangt, kann § 72 nicht herangezogen werden, weil für ihn die Mehrheit der Parteirollen, welche eine Person in sich vereinigt, ebenso bedeutungslos ist, wie die Vereinigung mehrerer Anklagepunkte gegen einen Beschuldigten, LG I Berlin, KGBl **93** 71; LG Offenburg, BadAKZ **95** 19; LG Halle, NaumbAKZ **96** 61; OLG Darmstadt, DJZ **99** 260; LG Karlsruhe, BadAnn **50** 351, BadRPrax **04** 313; Drucker A. 2; Meyer-Irmler A. 3; Pfafferoth § 73 A. 4; Merzbacher § 72 A. 5. AM LG Breslau, Liegnitz, BreslAKZ **92** 51; **95** 75; LG Karlsruhe, BadAKZ **94** 22, **95** 37; Walter-Joachim A. 8; Fischer, SeuffBl 77 566. § 72 gilt auch nicht für den RA, der im Privatklageverfahren einen einzelnen vertritt, während der Gegner aus einer Personenmehrheit besteht.

3. Die Gebührenerhöhung des § 72 kann mit der des § 64 zusammentreffen. Verteidigt der RA in einer Schwurgerichtssache mehrere Angeklagte, so erhält er, wenn die Sache an einem Tage erledigt wird, nach §§ 63, 72: 60 M., wenn die Verhandlung sich auf mehrere Tage erstreckt, für jeden weiteren Tag: 30 M.

Wenn in Privatklagesachen gleichzeitig § 72 und § 65 vorliegt, so ist die Gebühr aus § 63 und § 65 zusammenzurechnen und um $^5/_{10}$ zu erhöhen. Bezieht sich also die Verteidigung auf mehrere Angeklagte und hat bezüglich aller Beweisaufnahme stattgefunden, so sind zu berechnen 12 + 6 = 18 + 9 M. = 27 M. Hat dagegen die Beweisaufnahme nur einen Mitangeklagten betroffen, so scheidet § 65 gegen die übrigen Mitangeklagten aus, so daß nur die Gebühr des § 63 um $^5/_{10}$ gesteigert werden kann und die Gebühr aus § 65 diesem Betrage einfach hinzuzurechnen ist. Die Berechnung gestaltet sich also in diesem Falle auf 12 + 6 + 6 = 24 M. So auch Meyer-Irmler A. 4; aM Walter-Joachim A. 13, der es für unerheblich erachtet, ob die Beweisaufnahme auf alle oder mehrere Privatkläger oder Angekl. sich erstreckt oder nur auf einen der mehreren Beteiligten.

4. Wegen der Haftung der einzelnen Beteiligten: § 3. Eine Beteiligung mehrerer Personen liegt nicht vor, wenn eine zweite Person nur als Beistand des Privatklägers oder des Beschuldigten auftritt; wohl aber, wenn neben dem Verletzten eine Person in Geltendmachung des ihr zustehenden Rechtes, selbständig auf Bestrafung anzutragen, auftritt, StGB §§ 195, 196, 232; Mot. zu § 73 GKG.

§ 73. In Ansehung der Gebühren für Vertretung eines Privatklägers, eines Nebenklägers oder einer Verwaltungsbehörde (Strafprozeßordnung § 464) kommen die Bestimmungen über die Gebühren für die Verteidigung zur entsprechenden Anwendung.

Die Anfertigung einer Privatklage begründet für den Rechtsanwalt die im § 67 Nr. 1 bestimmte Gebühr.

1. Abs. 1. Die Vertretung des Privatklägers ist gebührenrechtlich der Verteidigung des Angekl. gleichgestellt, so daß auch bei ihr die Erhöhungen aus den §§ 65 und 72 eintreten. Bei der Vertretung des Nebenklägers ist nur die Erhöhung aus § 72, nicht aber die aus § 65 zulässig, da im § 65 nur von den auf Privatklage verhandelten Sachen die Rede und überdies das Verfahren bei der Nebenklage anders gestaltet ist, als das bei der Privatklage, ebenso Meyer-Irmler A. 3, Walter-Joachim A. 4, LG Karlsruhe, BadAKZ 94 22; aM OLG Rostock, MecklZ 1 39. Die Erhöhung aus § 72 tritt nur ein für denjenigen RA, der eine aus einer Personenmehrheit bestehende Partei vertritt, nicht auch für den Gegenanwalt, der nur einen einzelnen als Partei vertritt, OLG Rostock, DJZ 4 260. Im Falle der Vertretung einer Verwaltungsbehörde versagt die Anwendbarkeit des § 72. Die Erhöhung des § 64 ist begründet für den Vertreter des Nebenklägers oder einer Verwaltungsbehörde, nicht auch für den Vertreter des Privatklägers, § 64 Abs. 2.

2. Abs. 2. Steht dem RA nach § 67 A. 7—10 für die Vertretung in dem dem Eröffnungsbeschlusse voraufgehenden Verfahren die Gebühr aus § 67[1] zu, so erhält er nicht nochmals die Gebühr des § 67 für die Anfertigung der Privatklage oder für die Stellung des Strafantrags des Nebenklägers, BayObLG, SeuffBl 78 556. Der Grundsatz von der gleichen Rechtsstellung beider Parteien führt zu der Annahme, daß die Gebühr des § 73 Abs. 2 auch für die Anfertigung einer Gegenerklärung auf die Privatklage (StPO §§ 422, 423) Anwendung finden muß und daß auch hierfür die Gebühr des § 67, gegebenenfalls neben der des § 63 erwirkt ist. Die Erhöhung nach § 72 ist auch im Falle des § 73 Abs. 2 nicht ausgeschlossen, Meyer-Irmler A. 5, Walter-Joachim A. 5.

§ 74. Für Anfertigung eines Antrags auf gerichtliche Entscheidung im Falle des § 170 der Strafprozeßordnung erhält der Rechtsanwalt die im § 67 bestimmten Sätze.

1. Der Anfertigung des Antrags steht dessen Unterzeichnung gleich, § 5. Wird der Antrag für mehrere Verletzte gestellt, so tritt die Erhöhung aus § 72 ein. Allerdings bezieht sich § 72 nur auf den Fall der Verteidigung, während § 74 die Tätigkeit des RA bei der Verfolgung zum Gegenstande hat. Indessen trifft der gesetzliche Grund des § 72, die Mehrarbeit, welche dem RA aus der Beteiligung mehrerer Auftraggeber erwächst, abzugelten, den Fall des § 74 nicht minder wie den des § 72, da das Maß der Arbeit des RA in beiden Fällen das gleiche ist, Walter-Joachim A. 3, Merzbacher A. 4, Sydow-Busch A. 2; aM Drucker A. 1, Meyer-Irmler A. 2, Pfafferoth A. 3.

2. Für die Beschwerde über die Ablehnung des in § 74 bezeichneten Antrags ist die Gebühr nach § 69 zu berechnen, Meyer-Irmler A. 3, Merzbacher A. 3, Pfafferoth A. 4; aM Walter-Joachim A. 4, wonach auch für die Beschwerde die Gebühr aus § 74 zu berechnen sein soll.

§ 75. Nach Maßgabe der Vorschriften des zweiten Abschnitts (§ 23) stehen dem Rechtsanwalte Gebühren besonders zu für die Vertretung:

1. in dem Verfahren behufs Festsetzung der zu erstattenden Kosten (Strafprozeßordnung § 496 Abs. 2);
2. in der Zwangsvollstreckung aus Entscheidungen, welche über eine Buße oder über Erstattung von Kosten ergangen sind (Strafprozeßordnung §§ 495, 496).

1. Die Gebühren betragen in jedem der beiden bezeichneten Fälle $^3/_{10}$ der in den §§ 13—17 bestimmten Gebühren unter Zugrundelegung des Betrags der zu erstattenden Kosten oder der beizutreibenden Buße. Treffen beide Fälle zusammen, so werden die Gebühren für jeden Fall besonders erhoben.

2. Nr. 1 bezieht sich sowohl auf die Erstattung zwischen dem Beschuldigten und dritten Personen (Privatkläger, Nebenkläger, Verletzten, Anzeiger), als auf das Verfahren, betreffend die Erstattung der dem Angeschuldigten erwachsenen Kosten aus der Staatskasse (StPO §§ 499, 505), PrAVf v. 15. März 92, JMBl 109. Dagegen bezieht sich die Vorschrift nicht auf die Einforderung der dem bestellten Verteidiger nach § 150 StPO aus der Staatskasse zu zahlenden Verteidigungskosten, weil es sich bei diesen um keine Erstattung handelt, Meyer-Jrmler A. 2, Pfafferoth A. 3, Walter-Joachim A. 3. Die Gebühr für die Beschwerde des bestellten Verteidigers gegen Abstriche beträgt nach § 69: 2 M., OLG Karlsruhe, BadAnn **89** 311. Wegen des Begriffs des Kostenfestsetzungsverfahrens in Strafsachen s. oben S. 123.

Fünfter Abschnitt.

Auslagen.

Vorbemerkungen.

Der Grundsatz, daß dem RA notwendige und nützliche Auslagen, die er zum Zwecke der Ausführung des ihm erteilten Auftrags gemacht hat, zu erstatten sind, ergibt sich aus der Natur des Auftragsverhältnisses (BGB § 670). Besondere Bestimmungen sind nur für zwei Arten von Auslagen für erforderlich erachtet, nämlich für Schreib- und Postgebühren sowie für Geschäftsreisen, weil bei diesen die Ermittelung des für das einzelne Geschäft wirklich aufgewendeten Betrags auf Schwierigkeiten stößt, so daß es richtiger erscheint, ein für allemal Vergütungssätze zu bestimmen, Mot. 79, 80.

Wie schon nach früherem Rechte (RG **21** 349ff.), so handelt es sich auch jetzt bei §§ 76, 78 um die Vergütung der von dem RA regelmäßig gemachten Aufwendungen, die ihm durch Pauschsätze vergütet werden. Die Pauschsätze sind also keine Gebühren, d. h. Entlohnungen für seine Tätigkeit, sondern dienen der Abgeltung seiner Auslagen, RG **78** 125; **75** 311. Dagegen sieht das KG, JMBl **12** 17, KGJ **42** B 334, die Pauschsätze des PrGKG § 112 als Gebührenanhänge an; abw. Recht **12** 101. Die Pauschsätze des § 76 beurteilt als Gebühren: das OVG **59** 471, JW **12** 765, 1078; s. auch Priester, JW **11** 526.

Da der RA seinem Auftraggeber nur notwendige oder nützliche Auslagen in Rechnung stellen darf, so kann die obsiegende Partei von dem unterlegenen Gegner auch nur solche Auslagen erstattet verlangen. Es muß daher im KostenfestsVerfahren trotz § 91 Abs. 2 ZPO die Notwendigkeit oder Nützlichkeit der geforderten Auslagen immer geprüft werden, RG 13 312, 26 378.

§ 76. **(Fassung von 1909.)** Für die Herstellung des Schreibwerkes sowie zum Ersatze der Postgebühren seiner Sendungen erhält der Rechtsanwalt Pauschsätze, soweit Schreibwerk und Postsendung innerhalb des Rahmens einer gebührenpflichtigen Tätigkeit vorkommen.

Der einzelne Pauschsatz beträgt zwanzig vom Hundert der zum Ansatze gelangenden Gebühr, jedoch höchstens dreißig Mark und mindestens fünfzig Pfennig, in der Zwangsvollstreckungsinstanz mindestens zwei Mark. Die Vorschrift des § 7 Abs. 2 des Gerichtskostengesetzes findet Anwendung.

Steht dem als Prozeßbevollmächtigten bestellten Rechtsanwalte nach § 13 Nr. 1, §§ 19, 52 die Prozeßgebühr zu, so beträgt die Summe der in einer Instanz anzusetzenden Pauschsätze mindestens vier Mark und höchstens fünfzig Mark und, wenn dem Rechtsanwalt auch nach § 13 Nr. 4, §§ 19, 52 die Beweisgebühr oder nach § 13 Nr. 3, §§ 19, 52 die Vergleichsgebühr zusteht, mindestens sechs Mark und höchstens sechzig Mark; die Vorschriften des § 27 Abs. 1, des § 28 und des § 30 Abs. 1 Nr. 3 finden keine Anwendung.

In den Fällen der §§ 43 und 45 der Gebührenordnung für Rechtsanwälte werden die dem Prozeßbevollmächtigten und dem anderen Rechtsanwalte zustehenden Pauschsätze nach der Summe der beiden Anwälten zustehenden Gebühren berechnet. Von dem Betrage dieser Pauschsätze erhält der Prozeßbevollmächtigte zwei Dritteile, der andere Rechtsanwalt ein Dritteil.

Steht dem als Verteidiger oder als Vertreter eines Privatklägers, eines Nebenklägers oder einer Verwaltungsbehörde bestellten Rechtsanwalte die im § 63 bestimmte Gebühr zu, so beträgt der Pauschsatz mindestens vier Mark.

Neben den Pauschsätzen stehen dem Rechtsanwalte Schreibgebühren zu:

1. für die auf besonderes Verlangen gefertigten Abschriften;
2. für eine von ihm gefertigte beglaubigte Abschrift der Klageschrift, falls diese zur Herstellung einer Ausfertigung des Urteils (§ 317 Abs. 3 der Zivilprozeßordnung) benutzt wird;
3. für ein Schreibwerk, soweit es außerhalb des Rahmens einer gebührenpflichtigen Tätigkeit entsteht.

Für die Höhe der im Abs. 5 erwähnten Schreibgebühren sind die Vorschriften des § 80 des Gerichtskostengesetzes maßgebend.

Der Ansatz der im § 79 Nr. 2 des Gerichtskostengesetzes bezeichneten Gebühren wird durch den Pauschsatz nicht ausgeschlossen.

I. Die Novelle von 1909 hat zur Vergütung des Schreibwerkes und der Postgebühren Pauschsätze eingeführt. Durch die Pauschsätze wird das gesamte Schreibwerk mit Ausnahme der im Abs. 6 angeführten Schreibarbeiten abgegolten, soweit es zur Erledigung der in § 1 RAGebO genannten Angelegenheiten hergestellt wird. Auf den Umfang des Schreibwerkes kommt es nicht an; die Pauschsätze stehen dem RA auch zu, wenn er gar keine Postgebühren aufgewendet oder keine Schreibarbeiten geleistet hat, Verf. d. PrJustMin v. 20. Febr. 1911, JMBl 115, d. PrKriegsMin v. 21. Febr. 1911, JW **11** 418, OLGPräs Jena, JW **12** 607; JW **10** 733; Knebusch, JW **10** 385; aM Striemer, JW **10** 221, OLG Jena, Rsp **21** 400.

Da die Pauschsätze das Schreibwerk vergüten, das innerhalb des Rahmens einer gebührenpflichtigen Tätigkeit vorkommt, und zu diesem Schreibwerk alle die Schreibarbeiten gehören, die nach dem gewöhnlichen Geschäftsgange zum ordnungsmäßigen Betriebe notwendig sind, so sind die Pauschsätze ohne weiteres erstattungsfähig.

Andere bare Auslagen kann der RA nach wie vor auf Grund der §§ 675, 670 BGB von seinem Auftraggeber und dieser sie unter den Voraussetzungen des § 91 ZPO vom Gegner erstattet verlangen.

II. **1.** Der Pauschsatz beträgt $^1/_5$ der vom RA verdienten Gebühr. „Wie die Fassung des Abs. 2 (der einzelne Pauschsatz) und die Bestimmung des Abs. 3 über die Summe der in einer Instanz zu erhebenden Pauschsätze außer Zweifel stellt, wird der Pauschsatz von jeder zum Ansatze gelangenden Gebühr besonders erhoben, also wenn in einem Verfahren mehrere Gebühren angesetzt werden, mehrmals," KommBer 88; OLG Braunschweig, Rsp **27** 237. Voraussetzung ist aber, daß es sich um besondere selbständige Gebühren handelt. So bildet z. B. die Erhöhung der Gebühren aus §§ 17, 51, 52 mit den Grundgebühren nur eine Gebühr (s. auch A. V). Die Anrechnung von Gebühren beraubt die einzelnen Gebühren nicht ihrer Selbständigkeit (z. B. §§ 28, 37, 38). Der Pauschsatz ist daher auch von der dem RA zustehenden Gebühr, die durch die Anrechnung gekürzt wird, besonders zu berechnen. Sieht man (mit RG **78** 126, **75** 311 gegen KGJ **42** 332) in den Pauschsätzen nicht Gebühren, sondern die Ausgleichung einer durch Auslagen bewirkten Vermögensminderung, so kann der Pauschsatz der Gebühren, die durch die Anrechnung gekürzt werden, durch die Anrechnung der Gebühren nicht geschmälert werden. Vergl. § 28 A. 6, § 38 A. 5; aM Knebusch, JW **10** 384, Sydow-Busch A. 6. Das § 10 A. 49 Gesagte gilt auch für die Pauschsätze; einmal verdiente Pauschsätze können dem RA durch die Verbindung von Prozessen nicht genommen werden. Vergl. hierzu ZDJ **12** 94, 158, **13** 73.

2. Der Mindestbetrag des von einer einzelnen Gebühr zu berechnenden Pauschsatzes beträgt 50 Pf. und der Höchstsatz 30 M. Nur in der Zwangsvollstreckungsinstanz soll der Mindestsatz 2 M. betragen, der Höchstsatz bleibt der genannte. Dies gilt auch, wenn die Vollstreckungsgebühr nach § 14 nur zur Hälfte erwirkt ist.

Was zur Zwangsvollstreckungsinstanz gehört, ergibt sich aus den §§ 31 bis 36, wobei zu beachten ist, daß dort auch Handlungen angeführt sind, die noch außerhalb der eigentlichen Zwangsvollstreckung liegen; vgl. auch § 23 A. 17 und Rieß, JW **10** 602f.

3. Pfennigbeträge, die nicht durch zehn teilbar sind, sind nach § 7 Abs. 2 GKG auf den nächsthöheren durch zehn teilbaren Betrag abzurunden.

III. 1. **Abs.** 3 begrenzt die Pauschsätze nach oben und unten hin auf 50 M. und 4 M. für den Fall, daß der RA als Prozeßbevollmächtigter bestellt ist und als solcher nach § 13 Nr. 1, §§ 19, 52 die Prozeßgebühr verdient hat. Die Bestimmung gilt demnach nicht für alle die Fälle, in denen der RA nicht als Prozeßbevollmächtigter bestellt ist, z. B. §§ 43—48. Voraussetzung ist ferner, daß es sich um einen Rechtsstreit im ordentlichen Verfahren oder im Urkunden- oder Wechselprozesse in 1., 2. oder 3. Instanz handelt, in der der RA mit Rücksicht auf den Streitgegenstand die volle Gebühr des § 13 Nr. 1 erhält oder erhalten würde, wenn der Rechtsstreit im ordentlichen Verfahren in der ersten Instanz schwebte. Demnach genügt es nicht, daß die Gebühr des § 14 oder der §§ 20—24, 41 oder gar der §§ 37, 38 dem RA zusteht, OLG Dresden, JW **11** 1022; aM Sydow-Busch A. 10, bezüglich des § 14: Striemer, JW **10** 222; Knebusch, JW **10** 384. Dagegen hindert die Erhöhung des § 51 nicht die Anwendbarkeit des Abs. 3. Auch im Falle der §§ 28, 38 steht die Anrechnung der verdienten Gebühren auf die Prozeßgebühr der Anwendung des Abs. 3 nicht entgegen, da die Prozeßgebühr zunächst voll verdient und danach gekürzt wird, Knebusch, JW **10** 385; Münchener Anwaltsverein, JW **10** 598. Das Arrestverfahren selbst steht dem ordentlichen Verfahren gleich.

Durch Abs. 3 wird aber die Höchstgrenze des Abs. 2 für die einzelne Gebühr, auch für die Prozeßgebühr, nicht beseitigt, OLG Breslau, Rsp **23** 277.

Die Mindestgrenze von 4 M. ist indessen auch dann einzuhalten, wenn der Prozeßbevollmächtigte nur die Prozeßgebühr verdient hat, Striemer, JW **10** 221.

Die Grenzen der Pauschsätze betragen 6 M. und 60 M., wenn in den genannten Rechtsstreiten unter den angegebenen Voraussetzungen dem RA neben der Prozeßgebühr noch die Beweis- oder die Vergleichsgebühr zusteht.

2. Der Abs. 3 bedeutet hiernach, daß der Gesamtpauschsatz in den erwähnten Fällen, wenn die Summe der Einzelpauschsätze den Betrag von 4 (6) M. nicht erreicht oder den Betrag von 50 (60) M. übersteigt, auf diese Zahlen erhöht oder ermäßigt wird. Zu berücksichtigen sind aber nur die einzelnen Pauschsätze, die zu der betreffenden Instanz gehören, also z. B. nicht die Pauschsätze der Vollstreckungsinstanz.

Diese Höchst- und Mindestsätze gelten nämlich für jede Instanz besonders. Der Begriff der Instanz ergibt sich aus den §§ 26—36. Auch das Mahnverfahren steht außerhalb der Instanz, § 38 A. 6, aM Sydow-Busch A. 10.

3. Der Halbsatz 2 des Abs. 3 schafft nur eine Ausnahme insofern, als bestimmte Tätigkeiten, die für die Gebühren als besondere Instanz angesehen werden, für die Feststellung der Höchst- und Mindestsätze der in einer Instanz zur Hebung kommenden Pauschsätze nicht als besondere Instanz gelten sollen, JW **10** 693, 732, 776, 874, 925, **11** 127, 419; OLG Frankfurt, Stuttgart, Recht **12** Nr. 1086, **13** Nr. 763. Während also für das weitere Verfahren im Falle der Zurückverweisung einer Sache an das Gericht der unteren Instanz die Gebühren von neuem in Ansatz gebracht werden, soll für die Feststellung, ob sich die Pauschsätze innerhalb der in Abs. 3 gezogenen Grenzen halten, das weitere Verfahren nur als Fortsetzung des bisherigen Verfahrens gelten. Ebenso verhält es sich bei der Zurücknahme oder Verwerfung des Einspruchs, bei dem Arrestverfahren, dem

Nachverfahren im Urkundenprozesse, dem Kostenfestsetzungsverfahren und dem Verfahren aus § 109 ZPO in ihrem Verhältnisse zu dem ordentlichen Rechtsstreite.

4. Diese Bestimmung ist dahin zu verstehen, daß von den genannten Verfahrensabschnitten die Pauschsätze ohne weiteres nach Abs. 2 und, falls es zutrifft, in Verbindung mit Abs. 3 Halbsatz 1 zur Hebung gelangen, wie von jeder anderen Gebühr. Sie werden aber den Pauschsätzen der im Halbsatz 1 genannten Gebühren des ordentlichen Rechtsstreits hinzugezählt, und diese Summe muß sich dann in den Grenzen des Halbsatz 1 halten, so daß z. B. der Pauschsatz der Kostenfestsetzungsgebühren nicht zur Hebung gelangt, wenn der Pauschsatz des Hauptverfahrens bereits die 50 (60) M. übersteigt.

IV. **1. Abs. 4** ist erst bei der Beratung im Reichstag auf Antrag des Abgeordneten Storz (lex Storz) eingefügt worden, da man „die Auseinandersetzung über den Anteil an den Pauschalgebühren zwischen dem Prozeßbevollmächtigten und seinem Vertreter, den er zur Wahrnehmung eines Termins bei einem Amtsgerichte betraut", übersehen habe. Die Vorschrift hat zu mannigfachen Auslegungen Anlaß gegeben. Für ihre Anwendung hat der Vorstand des deutschen Anwaltvereins nachstehende Leitsätze veröffentlicht (JW **10** 697):

1. Bei der Zusammenrechnung der Gebühren, die auf seiten beider bei einer Substitution beteiligten RA entstanden sind, sind nur diejenigen Gebühren der Zusammenrechnung zugrunde zu legen, die sich auf eine *gleichartige* Tätigkeit beziehen. Im Falle des § 43 sind dieses also regelmäßig alle bis zum Abschluß der Tätigkeit des Substituten erwachsenen Gebühren, im Falle des § 45 nur die Prozeßgebühr des Prozeßbevollmächtigten (§ 13 Nr. 1), die dem Substituten zustehende Gebühr in Höhe von $^5/_{10}$ der Prozeßgebühr (§ 45) und die bei beiden entstandenen Beweisgebühren (§§ 13 Nr. 4, 45).
2. Bei dieser Zusammenrechnung sind die Gebühren des Prozeßbevollmächtigten stets nach *dem Objekt* zu berechnen, das der Substitution zugrunde liegt.
3. Die Abrechnung erfolgt auch bei mehreren Substitutionsfällen *mit jedem Substituten gesondert.*
4. Die *endgültige Abrechnung* des Substituten kann *sofort* nach Erledigung des ihm erteilten Auftrags, unabhängig von der Abrechnung des Prozeßbevollmächtigten oder späteren Substituten, erfolgen.
5. Bei der Berechnung der den beiden Anwälten zustehenden und zusammenzurechnenden Pauschsätze sind bei *jedem* der beteiligten Anwälte die im § 76 Abs. 2 und 3 vorgesehenen *Mindest- und Höchstsätze* zu beachten. Dagegen finden diese Mindest- und Höchstsätze *keine* Anwendung auf die infolge der Drittelung auf den einzelnen Anwalt entfallenden *Anteile von der Gesamtsumme.*

2. Hiernach werden also z. B. im Falle des § 45 von der Prozeß- ($^{10}/_{10}$) und von der Beweisgebühr ($^5/_{10}$) des Prozeßbevollmächtigten nach Abs. 3 und von der halben Prozeß- und von der Beweisgebühr des Substituten nach Abs. 2 die Pauschsätze gebildet. Die Summe dieser Pauschsätze ist im Verhältnis von 2 zu 1 zwischen den RA zu teilen. Eine Abrundung gemäß Abs. 2 Satz 2 findet nach der Drittelung nicht statt. Die Verhandlungsgebühr des Prozeßbevollmächtigten bleibt außer Betracht. Die Pauschsätze aller verdienten Gebühren will berücksichtigen Striemer, JW 10 223; KGBl. 11 103. Die Gebühren beider RA auch in gleicher Höhe, also für beide die Prozeßgebühr nur zu $^5/_{10}$, bei der Berechnung zu berücksichtigen (Zelter, JW 10 701), erscheint nicht gerechtfertigt. Dagegen ist der Berechnung der die Pauschsätze begründenden Gebühren beider RA dasselbe Objekt zugrunde zu legen, so daß zwecks Feststellung der Pauschsätze unter Umständen eine Gebühr ermittelt werden muß, die bei der Gebührenaufstellung des Prozeßbevollmächtigten schließlich gar nicht vorkommt.

Die Abrechnung gleich nach Beendigung der Substitution geschieht in der Weise, daß der Substitut seine Gebühren und unter Zugrundelegung desselben Objekts die Gebühren des Prozeßbevollmächtigten berechnet; die hiervon berechneten Pauschsätze werden addiert und $^1/_3$ davon von dem Substituten als Gesamtpauschgebühr (zuzüglich etwaiger Pauschsätze aus ungleichartigen Gebühren) in Rechnung gestellt. Der Prozeßbevollmächtigte andererseits berechnet seine eigenen Pauschgebühren gemäß § 76 Abs. 1—3 und erhöht oder vermindert den sich ergebenden Betrag um die Posten, welche die Substituten auf Grund des Abs. 4 von ihren Pauschsätzen ihm abzugeben oder von ihm zu erhalten haben.

Für die Kostenfestsetzung hat Abs. 4 in dem Regelfalle, daß die Kosten des Prozeßbevollmächtigten und der nach §§ 43, 45 bestellten RA gleichzeitig festgesetzt werden, keine Bedeutung.

Vgl. zu Abs. 4: Pfafferoth, Nov. A. 7—13; Lentz, JW 10 225; Moos, JW 10 277; Levinger, JW 10 328. Der nach § 44 bestellte Korrespondenzanwalt hat seine Pauschsätze weder nach Abs. 3 noch nach Abs. 4, sondern lediglich nach Abs. 2 zu berechnen.

Abs. 4 ist nicht anzuwenden, wenn der Substitut oder Substituent nicht ein RA ist; denn die Teilung setzt voraus, daß für beide die Pauschsätze nach gleichem Maßstabe zu berechnen sind; im übrigen gilt die RAGebO überhaupt nur für RA; JW 11 418, 12 552; aM JW 11 1023.

V. **Abs.** 5 regelt die dem RA als Verteidiger oder als Vertreter zustehenden Pauschsätze, die $^{20}/_{100}$ der in §§ 63 ff. bestimmten Gebühren betragen. Der Pauschsatz ist hier ebenfalls von jeder selbständigen Gebühr besonders zu berechnen. Nur soll der Pauschsatz mindestens 4 Mark betragen, wenn der RA die Gebühr des § 63 verdient hat. Abs. 3 gilt hier nicht. Als selbständige Gebühren können diejenigen, die sich nur als eine Erhöhung der Grundgebühr darstellen, nicht angesehen werden. So ist der Pauschsatz z. B. von den Gebühren der §§ 64, 65 nicht besonders, sondern von der Summe der Gebühren der §§ 64, 65 und des § 63 zu berechnen, und für diesen Gesamtpauschsatz gilt dann die Mindestgrenze von 4 Mark. Ebenso: Pfafferoth, Nov. A. 14; JW 10 775, 11 126, 417, 1021, ZDJ 11 19, OLG Braunschweig, ZDJ 11 128. Dagegen wird der Pauschsatz von den Gebühren der §§ 64, 65 besonders berechnet und der Mindestbetrag lediglich für die Gebühr aus § 63 angesetzt von: Quednau A. 32; Merzbacher A. 17; Sydow-Busch A. 6; Striemer, JW 10 225; JW 10 775, 11 126. Ebensowenig kann die Erhöhung aus § 72 bei Verteidigung mehrerer Angeklagten und Vertretung mehrerer Privatkläger als eine selbständige Gebühr betrachtet werden. Daß § 76 Abs. 5 nur die im § 63 bestimmte Gebühr nennt, hindert nicht die Anwendung des Mindestsatzes auf die erhöhte Gebühr. Der Mindestsatz von 4 Mark ist dem RA auch in der Berufungs- und Revisionsinstanz zu bewilligen, sobald er nach § 66 die Gebühr des § 63 verdient hat, Striemer, JW 10 225. Für die Kostenfestsetzung erhält der RA außerdem den Pauschsatz nach Abs. 2, OLG Braunschweig, Frankfurt ZDJ 11 128, 12 116. Dieser Pauschsatz der Gebühr aus §§ 75, 23 kann dem RA nicht aus Abs. 3 Halbsatz 2 gekürzt werden, da diese Bestimmung sich nur auf die Innehaltung der Höchst- und Mindestsätze des Abs. 3 Halbsatz 1 bezieht, aber nicht für Abs. 5 gilt; aM OLG Darmstadt, DJZ 13 1328.

VI. **Abs. 6** gewährt dem RA Schreibgebühren neben den Pauschsätzen. Wann die Voraussetzungen der Nr. 1—3 gegeben sind und über die Erstattungsfähigkeit der besonderen Schreibgebühren s. oben S. 61ff. Zu bemerken bleibt nur folgendes:

Zu Nr. 1: s. oben S. 61f.

Zu Nr. 2. Die Schreibgebühren sind nur dann für die Herstellung einer beglaubigten Klageabschrift zu bewilligen, wenn diese Abschrift zur Herstellung einer Urteilsausfertigung nach § 317 Abs. 3 ZPO benutzt ist. Das trifft auch zu, wenn mehrere Ausfertigungen notwendig sein sollten; denn das Wort „eine" ist nicht das Zahlwort. Ist eine nicht notwendige Ausfertigung in dieser Form erteilt, z. B. damit sie zur Zustellung dient, so kann der RA keine Schreibgebühr aus Nr. 2 beanspruchen, weil zur Zustellung eine beglaubigte Abschrift genügte und deren Herstellung durch den Pauschsatz abgegolten wird. Denn die beglaubigten Urteilsabschriften, die nicht zu Ausfertigungen verwendet sind, fallen nicht unter Abs. 6 Nr. 2 und sind deshalb nicht besonders zu vergüten, vgl. die Entsch. JW 10 638f., 694, 733ff., 778ff., 925f., 11 163f., 419, 12 419, 438; OLG Rostock, Dresden, KG Rsp 21 163, 22 288, 23 278; aM JW 10 598, 694, 733f., 777, 925, 11 419; OLG München, Rsp 22 288. Die Klagerechnung und sonstige Urkunden, die zur erschöpfenden Bestimmung des Klageanspruchs wesentlich sind, sind hierbei als Bestandteil der Klage anzusehen, JW 10 735, 926, 11 127; SeuffBl 76 43. Über die Erstattungsfähigkeit s. S. 63f.

Zu Nr. 3. Außerhalb des Rahmens einer gebührenpflichtigen Tätigkeit entsteht Schreibwerk z. B. dann, wenn nach Erledigung des Prozesses der RA erneute Anfragen der Partei zu beantworten hat, KommBer 84; oder wenn sich ein nicht am Prozeß beteiligter RA eine Abschrift des Urteils erteilen läßt, RG, JW 11 166. Unter den Pauschsatz fällt das Schreibwerk und Porto zur Herbeiführung eines schließlich nicht zustandegekommenen Vergleichs (aM Striemer, JW 10 220), bei Übersendung der Kostenrechnung des RA der obsiegenden Partei an den Gegner, für Schreiben an den Gerichtsvollzieher um Aufhebung oder Verlegung des Versteigerungstermins, für Schreiben an den Schuldner, der um Stundung gebeten hat, für den Schlußbericht. JW 10 220, 386, 602, 731, 11 127, 1023.

VII. **1.** Das nicht durch die Pauschsätze abgegoltene Schreibwerk, das in Abs. 6 erwähnt ist, — nicht im Abs. 5, den das Gesetz anführt, weil übersehen war, daß Abs. 4 nachträglich eingefügt war, JW 09 703 — wird nach den Sätzen des § 80 GKG vergütet.

GKG § 80. Die Schreibgebühr beträgt für die Seite, welche mindestens zwanzig Zeilen von durchschnittlich zwölf Silben enthält, zwanzig Pfennig, auch wenn die Herstellung auf mechanischem Wege stattgefunden hat. Jede angefangene Seite wird als voll berechnet. Für Schriftstücke, die in fremden Sprachen abgefaßt sind, für Schriftstücke in tabellarischer Form sowie für Verzeichnisse, Listen, Rechnungen, Handzeichnungen und dergleichen kann die Höhe der Schreibgebühr von der Landesjustizverwaltung anderweit bestimmt werden.

2. Für die Berechnung dieser Schreibgebühren gelten im allgemeinen die Grundsätze, die sich bei der Anwendung des alten § 76 herausgebildet hatten (vgl. A. 1 der 6. Aufl.). Hiernach ist anzunehmen, daß der RA für alle diejenigen Schriftstücke, deren Anfertigung zu seiner persönlichen Berufstätigkeit gehört, gleichviel ob er sie selbst angefertigt oder sich dazu eines Gehilfen bedient hat, keinen Anspruch auf Schreibgebühren hat, während ihm für Reinschriften und Abschriften Schreibgebühren zustehen, auch wenn sie ausnahmsweise von ihm selbst hergestellt, oder wenn sie auf mechanischem Wege (z. B. durch Umdruck) gefertigt sind, RG (Pl.) 28 401; JW 84 302, 88 300, 91 410; Beil. z. RAnzeiger 89 118; Gruch 29 1033; OLG Stettin v. 25. März 1891; OLG Kolmar, ElsLAZ 6 122; OLG Köln, RheinArch 72, II 38; OLG Dresden, SächsAnn 8 95; OLG Naumburg, NaumbAKZ 88 64; KG, JW 88 209.

Dagegen vertreten Walter-Joachim A. 8, Drucker A. 4 die Ansicht, daß auch für die Urschriften von Schriftstücken Schreibgebühren zuzubilligen seien.

3. Vorgeschrieben ist nur ein Mindestmaß, kein Normalmaß des Inhalts. Enthält also eine Seite mehr als das im § 80 GKG aufgestellte Mindestmaß (20 . 12 = 240 Silben), so kann doch nur der Betrag von 20 Pf. für die Seite berechnet werden, RG 21 419. Enthält aber die Seite weniger, so muß eine verhältnismäßige Herabsetzung der für jede volle Seite berechneten Gebühr eintreten, OLG Jena, ThürBl 8 258. Für die Adresse eines Schriftstücks ist eine Ausnahme nicht nachgelassen. Es erscheint daher auch nicht gerechtfertigt, die Adresse deshalb, weil sie auf eine besondere Seite geschrieben werden muß, als eine neu angefangene Seite gelten zu lassen und dafür 20 Pf. Schreibgebühren zu bewilligen (aM BayObLG in den bei Walter 3. Aufl. S. 420 mitgeteilten Beschlüssen). Übrigens sind der richtigen Meinung nach Schreibgebühren für Adressen überhaupt nicht zuzulassen, vgl. § 77 A. 1.

Bei mehrstelligen Zahlen werden nach dem Vorbilde des Telegrammgebührentarifs je 2 oder 3 Ziffern als eine Silbe gelten können.

4. Nr. 3 d. AVf. v. 17. August 1910 (JMBl 325) bestimmt: „Sind als bare Auslagen für das im § 80 Satz 3 des Deutschen Gerichtskostengesetzes und im § 113 Abs. 1 S. 3 des Preußischen Gerichtskostengesetzes bezeichnete Schreibwerk (Schriftstücke in fremden Sprachen oder in tabellarischer Form, Verzeichnisse, Listen, Rechnungen, Handzeichnungen und dergleichen) Schreibgebühren zu erheben, so ist der für die Herstellung des Schreibwerks erforderliche Zeitaufwand zu schätzen. Der schätzungsweise ermittelte Zeitaufwand wird in der Weise in Seiten umgewandelt, daß jede Stunde Arbeitszeit mit fünf Seiten, jede angefangene Fünftelstunde mit einer Seite berechnet wird. Die Schreibgebühr beträgt für jede Seite 20 Pfennig. Bei den Gerichten und Staatsanwaltschaften ist die in der Kanzlei schätzungsweise angenommene und von dem abnehmenden Beamten auf dem Schriftstücke zu vermerkende Zahl der Seiten maßgebend."

5. Für Schreibmaterialien ist ein besonderer Ansatz unstatthaft, Mot. 80.

6. Der einer armen Partei beigeordnete Armenanwalt hat nach § 115 ZPO die notwendige Korrespondenz der Partei vorläufig ohne Entgelt an-

zufertigen und das Porto herzugeben (JMBl v. 12. Nov. 83, JW 84 S. 14; RG, JW 89 401), kann aber die Anfertigung kostenfreier Abschriften aus den Gerichtsakten durch die Gerichtsschreiberei oder Ersatz der von ihm selbst aufgewendeten Schreibgebühren aus der Staatskasse verlangen, sofern ihm vom Gerichte die Anfertigung von Abschriften und Auszügen überlassen ist, RG 7 341; RG, JW 07 42. Die arme Partei hat keinen Anspruch auf kostenlose Erteilung einer zweiten Ausfertigung des Urteils zum Zwecke der Zustellung, RG, JW 06 88.

VIII. Die Postgebühren werden durch die Pauschsätze abgegolten, soweit es sich um eigene Sendungen des Anwalts handelt und soweit sie innerhalb des Rahmens einer gebührenpflichtigen Tätigkeit liegen. KommBer 84, 88. Daher kann der RA seinem Auftraggeber neben den Pauschsätzen berechnen z. B. die Kosten für Nachnahme des Gerichtsvollziehers, für Abtrag der mit dem Ablösungsvermerke versehenen Sendungen des Gerichts, für die vom Gericht unfrankiert zurückgesandten Handakten, Urkunden u. dergl., für Sendungen an Stelle der Partei (Einzahlung von Gerichtskosten). Vgl. JW 10 776, 873, 11 127. Wann das Gericht die Sendungen mit dem Ablösungsvermerke versehen oder sie als portopflichtige Dienstsache bezeichnen soll, vergl. PrJMBl 10 326, 11 171.

Die Zustellungskosten stellen sich als Auslagen des Gerichtsvollziehers dar; sie sind daher neben den Pauschsätzen in Rechnung zu stellen, OLG Jena, JW 11 418; daher fallen auch die Zustellungskosten aus der unmittelbaren Ladung eines Zeugen in Strafsachen nicht unter den Pauschsatz, Beschl. Präs. OLG Dresden, ZDJ 12 57, SächsOLG 32 485.

Dagegen werden die Kosten der Zustellung von Anwalt zu Anwalt durch den Pauschsatz abgegolten, OLG Hamburg, Rsp 23 277; infolgedessen kann der RA, der eine frankierte Zustellungskarte für den Gegner bei der Zustellung beifügt, das Porto hierfür nicht erstattet verlangen, KG, Rsp. 25 302; hiergegen Haack, JW 12 824.

Soweit der Prozeßbevollmächtigte Gebührenschuldner seines Substituten ist, kann er für Übersendung der Kosten an ihn keine Portoauslagen berechnen, zahlt er ihm aber die von der Partei geschuldeten Kosten, kommen die Auslagen zum Ansatz (§ 1 A. 5); vergl. JW 10 776, 926, 11 127, 419, 1022.

Telegraphengebühren und die im Fernverkehre zu entrichtenden Fernsprechgebühren (GKG § 79 Nr. 2) oder Kosten eines besonderen Boten kann der RA besonders in Ansatz bringen.

IX. Übergangsbestimmungen. Vgl. oben S. 119 ff.

§ 77. Für Verpackung von Briefen und Akten dürfen Auslagen nicht berechnet werden.

1. Zur Verpackung gehören auch die Hülle und die Aufschrift. Deshalb dürfen auch für die auf den Briefumschlag, die Postkarte, das Paket, die Paketbegleitadresse und die Postanweisung geschriebene Adresse keine Schreibgebühren berechnet werden, selbst wenn für das abgesandte Schreiben selbst Schreibgebühren nach § 76 Abs. 6 zu berechnen sind; s. auch § 6, RG 31 402; JW 93 270; KG, KGBl 92 84; OLG Naumb., NaumbAKZ 88 64, 91 21; aM EGH 3 137.

2. Die Besorgung von Briefen am Orte oder zur Post gehört zum allgemeinen Geschäftsbetrieb und wird durch die Pauschsätze des § 76 abgegolten.

Wenn in einem einzelnen Falle die Annahme eines besonderen Boten notwendig war, kann dessen Lohn berechnet werden, Mot. 79.

§ 78. Bei Geschäftsreisen erhält der Rechtsanwalt, vorbehaltlich der Bestimmungen in den §§ 18, 37, 39 Abs. 2 der Rechtsanwaltsordnung:

I. an Tagegeldern . . . . 12 Mark;
II. für ein Nachtquartier . . . . 5 Mark;
III. an Fuhrkosten einschließlich der Kosten der Gepäckbeförderung:
1. wenn die Reise auf Eisenbahnen oder Dampfschiffen gemacht werden kann, für das Kilometer . . . . 13 Pf.
und für jeden Zu- und Abgang 3 Mark;
2. anderenfalls . . . . 60 Pf.
für das Kilometer der nächsten fahrbaren Straßenverbindung.

Haben höhere Fuhrkosten aufgewendet werden müssen, so werden diese erstattet.

1. Geschäftsreisen sind solche, die der RA in Ausführung eines ihm als Anwalt übertragenen Auftrags unternimmt, also nicht Reisen des RA als Zeugen (RG, JW 92 422), als Mitglied des Gläubigerausschusses oder als Konkursverwalter. Wenn der Anwalt außerhalb seines Wohnorts regelmäßige Sprechstunden abhält, so stehen ihm Reisekosten für die Reise zu dieser Sprechstunde nicht zu. Reist er an den Ort der Sprechstunden zu einem Termin an einem Tage, an dem er dort nicht Sprechstunde hält, so erhält er Reisekosten, da in diesem Falle § 80 Abs. 1 nicht zutrifft, vgl. § 80 A. 1. Wird die Reise zur Abhaltung des Termins an demselben Tage ausgeführt, an dem der Anwalt Sprechstunde hält, dann kann er Reisekosten nicht beanspruchen, OLG Dresden, SächsAnn 6 523; Wengler 85 156; LG Dresden, Wengler 80 210; OLG Kiel, SchlHolstAnz 85 198, 92 199; aM OLG Naumburg, Rsp 19 258. Die Partei darf annehmen, daß der Anwalt, weil zur Zeit des Termins am Gerichtsort ohnehin bereits anwesend, eine Reise nicht zu unternehmen brauche.

Die Reisegebühren zu I—III sind als Erstattung für die Auslagen des RA gedacht, RG 21 352, 78 127; daher können von diesen Sätzen nicht etwa noch Pauschsätze aus § 76 berechnet werden; vgl. KG, JMBl 12 351.

2. Die Tagegelder werden berechnet für den Kalendertag, von Mitternacht bis Mitternacht, nicht für einen Zeitraum von 24 Stunden. Sie sind im vollen Betrage zu berechnen, auch wenn die Geschäftsreise nur einen Teil des Kalendertags ausfüllt. Geht der Zug in früher Morgenstunde ab, so ist der Anwalt berechtigt, die Reise Tags vorher anzutreten. Einen Anhaltspunkt gewähren die AusfBestimmungen des StaatsMinist. für Dienstreisen der Staatsbeamten v. 24. Sept. 1910 (GS 269) u. 25. April 1906 (JMBl 123) u. für Reichsbeamte AusführBest. v. 29. Sept. 1910 (RGBl 1071). Danach müssen Dienstreisen in den Monaten April bis September von 6 Uhr und in den Monaten Oktober bis März von 7 Uhr morgens ab angetreten werden. Dauern die Geschäfte bis zum späten

Abend, so braucht der Anwalt die Rückreise erst am nächsten Tage anzutreten, OLG Stuttgart, WürttJ 9 358. Die zur Abkürzung einer Reise aufgewendeten Mehrkosten eines Anwalts, der Tagegelder bezieht, können aber nicht erstattet verlangt werden, wenn die Reise auch bei Benutzung eines langsameren Beförderungsmittels noch an demselben Tage beendet worden wäre, OLG Celle, Rsp 11 52.

3. Ein Nachtquartier ist nur dann zu vergüten, wenn es tatsächlich genommen ist, wenn also der RA zum Übernachten die Eisenbahn, das Dampfschiff oder den Wagen verlassen hat, aM Walter-Joachim A. 9; Merzbacher A. 5: Die Gebühr für ein Nachtquartier sei schon dann erwirkt, wenn der RA die Reise zur Nachtzeit ausführt.

4. Fuhrkosten. Während die Kilometergelder für die Reichs- und Staatsbeamten bis auf sieben Pfennige herabgesetzt sind, wenn der Beamte nicht versichert, daß er die erste Klasse der Eisenbahn benutzt hat, PrG v. 26. Juli 1910 (GS 150) und KaisV v. 17. Juli 1910 (RGBl 947), genießen die Anwälte allein noch ein Kilometergeld von 13 Pfennigen.

a) Die wirkliche Aufwendung braucht nicht nachgewiesen zu werden. Der gesetzliche Betrag ist auch dann gerechtfertigt, wenn geringere oder gar keine Fuhrkosten entstanden sind (s. oben S. 264), z. B. wenn der Anwalt sein eigenes Fuhrwerk oder Fahrrad benutzt hat oder zu Fuß gegangen ist. b) Auf Kleinbahnen sind dieselben Reisekosten einschließlich Zu- und Abgang wie bei Eisenbahnen zu berechnen. Bei Straßenbahnen werden dagegen nur die wirklich verauslagten Beträge für die Fahrt sowie bis zur Höhe der gesetzmäßigen Gebühr auch für Zu- und Abgang erstattet. Den „Dampfschiffen" sind die Motorboote gleichzustellen, Walter-Joachim A. 13, 14. Für Zu- und Abgang zusammen sind 3 M. zu berechnen, und zwar gesondert für die Hinreise und für die Rückreise. Ein mehrfacher Ansatz dieser Gebühr ist nur statthaft, wenn der RA genötigt ist, die Eisenbahn oder das Dampfschiff in einem Zwischenorte Berufsgeschäfte halber oder zum Übernachten zu verlassen oder wenn der Bahnhof oder der Anlegeplatz der Ankunft und der Bahnhof oder der Anlegeplatz der Weiterreise nicht in unmittelbarem Zusammenhange stehen, auch der Übergang mittels durchgehender oder unmittelbar anschließender Züge ausgeschlossen ist. Die Gebühr für Zu- und Abgang kommt (ungeteilt) auch dann zum Ansatze, wenn die Geschäftsreise nur zum Teil auf der Eisenbahn oder dem Dampfschiff, im übrigen aber auf andere Weise zurückgelegt ist. OLG Breslau, Rsp 21 164.

5. Als Entfernung ist die die nächste Verbindung mit dem Bestimmungsorte bildende Wegestrecke anzunehmen. Ausgangspunkt ist die Ortsgrenze, die ohne Rücksicht auf vereinzelte Ausbauten oder Anlagen durch die Außenlinie des hauptsächlich von Gebäuden oder eingefriedigten Grundstücken eingenommenen Teiles eines Gemeindebezirkes gebildet wird; aM Walter-Joachim A. 20, Pfafferoth A. 3, die den Weg an der Wohnung oder dem Geschäftshause des RA beginnen lassen. Endpunkt ist die Stelle, wo das Dienstgeschäft vorgenommen wird. Ist die Reise auf Eisenbahnen oder Dampfschiffen möglich, so kann sie in dieser Weise gemacht werden, auch wenn der Landweg billiger wäre, KG, KGJ 21 B 38, KGBl 01 67; Walter-Joachim A. 10. Umgekehrt braucht der Anwalt nicht unbedingt die billigere Eisenbahn zu benutzen, z. B. weil möglicherweise bei Abgang des letzten Zuges der

Termin noch nicht beendet ist, OLG München, Rsp 15 197. Bei Reisen, die teils auf der Eisenbahn oder zu Schiffe, teils auf dem Landwege zurückzulegen sind, werden die Entfernungen für die auf Eisenbahnen oder Schiffen zurückgelegten Strecken und die Landwegstrecken besonders berechnet und für sich abgerundet. Beträgt eine der gesondert zu berechnenden Strecken im ganzen weniger als 2 Kilometer, so bleibt sie außer Ansatz. Dabei gelten Hin- und Rückreise als verschiedene Reisen, eine sog. Rundreise als eine Reise (vgl. die AusführBest oben Anm. 2). Eine billige Abweichung von § 34 dieser AusführBest. gibt OLG Düsseldorf, Rsp 21 165.

6. Ob der RA berechtigt ist, die Kosten einer Reise seinem Auftraggeber in Rechnung zu stellen, bestimmt sich nach der Sachlage und den Grundsätzen des bürgerlichen Rechtes. Im allgemeinen ist dieser Ersatzanspruch abhängig von einem ausdrücklich oder stillschweigend erteilten Auftrage. Ein solcher Auftrag wird für die Reisen an den Sitz des Landgerichts zu vermuten sein, wenn im Anwaltsprozesse dem beim Landgerichte zugelassenen, aber nicht an dessen Sitze wohnhaften RA Prozeßvollmacht erteilt wird. Andererseits kann in der Prozeßvollmacht ein Auftrag zur persönlichen Wahrnehmung aller in der Sache abzuhaltenden auswärtigen Termine nicht ohne weiteres gefunden werden. Regelmäßig wird ein Anspruch auf Reisekosten begründet sein, wenn die Vertretung im auswärtigen Termine durch einen am Terminsorte wohnenden RA oder, falls dort keiner wohnt, durch einen in der Nähe wohnenden RA ebensoviel Unkosten verursacht hätte und die Vertretung nicht unnötig war. Darüber hinaus ist ein Anspruch auf Reisekosten nur begründet, wenn nach den Umständen des Falles das Interesse der Partei die Wahrnehmung des Termins durch den Prozeßbevollmächtigten erfordert.

7. Ist die Geschäftsreise nicht von dem RA oder von einem zwei Jahre im Vorbereitungsdienst beschäftigten, gemäß § 25 Abs. 2 RAO zu dessen Vertreter bestellten Rechtskundigen gemacht worden, so darf der RA nur den Betrag in Rechnung stellen, der den tatsächlich entstehenden oder angemessenen Aufwendungen entspricht, aM Walter-Joachim A. 6. Vgl. oben § 1 A. 2, b. Nach § 93 steht es aber dem RA frei, mit seinem Auftraggeber zu vereinbaren, daß er bei Reisen eines Vertreters dieselben Reisekosten berechnen dürfe, als wenn er selbst die Reise gemacht hätte. Dem erstattungspflichtigen Gegner gegenüber kommt indessen eine solche Abrede nicht in Betracht, RG (Plen.) 21 349.

8. In Strafsachen haben die nicht am Sitze, wohl aber im Bezirke des Gerichts wohnhaften, nach § 144 StPO zu Verteidigern bestellten Rechtsanwälte auf Reisekosten und Tagegelder für die Reise nach dem Sitze des Gerichts keinen Anspruch, RAO § 39 Abs. 2. Diese Vorschrift findet aber keine Anwendung, wenn der Anwalt von dem seinen Wohnort bildenden Sitze des Landgerichts, bei dem er zugelassen ist, zu dem auswärtigen Orte reist, an dem das Schwurgericht für diesen Landgerichtsbezirk zusammentritt, OLG Jena, ThürBl 38 (1891) 276.

9. Wegen der Erstattungspflicht des Gegners: S. 42ff.

§ 79. Die Fuhrkosten werden für die Hin- und Rückreise besonders berechnet.

Hat ein Rechtsanwalt Geschäfte an verschiedenen Orten unmittelbar nacheinander ausgerichtet, so ist der von Ort zu Ort zurückgelegte Weg ungeteilt der Berechnung der Fuhrkosten zugrunde zu legen.

Bei einer Reise zur Ausführung der Aufträge mehrerer Auftraggeber findet die Vorschrift des § 3 entsprechende Anwendung.

„Der zweite Satz des § 79 entspricht dem Grundsatz, daß Reisekosten, da sie Auslagen sind, nur so weit gefordert werden können, als die Reise wirklich stattgefunden hat. Bei Reisen, welche zur Ausführung der Aufträge mehrerer Auftraggeber gemacht sind, findet § 3 entsprechende Anwendung. Ist die Reise nur nach einem und demselben Orte gemacht, so liegt eine Schwierigkeit nicht vor; der RA kann die Reisekosten nur einmal, und zwar von jedem seiner Auftraggeber fordern. Wie sich die Sache gestaltet, wenn der RA auf einer Reise die Aufträge mehrerer Auftraggeber an verschiedenen Orten ausgeführt hat, wird sich am besten aus folgendem Beispiele ergeben. Wenn ein in Berlin wohnhafter RA, der im Auftrage des A. eine Reise nach Potsdam, im Auftrage des B. eine Reise nach Magdeburg und im Auftrage des C. eine Reise nach Stendal zu machen hat, diese Reise in einer Rundtour Berlin, Potsdam, Magdeburg, Stendal, Berlin erledigt, so stehen ihm Fuhrkosten zu:

für die Reise von Berlin nach Potsdam	für	26,12 km
„ „ „ „ Potsdam nach Magdeburg	„	115,88 km
„ „ „ „ Magdeburg nach Stendal	„	58,73 km
„ „ „ „ Stendal nach Berlin	„	106 km
	sind	306,73 = 307 km

demnach für 307 km zu 13 Pf. 39,91 M. Außerdem für jeden Ab- und Zugang 3 M., also 12 M., zusammen 51,91 M. Fuhrkosten. Hierzu treten Tagegelder mit 12 M. für jeden Tag, desgleichen 5 M. für jedes Nachtquartier. Mehr als diesen Betrag kann er von seinen drei Auftraggebern zusammen nicht verlangen. Die Frage, wieviel er von jedem einzelnen verlangen kann, beantwortet sich nach § 3 wie folgt. Er kann an Fuhrkosten beanspruchen:

1. von A.:	für Hinreise . . .	26,12 oder 27 km	
	für Rückreise . . .	26,12 oder 27 km	
		54 km	7,02 M.
	für zwei Ab- und Zugänge		6,00 M.
			13,02 M.
2. von B.:	für Hinreise 26,12 + 115,88 km =	142 km	
	für Rückreise	142 km	
		284 km	36,92 M.
	für zwei Ab- und Zugänge		6,00 M.
			42,92 M.
3. von C.:	für Hinreise	106 km	
	für Rückreise	106 km	
		212 km	27,56 M.
	für zwei Ab- und Zugänge		6,00 M.
			33,56 M.,

außerdem von jedem Auftraggeber an Tagegeldern und Nachtquartier so viel, als er zu fordern gehabt haben würde, wenn er die Reise für ihn allein gemacht hätte. Gesetzt, er hätte auf die ganze Reise drei Tage und zwei Nächte verwendet, so würde er für die Reise im ganzen Vergütung für drei Tage und zwei Nächte (3 × 12 = 36 + 10 macht 46) 51,91 + 46,00 M. = 97,91 M. zu fordern haben, und er würde, wenn er zu den Reisen für A. und C. (einzeln genommen) nur je einen Tag, zu der für B. aber zwei Tage und eine Nacht gebraucht haben würde,

A. in Höhe von 25,02 M. (nämlich 13,02 + 12)
B. in Höhe von 71,92 M. (nämlich 42,92 + 24 + 5)
C. in Höhe von 45,56 M. (nämlich 33,56 + 12)

in Anspruch nehmen können, jedoch mit der Maßgabe, daß, wenn z. B. B. 71,92 M. gezahlt hätte, er von A. und C. zusammen nur den Rest von 25,99 M. fordern könnte." (Mot. 82, 83.)

Vom Gegner kann der einzelne Auftraggeber das erstattet verlangen, was er dem RA gezahlt hat, jedoch in keinem Falle mehr, als nach den vorstehenden Grundsätzen der RA höchstens von ihm fordern darf. Der Gegner haftet also nicht nur bis zum Betrage der durch die Zahl der Teilnehmer geteilten ganzen Summe, Laubhardt, JW 12 116; s. oben S. 50.

§ 80. Für Geschäfte am Wohnorte stehen dem Rechtsanwalte weder Tagegelder noch Fuhrkosten zu; dasselbe gilt von Geschäften außerhalb des Wohnortes in geringerer Entfernung als zwei Kilometer von demselben.

War der Rechtsanwalt durch außergewöhnliche Umstände genötigt, sich eines Fuhrwerks zu bedienen, oder waren sonstige notwendige Unkosten, wie Brücken- oder Fährgeld, aufzuwenden, so sind die Auslagen zu erstatten.

Für einzelne Ortschaften kann durch die Landesjustizverwaltung bestimmt werden, daß den Rechtsanwälten bei den nicht an der Gerichtsstelle vorzunehmenden Geschäften die verauslagten Fuhrkosten zu erstatten sind.

1. Wohnort ist nicht auch derjenige Ort, an dem der RA ein Zweigbureau hat oder regelmäßig Sprechstunden abhält. Daher dürfen für die Reisen nach diesem Orte Reisekosten berechnet werden, EGH 10 7; Walter-Joachim A. 3; aM OLG Dresden, SächsAnn 8 444, 10 162. Vgl. oben § 78 A. 1. Dagegen sind Reisekosten ausgeschlossen, wenn benachbarte Orte gemäß § 18 Abs. 2 RAO infolge Bestimmung der Landesjustizverwaltung als ein Ort anzusehen sind.

2. Wegen Berechnung der Entfernung s. § 78 A. 5.

3. Außergewöhnliche Umstände im Sinne des Abs. 2 sind z. B. Witterungsunbilden (Glatteis, Schneefall), körperliche Gebrechen des Anwalts, besonders gebotene Eile.

§ 81. Bei Berechnung der Entfernungen wird jedes angefangene Kilometer für ein volles Kilometer gerechnet.

1. Die Bestimmung des preußischen Rechtes, daß die RA bei Reisen von nicht weniger als 2 km, aber unter 8 km, die Reisekosten für 8 km beanspruchen konnten, ist beseitigt. Für die Reichs- und Staatsbeamten ist die entsprechende Vorschrift erst im Jahre 1910 beseitigt.

2. Die Abrundung ist sowohl bei der Hin- wie bei der Rückreise und für die Transportmittel in § 78, III zu 1 und 2 gesondert, zulässig.

§ 82. Der Rechtsanwalt, welcher seinen Wohnsitz verlegt, kann bei Fortführung eines ihm vorher erteilten Auftrags Tagegelder und Reisekosten nur insoweit verlangen, als sie ihm auch bei Beibehaltung seines Wohnsitzes zugestanden haben würden.

Gemeint sind die Fälle der §§ 18, 9, 11 der RAO. — Die Reisevergütung kann im Wege des Vertrags, wie sonst, auch hier anderweitig geregelt werden, Mot. 83. Zu den Reisekosten gehört auch die Vergütung für ein Nachtquartier, § 78 II. Aus welchem Grunde der Wohnsitz verlegt wird, ist gleichgültig.

§ 83. Hat ein Rechtsanwalt seinen Wohnsitz an einem Orte, an welchem sich kein Gericht befindet, so kann die Landesjustizverwaltung bestimmen, daß ihm Tagegelder und Reisekosten nur insoweit zustehen, als er solche auch verlangen könnte, wenn er seinen Wohnsitz an dem Orte des Amtsgerichts, in dessen Bezirk er wohnt, genommen hätte.

Die Vorschrift bezieht sich auf die Fälle der §§ 18 Abs. 3 und 107 RAO, Mot. 84.

Sechster Abschnitt.

Einforderung von Gebühren und Auslagen.

§ 84. Der Rechtsanwalt kann von seinem Auftraggeber angemessenen Vorschuß fordern.

1. Der Anspruch steht jedem RA zu, dem Prozeßbevollmächtigten sowohl als dem mit einer Einzelhandlung beauftragten Anwalt. Die Angemessenheit des Vorschusses bestimmt sich nach dem Betrage der künftigen Gebühren und Auslagen. Der Vorschuß darf in der Regel nur einem Teile der ganzen Forderung, OLG Hamburg, DJZ 13 536, aus besonderen Gründen, z. B. bei drohendem Konkurs, ihrem vollen Betrage entsprechen. Der RA kann auch, wenn der erste Vorschuß verbraucht ist, einen neuen Vorschuß verlangen, RG 5 415. Zulässig erscheint es z. B., daß der RA bei dem Beginn eines Rechtsstreits die Prozeßgebühr und die Verhandlungsgebühr, diese zur Hälfte, wenn Versäumnisurteil zu vermuten ist, als Vorschuß beansprucht, Mot. 85. Auch für Auslagen neben den Pauschsätzen kann der Anwalt Vorschuß verlangen.

2. Einklagen des Vorschusses verstößt nach Annahme des Ehrengerichtshofs gegen die Anstandspflicht, EGH 7 56. Die Einklagung des Vorschusses durch einen nach § 686 ZPO bestellten Anwalt ist indes für zulässig erklärt worden, OLG Frankfurt, Rsp 19 146. Der RA kann aber, wenn der Vorschuß nicht geleistet wird, den Auftrag ablehnen oder kündigen, EGH 8 140. Dies gilt auch, wenn er auf Grund des § 33 RAO der Partei beigeordnet ist, § 38 RAO.

3. Der Anspruch geht nur gegen den Auftraggeber. Nicht also gegen den neben diesem haftenden zweiten Gebührenschuldner (BGB §§ 1388, 1387, 1654), RG 37 371; JW 96 151; Gruch 40 656; s. auch oben § 1 A. 6, 7. Gegen

den Ehemann, der die Kosten seiner Ehefrau vorzuschießen hat, kann der RA nur deren Vorschußrecht in deren Auftrag und Namen betreiben, RG 47 72; dieses fehlt aber, wenn die Ehefrau selbst im Armenrecht klagt, RG 37 370. Der RA, der gemäß § 140 StPO dem Angeschuldigten als Verteidiger bestellt oder gemäß § 34 RAO, § 115 ZPO, § 419 StPO, § 14 FGG einer armen Partei zur vorläufig unentgeltlichen Wahrnehmung ihrer Rechte beigeordnet ist, hat einen Anspruch auf Vorschuß überhaupt nicht, auch nicht auf einen Auslagenvorschuß, Mot. 85, RG, JW 89 401, 96 320; Gruch 40 1190; EGH 1 115, 3 127, 4 160, 5 57, 6 221, 7 56.

4. Der Vorschuß geht in das Vermögen des Anwalts über. Ein Anspruch auf Rückerstattung des nicht verbrauchten Vorschusses ist erst nach Beendigung des Prozesses gegeben, OLG Hamburg, DJZ 97 44; er verjährt in zwei Jahren, BGB § 196 Nr. 16; die Verjährung beginnt mit dem Schlusse des Jahres, in welchem der Auftrag erledigt ist, BGB §§ 198, 201.

§ 85. Dem Auftraggeber gegenüber werden die Gebühren des Rechtsanwalts fällig, sobald über die Verpflichtung, dieselben zu tragen, eine Entscheidung ergangen ist, sowie bei Beendigung der Instanz oder bei Erledigung des Auftrags.

1. Als Entscheidung im Sinne des § 85 genügt auch die bedingte Entscheidung, weil dem Anwalte gegenüber die Person des Schuldners außer Frage steht. — Das Wort „Instanz" ist im Sinne der §§ 25ff. zu verstehen. — Die Vorschrift des § 788 ZPO, daß die Kosten der Zwangsvollstreckung, also auch die Anwaltsgebühren, zugleich mit dem zur Zwangsvollstreckung stehenden Anspruche beizutreiben sind, wird durch § 85 nicht berührt. Die Kosten des Mahnverfahrens sind in den Zahlungs- und Vollstreckungsbefehl mit aufzunehmen, ZPO §§ 692, 699. Wegen der Fälligkeit und Einziehung der Gebühr für Erhebung und Ablieferung von Geldern: § 87 Abs. 3.

2. Die Voraussetzungen, unter denen die arme Partei zur Nachzahlung der Beträge, von deren Berichtigung sie einstweilen befreit war, verpflichtet ist, regelt § 125 ZPO. Die Nachzahlungspflicht entsteht aber nicht ohne weiteres, sie erfordert vielmehr nach §§ 126, 127 ZPO einen besonderen Beschluß, für den, solange der Prozeß schwebt, das jeweilige Instanzgericht, nach dessen Erledigung das Gericht erster Instanz zuständig ist, RG 12 417. Einen Beschluß halten für nicht erforderlich: Walter-Joachim § 1 A. 13; Pfafferoth S. 22.

3. Die Verjährung der Ansprüche der RA wegen ihrer Gebühren und Auslagen beginnt mit dem Schlusse des Kalenderjahres, in dem der Anspruch gemäß § 85 fällig geworden ist. Der Gebührenschuldner kann sich auf den ihm günstigsten Zeitpunkt berufen; daher sind die bei Erlaß des Urteils bereits entstandenen Gebühren in diesem Zeitpunkte fällig, KG, Rsp 19 259. Verjährungsfrist: zwei Jahre, BGB §§ 196 Nr. 15, 198, 201, 202.

4. Auf die Fälligkeit der Auslagen bezieht sich § 85 nicht. Die Motive bemerken, daß der RA die Auslagen „sofort erstattet verlangen kann, soweit er sie nicht vorschußweise erhalten hat", Mot. 85. Es kann dem RA nicht zugemutet werden, Gelder, die er für den Auftraggeber aufgewendet hat, für unbestimmte Zeit zinsfrei festzulegen, Merzbacher A. 1. Walter-Joachim A. 4 meint jedoch,

daß der Anspruch auf Erstattung der Auslagen, abgesehen von den verauslagten Gerichtskosten, erst gleichzeitig mit den Gebühren fällig werde.

§ 86. Die Einforderung der Gebühren und Auslagen ist nur zulässig, wenn vorher oder gleichzeitig eine von dem Rechtsanwalt unterschriebene Berechnung derselben mit Angabe des Wertes des Streitgegenstandes, sofern der Wert maßgebend, und unter Bezeichnung der zur Anwendung kommenden Bestimmungen dieses Gesetzes mitgeteilt wird.

Die Mitteilung dieser Berechnung kann auch nach erfolgter Zahlung verlangt werden, solange nicht die Handakten zurückgenommen sind oder die Verpflichtung des Rechtsanwalts zur Aufbewahrung derselben erloschen ist (Rechtsanwaltsordnung § 32).

1. Der § 86 betrifft nur das Verhältnis des Rechtsanwalts zu der von ihm vertretenen Partei, bestimmt aber nichts für die nach § 103 ZPO einzureichende Kostenberechnung KG, KGBl 08 5. Die Einforderung bedeutet nicht nur die gerichtliche Einziehung (oben S. 13), sondern schon die Zahlungsaufforderung, EGH 3 129. Auch das Zurückbehalten eines Betrags mit der Erklärung, daß er das Honorar bilde, ist als Einforderung im Sinne des § 86 angesehen worden, RG, JW 90 306. Die Verpflichtung des RA zur Aufstellung einer — gebührenfreien (§ 6) — ordnungsmäßigen Berechnung kann durch Beschwerde bei der zuständigen Aufsichtsbehörde (Vorstand der Anwaltskammern, RAO § 49[1]) erzwungen werden. Die Nichtbeachtung dieser Verpflichtung enthält einen Verstoß gegen § 28 RAO, EGH 5 115. Jedenfalls ist die Partei nicht verpflichtet, vor Mitteilung einer dem Absatz 1 entsprechenden Berechnung zu zahlen. Es steht aber der Partei frei, auf die Mitteilung einer Kostenberechnung zu verzichten. Ein solcher stillschweigender Verzicht würde vorliegen, wenn nach einer Besprechung sogleich Zahlung geleistet wird, Meyer-Irmler A. 1; Walter-Joachim A. 2. Hat der Auftraggeber, ohne eine ordnungsmäßige Berechnung erhalten zu haben, aus Irrtum gezahlt, so kann er das Gezahlte nicht als ungerechtfertigte Bereicherung zurückverlangen, da der RA durch eine vor der Einforderung erfolgte Leistung nicht etwas „ohne rechtlichen Grund erlangt" (BGB § 812) und auch durch die Annahme nicht gegen ein gesetzliches Verbot verstoßen (BGB § 817) hat. § 86 macht nur die Einforderung, nicht auch die Annahme der Gebühren von der vorgängigen Mitteilung der Kostenrechnung abhängig. Abw. RG, v. 16. Juni 1881, Wallm. 6 93. Ein Arrestbefehl gegen den Zahlungspflichtigen ist auch vor Mitteilung der Kostenrechnung zulässig, RG, RAnz Nr. 154 v. 2. Juli 89.

2. Die Vorschrift des § 86 ist zwingend, sofern nicht gemäß § 93 die Vergütung durch Vertrag festgesetzt ist. Dann ist nach § 93 Abs. 3 eine Berechnung der gesetzlichen Vergütung nur mitzuteilen, wenn der Auftraggeber sie verlangt, EGH 5 115; JW 00 306. Ob der Zahlungspflichtige rechtskundig ist oder nicht, macht keinen Unterschied. Er muß durch die Berechnung in den Stand gesetzt werden, nachzuprüfen, auf welche der möglicherweise anwendbaren Bestimmungen die Berechnung des Anwalts gegründet ist. Klagt der Anwalt auf Zahlung der Gebühren, ohne die zur Anwendung kommenden Bestimmungen der RAGebO mitgeteilt zu haben, so ist auf Rüge des Beklagten die Klage abzuweisen,

wenn nicht der RA im Prozesse die Bezeichnung der zur Anwendung kommenden Bestimmungen der RAGebO nachholt. Erkennt nunmehr der Beklagte den Anspruch an, so werden dem Kläger nach § 93 ZPO die Kosten des Rechtsstreits aufzuerlegen sein.

3. Zu Abs. 2 hat die Reichstagskommission festgestellt, daß diese Bestimmung nur gilt, wenn der Auftraggeber nicht bereits eine Berechnung erhalten hat. — Die Pflicht zur Aufbewahrung der Handakten erlischt mit Ablauf von 5 Jahren nach Beendigung des Auftrags und schon früher, wenn der Auftraggeber sie nicht binnen 6 Monaten nach erhaltener Aufforderung in Empfang genommen hat, § 32 Abs. 2 RAO.

Siebenter Abschnitt.
Schlußbestimmungen.

§ 87. Für Erhebung und Ablieferung von Geldern erhält der Rechtsanwalt eine Gebühr:

von 1 Mark für jedes angefangene Hundert des Betrags bis 1000 Mark;

von 50 Pfennig für jedes angefangene Hundert des weiteren Betrags bis 10000 Mark;

von 25 Pfennig für jedes angefangene Hundert des Mehrbetrags.

Für Erhebung und Ablieferung von Wertpapieren erhält der Rechtsanwalt nach Maßgabe des Wertes die Hälfte der vorstehenden Gebühren.

Die Gebühr für Erhebung und Ablieferung von Geldern kann von diesen bei der Ablieferung entnommen werden.

1. a) Das Reichsgericht hält den Grundsatz aufrecht, daß § 87 nur den Fall betrifft, in dem der Anwalt Gelder oder Wertpapiere, die seinem Auftraggeber geschuldet werden, für diesen erhebt und an ihn abliefert und eine Tätigkeit in Frage steht, die zum eigentlichen Prozeßbetriebe nicht gehört. Deshalb wird die Gebühr aus § 87 versagt, wenn der mit Prozeßvollmacht versehene Anwalt Geld oder Wertpapiere für seinen Auftraggeber zu prozessualen Zwecken, z. B. zur Sicherheitsleistung wegen der Prozeßkosten (ZPO § 110) oder zur Herbeiführung der vorläufigen Vollstreckbarkeit eines Urteils (ZPO §§ 710, 713) hinterlegt oder das Hinterlegte zurückerhält. Das RG nimmt an, daß diese Akte, als zum Prozeßbetriebe gehörig, durch die Prozeßgebühr mit abgegolten werden, RG 9 331, 11 364; JW 91 485, 92 372.

b) Die Einschränkung des § 87 ist jedoch nicht unbedenklich. Sein Wortlaut und die systematische Stellung unter den „Schlußbestimmungen" lassen die Anwendung im Prozeß (in bürgerlichen Rechtsstreitigkeiten, im Konkursverfahren und in Strafsachen) ebenso zu wie außerhalb eines Prozesses. Nach den Motiven zu § 87 (S. 90) ist „von den Unterscheidungen Abstand genommen, die in den älteren Gebührenordnungen mit Rücksicht auf die Erhebung im Prozesse und außerhalb desselben gemacht werden." Es konnte, wie die Motive (S. 90) hinzufügen, „keine innere Berechtigung für diese Unterscheidung gefunden werden, da in allen vorliegenden Fällen die Tätigkeit des Rechtsanwalts dieselbe bleibt". Damit geben die Motive ausdrücklich zu erkennen, daß es für die Anwendung des § 87 ohne Belang ist, ob die Tätigkeit des RA im Prozeß oder außerhalb des Prozesses stattfindet und ob der Zweck der Erhebung und Ablieferung des Geldes ein prozessualer oder ein anderer ist. Es erscheint hiernach die Annahme gerechtfertigt, daß die Erhebung und Ablieferung der Streitsumme im bürgerlichen Rechtsstreite, des Erlöses einer Zwangsvollstreckung, einer Anteilzahlung im Konkurs, einer freigewordenen Kaution im Strafverfahren und ähnliche Akte unter den § 87 fallen, wiewohl sie mit dem Prozeßbetrieb oder mit dem betreffenden Verfahren im Zusammenhange stehen. Ebenso ist es für das Erwirken der Gebühr aus § 87 einerlei, ob der Anwalt die Gelder oder Wertpapiere von anderen für den Auftraggeber erhebt und an diesen abliefert oder ob er sie vom Auftraggeber erhebt und an dritte Personen abliefert. In allen diesen Fällen ist sowohl die Tätigkeit des RA als die von ihm übernommene Verantwortlichkeit dieselbe. Der RA kann daher entgegen den Entscheidungen des RG die Gebühr des § 87 beanspruchen, gleichviel, welche anderen Gebühren ihm außerdem zustehen. Es muß jedoch eine Tätigkeit des Anwalts vorliegen, welche sich auf eines der im § 1 RAGebO bezeichneten Verfahren bezieht und durch ein solches Verfahren veranlaßt ist. Anderenfalls findet nicht § 87, sondern die landesgesetzliche Gebührenvorschrift (Art. 13 PrGebO) Anwendung. Vgl. Walter-Joachim A. 3, 5; Drucker A. 1, 2; Pfafferoth A. 2. Ein zum Vormund bestellter RA hat für Erhebung und Ablieferung von Geldern besondere Gebühren nicht zu beanspruchen, KGJ **13** 79 = JMBl **93** 181.

c) Der Ansicht des RG haben sich die meisten OLG angeschlossen und die Gebühr für die Erhebung und Ablieferung einer prozessualen Sicherheit versagt: KGBl **09** 128, **11** 83, Rsp **13** 265f., **17** 237f., **19** 259, **23** 269; Sydow-Busch A. 2. Dagegen wird sie zugebilligt für die zur Urteilsvollstreckung vom Mandanten gezahlte und vom Anwalt hinterlegte Sicherheit von OLG Dresden, Wengler **84** 563, SächsArch **96** 806, JW **05** 768, OLG Frankfurt, Rundschau **83** 35, OLG Bamberg, Recht **10** Nr. 994a; für die bei Gericht erhobene und an die Partei abgelieferte Vollstreckungskaution von OLG Jena, ThürBl **45** 272, OLG Köln, RheinArch **76** Abt. 1 S. 51, OLG Dresden, Rsp **13** 266.

d) Übereinstimmung herrscht insofern, als für die Erhebung und Ablieferung der vom Gegner geschuldeten Streit- oder Vergleichssumme der RA die Gebühr des § 87 stets verdient, RG, JW **86** 113, 230, **89** 168, **92** 372; OLG Jena, ThürBl **32** 151, OLG Dresden, Kolmar, Kassel, Braunschweig, Rsp **13** 97, 266, A. 2, 267, **19** 259, **21** 166, **23** 278f. Desgleichen erwächst die Gebühr von dem von der unterliegenden Partei an den Anwalt des Gegners gezahlten und an dessen Auftraggeber abgelieferten Betrage der zu erstattenden Kosten, OLG Dresden, Wengler **82** 39; dies trifft aber für die Gebühren des RA nur zu, soweit er sie von seinem Auftraggeber bereits gezahlt erhalten hatte.

Dagegen müssen die Vertreter der Ansicht zu a die Gebühr versagen, wenn der RA von seinem Mandanten Geld zur Zahlung an den Gegner oder einen Dritten annimmt und abführt, weil es sich nicht um eine dem Mandanten geschuldete Leistung handelt. Obwohl eine solche nicht vorliegt, ist entsprechend der Ansicht zu b § 87 angewendet auf den von der Partei dem Anwalt überwiesenen und von ihm an das Gericht abgelieferten Gerichtskostenvorschuß (OLG Dresden,

SächsAnn 2 249; aM OLG Jena, ThürBl 28 103) und auf die Tätigkeit des RA, der zur Befriedigung des Gläubigers ein Guthaben des Mandanten von der Bank abhob und dem Gläubiger ablieferte, KG, Rsp 17 239.

2. Nur die Erhebung und die Ablieferung zusammen begründen die Gebühr. Hat der RA eine Summe in verschiedenen Teilen, z. B. von verschiedenen Personen, erhoben, aber zusammen abgeliefert, oder einen gleichzeitig erhobenen Gesamtbetrag in verschiedenen Teilen, z. B. an verschiedene Personen, abgeliefert, so kann er die Gebühr für jeden Teil besonders berechnen, Mot. 90. Auf die bloße Erhebung oder bloße Ablieferung findet § 87 keine entsprechende Anwendung (§ 89). Die Gebühr des § 87 ist daher nicht begründet, wenn der RA Geld für eigene Rechnung erhebt, z. B. wenn er seine Gebühren vom Auftraggeber oder von dem erstattungspflichtigen Gegner einzieht oder wenn er von seinem Auftraggeber einen Vorschuß in Empfang nimmt, OLG Hamburg, SeuffA 39 78; Drucker A. 1; Meyer-Irmler A. 1; Pfafferoth A. 3; Walter-Joachim A. 7.

Auch zu der Gebühr des § 87 gehört ein Pauschsatz nach § 76; aM JW 10 927.

3. Voraussetzung der Gebühr ist ein Auftrag der Partei. Die Prozeßvollmacht ermächtigt an sich nicht zur Empfangnahme des Streitgegenstandes, § 81 ZPO, RG 54 276. Die hierauf erweiterte Vollmacht unterliegt der Stempelpflicht aus Tarifstelle 73 Abs. 1 PrStStG. Der Auftrag der Partei kann auch stillschweigend erteilt und durch die spätere Billigung ersetzt werden. Ist eine abweichende Bestimmung nicht getroffen, so wird anzunehmen sein, daß der Parteiwille dahin gehe, es solle der Anwalt die vollständige Erledigung der ganzen Angelegenheit für die Partei besorgen. Wenn nun der Anwalt die Streitsumme von dem Gegner erhebt und an den Auftraggeber abliefert, so entspricht er dem zu unterstellenden stillschweigenden Auftrage der Partei. Damit wird diese, nicht die Gegenpartei dem Anwalte gebührenpflichtig, Walter-Joachim A. 6; aM Meyer-Irmler A. 2b; s. auch oben S. 58.

4. Gelder im Sinne des § 87 sind nicht nur die Geldmünzen, sondern alle Wertzeichen, die im Verkehre dem Gelde gleich behandelt werden, wie Kassenscheine und Banknoten, jetzt auch Schecks. Wertpapiere sind nicht Schuldurkunden und Legitimationspapiere, sondern solche Urkunden, die Träger der Forderung selbst sind und als solche einen bestimmten Wert haben, RG 8 375. Für ausländische Geldsorten sind die Mittelwerte festgesetzt durch die Bekanntm. v. 9. März 1901 (RZBl 69). Bei Wertpapieren ist nicht der Nennbetrag, sondern der wirkliche Wert, also bei Wertpapieren, die einen Kurs haben, dieser maßgebend, Mot. 90.

5. § 87 Abs. 3 bezieht sich nur auf Geld; eine entsprechende Anwendung auf Wertpapiere ist ausgeschlossen, vgl. PrGebO Art. 13 und PrNotGebO § 13.

6. Das Verhältnis zwischen Auftraggeber und Anwalt regelt sich nach BGB auch wegen des Zurückbehaltungsrechts (BGB § 273, auch § 320), KommBer S. 41.

7. Wegen der Erstattungsfähigkeit der Gebühr s. oben S. 56 ff.

§ 88. Für die Ausarbeitung eines Gutachtens mit juristischer Begründung hat der Rechtsanwalt angemessene Vergütung zu beanspruchen. Über die Höhe der Vergütung wird im Prozeßwege, nach eingeholtem Gutachten des Vorstandes der Anwaltskammer, entschieden.

1. Die Erstattung des Gutachtens muß eine Tätigkeit im Rahmen des § 1 darstellen; andernfalls ist Art. 9, 11 PrGebO anzuwenden. Auch der Prozeßbevollmächtigte, der im Prozeß auf Verlangen seines Vollmachtgebers ein Gutachten ausarbeitet, kann die besondere Gebühr aus § 88 fordern, Mot. 90. Über den Unterschied eines (eingehend begründeten) „Gutachtens" von dem (nur eine kurze Auskunft darstellenden) „Rat" (§ 47). vgl. Jacobsohn, JW 13 824. Fügt ein RA einem schriftlichen Rate eine Begründung bei, bei der er seine juristischen Kenntnisse verwertet, so ist darin noch nicht ein Gutachten mit juristischer Begründung zu erblicken, RG, Recht 07 710. Gebühr für einen schriftlichen Rat: § 47. Vgl. auch § 93.

2. Der Prozeßrichter muß vor seiner Entscheidung ein Gutachten des Vorstandes der Anwaltskammer einholen, ist aber an das Gutachten nicht gebunden. Zuständig ist der Vorstand der Anwaltskammer, welcher der RA angehört.

3. Erstattungsfähig ist diese Gebühr der Regel nach nicht, oben S. 52 zu Nr. 8.

§ 89. Ist für das dem Rechtsanwalt übertragene Geschäft der Betrag der Gebühr in diesem Gesetze nicht bestimmt, so erhält er eine unter entsprechender Anwendung der Bestimmungen dieses Gesetzes zu bemessende Gebühr.

1. Der § 89 enthält nur eine Generalklausel für die Geschäfte, die nach § 1 unter die RAGebO fallen und für welche in diesem Gesetz eine Gebühr dennoch nicht bestimmt ist. Ist eine entsprechend anwendbare Bestimmung dieses Gesetzes nicht vorhanden, so ist die aufgewendete Bemühung angemessen zu vergüten. Über deren Höhe ist im Prozeßwege zu entscheiden, Meyer-Irmler A. 2; Walter-Joachim A. 4.

2. Die Reichstagskommission hat folgende Anwendungsfälle des § 89 zusammengestellt: a) Fertigung eines Antrags auf Konkurseröffnung; b) Beistandsleistung in einem einzelnen Konkurstermine, wenn nur hierzu Vollmacht erteilt ist; c) Rat bei einem einzelnen Akte im Konkursverfahren, z. B. bei Abfassung der Akkordbedingungen; d) dem Konkursverwalter geleisteter Beistand; e) Vertretung von Aktionären bei einem Konkurse über eine Aktiengesellschaft, oder bei einem Versuche solcher Aktionäre, auf das Verfahren Einwirkung zu erlangen, oder Beistand hierbei; f) Beistand im Sühnetermin bei Privatklagesachen; g) Information zur Verteidigung in einer Strafsache, wenn es nicht zur Hauptverhandlung und auch nicht zu einem Vorverfahren kommt; h) Vertretung in einem Beweistermin in einer Straf- bzw. Privatklagesache, falls die Vollmacht hierauf sich beschränkt; i) unter derselben Voraussetzung Rat in einer Strafsache; k) Vertretung eines Nebenklägers, wenn es nicht zur Hauptverh. kommt; l) Auftrag zur Ermittlung tatsächlicher Verhältnisse zum Zwecke irgendeines Verfahrens; m) Annahme oder Besorgung einer Zustellung.

Die Zusammenstellung ist aber nicht erschöpfend. So ist z. B. in Privatklagesachen die Gebühr für den in der Berufungsinstanz vor der Hauptverhandlung geschlossenen Vergleich nach § 89 zu vergüten; in entsprechender Anwendung des

§ 14 Absatz 1 ist eine Gebühr von $^{5}/_{10}$ der Sätze des § 63, also von 6 M., angemessen, Goltd 40 369.

3. Der § 8 gilt nur für die Abschnitte 2—4, ist also auf die §§ 89, 90 nicht anwendbar.

§ 90. Insofern in diesem Gesetze für die begonnene oder vorbereitete Ausführung eines vor der vollständigen Ausführung erledigten Auftrags eine Gebühr nicht vorgesehen ist, erhält der Rechtsanwalt eine nach Maßgabe des § 89 zu bemessende Gebühr.

Die Vorschrift enthält eine Anwendung des § 89 für die Fälle, in welchen ein Auftrag im Rahmen des § 1 erteilt, die Ausführung auch schon begonnen, aber nicht beendigt ist, weil sich der Auftrag selbst aus irgendwelchen Gründen erledigt hat. Ein besonderer Fall ist im § 14 geregelt. Die nach § 89 zu berechnende Gebühr darf nicht den Gebührenbetrag überschreiten, der dem RA zugestanden haben würde, wenn er den Auftrag vollständig erledigt hätte, Mot. 91. Für die Bemessung der Gebühr können die §§ 14, 39, 48, 50 und 61 einen Anhalt gewähren.

§ 91. Die Vorschriften dieses Gesetzes finden entsprechende Anwendung:

1. im schiedsrichterlichen Verfahren;
2. im Verfahren wegen Nichtigkeitserklärung oder Zurücknahme eines Patents;
3. im Disziplinarverfahren nach Maßgabe des Gesetzes, betreffend die Rechtsverhältnisse der Reichsbeamten, vom 31. März 1873 (Reichs-Gesetzbl. S. 61);
4. im ehrengerichtlichen Verfahren gegen Rechtsanwälte;
5. bei der Untersuchung von Seeunfällen.

Für die Berechnung der Gebühren des im schiedsrichterlichen Verfahren als Prozeßbevollmächtigten bestellten Rechtsanwalts gilt das gerichtliche Verfahren im Falle des § 1036 der Zivilprozeßordnung als zum schiedsrichterlichen Verfahren gehörig.

Das Verfahren vor der Disziplinarkammer, vor dem Ehrengericht und vor dem Seeamte steht im Sinne des § 63 dem Verfahren vor der Strafkammer gleich.

1. **Zu Nr. 1 und Abs. 2.** Das schiedsrichterliche Verfahren (ZPO §§ 1025—1048) gilt als bürgerlicher Rechtsstreit. Der Anwalt hat deshalb Gebühren nach §§ 13ff. zu berechnen; falls zwei Instanzen bestimmt sind, für jede Instanz besonders (§ 52). Jede der Gebühren des § 13 ist erwirkt, wenn irgendeine Tätigkeit geübt ist, die in den Tätigkeitskreis dieser Gebühr fällt. Das gerichtliche Verfahren nach §§ 1036, 1045 ZPO gehört zur Instanz, wird also durch die Gebühr mit abgegolten. Ist aber die Tätigkeit des Anwalts auf das bezeichnete Verfahren beschränkt, so stehen ihm nur $^{5}/_{10}$ der Normalgebühr zu, § 22. Andere gerichtliche Verfahren anläßlich des Schiedsvertrags, insbesondere die Verfahren nach §§ 1029, 1031—1033 ZPO, gehören nicht zum „schiedsrichterlichen Verfahren" im Sinne des § 91 und machen daher außerdem die Gebühren des § 22 fällig, Walter-Joachim A. 8; s. auch § 20 (GKG § 26[8], [10]). Kostenfestsetzung: oben S. 16, 33.

2. Für die Berufstätigkeit der RA im Verfahren vor den Versicherungsbehörden

(§ 1804 der ReichsversOrd) ist die Vergütung durch die Verordn. betr. die Gebühren der RA vor den Versicherungsbehörden, v. 24. Dez. 1911 (RGBl 1094) geregelt:

§ 1. Die Vergütung für die Berufstätigkeit eines Rechtsanwalts beträgt im Verfahren vor

einem Versicherungsamte 3 bis 30 Mark,
einem Oberversicherungsamte 3 bis 50 Mark,
dem Reichsversicherungsamte 5 bis 100 Mark.

Werden mehrere Streitfälle zu gemeinsamer Verhandlung und Entscheidung verbunden, so wird die Vergütung für die Instanz nur einmal gewährt.

§ 2. Für die Teilnahme an Beweisverhandlungen außerhalb des Sitzes der Versicherungsbehörden kann, wenn die Anwesenheit des Rechtsanwalts geboten war, außer der im § 1 bezeichneten Vergütung eine angemessene Entschädigung zugebilligt werden.

Die Kosten für Reisen zur mündlichen Verhandlung oder zu anderen Zwecken sowie sonstige Auslagen werden neben der im § 1 bezeichneten Vergütung nicht erstattet. Jedoch ist bei der Festsetzung dieser Vergütung innerhalb der dafür gezogenen Grenzen auch auf Schreibgebühren, Postgeld oder sonstige Auslagen Rücksicht zu nehmen.

§ 3. Diese Verordnung tritt für die Invaliden- und Hinterbliebenenversicherung am 1. Jan. 1912, für die anderen Zweige der Reichsversicherung an den Tagen in Kraft, von denen an für diese die Vorschriften der Reichsversicherungsordnung über das Verfahren in Kraft gesetzt werden.

Mit denselben Tagen tritt für die einzelnen Zweige der Reichsversicherung die Verordnung, betreffend die Gebühren der Rechtsanwälte im Verfahren vor den Schiedsgerichten und dem Reichsversicherungsamte, vom 22. Dez. 1901 (RGBl. 497) außer Kraft.

Landesversicherungsämter (§§ 105, 723, 986, 1382, 1800 RVO) bestehen nur noch in Bayern, Sachsen und Baden; über die Gebühren s. unten S. 337, 341, 348.

Für das Verfahren in Knappschaftssachen nach der Schiedsgerichts- und Oberschiedsgerichtsordnung v. 8. Dez. 1913 (GS 403, 420) fehlt es noch an Gebührenvorschriften.

3. **Zu Nr. 2.** I. In Betracht kommen a) von dem Patentgesetz v. 7. April 1891 (RGBl 79) die §§ 10, 26, 28, 29, 30, 31, 33; b) von der V. zur Ausf. des Patenges. v. 11. Juli 1891 (RGBl 349) § 14; c) von der V. betr. das Berufungsverfahren beim Reichsgericht in Patentsachen v. 6. Dez. 1891 (RGBl 389) die §§ 1 bis 8, 14. Auf das Patenterteilungsverfahren und das Widerspruchsverfahren nach § 5 des Ges. zum Schutze der Warenbezeichnungen v. 12. Mai 1894 (RGBl 441) findet die RAGebO keine Anwendung. In diesen Verfahren sind also die landesgesetzlichen Gebührenbestimmungen anzuwenden, Walter-Joachim 9; aM KG in den Bl. f. Patentwesen 8 275, wo angemessene Sätze zugebilligt sind.

II. Für die Gebührenberechnung gelten folgende Grundsätze:

A. Im Verfahren vor dem Patentamte stehen dem RA, wenn er für das ganze Verfahren bevollmächtigt ist, zu: a) Die volle Prozeßgebühr, auch wenn er den schriftlichen Antrag auf Nichtigkeitserklärung oder Zurücknahme des Patents nicht gestellt oder die schriftliche Erklärung des Patentinhabers auf diesen Antrag nicht abgegeben hat. b) Die volle Verhandlungsgebühr für die mündliche Verhandlung, auch wenn der Gegner nicht verhandelt, da in diesem Falle unter Ausschluß des Versäumnisverfahrens vom Patentamte nach Lage der Akten zu entscheiden ist, Entsch. des Patentamts im Patentbl. 81 227. Wird nach einer Beweisaufnahme mündlich verhandelt, so erhöht sich die Verhandlungsgebühr um $^{5}/_{10}$. c) Die Beweisgebühr für Vertretung im Beweisaufnahmeverfahren, auch wenn die Erhebung des Beweises vor der mündlichen Verhandlung angeordnet und erfolgt ist. d) Die Berufung geht an das Reichsgericht, ist aber bei dem Patentamte schriftlich anzumelden und zu begründen. Die Berufungsverhandlungen eröffnen eine neue Instanz. Der Anwalt erhält daher für die Anmeldung der Berufung und den Schriftwechsel von neuem eine Prozeßgebühr, die nach § 52 zu bemessen ist.

Sind dem Anwalte nur Einzelhandlungen übertragen, so erhält er: e) Im Falle des Antrags auf Nichtigkeitserklärung oder Zurücknahme des Patents oder der Anfertigung der Berufungsschrift oder einer Erklärung für jeden Schriftsatz $^{5}/_{10}$ der Prozeßgebühr (§ 46), aber für mehrere Schriftsätze in derselben Instanz niemals mehr als die volle Prozeßgebühr (§ 48). f) Für die Vertretung oder die Ausführung der Parteirechte in der mündlichen Verhandlung die volle Verhandlungsgebühr und $^{5}/_{10}$ der Prozeßgebühr (§ 43). Für die Wahrnehmung eines Beweistermins die Beweisgebühr und $^{5}/_{10}$ der Prozeßgebühr (§ 45). g) Zu den Kosten gehören auch die den Beteiligten erwachsenen Kosten, die nach freiem Ermessen des Patentamts zur zweckentsprechenden Wahrung der Ansprüche und Rechte notwendig waren.

B. Im Berufungsverfahren vor dem Reichsgerichte gilt folgendes:

h) Zur Anmeldung der Berufung bei dem Patentamt und zur Ausfertigung der Schriftsätze ist sowohl ein Reichsgerichtsanwalt (RG, Patentbl 7 116) als auch jeder andere Rechtsanwalt befugt. Zur Vertretung in der mündlichen Verhandlung sind aber nur die Reichsgerichtsanwälte zuständig, RG, Patentbl 1890 S. 388, 389. Daneben kann jedoch jeder RA als Beistand auftreten, auch die Ausführung der Parteirechte übernehmen. Eine Übertragung der Vertretung auf einen bei dem Reichsgerichte nicht zugelassenen RA findet nicht statt, RAO §§ 27, 101. i) Ist der Reichsgerichtsanwalt zur Vertretung im ganzen Verfahren bevollmächtigt, so erhält er, auch wenn er Schriftsätze nicht angefertigt hat, die volle Prozeßgebühr und die volle Verhandlungsgebühr. Ist er nur mit der Vertretung in der mündlichen Verhandlung betraut, so steht ihm neben der Verhandlungsgebühr die halbe Prozeßgebühr zu (§ 43). k) Der als Beistand auftretende Anwalt hat die Verhandlungsgebühr und $^{5}/_{10}$ der Prozeßgebühr zu beanspruchen, § 43. Die letzte Gebühr fällt fort, wenn der Anwalt bereits die volle Prozeßgebühr für die Schriftsätze der Berufung erwirkt hat. l) Nach § 52 erhöhen sich die Gebühren vor dem RG um $^{3}/_{10}$.

C. Kostenfestsetzungsverfahren: oben S. 24. Die Höhe des Streitwerts bestimmt das Patentamt nach freiem Ermessen, unter Zugrundelegung des Interesses, welches der Inhaber an der Aufrechterhaltung des Patentes hat, RG, JW 02 131, 34. Der Wert wird nur festgesetzt, wenn der Antrag auf Erlaß eines KostenfestsBeschlusses gestellt wird, da für die Berechnung der Gerichtsgebühr auf den Streitwert nichts ankommt. Die Gebühren des Patentanwalts für Anfertigung von Schriftsätzen für das Berufungsverfahren vor dem Reichsgerichte sind nicht erstattungsfähig, RG, JW 02, Beil. S. 11.

4. Zu Nr. 3. Vgl. §§ 101, 102, 111, 112, 116 Abs. 4 G. v. 31. März 1873 (RGBl 61) in der Fassung v. 18. Mai 1907 (RGBl 245).

Zu Nr. 4. Vgl. RAO §§ 66, 83, 91, StPO §§ 137, 147, 167, 190, 191, 233, 322.

Zu Nr. 5. Vgl. §§ 22, 30 Ges. v. 27. Juli 1877 (RGBl 553), § 7 GeschO für das Ober-Seeamt v. 3. Mai 1878 (RGBl 276), Nachtrag zur GeschO für das Ober-Seeamt v. 10. Mai 1879 (RZentralbl 371).

Das Verfahren in den Fällen der Nr. 3, 4 und 5 ist dem für Strafsachen vorgeschriebenen ähnlich; die Bestimmungen des Abschnitts 4 sowie die allgemeinen Vorschriften der Abschnitte 1, 5, 6 und 7 finden darauf in der Art Anwendung, daß die Berechnung der Gebühren so erfolgen soll, als ob die Sache vor die Strafkammer gehört hätte.

5. Den im § 91 bezeichneten Sachen treten hinzu:

a) die Sachen, die vor die Konsulargerichte gehören, wenn bei ihnen die Vergütung der Tätigkeit des RA in dem Verfahren vor den Konsuln oder Konsulargerichten in Frage steht, soweit nicht die Gebühren durch den — in erster Reihe entscheidenden — Ortsgebrauch geregelt sind, §§ 14ff., 43ff., 63ff., 76 Ges. über die Konsulargerichtsbarkeit v. 7. April 1900 (RGBl 213); Berufungsinstanz: § 52.

b) Nach § 3 des Schutzgebietsgesetzes v. 25. Juli 1900 in der Fassung der Bek. v. 10. Sept. 1900 (RGBl 812) finden die in § 19 des Gesetzes über die Konsulargerichtsbarkeit bezeichneten Vorschriften der Reichsgesetze, also auch die RAGebO Anwendung, soweit nicht gemäß § 6 Nr. 7 durch Kaiserl. Verordn. einfachere Bestimmungen über das Kostenwesen erlassen sind; s. § 10 d. Verord. v. 9. Nov. 1900 (RGBl 1005).

c) Das Disziplinarverfahren gegen Kolonialbeamte, §§ 40ff. des Kolonialbeamtengesetzes v. 8. Juni 1910 (RGBl 881).

d) Das militärgerichtliche Verfahren. Der § 17 des EG. MilStGO v. 1. Dezember 1898 (RGBl 1289) bestimmt: Auf die Berufstätigkeit der zum Auftreten vor den Militärgerichten zugelassenen Rechtsanwälte (vgl. § 341[5] MilStGO) finden der § 150 der bürgerl. StPO und die RAGebO v. 7. Juli 1879 (RGBl 176) entsprechende Anwendung. Im Sinne des § 63 der GebO stehen den Strafkammern die Kriegsgerichte, dem Reichsgerichte das Reichsmilitärgericht gleich; Berufungsgerichte sind die Oberkriegsgerichte.

Im Disziplinarverfahren gegen richterliche Militärjustizbeamte findet die RAGebO mit der Maßgabe entsprechende Anwendung, daß den Strafkammern die Disziplinarkammern, dem Reichsgerichte der Disziplinarhof gleichzustellen sind. § 36 RGes v. 1. Dez. 1898.

Zahlung der Gebühren an den zum Verteidiger bestellten RA: Vorb. vor § 63 A. 6.

§ 92. Fällt eine dem Rechtsanwalt aufgetragene Tätigkeit, für welche ihm nach Vorschrift dieses Gesetzes eine Vergütung zusteht, zugleich in den Kreis derjenigen Angelegenheiten, in welchen die den Rechtsanwälten zustehende Vergütung durch landesgesetzliche Vorschrift geregelt ist, so kommt, soweit die Anwendung beider Vorschriften zu einer zweifachen Vergütung derselben Tätigkeit führen würde, nur eine derselben und zwar die dem Rechtsanwalte günstigere zur Anwendung.

1. „Der § 92 schließt eine doppelte Vergütung derselben Tätigkeit aus. Dabei ist es eine Frage tatsächlicher Natur, ob bei Anwendung beider Vorschriften dieselbe Tätigkeit zweifach vergütet erscheinen würde. Insofern diese Frage im einzelnen Falle zu verneinen ist, steht der Anwendung beider Vorschriften nichts im Wege. Denn in einem solchen Falle liegt nur scheinbar eine Tätigkeit vor; die Leistung des Anwalts sondert sich vielmehr nach Ziel und Gegenstand in zwei Leistungen. Das tritt klar hervor, wenn der Anwalt denselben Anspruch im reichsgesetzlichen und im landesgesetzlichen Verfahren geltend macht. Offenbar ist hier das Honorar für jedes Verfahren besonders zu berechnen; der zufällige Umstand, daß die Information für das eine Verfahren auch im anderen dem Anwalt zugute kommt, ist ebenso einflußlos, wie wenn der Anwalt eine für einen Auftraggeber eingezogene Information in einem anderen Rechtsstreit desselben oder in dem Rechtsstreit eines anderen Auftraggebers verwerten kann. Ganz gleich liegt der Fall, wenn der Anwalt vorbereitende Schritte für das eine wie für das andere Verfahren getan hat. Auch bei Erteilung eines Rats oder Gutachtens wird zu unterscheiden sein, ob dem Gegenstande nach, nicht bloß in der äußeren Erscheinung, zwei Leistungen oder nur eine vorliegen. Die Frage z. B., ob in einem gegebenen Falle der Weg der Klage im Zivilprozeß einzuschlagen sei, kann von der Frage, ob im Verwaltungsstreitverfahren vorzugehen sei, in der Prüfung und Erörterung je nach den verschiedenen in Betracht kommenden Gesichtspunkten vollständig getrennt gehalten werden, so daß in einem solchen Falle bei Bestimmung des Honorars die Anwendung der reichsrechtlichen und der landesrechtlichen Vorschriften nach Maßgabe der bezeichneten Trennung keinem gegründeten Bedenken unterliegen wird, wobei auf den rein äußerlichen Umstand, ob die Ergebnisse der Erörterungen in einem Gutachten zusammengefaßt werden, ein entscheidendes Gewicht nicht gelegt werden darf.

Das vorbezeichnete Verhältnis zeigt sich am klarsten, wenn das Gutachten des Rechtsanwalts sich darüber verbreitet, daß weder der Weg des Zivilprozesses, noch der des Verwaltungsstreitverfahrens einzuschlagen sei.

Anders liegt die Sache, wenn der Rat des Anwalts nur darüber verlangt würde, welcher von zwei an sich offenstehenden Wegen vorzuziehen sei. Die Tätigkeit des Anwalts betrifft dann nur eine ihm vorgelegte Frage, und eine Sonderung der Tätigkeit, je nachdem Reichsrecht oder Landesrecht in Betracht kommt, ist unausführbar", Mot. 92, 93.

2. Eine Regelung durch landesgesetzliche Vorschrift lag bisher auch dann vor, wenn das Landesgesetz eine Gebühr für das Geschäft nicht bestimmte, sondern anordnete, daß der Anwalt eine angemessene Vergütung fordern oder die Gebühr selbst festsetzen dürfe, Meyer-Irmler A. 2. Nach § 612 BGB ist aber, wenn das Landesgesetz eine Taxe nicht aufstellt, die übliche Vergütung als vereinbart anzusehen. Es können also die Bestimmungen der RAGebO auch mit der des § 612 BGB zusammentreffen. In diesem Falle findet gleichfalls § 92 Anwendung.

§ 93. Sofern der Rechtsanwalt nicht einer Partei zur Wahrnehmung ihrer Rechte beigeordnet oder als Verteidiger bestellt ist, kann der Betrag der Vergütung durch Vertrag abweichend von den Vorschriften dieses Gesetzes festgesetzt werden. Die Festsetzung durch Bezugnahme auf das Ermessen eines Dritten ist ausgeschlossen.

Der Auftraggeber ist an den Vertrag nur gebunden, soweit er denselben schriftlich abgeschlossen hat.

Der Auftraggeber kann eine Berechnung der gesetzlichen Vergütung nach Maßgabe des § 86 verlangen.

Hat der Rechtsanwalt durch den Vertragsschluß die Grenze der Mäßigung überschritten, so kann die durch Vertrag festgesetzte Vergütung im Prozeßwege, nach eingeholtem Gutachten des Vorstandes der Anwaltskammer, bis auf den in diesem Gesetze bestimmten Betrag herabgesetzt werden.

1. Eine vertragsmäßige Festsetzung der Vergütung ist dem RA stets dann gestattet, wenn es in seinem Belieben steht, ob er den Auftrag annehmen will oder nicht. Sie ist aber ausgeschlossen, wenn er zur Annahme des Auftrags verpflichtet ist, also dann, wenn ihn das Gericht einer Partei in bürgerlichen Rechtsstreitigkeiten beiordnet (ZPO §§ 115 Nr. 3, 668, 679, 686, RAO §§ 33, 34) oder in Strafsachen als Verteidiger bestellt, StPO §§ 140ff.; RAO § 39; EGH 12 109, 13 70, 14 146. Die Annahme einer freiwillig gewährten Vergütung ist auch in diesen Fällen nicht unzulässig, EGH 8 151.

2. Nur die Vergütung selbst — Gebühren und Auslagen (Reisekosten) — nicht auch die für ihre Berechnung maßgebenden Grundsätze unterliegen der vertragsmäßigen Änderung. — Der Betrag der Vergütung muß sich aus dem Vertrag ergeben. Dies ist aber nicht der Fall, wenn dem Anwalte „neben den taxordnungsmäßigen Gebühren noch eine angemessene Vergütung für Korrespondenz und außergewöhnliche Bemühungen" durch Unterschreiben eines gedruckten Formulars zugesagt ist, OLG Darmstadt, DJZ 08 143. Indessen ist es nicht notwendig, daß der Betrag im Vertrage selbst ziffermäßig zum Ausdruck gebracht wird; er kann beispielsweise auch auf einen Prozentsatz oder auf eine bestimmte Summe über den Betrag der gesetzlichen Gebühren vereinbart werden. „Dagegen kann die Festsetzung der Vergütung dem Ermessen eines Dritten, z. B. des Vorstandes der Anwaltskammer nicht überlassen werden. Eine derartige Vereinbarung würde nicht ausschließen, daß die im Gesetze bestimmten Beträge maßgebend bleiben", Mot. 93. Erst recht ist es unzulässig, die Höhe der Vergütung von dem Ermessen eines Vertragschließenden abhängig zu machen, RG, JW 12 885; OLG Frankfurt, Rsp 27 238 Anm. Der Vertragsschluß kann nicht nur bei Annahme des Mandats, sondern auch jederzeit nachher erfolgen, Mot. 93, 94. Über eine vereinbarte Vergütung unter einer Bedingung, OLG Stettin, Rsp 22 289. Ob sich die Vereinbarung mit auf die Auslagen bezieht oder wie diese daneben berechnet werden sollen, ist zweckmäßig zu verabreden. Über die Auslegung s. Friedländer, JW 11 353.

3. Vertragsmäßig kann sowohl eine Erhöhung als eine Herabsetzung der gesetzlichen Gebühren bedungen werden. Daß auch ein Abkommen unter der Taxe, soweit es nicht die Standesehre verletzt, zulässig sei, ist bei der Beratung des Gesetzes ausdrücklich anerkannt, StenBer S. 1586. Vgl. Anm. 9.

4. Die Schriftform ist nur für die Verpflichtungserklärung des Auftraggebers vorgeschrieben, RG, Recht 11 Nr. 1040, OLG Dresden, Rsp 19 262; aM Staudinger § 126, IV, 1. Es muß also die Urkunde von dem Auftraggeber eigenhändig durch Namensunterschrift oder mittels gerichtlich oder notariell be-

glaubigten Handzeichens unterzeichnet sein, BGB § 126. Der Mangel der Schriftform begründet aber keinen Anspruch auf Rückzahlung der vorbehaltlos gezahlten Vergütung, Prot. der RTK v. 13. März 1879; LG I Berlin, KGBl 95 134; OLG Kolmar, Recht 06 571; Walter-Joachim A. 10. Auftraggeber im Sinne des Abs. 2 ist nur derjenige, der in seiner eigenen oder in einer fremden Rechtsangelegenheit mit dem RA einen wirklichen Auftragsvertrag geschlossen hat (der „Dienstberechtigte", BGB §§ 612ff.), also nicht wer sich nur für das Honorar verbürgt oder für den Fall, daß zwischen dem RA und einem verfügungsfähigen Dritten ein Auftragsvertrag geschlossen werden sollte, dem RA ein Honorar versprochen hat. Für derartige Fälle gelten die allgemeinen Formvorschriften, OLG Celle, SeuffA 40 218; ZZP 9 273. Der Anwalt, der das Mandat für eine niedrigere Gebühr als die gesetzliche übernommen hat, ist schon durch seine mündliche Zusage gebunden. Gültig ist auch das in einer Landesgebührenordnung aufgestellte Erfordernis der Schriftlichkeit für eine vertragliche Erhöhung der Gebühren, RG 75 98.

5. Ob die Grenze der Mäßigung überschritten ist, ist nach der Sachlage, wie sie zur Zeit des Vertragsschlusses bekannt war, zu beurteilen. Später erst eingetretene oder bekannt gewordene Umstände, die eine Vereinfachung des Geschäfts zur Folge haben, müssen außer Betracht bleiben, selbst wenn erhellt, daß sie nicht durch eine besondere Tätigkeit oder Geschicklichkeit des Anwalts herbeigeführt sind, Mot. 94, 95. Ebenso müssen auch später eingetretene oder bekannt gewordene Umstände außer Betracht bleiben, die eine beim Vertragsschlusse nicht vorgesehene Schwierigkeit mit sich bringen, KG, KGBl 94 55.

6. Die Herabsetzung erfolgt im Prozeßwege. Das Prozeßgericht ist nur dann verpflichtet, ein Gutachten des Vorstands der Anwaltskammer einzuholen, wenn es die verlangte Herabsetzung nicht ohne weiteres abweist. An das Gutachten ist das Gericht nicht gebunden; der Vorschlag des Entwurfs, daß ein dem Anwalte günstiges Gutachten das Gericht binden solle (Mot. 93), ist abgelehnt worden. Der Richter entscheidet also nach freiem Ermessen und ist nur gebunden an die durch den gesetzlichen Gebührenbetrag bestimmte Grenze, KG, KGBl 94 55; Meyer-Irmler A. 12.

7. Die zuständige Anwaltskammer ist diejenige, welcher der Anwalt angehört, auch wenn das Prozeßgericht seinen Sitz in dem Bezirk einer anderen Anwaltskammer hat.

8. Die Frage, ob die Anfechtbarkeit des Vertrages (§ 93 Abs. 4) durch Genehmigung, Anerkenntnis, Verzicht auf die Einwendungen oder auf andere Weise aufgehoben werden kann, ist nach bürgerlichem Rechte zu beantworten. In der RTK bestand Einverständnis darüber, daß nach Zahlung eines die gesetzliche Gebühr überschreitenden Betrags eine Herabminderung im Prozeßwege nicht mehr stattfindet, wenn nicht nach bürgerlichem Rechte (BGB §§ 812ff.) eine Rückforderungsklage begründet ist, KommBer S. 41; RG 1 354; JW 87 34; KG, Rsp 27 238. Danach ist die Rückforderung regelmäßig ausgeschlossen.

9. Unabhängig von der Anfechtbarkeit (Anm. 8) kann der Abschluß des Vertrags oder die Geltendmachung der darauf beruhenden Ansprüche eine Verletzung der dem RA nach § 28 RAO obliegenden Pflichten enthalten und deswegen eine ehrengerichtliche Bestrafung zur Folge haben. Der RA kann sich nämlich

ehrengerichtlich strafbar gemacht haben, ohne daß der Vertrag mit Grund anfechtbar ist. Z. B. wenn der RA von der Vereinbarung einen so häufigen Gebrauch machte, daß darin (nicht in der Höhe der vereinbarten Vergütung) der Verstoß gegen § 28 RAO gefunden werden könnte. Nicht ausgeschlossen ist, daß der RA durch das Vereinbaren einer geringeren Vergütung die Standespflichten verletzt, EGH 13 72. Im einzelnen Falle kann freilich der Anwalt unbedenklich einmal auch seine Gebühren vertragsmäßig herabsetzen, z. B. um eine grundsätzliche zweifelhafte Rechtsfrage ohne zu große Gefahr für die Partei zur gerichtlichen Entscheidung zu bringen, StenBer 2 S. 1586.

Der Regel nach ist die Abrede standeswidrig, daß der Anwalt bei günstigem Ausgang einen Teil des Streitgegenstandes erhalten solle (palmarium, quota litis). EGH 1 150, 244; 7 121, 15 208; OLG Düsseldorf, Rsp 27 238 Anm. Ebenso die Abrede, daß der Auftraggeber an den Honorarvertrag auch im Falle der Kündigung oder dann gebunden sein solle, wenn sich die Sache vor oder gleich bei Beginn des Rechtsstreits durch Vergleich erledigen würde, EGH 7 122, 9 96, 149, 13 65; KGBl 98 44. Dagegen ist es nicht unstatthaft, das Honorar nach dem Erfolg abzustufen oder bei einer Tätigkeit außerhalb eines Prozesses das Honorar nach Prozenten des Gegenstandes festzusetzen, sofern dies nur in angemessener und würdiger Weise geschieht, EGH 5 133, 138, 140. Beim Abschlusse des Vertrags muß der Auftraggeber darauf hingewiesen werden, daß das Honorar von der gesetzlichen Vergütung abweicht, EGH 2 69, 5 32, 7 10, 9 96, Merzbacher, DJZ 12 90.

10. Beansprucht der RA nachträglich ein nicht vertragsmäßig festgesetztes Extrahonorar, so ist dies nichts weiter, als die Aufforderung an den Mandanten, nachträglich einen Vortrag über Erhöhung des Honorars abzuschließen. Zur Vermeidung eines Verstoßes gegen § 352 StGB hat der RA in seiner Kostenberechnung erkennbar zu machen, daß das Mehr nicht als ein Recht in Anspruch genommen werde, StenBer 1879 S. 1580, 1582, 1683, 1684; RG, JW 87 34. Die Partei kann den Vertragsantrag des Anwalts ablehnen oder annehmen. Sofortige Zahlung ist als eine — wenngleich formlose — Annahme des Antrags anzusehen, Joachim A. 15.

§ 94. Für das Verhältnis des Auftraggebers oder des Rechtsanwalts zu dem Erstattungspflichtigen kommt die vertragsmäßige Festsetzung der Vergütung (§ 93) nicht in Betracht.

1. „Der erstattungspflichtige Gegner darf nicht von dem Belieben des anderen Teiles abhängen, sondern muß gegen die Folgen der vertragsmäßigen Festsetzung höherer Gebühren, als sie in diesem Gesetze bestimmt sind, gesichert werden. Dasselbe gilt in Strafsachen rücksichtlich der Staatskasse, sofern es sich um den Ersatz der Kosten für notwendige Verteidigung eines freigesprochenen oder außer Verfolgung gesetzten Angeschuldigten handelt (StPO § 499)," Mot. 94.

2. Der erstattungspflichtige Gegner haftet nur bis zur Höhe der gesetzlichen Gebühren und Pauschsätze, KG, JW 11 126. Hat er sich vergleichsweise zur Erstattung der Mehrkosten verpflichtet, so steht nichts entgegen, das vereinbarte Honorar zur Erstattung festzusetzen, Meyer-Jrmler A. 1; Walter-Joachim A. 2; aM LG I Berlin, KGBl 91 119. Vgl. oben S. 74.

3. Die Bestimmung versagt, wenn eine Vergütung, welche geringer ist als die gesetzlich bestimmte, vertragsmäßig festgesetzt und gezahlt ist. In solchem Falle hat der Erstattungspflichtige nur den geringeren Betrag zu zahlen, Walter-Joachim A. 3; nach Meyer-Irmler A. 2 entscheidet die Vertragsabsicht.

§ 95. Dieses Gesetz tritt im ganzen Umfange des Reichs gleichzeitig mit dem Gerichtsverfassungsgesetz in Kraft.

Seit dem 1. April 1891 gilt die RAGebO auch für die Insel Helgoland, Art. I Nr. VIII, 8 der Verordn., betr. die Einführung von Reichsgesetzen in Helgoland, v. 22. März 1891 (RGBl 21).

IV.

Preußische Gebührenordnung.

Gesetz, enthaltend die landesgesetzlichen Vorschriften über die Gebühren der Rechtsanwälte und der Gerichtsvollzieher vom 21. März 1910 in der Fassung der Bekanntm. des Justizministers v. 6. September 1910 (GS. 261).

Vorbemerkungen.

Soweit die Berufstätigkeit der Rechtsanwälte nach der PrGebO zu entlohnen ist, bemißt sich ihre Vergütung, sofern sie nicht reichsgesetzlich geregelt ist (Art. 1):

1. nach den Bestimmungen der RAGebO, wenn die Berufstätigkeit des RA die im Art. 2 bezeichneten Geschäfte betrifft;
2. nach der PrGebO für Notare für die in Art. 8 Abs. 2 und Art. 13 genannten Geschäfte;
3. nach dem besonderen Maßstabe des Art. 3 bei allen anderen Geschäften, die nicht nach Art. 17 zu vergüten sind.

In den Art. 4—7 sind Pauschgebühren, in den Art. 8—12 Einzelgebühren vorgesehen, für die die Art. 10 u. 12 eine Grenze festlegen. Art. 16 regelt die Beziehungen der Gebühren der Art. 2, 4—7 und der Art. 8—12 zueinander. Schreib- und Postgebühren werden nach Art. 15 durch Pauschsätze abgegolten. Art. 14 enthält eine Ergänzungsvorschrift (Generalklausel).

Bei Streitigkeiten über die Vergütung des RA findet nicht ein Festsetzungsverfahren wie bei den Gebühren der Notare (§ 25 NotGebO), sondern der Prozeßweg statt. Eine Kostenfestsetzung kann jedoch unter den Voraussetzungen der Art. 9—14 PrFGG (s. unten S. 325) zugunsten eines von mehreren Mitbeteiligten vorkommen. Vgl. auch Nr. 5 K der Ausführungsbestimmungen zum TelegraphenwegeG v. 26. Januar 1900 (RGBl 7), Walter-Joachim 498, Pfafferoth 231.

Erster Abschnitt. Gebühren der Rechtsanwälte.

Art. 1. Die Vergütung für die Berufstätigkeit der Rechtsanwälte bestimmt sich, soweit sie nicht reichsgesetzlich geregelt ist, ausschließlich nach den nachstehenden Vorschriften.

1. Die Fälle, in denen die Vergütung für die Berufstätigkeit der RA reichsgesetzlich geregelt ist, ergeben sich aus §§ 1, 91 der RAGebO, § 17 des EG MilStGO v. 1. Dez. 1898, §§ 19, 76 des RGes über die Konsulargerichtsb. v. 7. April 1900, §§ 3, 6 Nr. 7 des Schutzgebietsgesetzes v. 10. September 1900 in Verbindung mit

§ 10 Verordn. betr. die Rechtsverhältnisse in den deutschen Schutzgebieten, v. 9. November 1900 (RGBl 1005), § 1804 RVersO in Verbindung mit der Verordn. betr. die Gebühren der Rechtsanwälte im Verfahren vor den Versicherungsbehörden, v. 24. Dez. 1911 (RGBl 1094), abgedr. oben zu § 91 RAGebO. Soweit eine reichsgesetzliche Regelung nicht besteht, sind ausschließlich die Vorschriften der Preußischen Gebührenordnung (PrGebO) anzuwenden. Alle früheren preußischen Gebührensätze für RA sind aufgehoben.

2. Beim Zusammentreffen von Reichsrecht und Landesrecht kommt § 92 der RAGebO zur Anwendung.

3. Keine Anwendung finden diese Vorschriften in den Fällen, in denen der Anwalt eine Tätigkeit wahrnimmt, die die Zulassung zur Rechtsanwaltschaft nicht voraussetzt, Art. 17.

Art. 2. Die Deutsche Gebührenordnung für Rechtsanwälte findet entsprechende Anwendung auf die Berufstätigkeit des Rechtsanwalts:

1. in den vor besondere Gerichte gehörigen Rechtssachen, auf welche die Zivilprozeßordnung oder die Strafprozeßordnung Anwendung findet;
2. in den nach dem Gesetze, betreffend den Forstdiebstahl, vom 15. April 1878 (Gesetz-Samml. S. 222) zu behandelnden Strafsachen;
3. im Verwaltungsstreitverfahren;
4. im Verfahren vor dem Bundesamte für das Heimatwesen;
5. in dem Rechtsmittelverfahren, betreffend die Veranlagung von Staatssteuern;
6. im Verwaltungsstrafverfahren;
7. im Disziplinarverfahren.

Im Sinne der Gebührenordnung steht das Verwaltungsstrafverfahren dem Vorverfahren, das Verfahren vor der entscheidenden Disziplinarbehörde dem Verfahren vor der Strafkammer gleich.

1. **Zu Nr. 1.** Besondere Gerichte im Sinne dieser Vorschrift sind:

a) die Rheinschiffahrtsgerichte, nämlich 25 Amtsgerichte am Rhein als 1. Instanz und das Oberlandesgericht in Köln als 2. und letzte Instanz (bei Streitwerten über 50 Franken nach Wahl des Berufungsklägers auch die in Mannheim bestehende Zentralkommission für die Rheinschiffahrt), §§ 1, 7, 10 Ges. v. 8. März 1879 (GS 129); V. v. 1. Sept. 1879 (GS 609); Art. 33 bis 40 Rev. Rheinschiffahrtsakte v. 17. Oktober 1868 (GS 814), geändert durch Zus.-Art. v. 18. Sept. 1895 (GS 98 265, 266). Dazu JW 95 162, wonach Klagen aus Schleppverträgen vor die ordentlichen Gerichte gehören;

b) die Elbzollgerichte, nämlich gewisse Amtsgerichte als 1. Instanz, Landgerichte als 2. und letzte Instanz; §§ 1, 5, 8 Ges. v. 9. März 1879 (GS 132); Art. 26 Elbschiffahrtsakte v. 23. Juni 1821 (GS 22 20); Additionalakte v. 13. April 1844 (GS 468); BGes v. 11. Juni 1870 (BGBl 416);

c) die Gerichte für Auseinandersetzungsangelegenheiten, nämlich Generalkommissionen und landwirtschaftliche Spruchkollegien bei den Regierungen als 1. Instanz, das Oberlandeskulturgericht als 2. Instanz, das Reichsgericht als 3. Instanz. Ges v. 18. Feb. 1880 (GS 59) in der Fassung v. 10. Okt. 1899 (GS 403); V. v. 26. Sept. 1879 (RGBl 287);

d) der Geheime Justizrat (persönlicher, nicht auch dinglicher Gerichtsstand für Klagen gegen den König und gegen Mitglieder der königl. Familie, RG 41 387), nämlich das Kammergericht in Berlin als 1. und 2. Instanz, das Reichsgericht als 3. Instanz, V. v. 26. Sept. 1879 (RGBl 287); § 4 AG. ZPO; Art. III Ges v. 26. April 1851 (GS 181). **Nicht** zu den besonderen Gerichten im Sinne des Art. 2 gehören Gewerbe- und Kaufmannsgerichte, weil ihr Verfahren abweichend geordnet ist. Außerdem werden vor diesen Sondergerichten Rechtsanwälte gar nicht zugelassen (§ 31 GewGG, § 16 KaufmGG). Dies gilt auch für die Königl. Gewerbegerichte im Bezirke des vormaligen Appellationsgerichtshofs zu Köln (Ges vom 11. Juli 1891; § 85 Abs. 1 Satz 2 GewGG). Dagegen sind die Gebühren der RA für ihre Tätigkeit in Angelegenheiten, die vor die in Art. 1 A. 1 genannten Gerichte gehören, nach den dort angeführten Vorschriften zu berechnen.

2. **Zu Nr. 2.** Das Verfahren nach §§ 55 ff. des Feld- und Forstpolizeigesetzes v. 1. April 1880 (GS 230) folgt den Vorschriften der Reichsprozeßordnungen. Es findet also auch darauf die RAGebO Anwendung.

3. **Zu Nr. 3.** Verwaltungsstreitverfahren (Boethke, JW 12 274 ff.), §§ 61 ff. Ges über die allgemeine Landesverwaltung v. 30. Juli 1883 (GS 195); ZuständigkeitsGes v. 1. Aug. 1883 (GS 237); Ges v. 27. April 1885 (GS 127), betr. Zuweisung von Streitigkeiten, die nach reichsgesetzlicher Vorschrift im Verwaltungsstreitverfahren zu entscheiden sind, an die Verwaltungsgerichte (Streitigkeiten aus der Reichsversicherung kommen nach der RVersO nicht mehr vor die Landesverwaltungsgerichte). Die Nr. 3 gilt auch mangels besonderer Vorschriften für solche Arten des Verwaltungsstreitverfahrens, die vor reichsgesetzlichen Verwaltungsgerichten stattfinden, z. B. dem Reichseisenbahnamt.

Boethke unterscheidet mit Recht zwischen dem Gebührenanspruch des Anwalts gegen seinen Auftraggeber und dem Kostenerstattungsanspruch der Partei gegenüber dem Gegner.

a) Gebührenanspruch gegen den Auftraggeber. Bei Anwendung der RAGebO auf das ganz anders aufgebaute Verwaltungsstreitverfahren ist zu beachten, daß dieses kein Versäumnisverfahren kennt. Auch wenn nur eine Partei erscheint, oder wenn selbst nur schriftliche Anträge gestellt sind, muß die Verhandlung als „streitig" gelten, ausgenommen nur bei Anerkenntnis, Vergleich oder Verzicht (OVG 18 450).

Streitig ist, ob eine Vergleichsgebühr erhoben werden kann. Vergleiche sind zulässig (s. auch § 23 ZuwachsstG), sie beenden aber nicht das Verfahren, sondern dienen nur als Grundlage für eine vom Verwaltungsrichter — dem Vergleiche gemäß — noch zu erlassende formale Entscheidung (OVG 53 449, 54 87; Schultzenstein, PrVerwBl 24 370). Dies steht aber richtiger Ansicht nach dem Ansatze der Vergleichsgebühr nicht entgegen (ebenso Boethke aaO. und Brauchitsch I Nr. 177 zu LVG § 104).

Pauschsätze erhält der Anwalt nach den Vorschriften der RAGebO (Pfafferoth, PrVerwBl 31 725). Ferner erhält er die um $^3/_{10}$ in der Berufungsinstanz und $^5/_{10}$ in der Revisionsinstanz erhöhten Gebühren (RAGebO § 52), wenn es sich um das Rechtsmittel der Berufung oder der Revision handelt (OVG 59 468). Der Bezirksausschuß kann Gericht I. Instanz oder Berufungsgericht, das OVG außerdem auch Revisionsgericht sein. Es gibt aber auch die Revision als Rechtsmittel zweiter Instanz, z. B. in Kommunalabgabesachen und in allen Zuwachssteuersachen (§ 70 KommunalabgG v. 14. Juli 1893, § 2 AG. ZuwachssteuerG v. 14. Juli 1911).

Bei Zurückverweisung in die Vorinstanz gilt nach § 27 RAGebO das weitere Verfahren als neue Instanz, jedoch mit Ausnahme der Prozeßgebühr.

b) Erstattungsanspruch. Das Gesetz unterscheidet zwischen baren Auslagen und Gebühren. Die baren Auslagen sind regelmäßig, die Gebühren nur beschränkt zu erstatten. Nach § 103 des LandesverwaltungsGes v. 30. Juli 1883 hat der unterliegende Teil die Gebühren eines RA des obsiegenden Teiles nur insoweit zu erstatten, als sie für Wahrnehmung der mündl. Verhandlung vor dem Bezirksausschuß und dem OVG zu zahlen sind, also nicht andere als Verhandlungsgebühren und nicht für Verhandlungen vor anderen als den genannten beiden Gerichten. Diese Bestimmung ist durch die PrGebO v. 27. Sept. 1899 nicht geändert (OVG 39 458) und in ständiger Rechtsprechung des OVG dahin aufgefaßt, daß diejenigen Anwaltsgebühren zu erstatten sind, die ein RA, der lediglich mit der Wahrnehmung der mündl. Verhandlung beauftragt ist, von seinem Mandanten zu fordern hat, OVG, KGBl 01 122. Es sind also die Rechtsanwaltsgebühren im Verfahren vor den Kreis- und Stadtausschüssen gar nicht, sonst nur in den Grenzen der §§ 43, 13 und 17 der RAGebO erstattungsfähig, s. oben S. 232. Nach § 43 RAGebO hätte der RA neben der Verhandlungsgebühr die Prozeßgebühren zu $^5/_{10}$ zu beanspruchen, OVG 8 428, 18 447, 40 447; Friedrichs, Verwaltungsarchiv 6 453.

Die Beweisgebühr ist nur zu erstatten, wenn der Beweis in der mündl. Verhandlung selbst in Gegenwart des Anwalts stattgefunden hat, nicht aber, wenn der Beweis vor einem beauftragten oder ersuchten Richter erhoben ist (so die von Boethke bezeugte feste Übung des OVG). Eine Vergleichsgebühr wird hiernach ebenfalls nur erstattungsfähig sein, wenn der Vergleich in der mündl. Verhandlung vor dem BezA oder OVG geschlossen ist. Ein Rechtsanwalt, der selbst die obsiegende Partei ist, kann die Gebühr für Wahrnehmung der mündlichen Verhandlung nur dann beanspruchen, wenn sie seine baren Auslagen für die persönliche Wahrnehmung des Termins nicht übersteigt, OVG 51 452. Für die Wertberechnung s. den Tarif vom 27. Febr. 1884.

Auslagen sind immer zu erstatten, soweit sie erforderlich waren. Das OVG hat in fester Praxis, die nach einer Ansicht sogar schon ein Gewohnheitsrecht begründet hätte, die Schreibgebühren nicht als Auslagen, sondern als Gebühren angesehen, weil sie nicht genau in dem angesetzten Betrage bar entstanden sein (OVG 39 458, 40 447, Friedrichs, PrVerwBl 26 935). Die Einführung der Pauschsätze hat daran nichts geändert, das OVG hält diese — entgegen RG 78 126, 75 311, aber übereinstimmend mit KGJ 42 332 — für Gebühren (Gebührenanhänge) und versagt ihre Erstattung, weil sie nicht für die mündl. Verh. entstanden seien (OVG 59 471, OVG JW 12 765, 1078, KGBl 12

135, Rausnitz DJZ 12 1523, Boethke aaO). Hiernach sind die erstattungsfähigen Gebühren **immer ohne Pauschsätze zu berechnen.** Porto ist zu erstatten.

Die Vorschrift des § 103 Landesverwaltungsgesetzes gilt, da der Wortlaut nicht unterscheidet, für das gesamte Verfahren und beschränkt sich nicht auf den mit dem Urteil des Verwaltungsrichters abschließenden Verfahrensabschnitt. Sie gilt also auch im Beitreibungs- und Zwangsvollstreckungsverfahren, das nach § 60 LVG noch mit zum Verwaltungsstreitverfahren zu rechnen ist. Im verwaltungsrechtlichen Zwangsvollstreckungsverfahren sind mithin Anwaltsgebühren nur in dem Ausnahmefalle zu erstatten, wenn eine mündliche Verhandlung vor dem Bezirksausschuß oder dem Oberverwaltungsgerichte noch in diesem Verfahrensabschnitte stattgefunden hat (Pfafferoth, PrVerwBl 32 206); s. auch Komm.-Bericht des Abgeordnetenhauses Drucksachen 158/1883 S. 1816.

4. **Zu Nr. 4.** Diese Vorschrift betrifft nur Streitigkeiten preußischer Armenverbände, die das AG zum UnterstWohnsG v. 8. März 1871 dem Bundesamt für Heimatwesen zuweist (KommBer DHH S. 2).

5. **Zu Nr. 5.** Gegen die Festsetzung des Steuersatzes durch die Veranlagungskommission (oder durch den Steuerausschuß) ist Berufung an die Berufungskommission (oder an die Bezirksregierung), gegen deren Entscheidung Beschwerde an das OVG zulässig, §§ 43ff. EinkStGes u. §§ 33ff. ErgänzStGes beide in der Fassung v. 19. Juni 1909 (GS 259) mit dem ÄnderungsG v. 26. Mai 1909 sowie §§ 35ff. GewStGes v. 24. Juni 1891 (GS 205).

6. **Zu Nr. 6.** Das Verwaltungsstrafverfahren bei Zuwiderhandlungen gegen die Zollgesetze und die sonstigen Vorschriften über indirekte Reichs- und Landesabgaben, sowie die Bestimmungen über die Schlacht- und Wildbretsteuer ordnet das Verwaltungsstraf G v. 26. Juli 1897 (GS 237). Eine Hauptverhandlung im Verwaltungsstrafverfahren findet nicht statt. Deshalb sind nur die Vorschriften der RAGebO über das Vorverfahren für anwendbar erklärt. Ob gemäß § 67 die Gebühr 6 M. oder 10 M. beträgt, hängt davon ab, ob die Sache, wenn sie beim Gericht anhängig wäre, zur Zuständigkeit der Schöffengerichte oder der Strafkammer gehören würde, Mot. 11. Nach §§ 58—60 a. a. O. gelten die Vorschriften auch für die Schlachtsteuer (die aber nach § 13 des ZolltarifG v. 25. Dez. 1902 nicht mehr erhoben werden darf), die Wildbretsteuer, in den Fällen der §§ 17, 22 des Ges. zum Schutze der Warenbezeichnungen v. 12. Mai 1894 (RGBl 441) und für die Festsetzung der Stempelstrafen gegen Beamte und Notare, § 19 Stempelsteuerges. v. 30. Juni 1909 (GS 535).

7. **Zu Nr. 7.** Hierher gehören: Das Ges v. 7. Mai 1851 (GS 218) u. 26. März 1856 (GS 201), betr. die Dienstvergehen der Richter; das Ges v. 21. Juli 1852 (GS 465), betr. die Dienstvergehen der nichtrichterlichen Beamten, ausgedehnt durch V. v. 23. Sept. 1867 (GS 1636) auf die Beamten in den neuerworbenen Landesteilen, geändert durch Ges v. 9. April 1879 (GS 345); § 5 Ges v. 27. März 1872 (GS 278) gegen die Mitglieder der Oberrechnungskammer; Ges. über die allgem. Landesverw. v. 30. Juli 1883 (GS 195), § 14 gegen die Mitglieder des Provinzialrates, § 32 gegen die Mitglieder des Bezirksausschusses, § 39 gegen die Mitglieder des Kreis-(Stadt-)ausschusses, §§ 45, 47, 157 gegen die Behörden für den Stadtkreis Berlin; ZuständigkeitsGes v. 1. Aug. 1883 (GS

237) gegen Bürgermeister, Beigeordnete, Magistratsmitglieder und sonstige Gemeindebeamte (§ 20), gegen Gemeindevorsteher, Schöffen, Mitglieder des Gemeindevorstandes und sonstige Gemeindebamte (§ 36); das Ges betr. das Disziplinarverfahren bei dem OVG v. 8. Mai 1889 (GS 107); das Ges v. 17. Juni 1898 (GS 125) betr. die Privatdozenten an den Landesuniversitäten.

Über die Gebühren im Disziplinarverfahren nach dem Reichsbeamtenges s. § 91³ RAGebO. Das Disziplinarverfahren gegen Reichsbeamte regelt sich nach: §§ 72ff. des ReichsbeamtenG v. 31. März 1873 in der Fassung v. 18. Mai 1907 (RGBl 245); §§ 40ff. des KolonialbeamtenG v. 8. Juni 1910 (RGBl 881); RGes betr. die Dienstvergehen der richterlichen Militärjustizbeamten v. 1. Dezember 1898 (RGBl 1297). In allen diesen Fällen findet die RAGebO schon kraft Reichsrechts Anwendung.

8. Für alle übrigen Angelegenheiten, die weder unter Art. 2 fallen noch nach besonderer Vorschrift zu entschädigen sind, berechnen sich die Gebühren der RA nach Art. 8ff. Dazu gehören z. B. die Sachen der Gewerbe- und Kaufmannsgerichte, Prisengerichte, Innungen, Innungsschiedsgerichte, Verwaltungsbeschlußverfahren, Verwaltungszwangsverfahren, Staatssteuern in erster Instanz, Kommunalsteuern und vorläufig Knappschaftssachen.

9. Da Art. 2 allgemein die RAGebO in Bezug nimmt, gilt auch für die im Art. 2 bezeichnete Tätigkeit die Gebührenerhöhung des § 52 in entsprechender Weise, z. B. im Verwaltungsstreitverfahren (s. oben Nr. 3 zu a). Ebenso berechnen sich die Gebühren für einzelne Handlungen nicht nach Art. 8ff., sondern nach § 89 und den entsprechenden Vorschriften der RAGebO.

Art. 3. Volle Gebühr im Sinne der nachstehenden Vorschriften ist die im § 9 der Deutschen Gebührenordnung bestimmte Gebühr mit der Maßgabe, daß von 10000 bis 20000 Mark die Wertklassen um je 2500 Mark und die Gebühren um je 4 Mark und von 20000 Mark an die Gebühren um je 5 Mark und die Wertklassen bis 100000 Mark um je 5000 Mark, bis 300000 Mark um je 10000 Mark, bis 1 Million Mark um je 25000 Mark und darüber hinaus um je 50000 Mark steigen.

Ein Höchstbetrag der Gebühren ist nicht festgesetzt. Die Mindestgebühr beträgt gemäß § 8 RAGebO 1 M., Art. 16.

Art. 4. Für die Vertretung eines Beteiligten im Verfahren der Zwangsversteigerung erhält der Rechtsanwalt drei Zehnteile der vollen Gebühr:

1. für die Vertretung bis zur Einleitung des Verteilungsverfahrens;
2. für die Vertretung im Verteilungsverfahren.

Der Vertreter des Antragstellers erhält außerdem drei Zehnteile der vollen Gebühr für die Wahrnehmung der Versteigerungstermine.

Die Gebühr für die Vertretung im Verteilungsverfahren steht dem Rechtsanwalt auch dann zu, wenn unter seiner Mitwirkung eine außergerichtliche Verteilung stattfindet.

Die Gebühren für die Vertretung des Gläubigers oder eines anderen Berechtigten (§ 9 Nr. 1, 2 des Gesetzes über die Zwangsversteigerung und die Zwangsverwaltung) bestimmen sich nach dem Werte des Rechtes, wenn jedoch der Wert des Gegenstandes der Zwangsversteigerung oder des Verteilungsverfahrens geringer ist, nach diesem; die neben einem Hauptanspruche bestehenden Ansprüche wegen der Kosten und Nebenleistungen bleiben unberücksichtigt. Im Falle der Vertretung eines anderen Beteiligten bestimmen sich die Gebühren nach dem Werte des Gegenstandes der Zwangsversteigerung oder des Verteilungsverfahrens oder des Anteils des Vertretenen an diesem Gegenstande. Auf die Berechnung des Wertes des Gegenstandes der Zwangsversteigerung oder des Verteilungsverfahrens finden die in Ansehung der Gerichtskosten geltenden Vorschriften Anwendung.

Beschränkt sich die Tätigkeit des Rechtsanwalts auf die Vertretung des Gläubigers in dem Verfahren bis zum Versteigerungstermine, so ist für die Gebührenberechnung an Stelle des Wertes des Rechtes der Wert des Anspruchs, wegen dessen die Zwangsversteigerung beantragt ist, maßgebend, sofern nicht die Wahrnehmung eines anderen Termins stattgefunden hat.

1. Die Vorschriften des Art. 4 beziehen sich nur auf die Fälle, in denen der RA nach Art eines Prozeßbevollmächtigten mit der Vertretung eines Beteiligten beauftragt wird. Wird ihm nur ein einzelnes Geschäft, z. B. die Wahrnehmung des Versteigerungstermins übertragen, so finden die Art. 8ff. Anwendung; es dürfen jedoch nach dem im Art. 16 Abs. 2 für anwendbar erklärten § 48 der RAGebO die im Art. 4 bestimmten Sätze nicht überschritten werden, Mot. 13. Art. 4 ist nach Art. 14 im Falle einer freiwilligen Versteigerung entsprechend anzuwenden.

2. Beteiligte im Verfahren der Zwangsversteigerung sind nach § 9 ZVG außer dem Gläubiger und dem Schuldner:

a) diejenigen, für die zur Zeit der Eintragung des Vollstreckungsvermerkes ein Recht im Grundbuch eingetragen oder durch Eintragung gesichert ist;

b) diejenigen, die ein der Zwangsvollstreckung entgegenstehendes Recht, ein Recht an dem Grundstück oder an einem das Grundstück belastenden Rechte, einen Anspruch mit dem Rechte auf Befriedigung aus dem Grundstück oder ein Miet- oder Pachtrecht, auf Grund dessen ihnen das Grundstück überlassen ist, bei dem Vollstreckungsgericht anmelden und auf Verlangen des Gerichts oder eines Beteiligten glaubhaft machen.

Dazu kommt nach Art. 16 PrAG.ZVG der Repräsentant oder Grubenvorstand eines Bergwerks.

Für den Fall, daß der RA im Versteigerungstermin einen nicht zu den Beteiligten gehörenden Bieter vertritt, trifft Art. 4 keine Bestimmungen; es bewendet dann bei den Vorschriften des Art. 10, Mot. 13.

3. Nach § 31 Abs. 2 der RAGebO ist das Landesrecht für die Gebühren im Verfahren der Zwangsverst. und der Zwangsverw. ausschließlich maßgebend, da dieses Verfahren nicht in der ZPO, sondern in einem besonderen Gesetze geregelt ist. Daher richtet sich auch die besondere — dem Gegner gegenüber nicht erstattungsfähige — Gebühr, die der RA für eine Empfangnahme von Geld im Vertei-

lungstermin von seinem Auftraggeber erhält, nicht nach § 87 RAGebO, sondern kraft der im Art. 13 PrGebO ausgesprochenen Verweisung auf die Notariatsgebührenordnung nach § 13 PrNotGebO (abgedr. hinter Art. 13), OLG Celle, Rsp 25 304. Dagegen unterliegt die Eintragung einer Zwangshypothek der RAGebO. Denn sie ist in der ZPO als Zwangsvollstreckungsmaßregel behandelt.

Art. 5. Für die Vertretung des Gläubigers, des Schuldners oder des Konkursverwalters im Verfahren der Zwangsverwaltung, einschließlich des Verteilungsverfahrens, erhält der Rechtsanwalt jährlich zwei Zehnteile der vollen Gebühr nach dem Werte der jährlichen Einkünfte. Auf die Berechnung dieser Gebühr finden die in Ansehung der Gerichtskosten geltenden Vorschriften entsprechende Anwendung.

Der Vertreter des Antragstellers erhält außerdem drei Zehnteile der vollen Gebühr nach dem Werte der jährlichen Einkünfte; ist ein Gläubiger der Antragsteller und ist der Betrag der beizutreibenden Forderung und der miteinzuziehenden Zinsen geringer als der Wert der jährlichen Einkünfte, so ist dieser Betrag für die Gebührenberechnung maßgebend.

Beschränkt sich die Tätigkeit des Rechtsanwalts auf die Vertretung in dem Verfahren wegen Anordnung der Zwangsverwaltung, so erhält er nur die im Abs. 2 bestimmte Gebühr.

1. **Zu Abs. 1.** a) Durch die für jedes Jahr der Verwaltung anzusetzende, nach dem Betrage der Einkünfte zu berechnende Gebühr wird die gesamte Tätigkeit des RA, insbesondere seine Mitwirkung im Verteilungsverfahren und in den Terminen zur Leistung von Zahlungen (ZVG §§ 156, 158), abgegolten, Mot. 13. Nur die Erhebung und Ablieferung von Geldern ist besonders zu vergüten.

b) Für die Gerichtskosten gilt folgende Vorschrift des PrGKG*) vom 6. August 1910:

§ 130. In dem Verfahren der Zwangsverwaltung werden für jedes Jahr fünf Zehnteile der vollen Gebühr erhoben. Der Tag der Beschlagnahme gilt als der erste Tag eines jeden Verwaltungsjahrs.

Die Gebühr wird nach demjenigen Betrage der Einkünfte berechnet, welcher nach Berichtigung aller Ausgaben der Verwaltung und der laufenden Beträge der öffentlichen Lasten zur Verteilung gelangt, mindestens jedoch nach dem Betrage des Grundsteuerreinertrags und des Gebäudesteuernutzungswerts. In den Hohenzollernschen Landen tritt an Stelle des Grundsteuerreinertrags und Gebäudesteuernutzungswerts der Betrag von vier Prozent des Steueranschlags.

2. **Zu Abs. 2.** Antragsteller im Sinne der Vorschrift ist der betreibende Gläubiger, der beitretende Gläubiger und der Konkursverwalter (ZVG §§ 27, 146, 172), sowie der Antragsteller in den im 2. und 3. Abschnitt des PrAG.ZVG geregelten Fällen der Zwangsverwaltung. Für den Antrag kann aber nur eine einmalige

---

*) Wegen der Erläuterungen zum PrGKG ist auf Siméon, das preußische Gerichtskostengesetz (7. Aufl. 1913. J. Guttentag) zu verweisen.

Gebühr von $^3/_{10}$ beansprucht werden (Mot. 13), und zwar nach dem für den Zeitpunkt der Antragstellung anzunehmenden Jahreswerte der Einkünfte.

3. **Zu Abs. 3.** Der maßgebende Wert bestimmt sich auch hier nach der Person des Vertretenen. Wird der Schuldner oder der Konkursverwalter vertreten, so beträgt die Gebühr $^3/_{10}$ der jedesmal nach dem Werte der jährlichen Einkünfte zu berechnenden vollen Gebühr. Wird der Gläubiger vertreten, so ist die Gebühr nach dem Betrage der Forderung und Zinsen zu berechnen, sofern er geringer ist als der Wert der jährlichen Einkünfte.

4. Es erhalten: der Vertreter des Antragstellers eine dreifache Gebühr, der Vertreter eines anderen Beteiligten eine zweifache Gebühr für die Tätigkeit in dem ganzen Verfahren. Die Gebühr des Antragstellers wird gewährt für

a) die Vertretung bis zur Einleitung des Verteilungsverfahrens (ZVG § 105),

b) für die Vertretung im Verteilungsverfahren (ZVG §§ 113ff.),

c) für die Wahrnehmung der Versteigerungstermine.

Der Vertreter eines anderen Beteiligten erhält nur Gebühren für die Tätigkeit zu a und b. Durch die Gebühr zu a wird die gesamte Tätigkeit des RA bis zur Einleitung des Verteilungsverfahrens abgegolten, aber nur für die Instanz. Für die Tätigkeit in der Beschwerdeinstanz wird die im Art. 4 festgesetzte Gebühr nochmals besonders berechnet werden können. Die Gebühr zu b ist auch dann erwirkt, wenn unter Mitwirkung des RA eine außergerichtliche Verteilung des Versteigerungserlöses durch Einigung der Beteiligten (ZVG §§ 143ff.) stattfindet.

Antragsteller ist der Gläubiger, der die Zwangsversteigerung oder Zwangsverwaltung beantragt hat (ZVG §§ 15, 146), der Konkursverwalter (ZVG § 172), der Erbe mit beschränkter Haftung (ZVG § 175) und der Miteigentümer (ZVG § 180). Der beitretende Gläubiger ist nach § 27 ZVG dem Antragsteller gleichgestellt, KommBer des HH S. 3.

5. Die Gebühren und Auslagen des RA kommen gemäß § 10 Abs. 2, § 12 ZVG zusammen mit dem Hauptanspruche des Vertretenen zur Befriedigung, soweit sie zur zweckentsprechenden Rechtsverfolgung notwendig waren, worüber das freie Ermessen des Gerichts entscheidet. Für Erhebung und Ablieferung des Geldes kann eine besondere Gebühr verlangt werden. Ihre Höhe ist im Gesetze nicht bestimmt; sie wird auf Grund des Art. 14 nach Art. 13 und dem dort durch Verweisung in Bezug genommenenen § 13 NotGebO zu bemessen sein. Die Vergütung des RA, der als Zustellungsvertreter oder als Vertreter unbekannter Beteiligter bestellt ist (§§ 6, 135 ZVG), ist nach freiem Ermessen festzusetzen (§ 7 ZVG).

6. Grundsätze für die Wertberechnung. Soweit der RA den betreibenden Gläubiger oder einen der im § 9 Nr. 1, 2 ZVG aufgeführten Berechtigten vertritt, ist der Wert des Rechtes, sofern er den Wert des Gegenstandes der Zwangsversteigerung nicht übersteigt, dem Gebührenanspruche zugrunde zu legen. Da das Verfahren auch dann, wenn es nur wegen eines Teiles einer eingetragenen Forderung betrieben wird, doch zur Befriedigung der ganzen Forderung führt, so soll der volle Betrag des an Grundstücken usw. bestehenden Rechtes entscheiden, andererseits soll zur Vereinfachung der Berechnung nur der Hauptanspruch ohne Berücksichtigung der Kosten, Zinsen und anderen Nebenleistungen maßgebend sein, Mot. 13.

Bei der Vertretung des Schuldners, des Konkursverwalters, des Miteigentümers oder des Miterben sowie in allen Fällen, in denen ein nicht zu den Berechtigten (ZVG § 9 Nr. 1, 2) gehörender Beteiligter vertreten wird, ist der Wert des Gegenstandes der Zwangsversteigerung oder des Anteils des Auftraggebers als Wert anzunehmen, Mot. 13.

Die in Abs. 5 getroffene Bestimmung wird insbesondere dann zur Anwendung kommen, wenn das Verfahren vor dem Versteigerungstermin aufgehoben oder eingestellt wird, ZVG §§ 29ff. Ein „anderer Termin" im Sinne des Abs. 5 ist z. B. der vor dem Versteigerungstermin abgehaltene Termin zu Erörterungen der Beteiligten über das geringste Gebot und die Versteigerungsbedingungen (ZVG § 62).

7. Über den „Wert des Gegenstandes der Zwangsversteigerung" bestimmt das PrGKG in der Fassung v. 6. August 1910 (GS 183) folgendes:

§ 124 Abs. 1. Zwei Zehnteile der vollen Gebühr werden erhoben für die Entscheidung, einschließlich des vorangegangenen Verfahrens, über Anträge auf Anordnung der Zwangsversteigerung, der Zwangsverwaltung oder der Zwangsliquidation. Ist ein Gläubiger der Antragsteller, so werden die Gebühren nach dem Betrage der einzuziehenden Forderungen nebst den miteinzuziehenden Zinsen berechnet; im übrigen werden die Gebühren nach der Hälfte des Wertes des Gegenstandes der Zwangsversteigerung, der Zwangsverwaltung oder der Zwangsliquidation berechnet.

Vorschriften über die Wertermittelung (zunächst zur Stempelberechnung) enthält § 6 Nr. 3 der „Landesstempelvf." (AVf v. 28. Juli 1910, JMBl 299).

§ 125 Abs. 1. In dem Verfahren der Zwangsversteigerung werden erhoben:

1. für den Erlaß der Bekanntmachung des Versteigerungstermins zwei Zehnteile,
2. für die Abhaltung des ersten Versteigerungstermins zwei Zehnteile,
3. für die Abhaltung eines jeden Versteigerungstermins nach Abhaltung des ersten ein Zehnteil,
4. für das Verteilungsverfahren fünf Zehnteile der vollen Gebühr.

Die Gebühr im Verteilungsverfahren bestimmt sich nach dem Meistgebot und nicht nach dem Betrage des zu verteilenden Barerlöses, KG. v. 14. 6. 12 1a X 558/12.

§ 127. Die nach den §§ 125, 126 zu erhebenden Gebühren werden nach dem Gebote berechnet, für welches der Zuschlag erteilt ist.

Erreicht das Gebot nicht den Wert des Gegenstandes, so tritt bei Berechnung der nach §§ 125 Nr. 1, 2, 3, 126 zu erhebenden Gebühren dieser an die Stelle des Gebots; ein höherer Wert als der bei Berechnung des geringsten Gebots angenommene darf der Gebührenberechnung aus § 125 nur dann zugrunde gelegt werden, wenn er spätestens im Versteigerungstermine bekannt gemacht worden ist. Wenn der Ersteher zur Zeit der Einleitung der Zwangsversteigerung Hypotheken- oder Grundschuldgläubiger ist, so tritt an die Stelle des Meistgebots, falls dieses hinter dem Gesamtbetrage der Hypotheken- oder Grundschuldforderungen des Erstehers und der diesen vorangehenden Forderungen zurückbleibt, dieser Gesamtbetrag, sofern er nicht den Wert des Gegenstandes übersteigt.

Ist der Zuschlag nicht erteilt, so werden die nach § 125 zu erhebenden Gebühren nach dem Werte des Gegenstandes berechnet.

Sind nach § 65 des Gesetzes über die Zwangsversteigerung und die Zwangsverwaltung Gegenstände besonders versteigert oder anderweit verwertet worden, so tritt für die Berechnung der Gebühren für das Verteilungsverfahren ihr Erlös dem Gebote hinzu.

1. Das Meistgebot (zusammengesetzt aus dem Bargebot und dem Werte der im geringsten Gebote berücksichtigten bestehenbleibenden Rechte) gilt ausnahmsweise dann nicht als Gegenstandswert, wenn es hinter dem gemeinen Wert oder im Falle Abs. 2 Satz 2 hinter dem dort bezeichneten Gesamtbetrage der Belastung zurückbleibt. Wird in das geringste Gebot eine Gesamthypothek oder eine Höchstbetragshypothek aufgenommen, so ist für die Wertberechnung des Gebots ihr voller Betrag anzusetzen: Rsp **11** 126, KGJ **29** B 49, **31** B 31. Altenteile und sonstige Rechte, die ohne Berücksichtigung im geringsten Gebote bestehen bleiben, erhöhen den Wert nicht: KGJ **38** B 44, KG. v. 13. Sept. 1909 1a X 755/09.

2. Der gemeine Grundstückswert entscheidet, wenn er höher ist als das Gebot. Eine besondere und ungewöhnliche Ausbeutungsmöglichkeit, z. B. Benutzung als Sandgrube für Kalksandsteinfabrikation, beeinflußt den gemeinen Wert nicht: KG. v. 11. Juni 1909 1a X 511/09. Abweichend vom Stempelrecht sind aber die Gebühren des § 125 Nr. 1, 2, 3 (die Gebühr des Verteilungsverfahrens Nr. 4 scheidet hier aus) nicht nach dem Werte zu berechnen, den spätere Ermittlungen als den wahren Wert ergeben, sondern nach dem Werte, der bei Berechnung des geringsten Gebots angenommen ist oder der spätestens im Versteigerungstermine bekanntgemacht worden ist. Diese Vorschrift soll den Ersteher vor unliebsamen Überraschungen schützen.

3. Die dem Ersteher, wenn er Grundstücksgläubiger ist, gewährte Vergünstigung entspricht der neuen Vorschrift in Tarifst. 32 PrStStG, vgl. KGJ **40** 377, 387 (auszugsweise JMBl **10** 290, 291). Die Begünstigung gilt nur, wenn die Grundpfandpost des Erstehers wenigstens zum Teil ausfällt: KGJ **40** 383. In den „Gesamtbetrag" einzurechnen sind nicht nur die Kapitalien, sondern auch Zinsen und Kosten, für die das Grundstück haftet, und die sonstigen im § 10 ZVG bezeichneten Rechte, soweit sie der Grundpfandpost des Erstehers vorgehen, vgl. Heinitz, StempelG 3. A. S. 997, Breme, ZBlfGer **11** 617 und KG. v. 29. April 1910 1a X 314/10. Unbalutierte Teile einer durch Rangabtretung vorgetretenen Baugeldpost sind dann nicht zu berücksichtigen, wenn die Rangabtretung sich auf die wirklich valutierten Teile des Baugeldes beschränkte: KGJ **42** 339. Die Berechnung der Zinsen usw. ist für den Tag des Zuschlags aufzumachen, nicht für den Tag der Verteilung, so daß unter Umständen ein besonderer Teilungsplan nur für die Ermittlung der Zuschlagsgebühr und des Stempels aufgestellt werden muß (KG. v. 22. April 1910, JMBl 291). In allen Fällen, in denen ein Grundstücksgläubiger Ersteher wird, der ganz oder teilweise ausfällt, sind die drei Faktoren: Meistgebot, gemeiner Wert und „Gesamtbetrag" zu ermitteln und miteinander zu vergleichen.

Art. 6. Auf die Vergütung der Berufstätigkeit eines Rechtsanwalts in einem Verteilungsverfahren außerhalb der Fälle der Zwangsversteigerung oder der Zwangsverwaltung finden die Vorschriften des Artikel 4 entsprechende Anwendung. Das gleiche gilt für ein Verteilungsverfahren im Falle der Zwangsverwaltung, wenn der Rechtsanwalt einen anderen Beteiligten als den Gläubiger, den Schuldner oder den Konkursverwalter vertritt; für die Berechnung des Wertes wiederkehrender Leistungen ist der Wert der Leistungen eines Jahres, für die Berechnung des Wertes des Gegenstandes des Verteilungsverfahrens ist der Wert der Einkünfte eines Jahres maßgebend.

1. Nach den Art. 52, 53, 109, 67 des EG.BGB und Art. 35 des AG.ZVG kommt ein Verteilungsverfahren nach den Vorschriften des ZVG auch außerhalb der Zwangsversteigerung vor. So beim Widerspruch eines Berechtigten gegen die Auszahlung der Entschädigung in den Fällen des Rayongesetzes v. 21. Dez. 1871 (RGBl 459), des RGes über die Kriegsleistungen v. 13. Juni 1873 (RGBl 129), des § 51 der RGewO, des RGes über die Naturalleistungen für die bewaffnete Macht im Frieden v. 13. Febr. 1875 (RGBl 52), der §§ 6, 7, 137, 138, 139 des AllgBerggesetzes v. 24. Juni 1865 (GS 705), des Enteignungsgesetzes v. 11. Juni 1874 (GS 221), des Fluchtliniengesetzes v. 2. Juli 1875 (GS 561). Es finden in diesen Fällen dieselben Vorschriften wie bei der Zwangsversteigerung Anwendung, Mot. 14.

2. Die Gebühr, einschließlich der Wahrnehmung von Geldzahlungsterminen (§§ 156, 158 ZVG), beträgt $^{3}/_{10}$ der vollen Gebühr (Art. 4 Abs. 1 Nr. 2), steht aber dem Anwalte nur einmal zu, auch wenn mehrere Termine, insbesondere mehrere Zahlungstermine, wahrzunehmen sind, Mot. 13.

Art. 7. Für die Vertretung eines Beteiligten im Verfahren der Zwangsliquidation einer Bahneinheit erhält der Rechtsanwalt drei Zehnteile der vollen Gebühr. Der Vertreter des Antragstellers erhält außerdem drei Zehnteile der vollen Gebühr für die Vertretung in der Versammlung der Bahnpfandgläubiger.

Auf die Wertberechnung finden die Vorschriften des Artikel 4 Abs. 4 entsprechende Anwendung.

In Betracht kommen §§ 40 ff. des Gesetzes über die Bahneinheiten in der Fassung vom 8. Juli 1902 (GS 237). Dazu die AVf v. 19. Sept. 1895 (JMBl 286) u. v. 11. Nov. 1902 über die Bahngrundbücher (JMBl 275). Die Zwangsliquidation einer Bahneinheit ist, wie die Zwangsversteigerung, eine Maßregel der Zwangsvollstreckung. Bei ihr findet aber ein gerichtliches Verteilungsverfahren nicht statt. Entsprechend den im Art. 4 für Zwangsversteigerungen gegebenen Vorschriften ist daher für die Zwangsliquidation nur eine zweifache Gebühr im Falle der Vertretung des Antragstellers, eine einfache im Falle der Vertretung eines anderen Beteiligten bestimmt, Mot. 14.

Vorbemerkungen zu Art. 8 bis 12.

Außer den in den Art. 2, 4 bis 7 bezeichneten Geschäften unterliegt noch ein weites Gebiet der landesgesetzlichen Regelung. In Betracht kommt insbesondere die Tätigkeit des RA bei Verwaltungsbehörden außerhalb des Verwaltungsstreitverfahrens und des Verwaltungsstrafverfahrens und seine Tätigkeit auf dem Gebiete der freiwilligen Gerichtsbarkeit sowie die beratende Berufstätigkeit, die nicht auf Beginn oder Fortsetzung eines im § 1 RAGebO genannten Verfahrens abzielt, KG, Rsp **17** 227. Art und Umfang der Tätigkeit des RA in diesen Fällen sind so mannigfaltig, daß davon abgesehen ist, Pauschsätze für die Tätigkeit des RA einzuführen. Es sind daher in den Art. 8 bis 12 Einzelgebühren bestimmt. Die Art. 10 und 12 setzen aber einen Höchstbetrag fest, den die Einzelgebühren in einer Angelegenheit nicht überschreiten dürfen, Mot. 14.

Die Berufstätigkeit des RA erschöpft sich in der Hauptsache in drei Gattungen von Geschäften: Anfertigung von Schriftsätzen, Wahrnehmung von Terminen, Raterteilung und Besprechung. Diese Tätigkeiten behandeln die Gebührenvorschriften der Art. 8 bis 11. Dabei ist zwischen Schreiben an Behörden und Privatpersonen unterschieden, Mot. 14.

Die Gebühren sind Einzelgebühren, können also in einer und derselben Angelegenheit mehrfach zum Ansatze gelangen. Dies schließt aber nicht aus, daß jede dieser Gebühren die mit der Erledigung des Geschäfts verbundenen Nebengeschäfte mit umfaßt, so daß für diese besondere Gebühren nicht gefordert werden können. Insbesondere ist für die zur Vorbereitung eines Schreibens vorgenommene Akteneinsicht und sonstige zur Information aufgewendete Tätigkeit ein besonderer Gebührenansatz nicht gerechtfertigt, Mot. 15.

Art. 8. Für Anträge, Erklärungen und Beschwerden bei Behörden erhält der Rechtsanwalt zwei Zehnteile der vollen Gebühr. Für bloße Benachrichtigungen, Beschleunigungsgesuche, kurze Anzeigen und Schreiben ähnlicher Art kann diese Gebühr nur gefordert werden, falls nicht dem Rechtsanwalt in der gleichen Angelegenheit eine andere Gebühr zusteht.

Hat der Rechtsanwalt die einem Antrag oder einer Erklärung zugrunde liegende Urkunde entworfen, so steht ihm die im § 9 Abs. 2 der Gebührenordnung für Notare bestimmte Gebühr zu, wenn ein das Sach- und Rechtsverhältnis entwickelnder Vortrag erforderlich ist und dessen Einreichung von der Partei verlangt wird.

1. Abs. 1 bezieht sich nur auf solche Schriftstücke, die bei Behörden, d. h. bei Reichs-, Staats- und Kommunalbehörden oder selbständigen öffentlichen Beamten (VerStS., RGSt **18** 246) angebracht sind, z. B. Anträge beim Grundbuchamt auf Eintragung einer Zwangshypothek (dazu oben Anm. 2 zu § 31 RAGebO). Gegensatz: Schreiben an Privatpersonen, Art. 9. Ob die von dem RA gefertigten Schreiben von diesem selbst oder von der Partei unterschrieben sind, ist für den Gebührenbezug unerheblich. Den Schreiben sind Telegramme gleichzustellen. Satz 2 bezieht sich nur auf Schreiben, die weder rechtliche Ausführungen noch sachliche Auseinandersetzungen enthalten, findet aber auch dann Anwendung, wenn dem Schreiben der erwähnten Art eine gebührenpflichtige Tätigkeit nachfolgt (KommBer

des AH S. 8). Erhält der RA nachträglich noch einen weitergehenden Auftrag in derselben Angelegenheit, so muß er sich die bereits empfangenen Gebühren anrechnen, KommBer HH S. 4. Die Gebühren für rechtsgeschäftliche Erklärungen enthält Art. 13. Schreibgebühren: Art. 15.

2. Abs. 2 bringt die Gebühren der RA in Übereinstimmung mit den Gebühren der Notare für die gleiche Tätigkeit, § 9 der NotGebO v. 6. August 1910 (hinter Art. 13). Voraussetzung ist, daß der Vortrag wirklich notwendig war. „Die bloße Herzählung und Erläuterung der in dem überreichten Dokumente instrumentierten einzelnen Tatsachen und Geschäfte kann als ein solcher notwendiger Vortrag nicht angesehen, daher auch nicht taxiert werden" (JMBl 1851 152); näheres über § 9 NotGebO in KGJ **42** 341.

Art. 9. Für Schreiben an Privatpersonen erhält der Rechtsanwalt ein Zehnteil der vollen Gebühr. Für Schreiben, die rechtliche Ausführungen oder sachliche Auseinandersetzungen nicht enthalten, kann diese Gebühr nur gefordert werden, falls nicht dem Rechtsanwalt in der gleichen Angelegenheit eine andere Gebühr zusteht. Für die der Einleitung eines Prozesses vorausgehenden Mahnungen, Kündigungen oder Schreiben ähnlicher Art kann eine Gebühr nicht gefordert werden, wenn dem Rechtsanwalte die Prozeßgebühr zusteht.

Auf Schreiben an den Auftraggeber, die eine Raterteilung oder ein Gutachten enthalten, finden die für diese Geschäfte in den Artikeln 11, 16 gegebenen Gebührenvorschriften Anwendung. Für andere Schreiben an den Auftraggeber kann eine Gebühr auch dann nicht gefordert werden, wenn sie rechtliche Ausführungen oder sachliche Auseinandersetzungen enthalten; steht jedoch dem Rechtsanwalt in der gleichen Angelegenheit eine andere Gebühr nicht zu, so ist die im Abs. 1 Satz 1 bestimmte Gebühr zu erheben.

1. Privatpersonen, im Gegensatz zu „Behörden" (Art. 8) sind sowohl natürliche als juristische Personen. Die Gebühr kann für mehrere Schreiben mehrmals gefordert werden, jedoch unter Beschränkung des Gesamtbetrags auf eine volle Gebühr (Art. 12), vorausgesetzt, daß es sich nicht um eine einheitliche Raterteilung in mehreren Schreiben handelt, KG, Rsp 17 227. Schreibgebühren: Art. 15.

2. Bei der Beratung der Vorschrift im HH wurde als Absicht des Gesetzgebers von dem Regierungsvertreter ausgeführt: Während Schreiben an Privatpersonen der Gebühr von $^1/_{10}$ der vollen Gebühr unterworfen und nur davon befreit seien, wenn sie rechtliche Ausführungen oder sachliche Auseinandersetzungen nicht enthalten und dem RA in gleicher Angelegenheit eine andere Gebühr zusteht, sollen Schreiben an den Auftraggeber einer besonderen Gebühr überhaupt nicht unterliegen, es müßte denn sein, daß dem Anwalt eine andere Gebühr in der gleichen Angelegenheit nicht zustehe oder daß in dem Schreiben ein Rat oder ein Gutachten erteilt werde, in welchem Falle das Schreiben der Gebühr des Art. 11 oder 16 unterworfen sei. Die Schreiben an den Auftraggeber seien hiernach anders behandelt als sonstige Schreiben, sofern sie auch dann gebührenfrei seien, wenn sie rechtliche Ausführungen oder sachliche Auseinandersetzungen enthalten, und nur gebühren-

pflichtig, wenn sie sich als Gutachten oder Rat darstellten. Dies treffe jedoch nicht schon dann zu, wenn der Anwalt an eine Mitteilung ein Gutachten oder einen Rat anschließe, sondern erst dann, wenn das Gutachten oder der Rat von dem Auftraggeber erbeten sei. Diese Ansicht fand allgemeine Billigung, KommBer des HH S. 4, 5. Beispiel: Der vom Auftraggeber erbetene Entwurf eines Reorganisationsplanes einer Bank oder einer Zeitungsveröffentlichung über die Sanierungsfrage, KG, Rsp 17 225f., über den Entwurf eines Generalversammlungsbeschlusses, den der Anwalt hinterher als Notar beurkundet, s. KGJ 43 362.

Art. 10. Für die Wahrnehmung eines Termins erhält der Rechtsanwalt drei Zehnteile der vollen Gebühr. Werden in derselben Angelegenheit mehrere Termine wahrgenommen, so beträgt die Gebühr für den zweiten und für jeden weiteren Termin zwei Zehnteile der vollen Gebühr.

Der Gesamtbetrag der Gebühren in derselben Angelegenheit darf in einer Instanz die volle Gebühr nicht übersteigen.

Die erhöhte Gebühr für den ersten Termin ist gewährt ohne Rücksicht darauf, ob eine Verhandlung stattgefunden hat oder nicht, also auch dann, wenn sogleich vertagt wird, KommBer des AH S. 10. Die Terminsgebühr deckt auch die auf die Vorbereitung zum Termin aufgewendete Tätigkeit, z. B. durch Entwurf von Anträgen oder durch Besprechungen, RG, Recht 07 722. Daß die Termine vor einer Behörde oder einem Beamten stattfinden, ist nicht erforderlich, KG, Rsp 17 224; aM KG, Rsp 15 183.

Art. 11. Ein Zehnteil der vollen Gebühr erhält der Rechtsanwalt, falls nicht eine der in den Artikeln 8 bis 10 bestimmten Gebühren anzusetzen ist, für die Erteilung eines Rates sowie für eine Besprechung.

1. Die Worte „falls nicht eine der in den Art. 8—10 bestimmten Gebühren anzusetzen ist", beziehen sich sowohl auf Raterteilungen als auch auf Besprechungen, KommBer des AH S. 10, 11.

2. Die Gebühr für den Rat oder die Besprechung kommt nur dann zur Anwendung, wenn nicht für die gleiche Tätigkeit eine der Gebühren der Art. 8 bis 10 anzusetzen ist. Wenn z. B. eine Besprechung zu dem Ergebnisse führt, daß der RA auf Grund der Besprechung ein Schreiben der im Art. 8 oder im Art. 9 bezeichneten Art fertigt, so kommt nur die Gebühr für das Schreiben zum Ansatz, KommBer des HH S. 5; KG, Rsp 17 223. Dies trifft auch zu, wenn mehrere Besprechungen dem Schreiben vorausgegangen sind, wenn diese als fortgesetzte Konferenz anzusehen sind, RG, Recht 07 722. Für die bloße Besprechung ist ein besonderer Gebührensatz nur dann zu berechnen, wenn ein Rat nicht erfolgt. Werden in derselben Konferenz verschiedene Angelegenheiten besprochen, so ist für jede Angelegenheit besonders zu rechnen. Ebenso für jede zeitlich getrennte Besprechung in derselben Angelegenheit. In den durch Art. 2 der RAGebO unterstellten Angelegenheiten ist die Gebühr für die Raterteilung nicht nach Art. 11, sondern nach § 47 RAGebO zu bestimmen.

3. Auf Anfragen aus der Komm. des AH wurde von der Regierung hervor-

gehoben, daß in Fällen der Art. 2 bis 6 für einen Rat ebenfalls eine besondere Gebühr neben den sonstigen Gebühren nicht zu erheben ist, KommBer des AH S. 11.

Art. 12. Der Gesamtbetrag der in einer Angelegenheit nach den Artikeln 8, 9, 11 anzusetzenden Gebühren darf in einer Instanz die volle Gebühr nicht übersteigen.

Für die Wahrnehmung von Terminen ist die besondere Begrenzung des Art. 10 Abs. 2 vorgeschrieben, KommBer des AH S. 12. Es können also die Gebühren aus Art. 8 bis 11 insgesamt den doppelten Betrag der vollen Gebühr (Art. 3) erreichen, aber nicht übersteigen. Sind in einer Angelegenheit die nach Art. 8 bis 11 anzusetzenden Gebühren nach verschiedenen Werten zu berechnen, so ist der höchste dieser Werte maßgebend, KommBer des AH S. 12. Dies ergibt sich aus Art. 16 in Verbindung mit § 10 RAGebO und § 12 GKG. Der Umfang der Instanz ist aus den im Art. 16 in Bezug genommenen Vorschriften der RAGebO zu entnehmen.

Art. 13. Auf die Anfertigung des Entwurfs eines Rechtsgeschäfts und die Vermittelung einer Auseinandersetzung sowie auf den Empfang, die Verwahrung und die Auszahlung von Geldern und Wertpapieren in Angelegenheiten, die nicht zur streitigen Rechtspflege gehören, finden die für die Gebühren der Notare geltenden Vorschriften entsprechende Anwendung. Die Herstellung des Schreibwerkes und die Auslagen an Postgebühren werden nach den für die Notare geltenden Vorschriften vergütet.

Der Betrag der Vergütung für die Anfertigung eines Entwurfs kann nur insoweit abweichend durch Vertrag bestimmt werden, als dies nach § 26 der Gebührenordnung für Notare zulässig ist.

Die §§ 21 bis 25 der Gebührenordnung für Notare finden auf Rechtsanwälte keine Anwendung.

1. Der 2. Satz des Abs. 1 ist durch die Novelle v. 21. März 1910 (GS 15) hinzugefügt. Da es sich im Art. 13 um Leistungen handelt, die zur Berufstätigkeit des Notars gehören, werden Gebühren und Auslagen, insbesondere auch der Pauschsatz nach den für die Notare geltenden Vorschriften bemessen. Die Einfügung des Satzes hatte zur Folge, daß im Abs. 3 die Bezugnahme auf §§ 19, 20 der NotGebO wegfiel.

2. Die Vorschrift steht im Einklange mit der im § 29 der Gebührenordnung für Notare getroffenen Vorschrift, wonach auf Rechtsanwälte, wenn sie Geschäfte der nicht streitigen Gerichtsbarkeit besorgen, für welche die GebO für Notare Bestimmungen enthält, diese Bestimmungen Anwendung finden. Der Art. 13 bezeichnet zur Vermeidung von Zweifeln einzeln die in Betracht kommenden Geschäfte, Mot. 15. Er gilt z. B. für die Erhebung und Ablieferung von Geldern im Kaufgelderverteilungstermin, OLG Celle, Rsp 25 304. Für die Ermittelung einer Erbschaftsmasse ist dagegen Art. 14 maßgebend, der dann eine entsprechende Anwendung von Art. 13 und § 10 NotGebO zuläßt, KG, Rsp 17 228.

3. Die Gültigkeit der Bestimmung des Abs. 2 kann auch gegenüber dem BGB keinem Bedenken unterliegen, KG, Rsp 15 180.

4. Das gerichtliche Festsetzungsverfahren des § 25 NotGebO ist für Anwaltsgebühren unanwendbar (KGJ 42 352, 354, 43 362). Im übrigen gelten

kraft der im Art. 13 PrGebO ausgesprochenen echten Verweisung die nachstehenden Vorschriften der Gebührenordnung für Notare und des Preußischen Gerichtskostengesetzes, beide in der Fassung vom 6. August 1910 (GS 183):

A. Gebührenordnung für Notare.

§ 2. Die Gebühren werden nach dem Werte des Gegenstandes erhoben. Auf die Berechnung des Wertes des Gegenstandes finden die Vorschriften des Preußischen Gerichtskostengesetzes entsprechende Anwendung.

§ 3. Der Mindestbetrag einer Gebühr beträgt 1 Mark 50 Pf., soweit nicht in dieser Gebührenordnung ein anderes bestimmt ist. Bei Versteigerungen werden die Gebühren für die Beurkundung des Zuschlags nur dann auf den Mindestbetrag erhöht, wenn die Summe dieser Gebühren in einem Versteigerungsverfahren 1 Mark 50 Pf. nicht erreicht.

Pfennigbeträge, welche ohne Bruch nicht durch zehn teilbar sind, werden auf den nächst höheren durch zehn teilbaren Betrag abgerundet.

Abweichende Mindestbeträge (auch für den Notar) in den §§ 51, 53 PrGKG (Wegegebühr, Zusatzgebühr je 1 M.), §§ 47, 40 das. (Versteigerung 2 M., Eheverträge 10 M.), KGJ **41** 330, **42** 351.

§ 4. Volle Gebühr im Sinne dieser Gebührenordnung ist die im § 33 des Preußischen Gerichtskostengesetzes bestimmte Gebühr.

§ 5. Soweit die Notare für die Geschäfte zuständig sind, über welche der zweite Abschnitt des ersten Teiles und der § 67 Nr. 1 des Preußischen Gerichtskostengesetzes Bestimmung treffen, erhalten sie die daselbst für die Tätigkeit des Richters festgesetzten Gebühren.

§ 6. Für Beurkundungen am Krankenlager oder in der Zeit von 8 Uhr abends bis 8 Uhr morgens erhält der Notar außer den ihm sonst zustehenden Gebühren zusätzlich noch $^{5}/_{10}$ der vollen Gebühr; treffen beide Voraussetzungen zusammen, so wird diese Zusatzgebühr nur einmal erhoben.

„Beurkundungen" umfassen auch Beglaubigungen (aM Mügel); es kommt nur auf die Fertigung oder Anerkennung der Unterschrift in der Nachtzeit an, nicht auf die Niederschrift des Beglaubigungsvermerkes, KGJ **40** 358.

§ 8. Die für die Beurkundung bestimmte Gebühr wird auch dann erhoben, wenn der Notar auf Erfordern nur den Entwurf einer Urkunde fertigt. Beurkundet er demnächst auf Grund des Entwurfs das Rechtsgeschäft oder erfolgt vor ihm die Anerkennung oder Beglaubigung von Unterschriften oder Handzeichen unter einem von ihm gefertigten Entwurfe, so tritt hierdurch eine Erhöhung der ihm im Falle der Beurkundung zustehenden Gebühren nicht ein. Erfolgt jedoch die Beglaubigung an mehr als einem Tage, so wird für jeden folgenden Tag die Beglaubigungsgebühr besonders berechnet.

§ 9. Für die bei den Gerichtsbehörden einzureichenden Anträge behufs Erwirkung einer Eintragung in das Grundbuch oder andere gerichtliche Bücher oder Register oder behufs Erwirkung von Legalisationen sowie für die Einsendung einer von dem Notar aufgenommenen oder beglaubigten Urkunde können Gebühren nicht gefordert werden, wenn der Notar für die Aufnahme der eingesendeten oder seinen Anträgen zugrunde liegenden Urkunde Gebühren bezieht. Dasselbe gilt, wenn die Urkunde von dem Notar entworfen ist.

Wird der Notar in anderen Fällen mit der im Abs. 1 bezeichneten Tätigkeit beauftragt oder ist es notwendig, mit einem Antrag einen das Sach- und Rechtsverhältnis entwickelnden Vortrag zu verbinden, und wird die Einreichung desselben von der Partei verlangt, so erhält der Notar $^5/_{10}$ der vollen Gebühr.

Unter Anträgen im Sinne der vorstehenden Bestimmungen sind auch Beschwerden zu verstehen.

Für den Antrag auf Legalisierung entsteht auch dann keine besondere Gebühr, wenn der Anwalt diesen Antrag statt bei Gericht unmittelbar bei dem Justizminister, dem Auswärtigen Amte oder dem fremdländischen diplomatischen oder konsularischen Vertreter stellt: KGJ 42 341.

§ 10. Für die Vermittelung einer Auseinandersetzung, die dem Notar von dem Gericht oder von den Beteiligten übertragen ist, erhält er das Zweifache des im § 57 des Preußischen Gerichtskostengesetzes bestimmten Gebührensatzes B. Wird das Verfahren nicht durchgeführt oder beschränkt es sich auf die Ermittelung oder Feststellung einer Masse, so ermäßigt sich die Gebühr auf die Hälfte.

Die Gebühren für die Beurkundung oder den Entwurf eines das Verfahren abschließenden Vertrags oder eines mit einem Dritten geschlossenen Vertrags sowie die Gebühren für Vermögensverzeichnisse, Schätzungen und Versteigerungen werden neben den im Abs. 1 bestimmten Gebühren besonders erhoben. Wird die Vermittelung der Auseinandersetzung dem Notar vom Gericht übertragen, so steht die Anfertigung des Auseinandersetzungsplans dem Entwurfe, die Beurkundung der Auseinandersetzung der Beurkundung eines das Verfahren abschließenden Vertrags gleich.

In Ansehung der Zahlungspflicht und der Verpflichtung zur Leistung von Vorschüssen finden, wenn die Vermittelung der Auseinandersetzung dem Notar von dem Gericht überwiesen ist, dieselben Vorschriften Anwendung, wie wenn die Vermittelung dem Notar von dem Beteiligten übertragen wäre.

§ 13. Für Empfang, Verwahrung und Auszahlung von Geldern erhält der Notar:

1. im Falle des Empfanges zum Zwecke der Auszahlung an dritte Personen für Rechnung des Auftraggebers vom Betrage bis 50 Mark einschließlich 40 Pfennig, für jede angefangene 50 Mark des weiteren Betrags bis 400 Mark 20 Pfennig, für jede angefangene 100 Mark des weiteren Betrags bis 1000 Mark 20 Pfennig, für jede angefangene 200 Mark des weiteren Betrags bis 10000 Mark 20 Pfennig und für jede angefangene 500 Mark des Mehrbetrags 20 Pfennig;
2. im Falle der Erhebung von dritten Personen für Rechnung des Auftraggebers das Zweifache der vorstehenden Gebührensätze.

Sind die Gelder im ersten Falle in mehreren Beträgen gesondert auszuzahlen oder im zweiten Falle in mehreren Beträgen gesondert zu erheben, so werden die Gebühren von jedem Betrage besonders berechnet, jedoch mit der Maßgabe, daß in einer und derselben Angelegenheit die Gebühren zusammen das Fünffache der Gebühr des Gesamtbetrags nicht übersteigen dürfen.

Für Empfang, Verwahrung und Ablieferung von Wertpapieren erhält der Notar nach Maßgabe des Wertes die Hälfte der vorstehenden Gebühren.

In den Fällen des § 13 findet die Bestimmung des § 3 keine Anwendung.

Die Gebühren dieses Paragraphen werden auf die Gebühr des § 51 Abs. 1 Satz 2 des Preußischen Gerichtskostengesetzes angerechnet.

Die Gebühr der Nr. 1 gilt, wenn der Auftraggeber selbst an den Anwalt das Geld zahlt, die der Nr. 2, wenn der Auftraggeber vom Notar das Geld entweder empfängt oder an andere Empfänger, die er bezeichnet, auszahlen läßt; KGJ 42 346.

§ 19. Außer den Gebühren kann der Notar nur den Betrag der erforderlichen Stempelabgaben und der von ihm in Marken entrichteten Gerichtskosten sowie die notwendigen baren Auslagen berechnen.

Schreibgebühren werden für solche Ausfertigungen und Abschriften erhoben, die nur auf besonderen Antrag erteilt werden; im übrigen werden die Unkosten des Schreibwerkes nicht durch Schreibgebühren ersetzt. Die Schreibgebühr beträgt für die Seite, welche mindestens 20 Zeilen von durchschnittlich 12 Silben enthält, 20 Pfg., auch wenn die Herstellung auf mechanischem Wege stattgefunden hat. Jede angefangene Seite wird als voll berechnet. Für Schriftstücke, die in fremder Sprache abgefaßt sind, für Schriftstücke in tabellarischer Form sowie für Verzeichnisse, Listen, Rechnungen, Handzeichnungen und dergleichen kann die Höhe der Schreibgebühr durch den Justizminister anderweit bestimmt werden. Die auf die besondere Ausstattung einer Urkunde verwendeten Auslagen, insbesondere diejenigen, welche durch Verwendung von Pergamentpapier entstehen, sind besonders zu erstatten.

An Postgebühren des Notars sind nur Telegraphengebühren und die im Fernverkehre zu entrichtenden Fernsprechgebühren zu berechnen.

Über die besondern Schreibgebühren des Abs. 2 Satz 4 s. die AllgVerf v. 30. Mai 1911, JMBl 11 224 und dazu § 76 A. VII, 4.

§ 20. Zur Deckung der von den Beteiligten gemäß § 19 Abs. 2 und 3 nicht zu ersetzenden baren Auslagen werden Pauschsätze erhoben. Der einzelne Pauschsatz beträgt 10 vom Hundert der zum Ansatze gelangenden Gebühr, jedoch mindestens 50 Pfg. und höchstens 20 Mark. Die Vorschrift des § 3 Abs. 2 findet Anwendung.

Bei Beurkundungen und Entwürfen ist die Erteilung je einer Ausfertigung oder Abschrift für jede beteiligte Partei in den Pauschsatz eingeschlossen.

§ 26. Der Betrag der Vergütung des Notars kann abweichend von den Vorschriften dieser Gebührenordnung durch Vertrag festgesetzt werden, wenn es sich handelt:

1. um die Beurkundung von letztwilligen Verfügungen, Erbverträgen, Eheverträgen, Fideikommiß- oder Familienstiftungen, Familienschlüssen, Satzungen oder Beschlüssen von Korporationen, Vereinen, Gewerkschaften, Gesellschaften oder Genossenschaften oder der Organe derselben (Aufsichtsräte usw.);

2. um die Entwürfe zu den unter 1 bezeichneten Beurkundungen;
3. um eine von den Beteiligten dem Notar übertragene Vermittlung einer Auseinandersetzung;
4. um die Beurkundung des Herganges bei Verlosungen, bei Auslosung oder Vernichtung von Wertpapieren und bei Wahlversammlungen;
5. um ein unter §§ 13 oder 15 dieser GebO fallendes Geschäft.

Durch die zugesicherte Vergütung sind die baren Auslagen mit abgegolten, falls nicht eine entgegenstehende Vereinbarung getroffen ist.

Der Auftraggeber ist an die Vereinbarung nur gebunden, soweit er dieselbe schriftlich geschlossen hat. Hat der Notar durch den Vertragsschluß die Grenze der Mäßigung überschritten, so kann die durch Vertrag festgesetzte Vergütung im Prozeßwege bis auf den in diesem Gesetze bestimmten Betrag herabgesetzt werden.

B. Preußisches Gerichtskostengesetz.

§ 19. Für die Gebührenberechnung ist der Wert des Gegenstandes maßgebend, auf den sich das Geschäft bezieht. Betrifft das Geschäft ein Recht an einer Sache, so ist der Wert dieses Rechtes maßgebend.

Ist neben den Gebühren für die Eintragung des Eigentümers im Grundbuche der Auflassungsstempel zu erheben, so ist die behufs Berechnung der Stempelabgabe getroffene Wertfestsetzung auch bei dem Ansatze der Gerichtskosten maßgebend.

In allen übrigen Fällen wird der Wert des Gegenstandes des Geschäfts vom Gerichte nach freiem Ermessen unter Berücksichtigung der nachfolgenden Vorschriften festgesetzt.

Der 1910 neu eingefügte § 19 Abs. 1 spricht im ersten Satze nur die vom KG stets festgehaltene Auffassung aus, daß für die Wertberechnung nicht das Interesse der Beteiligten, sondern der Gegenstand des Geschäfts entscheidend ist.

Satz 2 will den Zweifel entscheiden, ob bei Geschäften, die ein Recht an einer Sache betreffen, dieses Recht oder aber die Sache Gegenstand des Geschäfts sei (Begr. 1910 S. 21). Der Wert des Rechtes ist frei zu schätzen und nicht notwendig gleich dem Werte der Sache zu setzen, die das Recht betrifft. Die Änderung richtet sich gegen die Rechtsprechung des Kammergerichts über Vorkaufsrecht und Nacherbenrecht: KGJ 25 B 13, 29 B 73, 30 B 31, Rsp 11 351. Die neue Rechtsprechung läßt daher z. B. bei Eintragung eines Nacherbrechts nicht mehr den Wert des Grundstücks entscheiden, sondern einen nach freiem Ermessen zu bestimmenden Wert (KGJ 41 299, Rsp 23 288).

§ 20. Für die Wertberechnung ist der Zeitpunkt der Fälligkeit der Gebühren entscheidend.

Maßgebend für den in Ansatz zu bringenden Wert ist nur der Hauptgegenstand des Geschäfts. Früchte, Nutzungen, Zinsen, Schäden, Vertragsstrafen und Kosten werden nur berücksichtigt, wenn sie für sich den Gegenstand eines besonderen Geschäfts bilden.

§ 21. 1. Bei der Berechnung des Wertes einer Sache ist nur der gemeine Wert derselben in Betracht zu ziehen; handelt es sich um einen Verkauf derselben, so ist als Wert der Betrag des vereinbarten Kaufpreises mit

Hinzufügung des Wertes der vorbehaltenen Nutzungen und ausbedungenen Leistungen in Ansatz zu bringen.

2. Der Wert des Besitzes einer Sache ist in der Regel dem Werte der Sache gleich zu achten.

3. Der Wert eines Pfandrechts oder der Sicherstellung einer Forderung richtet sich nach dem Betrage der Forderung; hat der Gegenstand des Pfandrechts einen geringeren Wert, so ist dieser maßgebend, soweit nicht die besonderen Vorschriften für Eintragungen im Grundbuche (§ 66) entgegenstehen. Bei Vorrangseinräumungen, einschließlich der Einräumung gleichen Ranges, richtet sich der Wert nach dem Betrage der vortretenden Post und, wenn der Betrag der zurücktretenden Post der geringere ist, nach diesem. Als Vorrangseinräumung gilt im Sinne dieses Gesetzes auch die im § 1179 BGB bezeichnete Vormerkung zugunsten eines nachstehenden Gläubigers. Der Wert bestimmt sich nach dem höheren der beiden nach den Vorschriften dieser Nummer in Betracht kommenden Beträge, sofern dies für den Kostenschuldner nach den Vorschriften des § 41 günstiger ist.

4. Der Wert einer Grunddienstbarkeit wird durch den Wert, welchen dieselbe für das herrschende Grundstück hat, und wenn der Betrag, um welchen sich der Wert des dienenden Grundstücks durch die Dienstbarkeit mindert, größer ist, durch diesen Betrag bestimmt.

5. Der Wert des Rechtes auf wiederkehrende Nutzungen oder Leistungen wird nach dem Vorschriften des § 6 Abs. 8 bis 12 des StStG*) berechnet.

---

*) **Wert wiederkehrender Nutzungen und Leistungen.**

§ 6 Abs. 8 bis 12 des PrStStG in der Fassung vom 30. Juni 1909:

Abs. 8. Der einjährige Wert von Nutzungen wird, wenn nicht aus der Urkunde ein höherer oder niederer Prozentsatz hervorgeht oder sonst festgestellt werden kann, zu vier vom Hundert des Wertes des Gegenstandes, welcher die Nutzung gewährt, angenommen.

Abs. 9. Bei immerwährenden Nutzungen und Leistungen ist das Fünfundzwanzigfache ihres einjährigen Betrages, bei Nutzungen und Leistungen von unbestimmter Dauer, sofern nicht die Vorschriften in den beiden nächstfolgenden Absätzen Anwendung finden oder anderweite die längste Dauer begrenzende Umstände in der Urkunde angegeben sind, das Zwölfeinhalbfache des einjährigen Betrages als Wert anzusehen.

Abs. 10. Der Wert von Nutzungen oder Leistungen auf Lebenszeit bestimmt sich nach dem zur Zeit ihres Anfanges erreichten Lebensalter der Person, bei deren Tode die Nutzung oder Leistung erlischt, und wird bei einem Lebensalter derselben

von	15	Jahren oder weniger		auf das	18fache
über	15	Jahre bis zu	25	Jahren auf das	17 „
„	25	„ „ „	35	„ „ „	16 „
„	35	„ „ „	45	„ „ „	14 „
„	45	„ „ „	55	„ „ „	12 „
„	55	„ „ „	65	„ „ „	8½ „
„	65	„ „ „	75	„ „ „	5 „
„	75	„ „ „	80	„ „ „	3 „
„	80	„ auf das		. . . .	2 „

des Wertes der einjährigen Nutzung oder Leistung angenommen.

Abs. 11. Ist die Dauer der Nutzungen oder Leistungen von der Lebenszeit

Steht der Zeitpunkt des Anfalls nicht fest, so tritt an dessen Stelle der Zeitpunkt der Begründung des Bezugsrechts. Der Wert des dem unehelichen Kinde gegen seinen Vater zustehenden Rechtes auf Unterhalt wird nach dem Betrage des einjährigen Bezugs berechnet; ist der Betrag der Bezüge der einzelnen Jahre verschieden, so kommt der höchste Betrag zum Ansatze.

6. Der Wert eines Miet- oder Pachtrechts bestimmt sich nach dem zusammenzurechnenden Werte aller Leistungen des Mieters oder Pächters während der ganzen Vertragszeit. Bei länger als 25 Jahre dauernden Miet- oder Pachtverhältnissen ist der fünfundzwanzigfache Betrag der einjährigen Leistung maßgebend. Bei unbestimmter Dauer des Vertrags erfolgt die Berechnung bei ländlichen Grundstücken unter Zugrundelegung dreier Jahre, in

---

mehrerer Personen dergestalt abhängig, daß beim Tode der zuerst versterbenden die Nutzung oder Leistung erlischt, so ist für die nach den Bestimmungen im vorigen Absatz vorzunehmende Wertermittelung das Lebensalter der ältesten Person maßgebend. Wenn die Nutzung oder Leistung bis zum Tode der letztversterbenden Person fortdauert, erfolgt die Berechnung nach dem Lebensalter der jüngsten Person.

Abs. 12. Der Gesamtwert der auf bestimmte Zeit eingeschränkten Nutzungen oder Leistungen ist unter Zugrundelegung eines vierprozentigen Zinsfußes nach der beigefügten Hilfstabelle zu ermitteln. Ist jedoch die Dauer der Nutzung oder Leistung noch außerdem durch die Lebenszeit einer oder mehrerer Personen bedingt, so darf der nach den Bestimmungen der beiden vorhergehenden Absätze zu berechnende Wert nicht überschritten werden.

Gegenwärtiger Kapitalwert einer Rente oder Nutzung im Werte von einer Mark auf eine bestimmte Anzahl von Jahren (zu § 6 PrStStG).

Anzahl der Jahre	Kapitalwert		Anzahl der Jahre	Kapitalwert		Anzahl der Jahre	Kapitalwert		Anzahl der Jahre	Kapitalwert		Anzahl der Jahre	Kapitalwert	
	M	Pf		M	Pf		M	Pf		M	Pf		M	Pf
1	1	0,0	18	13	16,6	35	19	41,1	52	22	61,8	69	24	26,4
2	1	96,2	19	13	65,9	36	19	66,5	53	22	74,8	70	24	33,0
3	2	88,6	20	14	13,4	37	19	90,8	54	22	87,3	71	24	39,5
4	3	77,5	21	14	59,0	38	20	14,3	55	22	99,3	72	24	45,6
5	4	63,0	22	15	02,9	39	20	36,8	56	23	10,9	73	24	51,6
6	5	45,1	23	15	45,1	40	20	58,5	57	23	22,0	74	24	57,3
7	6	24,2	24	15	85,7	41	20	79,3	58	23	32,7	75	24	62,8
8	7	00,2	25	16	24,7	42	20	99,3	59	23	43,0	76	24	68,0
9	7	73,3	26	16	62,2	43	21	18,6	60	23	52,8	77	24	73,1
10	8	43,5	27	16	98,3	44	21	37,1	61	23	62,4	78	24	78,0
11	9	11,1	28	17	33,0	45	21	54,9	62	23	71,5	79	24	82,7
12	9	76,0	29	17	66,3	46	21	72,0	63	23	80,3	80	24	87,2
13	10	38,5	30	17	98,4	47	21	88,5	64	23	88,7	81	24	91,5
14	10	98,6	31	18	29,0	48	22	04,3	65	23	96,9	82	24	95,7
15	11	56,3	32	18	58,9	49	22	19,5	66	24	04,7	83	24	99,7
16	12	11,8	33	18	87,4	50	22	34,2	67	24	12,2	84	25	00,0
17	12	65,2	34	19	14,8	51	22	48,2	68	24	19,4			

allen anderen Fällen unter Zugrundelegung eines Jahres; kann jedoch bei Verträgen, deren Dauer von einer Kündigung abhängt, die Auflösung des Vertragsverhältnisses erst zu einem späteren Zeitpunkte geschehen, so ist dieser Zeitpunkt maßgebend.

7. Der Wert der einem Fideikommiß- oder Lehnsfolger anfallenden Rechte ist nach den Bestimmungen unter Nr. 5 Satz 1 und 2 zu berechnen.

8. Bei Kurs habenden Wertpapieren ist der Tageskurs als Wert anzusehen. Die Umrechnung der in anderer als Reichswährung angegebenen Summen erfolgt nach den für die Erhebung des Wechselstempels vom Bundesrate festgesetzten Mittelwerten und, insoweit solche nicht bestimmt worden sind, nach dem laufenden Kurse.

§ 23. Bei nicht vermögensrechtlichen Angelegenheiten wird der Wert des Gegenstandes zu 3000 Mark, ausnahmsweise höher oder niedriger, jedoch nicht über 100000 Mark und nicht unter 200 Mark angenommen.

In Ermangelung genügender tatsächlicher Anhaltspunkte für eine anderweite Wertschätzung sind die Vorschriften des Abs. 1 auch in anderen Fällen entsprechend anzuwenden.

Ist mit einer nicht vermögensrechtlichen Angelegenheit eine mit ihr zusammenhängende vermögensrechtliche verbunden, so ist nur ein Wert, und zwar der höhere, maßgebend.

Zu Abs. 2. Ausnahmsweise war § 23 schon früher bei einigen an sich zu den „vermögensrechtlichen" gehörenden Geschäften für anwendbar erklärt: §§ 40, 48. Er wird hier nach Art einer Generalklausel auf alle Fälle erstreckt, in denen es an Anhaltspunkten für die Schätzung fehlt. Beispiel: Auswahl des Liquidators (KGJ 42 295). Auch die Unterwerfung unter die sofortige Zwangsvollstreckung fällt jetzt unter § 23: KGJ 41 285.

§ 24. Die Festsetzung des Wertes des Gegenstandes erfolgt gebührenfrei durch Beschluß des Gerichts, falls dieselbe von dem Kostenschuldner beantragt oder von dem Gerichte für angemessen erachtet wird.

Der Kostenschuldner ist verpflichtet, die zur Festsetzung des Wertes erforderlichen Angaben zu machen. Das Gericht kann eine Beweisaufnahme, insbesondere die Einnahme des Augenscheins oder die Begutachtung durch Sachverständige, auf Antrag oder von Amts wegen anordnen. In dem Beschlusse, durch welchen der Wert festgesetzt wird, ist über die Kosten der Beweisaufnahme zu entscheiden. Dieselben sind ganz oder teilweise demjenigen zur Last zu legen, welcher durch Unterlassung der ihm obliegenden Wertangabe, durch unrichtige Wertangabe oder durch unbegründete Beschwerde die Beweisaufnahme veranlaßt hat.

Zu Abs. 2 Satz 2. Der Zahlungspflichtige hat keinen Anspruch darauf, zu den Beweisterminen zugezogen zu werden: KGJ 42 286, vgl. KGJ 26 A 175, 30 A 288, RG 63 275.

§ 34. Die volle Gebühr wird erhoben für die Beurkundung einseitiger Erklärungen oder einseitiger Verträge, namentlich solcher, durch welche nur von seiten einer Partei Verbindlichkeiten übernommen oder bestehende Rechte anerkannt, abgetreten oder aufgehoben werden, ohne Unterschied, ob die Erklärungen nur von einzelnen Personen oder von mehreren Personen als

Teilnehmern abgegeben werden und ob die der anderen Partei gemachten Zugeständnisse in derselben Verhandlung angenommen sind oder nicht.

§ 35. Das Zweifache der vollen Gebühr wird erhoben für die Beurkundung zweiseitiger Verträge.

Eheverträge gelten stets als zweiseitige Verträge.

§ 36. Wird zum Zwecke der Schließung eines zweiseitigen Vertrags zunächst der Antrag beurkundet, so werden hierfür $^{15}/_{10}$ der vollen Gebühr erhoben.

Auf die Beurkundung der Annahme eines Vertragsantrags findet die Vorschrift des § 38 Nr. 1 bei einseitigen und bei zweiseitigen Verträgen Anwendung.

§ 37. Für die Beurkundung von Ergänzungen und Abänderungen einer beurkundeten Erklärung wird die volle Gebühr erhoben.

§ 38. $^{5}/_{10}$ der vollen Gebühr werden erhoben:

1. für jede besondere Urkunde, in welcher die Zustimmung einzelner Teilnehmer zu einer bereits beurkundeten Erklärung beurkundet wird, ohne Unterschied, ob die letztere von derselben Behörde beurkundet ist oder nicht;
2. für Vollmachten;
3. für die Beurkundung der Wiederaufhebung eines noch von keiner Seite erfüllten Vertrags.

§ 39. $^{4}/_{10}$ der vollen Gebühr werden erhoben:

1. für die Beurkundung von Anträgen auf Eintragungen oder Löschungen im Grundbuch oder im Schiffsregister sowie von Eintragungs- oder Löschungsbewilligungen oder Zustimmungen nach § 27 der Grundbuchordnung oder nach § 105 FGG, sofern nicht gleichzeitig das zugrunde liegende Rechtsgeschäft beurkundet wird;
2. für die Beurkundung einer Auflassung, sofern nicht gleichzeitig das zugrunde liegende Rechtsgeschäft beurkundet wird oder nach § 58 Gebührenfreiheit eintritt;
3. für die Beurkundung von Vollmachten zur Auflassung.

Wird zugleich mit der sachenrechtlichen Erklärung das ihr zugrunde liegende Rechtsgeschäft beurkundet, so ist nur die Urkundsgebühr (§§ 34, 35) zu erheben; die Gebühr für den Antrag oder die Bewilligung wird durch sie mit gedeckt, Rsp 9 203 (Abtretung und Umschreibungsantrag). Die Urkunde über die eine Hypothek betreffende Eintragungsbewilligung enthält notwendigerweise auch die Beurkundung des zugrunde liegenden Schuldverhältnisses, rechtfertigt also die Gebühr des § 34, KGJ 31 B 12 = Rsp 17 253. Ebenso die Urkunde, in der der Grundeigentümer einer Rangänderung zustimmt (KGJ 43 330 Anm.). Anders aber bei der Bewilligung pfandfreier Abschreibung; das zugrunde liegende Geschäft (z. B. die Entpfändung einer mithaftenden Parzelle) ist nicht mit beurkundet, wenn es nur zur Erklärung oder Verdeutlichung der grundbuchrechtlichen Erklärung mit erwähnt wird, ohne daß seine Beurkundung beabsichtigt war, KGJ 38 B 20. Bei der Bestellung einer Sicherungshypothek gilt die Verpfändungserklärung als nicht mit beurkundet, wenn sie nur zur Erläuterung oder Begründung der Eintragungsbewilligung mit aufgenommen ist (KGJ 43 327). Als beabsichtigt gilt die Beurkundung des materiellen Geschäfts jedoch, wenn zugleich der Antrag auf vormundschaftsgerichtliche Genehmigung der Entpfändung beurkundet wird; hier ist die Beurkundung des materiellen Geschäfts erforderlich, weil es dem Richter in urkundlicher Form vorgelegt werden muß, KGJ 37 B 21, Rsp 13 300. Werden Antrag und Bewilligung verbunden, so ist die Gebühr des § 39 nur einmal zu erheben, weil beide Erklärungen denselben Gegenstand betreffen, KGJ 28 B 3, 38 B 20, Bewilligung und Antrag auf haftfreie Abschreibung eines Trennstücks, KGJ 38 B 20.

§ 40. Bei der Berechnung der Gebühren ist der Wert des Rechtsverhältnisses maßgebend, dessen Begründung, Übertragung, Feststellung oder Aufhebung den Gegenstand des Rechtsgeschäfts bildet. Bei Verträgen, welche den Austausch von Leistungen zum Gegenstande haben, kommt nur der Wert der Leistungen des einen Teiles und, wenn der Wert der beiderseitigen Leistungen ein verschiedener ist, der höhere in Betracht.

Handelt es sich um Änderungen eines Rechtsverhältnisses, so ist die Bestimmung des § 23 mit der Einschränkung anwendbar, daß der Wert des von der Änderung betroffenen Rechtsverhältnisses nicht überschritten werden darf. Hat die Änderung einen bestimmten Geldwert, so ist dieser maßgebend.

Bei zustimmenden Erklärungen einzelner Teilnehmer (§ 38 Nr. 1) kommt nur der Anteil derselben in Betracht.

Der Wert einer Generalvollmacht ist unter entsprechender Anwendung des § 23 zu bestimmen. Bei Vollmachten zum Abschluß eines bestimmten Rechtsgeschäfts ist der für dieses maßgebende Wert in Ansatz zu bringen, jedoch ist der Wert höchstens auf 100000 Mark anzunehmen und bei der von einem Teilnehmer ausgestellten Vollmacht nur der Anteil desselben maßgebend.

Auf Anmeldungen zum Handelsregister oder zu ähnlichen Registern findet, sofern ein bestimmter Geldwert nicht erhellt, die Vorschrift des § 23 entsprechende Anwendung. Die Gebühr beträgt in keinem Falle mehr als 300 Mark, gleichviel ob ein bestimmter Geldwert erhellt oder nicht.

Der Wert eines Ehevertrags bemißt sich nach dem Werte des gegenwärtigen Vermögens der Ehegatten unter Abzug der Schulden. Betrifft der Ehevertrag nur bestimmte Gegenstände, so ist deren Wert maßgebend. Die Gebühr beträgt mindestens 10 Mark.

Bei Eheverträgen hat die Kommission gegen den Regierungsvorschlag und entgegen der Rechtsprechung des KG (24. Sept. 09 1a X 630/09) den Abzug der Schulden zugelassen, dafür aber eine Mindestgebühr von 10 M. eingeführt (KB 1910 S. 23ff.). Diese gilt auch bei „Anerkennung des Inhalts" eines schriftlichen Ehevertrages, d. h. im Falle des § 42: KG v. 6. 6. 13 1a X 657/13 z. Abdr. bestimmt.

§ 41. Werden in einer Verhandlung mehrere Erklärungen beurkundet, so wird, wenn sie denselben Gegenstand haben, der Wert nur einmal zum Ansatze gebracht, wenn sie einen verschiedenen Gegenstand haben, der Wert zusammengerechnet.

Unterliegen sämtliche Erklärungen demselben Gebührensatze, so wird dieser von dem nach Abs. 1 berechneten Werte nur einmal erhoben.

Kommen verschiedene Gebührensätze zur Anwendung, so wird, wenn nach Abs. 1 der Wert nur einmal zum Ansatze gelangt, nur der höchste Gebührensatz berechnet; wird nach Abs. 1 der Wert zusammengerechnet, so ist die niedrigste Gebühr von dem Gesamtwerte zu berechnen und in der Weise zu erhöhen, daß nach dem Werte derjenigen Erklärungen, die einen höheren Gebührensatz erfordern, der Unterschied zwischen diesem Gebührensatz und dem nächst niedrigeren Satze zugesetzt wird.

Für die Mitbeurkundung von Erklärungen dritter Personen wird neben den in Abs. 1 bis 3 bezeichneten Gebühren nur dann eine besondere Gebühr erhoben, wenn diese Erklärungen eine Bürgschaft oder sonstige Sicherstellung für eine den Gegenstand der Verhandlung bildende Schuld oder eine Vorrangseinräumung für ein den Gegenstand der Verhandlung bildendes Recht enthalten. Die Gebühr beträgt $^3/_{10}$ der vollen Gebühr nach dem Werte der Erklärung des Dritten.

§ 41 beruht auf dem Grundsatz: eine Urkunde, eine Gebühr. Es ist nur noch zu prüfen, ob die mehreren Erklärungen denselben Gegenstand oder ob sie verschiedene Gegenstände haben. Im ersten Falle ist der Gegenstandswert nur einmal, im zweiten Falle ist die Summe der Gegenstandswerte anzusetzen. Fallen die mehreren Erklärungen unter verschiedene Gebührensätze, so ist im ersten Falle von dem einmal anzusetzenden Werte der höchste Gebührensatz zu berechnen. Im zweiten Falle wird zunächst von der Summe der Werte der niedrigste Gebührensatz angesetzt und sodann nach dem Werte der dem höheren Gebührensatz unterworfenen Erklärungen der Unterschied zwischen dem höheren und dem niedrigen Satze hinzugerechnet (KGJ 42 299). Z. B. betrifft der Kauf und die Abtretung des Kaufgeldes sowie weiter die Auflassungsvollmacht denselben Gegenstand (KGJ 25 B 11, 27 B 11, Rsp 13 277); daher nur eine Gebühr nach dem Betrage des Kaufpreises, aber nach dem höheren Satze des § 35. Die bindende Grundstücksofferte und die Vormerkung des aus ihr entspringenden künftigen Auflassungsanspruchs betreffen denselben Gegenstand: KGJ 42 299. Auch die Schuldverschreibung und die Hypothekbestellung betreffen denselben Gegenstand, ebenso die anstatt der Hypothekbestellung erklärte Abtretung der Eigentümergrundschuld, KGJ 41 285. Eintragungsbewilligung und Eintragungsantrag betreffen denselben Gegenstand, KGJ 38 B 20.

§ 42. Für die Anerkennung des Inhalts einer schriftlich abgefaßten Erklärung (§ 176 Abs. 2 FGG), einschließlich der Beurkundung ergänzender oder abändernder Erklärungen, werden dieselben Gebühren wie für die Beurkundung der Erklärung, jedoch nicht mehr als die volle Gebühr erhoben.

§ 43. Für die Beglaubigung von Unterschriften oder Handzeichen werden $^2/_{10}$ der vollen Gebühr erhoben; werden an einem Tage die Unterschriften oder Handzeichen von mehr als vier Personen unter einer Urkunde beglaubigt, so erhöht sich die Gebühr auf $^3/_{10}$. Die Vorschriften der §§ 40, 41 Abs. 1 bis 3 sind entsprechend anzuwenden.

Außer den reichsgesetzlichen Bestimmungen über das Reichsschuldbuch und dem § 25 Abs. 3 des Ges., betr. das Staatsschuldbuch, in der Fassung der Bek. v. 27. Mai 1910 (GS S. 55) bleibt auch die im *§ 35 der Hinterlegungsordnung v. 14. März 1879 (GS S. 249)* enthaltene Vorschrift mit der Maßgabe in Kraft, daß die im Abs. 1 bestimmte Gebühr zu erheben ist, falls dieselbe geringer ist.

ReichsschuldbuchG. auf Grund des abändernden RGes. v. 6. Mai 1910 (RGBl 665) in der Fassung der Bkm. v. 31. Mai 1910 (RGBl 840). Die Gebühr für die gerichtliche oder notarielle Beglaubigung der Anträge beträgt nach § 20 Abs. 4 bis 2000 M.: 1,50 M., über 2000 M.: 3 M., soweit nicht nach landesgesetzlichen Vorschriften eine geringere Gebühr zum Ansatze kommt.

PrG über das Staatsschuldbuch auf Grund des ändernden PrG v. 22. Mai 1910 (GS 47) jetzt in der Fassung der Bkm. vom 27. Mai 1910 (GS 55). Nach

§ 25 Abs. 3 beträgt die Gebühr für die gerichtliche oder notarielle Beglaubigung der Anträge bis 2000 M.: 1,50 M., über 2000 M.: 3 M., soweit nicht nach dem PrGKG eine geringere Gebühr zur Hebung kommt.

Für Hinterlegungssachen gilt jetzt § 42 d. HinterlO v. 21. April 1913 (GS 225):

„Für die gerichtliche oder notarielle Beglaubigung von Unterschriften einer Bewilligung der Herausgabe, eines Anerkenntnisses der Empfangsberechtigung, eines Antrags auf Herausgabe oder auf Übersendung hinterlegter Sachen durch die Post ist eine Gebühr von 3 M. zu entrichten, sofern nicht die im § 43 Abs. 1 PrGKG v. 25. Juli 1910 bestimmte Gebühr geringer ist. In diesem Falle ist die geringere Gebühr zu erheben."

Dies gilt nach AG ZVG Art. 11 Abs. 1 auch für die Beglaubigung der Anträge auf Übersendung der im Zwangsversteigerungs- oder Zwangsverwaltungsverfahren zugeteilten Hebungen. Ob und wann die Beglaubigung zu fordern sei, steht jetzt im Ermessen der Hinterlegungsstelle (bei Versteigerungserlösen des Vollstreckungsrichters). Die bisherige Vorschrift, daß bei Werten über 3000 M. die Beglaubigung zu verlangen sei, ist gefallen (HinterlO §§ 18, 46). Die Beglaubigung ist stempelfrei. (PrStStG Tarifst. 77 Abs. 3f. in der Fassung des § 43 HinterlO).

§ 44. Für die Errichtung eines Erbvertrags vor einem Richter wird die zweifache Gebühr erhoben, wenn der Erbvertrag mündlich erklärt oder der Entwurf vom Richter angefertigt wird. In allen anderen Fällen wird für die Errichtung einer Verfügung von Todes wegen vor einem Richter die volle Gebühr erhoben.

Für die amtliche Verwahrung einer Verfügung von Todes wegen werden bei der Annahme $^2/_{10}$ der vollen Gebühr erhoben.

Für die Eröffnung einer Verfügung von Todes wegen werden $^5/_{10}$ der vollen Gebühr erhoben. Die Erteilung beglaubigter Abschriften ist gebührenfrei.

Für die Rückgabe einer Verfügung von Todes wegen werden $^5/_{10}$ der vollen Gebühr erhoben. Die Gebühr fällt fort, wenn zum Ersatze der zurückgegebenen Verfügung eine neue Verfügung von Todes wegen in amtliche Verwahrung gegeben ist oder gleichzeitig gegeben wird. Diese Vorschriften finden entsprechende Anwendung auf den Widerruf einer letztwilligen Verfügung oder die Aufhebung eines Erbvertrags.

Wird ein Erbvertrag gleichzeitig mit einem Ehevertrage beurkundet, so finden die Vorschriften des § 41 Anwendung.

Soweit die Gebühren für eine Verfügung über den gesamten Nachlaß oder einen Bruchteil desselben bei Lebzeiten des Verfügenden fällig werden, sind sie nach dem Werte des Vermögens zur Zeit der Fälligkeit zu berechnen.

Der Berechnung der Gebühren sind in der Regel die Angaben des Verfügenden über den Wert des Gegenstandes zugrunde zu legen. Eine Nachforderung der infolgedessen zu wenig angesetzten Gebühren wird durch die Vorschrift des § 12 nicht ausgeschlossen. Bezüglich dieser Nachforderung beginnt die Verjährung erst mit dem Schlusse des Jahres, in welchem die Eröffnung oder Rückgabe der Verfügung erfolgt ist.

§ 45. Für die Errichtung von Familienfideikommissen, Familienstiftungen und Familienschlüssen wird das Zweifache der vollen Gebühr erhoben.

§ 53. Wird auf Verlangen der Partei oder mit Rücksicht auf die Art der Rechtshandlung die letztere außerhalb der Gerichtsstelle vorgenommen, so werden neben den in diesem Abschnitte bestimmten Gebühren — mit Ausnahme der in den §§ 47, 50, 51 vorgeschriebenen Gebühren — $^5/_{10}$ der vollen Gebühr, jedoch mindestens 1 Mark und höchstens 10 Mark, erhoben. Kann das Geschäft nicht an einem Kalendertage beendigt werden, so wird die Zusatzgebühr für jeden Tag, an welchem das Gericht außerhalb der Gerichtsstelle tätig war, besonders erhoben; die Gebührenstufe für die Zusatzgebühr wird in diesem Falle durch eine Teilung des Wertes des Gegenstandes nach der Zahl der Tage ermittelt. Beziehen die Gerichtspersonen Tagegelder und Reisekosten oder die im § 116 bezeichnete Gebühr, so wird der Betrag derselben auf die Zusatzgebühr angerechnet.

Die Zusatzgebühr wird, sofern die Gerichtspersonen den Weg zur Vornahme des Geschäfts angetreten haben, auch dann in Ansatz gebracht, wenn das Geschäft aus einem in der Person des Beteiligten liegenden Grunde nicht zur Ausführung gelangt ist.

Die Vorschriften über die Erhebung von Vorschüssen für bare Auslagen finden auf die Zusatzgebühr entsprechende Anwendung.

Daß die Partei die Beurkundung außerhalb der Amtsstelle verlangt habe, wird vermutet; durch die Umstände des Einzelfalls kann aber die Vermutung widerlegt werden: KGJ 37 B 28 (Rsp 19 265).

KB 1910 S. 43: bei Geschäften auf Sprechtagen der Notare keine Zusatzgebühr. Keine Zusatzgebühr für die Grundbucheinsicht, da sie ein gebührenfreies Nebengeschäft der Beurkundung bildet: KG, Rsp 19 276.

Der Mindestbetrag der Zusatzgebühr für auswärtige Geschäfte (§ 53) ist 1 M., und zwar auch für den Notar. Zur Zusatzgebühr tritt der Pauschsatz hinzu (§ 114); neben Reisekosten oder Reisekostenanteilen ist dagegen kein Pauschsatz zu erheben, da dies „Auslagen" sind. Bei der Ermittelung, ob die Zusatzgebühr oder die Reiseauslage höher sei, ist daher diese ohne Pauschsatz, jene mit Pauschsatz in Rechnung zu ziehen: KGJ 42 351.

Die Zusatzgebühr hat nicht den Charakter einer Wegegebühr, sie wird daher für jeden Akt besonders erhoben, auch wenn durch die mehreren gleichzeitig erledigten Akte nicht mehr als ein Weg veranlaßt worden ist: KGJ 18 168. Ein Antrag, die Gebühr bei gleichzeitiger Beurkundung mehrerer Geschäfte nur einmal zu erheben, wurde abgelehnt (KB 1910 S. 43). Für eine mehrere Geschäfte zusammenfassende einheitliche Urkunde (§ 41) ist aber auch die Zusatzgebühr nur einmal zu erheben.

§ 54. Unterbleibt die beantragte Beurkundung einer Erklärung, nachdem das Gericht über dieselbe mit den Beteiligten verhandelt hat, so werden $^5/_{10}$ der für die Beurkundung bestimmten Gebühr bis zu einem Höchstbetrage von 20 Mark erhoben.

§ 55. Die Gebühren für die Beurkundung eines Rechtsgeschäfts werden um $^1/_4$ erhöht, wenn sich ein Beteiligter in fremder Sprache erklärt. Bei der Beurkundung einer Auflassung, die als gebührenfreies Nebengeschäft der Eintragung des Eigentümers gilt, wird die Gebühr des § 58 in derselben Weise erhöht.

Die Gebührenerhöhung sowie die durch die Zuziehung eines Dolmetschers entstandenen Auslagen fallen dem Beteiligten zur Last, welcher die Zuziehung des Dolmetschers oder die Verhandlung in fremder Sprache veranlaßt hat.

Von der Erhöhung mitbetroffen wird nicht die Zusatzgebühr des § 53, ebensowenig die „Krankenlagergebühr" des Notars: KGJ 32 B 23. Bei einer zusammengesetzten Gebühr (§ 41) ist nicht jede Einzelgebühr, sondern erst die Schlußsumme zu erhöhen: KG v. 16. Dez. 1910 1a X 1122/10.

Auf Taubstumme, die sich durch einen Dolmetscher erklären (FGG § 178), findet die Gebühr des § 55 Abs. 1 keine Anwendung; die Auslagen, welche durch Zuziehung des Dolmetschers entstehen, hat der Taubstumme zu tragen.

Dolmetschergebühren entstehen nicht, wenn der Dolmetscher für die betreffende Sprache als solcher bei dem Gericht angestellt ist (ZGebO § 13).

§ 56. Die in diesem Abschnitte bestimmten Gebühren umfassen die gesamte Tätigkeit des Gerichts einschließlich aller Nebengeschäfte. . . . .

Art. 14. Ist für das dem Rechtsanwalt übertragene Geschäft eine Gebühr nicht bestimmt, so erhält er eine unter entsprechender Anwendung der Vorschriften der Deutschen Gebührenordnung und dieses Gesetzes zu bemessende Gebühr. Das gleiche gilt, soweit für die begonnene oder vorbereitete Ausführung eines vor der vollständigen Ausführung erledigten Auftrags eine Gebühr nicht vorgesehen ist.

Vgl. Art. 16 und RAGebO §§ 89, 90; z. B. Ermittelung der Höhe eines Nachlasses, KG, KGBl 08 37.

Art. 15. Für die Herstellung des Schreibwerkes sowie zum Ersatze der Postgebühren seiner Sendungen erhält der Rechtsanwalt Pauschsätze, soweit Schreibwerk und Postsendungen innerhalb des Rahmens einer gebührenpflichtigen Tätigkeit vorkommen.

Der einzelne Pauschsatz beträgt 20 vom Hundert der zum Ansatze gelangenden Gebühr; in den Fällen der Artikel 4 bis 7 beträgt er mindestens 2 Mark und höchstens 30 Mark, im übrigen mindestens 1 Mark und höchstens 20 Mark. Der § 7 Abs. 2 des Deutschen Gerichtskostengesetzes findet Anwendung.

Stehen dem Rechtsanwalt in derselben Angelegenheit die nach den Artikel 8 bis 11 anzusetzenden Gebühren mehrfach oder nebeneinander zu, so beträgt der Pauschsatz von dem gemäß Artikel 10 und 12 zu berechnenden Gesamtbetrage der Gebühren mindestens 3 Mark und höchstens 50 Mark.

Neben den Pauschsätzen stehen dem Rechtsanwalte Schreibgebühren zu:

1. für die auf besonderes Verlangen gefertigten Abschriften;
2. für ein Schreibwerk, soweit es außerhalb des Rahmens einer gebührenpflichtigen Tätigkeit entsteht.

Für die Höhe der im Abs. 4 erwähnten Schreibgebühren sind die Vorschriften des § 80 des Deutschen Gerichtskostengesetzes maßgebend.

Der Ansatz der im § 79 Nr. 2 des Deutschen Gerichtskostengesetzes bezeichneten Gebühren wird durch den Pauschsatz nicht ausgeschlossen.

1. Art. 15 ist durch die Novelle v. 21. März 1910 (GS 15) eingefügt und schafft für die durch Landesgesetz geregelten Anwaltsgeschäfte dem § 76 RAGebO entsprechende Vorschriften. Durch den Pauschsatz wird das gesamte Schreibwerk vergütet mit Ausnahme der Schreibgebühren des Abs. 4 und der Fälle des Art. 13, in denen die Pauschalierung gemäß den Bestimmungen für die Notare auf 10 % festgesetzt wird (vgl. §§ 19, 20 NotGebO, abgedruckt hinter Art. 13).

2. In den Fällen der Art. 4—7 wird von jeder einzelnen Gebühr der Pauschsatz besonders berechnet. Der so berechnete einzelne Pauschsatz bewegt sich zwischen mindestens 2 M. und höchstens 30 M. Die einzelnen Pauschsätze werden zusammengerechnet. Für die Summe der einzelnen Pauschsätze ist ein Höchstsatz nicht vorgeschrieben. Beispiel: Für die Vertretung des Antragstellers im Zwangsversteigerungsverfahren (Art. 4) erhält der Anwalt an Pauschsätzen mindestens 6 M., höchstens 90 M., für die Vertretung eines anderen Beteiligten mindestens 4 M., höchstens 60 M.

In den Fällen der Art. 8—11 beträgt der Pauschsatz mindestens 1 M., höchstens 20 M. Jedoch wird im Gegensatz zu den Fällen der Art. 4—7 ein besonderer Mindest- oder Höchstsatz für den einzelnen Pauschsatz dann nicht gewährt, wenn die Gebühren der Art. 8—11 in derselben Angelegenheit mehrfach oder nebeneinander zum Ansatze kommen und gemäß den Art. 10 und 12 ein Gesamtbetrag berechnet wird. In diesen Fällen wird der Pauschsatz von dem so gebildeten Gesamtbetrage berechnet und hat sich in den Grenzen von mindestens 3 M., höchstens 50 M. zu halten. Der Grund für die verschiedene Behandlungsweise ist, daß in den Art. 8—11 häufig eine mehrfache Tätigkeit des Anwalts in derselben Angelegenheit stattfindet, während es sich in den Art. 4—7 mehr um Einzeltätigkeiten des Anwalts handelt, die ohnedies durch einen erhöhten Pauschsatz abgegolten werden, Begr. 8. Der Mindestbetrag der Pauschsätze nach Abs. 3 gilt auch dann, wenn der Gesamtbetrag der mehrfach anzusetzenden Gebühren nicht den Betrag einer vollen Gebühr erreicht. Hiernach kann es kommen, daß die Zusammenrechnung für die Partei ungünstiger ist als die Einzelberechnung (z. B. zwei Briefe bedingen bei der Zusammenrechnung 3 M. Pauschsatz statt sonst 1 M. + 1 M.), vgl. Adam, PosMSchr 11 61.

3. In Betracht kommen die folgenden Vorschriften des Deutschen GKG in der Fassung v. 1. Juni 1909 (RGBl 493).

§ 7 Abs. 2. Pfennigbeträge, welche ohne Bruch nicht durch zehn teilbar sind, werden auf den nächst höheren durch zehn teilbaren Betrag abgerundet.

§ 79 Nr. 2. An baren Auslagen werden erhoben:

Telegraphengebühren und die im Fernverkehre zu entrichtenden Fernsprechgebühren.

§ 80. Die Schreibgebühr beträgt für die Seite, welche mindestens zwanzig Zeilen von durchschnittlich zwölf Silben enthält, zwanzig Pfennige, auch wenn die Herstellung auf mechanischem Wege stattgefunden hat. Jede angefangene Seite wird als voll berechnet. Für Schriftsätze, die in fremden Sprachen abgefaßt sind, für Schriftstücke in tabellarischer Form, sowie für Verzeichnisse, Listen, Rechnungen, Handzeichnungen und dergleichen kann die

Höhe der Schreibgebühr von der Landesjustizverwaltung anderweit bestimmt werden.

Vgl. zu § 80 Satz 3 die Nr. 3 der AVf v. 17. August 1910, JMBl 325 (oben S. 271).

4. Im übrigen vgl. die Anm. zu § 76 RAGebO.

Art. 16. Die Vorschriften der §§ 2 bis 6, 8, 10 bis 12, 77 bis 86, 88, 93, 94 der Deutschen Gebührenordnung finden, soweit nicht ein anderes bestimmt ist, in den Fällen der Artikel 4 bis 14 entsprechende Anwendung.

In den Fällen der Artikel 4 bis 7 finden auch die Vorschriften der §§ 7, 25, 26, 29 bis 32, 35, 36, 48 bis 51 der Deutschen Gebührenordnung entsprechende Anwendung. Steht dem Rechtsanwalt in derselben Instanz eine Gebühr für den Antrag auf Eintragung einer Sicherungshypothek zu, so wird diese auf die im Artikel 4 Abs. 1 Nr. 1, im Artikel 5 Abs. 2 und im Artikel 7 Abs. 1 Satz 1 bestimmten Gebühren angerechnet.

1. § 76 RAGebO ist nicht mehr mitangezogen, weil diese Vorschrift durch den neueingefügten Art. 15 ersetzt worden ist.

2. Eine von den in Abs. 1 aufgeführten Vorschriften abweichende Bestimmung enthält Art. 13 für die dort bezeichneten Geschäfte in Ansehung der Wertberechnung, des Mindestbetrags der Gebühr und der Zulässigkeit einer Vereinbarung über die Höhe der Gebühr. Die Beschwerde gegen die gerichtliche Wertfestsetzung (§ 12 RAGebO) steht dem Rechtsanwalte nicht zu, wenn sich der Wert des Gegenstandes für die Berechnung der Anwaltsgebühren nach anderen Grundsätzen bestimmt als für die Berechnung der Gerichtsgebühren, KG, KGJ 28 B 43, oder wenn die Wertfestsetzung nicht nach § 11 RAGebO für den RA bindend ist, KGJ 42 292.

3. Die im Abs. 2 angeordnete Anrechnung der Gebühr für den Antrag auf Eintragung einer Sicherungshypothek (s. oben Anm. 2 zu § 31 RAGebO) findet nur dann statt, wenn dieses Verfahren mit dem Zwangsverst.- oder dem Zwangsverw.-Verfahren Eine Instanz bildet. Eine Instanz liegt aber nach dem im Satze 1 in Bezug genommenen § 31 der RAGebO nur vor, wenn die Zwangseintragung sich als eine Vorbereitung weiterer Maßregeln der Zwangsvollstr. darstellt. Dies ist nicht der Fall, wenn die Zwangsverst. oder Zwangsverw. sich nicht unmittelbar an die Zwangseintragung anschließt, sondern nach längerer Zeit auf Grund eines neuen Auftrags beantragt wird, KommBer des AH S. 14.

Art. 17. Allgemeine Vorschriften über die Vergütung für eine Tätigkeit, welche die Zulassung zur Rechtsanwaltschaft nicht voraussetzt, sind auch für die Rechtsanwälte maßgebend.

In Frage kommen die Tätigkeiten als Vormund (BGB § 1836), Pfleger (BGB § 1915), Nachlaßverwalter (BGB § 1987), Konkursverwalter (KO § 85), Zustellungsvertreter (ZVG § 7 Abs. 2, § 135) und als Zwangsverwalter (ZVG § 153, AVf v. 8. Dez. 1899, JMBl 791, § 16).

Art. 18 (Zeit des Inkrafttretens).

Zweiter Abschnitt.

(Enthält in den Art. 19 bis 27 Vorschriften über die Gebühren der Gerichtsvollzieher.)

Dritter Abschnitt. Schlußbestimmungen.

(Heute ohne Bedeutung.)

V. Anhang zur Preußischen Gebührenordnung.

Preußisches Gesetz über die freiwillige Gerichtsbarkeit, vom 21. September 1899 (GS 249).

Art. 9. Sind an einer Angelegenheit der freiwilligen Gerichtsbarkeit mehrere Personen beteiligt, so kann das Gericht bei der von ihm zu treffenden Entscheidung auf Antrag einen Beteiligten verurteilen, diejenigen Kosten des Verfahrens ganz oder teilweise zu tragen, welche er durch ein unbegründetes Gesuch, einen unbegründeten Widerspruch oder eine unbegründete Beschwerde, durch vorzeitiges Anrufen des Gerichts, durch eine Versäumung oder durch grobes Verschulden veranlaßt hat.

Zu den nach Abs. 1 zu erstattenden Kosten des Verfahrens gehören die Gebühren und Auslagen, welche durch die Zuziehung eines Rechtsanwalts entstanden sind, nur insoweit, als die Zuziehung nach dem Ermessen des Gerichts zur zweckentsprechenden Rechtsverfolgung oder Rechtsverteidigung notwendig war.

1. Die Vorschrift gilt nur für Angelegenheiten, in denen mehrere Personen beteiligt sind, und bezieht sich nur auf das gegenseitige Verhältnis der Beteiligten. Sie kann beispielsweise zur Anwendung kommen, wenn ein Pfandgläubiger durch einen unbegründeten Antrag auf Festsetzung einer von den gesetzlichen Vorschriften abweichenden Art des Pfandverkaufs seinen Mitgläubigern und dem Schuldner Kosten verursacht (FGG § 166, BGB § 1246) oder wenn sich ein Ehemann aus nichtigen Gründen weigert, die Beschränkung oder Ausschließung der Schlüsselgewalt der Frau aufzuheben oder die Zustimmung zur Übernahme persönlicher Dienste durch die Frau zu erteilen, und die Frau infolgedessen genötigt ist, sich an das Gericht zu wenden, Mot. 13. Dagegen versagt die Vorschrift gegen diejenigen, die nicht in der Sache beteiligt sind, z. B. gegen den, der durch unbegründete Verdächtigungen eines Vormundes Kosten verursacht.

Soweit ein Beteiligter nach Art. 9 zur Tragung der Kosten des Verfahrens verurteilt ist, trifft ihn auch der Staatskasse gegenüber die Zahlungspflicht, § 1 Satz 2 PrGKG.

2. Das Gericht kann nur verurteilen, wenn vor dem Schlusse des Verfahrens in der Hauptsache ein Antrag gestellt ist, wenn ferner die im Art. 9 bestimmten Voraussetzungen im Verhalten des Beteiligten vorliegen und es sich um eine Angelegenheit handelt, in der eine sachliche Entscheidung zu treffen ist und getroffen wird, KG, KGBl 00 94, KGJ 41 7. Eine Verpflichtung des Gerichts, die Verurteilung in die Kosten auszusprechen, besteht nicht. Das Gericht kann auch den Beteiligten überlassen, die Erstattungspflicht im ordentlichen Rechtsstreit auszutragen.

3. Über den Umfang der Erstattungspflicht hat das Gericht nach billigem Ermessen zu entscheiden. Eingeschränkt ist sein Ermessen nach Abs. 2 nur wegen der Gebühren und Auslagen, die durch die Zuziehung eines RA entstanden sind. Dabei ist zu berücksichtigen, daß bei der weiteren Beschwerde in der Regel ein RA zur Unterzeichnung der Beschwerdeschrift zugezogen werden muß (FGG § 29), im übrigen aber in der freiw. Gerichtsb. die Vertretung durch RA nur ausnahmsweise als erforderlich erachtet werden kann.

4. Die Verurteilung erfolgt zugleich mit der Entscheidung in der Hauptsache durch Beschluß, in den der Betrag der zu erstattenden Kosten aufgenommen werden kann. Es erübrigt sich alsdann das besondere Festsetzungsverfahren nach Art. 10.

5. Die Art. 9 bis 14 finden nach Art. 28 Abs. 4 keine Anwendung auf Nachlaß- und Teilungssachen, wohl aber nach Art. 30 Abs. 2, 3 auf die Dispache.

6. Anfechtung: Art. 11.

Art. 10. Wird eine gerichtliche Festsetzung des Betrags der Kosten erforderlich, zu deren Erstattung ein Beteiligter auf Grund der Artikel 9, 16 verurteilt worden ist, so erfolgt sie durch das Gericht erster Instanz. Im Falle des § 1875 Abs. 1 des Bürgerlichen Gesetzbuchs erfolgt die Festsetzung durch den Vorsitzenden des Familienrats.

Zur Berücksichtigung eines Ansatzes genügt, daß er glaubhaft gemacht wird.

1. Wenn in dem Beschluß aus Art. 9 nur die Kostenpflicht, nicht auch der zu erstattende Kostenbetrag selbst festgesetzt ist, so bildet der Beschluß den Titel für die Festsetzung. Daneben ist durch folgende Vorschriften die Festsetzung zugelassen:

a) Art. 16 (Abs. 1): „Bei der Festsetzung einer Ordnungsstrafe ist der Beteiligte zugleich in die Kosten des Verfahrens zu verurteilen."

b) § 1875 Abs. 1 BGB: „Ein Mitglied des Familienrats, das ohne genügende Entschuldigung der Einberufung nicht Folge leistet oder die rechtzeitige Anzeige seiner Verhinderung unterläßt oder sich der Teilnahme an der Beschlußfassung enthält, ist von dem Vorsitzenden in die dadurch verursachten Kosten zu verurteilen."

2. Zuständig für die Festsetzung der Kosten aller Instanzen ist das Gericht 1. Instanz. Als solches kann außer dem Amtsgericht auch das Landgericht und das Oberlandesgericht in Betracht kommen. So in Stiftungs-, Fideikommiß-

und Lehnssachen, AG.GVG §§ 29, 41, 49. In dem Falle des BGB § 1875 Abs. 1 ist an Stelle des Familienrats, der die Rechte und Pflichten des Vormundschaftsgerichts hat, dem Vorsitzenden, dem nur die Leitung der Geschäfte des Familienrats obliegt, die Festsetzung übertragen. Der Gerichtsschreiber ist hier nicht zuständig.

3. Das Kostenfestsetzungsgesuch kann vor dem Gerichtsschreiber zu Protokoll erklärt (AG.GVG § 71) oder privatschriftlich eingereicht werden. Für mündliche Verhandlung ist kein Raum. Vorgängige schriftliche Anhörung des Gegners wird regelmäßig erforderlich sein. Einreden gegen die Fortdauer der Kostenpflicht sind bei der Kostenfestsetzung nicht zu berücksichtigen, sondern bei der Zwangsvollstreckung gemäß dem entsprechend anzuwendenden § 767 ZPO geltend zu machen. Gebühr für den Antrag: Art. 8 der Preuß. GebO. Die Kostenfestsetzung geschieht durch Beschluß.

Art. 11. Findet gegen die Entscheidung in der Hauptsache die sofortige Beschwerde statt, so kann auch die Entscheidung über die Verpflichtung zur Tragung der Kosten sowie die Kostenfestsetzung nur mit der sofortigen Beschwerde angefochten werden.

Die Kostenfestsetzung kann selbständig mit der weiteren Beschwerde nur angefochten werden, wenn die Beschwerdesumme den Betrag von fünfzig Mark übersteigt.

1. Sowohl die Entscheidung über die Kostenpflicht, als die Entscheidung über den Kostenbetrag kann mittels der gewöhnlichen, an keine Frist gebundenen Beschwerde angefochten werden. Nur da, wo gegen die Entscheidung in der Hauptsache die sofortige Beschwerde stattfindet, ist gegen beide Entscheidungen nur die sofortige Beschwerde zulässig. Die im Abs. 2 festgesetzte Einschränkung entspricht dem § 568 Abs. 3 ZPO.

2. Über die Beschwerde gegen einen Beschluß des Amtsgerichts entscheidet das Landgericht, über die Beschwerde gegen einen Beschluß, den das Landgericht in 1. Instanz erlassen hat, entscheidet das Kammergericht (Art. 6, 7), über die Beschwerde gegen einen Beschluß, den das Oberlandesgericht in 1. Instanz erlassen hat (z. B. in Fideikommißsachen), entscheidet der Justizminister. Eine weitere Beschwerde findet nur statt, wenn das Amtsgericht die erste Instanz bildet (Art. 6).

Art. 12. Ergeht nach der Kostenfestsetzung eine Entscheidung, die den Wert des Gegenstandes des Verfahrens festsetzt, so ist, falls diese Entscheidung von der Wertberechnung abweicht, welche der Kostenfestsetzung zugrunde liegt, auf Antrag die Kostenfestsetzung entsprechend abzuändern. Über den Antrag entscheidet das Gericht erster Instanz.

Die Vorschrift entspricht dem § 107 ZPO mit der Abweichung, daß eine Frist für den Antrag nicht vorgesehen ist. Als Wert des Gegenstandes wird in der Regel der Betrag der Kosten anzunehmen sein, die durch das im Art. 9 bezeichnete Verhalten des verurteilten Beteiligten veranlaßt sind. Eine Form des Antrags ist nicht vorgeschrieben, er kann also bei dem Gerichtsschreiber gestellt werden, AG.GVG § 71. Anhörung des Gegners ist nicht erforderlich. Die Entscheidung ergeht durch Beschluß. Für die Anfechtung gilt Art. 11.

Art. 13. Wird eine in betreff der Kosten ergangene Entscheidung abgeändert, so ist der Beteiligte auf Antrag zur Erstattung der ihm auf Grund der Entscheidung zuviel gezahlten Kosten zu verurteilen.

Die Verurteilung ist, abweichend von Art. 9, geboten. Zuständig ist nach Art. 12 das Gericht 1. Instanz.

Art. 14. Aus der gerichtlichen Kostenfestsetzung sowie aus der Entscheidung, durch die ein Beteiligter zur Erstattung der ihm zuviel gezahlten Kosten verurteilt wird, findet die Zwangsvollstreckung nach den Vorschriften der Zivilprozeßordnung statt.

Die bezeichneten Entscheidungen entsprechen den in § 794 Nr. 3 ZPO als zur Zwangsvollstr. geeignet aufgeführten Schuldtiteln. Die Ausfertigung erteilt der Gerichtsschreiber, Art. 18. Die Zwangsvollstr. darf nur beginnen, wenn der Schuldtitel mindestens drei Tage vorher zugestellt ist, da ZPO § 798 entsprechend anzuwenden ist.

VI.

Bayern.

1. Verordnung, die Gebühren der Rechtsanwälte in den Angelegenheiten der Rechtspflege betreffend, vom 26. März 1902 (Ges.- und Verordn.-Bl. 133).*)

Art. 1. Die ReichsGO für RA findet entsprechende Anwendung auf die Berufstätigkeit des RA

1. in den vor die ordentlichen Gerichte gehörenden bürgerl. Rechtsstreitigkeiten mit Ausnahme der in den Art. 17 bis 23 aufgeführten Angelegenheiten, auch soweit das Verfahren den Vorschriften der ZPO oder der KonkO nicht unterliegt,
2. in den vor besondere Gerichte gehörenden bürgerl. Rechtsstreitigkeiten, auf welche die ZPO Anwendung findet,
3. in den vor die ordentlichen Gerichte gehörenden Strafsachen, auch soweit das Verfahren landesgesetzlich geregelt ist,
4. in den vor besondere Gerichte gehörenden Rechtssachen, auf welche die StPO Anwendung findet.

Das Verfahren in Forstrügesachen vor dem Amtsgerichte steht dem Verfahren vor dem Schöffengerichte gleich.

Art. 2. Die ReichsGO für RA findet entsprechende Anwendung auf die Berufstätigkeit des RA im Dienststrafverfahren vor Justizbehörden.

Das Dienststrafverfahren, in dem eine Hauptverhandlung nicht stattfindet, steht dem Vorverfahren, das Dienststrafverfahren erster Instanz dem Verfahren vor der Strafkammer gleich.

In der Beschwerde- (Rekurs-) Instanz im Dienststrafverfahren, in dem eine Hauptverhandlung in erster Instanz nicht stattfindet, kommen insbesondere die § 63 Nr. 2, § 68 Nr. 2 der ReichsGO f. RA zur entsprechenden Anwendung.

Art. 3. Der RA erhält in dem Verfahren vor dem Gerichtshofe für Kompetenzkonflikte (G. v. 18. VIII. 1879, betr. die Entscheidung der Kompetenzkonflikte)

*) Vgl. dazu JW 10 599.

a) für den Geschäftsbetrieb einschließlich der Information,
b) für die Erörterung der Sache in der öffentlichen Sitzung
je $^{5}/_{10}$ der Sätze des § 9 der ReichsGO f. RA.

Die Gebühr für die Erörterung der Sache in der öffentlichen Sitzung beträgt mindestens zehn Mark.

Ist der Auftrag zur Vertretung erledigt, bevor der RA eine Denkschrift abgefaßt oder die Sache in der öffentlichen Sitzung erörtert hat, so erhält er nur die Hälfte der im Abs. 1 lit. a bestimmten Gebühr.

Im übrigen finden die für bürgerl. Rechtsstreitigkeiten geltenden Bestimmungen der ReichsGO f. RA entsprechende Anwendung.

Art. 4. In allen anderen Angelegenheiten, für welche die Vergütung der Berufstätigkeit des RA landesrechtlich zu regeln ist, sind ausschließlich die folgenden Vorschriften maßgebend.

Diese Vorschriften finden jedoch keine Anwendung auf die Berufstätigkeit des RA in den Angelegenheiten der Verwaltung und der Verwaltungsrechtspflege, ferner auf die Berufstätigkeit, die ein RA als Mitglied eines Gläubigerausschusses, als Konkursverwalter, Zwangsverwalter, Nachlaßverwalter, Zustellungsvertreter oder Vertreter eines im Verteilungsverfahren nicht ermittelten Berechtigten, als Vormund, Pfleger, Testamentsvollstrecker oder in einer ähnlichen Stellung ausübt.

Art. 5. Volle Gebühr im Sinne der folgenden Vorschriften ist die im § 9 der ReichsGO f. RA bestimmte Gebühr mit der Maßgabe, daß von 10000 bis 20000 Mark die Wertsklassen um je 2500 Mark und die Gebühren um je 4 Mark und von 20000 Mark an die Gebühren um je 5 Mark und die Wertsklassen bis 100000 Mark um je 5000 Mark, bis 300000 Mark um je 10000 Mark, bis 1 Million um je 25000 Mark und darüber hinaus um je 50000 Mark steigen.

Art. 6. Der RA erhält für die Tätigkeit, die er zu seiner Information entwickelt, einschließlich der zu diesem Zwecke vorgenommenen Besprechungen und der Einsicht von Akten $^{2}/_{10}$ der vollen Gebühr, jedoch mindestens zwei Mark. Ist die Tätigkeit des RA besonders weitläufig oder schwierig, so kann die Gebühr bis auf $^{5}/_{10}$ der vollen Gebühr erhöht werden (Informationsgebühr).

Die Gebühr kann in einer Instanz nur einmal beansprucht werden.

Vertritt der RA den Auftraggeber in mehreren Instanzen, so erhält er die Gebühr in der höheren Instanz nur dann, wenn er in dieser zu seiner Information eine weitere Tätigkeit entwickelt hat.

Die Gebühr beträgt nur $^{1}/_{10}$ der vollen Gebühr, wenn die Tätigkeit des RA die Zwangsvollstreckung betrifft.

Die Gebühr kann nicht gefordert werden, wenn die Tätigkeit des RA der Einleitung eines Prozesses vorausgeht und dem RA die Prozeßgebühr oder eine Gebühr nach § 44 der ReichsGO f. RA zusteht, ferner wenn die Tätigkeit des RA Mahnungen, Kündigungen oder Schreiben ähnlicher Art betrifft, die der Einleitung einer Zwangsvollstr. vorausgehen, und dem RA eine Gebühr für den Antrag auf Einleitung der Zwangsvollstr. zusteht.

Art. 7. Der RA erhält für die Erteilung eines Rates $^{1}/_{10}$ der vollen Gebühr.

Hat der RA im Anschluß an die Erteilung des Rates eines der in den Art. 8 bis 12 bezeichneten Geschäfte vorzunehmen, für das nach diesen Artikeln oder nach Art. 13 eine besondere Gebühr anzusetzen ist, so kann die Gebühr für das Geschäft nur gefordert werden, soweit sie die Gebühr für den Rat übersteigt.

Art. 8. Der RA erhält $^{2}/_{10}$ der vollen Gebühr, jedoch mindestens zwei Mark, für Anträge, Erklärungen und Beschwerden bei Behörden. Die Gebühr kann bis auf $^{4}/_{10}$ der vollen Gebühr erhöht werden, wenn die Tätigkeit des RA besonders weitläufig oder schwierig ist.

Hat der RA die einem Antrag oder einer Erklärung zugrunde liegende Urkunde entworfen und erhält er hierfür eine Gebühr nach Art. 12, so steht ihm für den Antrag oder für die Erklärung die Gebühr aus Abs. 1 nur dann zu, wenn der Antrag oder die Erklärung eine das Sach- und Rechtsverhältnis entwickelnde Darstellung enthält und deren Einreichung vom Auftraggeber verlangt wird.

Für bloße Benachrichtigungen, Beschleunigungsgesuche, kurze Anzeigen, Gesuche um Abschriften oder Ausfertigungen und für ähnliche Schreiben erhält der RA nur Schreibgebühren.

Art. 9. Der RA erhält $^1/_{10}$ der vollen Gebühr für Abfassung eines Schreibens an eine andere Privatperson als den Auftraggeber, wenn es rechtliche Ausführungen oder sachliche Auseinandersetzungen enthält.

Für die der Einleitung eines Prozesses oder einer Zwangsvollstr. vorausgehenden Mahnungen, Kündigungen oder Schreiben ähnlicher Art kann diese Gebühr nicht gefordert werden, wenn dem RA die Prozeßgebühr, eine Gebühr nach § 44 der ReichsGO f. RA oder eine Gebühr für den Antrag auf Einleitung der Zwangsvollstr. zusteht.

Auf ein Schreiben an den Auftraggeber, das einen von diesem erbetenen Rat enthält, findet die Bestimmung des Art. 7 Abs. 1, auf ein Gutachten mit juristischer Begründung die Bestimmung des § 88 der ReichsGO f. RA Anwendung.

Für andere Schreiben erhält der RA nur Schreibgebühren.

Art. 10. Für die Wahrnehmung eines Termins vor einer Behörde erhält der RA $^3/_{10}$ der vollen Gebühr, jedoch mindestens drei Mark; werden in derselben Instanz mehrere Termine wahrgenommen, so beträgt die Gebühr für den zweiten und für jeden weiteren Termin $^2/_{10}$ der vollen Gebühr, jedoch mindestens zwei Mark (Terminsgebühr).

Für die Wahrnehmung eines Termins, der nur zur Übernahme oder zur Ablieferung von Geldern oder Wertpapieren bestimmt ist, erhält der RA eine Terminsgebühr nur dann, wenn die Übernahme oder die Ablieferung in dem Termine nicht stattfindet. Die Gebühr beträgt in diesem Falle $^1/_{10}$ der vollen Gebühr, jedoch nicht mehr als die Gebühr für die Übernahme oder die Ablieferung betragen hätte.

Art. 11. Für die Mitwirkung beim Abschluß eines Vergleichs erhält der RA die volle Gebühr.

Art. 12. Für das Entwerfen der Urkunde über ein Rechtsgeschäft erhält der RA $^2/_{10}$ bis $^5/_{10}$ der vollen Gebühr. Wenn die Tätigkeit des RA besonders weitläufig oder schwierig ist, kann die Gebühr bis auf den Betrag der vollen Gebühr erhöht werden.

Art. 13. Hat der RA eines der in den Art. 7 bis 12 genannten Geschäfte vorbereitet oder begonnen, erledigt sich aber der Auftrag vor der vollständigen Ausführung, so erhält der RA eine unter entsprechender Anwendung der Bestimmungen dieser Artikel zu bemessende Gebühr.

Art. 14. Dem RA steht in derselben Instanz an Gebühren für die in den Art. 6 bis 9 genannten Geschäfte aus diesen Artikeln oder aus dem Art. 13 nicht mehr als eine volle Gebühr zu, jedoch nicht weniger als die Summe der Mindestgebühren für je eines der in Betracht kommenden Geschäfte beträgt.

An Terminsgebühren steht dem RA in derselben Instanz nicht mehr als eine volle Gebühr zu; wenn er einen unter Art. 10 Abs. 1 fallenden Termin wahrgenommen hat, erhält er mindestens drei Mark.

Dem RA stehen für die Mitwirkung beim Abschluß eines Vergleichs und an Terminsgebühren in der Instanz, in welcher der Vergleich abgeschlossen worden ist, nicht mehr als $^{15}/_{10}$ der vollen Gebühr zu, wenn der Vergleich vor der Behörde, bei der die Sache anhängig ist, oder vor einer ersuchten Behörde abgeschlossen worden ist.

Art. 15. Die Gebühren werden nach dem Werte des Gegenstandes erhoben.

Auf die Wertsberechnung finden die Vorschriften der §§ 9, 9a, 11 bis 13 des GKG Anwendung.

Ist der Gegenstand einer Schätzung nach Geld nicht fähig, so ist ein Wert von 200 bis 50000 Mark, wenn aber das Geschäft für den Auftraggeber ausnahmsweise von besonders hoher Bedeutung ist, ein Wert bis zu 100000 Mark anzunehmen. Ist mit einem nicht vermögensrechtlichen Anspruch ein aus ihm hergeleiteter vermögensrechtlicher verbunden, so ist nur ein einziger Anspruch und zwar der höhere maßgebend.

Art. 16. Eine Gebühr kann nicht beansprucht werden für die mit der Erledigung eines Geschäfts verbundenen Nebengeschäfte und für die zur Vorbereitung eines Geschäfts erforderliche Tätigkeit, soweit nicht eine Gebühr hierfür besonders bestimmt ist. Insbesondere kann hienach eine Gebühr nicht beansprucht werden für das Entwerfen einer dem RA oder von dem RA zu erteilenden Vollmacht, für das Entgegennehmen von Zustellungen sowie für Vermerke zu den Handakten des RA, wenn sie nur den Zweck haben, Aufschluß über seine Tätigkeit und über den Stand der Sache zu geben.

Art. 17. Für die Vertretung eines Beteiligten im Verfahren der Zwangsversteig. erhält der RA $^3/_{10}$ der vollen Gebühr

1. für die Vertretung bis zur Einleitung des Verteilungsverfahrens,
2. für die Vertretung im Verteilungsverfahren.

Für die Vertretung des Antragstellers bis zur Einleitung des Verteilungsverfahrens erhält der RA statt der im Abs. 1 Nr. 1 bestimmten Gebühr $^4/_{10}$ der vollen Gebühr, wenn er einen Antrag auf Zwangsverst. gestellt oder einen Versteigerungstermin wahrgenommen hat; hat er einen solchen Antrag gestellt und einen Versteigerungstermin wahrgenommen, so erhält er $^6/_{10}$ der vollen Gebühr.

Für die Vertretung eines anderen Beteiligten bis zur Einleitung des Verteilungsverfahrens erhält der RA statt der im Abs. 1 Nr. 1 bestimmten Gebühr, wenn er einen Versteigerungstermin wahrgenommen hat, $^4/_{10}$ der vollen Gebühr.

$^3/_{10}$ der vollen Gebühr erhält der RA auch dann, wenn unter seiner Mitwirkung eine außergerichtliche Verteilung stattfindet; auf diese Gebühr wird die Gebühr für die Vertretung im Verteilungsverfahren angerechnet.

Art. 18. Für die Berechnung der im Art. 17 bestimmten Gebühren ist im Falle der Vertretung des Gläubigers oder eines anderen Berechtigten (§ 9 Nr. 1, 2 ZVG v. 24. März 1897) der Wert des Rechtes maßgebend, wobei die neben einem Hauptanspruche bestehenden Ansprüche wegen der Kosten und Nebenleistungen unberücksichtigt bleiben. Im Falle der Vertretung des Gläubigers ist der nach § 13 des GKG sich berechnende Wert des Anspruchs, wegen dessen die Zwangsversteig. beantragt ist, maßgebend, wenn er größer ist als der Wert des Rechtes ohne Kosten und Nebenleistungen. Ist im Falle der Erteilung des Zuschlags das Meistgebot, in den Fällen, in denen das Verfahren vor der Erteilung des Zuschlags erledigt wird, der Wert des Gegenstandes der Zwangsversteig. geringer als der nach Satz 1 oder Satz 2 maßgebende Betrag, so ist das Meistgebot oder der Wert des Gegenstandes der Zwangsversteig. maßgebend.

Bei der Vertretung eines anderen Beteiligten bestimmen sich die Gebühren im Falle der Erteilung des Zuschlags nach dem Meistgebot oder nach dem Anteile des Vertretenen an dem Meistgebot, in den Fällen, in denen das Verfahren vor der Erteilung des Zuschlags erledigt wird, nach dem Werte des Gegenstandes der Zwangsversteig. oder nach dem Anteile des Vertretenen an diesem Werte.

Der Wert mehrerer Rechte oder Ansprüche, ebenso mehrere Meistgebote oder Werte von Gegenständen der Zwangsversteig., auf die sich das Recht des Auftraggebers erstreckt, sind zusammenzurechnen.

Beschränkt sich die Tätigkeit des RA auf die Vertretung in dem Verfahren bis zum Versteigerungstermin und hat die Wahrnehmung eines anderen Termins nicht stattgefunden, so ist für die Berechnung der Gebühr des Vertreters des Gläubigers der Wert des Anspruchs des Gläubigers, wegen dessen die Zwangsversteig. beantragt ist, maßgebend. Für die Berechnung der Gebühr des Vertreters eines anderen Beteiligten als des Antragstellers ist der Betrag maßgebend, der in demselben Falle der Berechnung der Gebühr des Vertreters des Antragstellers zugrunde zu legen wäre. Sind in dem Falle des Satzes 2 mehrere Antragsteller vorhanden, so ist unter den der Berechnung der Gebühren ihrer Vertreter in demselben Falle zugrunde zu legenden Beträgen der größte maßgebend. Der nach Abs. 1 bis 3 zugrunde zu legende Betrag ist maßgebend, wenn er geringer ist.

Art. 19. Für die Vertretung des Gläubigers, des Schuldners oder des Konkursverwalters im Verfahren der Zwangsverw., einschließlich des Verteilungsverfahrens, erhält der RA jährlich $^{2}/_{10}$ der vollen Gebühr aus dem Betrage, der in jedem Verwaltungsjahre zur Verteilung an die Gläubiger gelangt (Wert der Einkünfte des Jahres), jedoch mindestens jährlich zehn Mark. Die Vorschrift des Art. 17 Abs. 4 ist entsprechend anzuwenden.

Der RA erhält außerdem für den Antrag auf Anordnung der Zwangsverw. oder auf Zulassung des Beitritts, wenn er einen Gläubiger vertritt, einmal $^{3}/_{10}$ der vollen Gebühr aus dem sich nach § 13 des GKG berechnenden Werte des Anspruchs oder der Ansprüche, wegen deren die Zwangsverw. von ihm beantragt ist, wenn er den Konkursverwalter vertritt, einmal $^{3}/_{10}$ der vollen Gebühr aus dem Werte der Einkünfte des Verwaltungsjahrs, in dem der Antrag gestellt ist, in jedem der beiden Fälle jedoch mindestens zehn Mark.

Beschränkt sich die Tätigkeit des RA auf die Vertretung in dem Verfahren wegen Anordnung der Zwangsverw. oder wegen Zulassung des Beitritts, so erhält er, wenn er einen Antrag auf Zwangsverw. gestellt hat, nur die ihm nach Abs. 2 zukommende Gebühr. Hat er einen solchen Antrag nicht gestellt, so erhält er als Vertreter eines Gläubigers einmal $^{2}/_{10}$ der vollen Gebühr aus dem Werte des Anspruchs oder der Ansprüche des Gläubigers, wegen deren die Zwangsverw. beantragt ist, als Vertreter des Konkursverwalters einmal $^{2}/_{10}$ der vollen Gebühr aus dem Werte der Einkünfte des Verwaltungsjahrs, in dem der Antrag gestellt ist, auf den sich die Tätigkeit des RA bezieht, und wenn sie sich auf mehrere in verschiedenen Jahren gestellte Anträge bezieht, aus dem größten Jahresbetrage der Einkünfte; die Gebühr beträgt mindestens fünf Mark. Für den Vertreter des Schuldners gilt das im Satze 2 für den Vertreter des Konkursverwalters bestimmte.

Art. 20. Vertritt der RA im Verfahren der Zwangsverw. einen anderen Berechtigten als den Gläubiger, so erhält er für die Vertretung in dem Verfahren wegen Anordnung der Zwangsverw. oder wegen Zulassung des Beitritts einmal $^{2}/_{10}$, für die Vertretung in dem weiteren Verfahren einmal $^{3}/_{10}$ der vollen Gebühr aus dem Werte der wiederkehrenden Leistungen; für die Berechnung dieses Wertes ist der Wert der Leistungen eines Jahres maßgebend. Der Wert der Einkünfte des Verwaltungsjahrs, in dem der RA zuerst eine Tätigkeit für den Berechtigten entwickelt hat, ist statt des Wertes der Leistungen eines Jahres maßgebend, wenn er geringer ist als dieser Wert. Die Gebühr für die Vertretung in dem Verfahren wegen Anordnung der Zwangsverw. oder wegen Zulassung des Beitritts beträgt mindestens fünf Mark, die Gebühr für die Vertretung in dem weiteren Verfahren mindestens zehn Mark. Die Vorschrift des Art. 17 Abs. 4 ist entsprechend anzuwenden.

Art. 21. Ist in den Fällen der Art. 19, 20 die Gebühr aus dem Werte der Einkünfte zu berechnen, so ist der volle Wert der Einkünfte des Verwaltungsjahrs auch dann maßgebend, wenn der dem RA erteilte Auftrag vor der Beendigung des Verwaltungsjahrs aufgehoben wird.

An die Stelle der in den Art. 19, 20 bestimmten geringsten Beträge der Gebühren tritt die Hälfte dieser Beträge, wenn der RA denselben Beteiligten gleichzeitig im Verfahren der Zwangsverst. bezüglich derselben Gegenstände vertritt.

Art. 22. Die für das Verfahren der Zwangsverst. geltenden Vorschriften sind auch bei der gerichtlichen Versteigerung eines Bergwerks oder einer Anlage, auf welche die Vorschrift des Art. 258 des Berggesetzes Anwendung findet, und bei der im Art. 267 Abs. 2 des Berggesetzes vorgeschriebenen Zwangsversteig. eines unbeweglichen Kuxes anzuwenden.

Art. 23. Auf die Berufstätigkeit des RA in einem Verteilungsverfahren außerhalb der Fälle der Zwangsverst. und der Zwangsverw., das nach den für die Verteilung des Erlöses im Falle der Zwangsversteig. geltenden Vorschriften zu erledigen ist, finden die Vorschriften der Art. 17, 18 entsprechende Anwendung.

Art. 24. Im Verfahren zur Vermittelung der Auseinandersetzung in Ansehung eines Nachlasses oder des Gesamtguts einer ehelichen oder fortgesetzten Gütergemeinschaft erhält der RA je die volle Gebühr

1. für den Geschäftsbetrieb einschließlich der Information,
2. für die Wahrnehmung der Termine vor dem Amtsgericht oder dem Notar einschließlich der Mitwirkung bei einer Vereinbarung über vorbereitende Maßregeln und über den Auseinandersetzungsplan.

Hat der RA den Antrag auf Vermittelung der Auseinandersetzung gestellt, so stehen ihm weitere $^{5}/_{10}$ der vollen Gebühr zu.

Die Berechnung der Gebühr erfolgt aus dem Werte des Anteils des Auftraggebers an dem Nachlaß oder dem Gesamtgut; ein Abzug der Schulden findet nicht statt.

Art. 25. Die Vorschriften der Art. 6 bis 16 finden auf die in den Art. 17 bis 24 aufgeführten Angelegenheiten nur dann Anwendung, wenn sich der Auftrag auf eine einzelne Tätigkeit oder auf mehrere einzelne Tätigkeiten im Verfahren beschränkt.

Art. 26. Ist für das dem RA übertragene Geschäft eine Gebühr nicht bestimmt, so erhält er eine unter entsprechender Anwendung der Vorschriften der ReichsGO f. RA und dieser Verordnung zu bemessende Gebühr.

Art. 27. Die Vorschriften der §§ 2 bis 8, 11, 12, 26, § 29 Abs. 2, § 30, § 31 Abs. 1, §§ 32 bis 36, 76 bis 87, 93, 94 der ReichsGO f. RA finden, soweit nicht ein anderes bestimmt ist, in den Fällen der Art. 4 bis 26 entsprechende Anwendung.

In den Fällen der Art. 17 bis 23 finden auch die Vorschriften der §§ 10, 25, § 29 Abs. 1, §§ 41, 48 bis 51, 90 der ReichsGO f. RA, in den Fällen des Art. 24 dieselben Bestimmungen mit Ausnahme des § 41 entsprechende Anwendung.

Sind der Auftrag zu einem Antrag auf Eintragung einer Sicherungshypothek und der Auftrag zur Einleitung des Verfahrens der Zwangsversteig. oder des Verfahrens der Zwangsverw. bezüglich desselben Anspruchs auf Grund desselben Schuldtitels gleichzeitig erteilt worden, so wird, wenn beide Aufträge ausgeführt werden, die Gebühr für den Antrag auf Eintragung der Sicherungshypothek auf die im Art. 17 Abs. 2 oder im Art. 19 Abs. 2 bestimmte Gebühr angerechnet.

Art. 28. Diese Verordnung tritt am 1. April 1902 in Kraft.

Die Vergütung für die Berufstätigkeit des RA zur Erledigung von Aufträgen, die vor diesem Zeitpunkt erteilt sind, bestimmt sich nach den bisherigen Vorschriften.

Für den erbschaftlichen Liquidationsprozeß (Art. 150 bis 157 des AG z. ZPO und KonkO vom 23. Februar 1879) sowie für das Hypothekenreinigungsverfahren bleiben die bisherigen Vorschriften in Geltung.

Das gleiche gilt für die Verfahren der Zwangsversteig., der Zwangsverw. und der gerichtlichen Versteigerung, auf welche die Vorschriften des G. v. 23. Februar 1879, die Zwangsvollstr. in das unbewegliche Vermögen wegen Geldforderungen betreffend, und des G. v. 29. Mai 1886, Änderungen der Bestimmungen über die Zwangsvollstr. in das unbewegliche Vermögen betreffend, anzuwenden sind. Für das Verfahren der Zwangsversteig. eines gemeinschaftlichen Grundstücks zum Zwecke der Aufhebung der Gemeinschaft gelten dagegen die Bestimmungen dieser Verordnung schon vor dem Zeitpunkt, in welchem das Grundbuch als angelegt anzusehen ist; in diesem Verfahren erhält der RA für den Antrag auf Wiederversteig. (Art. 87 des G. v. 23. Februar 1879, Art. 28 des G. v. 29. Mai 1886) einschließlich der weiteren Tätigkeit bis zur Einleitung des Verteilungsverfahrens neben den im Art. 17 bestimmten Gebühren weitere $^{3}/_{10}$ der vollen Gebühr.

Die Bestimmung des Art. 27 Abs. 3 ist auch auf die Vormerkung einer Hypothek nach Art. 40 des G. v. 29. Mai 1886, Änderungen der Bestimmungen über die Zwangsvollstr. in das unbewegliche Vermögen betreffend, entsprechend anzuwenden.

Art. 29. Das Staatsministerium der Justiz ist beauftragt, die erforderlichen Ausführungsbestimmungen zu erlassen und nach Ablauf von drei Jahren über die Wirkungen dieser Verordnung und darüber zu berichten, ob nach den gemachten Erfahrungen eine Änderung dieser Verordnung angezeigt erscheint. Bis zu dieser Zeit ist das Staatsministerium der Justiz ermächtigt, im Falle des Bedürfnisses einzelne Änderungen und Ergänzungen vorzunehmen.

2. Verordnung, die Gebühren der Rechtsanwälte in den Angelegenheiten der Verwaltung und der Verwaltungsrechtspflege betreffend, vom 26. März 1902 (Ges.- und Verordn.-Bl. 144).

Art. 1. Der RA erhält für die Tätigkeit, die er zu seiner Information entwickelt, einschließlich der zu diesem Zwecke vorgenommenen Besprechungen und der Einsicht von Akten eine Gebühr von zwei bis vierzig Mark (Informationsgebühr).

Die Gebühr kann in einer Instanz nur einmal beansprucht werden.

Vertritt der RA den Auftraggeber in mehreren Instanzen, so erhält er die Gebühr in der höheren Instanz nur dann, wenn er in dieser zu seiner Information eine weitere Tätigkeit entwickelt hat.

Die Gebühr kann nicht gefordert werden, wenn die Tätigkeit des RA der Einleitung eines Prozesses vorausgeht und dem RA die Prozeßgebühr oder eine Gebühr nach § 44 der ReichsGO f. RA zusteht.

Art. 2. Der RA erhält für die Erteilung eines Rates eine Gebühr von einer Mark bis zwanzig Mark.

Hat der RA im Anschluß an die Erteilung des Rates eines der in den Art. 3 bis 7 bezeichneten Geschäfte vorzunehmen, für das nach diesen Artikeln oder nach Art. 8 eine besondere Gebühr anzusetzen ist, so erhält er für den Rat und für das Geschäft nur eine einzige Gebühr, die innerhalb des weitesten in Betracht kommenden Spielraums zu bemessen ist.

Art. 3. Der RA erhält für Anträge, Erklärungen und Beschwerden bei Behörden eine Gebühr von drei Mark bis vierzig Mark.

Für bloße Benachrichtigungen, Beschleunigungsgesuche, kurze Anzeigen, Gesuche um Abschriften oder Ausfertigungen und für ähnliche Schreiben erhält er nur Schreibgebühren.

Art. 4. Der RA erhält für Abfassung eines Schreibens an eine andere Privatperson als den Auftraggeber eine Gebühr von zwei Mark bis zwanzig Mark, wenn es rechtliche Ausführungen oder sachliche Auseinandersetzungen enthält.

Auf ein Schreiben an den Auftraggeber, das einen von diesem erbetenen Rat enthält, findet die Bestimmung des Art. 2 Abs. 1 Anwendung.

Für die Ausarbeitung eines Gutachtens mit juristischer Begründung erhält der RA eine angemessene Vergütung.

Für andere Schreiben erhält der RA nur Schreibgebühren.

Art. 5. Für die Wahrnehmung eines Termins vor einer Behörde erhält der RA eine Gebühr von fünf Mark bis fünfzig Mark (Terminsgebühr).

Die Gebühr für die mündliche Verhandlung vor dem Verwaltungsgerichtshofe beträgt mindestens zehn Mark.

Für die Wahrnehmung eines Termins, der nur zur Übernahme oder zur Ablieferung von Geldern oder Wertpapieren bestimmt ist, erhält der RA eine Terminsgebühr nur dann, wenn die Übernahme oder die Ablieferung in dem Termine nicht stattfindet.

Art. 6. Für die Mitwirkung bei dem Abschluß eines Vergleichs erhält der RA eine Gebühr von fünf Mark bis fünfzig Mark.

Wird der Vergleich vor einer Behörde abgeschlossen, so erhält der RA für die Wahrnehmung des Termins und für die Mitwirkung beim Abschlusse des Vergleichs nur eine einzige Gebühr, die zwischen fünf Mark und fünfzig Mark zu bemessen ist.

Art. 7. Für das Entwerfen der Urkunde über ein Rechtsgeschäft erhält der RA eine Gebühr von fünf Mark bis fünfzig Mark.

Art. 8. Hat der RA eines der in den Art. 2 bis 7 genannten Geschäfte vorbereitet oder begonnen, erledigt sich aber der Auftrag vor der vollständigen Ausführung, so erhält der RA eine unter entsprechender Anwendung der Bestimmungen dieser Artikel zu bemessende Gebühr.

Art. 9. Eine Gebühr kann nicht beansprucht werden für die mit der Erledigung eines Geschäfts verbundenen Nebengeschäfte und für die zur Vorbereitung eines Geschäfts erforderliche Tätigkeit, soweit nicht eine Gebühr hierfür besonders bestimmt ist. Insbesondere kann hienach eine Gebühr nicht beansprucht werden für das Entwerfen einer dem RA oder von dem RA zu erteilenden Vollmacht, für das Entgegennehmen von Zustellungen sowie für Vermerke zu den Handakten des RA, wenn sie nur den Zweck haben, Aufschluß über seine Tätigkeit und über den Stand der Sache zu geben.

Art. 10. Soweit diese Verordnung einen Spielraum gewährt, sind bei der Ausmessung der Gebühr die besonderen Umstände des einzelnen Falles, insbesondere der Umfang und die Schwierigkeit der Sache, die von dem RA entwickelte Tätigkeit, die Bedeutung der Sache für den Auftraggeber und die Leistungsfähigkeit des Pflichtigen zu berücksichtigen.

Art. 11. In Sachen von besonderer Wichtigkeit oder Schwierigkeit kann eine das höchste Maß überschreitende Gebühr bewilligt werden.

Art. 12. Für Geschäfte am Wohnorte stehen dem RA weder Tagegelder noch Fuhrkosten zu. Dasselbe gilt von Geschäften an Orten, die weniger als zwei Kilometer von dem Wohnort entfernt sind. War der RA durch außergewöhnliche Umstände genötigt, sich eines Fuhrwerks zu bedienen, oder waren sonstige notwendige Unkosten wie Brücken- oder Fährgeld aufzuwenden, so sind die Auslagen zu erstatten.

Bei der Vornahme eines Geschäfts an einem Orte, der außerhalb des Wohnorts gelegen und von diesem nicht weniger als zwei Kilometer entfernt ist, erhält der RA neben der Gebühr für das Geschäft noch ein Tagegeld von zwanzig Mark für den ganzen und von zehn Mark für den halben Tag. Für übernachten gebührt dem RA außer dem Tagegeld eine Entschädigung von sechs Mark.

Das Tagegeld kann für die außerhalb des Wohnorts wegen des vorzunehmenden Geschäfts zugebrachte Zeit, nach Kalendertagen berechnet, beansprucht werden. Eine Abwesenheit von mehr als sechs Stunden gilt für einen ganzen Tag.

Außer dem Tagegeld und der Entschädigung für übernachten erhält der RA noch Ersatz der Reisekosten.

Bei allen Reisen, die ohne Nachteil für den Reisezweck durch Benützung von Eisenbahnen oder Dampfschiffen zurückgelegt werden können, hat der RA nur auf Vergütung der Kosten dieser Beförderungsgelegenheit Anspruch. Auf Eisenbahnen gebührt ihm ein Platz in der zweiten, auf Dampfschiffen in der ersten Klasse. Bei der Benützung dieser Beförderungsgelegenheit gebührt dem RA noch die Vergütung der auf die Fahrt oder den Gepäcktransport zu und von den Bahnhöfen und den Landungsplätzen bestrittenen Auslagen nach dem ortsüblichen Satze.

Soweit die Benützung der Eisenbahn oder des Dampfschiffs nicht möglich oder nicht tunlich ist, kann der RA sich eines besonderen Gefährts bedienen. Bei Benützung eines solchen gebührt ihm der ortsübliche Preis, und zwar auch dann, wenn er sein eigenes Fuhrwerk benützt.

Legt der RA bei einer Dienstreise den Weg zu Fuß oder unter Benützung des Fahrrads zurück, so hat er Anspruch auf eine Reisekostenvergütung von 0,20 M. für jeden vollen Kilometer des Hin- und Rückwegs. Bruchteile von Kilometern kommen nicht in Betracht. Würden die Kosten bei Benutzung von Eisenbahn, Dampfschiff oder Gefährt geringer sein, so kann die Reisekostenvergütung nur in dem geringeren Betrage beansprucht werden.

Nimmt der RA auf der nämlichen Reise mehrere Geschäfte vor, so darf er die Reiseentschädigung nur einmal ansetzen; er hat dieselbe auf die verschiedenen Geschäfte in angemessener Weise zu verteilen.

Art. 13. Im übrigen finden die Vorschriften der §§ 2 bis 8, 76, 77, 84 bis 87, 93, 94 der ReichsGO f. RA, soweit nicht ein anderes bestimmt ist, entsprechende Anwendung.*)

---

*) Diese Vorschrift gilt auch für den neuen Inhalt des § 76 RAGebO, BayVGH, Recht 13 42; OLG München, Rsp 26 391.

Art. 14. In den anhängigen oder anhängig gewesenen Angelegenheiten, in denen eine Distriktsverwaltungsbehörde, eine der Distriktsverwaltungsbehörde gleich zu achtende oder eine ihr untergeordnete Behörde, eine Kreisregierung oder eine ihr gleich zu achtende Stelle, eine Militärbehörde, die Flurbereinigungskommission, die Oberberufungskommission in Steuersachen, der Verwaltungsgerichtshof oder ein Ministerium zur Entscheidung zuständig ist und der RA bei einer Behörde tätig gewesen ist, können der RA und der Auftraggeber die Festsetzung des Betrags der Gebühren und Auslagen verlangen, die der RA von seinem Auftraggeber für die Tätigkeit in der Instanz zu beanspruchen hat, in der er bei einer Behörde tätig gewesen ist.

Art. 15. Die Festsetzung erfolgt in jeder Instanz durch die in der Angelegenheit selbst zuständige Behörde nach den für das Verfahren in der Angelegenheit selbst maßgebenden Vorschriften; die Festsetzung der bei dem Kompetenzsenate des Verwaltungsgerichtshofs erwachsenen Gebühren und Auslagen erfolgt durch den Verwaltungsgerichtshof. Die Entscheidung ist dem RA und dem Auftraggeber von Amts wegen zuzustellen.

Die Festsetzung kann, wenn der Antrag nur von dem RA oder nur von dem Auftraggeber gestellt ist, zunächst unter ausdrücklichem Vorbehalte des Erinnerungsrechts der Beteiligten erfolgen. Diese vorläufige Feststellung kann auch dann, wenn in streitigen Fällen öffentliche mündliche Verhandlung geboten ist, in geheimer Sitzung stattfinden.

Art. 16. Erinnerungen gegen die vorläufige Festsetzung sind binnen einer Frist von zwei Wochen geltend zu machen; die Frist beginnt mit dem Zeitpunkt, in dem die Entscheidung dem Beteiligten zugestellt worden ist.

Gegen die über die Erinnerungen ergehende Entscheidung und gegen die ohne Vorbehalt des Erinnerungsrechts erfolgende Festsetzung steht dem RA und dem Auftraggeber das gleiche Rechtsmittel zu, das in der Angelegenheit selbst einem Beteiligten zusteht; in Rayon-Angelegenheiten ist gegen die Entscheidung oder Festsetzung der Festungskommandantur Rekurs an das vorgesetzte Generalkommando zulässig. Ist das Rechtsmittel gegen eine Entscheidung in der Angelegenheit selbst an eine Frist nicht gebunden, so ist es in dem Verfahren der Festsetzung binnen einer Frist von zwei Wochen einzulegen; die Frist beginnt mit dem Zeitpunkt, in dem die Entscheidung der Partei, die das Rechtsmittel einlegt, zugestellt worden ist. Eine Anfechtung der über das Rechtsmittel ergehenden Entscheidung findet nicht statt.

Die Geltendmachung der Erinnerungen und die Einlegung der Rechtsmittel muß schriftlich oder zu Protokoll erfolgen.

Art. 17. Die Festsetzung erfolgt in erster Instanz gebührenfrei. Der RA kann für den Antrag auf Festsetzung eine Gebühr nicht beanspruchen.*)

Art. 18. Ist die Festsetzung nach den Art. 14 bis 16 erfolgt, so kann der RA Gebühren oder Auslagen von seinem Auftraggeber nur nach Maßgabe dieser Festsetzung beanspruchen, es sei denn, daß der Betrag der Vergütung durch Vertrag bestimmt ist. Der Umstand, daß die Festsetzung durch eine unzuständige Behörde erfolgt ist, ist ohne Einfluß auf ihre Gültigkeit.

Art. 19. Der RA darf den Anspruch auf Gebühren und Auslagen gegen den Auftraggeber, wenn eine Festsetzung nach den Art. 14 bis 16 zulässig ist, erst nach der Festsetzung bei Gericht geltend machen, es sei denn, daß der Betrag der Vergütung durch Vertrag bestimmt ist.

Art. 20. An Stelle der Vorschriften der Art. 1 bis 11 dieser Verordnung findet die ReichsGO f. RA entsprechende Anwendung auf die Berufstätigkeit des RA

1. im Strafverfahren im Verwaltungsweg und
2. im Dienststrafverfahren.

*) Die Vorschrift bezieht sich nur auf die Höhe der festzustellenden Gebühr, jedoch nicht auf die Entscheidung, welche von den liquidierten Gebühren von dem unterliegenden Teil zu erstatten sind, BayVGH, Recht 13, 108.

Das Strafverfahren im Verwaltungswege steht dem Vorverfahren in den zur Zuständigkeit des Schöffengerichts gehörenden Sachen gleich, wenn die Sache, falls sie bei Gericht anhängig wäre, zur Zuständigkeit des Schöffengerichts gehören würde, dem Vorverfahren in den zur Zuständigkeit der Strafkammer gehörenden Sachen, wenn die Sache, falls sie bei Gericht anhängig wäre, zur Zuständigkeit der Strafkammer gehören würde.

Das Dienststrafverfahren, in dem eine Hauptverhandlung nicht stattfindet, steht dem Vorverfahren gleich. Das Dienststrafverfahren erster Instanz steht, wenn die Entscheidung von einer Behörde oder einem Beamten erlassen wird, die einer Distriktsverwaltungsbehörde untergeordnet sind, dem Verfahren vor dem Schöffengericht, in allen übrigen Fällen dem Verfahren vor der Strafkammer gleich.

In der Beschwerde- (Rekurs-, Reklamations-) Instanz im Strafverfahren im Verwaltungsweg und in der Beschwerde- (Rekurs-) Instanz im Dienststrafverfahren, in dem eine Hauptverhandlung in erster Instanz nicht stattfindet, kommen, wenn das Verfahren in erster Instanz dem Verfahren vor dem Schöffengerichte gleichsteht, insbesondere die § 63 Nr. 1, § 68 Nr. 1 der ReichsGO f. RA und, wenn das Verfahren in erster Instanz dem Verfahren vor der Strafkammer gleichsteht, insbesondere die § 63 Nr. 2, § 68 Nr. 2 dieser GO zur Anwendung.

Art. 21. Die Art. 14 bis 19 finden auf die im Art. 20 genannten Angelegenheiten keine Anwendung.

Art. 22. Ist für das dem RA übertragene Geschäft eine Gebühr nicht bestimmt, so erhält er eine unter entsprechender Anwendung der Vorschriften dieser Verordnung zu bemessende Gebühr.

Art. 23. Die Berufstätigkeit des RA, die sich auf ein Gesuch um Abhilfe nach Art. 2 AG.ZPO und KonkO bezieht, wird nach den Bestimmungen dieser Verordnung vergütet.

Art. 24. Diese Verordnung tritt am 1. April 1902 in Kraft.

Die Vergütung für die Berufstätigkeit des RA zur Erledigung von Aufträgen, die vor diesem Zeitpunkt erteilt sind, bestimmt sich nach den bisherigen Vorschriften.

Art. 25. Die Ministerien sind beauftragt, die erforderlichen Ausführungsbestimmungen zu erlassen und nach Ablauf von drei Jahren über die Wirkung dieser Verordnung und darüber zu berichten, ob nach den gemachten Erfahrungen eine Änderung dieser Verordnung angezeigt erscheint. Bis zu dieser Zeit sind die Ministerien ermächtigt, im Falle des Bedürfnisses einzelne Änderungen und Ergänzungen vorzunehmen.

3. Verordnung über die Gebühren der Rechtsanwälte im Verfahren vor dem K. Landesversicherungsamte vom 7. April 1912 (Ges.- und Verordn.-Bl. 363).

§ 1. Die Vergütung für die Berufstätigkeit eines RA beträgt im Verfahren vor dem Landesversicherungsamte fünf bis hundert Mark.

Werden mehrere Streitfälle zu gemeinsamer Verhandlung und Entscheidung verbunden, so wird die Vergütung für die Instanz nur einmal gewährt.

§ 2. Für die Teilnahme an Beweisverhandlungen außerhalb des Sitzes des Landesversicherungsamts kann außer der im § 1 bezeichneten Vergütung eine angemessene Entschädigung zugebilligt werden, wenn die Anwesenheit des RA geboten war.

Die Kosten für Reisen zur mündlichen Verhandlung oder zu anderen Zwecken sowie sonstige Auslagen werden neben der im § 1 bezeichneten Vergütung nicht erstattet. Jedoch ist bei der Festsetzung dieser Vergütung innerhalb der dafür gezogenen Grenzen auch auf Reisekosten, Schreibgebühren, Postgeld oder sonstige Auslagen Rücksicht zu nehmen.

§ 3. Diese Verordnung tritt für die Invaliden- und Hinterbliebenenversicherung sofort, für die anderen Zweige der Reichsversicherung an den Tagen in Kraft, an denen für diese die Vorschriften der Reichsversicherung über das Verfahren wirksam werden.

VII.
Königreich Sachsen.

1. Kostenordnung für Rechtsanwälte und Notare, vom 22. Juni 1900 (Ges.- und Verordn.-Bl. 364), mit den Änderungen des Gesetzes vom 18. März 1910 (Ges.- und Verordn.-Bl. 37) u. 18. Oktober 1912 (Ges.- u. Verordn.-Bl. 471)*).

I. Kosten der Rechtsanwälte.

a) Zwangsversteigerung, Zwangsverwaltung, Verteilungsverfahren.

§ 1. Für die Gebühren und Auslagen der Rechtsanwälte bei der Zwangsverst. und der Zwangsverw. von Grundstücken gelten die Vorschriften der §§ 2 bis 7, 9 bis 12, des § 31 Abs. 1, des § 39, des § 41 Abs. 1 Nr. 1, der §§ 77 bis 87, 93, 94, der GO f. Rechtsanwälte sowie der §§ 2 bis 5, 7 dieses Gesetzes. Schreibgebühren erhält der Rechtsanwalt nach den Vorschriften in Nr. 97 des dem Gesetz über die Gerichtskosten vom 21. Juni 1900 angefügten Tarifs.

§ 2. Der Rechtsanwalt erhält:

1. $^{3}/_{10}$ der Gebühr für den Antrag auf Anordnung der Zwangsverst. oder der Zwangsverw. oder auf Zulassung eines Beitritts;
2. $^{1}/_{10}$ der Gebühr für einen Antrag auf Bestimmung eines neuen Versteigerungstermins in den Fällen der §§ 43, 85 des RGes. über die Zwangsverst. und die Zwangsverw. oder für einen Antrag auf Fortsetzung des eingestellten Verfahrens;
3. $^{2}/_{10}$ der Gebühr für die Anmeldung eines Rechtes, das der Anmeldung bedarf;
4. $^{1}/_{10}$ der Gebühr für die Glaubhaftmachung eines Rechtes, wenn es deren bedarf;
5. $^{1}/_{10}$ der Gebühr für die Vertretung eines Gläubigers oder sonstigen Berechtigten in einem zu Erörterungen über das geringste Gebot und die Versteigerungsbedingungen bestimmten besonderen Termine;
6. $^{3}/_{10}$ der Gebühr für die Vertretung eines Gläubigers oder sonstigen Berechtigten im Versteigerungstermine;
7. $^{5}/_{10}$ der Gebühr für die Vertretung des Schuldners im Zwangsversteigerungsverfahren vor dem Vollstreckungsgerichte.

§ 3. Der Mindestbetrag jeder der im § 2 unter Nr. 1 bis 6 bestimmten Gebühren ist zwei Mark, der Mindestbetrag der daselbst unter Nr. 7 geordneten Gebühr sechs Mark.

§ 4. Gebühren, deren Erhebung nicht nach den §§ 1, 2 zulässig ist, stehen dem RA weder im Zwangsversteigerungsverfahren noch im Zwangsverwaltungsverfahren zu.

Bleibt ein begonnenes Geschäft aus einem Grunde unvollendet, der nicht in der Person des RA eintritt, so kann dieser einen Teil der Gebühr erheben. Der Teil ist nach dem Verhältnis zu bestimmen, in welchem die schon erfolgte Tätigkeit zu der unterbliebenen steht.

§ 5. Die Vorschriften der §§ 1 bis 4 sind auch anzuwenden, wenn der Gegenstand des Verfahrens ein Bergbaurecht ist oder eine sonstige Berechtigung, für welche die sich auf Grundstücke beziehenden Vorschriften gelten, oder ein im Schiffsregister eingetragenes Schiff oder ein ausländisches Schiff, das, wenn es ein deutsches Schiff wäre, in das Schiffsregister eingetragen werden müßte.

Ist die Schätzung eines Bergbaurechts auf Grund der Vorschrift im § 29 Abs. 2 des G., die Zwangsvollstr. in das unbewegl. Vermögen betr., v. 18. Juni 1900 (GuVBl S. 317ff.) unterblieben, so wird der Wert des Bergbaurechts zu 2000 Mark,

*) Die letzte Änderung enthält nur zwei den Wechselprotest betreffende Änderungen des hier nicht mit abgedruckten Notariatstarifs.

ausnahmsweise niedriger oder höher, jedoch nicht unter 500 Mark und nicht über 50000 Mark angenommen.

§ 6. Soweit außerhalb der Zwangsvollstr. in das unbewegliche Vermögen ein Verteilungsverfahren nach den für die Verteilung des Erlöses im Falle der Zwangsversteigerung geltenden Grundsätzen eröffnet wird, ist die Vorschrift im § 39 der GebO f. RA anzuwenden.

§ 7. Die Vorschriften der §§ 1 bis 6 sind anzuwenden, wenn das Verfahren nach dem 31. Dezember 1899 beantragt worden ist.

b) Sonstige Angelegenheiten.

§ 8. In anderen als den in den §§ 1, 5 und 6 bezeichneten Angelegenheiten sind die Kosten der RA, soweit sie nicht reichsgesetzlich geregelt sind, ausschließlich nach den Vorschriften der §§ 9 bis 20 zu erheben.

Die Vorschriften der §§ 9 bis 20 sind nicht anzuwenden auf die Tätigkeit, die ein RA kraft Bestellung oder Wahl zum Mitgliede eines Gläubigerausschusses oder kraft Ernennung zum Konkursverwalter, zum Zwangsverwalter oder in einer ähnlichen Stellung ausübt.

§ 9. Die volle Gebühr im Sinne der §§ 10 bis 20 beträgt bei Gegenständen im Werte

1.	bis 20 Mk. einschließlich								2	Mk.
2.	von	mehr	als	20	bis	60	Mk.	einschließlich	3	„
3.	„	„	„	60	„	120	„	„	4	„
4.	„	„	„	120	„	200	„	„	7	„
5.	„	„	„	200	„	300	„	„	10	„
6.	„	„	„	300	„	450	„	„	14	„
7.	„	„	„	450	„	650	„	„	19	„
8.	„	„	„	650	„	900	„	„	24	„
9.	„	„	„	900	„	1 200	„	„	28	„
10.	„	„	„	1 200	„	1 600	„	„	32	„
11.	„	„	„	1 600	„	2 100	„	„	36	„
12.	„	„	„	2 100	„	2 700	„	„	40	„
13.	„	„	„	2 700	„	3 400	„	„	44	„
14.	„	„	„	3 400	„	4 300	„	„	48	„
15.	„	„	„	4 300	„	5 400	„	„	52	„
16.	„	„	„	5 400	„	6 700	„	„	56	„
17.	„	„	„	6 700	„	8 200	„	„	60	„
18.	„	„	„	8 200	„	10 000	„	„	64	„
19.	„	„	„	10 000	„	12 000	„	„	68	„
20.	„	„	„	12 000	„	14 000	„	„	72	„
21.	„	„	„	14 000	„	16 000	„	„	76	„
22.	„	„	„	16 000	„	18 000	„	„	80	„
23.	„	„	„	18 000	„	20 000	„	„	84	„
24.	„	„	„	20 000	„	22 000	„	„	88	„
25.	„	„	„	22 000	„	24 000	„	„	92	„
26.	„	„	„	24 000	„	26 000	„	„	96	„
27.	„	„	„	26 000	„	28 000	„	„	100	„
28.	„	„	„	28 000	„	30 000	„	„	104	„
29.	„	„	„	30 000	„	32 000	„	„	108	„
30.	„	„	„	32 000	„	34 000	„	„	112	„
31.	„	„	„	34 000	„	36 000	„	„	116	„
32.	„	„	„	36 000	„	38 000	„	„	120	„
33.	„	„	„	38 000	„	40 000	„	„	124	„
34.	„	„	„	40 000	„	42 000	„	„	128	„
35.	„	„	„	42 000	„	44 000	„	„	132	„
36.	„	„	„	44 000	„	46 000	„	„	136	„
37.	„	„	„	46 000	„	48 000	„	„	140	„
38.	„	„	„	48 000	„	50 000	„	„	144	„

Die ferneren Wertklassen steigen bis 100000 M. um je 5000 M., bis 300000 M. um je 10000 M., bis 1000000 M. um je 25000 M. und darüber hinaus um je 50000 M. und die Gebühren in jeder Klasse um je 5 M.

Bei nicht vermögensrechtlichen Gegenständen, sowie bei vermögensrechtlichen Gegenständen, deren Wert nicht geschätzt werden kann, ist ein Wert von 200 bis 50000 M., wenn aber das Geschäft für den Auftraggeber ausnahmsweise von besonders hoher Bedeutung ist, ein Wert bis zu 100000 M. anzunehmen.

§ **10.** In Angelegenheiten, die vor deutschen Behörden wahrzunehmen sind, darf der Gesamtbetrag der Terminsgebühren (§ 12) in derselben Instanz nicht höher sein als die volle Gebühr. Dasselbe gilt in solchen Angelegenheiten von dem in derselben Instanz erwachsenden Gesamtbetrage der in den §§ 11, 13, 14 geordneten Gebühren.

§ **11.** $^2/_{10}$ der vollen Gebühr erhält der RA für an Behörden oder Beamte gerichtete Gesuche, Anträge, Erklärungen oder Beschwerden. Die Gebühr kann bis auf $^4/_{10}$ der vollen Gebühr erhöht werden, wenn die Tätigkeit des RA besonders schwierig oder zeitraubend ist.

Diese Gebühr kann, falls der RA die einem Antrag oder einer Erklärung zugrunde liegende Urkunde entworfen hat und die Urkunde zu den im § 15 bezeichneten gehört, nur dann erhoben werden, wenn ein das Sach- und Rechtsverhältnis entwickelnder Vortrag erforderlich ist und dessen Einreichung von der Partei verlangt wird.

Für kurze Anzeigen, Beschleunigungsgesuche, Gesuche um Abschriften oder Ausfertigungen und für ähnliche Schreiben beträgt die Gebühr 1 Mark.

§ **12.** Für die Abwartung des in einer Angelegenheit stattfindenden ersten Termins erhält der RA $^3/_{10}$, für die Abwartung der weiteren Termine je $^2/_{10}$ der vollen Gebühr (Terminsgebühr).

Die Terminsgebühr kann erhoben werden, wenn der RA vor einer Behörde auf deren Erfordern zu erscheinen hat.

Bei Terminen, die nur zur Empfangnahme oder Ablieferung von Geldern oder Wertpapieren bestimmt sind, beträgt die Terminsgebühr $^1/_{10}$ der vollen Gebühr.

Die Terminsgebühr beträgt, außer im Falle des 3. Abs. mindestens 2 Mark.

§ **13.** $^1/_{10}$ der vollen Gebühr erhält der RA für Abfassung eines Schreibens an eine andere Privatperson als den Auftraggeber, wenn dieses rechtliche Ausführungen oder sachliche Auseinandersetzungen enthält.

In anderen Fällen beträgt die Gebühr für Abfassung eines Schreibens an eine Privatperson, insbesondere an den Auftraggeber, 1—5 Mark. Für Mahnbriefe können keine Gebühren gefordert werden, wenn dem RA die Prozeßgebühr ganz oder teilweise zusteht.

§ **14.** $^1/_{10}$ der vollen Gebühr, mindestens aber 2 Mark, erhält der RA für einen Rat oder eine Besprechung, wenn er nicht daraufhin eines der im § 11 Abs. 1, § 12 bezeichneten Geschäfte vorzunehmen hat.

§ **15.** $^2/_{10}$—$^5/_{10}$ der vollen Gebühr erhält der RA für Entwerfung eines Vertrags, eines Testaments, eines Stiftungsgeschäfts oder einer Vereinssatzung. Wenn die Tätigkeit des Anwalts besonders schwierig oder zeitraubend ist, kann diese Gebühr bis auf den Betrag der vollen Gebühr erhöht werden.

Die Gebühr kann auch dann nur einmal erhoben werden, wenn der Rechtsanwalt zu demselben Geschäfte mehrere Entwürfe fertigt.

§ **16.** Gebührenfrei sind die mit Erledigung eines Geschäfts verbundenen Nebengeschäfte und die zur Vorbereitung eines Geschäfts erforderliche Tätigkeit, soweit nicht eine Gebühr dafür besonders bestimmt ist; insbesondere sind hiernach gebührenfrei die Entwerfung einer dem RA selbst zu erteilenden Vollmacht oder einer von ihm zu erteilenden Nachvollmacht sowie Vermerke zu den Handakten des RA, wenn sie nur den Zweck haben, Aufschluß über dessen Tätigkeit und über den Stand der Sache zu geben.

§ 17. Im übrigen finden die Vorschriften der §§ 2 bis 8, 10 bis 12, 77 bis 85, 86 Abs. 1, 87 bis 90, 93, 94 der GebO f. RA. entsprechende Anwendung. Die Mitteilung der in § 86 bezeichneten Berechnung kann auch nach erfolgter Zahlung verlangt werden, solange nicht die Handakten zurückgenommen sind oder die Verpflichtung des RA zur Aufbewahrung derselben erloschen ist. Bei Vereinbarung einer Vergütung nach § 93 ist der Auftraggeber auch dann an den Vertrag gebunden, wenn er ihn nicht schriftlich geschlossen hat. Schreibgebühren erhält der Rechtsanwalt nach den Vorschriften in Nr. 97 des dem Ges. über die Gerichtskosten v. 21. Juni 1900 angefügten Tarifs.

§ 18. In einem Verfahren, auf das die ZPO oder die StPO nach landesgesetzlichen Vorschriften anzuwenden ist, werden die Kosten nach der GebO f. RA erhoben.

§ 19. Aufgehoben werden, soweit es nicht schon früher geschehen ist, die §§ 23 und 24 der Advokatenordnung für das Kgr. Sachsen, in der Fassung der Verordnung, die Abänderung einiger die Advokaten betreffenden Bestimmungen enthaltend, v. 30. April 1873 (GuVBl. S. 412ff.).

§ 20. Für die Aufträge, die vor dem Inkrafttreten der §§ 8 bis 19 erteilt worden sind, bewendet es bei dem bisherigen Rechte.

II. Kosten der Notare (nebst Tarif).

— —

2. Gesetz, Änderungen des Gesetzes über die Gerichtskosten und der Kostenordnung für Rechtsanwälte und Notare betreffend, vom 18. März 1910 (Ges.- und Verordn.-Bl. 37).

Art. 2. Die Kostenordnung für RA und Notare v. 22. Juni 1900 (GuVBl. S. 364flg.) wird dahin geändert:

a) Im § 1 werden die Worte „§§ 67 bis 87" durch die Worte „§§ 77 bis 87" und im § 17 die Worte „§§ 76 bis 85" durch die Worte „§§ 77 bis 85" ersetzt.

b) Dem § 1 wird als zweiter Satz und dem § 17 als vierter Satz hinzugefügt: Schreibgebühren erhält der Rechtsanwalt nach den Vorschriften in Nr. 97 des dem Ges. über die Gerichtskosten v. 21. Juni 1900 angefügten Tarifs.

Art. 3. Bestimmt die Landesjustizverwaltung die Höhe der Schreibgebühr für Schriftstücke, die in fremder Sprache abgefaßt sind, für Schriftstücke in tabellarischer Form sowie für Verzeichnisse, Listen, Rechnungen, Handzeichnungen und dergleichen auf Grund von § 80 des GKG (RGBl 09 S. 494) anderweit, so ist die Bestimmung auch für den Geltungsbereich des Ges. über die Gerichtskosten sowie der Kostenordnung für RA und Notare maßgebend.

Art. 4. Dieses Gesetz tritt am 1. April 1910 in Kraft.

Art. 5. Die Gebühr für Schreibwerk, das vor dem Inkrafttreten dieses Gesetzes hergestellt worden ist, wird nach den bisherigen Vorschriften berechnet.

3. Verordnung, betr. die Gebühren der Rechtsanwälte im Verfahren vor dem Landesversicherungsamt, vom 24. Dezember 1911 (Ges.- und Verordn.-Bl. 262).

§ 1. Die Vergütung für die Berufstätigkeit eines RA beträgt im Verfahren vor dem Landesversicherungsamte 5—50 Mark.

Werden mehrere Streitfälle zu gemeinsamer Verhandlung und Entscheidung verbunden, so wird die Vergütung für die Instanz nur einmal gewährt.

§ 2. Für die Teilnahme an Beweisverhandlungen außerhalb des Sitzes des Landesversicherungsamts kann, wenn die Anwesenheit des RA geboten war, außer der im § 1 bezeichneten eine angemessene Entschädigung zugebilligt werden.

Die Kosten für Reisen zur mündlichen Verhandlung oder zu anderen Zwecken sowie sonstige Auslagen werden neben der im § 1 bezeichneten Vergütung nicht erstattet. Jedoch ist bei der Festsetzung dieser Vergütung innerhalb der dafür gezogenen Grenzen auch auf Schreibgebühren, Postgeld- oder sonstige Auslagen Rücksicht zu nehmen.

§ 3. Diese V. tritt für die Invaliden- und Hinterbliebenenversicherung am 1. Januar 1912, für die anderen Zweige der Reichsversicherung an den Tagen in Kraft, von denen an für diese die Vorschriften der RVersO über das Verfahren in Kraft gesetzt werden. Mit denselben Tagen tritt für die einzelnen Zweige der RVersO die V., die Gebühren der RA im Verfahren vor dem LandesVA betr. v. 27. 2. 02 (GuVBl 98) außer Kraft.

4. **MinBekm.** vom 26. Juni 1906, **betr. Gebühren der Prozeß-Agenten** (Sächs. JMBl 47), abgeändert durch Bekanntmachung vom 11. Juli 10 (JMBl 113).

I. Prozeßgebühren bei Gegenständen:
1. bis einschließlich 100 M. 1 M.,
2. von mehr als 100 M. bis einschließlich 200 M. 2 M. und steigend bis 1200 M. in Stufen von je 1 M. für je 100 M.

II. Terminsgebühr für Wahrnehmung eines jeden Termins, in welchem streitig verhandelt wird, oder auch nicht streitig, es sei denn, daß in einem solchen Termine nur ein Vertagungsantrag gestellt wird:
1. regelmäßig
   a) bei Gegenständen bis einschließlich 50 M. 0,50 M.,
   b) bei höherem Streitgegenstande 1 M.,
2. falls eine Beweisaufnahme stattfindet, ohne Rücksicht auf den Wert des Streitgegenstandes 2 M.

Die Terminsgebühr soll der Regel nach nur höchstens für 3 Termine, und falls eine Beweisaufnahme stattfindet, nur höchstens für vier Termine gewährt werden. Auch soll die Erhöhung der Terminsgebühr im Falle der Beweisaufnahme (Ziffer 2) der Regel nach nur höchstens zweimal eintreten.

III. Vergleichsgebühr (neben der Prozeß- und der Terminsgebühr) für einen im Termin unter Mitwirkung des Prozeßagenten abgeschlossenen, verlautbarten oder zu Protokoll gegebenen Vergleich die Hälfte der Prozeßgebühr (Ziffer I). Findet aber der Vergleich im 1. Termine statt, der volle Satz der Prozeßgebühr.

IV. Die Terminsgebühr (Ziffer II Nr. 1) ist auch zu beanspruchen, wenn vor der 1. Verhandlung dem Gericht angezeigt wird, daß die Klage zurückgenommen werde, oder daß der Rechtsstreit durch Vergleich oder sonst erledigt sei.

V. Gebühr für den Antrag auf Kostenfestsetzung und für den Antrag auf Erlaß eines Vollstreckungsbefehls 0,50 M.

VI. Gebühr:
1. für den Antrag auf Erlaß eines Zahlungsbefehls sowie im Beschwerdeverfahren: $^4/_{10}$ der Prozeßgebühr (Ziffer I), jedoch mindestens 0,50 M.,
2. im Aufgebots-, Zwangsvollstreckungs- und Konkursverfahren: $^6/_{10}$ der Prozeßgebühr (Ziffer I).

Für den Konkurs und die Zwangsversteigerung gelten folgende Besonderheiten:
a) Für die Berechnung der Prozeßgebühr ist im Falle der Vertretung eines „Gläubigers“ oder eines „Beteiligten“ im Sinne des § 9 des ZVG der Nennwert der Forderung oder des „Rechtes“ maßgebend, im Falle der Vertretung eines anderen Interessenten mit Ausnahme des Schuldners das Interesse an seiner Beteiligung.
b) Für die Vertretung des „Schuldners“ erhält der Prozeßagent in allen Fällen im Konkurse 2 bis 8, im Zwangsversteigerungsverfahren 1 bis 4 M.

Neben den Sätzen der Ziffer VI sind Terminsgebühren nach Ziffer II Nr. 1 zu beanspruchen. Eine besondere Gebühr für Gelderhebung steht dem Prozeßagenten nicht zu.

VII. Im Strafverfahren: für angefertigte Schriftstücke eine Gesamtgebühr bis zu 3 M.

VIII. Reisekosten und Tagegelder. 1. Tagegelder: insbesondere nach Maßgabe der verwendeten Zeit 2 bis 4,50 M. 2. Nachtquartier 1,50 M. 3. Die verauslagten angemessenen Fahrgelder.

IX. Für schriftliche Ratserteilung in den Fällen, in denen keine andere Gebühr zu beanspruchen ist, eine Gebühr bis zur Hälfte der Prozeßgebühr (Ziffer I).

X. Als Vergütung für die Herstellung des Schreibwerks erhält der Prozeßagent in den Fällen, in denen ein Rechtsanwalt einen Pauschsatz zu beanspruchen hätte, regelmäßig 60 % dieses Satzes. Daneben können die Postgebühren von dem Prozeßagenten auch dann in Ansatz gebracht werden, wenn ein Rechtsanwalt hierzu nach den gesetzlichen Vorschriften nicht berechtigt wäre. In allen anderen Fällen werden dem Prozeßagenten die Schreibgebühren nach dem Satze von 15 Pf. für die Seite (20 Zeilen zu je 12 Silben durchschnittlich) vergütet.

XI. Die nach diesem Tarife zu gewährenden Gebühren sollen tunlichst die einem Rechtsanwalte für die gleichen Angelegenheiten zustehenden Gebühren nicht übersteigen.

XII. In besonders gearteten Fällen sind die Gebühren abweichend von diesem Tarif entsprechend den Umständen des Falles nach freiem richterlichen Ermessen zu bestimmen.

VIII.

Württemberg.

Gesetz, betreffend die landesrechtlichen Vorschriften über die Gebühren der Rechtsanwälte (Württ. Gebührenordnung für Rechtsanwälte), vom 1. Dezbr. 1906 (Reg.-Bl. 811).

Art. 1. Die Vergütung für die Berufstätigkeit der RA bestimmt sich, soweit sie nicht reichsgesetzlich geregelt ist, ausschließlich nach den nachstehenden Vorschriften.

Art. 2. Die deutsche GebO f. RA findet entsprechende Anwendung auf die Berufstätigkeit des RA:

1) im Verfahren vor den ordentlichen Gerichten in bürgerlichen Rechtsstreitigkeiten, einschließlich der Aufgebotssachen, und in Strafsachen, auch soweit das Verfahren von den Vorschriften der ZPO oder der StPO abweicht;
2) im Verfahren vor den Gemeindegerichten, vor dem Kompetenz-Gerichtshof, vor den Verwaltungsgerichten einschließlich des Rechtsbeschwerde- oder gleichartigen Beschwerdeverfahrens vor dem Verwaltungsgerichtshof, im Schuldklag- und Zwangsvollstreckungsverfahren wegen öffentlich-rechtlicher Ansprüche, sowie in einem anderen Verfahren, in welchem nach landesgesetzlichen Vorschriften die ZPO oder die StPO, wenn auch nur ergänzend oder mit Beschränkungen, anzuwenden ist;
3) im Verfahren vor den Verwaltungsbehörden in den Fällen, in welchen eine öffentliche mündliche Verhandlung gesetzlich regelmäßig vorgeschrieben ist;
4) im Disziplinarverfahren;
5) im Verwaltungsstrafverfahren, sowie im Verfahren der Verhängung von Ordnungsstrafen.

In dem Verfahren vor den Verwaltungsgerichten und den Verwaltungsbehörden (vgl. Ziff. 3) sowie vor dem Kompetenz-Gerichtshof findet § 16 Abs. 1 Satz 1 der deutschen GebO keine Anwendung.

Das Strafverfahren vor den Verwaltungsbehörden steht dem Vorverfahren im Sinne des § 67 der deutschen GebO mit der Maßgabe gleich, daß für die Beschwerdeinstanz eine besondere Gebühr in gleichem Betrage begründet ist. Das gleiche gilt von einem Disziplinarverfahren, in welchem eine Hauptverhandlung nicht stattfindet, und von den in Ziff. 5 genannten Fällen der Verhängung von Ordnungsstrafen. Das Verfahren vor dem Disziplinarhof steht dem Verfahren vor dem Schwurgericht im Sinne des § 63 der deutschen GebO gleich.

Art. 3. Volle Gebühr im Sinne der nachstehenden Vorschriften ist die im § 9 der deutschen GebO bestimmte Gebühr mit der Maßgabe, daß von 10000 bis 20000 Mark die Wertsklassen um je 2500 Mark und die Gebühren um je 4 Mark, und von 20000 Mark an die Gebühren um je 5 Mark und die Wertsklassen bis 100000 Mark um je 5000 Mark, bis 300000 Mark um je 10000 Mark, bis 1 Mill. Mark um je 25000 Mark und darüber hinaus um je 50000 Mark steigen.

Art. 4. Für die Vertretung eines Beteiligten im Verfahren der Zwangsversteigerung erhält der RA $^3/_{10}$ der vollen Gebühr:

1) für die Vertretung bis zur Einleitung des Verteilungsverfahrens;
2) für die Vertretung im Verteilungsverfahren.

Die in Abs. 1 Ziff. 1 bestimmte Gebühr erhöht sich auf vier Zehnteile, wenn der RA einen Versteigerungstermin oder einen vorbereitenden Termin im Sinne des § 62 ZVG wahrgenommen hat.

Für die Vertretung des Antragstellers bis zur Einleitung des Verteilungsverfahrens erhält der RA, wenn er einen Antrag auf Zwangsversteigerung gestellt hat, an Stelle der in Abs. 1 Ziff. 1 bestimmten Gebühr $^4/_{10}$, an Stelle der in Abs. 2 bestimmten Gebühr $^6/_{10}$ der vollen Gebühr.

$^3/_{10}$ der vollen Gebühr erhält der RA auch dann, wenn unter seiner Mitwirkung eine außergerichtliche Verteilung stattfindet; auf diese Gebühr wird die Gebühr für die Vertretung im Verteilungsverfahren angerechnet.

Die Gebühren für die Vertretung des Gläubigers oder eines anderen Berechtigten (§ 9 Nr. 1 und 2 ZVG) bestimmen sich nach dem Wert des wahrzunehmenden Rechts, wenn jedoch der Wert des Gegenstandes der Zwangsversteigerung oder des Verteilungsverfahrens geringer ist, nach diesem; die neben einem Hauptanspruch bestehenden Ansprüche wegen der Kosten und anderer Nebenleistungen mit Ausnahme der miteinzuziehenden Zinsen bleiben unberücksichtigt. Im Fall der Vertretung eines anderen Beteiligten bestimmen sich die Gebühren nach dem Wert des Gegenstandes der Zwangsversteigerung oder des Verteilungsverfahrens oder des Anteils des Vertretenen an diesem Gegenstand. Als Wert des Gegenstands der Zwangsversteigerung ist der Betrag der Schätzungssumme anzusehen. Betrifft das Verfahren mehrere Gegenstände, so sind für die Gebührenberechnung die für die einzelnen Gegenstände maßgebenden Beträge zusammenzurechnen.

Beschränkt sich die Tätigkeit des RA auf die Vertretung des Gläubigers in dem Verfahren bis zum Versteigerungstermin, so ist für die Gebührenberechnung an Stelle des Wertes des wahrzunehmenden Rechts der Wert des Anspruchs, wegen dessen die Zwangsversteigerung beantragt ist, maßgebend, sofern nicht die Wahrnehmung eines anderen Termins stattgefunden hat.

Für die Vertretung eines Beteiligten in der Beschwerdeinstanz erhält der RA $^3/_{10}$ der vollen Gebühr aus dem nach der Vorschrift des Abs. 5 festzusetzenden Wert. Richtet sich die Beschwerde gegen einen die Anordnung der Zwangsversteigerung ablehnenden Beschluß, so ist für die Wertsberechnung Abs. 6 maßgebend. Dieselbe Gebühr erhält der RA auch für die Vertretung eines Beteiligten bei Anrufung der Entscheidung des Vollstreckungsgerichts im Fall des § 13 Abs. 2 des EG.ZVG.

Art. 5. Für die Vertretung des Gläubigers, des Schuldners oder des Konkursverwalters im Verfahren der Zwangsverwaltung einschließlich des Verteilungsverfahrens erhält der RA für jedes angefangene Jahr der Verwaltung $^2/_{10}$ der vollen Gebühr nach dem Wert der jährlichen Einkünfte abzüglich der Kosten der Verwaltung, jedoch mindestens jährlich 5 Mark. Im übrigen finden auf die Berechnung dieser Gebühr und auf deren Fälligkeit die Vorschriften in Art. 116 der Gerichtskostenordnung entsprechende Anwendung.

Der RA erhält außerdem für den Antrag auf Anordnung der Zwangsverwaltung oder auf Zulassung des Beitritts eine einmalige Gebühr von $^3/_{10}$ der vollen Gebühr. Ist ein Gläubiger der Antragsteller, so ist für die Berechnung dieser Gebühr der Betrag der einzuziehenden Forderung nebst den miteinzuziehenden Zinsen und sonstigen Nebenleistungen sowie den Kosten maßgebend. Ist der Antrag von dem Konkursverwalter gestellt, so ist die Gebühr nach der Hälfte des Werts des Gegenstandes der Zwangsverwaltung zu berechnen.

Beschränkt sich die Tätigkeit des RA auf die Vertretung in dem Verfahren wegen Anordnung der Zwangsverwaltung oder wegen Zulassung des Beitritts, so erhält er, wenn er einen Antrag auf Zwangsverwaltung gestellt hat, nur die in Abs. 2 bestimmte Gebühr. Hat er einen solchen Antrag nicht gestellt, so erhält er eine einmalige Gebühr von $^2/_{10}$ der vollen Gebühr nach dem in Abs. 2 bezeichneten Wert und bei der Vertretung des Schuldners nach dem zusammenzurechnenden Wert der einzuziehenden Forderungen nebst Zinsen.

Vertritt der RA im Verteilungsverfahren einen anderen Beteiligten als den Gläubiger, Schuldner oder Konkursverwalter, so findet Art. 4 entsprechende Anwendung; für die Berechnung des Wertes wiederkehrender Leistungen ist der Wert der Leistungen eines Jahres, für die Berechnung des Wertes des Gegenstandes des Verteilungsverfahrens ist der Betrag der Einkünfte eines Jahres abzüglich der Kosten der Verwaltung maßgebend.

Für die Vertretung eines Beteiligten in der Beschwerdeinstanz erhält der RA $^3/_{10}$ der vollen Gebühr nach dem gemäß Abs. 3 oder 4 zu berechnenden Wert.

Art. 6. Auf die Vergütung der Berufstätigkeit des RA in einem gerichtlichen Verteilungsverfahren außerhalb der Fälle der Zwangsversteigerung oder der Zwangsverwaltung findet Art. 4 entsprechende Anwendung.

Art. 7. Für die Vertretung eines Beteiligten im Verfahren der Zwangsliquidation einer Bahneinheit erhält der RA $^3/_{10}$ der vollen Gebühr. Diese Gebühr erhöht sich, wenn der Vertreter den Antrag auf Eröffnung der Zwangsliquidation gestellt oder die Vertretung in der Versammlung der Bahnpfandgläubiger wahrgenommen hat, auf vier Zehnteile und, wenn er diese beiden Verrichtungen versehen hat, auf $^6/_{10}$ der vollen Gebühr.

Für die Vertretung eines Beteiligten in der Beschwerdeinstanz erhält der RA $^3/_{10}$ der vollen Gebühr.

Auf die Wertsberechnung finden Art. 4 Abs. 5 und Abs. 7 Satz 2 entsprechende Anwendung.

Art. 8. Für Anträge, Gesuche, Erklärungen und Beschwerden, die an Behörden oder Beamte gerichtet werden, erhält der RA $^2/_{10}$ der vollen Gebühr, jedoch mindestens 2 Mark. Diese Gebühr kann, falls der RA die einem Antrag oder einer Erklärung zugrunde liegende Urkunde entworfen hat und hierfür die in Art. 13 Abs. 1 bestimmte Gebühr bezieht, nur dann erhoben werden, wenn ein das Sach- und Rechtsverhältnis entwickelnder Vortrag erforderlich ist und dessen Einreichung von der Partei verlangt wird.

Für kurze Anzeigen und einfache Benachrichtigungen, welche keine rechtlichen Ausführungen oder sachlichen Auseinandersetzungen enthalten, für Beschleunigungsgesuche, Gesuche um Erteilung von Ausfertigungen oder Abschriften, sowie überhaupt für Schreiben, welche lediglich den äußeren Betrieb einer Sache betreffen, erhält der RA eine Gebühr von 1,50 Mark. Diese Gebühr kann jedoch nur erhoben werden, wenn nicht dem RA in der gleichen Angelegenheit eine andere Gebühr zusteht.

Art. 9. Für Schreiben an andere Privatpersonen als den Auftraggeber, die rechtliche Ausführungen oder sachliche Auseinandersetzungen enthalten, erhält der RA $^1/_{10}$ der vollen Gebühr.

Auf Schreiben an den Auftraggeber, die eine Ratserteilung oder ein Gutachten enthalten, finden die für diese Geschäfte in Art. 11 dieses Gesetzes und in § 88 der deutschen GebO gegebenen Vorschriften Anwendung.

Für sonstige Schreiben an den Auftraggeber oder an andere Privatpersonen erhält der RA eine Gebühr von 1—5 Mark. Diese Gebühr kann jedoch nur erhoben werden, wenn nicht dem RA in der gleichen Angelegenheit eine andere Gebühr zusteht.

Für die der Einleitung eines Rechtsstreites vorausgehenden Mahnungen, Kündigungen oder Schreiben ähnlicher Art kann eine Gebühr nicht gefordert werden, wenn dem RA ganz oder teilweise die Prozeßgebühr oder wenn ihm die Gebühr des § 44 der deutschen GebO zusteht.

Art. 10. Für die Wahrnehmung eines Termins oder für die mündliche Verhandlung mit einer anderen Person als dem Auftraggeber, sofern letztere Verhandlung eine rechtliche oder sachliche Erörterung zum Gegenstand hat, erhält der RA $^{3}/_{10}$ der vollen Gebühr. Werden in derselben Angelegenheit mehrere Termine wahrgenommen oder mehrere Verhandlungen gepflogen, so beträgt die Gebühr für den 2. oder jeden weiteren Termin sowie für die 2. oder jede weitere Verhandlung $^{2}/_{10}$ der vollen Gebühr.

Im Falle der Wahrnehmung eines Termins vor einer Behörde ist der Mindestbetrag der Gebühr 2 Mark, sofern nicht der Termin nur zur Empfangnahme oder Ablieferung von Geldern oder Wertpapieren bestimmt ist. Der Gesamtbetrag der in einer Angelegenheit nach Abs. 1 anzusetzenden Gebühren darf in einer Instanz die volle Gebühr nicht übersteigen.

Art. 11. $^{1}/_{10}$ der vollen Gebühr erhält der RA für einen schriftlichen oder mündlichen Rat oder für eine Besprechung mit der Partei.

Führt die Ratserteilung oder Besprechung zur Vornahme eines Geschäfts, für welches dem RA eine Gebühr nach den Art. 8 bis 10 oder 13 zusteht, so kann die Gebühr für dieses Geschäft nur gefordert werden, soweit sie die Gebühr für die Ratserteilung oder Besprechung übersteigt.

Art. 12. Der Gesamtbetrag der in einer Angelegenheit nach den Art. 8, 9 und 11 anzusetzenden Gebühren darf in einer Instanz die volle Gebühr nicht übersteigen.

Die Gebühren der Art. 8 bis 11 bleiben in allen Instanzen gleich hoch.

Art. 13. Für den erforderten Entwurf einer rechtsgeschäftlichen Urkunde erhält der RA, welcher nicht zugleich öffentlicher Notar ist, $^{16}/_{10}$ der in der Gerichtskostenordnung für die Beurkundung des Rechtsgeschäfts vorgesehenen Gebühren, wobei die Vorschrift in Art. 75 Abs. 4 der Gerichtskostenordnung keine Anwendung findet.

Ein RA, welcher zugleich öffentlicher Notar ist, bezieht für eine Tätigkeit der in Abs. 1 bezeichneten Art Gebühren nach den Vorschriften der GebO für Notare.

Für die Vermittelung der Auseinandersetzung eines Nachlasses oder des Gesamtguts einer ehelichen Gütergemeinschaft oder einer fortgesetzten Gütergemeinschaft erhält der RA das Zweifache des in Art. 48 der Gerichtskostenordnung bestimmten Gebührensatzes. Wird das Verfahren nicht durchgeführt oder beschränkt sich dasselbe auf die Ermittelung oder Feststellung der Masse, so wird die einfache Gebühr erhoben.

Neben der Gebühr für die Vermittelung der Auseinandersetzung erhält der RA gegebenenfalls für die Fertigung eines Vermögensverzeichnisses $^{5}/_{10}$ der Gebühr des Art. 75 Abs. 2 und 3 der Gerichtskostenordnung, sowie für die Anfertigung des Entwurfs eines das Verfahren abschließenden Vertrags $^{8}/_{10}$ der Gebühr des Art. 48 der Gerichtskostenordnung, ferner die Gebühren für den Empfang, die Verwahrung und Ablieferung von Geldern oder Wertpapieren.

Auf die Wertsberechnung finden bei der Auseinandersetzung und bei dem Entwurf eines dieselbe abschließenden Vertrags die Art. 56 Abs. 1, Art. 61 und Art. 124 Abs. 8 der Gerichtskostenordnung Anwendung.

Art. 14. Für Empfang, Verwahrung und Auszahlung von Geldern in Angelegenheiten, auf welche die deutsche GebO nicht im ganzen Umfang Anwendung findet, erhält der RA:

1. im Fall des Empfangs zum Zweck der Auszahlung an dritte Personen für Rechnung des Auftraggebers vom Betrag bis zu 50 Mark einschließlich 40 Pfennig,

für jede angefangenen 50 Mark des weiteren Betrags bis 400 Mark 20 Pfennig,

für jede angefangenen 100 Mark des weiteren Betrags bis 1000 Mark 20 Pfennig,

für jede angefangenen 200 Mark des weiteren Betrags bis 10000 Mark 20 Pfennig,

für jede angefangenen 500 Mark des Mehrbetrags 20 Pfennig;

2. im Fall der Erhebung von dritten Personen für Rechnung des Auftraggebers das Zweifache der vorstehenden Gebührensätze.

Sind die Gelder im ersten Fall in mehreren Beträgen gesondert auszuzahlen oder im zweiten Fall in mehreren Beträgen gesondert zu erheben, so werden die Gebühren von jedem Betrag besonders berechnet, jedoch mit der Maßgabe, daß in einer und derselben Angelegenheit die Gebühren zusammen das Fünffache der Gebühr des Gesamtbetrags nicht übersteigen dürfen.

Für Empfang, Verwahrung und Ablieferung von Wertpapieren erhält der RA nach Maßgabe des Wertes die Hälfte der vorstehenden Gebühren.

In den Fällen der Abs. 1 bis 3 findet § 8 der deutschen GebO keine Anwendung.

Art. 15. Ist für das dem RA übertragene Geschäft eine Gebühr nicht bestimmt, so erhält er eine unter entsprechender Anwendung der Vorschriften der deutschen GebO und dieses Gesetzes zu bemessende Gebühr. Das gleiche gilt, soweit für die begonnene oder vorbereitete Ausführung eines vor der vollständigen Ausführung erledigten Auftrags eine Gebühr nicht vorgesehen ist.

Art. 16. Die Vorschriften der §§ 2 bis 6, 8, 10 bis 12, 76 bis 86, 93, 94 der deutschen GebO finden, soweit nicht ein anderes bestimmt ist, in den Fällen der Art. 4 bis 15 entsprechende Anwendung.

In den Fällen der Art. 4 bis 7 finden auch die Vorschriften der §§ 7, 25, 26, 29 bis 32, 35, 36, 48 bis 51, 88 der deutschen GebO entsprechende Anwendung. Steht dem RA in derselben Instanz eine Gebühr für den Antrag auf Eintragung einer Sicherungshypothek zu, so wird diese auf die in Art. 4 Abs. 1 Ziff. 1 oder Abs. 2, in Art. 5 Abs. 2 und in Art. 7 Abs. 1 Satz 1 bestimmten Gebühren angerechnet.

Art. 17. Die Vergütung für eine Tätigkeit des RA, welche nicht zu den eigentlichen Berufsgeschäften des RA gerechnet wird und daher auch anderen Personen übertragen zu werden pflegt, insbesondere für die Tätigkeit als Mitglied eines Gläubigerausschusses, als Zwangsverwalter, Konkursverwalter, Nachlaßverwalter, Vormund oder Pfleger, Testamentsvollstrecker und Vermögensverwalter, bestimmt sich nicht nach den Vorschriften dieses Gesetzes, sondern nach den bestehenden sonstigen Vorschriften oder den allgemeinen Grundsätzen des bürgerlichen Rechts.

Art. 18. Das gegenwärtige Gesetz tritt mit dem 1. April 1907 in Kraft. Für die vor diesem Zeitpunkt erteilten Aufträge bewendet es bei den bisherigen Vorschriften.

IX.

Baden.

1. Verordnung, die Gebühren der Rechtsanwälte betreffend, vom 16. Sept. 1879 (Ges.- und Verordn.-Bl. 687).

I. Besondere Gerichte und Verfahrungsarten.

§ 1. Die Vorschriften der GebOfRA v. 7. Juli 1879 finden entsprechende Anwendung in denjenigen Rechtssachen, welche vor besonderen Gerichten oder in besonderem Verfahren zu verhandeln sind, mit der Bestimmung, daß bei Klagen von Ehefrauen auf Vermögensabsonderung, im Aufgebotsverfahren wegen Liegenschaften und bei Anträgen auf Erlassung eines Sperrbefehls wegen einer abhanden gekommenen Urkunde für die Wertsberechnung die Vorschriften der §§ 3 und 4 des Gesetzes vom 22. Februar d. J. (GuVBl Nr. XV), die Einführung des GKG im Großh. Baden betr., maßgebend sind.

II. Freiwillige Gerichtsbarkeit.

§ 2. In Angelegenheit der freiwilligen Gerichtsbarkeit haben die RA für ihre Bemühungen anzusprechen:

1. für Schriftsätze, einschließlich der Nachträge zu denselben, sowie für mündliche Verhandlungen, Anwohnen bei Verhandlungen und Vergleichstagfahrten eine Gebühr von mindestens 2 M., welche sich in Sachen, deren Gegenstand den Wert von über 50 M. erreicht, von da an um je 30 Pf. erhöht, und zwar:
   a) bei einem Werte von über 50 bis zu vollen 300 M. mit jeden weiter hinzukommenden 25 M. des Wertes;
   b) bei einem Werte von über 300 M. bis zu vollen 2000 M. mit jeden weiteren 50 M.;
   c) von über 2000 M. an mit jeden weiteren 250 M.

   Die höchste Gebühr, sowie die Gebühr in Fällen, wo das Interesse der Partei nicht in Geldwert angeschlagen werden kann, beträgt jedoch für eine der obengenannten Bemühungen bei den Amtsgerichten 10 M., bei den Kollegialgerichten 20 M.;
2. für einfache Erklärungen und Gesuche, Anrufen, Anzeigen, Vorlagen bei den Amtsgerichetn 1 M. 50 Pf., bei den Kollegialgerichten 2 M.;
3. für Aufstellung einer Spezialvollmacht bei den Amtsgerichten 2 M.; bei den Kollegialgerichten 3 M.

Im übrigen finden die Bestimmungen der §§ 2—7, 76—82, 84—88, 93 und 94 der GebOfRA v. 7. Juli 1879 entsprechende Anwendung.

§ 3. Auf die Wertsberechnung finden Anwendung die Vorschriften des § 8 Ziff. 2, § 9 Ziff. 1 und Ziff. 2 lit. b., § 10 Ziff. 1 und § 12 des Ges. v. 22. Febr. d. J. (GuVBl Nr. XV), die Einführung des GKG betreffend.

§ 4. Die für die Berechnung der Gerichtsgebühren maßgebende Festsetzung des Wertes ist für die Berechnung der Gebühren der RA maßgebend.

§ 5. Gegen den Gerichtsbeschluß, durch welchen der Wert festgesetzt wird, findet Beschwerde des RA statt; dieselbe ist binnen zwei Wochen auszuführen und durch das im Instanzenzug vorgesetzte Gericht zu erledigen. Gegen eine Feststellung des Oberlandesgerichts findet solche nicht statt.

2. Verordnung, die Gebühren der Anwälte in Verwaltungsstreitigkeiten, Verwaltungs- und Polizeisachen betreffend, vom 8. Oktober 1884 (Ges.- und Verordn.-Bl. 409).

Vgl. JW **11** 209 (zu § 12).

3. Verordnung, die Gebühren der Rechtsanwälte im Verfahren vor dem Landesversicherungsamte betr., vom 18. Jan. 1912 (Ges.- und Verordn.-Bl. 34).

§ 1. Die Vergütung für die Berufstätigkeit eines RA beträgt im Verfahren vor dem Landesversicherungsamt 5 bis 100 M.

Werden mehrere Streitfälle zu gemeinsamer Verhandlung und Entscheidung verbunden, so wird die Vergütung für die Instanz nur einmal gewährt.

§ 2. Für die Teilnahme an Beweisverhandlungen außerhalb des Sitzes des LandesVA kann, wenn die Anwesenheit des RA geboten war, außer der im § 1 bezeichneten eine angemessene Entschädigung zugebilligt werden.

Die Kosten für Reisen zur mündlichen Verhandlung oder zu anderen Zwecken sowie sonstige Auslagen werden neben der im § 1 bezeichneten Vergütung nicht erstattet. Jedoch ist bei der Festsetzung dieser Vergütung innerhalb der dafür gezogenen Grenzen auf Schreibgebühren, Postgeld oder sonstige Auslagen Rücksicht zu nehmen.

§ 3. Diese Verordnung tritt auch für die Invaliden- und Hinterbliebenenversicherung mit dem 1. Januar 1912, für die übrigen Zweige der Reichsversicherung an den Tagen in Kraft, von denen an für diese die Vorschriften der RVersO über das Verfahren in Kraft gesetzt werden. Mit dem Tage des Inkrafttretens der Vorschriften des 3. Buches der RVersO tritt die V. obigen Betreffs v. 14. Januar 1902 (GuVBl S. 40) außer Kraft.

X.
Übersicht

der in den Bundesstaaten, einschließlich Elsaß-Lothringen, erlassenen **landesgesetzlichen Vorschriften über die Gebühren der RA.**

Anhalt. Gesetz enthaltend die landesgesetzlichen Vorschriften über die Gebühren der RA u. Gvz v. 23. März 1900 (GS 631), abgeändert durch Ges. v. 22. März 1911 (GS 569); Bekanntmachung der neuen Fassung v. 19. Mai 1911 (GS 699).

Baden. Vgl. oben S. 347 ff.

Bayern. Vgl. oben S. 328 ff.

Braunschweig. Gesetz v. 24. März 1882, die für die Berufstätigkeit der RA außerhalb der deutschen GebOfRA zu gewährenden Vergütungen betreffend (Ges.- u. Verordn.-Samml. 45).

Kostengesetz zu dem Reichsgesetz über die Zwangsversteigerung und Zwangsverwaltung v. 24. März 1897 und zu dem Ausführungsgesetz dazu v. 12. Juni 1899 Nr. 49 (aaO 495) §§ 19—26.

Gesetz v. 8. Juni 1908, betr. braunschw. GebO f. RA u. GVZ (S. 231).

Bremen. Gesetz, betr. Zwangsvollstreckung wegen Geldforderungen in Schiffe, gerichtl. Schiffsverkäufe und Arreste in Schiffe (§§ 48 ff.) v. 15. Dez. 1887 (GBl 162).

Gesetz betr. Ausführung des deutschen Gerichtskostengesetzes usw. nebst Gebührenbestimmungen für RA u. GVZ v. 31. Dezbr. 1899 (GBl 461), abgeändert durch Ges. v. 29. Dezember 1910 (GBl 404, neue Fassung 451).

Gesetz v. 8. Dezbr. 1907, betr. Verlängerung der Geltungsdauer dieses Gesetzes (GBl 281).

Elsaß-Lothringen. Gerichtskostengesetz v. 6. Dezember 1899 (GBl 213) nebst Ges. betr. die Abänderung v. 8. Juni 1903 (GBl 33).

Verordnung betr. das Verfahren vor den Bezirksräten und dem Kaiserlichen Rat v. 23. März 1889 (GBl 35).

Hamburg. Die Gebühren beruhen auf Gewohnheitsrecht; für Expropriationssachen § 36 des Gesetzes v. 14. Juli 1879 (GS 79).

Hessen. Verordnung, die Gebühren der RA betreffend, vom 25. Jan. 1902 (RegBl 19).

Lippe. Ausführungsgesetz zur Deutschen Gebührenordnung für RA, v. 12. Februar 1880 (GS 45).

Revidierte Taxordnung für die Geschäfte der Rechtsanwälte, v. 15. Juni 1864 (GS 598).

Tarif für die Berechnung der Rechtsanwaltsgebühren im Verwaltungsstreitverfahren v. 2. Sept. 1898 (GS 391).

Lübeck. Lübeckische Gebührenordnung für Rechtsanwälte v. 12. Nov. 1900 (Sammlg. 332).

Lübeckisches Gerichtskostengesetz v. 12. Nov. 1900 (Sammlg. 285) mit Nachträgen v. 21. Jan. 1901 (Sammlg. 3); v. 25. Jan. 1904 (Sammlg. 34) u. v. 6. März 1905 (Sammlg. 25).

Mecklenburg-Schwerin. Verordnung zur Ausführung der GO. f. Rechtsanwälte, vom 18. Dezbr. 1899 (RegBl 899), abgeändert durch Verordnung v. 20. Januar 1911 (RegBl 23; Bekanntmachung aaO 37, Berichtigung, 286).

Das Landesversicherungsamt ist aufgehoben durch MinBkm v. 27. Dezember 1911 (RegBl 351).

Mecklenburg-Strelitz. Verordnung zur Ausführung der GO f. RA v. 18. Dezbr. 1899 (Offizieller Anzeiger f. Gesetzg. u. Staatsverw. 907), abgeändert durch Verordnung v. 20. Januar 1911 (Off. Anz. 21; Bekanntmachung aaO. 81).

Oldenburg. Gesetz für das Herzogtum Oldenburg und das Fürstentum Birkenfeld, betr. die landesgesetzlichen Vorschriften über die Gebühren der Rechtsanwälte u. der Gerichtsvollzieher, v. 19. Dezbr. 1900 (GBl 103).

Desgl. für das Fürstentum Lübeck v. 13. März 1903 (GBl f. d. Fürstent. Lübeck 425).

Preußen. Vgl. oben S. 294ff.

Reuß ä. L. Gebührenordnung für Notare und Rechtsanwälte v. 18. November 1899 (GS 189).

Reuß j. L. GO für Notare u. Rechtsanwälte v. 10. Aug. 1899 (GS 209).

Gerichtskostengesetz v. 10. Aug. 1899 (GS 142) u. Nachtrag dazu v. 30. März 1905 (GS 195).

Königreich Sachsen. Vgl. oben S. 338ff.

Sachsen-Altenburg. Kostenordnung für Notare und Rechtsanwälte v. 24. Dezember 1899 (GS 407), abgeändert durch Ges. v. 28. Dezember 1910 (GS 177); Min.-Bekanntmachung des neuen Textes v. 9. Januar 1911 (S. 44).

Gesetz v. 18. Dezember 1909, betr. Abänderung der Kostenordnungen für die Gerichte sowie für Notare und Rechtsanwälte (GS 48).

Sachsen-Koburg-Gotha. Verordnung über die Gebühren der Rechtsanwälte und Gerichtsvollzieher v. 15. Dezember 1899 (GS f. Gotha 393 gemeinsch. Nr. 637), abgeändert durch Ges. v. 14. März 1911 (GS 59); Bekanntmachung der neuen Fassung vom 29. April 1911 (GS 175). GebO f. Notare v. 14. März 1911 (GS Nr. 814) mit ÄnderungsG v. 28. Januar 1913 (GS 31).

Sachsen-Meiningen. GebO f. RA v. 23. Dezember 1899 (Sammlg. 547), abgeändert durch Ges. v. 16. März 1911 (Sammlg. 251).

Sachsen-Weimar. Gesetz über die Gebühren der Sachwalter und Notare v. 29. Okt. 1840 (RegBl 212) u. Nachtragsverordnung v. 14. April 1868 (RegBl 198). Ministerialverordnung, die Ausführung der Rechtsanwaltsordnung betreffend v. 30. Okt. 1879 — § 20 — (RegBl 519).

Schaumburg-Lippe. Publikandum, Advokatentaxe betr., v. 23. April 1863.

Schwarzburg-Rudolstadt. Gesetz, betr. den Ansatz und die Erhebung der Gebühren der Rechtsanwälte, v. 25. März 1859 (GS 81) und abändernde Gesetze v. 5. Mai 1865 (GS 69) und 24. Mai 1867 (GS 37).

Verordnung, betr. die Ausführung der Rechtsanwaltsordnung, § 18, v. 27. Januar 1880 (GS 13).

Schwarzburg-Sondershausen. Gesetz über die Gebühren der Rechtsanwälte und Gerichtsvollzieher v. 24. Dezember 1899 (GS 541).

Waldeck. Gesetz über die Einführung des Preuß. GKG und des Preuß. Ges. enthaltend die landesgesetzlichen Vorschriften über die Gebühren der Rechtsanwälte und der Gerichtsvollzieher, v. 11. Dezember 1899 (GS 186); abgeändert durch Ges. v. 28. Dezember 1910 (RegBl 79).

Württemberg. Vgl. oben S. 343ff.

XI.

Tabellen zur Berechnung der Rechtsanwaltsgebühren*)

nebst Pauschsätzen.

I. in bürgerlichen Rechtsstreitigkeiten erster Instanz und in Konkursen.
II. in bürgerlichen Rechtsstreitigkeiten zweiter Instanz.
III. in bürgerlichen Rechtsstreitigkeiten dritter Instanz.
IV. nach den Art. 3—12 der Preuß. Gebührenordnung.
V. nach § 87 RAGeO.
VI. nach Art. 13 der Preuß. Gebührenordnung.

---

*) Während für die Pauschsätze im § 76 Abs. 2 RAGebO. die Abrundung der nicht durch 10 teilbaren Beträge nach § 7 Abs. 2 GKG vorgesehen ist, fehlt eine entsprechende Bestimmung für die Gebühren der RA, die besonders mit Rücksicht auf § 52 RAGebO zweckmäßig gewesen wäre.

I. Tabelle zur Berechnung der Rechtsanwaltsgebühren in bürgerlichen Rechtsstreitigkeiten erster Instanz und in Konkursen nebst Pauschsätzen.

Wertstufe bis einschließlich	Volle Gebühr		5/10		4/10		3/10		6/10		2/10	
	§§ 13, 37, 38, 56	Pauschsatz	§§ 13, 14, 16, 20—22, 27, 39, 42—46	Pauschsatz	§ 55	Pauschsatz	§§ 23, 37—41, 47, 54, 58	Pauschsatz	§§ 19, 55	Pauschsatz	§§ 24, 51, 54, 57	Pauschsatz
ℳ	ℳ	ℳ	ℳ	ℳ	ℳ	ℳ	ℳ	ℳ	ℳ	ℳ	ℳ	ℳ
20	2	0,50	1,00	0,50	1,00	0,50	1,00	0,50	1,20	0,50	1,00	0,50
60	3	0,60	1,50	0,50	1,20	0,50	1,00	0,50	1,80	0,50	1,00	0,50
120	4	0,80	2,00	0,50	1,60	0,50	1,20	0,50	2,40	0,50	1,00	0,50
200	7	1,40	3,50	0,70	2,80	0,60	2,10	0,50	4,20	0,90	1,40	0,50
300	10	2,00	5,00	1,00	4,00	0,80	3,00	0,60	6,00	1,20	2,00	0,50
450	14	2,80	7,00	1,40	5,60	1,20	4,20	0,90	8,40	1,70	2,80	0,60
650	19	3,80	9,50	1,90	7,60	1,60	5,70	1,20	11,40	2,30	3,80	0,80
900	24	4,80	12,00	2,40	9,60	2,00	7,20	1,50	14,40	2,90	4,80	1,00
1200	28	5,60	14,00	2,80	11,20	2,30	8,40	1,70	16,80	3,40	5,60	1,20
1600	32	6,40	16,00	3,20	12,80	2,60	9,60	2,00	19,20	3,90	6,40	1,30
2100	36	7,20	18,00	3,60	14,40	2,90	10,80	2,20	21,60	4,40	7,20	1,50
2700	40	8,—	20,00	4,00	16,00	3,20	12,00	2,40	24,00	4,80	8,00	1,60
3400	44	8,80	22,00	4,40	17,60	3,60	13,20	2,70	26,40	5,30	8,80	1,80
4300	48	9,60	24,00	4,80	19,20	3,90	14,40	2,90	28,80	5,80	9,60	1,90
5400	52	10,40	26,00	5,20	20,80	4,20	15,60	3,20	31,20	6,30	10,40	2,10
6700	56	11,20	28,00	5,60	22,40	4,50	16,80	3,40	33,60	6,80	11,20	2,30
8200	60	12,—	30,00	6,00	24,00	4,80	18,00	3,60	36,00	7,20	12,00	2,40
10000	64	12,80	32,00	6,40	25,60	5,20	19,20	3,90	38,40	7,70	12,80	2,60
12000	68	13,60	34,00	6,80	27,20	5,50	20,40	4,10	40,80	8,20	13,60	2,80
14000	72	14,40	36,00	7,20	28,80	5,80	21,60	4,40	43,20	8,70	14,40	2,90

16000	76	15,20	38,00	7,60	30,40	6,10	22,80	4,60	45,60	9,20	15,20	3,10
18000	80	16,—	40,00	8,00	32,00	6,40	24,00	4,80	48,00	9,60	16,00	3,20
20000	84	16,80	42,00	8,40	33,60	6,80	25,20	5,10	50,40	10,10	16,80	3,40
22000	88	17,60	44,00	8,80	35,20	7,10	26,40	5,30	52,80	10,60	17,60	3,60
24000	92	18,40	46,00	9,20	36,80	7,40	27,60	5,60	55,20	11,10	18,40	3,70
26000	96	19,20	48,00	9,60	38,40	7,70	28,80	5,80	57,60	11,60	19,20	3,90
28000	100	20,—	50,00	10,00	40,00	8,00	30,00	6,00	60,00	12,00	20,00	4,00
30000	104	20,80	52,00	10,40	41,60	8,40	31,20	6,30	62,40	12,50	20,80	4,20
32000	108	21,60	54,00	10,80	43,20	8,70	32,40	6,50	64,80	13,00	21,60	4,40
34000	112	22,40	56,00	11,20	44,80	9,00	33,60	6,80	67,20	13,50	22,40	4,50
36000	116	23,20	58,00	11,60	46,40	9,30	34,80	7,00	69,60	14,00	23,20	4,70
38000	120	24,—	60,00	12,00	48,00	9,60	36,00	7,20	72,00	14,40	24,00	4,80
40000	124	24,80	62,00	12,40	49,60	10,00	37,20	7,50	74,40	14,90	24,80	5,00
42000	128	25,60	64,00	12,80	51,20	10,30	38,40	7,70	76,80	15,40	25,60	5,20
44000	132	26,40	66,00	13,20	52,80	10,60	39,60	8,00	79,20	15,90	26,40	5,30
46000	136	27,20	68,00	13,60	54,40	10,90	40,80	8,20	81,60	16,40	27,20	5,50
48000	140	28,—	70,00	14,00	56,00	11,20	42,00	8,40	84,00	16,80	28,00	5,60
50000	144	28,80	72,00	14,40	57,60	11,60	43,20	8,70	86,40	17,30	28,80	5,80
52000	147	29,40	73,50	14,70	58,80	11,80	44,10	8,90	88,20	17,70	29,40	5,90
54000	150	30,—	75,00	15,00	60,00	12,00	45,00	9,00	90,00	18,00	30,00	6,00
56000	153	30,60	76,50	15,30	61,20	12,30	45,90	9,20	91,80	18,40	30,60	6,20
58000	156	31,20	78,00	15,60	62,40	12,50	46,80	9,40	93,60	18,80	31,20	6,30
60000	159	31,80	79,50	15,90	63,60	12,80	47,70	9,60	95,40	19,10	31,80	6,40
62000	162	32,40	81,00	16,20	64,80	13,00	48,60	9,80	97,20	19,50	32,40	6,50
64000	165	33,—	82,50	16,50	66,00	13,20	49,50	9,90	99,00	19,80	33,00	6,60

I. Tabelle zur Berechnung der Rechtsanwaltsgebühren in bürgerlichen Rechtsstreitigkeiten erster Instanz und in Konkursen nebst Pauschsätzen.

Wertstufe bis einschließlich	Volle Gebühr		$^5/_{10}$		$^4/_{10}$		$^3/_{10}$		$^6/_{10}$		$^2/_{10}$	
	§§ 13, 37, 38, 56	Pauschsatz	§§ 13, 14, 16, 20—22, 27, 39, 42—46	Pauschsatz	§ 55	Pauschsatz	§§ 23, 37—41, 47, 54, 58	Pauschsatz	§§ 19, 55	Pauschsatz	§§ 24, 51, 54, 57	Pauschsatz
M	M	M	M	M	M	M	M	M	M	M	M	M
66000	168	33,60	84,00	16,80	67,20	13,50	50,40	10,10	100,80	20,20	33,60	6,80
68000	171	34,20	85,50	17,10	68,40	13,70	51,30	10,30	102,60	20,50	34,20	6,90
70000	174	34,80	87,00	17,40	69,60	14,00	52,20	10,50	104,40	20,90	34,80	7,00
72000	177	35,40	88,50	17,70	70,80	14,20	53,10	10,70	106,20	21,30	35,40	7,10
74000	180	36,—	90,00	18,00	72,00	14,40	54,00	10,80	108,00	21,60	36,00	7,20
76000	183	36,60	91,50	18,30	73,20	14,70	54,90	11,00	109,80	22,00	36,60	7,40
78000	186	37,20	93,00	18,60	74,40	14,90	55,80	11,20	111,60	22,40	37,20	7,50
80000	189	37,80	94,50	18,90	75,60	15,20	56,70	11,40	113,40	22,70	37,80	7,60
82000	192	38,40	96,00	19,20	76,80	15,40	57,60	11,60	115,20	23,10	38,40	7,70
84000	195	39,—	97,50	19,50	78,00	15,60	58,50	11,70	117,00	23,40	39,00	7,80
86000	198	39,60	99,00	19,80	79,20	15,90	59,40	11,90	118,80	23,80	39,60	8,00
88000	201	40,20	100,50	20,10	80,40	16,10	60,30	12,10	120,60	24,20	40,20	8,10
90000	204	40,80	102,00	20,40	81,60	16,40	61,20	12,30	122,40	24,50	40,80	8,20
92000	207	41,40	103,50	20,70	82,80	16,60	62,10	12,50	124,20	24,90	41,40	8,30
94000	210	42,—	105,00	21,00	84,00	16,80	63,00	12,60	126,00	25,20	42,00	8,40
96000	213	42,60	106,50	21,30	85,20	17,10	63,90	12,80	127,80	25,60	42,60	8,60
98000	216	43,20	108,00	21,60	86,40	17,30	64,80	13,00	129,60	26,00	43,20	8,70
100000	219	43,80	109,50	21,90	87,60	17,60	65,70	13,20	131,40	26,30	43,80	8,80
102000	221	44,20	110,50	22,10	88,40	17,70	66,30	13,30	132,60	26,60	44,20	8,90
um je 2000 steigend	2	0,40	1,00	0,20	0,80	0,10 oder 0,20	0,60	0,10 oder 0,20	1,20	0,20 oder 0,30	0,40	0,00 oder 0,10

II. Tabelle zur Berechnung der Rechtsanwaltsgebühren in bürgerlichen Rechtsstreitigkeiten zweiter Instanz nebst Pauschsätzen.

Wertstufe bis einschließlich ℳ	10/10 ℳ	Pauschsatz ℳ	6/10 ℳ	Pauschsatz ℳ	5/10 ℳ	Pauschsatz ℳ	4/10 ℳ	Pauschsatz ℳ	3/10 ℳ	Pauschsatz ℳ	2/10 ℳ	Pauschsatz ℳ
20	2,60	0,60	1,56	0,50	1,30	0,50	1,04	0,50	1,00	0,50	1,00	0,50
60	3,90	0,80	2,34	0,50	1,95	0,50	1,56	0,50	1,17	0,50	1,00	0,50
120	5,20	1,10	3,12	0,70	2,60	0,60	2,08	0,50	1,56	0,50	1,04	0,50
200	9,10	1,90	5,46	1,10	4,55	1,00	3,64	0,80	2,73	0,60	1,82	0,50
300	13,00	2,60	7,80	1,60	6,50	1,30	5,20	1,10	3,90	0,80	2,60	0,60
450	18,20	3,70	10,92	2,20	9,10	1,90	7,28	1,50	5,46	1,10	3,64	0,80
650	24,70	5,00	14,82	3,00	12,35	2,50	9,88	2,00	7,41	1,50	4,94	1,00
900	31,20	6,30	18,72	3,80	15,60	3,20	12,48	2,50	9,36	1,90	6,24	1,30
1200	36,40	7,30	21,84	4,40	18,20	3,70	14,56	3,00	10,92	2,20	7,28	1,50
1600	41,60	8,40	24,96	5,00	20,80	4,20	16,64	3,40	12,48	2,50	8,32	1,70
2100	46,80	9,40	28,08	5,70	23,40	4,70	18,74	3,80	14,04	2,90	9,36	1,90
2700	52,00	10,40	31,20	6,30	26,00	5,20	20,80	4,20	15,60	3,20	10,40	2,10
3400	57,20	11,50	34,32	6,90	28,60	5,80	22,88	4,60	17,16	3,50	11,44	2,30
4300	62,40	12,50	37,44	7,50	31,20	6,30	24,96	5,00	18,72	3,80	12,48	2,50
5400	67,60	13,60	40,56	8,20	33,80	6,80	27,04	5,50	20,28	4,10	13,52	2,80
6700	72,80	14,60	43,68	8,80	36,40	7,30	29,12	5,90	21,84	4,40	14,56	3,00
8200	78,00	15,60	46,80	9,40	39,00	7,80	31,20	6,30	23,40	4,70	15,60	3,20
10000	83,20	16,70	49,92	10,00	41,60	8,40	33,28	6,70	24,96	5,00	16,64	3,40
12000	88,40	17,70	53,04	10,70	44,20	8,90	35,36	7,10	26,52	5,40	17,68	3,60
14000	93,60	18,80	56,16	11,30	46,80	9,40	37,44	7,50	28,08	5,70	18,72	3,80

II. Tabelle zur Berechnung der Rechtsanwaltsgebühren in bürgerlichen Rechtsstreitigkeiten zweiter Instanz nebst Pauschsätzen.

Wertstufe bis einschließlich M	10/10 M	Pausch-satz M	6/10 M	Pausch-satz M	5/10 M	Pausch-satz M	4/10 M	Pausch-satz M	3/10 M	Pausch-satz M	2/10 M	Pausch-satz M
16000	98,80	19,80	59,28	11,90	49,90	9,90	39,52	8,00	29,64	6,00	19,76	4,00
18000	104,00	20,80	62,40	12,50	52,00	10,40	41,60	8,40	31,20	6,30	20,80	4,20
20000	109,20	21,90	65,52	13,20	54,60	11,00	43,68	8,80	32,76	6,60	21,84	4,40
22000	114,40	22,90	68,64	13,50	57,20	11,50	45,76	9,20	34,32	6,90	22,88	4,60
24000	119,60	24,00	71,76	14,40	59,80	12,00	47,84	9,60	35,88	7,20	23,92	4,80
26000	124,80	25,00	74,88	15,00	62,40	12,50	49,92	10,00	37,44	7,50	24,96	5.00
28000	130,00	26,00	78,00	15,60	65,00	13,00	52,00	10,40	39,00	7,80	26,00	5,20
30000	135,20	27,10	81,12	16,30	67,60	13,60	54,08	10,90	40,56	8,20	27,04	5,50
32000	140,40	28,10	84,24	16,90	70,20	14,10	56,16	11,30	42,12	8,50	28,08	5,70
34000	145,60	29,20	87,36	17,50	72,80	14,60	58,24	11,70	43,68	8,80	29,12	5,90
36000	150,80	30,20	90,48	18,10	75,40	15,10	60,32	12,10	45,24	9,10	30,16	6,10
38000	156,00	31,20	93,60	18,80	78,00	15,60	62,40	12,50	46,80	9,40	31,20	6,30
40000	161,20	32,30	96,72	19,40	80,60	16,20	64,48	12,90	48,36	9,70	32,24	6,50
42000	166,40	33,30	99,84	20,00	83,20	16,70	66,56	13,40	49,92	10,00	33,28	6,70
44000	171,60	34,40	102,96	20,60	85,80	17,20	68,64	13,80	51,48	10,30	34,32	6,90
46000	176,80	35,40	106,08	21,30	88,40	17,70	70,72	14,20	53,04	10,70	35,36	7,10
48000	182,00	36,40	109,20	21,90	91,00	18,20	72,80	14,60	54,60	11,00	36,40	7,30
50000	187,20	37,50	112,32	22,50	93,60	18,80	74,88	15,00	56,16	11,30	37,44	7,50
52000	191,10	38,30	114,66	23,00	95,55	19,20	76,44	15,30	57,33	11,50	38,22	7,70
54000	195,00	93,00	117,00	23,40	97,50	19,50	78,00	15,60	58,50	11,70	39,00	7,80

56000	198,90	39,80	119,34	23,90	99,45	19,90	79,56	16,00	59,67	12,00	39,78	8,00
58000	202,80	40,60	121,68	24,40	101,40	20,30	81,12	16,30	60,84	12,20	40,56	8,20
60000	206,70	41,40	124,02	24,90	103,35	20,70	82,68	16,60	62,01	12,50	41,34	8,30
62000	210,60	42,20	126,36	25,30	105,30	21,10	84,24	16,90	63,18	12,70	42,12	8,50
64000	214,50	42,90	128,70	25,80	107,25	21,50	85,80	17,20	64,35	12,90	42,90	8,60
66000	218,40	43,70	131,04	26,30	109,20	21,90	87,36	17,50	65,52	13,20	43,68	8,80
68000	222,30	44,50	133,38	26,70	111,15	22,30	88,92	17,80	66,69	13,40	44,46	8,90
70000	226,20	45,30	135,72	27,20	113,10	22,70	90,48	18,10	67,86	13,60	45,24	9,10
72000	230,10	46,10	138,06	27,70	115,05	23,10	92,04	18,50	69,03	13,90	46,02	9,30
74000	234,00	46,80	140,40	28,10	117,00	23,40	93,60	18,80	70,20	14,10	46,80	9,40
76000	237,90	47,60	142,74	28,60	118,95	23,80	95,16	19,10	71,37	14,30	47,58	9,60
78000	241,80	48,40	145,08	29,10	120,90	24,20	96,72	19,40	72,54	14,60	48,36	9,70
80000	245,70	49,20	147,42	29,50	122,85	24,60	98,28	19,70	73,71	14,80	49,14	9,90
82000	249,60	50,00	149,76	30,00	124,80	25,00	99,84	20,00	74,88	15,00	49,92	10,00
84000	253,50		152,10	30,50	126,75	25,40	101,40	20,30	76,05	15,30	50,70	10,20
86000	257,40		154,44	30,90	128,70	25,80	102,96	20,60	77,22	15,50	51,48	10,30
88000	261,30		156,78	31,40	130,65	26,20	104,52	21,00	78,39	15,70	52,26	10,50
90000	265,20		159,12	31,90	132,60	26,60	106,08	21,30	79,56	16,00	53,04	10,70
92000	269,10		161,46	32,30	134,55	27,00	107,64	21,60	80,73	16,20	53,82	10,80
94000	273,00		163,80	32,80	136,50	27,30	109,20	21,90	81,90	16,40	54,60	11,00
96000	276,90		166,14	33,30	138,45	27,70	110,76	22,20	83,07	16,70	55,38	11,10
98000	280,80		168,48	33,70	140,40	28,10	112,32	22,50	84,24	16,90	56,16	11,30
100000	284,70		170,82	34,20	142,35	28,50	113,88	22,80	85,41	17,10	56,94	11,40
um je 2000 steigend	2,60		1,56	0,30 oder 0,40	1,30	0,20 oder 0,30	1,04	0,20 oder 0,30	0,78	0,10 oder 0,20	0,52	0,10 oder 0,20

III. Tabelle zur Berechnung der Rechtsanwaltsgebühren in bürgerlichen Rechtsstreitigkeiten dritter Instanz nebst Pauschsätzen.

Wertstufe bis einschließlich ℳ	10/10 ℳ	Pauschsatz ℳ	8/10 ℳ	Pauschsatz ℳ	5/10 ℳ	Pauschsatz ℳ	4/10 ℳ	Pauschsatz ℳ	3/10 ℳ	Pauschsatz ℳ	2/10 ℳ	Pauschsatz ℳ
20	3,00	0,60	1,80	0,50	1,50	0,50	1,20	0,50	1,00	0,50	1,00	0,50
60	4,50	0,90	2,70	0,60	2,25	0,50	1,80	0,50	1,35	0,50	1,00	0,50
120	6,00	1,20	3,60	0,80	3,00	0,60	2,40	0,50	1,80	0,50	1,20	0,50
200	10,50	2,10	6,30	1,30	5,25	1,10	4,20	0,90	3,15	0,70	2,10	0,50
300	15,00	3,00	9,—	1,80	7,50	1,50	6,00	1,20	4,50	0,90	3,00	0,60
450	21,00	4,20	12,60	2,60	10,50	2,10	8,40	1,70	6,30	1,30	4,20	0,90
650	28,50	5,70	17,10	3,50	14,25	2,90	11,40	2,30	8,55	1,80	5,70	1,20
900	36,00	7,20	21,60	4,40	18,80	3,60	14,40	2,90	10,80	2,20	7,20	1,50
1200	42,00	8,40	25,20	5,10	21,00	4,20	16,80	3,40	12,60	2,60	8,40	1,70
1600	48,00	9,60	28,80	5,80	24,00	4,80	19,20	3,90	14,40	2,90	9,60	2,00
2100	54,00	10,80	32,40	6,50	27,00	5,40	21,60	4,40	16,20	3,30	10,80	2,20
2700	60,00	12,—	36,00	7,20	30,00	6,00	24,00	4,80	18,00	3,60	12,00	2,40
3400	66,00	13,20	39,60	8,—	33,00	6,60	26,40	5,30	19,80	4,00	13,20	2,70
4300	72,00	14,40	43,20	8,70	36,00	7,20	28,80	5,80	21,60	4,40	14,40	2,90
5400	78,00	15,60	46,80	9,40	39,00	7,80	31,20	6,30	23,40	4,70	15,60	3,20
6700	84,00	16,80	50,40	10,10	42,00	8,40	33,60	6,80	25,20	5,10	16,80	3,40
8200	90,00	18,—	54,00	10,80	45,00	9,00	36,00	7,20	27,00	5,40	18,00	3,60
10000	96,00	19,20	57,60	11,60	48,00	9,60	38,40	7,70	28,80	5,80	19,20	3,90
12000	102,00	20,40	61,20	12,30	51,00	10,20	40,80	8,20	30,60	6,20	20,40	4,10
14000	108,00	21,60	64,80	13,—	54,00	10,80	43,20	8,70	32,40	6,50	21,60	4,40

16000	114,00	22,80	68,40	13,70	57,00	11,40	45,60	9,20	34,20	6,90	22,80	4,60
18000	120,00	24,—	72,00	14,40	60,00	12,00	48,00	9,60	36,00	7,20	24,00	4,80
20000	126,00	25,20	75,60	15,20	63,00	12,60	50,40	10,10	37,80	7,60	25,20	5,10
22000	132,00	26,40	79,20	15,90	66,00	13,20	52,80	10,60	39,60	8,00	26,40	5,30
24000	138,00	27,60	82,80	16,60	69,00	13,80	55,20	11,10	41,40	8,30	27,60	5,60
26000	144,00	28,80	86,40	17,30	72,00	14,40	57,60	11,60	43,20	8,70	28,80	5,80
28000	150,00	30,—	90,00	18,—	75,00	15,00	60,00	12,00	45,00	9,00	30,00	6,00
30000	156,00	31,20	93,60	18,80	78,00	15,60	62,40	12,50	46,80	9,40	31,20	6,30
32000	162,00	32,40	97,20	19,50	81,00	16,20	64,80	13,00	48,60	9,80	32,40	6,50
34000	168,00	33,60	100,80	20,20	84,00	16,80	67,20	13,50	50,40	10,10	33,60	6,80
36000	174,00	34,80	104,40	20,90	87,00	17,40	69,60	14,00	52,20	10,50	34,80	7,00
38000	180,00	36,—	108,00	21,60	90,00	18,00	72,00	14,40	54,00	10,80	36,00	7,20
40000	186,00	37,20	111,60	22,40	93,00	18,60	74,40	14,90	55,80	11,20	37,20	7,50
42000	192,00	38,40	115,20	23,10	96,00	19,20	76,80	15,40	57,60	11,60	38,40	7,70
44000	198,00	39,60	118,80	23,80	99,00	19,80	79,20	15,90	59,40	11,90	39,60	8,00
46000	204,00	40,80	122,40	24,50	102,00	20,40	81,60	16,40	61,20	12,30	40,80	8,20
48000	210,00	42,—	126,00	25,20	105,00	21,00	84,00	16,80	63,00	12,60	42,00	8,40
50000	216,00	43,20	129,60	26,—	108,00	21,60	86,40	17,30	64,80	13,00	43,20	8,70
52000	220,50	44,10	132,30	26,50	110,25	22,10	88,20	17,70	66,15	13,30	44,10	8,90
54000	225,00	45,—	135,00	27,—	112,50	22,50	90,00	18,00	67,50	13,50	45,00	9,00
56000	229,50	45,90	137,70	27,60	114,75	23,00	91,80	18,40	68,85	13,80	45,90	9,20
58000	234,00	46,80	140,40	28,10	117,00	23,40	93,60	18,80	70,20	14,10	46,80	9,40
60000	238,50	47,70	143,10	28,70	119,25	23,90	95,40	19,10	71,55	14,40	47,70	9,60
62000	243,00	48,60	145,80	29,20	121,50	24,30	97,20	19,50	72,90	14,60	48,60	9,80
64000	247,50	49,50	148,50	29,70	123,75	24,80	99,00	19,80	74,25	14,90	49,50	9,90

III. Tabelle zur Berechnung der Rechtsanwaltsgebühren in bürgerlichen Rechtsstreitigkeiten dritter Instanz nebst Pauschsätzen.

Wertstufe bis einschließlich ℳ	$^{10}/_{10}$ ℳ	Pauschsatz ℳ	$^{6}/_{10}$ ℳ	Pauschsatz ℳ	$^{5}/_{10}$ ℳ	Pauschsatz ℳ	$^{4}/_{10}$ ℳ	Pauschsatz ℳ	$^{3}/_{10}$ ℳ	Pauschsatz ℳ	$^{2}/_{10}$ ℳ	Pauschsatz ℳ
66000	252,00	50,—	151,20	30,30	126,00	25,20	100,80	20,20	75,60	15,20	50,40	10,10
68000	256,50	als	153,90	30,80	128,25	25,70	102,60	20,50	76,95	15,40	51,60	10,30
70000	261,00	Höchst-	156,60	31,40	130,50	26,10	104,40	20,90	78,30	15,70	52,20	10,50
72000	265,50	betrag	159,30	31,90	132,75	26,60	106,20	21,30	79,65	16,00	53,10	10,70
74000	270,00		162,00	32,40	135,00	27,00	108,00	21,60	81,00	16,20	54,00	10,80
76000	274,50		164,70	33,—	137,25	27,50	109,80	22,00	82,35	16,50	54,90	11,00
78000	279,00		167,40	33,50	139,50	27,90	111,60	22,40	83,70	16,80	55,80	11,20
80000	283,50		170,10	34,10	141,75	28,40	113,40	22,70	85,05	17,10	56,70	11,40
82000	288,00		172,80	34,60	144,00	28,80	115,20	23,10	86,40	17,30	57,60	11,60
84000	292,50		175,50	35,10	146,25	29,30	117,00	23,40	87,75	17,60	58,50	11,70
86000	297,00		178,20	35,70	148,50	29,70	118,80	23,80	89,10	17,90	59,40	11,90
88000	301,50		180,90	36,20	150,75	30,00	120,60	24,20	90,45	18,10	60,30	12,10
90000	306,00		183,60	36,80	153,00		122,40	24,50	91,80	18,40	61,20	12,30
92000	310,40		186,30	37,30	155,25		124,20	24,90	93,15	18,70	62,10	12,50
94000	315,00		189,00	37,80	157,50		126,00	25,20	94,50	18,90	63,00	12,60
96000	319,50		191,70	38,40	159,75		127,80	25,60	95,85	19,20	63,90	12,80
98000	324,00		194,40	38,90	162,00		129,60	26,00	97,20	19,50	64,80	13,00
100000	328,50		197,10	39,50	164,25		131,40	26,30	98,55	19,80	65,70	13,20
102000	331,50		198,90	39,90	165,75		132,60	26,60	99,45	20,00	66,30	13,30
um je 2000 steigend	3,00		1,80	0,30 oder 0,40	1,50		1,20	0,20 oder 0,30	0,90	0,10 oder 0,20	0,60	0,10 oder 0,20

IV. Tabelle der Rechtsanwaltsgebühren nach den Artikeln 3—12 der Preußischen Gebührenordnung nebst Pauschsätzen.

Wertstufe bis einschließlich ℳ	10/10 Gebühr	Pauschsatz	1/10 Gebühr	Pauschsatz	2/10 Gebühr	Pauschsatz	3/10 Gebühr	Pauschsatz
20	2,—	3,—	1,—	1,—	1,—	1,—	1,—	2,—
60	3,—	3,—	1,—	1,—	1,—	1,—	1,—	2,—
120	4,—	3,—	1,—	1,—	1,—	1,—	1,20	2,—
200	7,—	3,—	1,—	1,—	1,40	1,—	2,10	2,—
300	10,—	3,—	1,—	1,—	2,—	1,—	3,—	2,—
450	14,—	3,—	1,40	1,—	2,80	1,—	4,20	2,—
650	19,—	3,80	1,90	1,—	3,80	1,—	5,70	2,—
900	24,—	4,80	2,40	1,—	4,80	1,—	7,20	2,—
1200	28,—	5,60	2,80	1,—	5,60	1,20	8,40	2,—
1600	32,—	6,40	3,20	1,—	6,40	1,30	9,60	2,—
2100	36,—	7,20	3,60	1,—	7,20	1,50	10,80	2,20
2700	40,—	8,—	4,—	1,—	8,—	1,60	12,—	2,40
3400	44,—	8,80	4,40	1,—	8,80	1,80	13,20	2,70
4300	48,—	9,60	4,80	1,—	9,60	2,—	14,40	2,90
5400	52,—	10,40	5,20	1,10	10,40	2,10	15,60	3,20
6700	56,—	11,20	5,60	1,20	11,20	2,30	16,80	3,40
8200	60,—	12,—	6,—	1,20	12,—	2,40	18,—	3,60
10000	64,—	12,80	6,40	1,30	12,80	2,60	19,20	3,90
12500	68,—	13,60	6,80	1,40	13,60	2,80	20,40	4,10
15000	72,—	14,40	7,20	1,50	14,40	2,90	21,60	4,40
17500	76,—	15,20	7,60	1,60	15,20	3,10	22,80	4,60
20000	80,—	16,—	8,—	1,60	16,—	3,20	24,—	4,80
25000	85,—	17,—	8,50	1,70	17,—	3,40	25,50	5,10
30000	90,—	18,—	9,—	1,80	18,—	3,60	27,—	5,40
35000	95,—	19,—	9,50	1,90	19,—	3,80	28,50	5,70
40000	100,—	20,—	10,—	2,—	20,—	4,—	30,—	6,—
45000	105,—	21,—	10,50	2,10	21,—	4,20	31,50	6,30
50000	110,—	22,—	11,—	2,20	22,—	4,40	33,—	6,60
55000	115,—	23,—	11,50	2,30	23,—	4,60	34,50	6,90
60000	120,—	24,—	12,—	2,40	24,—	4,80	36,—	7,20
65000	125,—	25,—	12,50	2,50	25,—	5,—	37,50	7,50
70000	130,—	26,—	13,—	2,60	26,—	5,20	39,—	7,80
75000	135,—	27,—	13,50	2,70	27,—	5,40	40,50	8,10
80000	140,—	28,—	14,—	2,80	28,—	5,60	42,—	8,40
85000	145,—	29,—	14,50	2,90	29,—	5,80	43,50	8,70
90000	150,—	30,—	15,—	3,—	30,—	6,—	45,—	9,—
95000	155,—	31,—	15,50	3,10	31,—	6,20	46,50	9,30
100000	160,—	32,—	16,—	3,20	32,—	6,40	48,—	9,60
110000	165,—	33,—	16,50	3,30	33,—	6,60	49,50	9,90
120000	170,—	34,—	17,—	3,40	34,—	6,80	51,—	10,20
130000	175,—	35,—	17,50	3,50	35,—	7,—	52,50	10,50
140000	180,—	36,—	18,—	3,60	36,—	7,20	54,—	10,80
150000	185,—	37,—	18,50	3,70	37,—	7,40	55,50	11,10
160000	190,—	38,—	19,—	3,80	38,—	7,60	57,—	11,40
170000	195,—	39,—	19,50	3,90	39,—	7,80	58,50	11,70

IV. Tabelle der Rechtsanwaltsgebühren nach den Artikeln 3—12 der Preußischen Gebührenordnung nebst Pauschsätzen.

Wertstufe bis einschließlich ℳ	$^{10}/_{10}$ Gebühr	Pauschsatz	$^{1}/_{10}$ Gebühr	Pauschsatz	$^{2}/_{10}$ Gebühr	Pauschsatz	$^{3}/_{10}$ Gebühr	Pauschsatz
180000	200,—	40,—	20,—	4,—	40,—	8,—	60,—	12,—
190000	205,—	41,—	20,50	4,10	41,—	8,20	61,50	12,30
200000	210,—	42,—	21,—	4,20	42,—	8,40	63,—	12,60
210000	215,—	43,—	21,50	4,30	43,—	8,60	64,50	12,90
220000	220,—	44,—	22,—	4,40	44,—	8,80	66,—	13,20
230000	225,—	45,—	22,50	4,50	45,—	9,—	67,50	13,50
240000	230,—	46,—	23,—	4,60	46,—	9,20	69,—	13,80
250000	235,—	47,—	23,50	4,70	47,—	9,40	70,50	14,10
260000	240,—	48,—	24,—	4,80	48,—	9,60	72,—	14,40
270000	245,—	49,—	24,50	4,90	49,—	9,80	73,50	14,70
280000	250,—	50,—	25,—	5,—	50,—	10,—	75,—	15,—
290000	255,—	als	25,50	5,10	51,—	10,20	76,50	15,30
300000	260,—	Höchst-	26,—	5,20	52,—	10,40	78,—	15,60
325000	265,—	betrag	26,50	5,30	53,—	10,60	79,50	15,90
350000	270,—		27,—	5,40	54,—	10,80	81,—	16,20
375000	275,—		27,50	5,50	55,—	11,—	82,50	16,50
400000	280,—		28,—	5,60	56,—	11,20	84,—	16,80
425000	285,—		28,50	5,70	57,—	11,40	85,50	17,10
450000	290,—		29,—	5,80	58,—	11,60	87,—	17,40
475000	295,—		29,50	5,90	59,—	11,80	88,50	17,70
500000	300,—		30,—	6,—	60,—	12,—	90,—	18,—
525000	305,—		30,50	6,10	61,—	12,20	91,50	18,30
550000	310,—		31,—	6,20	62,—	12,40	93,—	18,60
575000	315,—		31,50	6,30	63,—	12,60	94,50	18,90
600000	320,—		32,—	6,40	64,—	12,80	96,—	19,20
625000	325,—		32,50	6,50	65,—	13,—	97,50	19,50
650000	330,—		33,—	6,60	66,—	13,20	99,—	19,80
675000	335,—		33,50	6,70	67,—	13,40	100,50	20,10
700000	340,—		34,—	6,80	68,—	13,60	102,—	20,40
725000	345,—		34,50	6,90	69,—	13,80	103,50	20,70
750000	350,—		35,—	7,—	70,—	14,—	105,—	21,—
775000	355,—		35,50	7,10	71,—	14,20	106,50	21,30
800000	360,—		36,—	7,20	72,—	14,40	108,—	21,60
825000	365,—		36,50	7,30	73,—	14,60	109,50	21,90
850000	370,—		37,—	7,40	74,—	14,80	111,—	22,20
875000	375,—		37,50	7,50	75,—	15,—	112,50	22,50
900000	380,—		38,—	7,60	76,—	15,20	114,—	22,80
925000	385,—		38,50	7,70	77,—	15,40	115,50	23,10
950000	390,—		39,—	7,80	78,—	15,60	117,—	23,40
975000	395,—		39,50	7,90	79,—	15,80	118,50	23,70
1000000	400,—		40,—	8,—	80,—	16,—	120,—	24,—
um je 50000 steigend	5,—		0,50	0,10	1,—	0,20	1,50	0,30

V. Tabelle zur Berechnung der Rechtsanwaltsgebühren

nach § 87 RAGebO.

Betrag des Geldes oder Wert des Wertpapieres (jedes angefangene Hundert wird voll gerechnet)		Gebühr für die Erhebung und Ablieferung von Geld	Wertpapieren
1. bis einschließlich	1 000 ℳ	1% des Betrags	½% des Wertes
2. mehr als 1000 bis einschl.	10 000 ℳ	5 ℳ vermehrt um ½% des Betrags	2,50 ℳ vermehrt um ¼% des Wertes
3. mehr als	10 000 „	30 ℳ vermehrt um ¼% des Betrags	15 ℳ vermehrt um ⅛% des Wertes

VI. Tabelle zur Berechnung der Rechtsanwaltsgebühren

nach § 13 der Preußischen Gebührenordnung für Notare.

(Art. 13 der Preuß. GebO. für Rechtsanwälte.)

Wertstufe bis einschließlich ℳ	Auszahlung von Geld	Auslieferung von Wertpapieren	Erhebung von Geld	Erhebung von Wertpapieren
50	0,40	0,20	0,80	0,40
100	0,60	0,30	1,20	0,60
150	0,80	0,40	1,60	0,80
200	1,00	0,50	2,00	1,00
250	1,20	0,60	2,40	1,20
300	1,40	0,70	2,80	1,40
350	1,60	0,80	3,20	1,60
400	1,80	0,90	3,60	1,80
500	2,00	1,00	4,00	2,00
600	2,20	1,10	4,40	2,20
700	2,40	1,20	4,80	2,40
800	2,60	1,30	5,20	2,60
900	2,80	1,40	5,60	2,80
1000	3,00	1,50	6,00	3,00
1200	3,20	1,60	6,40	3,20
1400	3,40	1,70	6,80	3,40
1600	3,60	1,80	7,20	3,60
1800	3,80	1,90	7,60	3,80
2000	4,00	2,00	8,00	4,00
2200	4,20	2,10	8,40	4,20
2400	4,40	2,20	8,80	4,40
2600	4,60	2,30	9,20	4,60
2800	4,80	2,40	9,60	4,80
3000	5,00	2,50	10,00	5,00

VI. Tabelle zur Berechnung der Rechtsanwaltsgebühren

nach § 13 der Preußischen Gebührenordnung für Notare.
(Art. 13 der Preuß. GebO. für Rechtsanwälte.)

Wertstufe bis einschließlich ℳ	Auszahlung von Geld	Auslieferung von Wertpapieren	Erhebung von Geld	Erhebung von Wertpapieren
3200	5.20	2,60	10,40	5,20
3400	5,40	2,70	10,80	5,40
3600	5,60	2,80	11,20	5,60
3800	5,80	2,90	11,60	5,80
4000	6,00	3,00	12,00	6,00
4200	6,20	3,10	12,40	6,20
4400	6,40	3,20	12,80	6,40
4600	6,60	3,30	13,20	6,60
4800	6,80	3,40	13,60	6,80
5000	7,00	3,50	14,00	7,00
5200	7,20	3,60	14,40	7,20
5400	7,40	3,70	14,80	7,40
5600	7,60	3,80	15,20	7,60
5800	7,80	3,90	15,60	7,80
6000	8,00	4,00	16,00	8,00
6200	8,20	4,10	16,40	8,20
6400	8,40	4,20	16,80	8,40
6600	8,60	4,30	17,20	8,60
6800	8,80	4,40	17,60	8,80
7000	9,00	4,50	18,00	9,00
7200	9,20	4,60	18,40	9,20
7400	9,40	4,70	18,80	9,40
7600	9,60	4,80	19,20	9,60
7800	9,80	4,90	19,60	9,80
8000	10,00	5,00	20,00	10,00
8200	10,20	5,10	20,40	10,20
8400	10,40	5,20	20,80	10,40
8600	10,60	5,30	21,20	10,60
8800	10,80	5,40	21,60	10,80
9000	11,00	5,50	22,00	11,00
9200	11,00	5,60	22,40	11,20
9400	11,00	5,70	22,80	11.40
9600	11,00	5,80	23,20	11,60
9800	11,00	5,90	24,60	11,80
10000	12,00	6,00	25,00	12,00
und weiter von je 500 des Mehrbetrags	0,20	0,10	0,40	0,20

Sachregister.

Die Zahlen ohne Zusatz weisen auf die Seiten des Buches, die §§ und Art. ohne Zusatz auf die RAGebO und PrGebOf.RA, und die Zusätze zu den §§ und Art. auf die beigefügten Anmerkungen („A") im Kommentar hin.

Ein Sonderregister zu § 10 der RAGebO findet sich vorn auf S. 146, 147.

A.

B.

F.

G.

H.

J.

K.

L.

M.

W.

Z.

FSC
www.fsc.org
MIX
Papier | Fördert
gute Waldnutzung
FSC® C083411

Kolibri 360 GmbH
Ferdinand-Jühlke-Straße 7
99095 Erfurt, Deutschland
produktsicherheit@kolibri360.de